Estudos sobre FEDERALISMO FISCAL

Carlos Alexandre de Azevedo Campos
Fábio Zambitte Ibrahim
Gustavo da Gama Vital de Oliveira
(Organizadores)

Estudos sobre FEDERALISMO FISCAL

2022

EDITORA *Jus*PODIVM
www.editorajuspodivm.com.br

EDITORA *Jus*PODIVM
www.editorajuspodivm.com.br

Rua Canuto Saraiva, 131 – Mooca – CEP: 03113-010 – São Paulo – São Paulo
Tel: (11) 3582.5757
• Contato: https://www.editorajuspodivm.com.br/sac

Diagramação: Equipe *Jus*PODIVM

Capa: Rodrigo Lippi

C198e Campos, Carlos Alexandre de Azevedo.
Estudos Sobre Federalismo Fiscal / Carlos Alexandre de Azevedo Campos, Fábio Zambitte Ibrahim, Gustavo da Gama Vital de Oliveira – São Paulo: Editora JusPodivm, 2022.
608 p.

Inclui bibliografia
ISBN 978-65-5680-513-9

1. Direito do Tributário. 2. Competência. I. Campos, Carlos Alexandre de Azevedo. II. Ibrahim, Fábio Zambitte. III. Oliveira, Gustavo da Gama Vital de. IV. Título.

CDD 341.39

APRESENTAÇÃO

A presente obra coletiva reúne pesquisas realizadas nos últimos anos no Programa de Pós-Graduação em Direito da Universidade do Estado do Rio de Janeiro (UERJ), na linha de pesquisa Finanças Públicas, Tributação e Desenvolvimento, voltadas para análise das múltiplas complexidades do tema do federalismo fiscal.

Os trabalhos desenvolvidos abordam desde temas históricos até questões de grande atualidade, examinando tanto o aspecto financeiro do federalismo fiscal como as repercussões de sua adoção para o sistema tributário brasileiro.

Embora os temas abordados nos trabalhos sejam bastante variados, é possível verificar que boa parte dos estudos releva a importância de compreender os diversos aspectos do federalismo fiscal a partir do exame conjugado das facetas financeiras e tributárias.

A necessária reaproximação do Direito Tributário e do Direito Financeiro, tão bem defendida na obra do Professor Ricardo Lobo Torres, um dos principais pilares da Escola da UERJ, tem na temática do federalismo fiscal uma demonstração inequívoca de seu acerto.

Os Organizadores

SUMÁRIO

01

AS INCONSTITUCIONALIDADES DAS LEIS INSTITUIDORAS DO ADICIONAL DE ICMS DESTINADO AOS FUNDOS ESTADUAIS DE EQUILÍBRIO FISCAL

Alexandre Teixeira Jorge

Mestre em Finanças Públicas, Tributação e Desenvolvimento pela UERJ. Pós-graduado em Direito Tributário e Contabilidade Tributária pelo IBMEC/RJ. Bacharel em Direito pela UFRJ. Advogado. (E-mail: alexandretjorge@yahoo.com.br)

Sumário: **1.** Introdução; **2.** Da vedação à prévia afetação da receita de impostos (art. 167, IV da CF/88); **3.** Da invasão à competência tributária exclusiva da União para instituição de empréstimos compulsórios (art. 148 da CF/88); **4.** Da aplicação dos princípios da anterioridade de exercício e nonagesimal às hipóteses de majoração indireta de tributo; **5.** Da ofensa ao princípio federativo. Não repartição com os Municípios da receita oriunda da exigência do adicional de ICMS correspondente a 10% do proveito econômico obtido com os benefícios fiscais; **6.** Perspectivas judiciais da matéria; **7.** As alterações legislativas e suas repercussões; **8.** Conclusão; **9.** Referências bibliográficas.

1. INTRODUÇÃO

Em 2016, sob um contexto de grave crise fiscal[1] e pressionados por críticas atinentes à concessão desenfreada de incentivos fiscais e financeiros sob o pretexto de atrair empresas para seus territórios e gerar empregos diretos e indiretos, os Estados celebraram no âmbito do Conselho Nacional de Política Fazendária (CONFAZ) o Convênio ICMS nº 42/2016, que os autoriza a (i) condicionar a fruição de benefícios relativos ao ICMS à realização de depósito de, no mínimo, 10% (dez por cento) do respectivo benefício em fundo de equilíbrio fiscal, a ser instituído e regulamentado por cada unidade federativa, ou (ii) reduzir em, no mínimo 10% (dez por cento), o proveito econômico do incentivo concedido.

Ávidos por incrementar suas receitas tributárias, diversos entes estaduais[2] editaram leis internalizando a aludida norma convenial, o que deu ensejo a fortes críticas por parte dos contribuintes e a um grande contencioso em torno da constitucionalidade de tais textos legais.

Da análise dos diplomas editados até o presente momento é possível extrair alguns pontos de convergência entre as legislações estaduais, a saber:

---

1 A deterioração das contas públicas estaduais entre 2008 e 2014 decorre em 28% do menor dinamismo da arrecadação e 72% do aumento das despesas, sendo que, no caso destas últimas, 88% foram fruto do aumento das despesas de pessoal e somente 12% a título de investimentos. Demais disso, a participação dos investimentos em infraestrutura e em educação no total de despesas caiu no período, havendo não só a piora da situação fiscal, como também do perfil do gasto público, o que, contudo, não se deve a decisões discricionárias do Poder Executivo, mas à rigidez administrativa e orçamentária do setor público que traz gatilhos para o aumento das despesas quando as receitas aumentam, ao passo que, quando as receitas caem, os Estados não conseguem cortar as despesas na mesma proporção porque parte do gasto foi ampliado com despesas obrigatórias (v.g. custeio e pessoal). Sobre o tema, ver: MACIEL, Pedro Jucá. O processo recente de deterioração das finanças públicas estaduais e as medidas estruturais necessárias. In: SALTO, Felipe; ALMEIDA, Mansueto (Org.). *Finanças públicas: da contabilidade criativa ao resgate da credibilidade*. 1. ed. Rio de Janeiro: Record, 2016, p. 191-193.

2 É o caso dos Estados do Rio de Janeiro (Lei nº 7.428/16 e Decreto nº 45.810/16; Lei nº 7.659/17 e Lei nº 8.645/19), da Bahia (Lei nº 13.564/16 e Decreto nº 16.970/16), de Pernambuco (Lei nº 15.865/16 e Decreto nº 43.346/16; Lei nº 16.593/19 e Decreto nº 46.317/18), do Ceará (Lei nº 16.097/16 e Decreto nº 32.013/16; Lei nº 16.699/18 e Decreto nº 32.913/18), de Goiás (Lei nº 19.261/16 e Decreto nº 8.631/16), da Paraíba (Lei nº 10.758/16 e Decreto nº 36.927/16; Decreto nº 38.945/19), do Espírito Santo (Lei nº 10.630/17 e Decreto nº 4.127-R/17; Lei nº 10.851/18), do Acre (Lei nº 3.216/16), de Alagoas (Lei nº 7.835/16 e Decreto nº 52.677/17; Lei nº 8.235/20), do Piauí (Lei nº 6.875/16 e Decreto nº 16.956/16), do Rio Grande do Norte (Lei Complementar nº 595/17), de Sergipe (Lei nº 8.180/16 e Decreto nº 30.479/17; Lei nº 8.501/18 e Decreto nº 40.283/19), do Mato Grosso (Lei nº 10.709/18 e Decreto nº 1.563/18) e do Mato Grosso do Sul (Lei Complementar nº 241/17 e Decreto nº 14.882/17).

i. criação (em geral, temporária) de um Fundo Estadual de Equilíbrio Fiscal (FEEF) com a finalidade de manutenção do equilíbrio das finanças públicas do Estado;

ii. condicionamento da fruição de benefícios relacionados ao ICMS à realização de depósito, em favor do FEEF[3], do valor correspondente a um percentual aplicado sobre o montante da diferença entre o valor do imposto calculado com e sem utilização do benefício fiscal – normalmente, 10% (dez por cento)[4];

iii. previsão de gozo dos benefícios já concedidos, na sua integridade, nas hipóteses de incremento nominal da arrecadação estadual em patamar igual ou superior ao montante que seria depositado no FEEF;

iv. perda automática do benefício ou incentivo fiscal, de forma não definitiva, na hipótese de descumprimento da obrigatoriedade de depósito no FEEF, sendo que, caso tal inadimplemento ocorra por 3 (três) meses, consecutivos ou não, haverá a perda definitiva do benefício ou incentivo;

v. prorrogação do prazo de fruição do benefício ou incentivo fiscal concedido à empresa que proceda com o depósito ao FEEF pelo período necessário ao ressarcimento do montante depositado em tal fundo; e

vi. prévia vinculação da receita oriunda da cobrança do aludido encargo a um fundo especial vocacionado à manutenção do equilíbrio fiscal do ente estadual, havendo, ainda, em algumas legislações estaduais, a destinação específica dos recursos componentes desse fundo para o custeio de despesas com pessoal, saúde e programas sociais.

Dito isso, e guardadas as peculiaridades de cada diploma, o presente artigo pretende demonstrar que as leis instituidoras do adicional de ICMS destinado aos Fundos Estaduais de Equilíbrio Fiscal (e seus decretos regulamentadores) padecem de algumas inconstitucionalidades, porquanto violam a vedação constitucional da prévia afetação da receita

---

3 A legislação do Estado da Bahia estabelece que o depósito deve ser realizado em favor do Fundo Estadual de Combate e Erradicação da Pobreza (FECP).

4 O Estado de Goiás prevê uma alíquota máxima de 15%, porém, aplica também os percentuais de 5% e 10% em determinadas situações. Atualmente, o Estado do Espírito Santo também prevê um percentual de 5%.

de impostos a órgão, fundo ou despesa (art. 167, IV da Constituição Federal de 1988 – CF/88), a reserva de competência tributária da União para a implementação de empréstimos compulsórios (art. 148 da CF/88), a anterioridade tributária em suas vertentes anual e nonagesimal (art. 150, III, "b" e "c" da CF/88), a irretroatividade tributária (art. 150, III, "a" da CF/88) e a regra que destina 25% (vinte e cinco por cento) do produto da arrecadação do ICMS aos Municípios (art. 158, IV da CF/88).

2. DA VEDAÇÃO À PRÉVIA AFETAÇÃO DA RECEITA DE IMPOSTOS (ART. 167, IV DA CF/88)

Os impostos se distinguem das demais espécies tributárias por serem tributos cuja hipótese de incidência descreve "uma situação independente de qualquer atividade estatal específica, relativa ao contribuinte" (art. 16 do Código Tributário Nacional – CTN) e que não são restituíveis, tampouco afetados a uma finalidade específica.[5] O imposto é espécie tributária duplamente desvinculada: sua hipótese tributária não decorre de uma atividade estatal específica relativa ao contribuinte, nem o produto de sua arrecadação deve ser vertido para uma despesa previamente determinada.

No caso, as receitas oriundas de impostos destinam-se ao custeio das despesas não imputáveis a determinados grupos, podendo o Estado *lato sensu* aplicar os recursos, após as respectivas transferências constitucionais, em qualquer de suas despesas públicas gerais, conforme conste em sua programação orçamentária.

Sua natureza não contraprestacional permite que o produto da arrecadação dos impostos seja voltado para a cobertura de gastos com a prestação de serviços públicos de caráter *uti universi* (por exemplo, saúde, educação, segurança, etc.), ao mesmo tempo que reserva ao orçamento e à própria Administração Pública espaço para determinar e efetivar os gastos naquelas áreas tidas como prioritárias.

A propósito, outro não foi o motivo que levou o constituinte a insculpir no art. 167, IV, da CF/88 a regra da não afetação da receita de impostos[6], cuja redação atual prevê o seguinte:

---

5 VELLOSO, Andrei Pitten. *Constituição tributária interpretada*. 2. ed. rev., atual. e ampl. Porto Alegre: Livraria do Advogado Editora, 2012, p. 39.

6 Como bem salientado por Leandro Paulsen, "a não afetação constitui uma regra, e não um princípio. Não é um fim a ser buscado, mas uma vedação a ser observada pelo legislador, sob

> Art. 167. São vedados:
>
> [...]
>
> IV - a vinculação de receita de impostos a órgão, fundo ou despesa, ressalvadas a repartição do produto da arrecadação dos impostos a que se referem os arts. 158 e 159, a destinação de recursos para as ações e serviços públicos de saúde, para manutenção e desenvolvimento do ensino e para realização de atividades da administração tributária, como determinado, respectivamente, pelos arts. 198, § 2º, 212 e 37, XXII, e a prestação de garantias às operações de crédito por antecipação de receita, previstas no art. 165, § 8º, bem como o disposto no § 4º deste artigo; (Redação dada pela Emenda Constitucional nº 42, de 19.12.2003)

Trata-se de uma ordem dirigida ao legislador infraconstitucional, impossibilitando-o de atrelar a receita proveniente dos *impostos*[7] a órgão, fundo ou despesa.[8] Seu objetivo é permitir que o Estado tenha liberdade e flexibilidade para aplicar a receita oriunda de impostos onde for mais conveniente e necessário, garantido o custeio das despesas que forem se realizando ao longo do exercício financeiro (inclusive as urgentes, imprevistas ou extraordinárias) e evitando a criação de impostos específicos para atender a interesses políticos que demandam financiamento próprio.[9] Em adição, viabiliza-se o planejamento estatal de longo prazo, verdadeiro pilar da responsabilidade fiscal na busca de evitar o desperdício de recursos públicos[10], assim como se confere maior transparência e eficiência na gestão do orçamento[11].

O fundamento da regra da não afetação da receita de impostos está na própria democracia representativa e na separação de Poderes, uma

---

pena de inconstitucionalidade da lei que disponha em contrário." (PAULSEN, Leandro. *Direito tributário: Constituição e Código Tributário à luz da doutrina e da jurisprudência.* 16. ed. Porto Alegre: Livraria do Advogado Editora; ESMAFE, 2014, p. 523).

7 Essa vedação não se aplica às demais espécies tributárias, conforme já decidido pelo STF. Vide: STF, ADI 2.059/PR, Relator(a): Min. Eros Grau, Tribunal Pleno, julgado em 26/04/2006, DJ 09/06/2006; STF, ADI 3.643/RJ, Relator(a): Min. Carlos Britto, Tribunal Pleno, julgado em 08/11/2006, DJ 16/02/2007.

8 Na Constituição de 1967 (art. 65, §3º) e na EC nº 01/69 (art. 62, §2º), essa proibição se estendia para todas as espécies tributárias.

9 ABRAHAM, Marcus. Orçamento público no Brasil. In: ABRAHAM, Marcus; PEREIRA, Vítor Pimentel (coord.). *Orçamento Público no Direito Comparado.* São Paulo: Quartier Latin, 2015, p. 108.

10 MARTINS, Marcelo Guerra. As vinculações das receitas públicas no orçamento. A Desvinculação de Receitas da União (DRU). As contribuições e a referibilidade. In: CONTI, José Maurício; SCAFF, Fernando Facury (Coord.). *Orçamentos Públicos e Direito Financeiro.* São Paulo: Editora Revista dos Tribunais, 2011, p. 826.

11 TORRES, Heleno Taveira. *Direito constitucional financeiro: teoria da constituição financeira.* São Paulo: Editora Revista dos Tribunais, 2014, p. 381.

vez que o excesso de vinculações orçamentárias obsta a atuação independente do Executivo, inviabilizando-o de realizar o programa de governo que o conduziu ao poder, assim como a do Legislativo, que terá menos liberdade para editar a lei orçamentária.[12] Por isso, é preciso ter bastante parcimônia ao afetar a receita de um determinado imposto, sobretudo porque essa prévia afetação a um órgão, fundo ou despesa específica tende ao desperdício de recursos públicos em certas áreas e a sua falta em setores essenciais, comprometendo a legitimidade e a funcionalidade orçamentária.[13]

Sobre as funções da regra da não afetação Misabel Abreu Machado Derzi averba:

> A primeira, evidente, é mais técnica. Trata-se de regra complementar à contabilização do orçamento pelo bruto e um dos aspectos da universalidade. As receitas devem formar uma massa distinta e única, cobrindo o conjunto das despesas. Somente assim será possível o planejamento. Se avultam as vinculações, feitas pelo legislador tributário ao criar o imposto, ficando a receita comprometida por antecipação, cassar-se-á a faculdade de programar por meio da lei orçamentária, de planejar e de estabelecer prioridades. Sendo expressão da universalidade, a não afetação da receita também reforça a legalidade, o controle parlamentar e a ideia de planejamento integrado.
>
> A segunda função, mais relevante do que a primeira, prende-se ao caráter acentuadamente redistributivo dos impostos.[14]

De igual modo, doutrina abalizada tem chamado atenção para a existência de perspectivas tributária, administrativa e político-constitucional na regra da não afetação da receita de impostos, as quais podem ser assim sintetizadas:

> A primeira denota a característica desvinculada do imposto, afinando o orçamento à sua natureza jurídica, e, ainda garante "o sentido democrático e redistributivo da receita de impostos". A segunda remete à neces-

---

12 Sobre o tema, Regis Fernandes de Oliveira assevera: "O Estado deve ter disponibilidade da massa de dinheiro arrecadado, destinando-o a quem quiser, dentro dos parâmetros que ele próprio elege como objetivos preferenciais. Não se pode colocar o Estado dentro de uma camisa de força, minguando seus recursos, para que os objetivos traçados não fiquem ou venham a ser frustrados. Deve haver disponibilidade para agir." (OLIVEIRA, Regis Fernandes de. *Curso de direito financeiro*. 3. ed. rev. e atual. São Paulo: Editora Revista dos Tribunais, 2010, p. 366).

13 DERZI, Misabel Abreu Machado. *Comentários à Lei de Responsabilidade Fiscal*. In: MARTINS, Ives Gandra da Silva; NASCIMENTO, Carlos Valder (org.). São Paulo: Saraiva, 2001, p. 283-284.

14 BALEEIRO, Aliomar. *Direito tributário brasileiro*. Atualizada por Misabel Abreu Machado Derzi. 12. ed. Rio de Janeiro: Forense, 2013, p. 267.

> sidade de conservação da competência discricionária do Poder Executivo e da Administração Pública para eleição das prioridades traduzidas em atividades administrativas a merecer o financiamento resultante dos impostos.
>
> A terceira coloca em cena um ponto de equilíbrio entre os Poderes Executivos e Legislativo na condução política dos negócios públicos, premissa que transita compulsoriamente pelo princípio da separação de poderes: ao impedir que, de ordinário, receitas decorrentes de impostos sejam vinculadas a determinados fundos, despesa e órgãos, a Constituição Federal inibe que o Poder Legislativo venha substituir obliquamente o Poder Executivo na função governamental de gestão dos ingressos públicos dessa categoria, evitando a influência de mazelas do jogo político-partidário (coronelismo, o assistencialismo, o caciquismo etc.). Também inibe o engessamento do orçamento (peça de planejamento e programação de ação política) ao assegurar sua flexibilidade diante das circunstâncias e das conjunturas, e mantém a iniciativa legislativa reservada ao Chefe do Poder Executivo para ignição do processo legislativo de proposta de lei orçamentária. Outrossim, interdita a dilatação das exceções na medida em que sua sede exclusiva é a Constituição Federal.[15]

Afora as ressalvas[16] já contidas no art. 167, IV da CF/88, advieram de forma esparsa no texto constitucional outras vinculações de receitas de impostos, tais como as relativas aos Fundos de Combate e Erradicação da Pobreza (arts. 80 e 81 do ADCT), aos programas de apoio à inclusão e promoção social (art. 204, parágrafo único da CF/88), ao fundo estadual de fomento à cultura (art. 216, § 6° da CF/88) e aos fundos de ciência e tecnologia (art. 218, §5º da CF/88). Embora nem todas as exceções mencionadas sejam preceitos de observância obrigatória pelos entes da federação, as crescentes demandas sociais, somadas à desconfiança da população em relação aos governantes em geral, pressionaram estes últimos a garantirem níveis mínimos de investimentos nas áreas onde o legislador constituinte apenas faculta a destinação de receitas públicas,

15 MARTINS JÚNIOR, Wallace Paiva. Princípio da não afetação. In: CONTI, José Maurício; SCAFF, Fernando Facury (Coord.). *Orçamentos Públicos e Direito Financeiro*. São Paulo: Editora Revista dos Tribunais, 2011, p. 855-856.

16 No âmbito dos Estados, temos (i) as transferências constitucionais a Municípios (50% do IPVA e 25% do ICMS); (ii) a afetação às ações e serviços públicos de saúde de 12% da receita dos impostos estaduais e os recursos de que tratam os artigos 157 e 159, inciso I, alínea "a", e inciso II, já deduzidas as transferências constitucionais aos municípios (art. 6º da Lei Complementar nº 141/12); (iii) a aplicação de 25% da receita oriunda de impostos na manutenção e desenvolvimento do ensino; (iv) a atribuição de recursos prioritários para a realização de atividades da Administração Tributária; (v) a prestação de garantias às operações de crédito por antecipação de receita; e (vi) o oferecimento das receitas tributárias como garantia ou contragarantia à União e para pagamento de débitos para com esta.

o que agravou o quadro de rigidez orçamentária[17] dos entes federativos, em especial, dos Estados[18-19].

Frente a tal cenário, a jurisprudência do Supremo Tribunal Federal (STF) acertadamente tem interpretado de maneira restritiva as exceções à regra da não afetação prévia da receita de impostos, impedindo que o legislador infraconstitucional, por vontade própria, dilate esse rol (de viés taxativo), seja de forma direta (pela arrecadação e repasse da receita[20]) ou indireta (mediante o condicionamento do benefício fiscal à destinação por parte do contribuinte de recursos a órgão, fundo ou despesa pública específica[21]).

---

17 Como pontua Daniela Castanhar Reyes, o engessamento orçamentário uniformiza as administrações, reduzindo as possibilidades de alteração das prioridades, especialmente em momentos de crise. Essa rigidez pode se manifestar tanto pelo lado da receita (via vinculação direta, indireta ou não arrecadação) como pelo lado da despesa (através da indexação destas a índices ou a outras variáveis de atualização automática). Cf. REYES, Daniela Castanhar. Descentralização ou desconcentração: financiamento e regulação das políticas públicas a cargo de estados e municípios. In: REZENDE, Fernando; CUNHA, Armando (org.). *A reforma esquecida II: obstáculos e caminhos para a reforma do processo orçamentário.* Rio de Janeiro: Editora FGV, 2014, p. 281.

18 Outro não foi o motivo pelo qual os entes estaduais vinham reivindicando a desvinculação de parte de suas receitas, à semelhança do que já ocorria com a União. Dentre as propostas de emenda à Constituição nesse sentido, acabou aprovada a PEC nº 143/15 – convertida na Emenda Constitucional nº 93/16 – que incluiu o art. 76-A no Ato das Disposições Constitucionais Transitórias (ADCT) para desvincular 30% das receitas oriundas de impostos, taxas e multas, estando excluídas desse cálculo as transferências constitucionais aos Municípios (arts. 158, III e IV; e 159, §§3º e 4º, da CF/88) e demais transferências intergovernamentais obrigatórias e voluntárias, as vinculações constitucionais relativas à saúde (art. 198, §2º, da CF/88) e à educação (art. 212, da CF/88), as receitas de contribuições previdenciárias e de assistência à saúde dos servidores, e os recursos destinados a fundos do Poder Judiciário, Tribunais de Contas, Ministério Público, Defensorias Públicas e Procuradorias-Gerais dos Estados e do Distrito Federal.

19 Como vantagem das vinculações de receitas, costuma-se mencionar a garantia de recursos estáveis no tempo para determinados setores, o que possibilita a adoção de políticas de longo prazo e a formulação de melhores planos e programas com metas factíveis. Em contrapartida, dentre as desvantagens, pode-se destacar: (i) a redução da liberdade e da flexibilidade na programação dos recursos; (ii) as dificuldades políticas em rever as vinculações, o que, muitas vezes, demandaria a promulgação de emenda constitucional (que, como se sabe, exige 3/5 dos votos dos membros das duas Casas do Congresso Nacional); e (iii) a ineficiência do gasto público nas áreas protegidas ante a obrigatoriedade de aplicação dos recursos. A esse respeito, vide: GIACOMONI, James. Receitas vinculadas, despesas obrigatórias e rigidez orçamentária. In: CONTI, José Maurício; SCAFF, Fernando Facury (Coord.). *Orçamentos Públicos e Direito Financeiro.* São Paulo: Editora Revista dos Tribunais, 2011, p. 340.

20 Nessa linha, vide: STF, ADI 1.848/RO, Relator(a): Min. Ilmar Galvão, Tribunal Pleno, julgado em 05/09/2002, DJ 25/10/2002; STF, ADI 820/RS, Relator(a): Min. Eros Grau, Tribunal Pleno, julgado em 15/03/2007, DJe 29/02/2008.

21 Nesse sentido: STF, ADI 1.750/DF, Relator(a): Min. Eros Grau, Tribunal Pleno, julgado em 20/09/2006, DJ 13/10/2006; STF, ADI 3.576/RS, Relator(a): Min. Ellen Gracie, Tribunal Pleno, julgado em 22/11/2006, DJ 02/02/2007; STF, ADI 2.848 MC/RN, Relator(a): Min. Ilmar Galvão, Tri-

Assim, na ausência de amparo constitucional, a afetação da receita de impostos não poderá atingir qualquer parcela do produto arrecadado, sendo que, na hipótese de se ter um imposto com a vinculação prévia de todas as suas receitas a uma finalidade ou despesa, estar-se-ia, em verdade, diante de uma contribuição especial travestida de "imposto" (art. 4º, I do CTN), figura que apenas a União detém competência para instituir e desde que, é claro, sejam respeitadas as limitações constitucionais concernentes à implementação desta espécie tributária.[22]

Fixadas essas premissas, verifica-se que as leis estaduais até agora editadas[23] criam a obrigatoriedade de realização de um depósito equivalente a 10% (dez por cento) do proveito econômico obtido com os benefícios fiscais concedidos e a conceder[24], bem como afetam previamente as verbas depositadas (compulsoriamente) a tal título para o FEEF, o que representa, na prática, uma majoração do ICMS devido com a vinculação da nova receita a despesa(s) específica(s), como acontecia no

---

bunal Pleno, julgado em 03/04/2003, DJ 02/05/2003; STF, ARE 665.291 AgR/RS, Relator(a): Min. Roberto Barroso, Primeira Turma, julgado em 16/02/2016, DJe 01/03/2016.

22 No tocante aos Estados, a única ressalva fica por conta da contribuição previdenciária destinada a custear o regime próprio dos seus servidores públicos, a qual é passível de ser criada pelos entes estaduais, consoante dispõe o art. 149, §1º da CF/88. Forte nessas razões, o STF declarou a inconstitucionalidade de lei do Estado de Minas gerais que instituiu a cobrança de caráter compulsório para o custeio de serviços de assistência médica, hospitalar e odontológica e farmacêutica a seus servidores por entender que tais serviços não estão encampados na expressão "regime previdenciário" (cf. STF, RE 573.540/MG, Relator(a): Min. Gilmar Mendes, Tribunal Pleno, julgado em 14/04/2010, DJ 11/06/2010).

23 A título ilustrativo, os artigos 2º e 3º, I da Lei fluminense nº 8.645/19:

"Art. 2º. A fruição de incentivos fiscais e de incentivos financeiro-fiscais fica condicionada ao depósito no fundo disciplinado no artigo 1º, de percentual de 10% (dez por cento), aplicado sobre a diferença entre o valor do imposto calculado com e sem a utilização de benefícios ou incentivos fiscais concedidos à empresa contribuinte do ICMS, já considerada, no aludido percentual, a base de cálculo para o repasse constitucional para os municípios.

[...]

Art. 3º. Constituem receitas do fundo instituído no artigo 1º:

I - depósito, nos termos e nos limites do Convênio CONFAZ nº 42, de 2016, observados os percentuais previstos no artigo 2º;"

24 A título exemplificativo, imagine que um dado contribuinte que venda internamente uma mercadoria por R$ 2.000,00 e goze de um benefício fiscal que implique uma carga tributária equivalente a 7%. Em condições normais (isto é, sem incentivo), esse contribuinte aplicaria uma alíquota interna de 18% sobre a base de cálculo de R$ 2.000,00, vindo a recolher R$ 360,00 a título de ICMS. Já com a fruição do benefício fiscal, o contribuinte aplica uma alíquota incentivada de 7% sobre a base de R$ 2.000,00, realizando um pagamento de R$ 140,00. Por derradeiro, caberá a esse contribuinte efetuar o depósito ao FEEF de 10% sobre a diferença entre o valor do imposto calculado com e sem a utilização de benefício [(R$ 360,00 - R$ 140,00) x 10% = R$ 22,00].

Estado do Rio de Janeiro (cuja legislação original previa a destinação prioritária dos recursos para o pagamento de despesas com pessoal), e como ainda sói ocorrer Bahia, Goiás (nos quais se estabelece o emprego dos recursos arrecadados em ações suplementares de nutrição, habitação, educação, saúde, reforço da renda familiar e outros programas de relevante interesse social voltados para melhoria da qualidade de vida), Mato Grosso, Ceará (que destinam, respectivamente, a totalidade e vinte por cento dos recursos do FEEF para a saúde) e Mato Grosso do Sul (que vincula os recursos ao financiamento do seu sistema previdenciário e ao pagamento da dívida pública).[25]

Em que pese o jogo de palavras utilizado pelos legisladores estaduais, impende assinalar que a exação aqui tratada ostenta inequívoca natureza tributária, mais especificamente de imposto, pois não só se amolda ao conceito descrito no art. 3º do CTN, como também possui hipótese de incidência desvinculada de uma atuação estatal, à luz do que preconiza o art. 16 do CTN. Aliás, o fato de o legislador vincular o produto da arrecadação de certo imposto a um órgão, fundo ou despesa não descaracteriza a exação tributária. O tributo continuará sendo considerado como um imposto se a hipótese de incidência for desvinculada de uma atuação estatal e o legislador apenas afetar previamente o produto da arrecadação ao custeio de determinada despesa ou serviço público, embora, é claro, seja inconstitucional essa vinculação por expressa infringência ao art. 167, IV da CF/88.[26]

Dito isso, a decomposição do adicional de ICMS destinado ao FEEF sob a ótica da regra-matriz de incidência tributária pode ser feita nos seguintes termos:

25 Nessa esteira, é irrelevante a discussão levantada por alguns Estados no sentido de que o Fundo Estadual de Equilíbrio Fiscal (FEEF) não seria um propriamente um "fundo especial", nos termos do art. 71 da Lei nº 4.320/64, mas apenas um item a mais na seção do orçamento que trata das receitas públicas fiscais, pelo que seria inaplicável aqui a vedação do art. 167, IV da CF/88. Afinal, o produto da arrecadação do adicional temporário do ICMS está sendo previamente afetado à cobertura de despesas determinadas em lei, o que se amolda à letra do art. 167, IV da CF/88, que proíbe a " a vinculação de receita de impostos a órgão, fundo ou *despesa*".

26 BALEEIRO, Aliomar. *Direito tributário brasileiro*. Atualizada por Misabel Abreu Machado Derzi. 12. ed. Rio de Janeiro: Forense, 2013, p. 263.

ANTECEDENTE NORMATIVO	CONSEQUENTE NORMATIVO
• **Aspecto material**: realização de operações de compra e venda de mercadorias (inclusive sua importação), prestação de serviços de comunicação e de transporte interestadual e intermunicipal sujeitos a benefício fiscal; • **Aspecto temporal**: momento da saída da mercadoria do estabelecimento do vendedor, do desembaraço aduaneiro do bem importado, ou da prestação dos serviços de comunicação e de transporte interestadual e intermunicipal; • **Aspecto espacial**: território do Estado-membro da Federação;	• **Aspecto quantitativo**: o Base de cálculo: proveito econômico obtido com a fruição do benefício fiscal; o Alíquota: 10% (dez por cento); • **Aspecto pessoal**: o Sujeito ativo: Estado-membro da Federação; o Sujeito passivo: beneficiários de incentivo fiscal de ICMS listado em decreto regulamentador.

Em relação à destinação do produto da arrecadação, a prestação compulsória dirigida ao FEEF se assemelha ao adicional de alíquota do ICMS destinado ao custeio do Fundo Estadual de Combate à Pobreza (art. 82 do ADCT), pois, além de figurar como um acréscimo de ICMS, tem a sua receita previamente vinculada a fundo[27] e/ou a despesa(s) específica(s). Por outro lado, apenas o adicional de alíquota do ICMS destinado ao FECP possui amparo constitucional, aspecto esse que eiva as leis criadoras dessa nova exação tributária do vício da inconstitucionalidade, porquanto a Suprema Corte interpreta taxativamente o rol de exceções à regra da não afetação da receita de impostos.

A majoração de imposto existente com a vinculação da diferença a uma finalidade específica incorre na pecha de inconstitucionalidade face à vedação contida no art. 167, IV da CF/88. Em tais circunstâncias, macula-se tanto a afetação do recurso como o aumento do imposto, sendo indevido o pagamento daquele acréscimo. Afinal, se a finalidade é inconstitucional, o adicional criado para atendê-la também o será, consoante já decidido pela Suprema Corte:

27 Na linha dos ensinamentos de Heleno Taveira Torres, "fundos são destaques patrimoniais de entes públicos, desprovidos de personalidade jurídica, vinculados à realização de finalidades previamente determinadas pela Constituição ou por leis." (TORRES, Heleno Taveira. *Direito constitucional financeiro: teoria da constituição financeira*. São Paulo: Editora Revista dos Tribunais, 2014, p. 287). Na condição de reserva de receita para aplicação determinada em lei ou pela Constituição, o fundo público financeiro possui finalidade e objetivo definidos, o que significa que a aplicação dos seus recursos componentes não se restringe necessariamente a despesas específicas, podendo abranger também ações voltadas para certas áreas.

> IMPOSTO - VINCULAÇÃO A ÓRGÃO, FUNDO OU DESPESA. A teor do disposto no inciso IV do artigo 167 da Constituição Federal, é vedado vincular receita de impostos a órgão, fundo ou despesa. A regra apanha situação concreta em que lei local implicou majoração do ICMS, destinando-se o percentual acrescido a um certo propósito - aumento de capital de caixa econômica, para financiamento de programa habitacional. Inconstitucionalidade dos artigos 3º, 4º, 5º, 6º, 7º, 8º e 9º da Lei nº 6.556, de 30 de novembro de 1989, do Estado de São Paulo.[28]

Com efeito, malgrado o objetivo dessas leis estaduais seja nobre[29], dado que é dever de todo governante zelar pelo equilíbrio fiscal, a fim de inibir a formação de déficits orçamentários que possam comprometer a estabilidade financeira do ente federado, constata-se que tais diplomas legais instituem, sem amparo constitucional, hipótese de exceção à regra da não vinculação da receita de impostos, afrontando diretamente o disposto no art. 167, IV da CF/88.

3. DA INVASÃO À COMPETÊNCIA TRIBUTÁRIA EXCLUSIVA DA UNIÃO PARA INSTITUIÇÃO DE EMPRÉSTIMOS COMPULSÓRIOS (ART. 148 DA CF/88)

Outro ponto criticável nas leis estaduais editadas especificamente pelos Estados da Bahia, Pernambuco, Ceará, Paraíba, Alagoas, Mato Grosso e Rio de Janeiro[30] é a previsão de que o prazo de fruição da benesse fiscal será prorrogado pelo período necessário para que o contribuinte seja reembolsado do montante depositado em favor do FEEF, o que configura a criação de empréstimo compulsório por via oblíqua. Afinal, a dilação do prazo para gozo do incentivo fiscal tem por função precípua garantir a restituição das importâncias destinadas ao FEEF.

---

28 STF, RE 183.906/SP, Relator(a): Min. Marco Aurélio, Tribunal Pleno, julgado em 19/09/1997, DJ 30/04/1998. Ainda nessa linha, vide também: STF, RE 419.795 AgR/RS, Relator(a): Min. Marco Aurélio, Primeira Turma, julgado em 22/02/2011, DJe 24/03/2011; STF, RE 213.739/SP, Relator(a): Min. Marco Aurélio, Tribunal Pleno, julgado em 06/05/1998, DJ 02/10/1998; e STF, RE 172.153/SP, Relator(a): Min. Maurício Corrêa, Segunda Turma, julgado em 12/12/1997, DJ 27/02/1998.

29 O STF tem considerado irrelevante perquirir a finalidade almejada com a vinculação da receita do imposto. A título ilustrativo, ver: STF, ADI 2.529/PR, Relator(a): Min. Gilmar Mendes, Tribunal Pleno, julgado em 14/06/2007, DJ 06/09/2007; STF, ADI 1.689/PE, Relator(a): Min. Sydney Sanches, Tribunal Pleno, julgado em 12/03/2003, DJ 02/05/2003; STF, RE 213.739/SP, Relator(a): Min. Marco Aurélio, Tribunal Pleno, julgado em 06/05/1998, DJ 02/10/1998; STF, RE 97.718/SP, Relator(a): Min. Soares Muñoz, Tribunal Pleno, julgado em 24/03/1983, DJ 24/06/1983.

30 No caso do Rio de Janeiro, durante a vigência das Leis nº 7.428/16 e nº 7.659/17.

Todavia, como é cediço, o empréstimo compulsório é espécie tributária que, nos termos do art. 148 da CF/88, só pode ser instituída pela União, mediante lei complementar, nas hipóteses de calamidade pública, de guerra externa ou sua iminência, ou de investimento público de caráter urgente e de relevante interesse nacional, aspectos esses que não se verificam nas respectivas hipóteses.[31]

A propósito, vale consignar que, desde a promulgação da Emenda Constitucional (EC) nº 18/65, quando foi atribuída competência exclusiva à União para a instituição de empréstimos compulsórios[32], o STF já rechaçou algumas tentativas dos entes estaduais de instituírem empréstimos compulsórios por vias oblíquas, como quando declarou a inconstitucionalidade de lei estadual que limitava a 80% o crédito do ICM pago em operação anterior, retendo os 20% (vinte por cento) restantes[33], assim como quando vetou o contingenciamento parcial e temporário dos vencimentos de servidores públicos[34].

Não bastassem os entes estaduais carecerem de competência para instituir empréstimos compulsórios, importante destacar, ainda, que os respectivos dispositivos legais[35] não preveem que a restituição dos valores depositados no FEEF se dará em dinheiro, o que igualmente contraria a jurisprudência do STF[36], que, à luz do art. 110 do

31 Dos entes estaduais que instituíram o adicional temporário de ICMS com a finalidade de manutenção do equilíbrio fiscal, apenas o Estado do Rio de Janeiro decretou previamente um heterodoxo "estado de calamidade pública financeira", que, entretanto, foge à definição de estado de calamidade pública contida no art. 2º, IV do Decreto federal nº 7.257/10.

32 A Constituição Federal de 1946 e as que a precederam eram silentes a esse respeito, de modo que o Tribunais partiam da premissa de que se os entes federados eram competentes para instituir e majorar tributos, não haveria óbice à criação de "adicional" sujeito à restituição, como forma de intervenção no domínio econômico, uma vez que os Estados estariam apenas exercendo sua competência suplementar sobre a matéria. Sobre a questão, vide: MELLO JUNIOR, Adolpho Correia de Andrade. Empréstimos compulsórios. In: GOMES, Marcus Lívio; ANTONELLI, Leonardo Pietro (coord.). *Curso de Direito Tributário*. v. 2, 3ª ed. São Paulo: Quartier Latin, 2010, p. 287-288.

33 STF, RE 70.204/SC, Relator(a): Min. Aliomar Baleeiro, Tribunal Pleno, julgado em 17/03/1971, DJ 30/04/1971.

34 STF, ADI 2.022 MC/ES, Relator(a): Min. Ilmar Galvão, Tribunal Pleno, julgado em 09/12/1999, DJ 28/04/2000.

35 A saber: Estados do Rio de Janeiro (art. 4º da Lei nº 7.428/16), da Bahia (art. 5º do Decreto nº 16.970/16), de Pernambuco (art. 2º, §1º da Lei nº 15.865/16), do Ceará (art. 2º, §1º da Lei nº 16.097/16), da Paraíba (art. 8º da Lei nº 10.758/16), de Alagoas (art. 5º da Lei nº 7.835/16).

36 O STF já pacificou entendimento no sentido de que, sendo o empréstimo compulsório recolhido em espécie, sua restituição também deve se dar em dinheiro (cf. STF, RE 121.336/CE, Relator(a): Min. Sepúlveda Pertence, Tribunal Pleno, julgado em 11/10/1990, DJ 26/06/1992; RE 175.385/SC, Relator(a): Min. Marco Aurélio, Tribunal Pleno, julgado em 01/12/1994, DJ 24/02/1995).

CTN[37], entende que o conceito de empréstimo pressupõe a identidade do objeto das prestações recíprocas, de sorte que, uma vez feito o recolhimento da exação em moeda, exsurge a essencialidade da restituição na mesma espécie, e não mediante a prorrogação do prazo para gozo do incentivo fiscal.

4. DA APLICAÇÃO DOS PRINCÍPIOS DA ANTERIORIDADE DE EXERCÍCIO E NONAGESIMAL ÀS HIPÓTESES DE MAJORAÇÃO INDIRETA DE TRIBUTO

Demais disso, as leis estaduais instituidoras do adicional de ICMS destinado ao FEEF preveem que os mencionados diplomas entrariam em vigor na data de sua publicação, porém, não raras vezes, atribuem ao Poder Executivo a tarefa de enumerar os beneficiários de incentivo fiscal que se sujeitarão à nova exação tributária.[38]

Embora se esteja diante de normas de eficácia limitada, que atribuem ao Poder Executivo a tarefa de editar decreto com os benefícios fiscais em relação aos quais haverá a exigência do depósito ao FEEF, imperioso é notar que a edição dos respectivos decretos regulamentares e o arrolamento dos benefícios fiscais sujeitos a essa exação tributária ocorreram com a previsão de vigência imediata do diploma e/ou produção de efeitos, isto é, sem a observância dos princípios da anterioridade de exercício e da noventena[39], os quais, consoante já firmado pelo STF[40],

37 Art. 110. A lei tributária não pode alterar a definição, o conteúdo e o alcance de institutos, conceitos e formas de direito privado, utilizados, expressa ou implicitamente, pela Constituição Federal, pelas Constituições dos Estados, ou pelas Leis Orgânicas do Distrito Federal ou dos Municípios, para definir ou limitar competências tributárias.

38 É o que estabelecem as legislações dos seguintes Estados: Rio de Janeiro (art. 12 da Lei nº 7.428/16), Bahia (art. 1º, §2º da Lei nº 13.564/16), Pernambuco (art. 3º da Lei nº 15.865/16), Ceará (art. 3º da Lei nº 16.097/16), Goiás (art. 1º da Lei nº 19.261/16), Paraíba (art. 6º da Lei nº 10.758/16), Acre (art. 3º da Lei nº 3.216/16), Alagoas (art. 2º da Lei nº 7.835/16), Piauí (art. 25, §6º da Lei nº 6.875/16), Rio Grande do Norte (art. 4º da LC nº 595/17) e Sergipe (art. 3º da Lei nº 8.180/16).

39 Eis os respectivos dispositivos: Rio de Janeiro (art. 13 do Decreto nº 45.810/16), Bahia (art. 6º do Decreto nº 16.970/16), Pernambuco (art. 12 do Decreto nº 43.346/16), Ceará (art. 12 do Decreto nº 32.013/16), Paraíba (art. 8º do Decreto nº 36.927/16), Alagoas (art. 12 do Decreto nº 52.677/17), Piauí (art. 7º do Decreto nº 16.956/16). Por fim, resta aguardar a edição do competente decreto regulamentar pelos Estados do Acre e do Rio Grande do Norte, a fim de saber se o argumento ora esposado é extensível a tais entes estaduais.

40 Cf. STF, ADI 939/DF, Relator(a): Min. Sydney Sanches, Tribunal Pleno, julgado em 15/12/1993, DJ 18/03/1994; RE 587.008/SP, Relator(a): Min. Dias Toffoli, Tribunal Pleno, julgado em 02/02/2011, DJe 05/05/2011. Ainda que o Pleno da Suprema Corte, no julgamento do RE

constituem cláusulas pétreas instituídas em favor dos contribuintes (art. 60, §4º da CF/88), não podendo ser excepcionados ou suprimidos nem mesmo por emenda constitucional.

Em que pese ter havido uma alteração legislativa gravosa em matéria tributária – pois os contribuintes, via de regra, usufruirão de 90% (noventa por cento) do benefício que lhes foi outorgado, devendo depositar o valor remanescente, o que implica um incremento do ICMS a pagar – entre a data de publicação dos decretos executivos e o início da sua produção de efeitos não houve a mudança de exercício financeiro nem decorreram mais de 90 (noventa) dias, restando violadas, a um só tempo, as alíneas "b" e "c", do inciso III, do art. 150 da CF/88[41]. Algumas legislações[42] não só preveem a vigência imediata dos respectivos decretos executivos como também estabelecem a retroação de seus efeitos, o que vilipendia também o princípio da irretroatividade tributária (art. 150, III, "a" da CF/88[43]). A esse respeito, importa sublinhar que o termo inicial para atendimento da irretroatividade e da *vacatio legis* mínima decorrente da anterioridade tributária, em suas duas espécies, é a data de início da vigência dos decretos regulamentadores (e não das respectivas leis estaduais), nas hipóteses em que estas últimas não previram satisfatoriamente todos os aspectos legitimadores da exação, tendo delegado ao Poder Executivo a tarefa de elencar os incentivos fiscais que se

---

587.008/SP, tenha dirimido a controvérsia à luz do art. 195, §6º da CF/88, que trata da anterioridade de 90 dias aplicável às contribuições de seguridade social, forçoso é constatar que o racional utilizado neste julgado é plenamente extensível à anterioridade nonagesimal insculpida no art. 150, III, "c" da CF/88.

41 Art. 150. Sem prejuízo de outras garantias asseguradas ao contribuinte, é vedado à União, aos Estados, ao Distrito Federal e aos Municípios:

[...]

III - cobrar tributos:

[...]

b) no mesmo exercício financeiro em que haja sido publicada a lei que os instituiu ou aumentou;

c) antes de decorridos noventa dias da data em que haja sido publicada a lei que os instituiu ou aumentou, observado o disposto na alínea *b*.

42 Nesse sentido, as legislações de Goiás (art. 3º do Decreto nº 8.631/16), Espírito Santo (art. 2º do Decreto nº 4.127-R/17) e Sergipe (art. 8º do Decreto nº 30.479/17).

43 Art. 150. Sem prejuízo de outras garantias asseguradas ao contribuinte, é vedado à União, aos Estados, ao Distrito Federal e aos Municípios:

[...]

III - cobrar tributos:

a) em relação a fatos geradores ocorridos antes do início da vigência da lei que os houver instituído ou aumentado.

sujeitariam ao depósito de 10% do seu proveito econômico ao FEEF e, por consequência, de definir os sujeitos passivos do gravame. Malgrado não se vislumbre nessa delegação técnica uma violação ao princípio da legalidade tributária[44], entende-se que somente com a edição do aludido decreto *intra legem* é que restaram, enfim, definidos todos os elementos capazes de fazer nascer a obrigação tributária, sendo este, portanto, o marco temporal a partir do qual se deve obediência às anterioridades anual e nonagesimal.[45]

---

44 Desde o julgamento do RE 343.446/SC, em que se afastou a alegação de ofensa ao princípio da legalidade por parte do art. 3º, II, da Lei nº 7.787/89 e do art. 22, II da Lei nº 8.212/91 – pelo fato de deixarem para o regulamento a complementação dos conceitos de "atividade preponderante" e "grau de risco leve, médio e grave", para fins de cobrança da contribuição para o custeio do Seguro de Acidente do Trabalho (SAT) – a jurisprudência do STF tem se inclinado por uma interpretação menos ortodoxa do princípio da legalidade tributária, reconhecendo a possibilidade de ato normativo infralegal vir a complementar aspectos da regra-matriz de incidência do tributo (cf. STF, RE 343.446/SC, Relator(a): Min. Carlos Velloso, Tribunal Pleno, julgado em 20/03/2003, DJ 04/04/2003). Recentemente, ao apreciar em conjunto o RE 838.384/SC e o RE 704.292/PR, sob o apanágio da repercussão geral, o Plenário da Suprema Corte reafirmou seu novel posicionamento sobre a matéria. No primeiro caso, foi reconhecida a validade da exigência da taxa para emissão da Anotação de Responsabilidade Técnica (ART), cobrada na execução de serviços de engenharia, arquitetura ou agronomia, conforme os limites estabelecidos pela Lei nº 6.994/82, fixando tese de que "Não viola a legalidade tributária a lei que, prescrevendo o teto, possibilita o ato normativo infralegal fixar o valor de taxa em proporção razoável com os custos da atuação estatal, valor esse que não pode ser atualizado por ato do próprio conselho de fiscalização em percentual superior aos índices de correção monetária legalmente previstos" (STF, RE 838.284/SC, Relator(a): Min. Dias Toffoli, Tribunal Pleno, julgado em 19/10/2016). Já no segundo caso, declarou-se a inconstitucionalidade do art. 2º da Lei nº 11.000/04, por ofensa ao princípio da legalidade tributária, fixando-se a seguinte tese "É inconstitucional, por ofensa ao princípio da legalidade tributária, lei que delega aos conselhos de fiscalização de profissões regulamentadas a competência de fixar ou majorar, sem parâmetro legal, o valor das contribuições de interesse das categorias profissionais e econômicas, usualmente cobradas sob o título de anuidades, vedada, ademais, a atualização desse valor pelos conselhos em percentual superior aos índices legalmente previstos" (STF, RE 704.292/PR, Relator(a): Min. Dias Toffoli, Tribunal Pleno, julgado em 19/10/2016). Em ambos os casos, o Tribunal Pleno apontou para o esgotamento do modelo da tipicidade fechada como garantia de segurança jurídica, aduzindo que o importante é que as leis de regência prevejam os elementos essenciais da exação, estabelecendo parâmetros mínimos de cobrança.

45 O STF já reconheceu a possibilidade de um decreto regulamentador servir como termo inicial para contagem do intervalo mínimo de tempo inerente à anterioridade tributária. Trata-se de caso em que a Suprema Corte se deparou com decreto fluminense (Decreto estadual nº 31.424/02) que incluiu novas mercadorias no regime de substituição tributária, afetando de maneira mais gravosa algumas mercadorias que já constavam em estoque nas empresas (cf. STF, RE 457.792 AgR/RJ, Relator(a): Min. Marco Aurélio, Primeira Turma, julgado em 10/11/2015, DJe 09/12/2015). Outra hipótese digna de registro ocorreu quando o STF, aplicando analogicamente o art. 150, III, "c", da CF/88, assegurou a contribuinte de ICMS no Estado do Rio Grande do Sul o direito à observância do princípio da noventena em relação a decretos estaduais que implementaram o sistema de recolhimento do tributo por substituição tributária, mas não previram prazo razoável de adaptação (cf. STF, ARE 713.196 AgR/RS, Relator(a): Min. Ricardo Le-

Adicionalmente, merece nota o fato de alguns decretos editados até o momento não distinguirem os incentivos fiscais gratuitos daqueles concedidos sob condição onerosa e por prazo certo. Ora, da dicção do art. 178 do CTN[46] em cotejo com o art. 150, III, "b" e "c" da CF/88 deflui o dever de observância da anterioridade de exercício nos casos de revogação de benesse fiscal[47] gratuita ou[48] por tempo indeterminado (art. 104, III do CTN[49]), sendo certo que, além de aguardar a mudança de ano[50], é necessário, ainda, observar o prazo de espera nonagesimal, o qual configura parâmetro mínimo de segurança jurídica do contribuinte.[51-52] Já no

---

wandowski, Segunda Turma, julgado em 10/06/2014, DJe 31/07/2014). *A contrario sensu*, vide: STF, ARE 682.631 AgR-AgR/MG, Relator(a): Min. Roberto Barroso, Primeira Turma, julgado em 25/03/2014, DJe 30/04/2014.

46 Art. 178 - A isenção, salvo se concedida por prazo certo e em função de determinadas condições, pode ser revogada ou modificada por lei, a qualquer tempo, observado o disposto no inciso III do art. 104. (Redação dada pela Lei Complementar nº 24, de 1975).

47 Apesar de o art. 178 do CTN utilizar o termo "isenção", é necessário interpretar o referido dispositivo de forma sistemática e teleológica para, à luz da ordem constitucional vigente, abranger as demais espécies de exoneração tributária, em homenagem à segurança jurídica. No mesmo sentido, vide: BALEEIRO, Aliomar. *Direito tributário brasileiro*. Atualizada por Misabel Abreu Machado Derzi. 12. ed. Rio de Janeiro: Forense, 2013, p. 1008.

48 A redação primitiva do art. 178 do CTN previa a irrevogabilidade da isenção concedida por prazo certo *ou* em função de determinadas condições. Com base nessa redação, o STF editou a Súmula nº 544/STF que firma entendimento no sentido de que "isenções tributárias concedidas, sob condição onerosa, não podem ser livremente suprimidas". Posteriormente, com o advento da LC nº 24/75, a regra da irrevogabilidade passou a ser aplicável apenas às isenções concedidas por prazo determinado *e* sob condições onerosas, defasando a mencionada súmula.

49 Art. 104. Entram em vigor no primeiro dia do exercício seguinte àquele em que ocorra a sua publicação os dispositivos de lei, referentes a impostos sobre o patrimônio ou a renda:

(...)

III – que extinguem ou reduzem isenções, salvo se a lei dispuser de maneira mais favorável ao contribuinte, e observado o disposto no art. 178.

50 Fala-se aqui em mudança de ano, pois, no Brasil, o exercício financeiro tem duração de doze meses e coincide com o ano civil, conforme disposto no art. 34 da Lei Federal nº 4.320/64.

51 O art. 178 do CTN, ao tratar das isenções gratuitas, faz remissão ao art. 104, III, do CTN, que, por sua vez, limita a aplicação da anterioridade apenas às hipóteses de revogação de isenções relativas a "impostos sobre o patrimônio ou a renda", excluindo, pois, os impostos sobre produção, serviços e circulação de mercadorias, as taxas e as contribuições. Tomando por base a letra fria do Código Tributário e sob a égide da Constituição pretérita, o STF editou o verbete sumular nº 615, segundo o qual "o princípio constitucional da anualidade (§ 29 do art. 153 da CF) não se aplica à revogação de isenção do ICM". Já sob a égide da Carta Republicana de 1988, a Suprema Corte continuou inicialmente restringindo a abrangência da anterioridade aos impostos sobre patrimônio e renda, admitindo que a revogação de isenção gratuita de ICMS implicasse o imediato restabelecimento da incidência do imposto (cf. STF, RE 204.062/ES, Relator(a): Min. Carlos Velloso, Segunda Turma, julgado em 27/09/1996, DJ 19/12/1996). Contudo, posteriormente, o STF reviu sua jurisprudência e passou a reconhecer a aplicabilidade da anterioridade anual e nonagesimal aos aumentos – ainda que indiretos – de tributos (nesse sentido: STF, ADI 2.325

tocante aos incentivos fiscais onerosos e concedidos por prazo específico, o mencionado dispositivo legal deixa clara a impossibilidade de suprimi-los livremente, em respeito aos direitos adquiridos (art. 5º, XXXVI da CF/88) e à proteção da confiança legítima, tendo o STF[53] já repelido diversas tentativas desse jaez.

Neste contexto, em se tratando de benefícios tributários outorgados gratuitamente *ou* por período indeterminado, o depósito de 10% ao FEEF do proveito econômico obtido com os incentivos relativos ao ICMS deve obediência à anterioridade tributária em suas duas vertentes (anterioridade de exercício e anterioridade nonagesimal) bem como à irretroatividade tributária, razão pela qual só poderia ser exigido em relação a fatos futuros e, ainda assim, só após a mudança do exercício financeiro e do transcurso da noventena, contados da publicação dos respectivos decretos regulamentadores, que foram os atos normativos infralegais que complementaram a lei instituidora da exação, ensejando efetivamente a sua cobrança e a consequente majoração indireta do imposto pela via da redução do incentivo fiscal.

MC/DF, Relator(a): Min. Marco Aurélio, Tribunal Pleno, julgado em 23/09/2004, DJ 06/10/2006; STF, RE 564.225 AgR/RS, Relator(a): Min. Marco Aurélio, Primeira Turma, julgado em 02/09/2014, DJe 17/11/2014; STF, RE 1.221.629 AgR/RS, Relator(a): Min. Edson Fachin, Segunda Turma, julgado em 29/11/2019, DJe 11/12/2019; STF, RE 564.225 AgR-EDv-AgR/RS, Relator(a): Min. Alexandre de Moraes, Tribunal Pleno, julgado em 20/11/2019, DJe 03/12/2019).

52 O art. 150, III, "c" da CF/88, incluído pela Emenda Constitucional (EC) nº 42/03, veda a cobrança de tributos na antes de decorridos 90 dias da publicação da lei que os instituiu ou aumentou, "observado o disposto na alínea b", o que demonstra que a anterioridade de exercício e a anterioridade nonagesimal são requisitos cumulativos. Consequentemente, e tendo em vista que os arts. 104 e 178 do CTN foram concebidos à luz da EC nº 18/65 – portanto, muito antes da promulgação da Carta Cidadã de 1988 e do ulterior advento da EC nº 42/03 – é necessário compatibilizá-los com o texto constitucional vigente, o que implica reconhecer que a anterioridade tributária não se limita aos impostos sobre o patrimônio e a renda, mas se aplica às outras espécies tributárias, salvo as exceções constitucionais constantes do arts. 150, §1º, 155, §4º, IV, "c", 177, §4º, I, "b", e 195, §6º da CF/88, incidindo, inclusive, nas hipóteses de redução ou supressão de benefícios fiscais. Em idêntico sentido, ver: COÊLHO, Sacha Calmon Navarro. *Curso de direito tributário brasileiro*. 10. ed. Rio de Janeiro: Forense, 2009, p. 595-596; PAULSEN, Leandro. *Direito tributário: Constituição e Código Tributário à luz da doutrina e da jurisprudência*. 16. ed. Porto Alegre: Livraria do Advogado Editora; ESMAFE, 2014, p. 957; RIBEIRO, Ricardo Lodi. *A segurança jurídica do contribuinte (legalidade, não-surpresa e proteção à confiança legítima)*. Rio de Janeiro: Lumen Juris, 2008, p. 223-224; VELLOSO, Andrei Pitten. *Constituição tributária interpretada*. 2. ed. rev., atual. e ampl. Porto Alegre: Livraria do Advogado Editora, 2012, (nota 608), p. 273.

53 A título exemplificativo, vide: STF, AI 861.261 AgR/MG, Relator(a): Min. Roberto Barroso, Primeira Turma, julgado em 18/11/2014, DJe 17/12/2014; STF, RE 582.926 AgR/CE, Relator(a): Min. Ricardo Lewandowski, Primeira Turma, julgado em 10/05/2011, DJe 26/05/2011; STF, RE 218.160/SP, Relator(a): Min. Moreira Alves, Primeira Turma, julgado em 02/12/1997, DJ 06/03/1998; STF, RE 169.880/SP, Relator(a): Min. Carlos Velloso, Segunda Turma, julgado em 29/10/1996, DJ 19/12/1996.

5. DA OFENSA AO PRINCÍPIO FEDERATIVO. NÃO REPARTIÇÃO COM OS MUNICÍPIOS DA RECEITA ORIUNDA DA EXIGÊNCIA DO ADICIONAL DE ICMS CORRESPONDENTE A 10% DO PROVEITO ECONÔMICO OBTIDO COM OS BENEFÍCIOS FISCAIS

Afora os vícios já delineados, verifica-se, no particular, que as leis editadas pelos Estados da Bahia (Lei nº 13.564/16), Goiás (Lei nº 19.261/16) e Mato Grosso (Lei nº 10.709/18) desrespeitam outra cláusula pétrea: a da forma federativa de Estado no federalismo fiscal brasileiro (art. 60, §4º, I da CF/88). Isso porque os citados diplomas legislativos alijam total ou parcialmente as Municipalidade de seu território da divisão dos recursos angariados com a cobrança do adicional de ICMS, o que afronta o sistema constitucional de repartição das receitas tributárias, que dispõe pertencer aos Municípios o percentual de 25% (vinte e cinco por cento) do produto da arrecadação do ICMS (art. 158, IV da CF/88).

As unidades federativas da Bahia e de Goiás promoveram a criação do adicional temporário de ICMS no bojo de Fundos Estaduais de Combate à Pobreza (FECP) com o intuito de se valer do disposto no art. 82, §1º do ADCT para fugir do dever constitucional imposto pelo art. 158, IV da CF/88 de partilhar o produto arrecadado a título de ICMS com as Municipalidades. Ocorre que, ao assim proceder, tais entes estaduais agrediram justamente o art. 82, §1º do ADCT, que admite, para financiamento do FECP, a criação de um adicional de alíquota do ICMS de até 2% (dois por cento) a incidir sobre produtos e serviços supérfluos nas condições definidas em lei complementar. Aqui está-se diante de exação tributária que não considera a essencialidade do bem ou serviço a ser objeto da tributação (e sim a fruição de certos incentivos fiscais), nem o teto de dois pontos percentuais, tampouco possui qualquer amparo em lei complementar, de modo que não se encontram preenchidos os requisitos que autorizam excepcionar o disposto no art. 158, IV da CF/88.

Já o Estado de Mato Grosso só transfere aos Municípios 20% (vinte por cento) dos recursos arrecadados com a cobrança do adicional de ICMS destinado ao FEEF, o que igualmente contraria o art. 158, IV da CF/88, que ordena a repartição da quarta parte do produto da arrecadação do ICMS.

Ora, a viga mestra de um Estado Federal, como o Brasil, é a garantia de autonomia dos entes federados, a qual deve ser compreendida não só sob os prismas político e administrativo, mas sobretudo financeiro, que é a nuança que viabiliza materialmente a federação, impedindo que as autonomias política e administrativa se reduzam ao mero plano formal. Para tanto, o constituinte valeu-se da discriminação de competências tributárias e da previsão de participação no produto da arrecadação de tributos de competência alheia, sendo que, dentre essas transferências intergovernamentais obrigatórias, insere-se justamente a participação dos Municípios no produto da arrecadação do ICMS.

Com efeito, é vedado aos Estados da Bahia, Goiás e Mato Grosso, de um lado, instituírem um adicional de ICMS e, do outro, deixarem de partilhar a contento as receitas advindas dessa exação com as Municipalidades situadas em seus limites territoriais. A totalidade do ICMS arrecadado não constitui receita pública dos Estados, pois, uma vez instituído o imposto, o produto de sua arrecadação exsurge com dupla titularidade, sendo uma parte direcionada ao ente competente e a outra ao ente partícipe. Assim, ao reservar 25% (vinte e cinco por cento) do valor coletado aos Municípios, a Carta Magna estabeleceu um condomínio federativo no plano das receitas, o qual deve ser devidamente respeitado pelos entes estaduais, sob pena de burla ao pacto federativo.

A esse respeito, convém ressaltar que o Pleno do STF, em sede de repercussão geral, firmou tese de que o repasse da quota constitucionalmente devida aos entes subnacionais não pode sofrer limitação, porquanto configuraria indevida interferência no sistema constitucional de repartição de receitas tributárias. Veja-se a ementa do *leading case*:

> CONSTITUCIONAL. ICMS. REPARTIÇÃO DE RENDAS TRIBUTÁRIAS. PRODEC. PROGRAMA DE INCENTIVO FISCAL DE SANTA CATARINA. RETENÇÃO, PELO ESTADO, DE PARTE DA PARCELA PERTENCENTE AOS MUNICÍPIOS. INCONSTITUCIONALIDADE. RE DESPROVIDO.
>
> I - A parcela do imposto estadual sobre operações relativas à circulação de mercadorias e sobre prestações de serviços de transporte interestadual e intermunicipal e de comunicação, a que se refere o art. 158, IV, da Carta Magna pertence de pleno direito aos Municípios.
>
> II - O repasse da quota constitucionalmente devida aos Municípios não pode sujeitar- se à condição prevista em programa de benefício fiscal de âmbito estadual.
>
> III - Limitação que configura indevida interferência do Estado no sistema constitucional de repartição de receitas tributárias.
>
> IV - Recurso extraordinário desprovido.[54]

---

54 STF, RE 572.762/SC, Relator(a): Min. Ricardo Lewandowski, Tribunal Pleno, julgado em 18/06/2008, DJe 04/09/2008. Na espécie, discutia-se a constitucionalidade de dispositivo do Programa de Desenvolvimento da Empresa Catarinense (PRODEC) que instituía uma operação triangular de

Dessa feita, jamais poderiam os Estado da Bahia, Goiás e Mato Grosso promoverem o aumento do valor do ICMS a pagar e pretender quedar-se com o numerário arrecadado com a cobrança do adicional em percentual superior a 75% (setenta e cinco por cento) das suas receitas, visto que tal expediente reduz indevidamente a quota-parte pertencente de pleno direito aos seus respectivos Municípios, configurando verdadeiro extravio federativo de parte relevante da parcela do ICMS que deveria ser repartida com as Municipalidades, por força do art. 158, IV da CF/88.[55]

6. PERSPECTIVAS JUDICIAIS DA MATÉRIA

As leis estaduais instituidoras do adicional de ICMS, incidente à razão de 10% (dez por cento) do proveito econômico auferido com benefícios fiscais, foram alvo de questionamento judicial por diversos contribuintes, associações e federações, os quais, por vezes, obtiveram a concessão de tutelas provisórias de urgência e até mesmo de provimentos de mérito para suspender a exigência do gravame tributário.

Paralelamente, a Confederação Nacional da Indústria (CNI) ajuizou perante o STF a Ação Direta de Inconstitucionalidade (ADI) nº 5.635/DF, postulando a declaração de inconstitucionalidade dos arts. 2º, 4º, caput e inciso I, e 5º da Lei fluminense nº 7.428/16 e, por arrastamento, dos dispositivos correlatos do Decreto nº 45.810/16.

---

crédito, na qual o contribuinte recolhia o ICMS dentro do prazo regulamentar e, posteriormente, recebia 75% do valor do ICMS pago na forma de financiamento, fixando-se um prazo de amortização do empréstimo de 48 a 60 meses. Ocorre que, ao calcular a quantia a ser repassada às Municipalidades, o Estado de Santa Catarina não levava em consideração o montante integralmente pago pelo contribuinte a título de ICMS, escriturando como receita tributária apenas os 25% do imposto devido, isto é, aquilo que se quedava nos cofres públicos após os repasses efetuados às empresas via financiamento. Dessa forma, ao invés de receberem 25% do total da apuração do ICMS arrecadado, os Municípios passaram a receber apenas 6,25% do produto da arrecadação, havendo a retenção de cerca de ¾ das suas respectivas quotas-partes.

55 Em situação análoga à presente, o saudoso Ministro Teori Zavascki concedeu liminar na ADI 5.628/DF para suspender a parte final do artigo 1º-A da Lei nº 10.336/01, que determina a dedução da parcela referente à Desvinculação das Receitas da União (DRU) do montante a ser repartido com Estados e Distrito Federal pela arrecadação da CIDE-combustíveis. Na decisão, o ministro salientou que, ao determinar a dedução das parcelas referentes à DRU do montante a ser repartido com Estados e Distrito Federal, "o comando veiculado na parte final do artigo 1º-A da Lei nº 10.336/01 incorre em aparente contraste com o artigo 159 (inciso III) da Constituição e, consequentemente, com o equilíbrio federativo que ele objetiva consolidar". (cf. STF, ADI 5.628/DF, Relator(a): Min. Teori Zavascki, julgado em 19/12/2016).

A ação foi distribuída para o ministro Luís Roberto Barroso, que adotou o rito abreviado do art. 12 da Lei nº 9.868/98 e, em decisão monocrática, limitada à apreciação da alegação de violação ao direito adquirido no que se refere aos benefícios fiscais condicionados, entendeu não ser o caso de conceder a liminar para suspender a eficácia da Lei fluminense nº 7.428/16 até o julgamento final da ação, frente à expressa manifestação do Estado do Rio de Janeiro no sentido de que a citada lei não suprimiria incentivos fiscais condicionados.

Ato contínuo, a Procuradoria-Geral da República (PGR) opinou pela procedência do pedido principal, aduzindo que a lei impugnada, ao prever a prorrogação de incentivos fiscais e o ressarcimento dos valores depositados no FEEF, bem como a vinculação prévia das receitas a despesas específicas, ultrapassou os limites contidos no Convênio ICMS nº 42/2016, em afronta aos arts. 150, §6º e 155, §2º, XII, "g" da CF/88. Ademais, a PGR assinalou que vinculação das receitas e a previsão de devolução de valores mediante extensão dos prazos dos incentivos fiscais demonstram que a exação tributária instituída pela Lei nº 7.428/16 possui feições de empréstimo compulsório disfarçado, instituído sem amparo constitucional.

De toda sorte, a expectativa dos contribuintes, entes estaduais e operadores do Direito Tributário era de que o posicionamento que o STF firmaria no julgamento de mérito da ADI nº 5.635/DF seria aplicável, *mutatis mutandis*, a outras leis estaduais[57] que também condicionam a fruição de benefícios fiscais relativos ao ICMS à realização de depósito em favor de Fundo de Equilíbrio Fiscal, assim como trazem disposições similares àquelas contidas na legislação fluminense.

Todavia, no final do ano de 2019, o Estado do Rio de Janeiro publicou a Lei nº 8.645/19, revogando a Lei nº 7.428/16 e criando o Fundo Orçamentário Temporário, em substituição ao Fundo Estadual de Equilíbrio Fiscal. A nova lei guarda diversas similaridades com a antiga, inclusive repetindo alguns vícios de inconstitucionalidade, como a violação à regra da não afetação da receita de impostos a fundo (art. 167, IV da CF/88) e a afronta à anterioridade tributária nonagesimal em relação aos novos contribuintes do adicional de ICMS (art. 150, III, "c" da CF/88), porém, a tendência[56] é que o STF reconheça a perda superveniente de objeto da

56 Desde a década de 1990, a jurisprudência do STF fixou como regra geral a perda superveniente de objeto da ADI, por revogação ou por alteração substancial da lei impugnada (cf. STF, ADI 709/PR, Relator(a): Min. Paulo Brossard, Tribunal Pleno, julgado em 07/10/1992, DJ

ADI nº 5.635/DF ante a revogação da Lei fluminense nº 7.428/16, sendo necessária a propositura de nova ação para a discussão da matéria em sede de controle concentrado de constitucionalidade.

7. AS ALTERAÇÕES LEGISLATIVAS E SUAS REPERCUSSÕES

Inicialmente, alguns Estados pretenderam facilitar a introdução do adicional de ICMS destinado ao FEEF sob o pretexto de que esse aumento da carga tributária seria temporário, voltado a perdurar até que houvesse um saneamento das finanças públicas estaduais.

Ocorre que a previsão de vigência temporária dessas leis estaduais não se mostrou suficiente para o enfrentamento do problema. O quadro fiscal dos Estados mostrou-se muito mais complexo de se equilibrar, o que fez com que os entes estaduais viessem a prorrogar a exigência desse acréscimo de ICMS[57] e até mesmo alargar o rol de seus contribuintes[58].

Embora a dilargação da cobrança da referida exação tenha sido realizada, em sua maioria, sem grandes mudanças substanciais nos diplomas legais originários, há duas questões merecedoras de destaques.

A primeira delas se refere ao instante de aprovação da lei prorrogadora da cobrança: se antes ou depois do exaurimento da vigência da lei primitiva. Em algumas situações[59], a prorrogação da exigência do adicional de ICMS aqui mencionado se deu após o decurso de lapso temporal entre o término dos efeitos da lei instituidora primitiva e a publicação da nova lei. Assim, diante da ausência de solução de con-

---

20/05/1994). Posteriormente, o entendimento da Suprema Corte evoluiu para admitir o conhecimento das ADIs, desde que cumulados dois requisitos: (i) a alteração não poderia ser substancial, de acordo com o juízo da própria Corte; e (ii) caberia ao proponente da ação o ônus de aditar a inicial, fundamentando em torno da persistência das inconstitucionalidades alegadas. Entretanto, digno de nota é que o STF já excepcionou esses dois requisitos quando há continuidade da cadeia normativa viciada, de sorte que, mesmo que a redação do dispositivo questionado e daquele que o substituiu sejam distintos, entende-se que a razão de ser da medida legislativa estaria mantida (cf. STF, ADI 763/DF, Relator(a): Min. Edson Fachin, Tribunal Pleno, julgado em 25/11/2015, DJe 03/12/2015).

57 É o caso, por exemplo, dos Estados de Alagoas (Lei nº 8.235/20), Ceará (Lei nº 16.699/18 e Decreto nº 32.918/18), Espírito Santo (Lei nº 10.851/18), Paraíba (Decreto nº 38.945/19), Pernambuco (Lei nº 16.593/19 e Decreto nº 46.317/18), Rio de Janeiro (Leis nº 7.659/17 e nº 8.645/19), Sergipe (Lei nº 8.501/18 e decreto nº 40.283/19).

58 Exemplo nesse sentido foi o Rio de Janeiro (Lei nº 8.645/19).

59 Foi o que se deu nos Estados de Alagoas (Lei nº 8.235/20) e Ceará (Lei nº 16.699/18).

tinuidade[60], o novo diploma legal deve respeito à anterioridade geral e nonagesimal, só podendo produzir efeitos após a mudança do exercício financeiro e transcurso do prazo de noventa dias, porquanto, na prática, o que se tem é a instituição de uma nova cobrança, que acarreta majoração da carga tributária.

Outro ponto relevante diz respeito ao veículo legislativo adotado para promover a extensão dos efeitos da cobrança da exação. O Estado da Paraíba, por exemplo, prorrogou a exigência do acréscimo de ICMS destinado ao FEEF por meio do Decreto nº 38.945/19, valendo-se da delegação legislativa contida no art. 9º da Lei Estadual nº 10.758/16, que autorizava o chefe do Executivo a estender os seus efeitos por mais 30 (trinta) meses. Sem embargo, essa delegação legislativa colide frontalmente com o princípio da legalidade tributária, consagrado no art. 150, I da CF/88, que prescreve caber à lei em sentido formal a instituição e a majoração de tributos (e, por óbvio, a prorrogação da sua cobrança), bem como infringe a separação de Poderes (art. 60, §4º, III da CF/88).

8. CONCLUSÃO

Não obstante se reconheça que os Estados, em geral, atravessam uma grave crise financeira, a demandar a adoção de medidas drásticas tanto sobre a vertente das receitas quanto das despesas públicas, não se pode admitir que os entes estaduais afrontem os direitos e garantias constitucionalmente assegurados aos contribuintes a pretexto de atingir um suposto equilíbrio fiscal.

Como reiteradas vezes já disse o ministro Marco Aurélio, "paga-se um preço por se viver em um Estado Democrático de Direito. É módico e está ao alcance de todos: o respeito irrestrito ao arcabouço normativo constitucional. Somente assim, é dado caminhar para o afastamento das incertezas jurídicas".

Nessa linha, apresenta-se abaixo quadro sinóptico, de sorte a sintetizar os vícios de inconstitucionalidade que maculam as leis estaduais editadas originalmente com a finalidade de instituir o adicional de ICMS destinado aos Fundos Estaduais de Equilíbrio Fiscal:

---

60 A jurisprudência do STF já assentou que o prazo nonagesimal previsto no art. 150, III, c, da CF/88 somente deve ser utilizado nos casos de criação ou majoração de tributos, e não nas situações de simples prorrogação de cobrança já existente anteriormente (cf. STF, RE 584.100/SP, Relator(a): Min. Ellen Gracie, Tribunal Pleno, julgado em 25/11/2009, DJe 04/02/2010).

	Base legal	Afetação prévia da receita de imposto (art. 167, IV da CF/88)	Criação de empréstimo compulsório por via oblíqua (art. 148 da CF/88)	Violação aos princípios da anterioridade de exercício e noventena (art. 150, III, "b" e "c" da CF/88)	Violação à irretroatividade tributária (art. 150, III, "a" da CF/88)	Não repartição das receitas do adicional temporário de ICMS com os Municípios (art. 158, IV da CF/88)
AC*	Lei nº 3.216/16	N	N	N/A	N/A	N
AL	Lei nº 7.835/16 Decreto nº 52.677/17	N	S	S	N	N
BA	Lei nº 13.564/16 Decreto nº 16.970/16	S	S	S	N	S
CE	Lei nº 16.097/16 Decreto nº 32.013/16	S	S	S	N	N
ES	Lei nº 10.630/17 Decreto nº 4.127-R/17	N	N	S	S	N
GO	Lei nº 19.261/16 Decreto nº 8.631/16	S	N	S	S	S
PB	Lei nº 10.758/16 Decreto nº 36.927/16	N	S	S	N	N
PE	Lei nº 15.865/16 Decreto nº 43.346/16	N	S	S	N	N
PI	Lei nº 6.875/16 Decreto nº 16.956/16	N	N	S	N	N

	Base legal	Afetação prévia da receita de imposto (art. 167, IV da CF/88)	Criação de empréstimo compulsório por via oblíqua (art. 148 da CF/88)	Violação aos princípios da anterioridade de exercício e noventena (art. 150, III, "b" e "c" da CF/88)	Violação à irretroatividade tributária (art. 150, III, "a" da CF/88)	Não repartição das receitas do adicional temporário de ICMS com os Municípios (art. 158, IV da CF/88)
RJ	Lei nº 7.428/16 Decreto nº 45.810/16	S	S	S	N	N
RN	Lei Complementar nº 595/17 Decreto nº 27.608/17	N	S	S	N	N
SE	Lei nº 8.180/16 Decreto nº 30.479/17	N	N	S	S	N
MT	Lei nº 10.709/18 Decreto nº 1.563/18	S	S	S	N	S
MS	Lei Complementar nº 241/17 Decreto nº 14.882/17	S	N	S	N	N

Explicação dos símbolos:

N = Não

S = Sim

N/A = Não aplicável

* Até o momento, não se tem notícia de que o Estado do Acre tenha editado ato normativo para regulamentar a mencionada lei.

Após as mudanças legislativas levadas a efeito por alguns Estados, destacam-se abaixo os vícios de inconstitucionalidade delas decorrentes e os atualmente existentes nas respectivas legislações:

	Base legal	Afetação prévia da receita de imposto (art. 167, IV da CF/88)	Criação de empréstimo compulsório por via oblíqua (art. 148 da CF/88)	Violação aos princípios da anterioridade de exercício e noventena (art. 150, III, "b" e "c" da CF/88)	Violação à irretroatividade tributária (art. 150, III, "a" da CF/88)	Não repartição das receitas do adicional temporário de ICMS com os Municípios (art. 158, IV da CF/88)
AL	Lei nº 8.235/20	N	N	S	N	N
CE	Lei nº 16.699/18 Decreto nº 32.913/18	S	S	S	N	N
ES	Lei nº 10.851/18	N	N	N	N	N
PB*	Decreto nº 38.945/19	N	S	N	N	N
PE	Lei nº 16.593/19 Decreto nº 46.317/18	N	S	N	N	N
RJ	Lei nº 8.645/19	S	N	S**	N	N
SE	Lei nº 8.501/18 Decreto nº 40.283/19	N	N	N	N	N

Explicação dos símbolos:

N = Não

S = Sim

* O Decreto paraibano nº 38.945/19 violou o princípio da legalidade tributária.

** A violação à anterioridade tributária refere-se aos novos contribuintes atingidos pelo adicional de ICMS.

Como se vê, no geral, as alterações legislativas vieram a aperfeiçoar os diplomas originais, ainda que de maneira insuficiente. De todo modo, caberá ao STF, na condição de guardião da Constituição, se posicionar acerca da constitucionalidade das leis instituidoras do adicional de ICMS destinado aos Fundos Estaduais de Equilíbrio Fiscal, seja em controle difuso, seja em controle concentrado, a fim de pôr uma pá de cal na discussão e dirimir as inúmeras controvérsias judiciais hoje existentes.

9. REFERÊNCIAS BIBLIOGRÁFICAS

ABRAHAM, Marcus. Orçamento público no Brasil. In: ABRAHAM, Marcus; PEREIRA, Vítor Pimentel (coords). *Orçamento Público no Direito Comparado*. São Paulo: Quartier Latin, 2015.

BALEEIRO, Aliomar. *Direito tributário brasileiro*. Atualizada por Misabel Abreu Machado Derzi. 12. ed. Rio de Janeiro: Forense, 2013.

COÊLHO, Sacha Calmon Navarro. *Curso de direito tributário brasileiro*. 10. ed. Rio de Janeiro: Forense, 2009.

DERZI, Misabel Abreu Machado. *Comentários à Lei de Responsabilidade Fiscal*. In: MARTINS, Ives Gandra da Silva; NASCIMENTO, Carlos Valder (org.). São Paulo: Saraiva, 2001.

GIACOMONI, James. Receitas vinculadas, despesas obrigatórias e rigidez orçamentária. In: CONTI, José Maurício; SCAFF, Fernando Facury (Coord.). *Orçamentos Públicos e Direito Financeiro*. São Paulo: Editora Revista dos Tribunais, 2011.

MACIEL, Pedro Jucá. O processo recente de deterioração das finanças públicas estaduais e as medidas estruturais necessárias. In: SALTO, Felipe; ALMEIDA, Mansueto (Org.). *Finanças públicas: da contabilidade criativa ao resgate da credibilidade*. 1. ed. Rio de Janeiro: Record, 2016.

MARTINS, Marcelo Guerra. As vinculações das receitas públicas no orçamento. A Desvinculação de Receitas da União (DRU). As contribuições e a referibilidade. In: CONTI, José Maurício; SCAFF, Fernando Facury (Coord.). *Orçamentos Públicos e Direito Financeiro*. São Paulo: Editora Revista dos Tribunais, 2011.

MARTINS JÚNIOR, Wallace Paiva. Princípio da não afetação. In: CONTI, José Maurício; SCAFF, Fernando Facury (Coord.). *Orçamentos Públicos e Direito Financeiro*. São Paulo: Editora Revista dos Tribunais, 2011.

MELLO JUNIOR, Adolpho Correia de Andrade. Empréstimos compulsórios. In: GOMES, Marcus Lívio; ANTONELLI, Leonardo Pietro (coord.). *Curso de Direito Tributário*. v. 2, 3. ed. São Paulo: Quartier Latin, 2010.

OLIVEIRA, Regis Fernandes de. *Curso de direito financeiro*. 3ª ed. rev. e atual. São Paulo: Editora Revista dos Tribunais, 2010.

PAULSEN, Leandro. *Direito tributário: Constituição e Código Tributário à luz da doutrina e da jurisprudência*. 16ª ed. Porto Alegre: Livraria do Advogado Editora; ESMAFE, 2014.

RIBEIRO, Ricardo Lodi. *A segurança jurídica do contribuinte (legalidade, não-surpresa e proteção à confiança legítima)*. Rio de Janeiro: Lumen Juris, 2008.

SCHOUERI, Luís Eduardo. *Direito tributário*. São Paulo: Saraiva, 2013.

VELLOSO, Andrei Pitten. *Constituição tributária interpretada*. 2ª ed. rev., atual. e ampl. Porto Alegre: Livraria do Advogado Editora, 2012.

02

O ENDIVIDAMENTO DOS ENTES SUBNACIONAIS: UMA ABORDAGEM COMPARATIVA

Andrea Siqueira Martins

Conselheira-Substituta do Tribunal de Contas do Estado do Rio de Janeiro. Mestre em Finanças públicas, Tributação e Desenvolvimento pela Universidade do Estado do Rio de Janeiro. Graduada em Ciências Econômicas e Direito pela Universidade Federal Fluminense

Sumário:

INTRODUÇÃO

O endividamento dos entes subnacionais é um tema corrente no federalismo fiscal brasileiro, sendo uma das causas de constituição de assimetrias no sistema. A relevância do assunto, além do debate acadêmico, pode ser constatada em diversas matérias noticiadas na imprensa. Títulos como "governo federal elabora novos planos de ajuda aos estados", "somente seis estados brasileiros começarão 2019 com boa situação nas contas", "estados brasileiros declaram situação de calamidade financeira", "novos governadores assumirão estados endividados"[1] são fácil e abundantemente encontradas nos diversos veículos de informação.

O presente artigo se propõe a analisar a temática sob o ângulo do comportamento dos atores envolvidos, a saber: governo central e entes subnacionais. A conduta pretérita e o histórico de socorros financeiros influenciam sobremaneira a atuação das esferas envolvidas no chamado "jogo de resgate".

Sendo assim, de início, faz-se um exame da teoria do jogo de resgate, desenvolvida pelo professor norte-americano de Ciência Política Jonathan Rodden, baseada em funções-utilidade para aferir as expectativas e atitudes dos entes envolvidos na condução de suas respectivas políticas de ajustes fiscais.

Em seguida, investiga-se dois exemplos de países federativos e o modo como ambos tratam a questão do endividamento dos entes subnacionais. A opção pela análise dos modelos alemão e norte-americano se deu em decorrência da evolução do federalismo brasileiro, que, inicialmente, se aproximava do arquétipo dual dos Estados Unidos, mas que, com as mudanças políticas, sociais e econômicas verificadas ao longo dos anos, acabou se aproximando do padrão cooperativo alemão, ao menos formalmente.

Por fim, conclui-se com uma comparação entre os federalismos adotados nestes países e o desenvolvido no Brasil, a fim de se tentar compreender os desequilíbrios verificados no sistema brasileiro, o qual apresenta diversas deficiências, muito em função de suas idiossincra-

1. Disponíveis em: <https://g1.globo.com/jornal-nacional/noticia/2019/06/04/governo-manda-ao-congresso-plano-de-ajuda-para-estados-endividados.ghtml>; <https://economia.ig.com.br/2018-12-14/contas-publicas-estados.html>; <https://www.correiobraziliense.com.br/app/noticia/economia/2019/01/17/internas_economia,731339/seis-estados-brasileiros-ja-declararam-situacao-de-calamidade-financei.shtml>; <https://oglobo.globo.com/economia/novos-governadores-assumirao-estados-com-divida-de-908-bilhoes-23214966>. Acessos em 26 jan. 2020.

sias, ao tentar agregar instrumentos de modelos tão díspares como são os adotados pelos Estados Unidos e pela Alemanha.

1. JOGO DE RESGATE (*BAILOUT GAME*)

A teoria do jogo de resgate (*bailout game*) foi desenvolvida por Jonathan Rodden, em sua obra *"Hamilton's Paradox: The Promise and Peril of Fiscal Federalism"*. Em linhas gerais, está relacionada à vontade e ao comprometimento dos entes subnacionais no que tange à adoção de políticas de ajuste fiscal. A expectativa quanto ao comportamento do governo central determinará a utilização ou não de correções fiscais por parte dos entes periféricos.

Assim, um estado de uma dada federação, ao tomar decisões em termos de política fiscal, levará em consideração uma série de fatores, tais como: o custo de eventual opção por uma política mais restritiva e os impactos causados nos eleitores locais, em face do aumento dos tributos ou da contenção dos gastos públicos; o ganho político junto aos eleitores, com a opção por uma política menos restritiva e a provável distribuição dos custos para outras regiões do país, assim como os efeitos ocasionados na política macroeconômica nacional; e, primordialmente, a conduta que o ente espera que será adotada pelo governo central quanto à possibilidade – ou não – de haver resgates financeiros em situações de grave crise fiscal (*defaults*[2]).

Inicialmente, considera-se que o ente subnacional não possui informação adequada quanto ao tipo de jogador que seja o ente central: se é resoluto, isto é, permitirá o *default* do governo estadual; ou, se é irresoluto, em que acabará por anuir em arcar com o déficit fiscal regional, através de operações de salvamento ou socorro financeiro.

Em ocorrendo uma primeira crise fiscal, o ente subnacional poderá decidir por duas opções: encerrar a jogada com a promoção do ajuste imediato (AI), e, por consequência, arcar com os custos políticos e sociais daí advindos; ou requerer mais recursos, mediante empréstimos ou transferências intergovernamentais para tentar contornar a crise.

---

2. Segundo a Secretaria do Tesouro Nacional, ocorre uma situação de *default* em situações em que o ente subnacional não possua recursos suficientes para honrar todas as suas obrigações. In: Exposição da União à Insolvência dos Entes Subnacionais. Novembro/2018, p. 43. Disponível em: <http://www.tesouro.fazenda.gov.br/documents/10180/0/Exposi%C3%A7%C3%A3o+da++Uni%C3%A3o+%C3%A0%20Insolv%C3%AAncia+dos++Entes+Subnacionais+-++CORRIGIDO/aa849fe8-582f-4167-91ad-1fa2f84dcbab >. Acesso em 17 jan. 2020.

O socorro do governo central poderá ocorrer ou não. Nesta última situação, de total ausência de resgate do governo federal, restará ao ente subnacional duas alternativas: promover o ajuste tardio (AT), com a consequente elevação dos custos derivados do atraso das medidas; ou, se sujeitar a uma situação de completo descontrole nas finanças (*default*), nos casos em que o ajuste tardio não seja suficiente para enfrentar o desequilíbrio fiscal (ECHEVERRIA; RIBEIRO, p. 649).

Caso o ente central resolva encerrar o jogo de antemão, optará por socorrer o ente subnacional nesta primeira fase, através do resgate imediato (RI). Poderá também optar por permanecer inerte e provocar uma segunda rodada do jogo, com a possibilidade de ocorrência de elevação dos riscos – diante de um provável aprofundamento da crise –, optando por um resgate tardio (RT). Por sua vez, embora prefira um resgate imediato (RI), o governo subnacional compreende que uma situação de *default* (D) é muito mais gravosa do que o resgate tardio (RT). Nas palavras do próprio RODDEN (2005, p. 62):

> As utilidades esperadas do governo subnacional são orientadas pelos valores eleitorais esperados de cada resultado. Os gestores subnacionais estão preocupados com as consequências eleitorais negativas do ajuste e preferem que os custos do ajuste sejam pagos por cidadãos de outras jurisdições. O governo subnacional prefere um resgate antecipado tranquilo (RI), mas se não puder obter um resgate no primeiro estágio, prefere obtê-lo no estágio posterior (RT). Se nenhum resgate for fornecido e o governo subnacional precisar arcar com os custos do ajuste, ele preferirá um ajuste inicial menos dispendioso (AI) a um doloroso ajuste tardio (AT). O pior de todos os mundos é o *default* sem assistência federal (D).[3] (tradução livre)

A vontade do ente central, em uma primeira situação de crise fiscal, será alvo de especulação pelo ente subnacional. Simplesmente, não se sabe se o ente central é resoluto (não propenso a efetuar resgates) ou irresoluto (que consente, em maior ou menor grau, com o salvamento), embora se possa concluir que, independentemente do tipo de governo

3. No original: The expected utilities of the subnational government are driven by the expected electoral values of each outcome. Subnational officials are concerned about the negative electoral consequences of adjustment, and would prefer that the costs of adjustment be paid by citizens of other jurisdictions. The subnational government prefers a quiet early bailout (EB), but if it cannot get a bailout at the fist stage, it prefers to get one at the later stage (LB). If no bailout will be provided and the subnational government must pay the costs of adjustment itself, it would prefer a less costly early adjustment (EA) to a painful late adjustment (LA). The worst of all worlds is default without federal assistance (D).

central, este sempre irá preferir um ajuste imediato (AI) por parte do ente subnacional.

A partir das referidas premissas, podemos extrair as funções-utilidade (U) dos atores (governo central e entes subnacionais) envolvidos. Nesse contexto, a função-utilidade dos entes subnacionais (Usub) pode ser assim escalonada:

Usub (RI) = 1 > Usub (RT) > Usub (AI) > Usub (AT) > Usub (D) = 0.[4]

Assim, o ente subnacional sempre irá preferir um resgate imediato (RI) por parte do governo central. Ainda que este não ocorra, a opção do ente periférico continuará sendo a do resgate, mesmo que tardio (RT), a fim de evitar os custos políticos de um eventual ajuste, seja com o aumento de tributos regionais, seja com o corte de gastos ou a diminuição na prestação de serviços públicos. Nas situações de ausência de resgates, o ajuste inicial (AI) é preferível ao tardio (AT), em face da ampliação dos custos oriundos do atraso, o que pode, inclusive, levar a uma situação de total insolvência (D) do ente periférico, que seria a situação menos desejada por este.

Já a construção do escalonamento da função-utilidade do governo central vai depender do tipo de comportamento deste último, se resoluto (Ucr) ou irresoluto (Uci). Desta feita, um governo central resoluto (não disposto a resgatar) apresentaria a seguinte graduação:

Ucr (AI) = 1 > Ucr (AT) > Ucr (D)> Ucr (RI)> Ucr (RT) = 0.

O ajuste promovido pelo ente subnacional sempre será a situação ótima do ponto de vista do governo central. Claro que o ajuste imediato (AI), por não trazer maiores consequências fiscais, políticas e sociais, é

4. RODDEN (2005, p. 64) esclarece o intervalo de 0 a 1, em que varia "p" (probabilidade), da seguinte forma: *"o governo subnacional começa acreditando que o centro é resoluto, com probabilidade p, e, irresoluto, com probabilidade 1-p. Considerando os equilíbrios sob informações perfeitas, por indução reversa, fica claro que, se p = 1 (o governo subnacional acredita com certeza que o centro é resoluto), o jogo termina rapidamente porque o governo subnacional "se ajusta" em sua primeira jogada (AI), prevendo que o centro jogará "sem resgate" a cada passo do caminho, deixando no futuro o governo subnacional com opções ainda menos atraentes que o ajuste. Se se sabe que o centro é irresoluto (p = 0), o governo subnacional permitirá que uma crise fiscal se desenvolva, recusando-se a ajustar, sabendo que o centro não pode tolerar um default. O jogo termina com um resgate antecipado (RI), já que o governo central irresoluto vai preferir não esperar para promover o resgate".*

preferível ao ajuste tardio (AT). Um governo central resoluto vai preferir, ainda, uma situação de insolvência (*default* – D) do ente subnacional a ter que realizar qualquer tipo de resgate.

Já um governo central irresoluto (propenso a resgatar) apresentará a seguinte sequência de sua função-utilidade:

Uci (AI) = 1 > Uci (AT) > Uci (RI) > Uci (RT) > Uci (D) = 0.

Da mesma forma que o governo central resoluto, o ente central irresoluto vai dar preferência ao ajuste por parte do ente subnacional. Também aqui se verifica a preferência pelo ajuste imediato (AI), para evitar uma situação de maior agravamento da situação fiscal, caso o ajuste seja postergado (AT). Difere, no entanto, quanto à importância que se dá ao *default*. O governo central irresoluto deseja impedir uma situação de insolvência do ente subnacional, em face das implicações políticas e sociais daí advindas. Neste sentido, vai preferir, antes que o *default* venha a ocorrer, resgatar o ente subnacional em dificuldade financeira.

2. FEDERALISMO NORTE-AMERICANO

2.1. Noções gerais

Os Estados Unidos se organizam através de uma federação, composta pelo governo central, 50 (cinquenta) estados e numerosos governos locais, sendo que a sua Constituição não explicita as atribuições de cada esfera, contrariamente ao que ocorre em outros países federais. A 10ª Emenda dispõe, genericamente, que a matéria que não for da atribuição expressa do governo federal, poderá ser regulamentada pelos estados, o que lhes faculta uma ampla margem relativa à competência legislativa, incluindo a composição dos governos locais – os quais não são mencionados pela Constituição norte-americana –, e que, por conseguinte, ocasiona diferenças substanciais entre as estruturas organizativas dos estados (SCHROEDER, p. 313).

O federalismo não fora criado ou se desenvolveu de modo homogêneo entre os países, dadas as peculiaridades locais. O processo de formação do federalismo nos Estados Unidos, engendrado, de um lado, pelo reforço à dualidade de competências com poucas atribuições à União; e, de outro, pelo estímulo à competição entre os Estados, está diretamente relacionado à sua história, sendo certo que este país foi o primeiro a adotar a forma federativa de estado no mundo.

O federalismo norte-americano – como ocorreu com os demais países – também teve que se ajustar às modificações sociais, políticas e econômicas no decorrer dos séculos. Talvez por possuir fortes raízes em um acerto do tipo dual, com delimitação estritas de competências e reservando aos estados uma ampla liberdade legislativa, na prática, teve que conviver com múltiplas duplicações de competências administrativas e tributárias, o que acabou por gerar certa complexidade ao sistema, a ponto de, por exemplo, ocorrer o aproveitamento múltiplo de fontes de impostos por esferas diversas de poder.

Em face das maiores restrições das esferas regionais para a instituição de uma ampla base tributária[5], as transferências intergovernamentais foram, ao longo dos anos, alcançando um papel de destaque nas relações entre os entes federativos[6]. Há três tipos principais de transferências intergovernamentais, verificadas durante o desenvolvimento do federalismo nos EUA: subvenções categóricas (*categorical grants*), subvenções em bloco (*block grants*) e compartilhamento geral de receita (*general revenue sharing*). As subvenções categóricas podem ser usadas apenas em programas auxiliares específicos e geralmente são limitadas a atividades pré-definidas. As subvenções em bloco se direcionam para um conjunto específico de programas e geralmente não se restringem a atividades previamente delimitadas. O compartilhamento geral de receita pode ser usado para qualquer finalidade não expressamente proibida por leis federais ou estaduais e não se limita a atividades definidas de forma restrita (DILGER; CECIRE, p. 2). No que tange à liberdade de ação dos entes beneficiários dos recursos, as subvenções em bloco se encontram no meio termo entre as categóri-

5. STOTSKY e SUNLEY (1997, p. 364) afirmam que a Constituição dos EUA concede aos governos federais e estaduais poderes tributários independentes, enquanto os governos locais recebem os seus poderes para tributar dos governos estaduais. Cada governo impõe seus próprios impostos. Não há impostos compartilhados, embora mais de um governo possa explorar as principais fontes de receita.

SCHROEDER (2006, p. 342) complementa os esclarecimentos anteriores ao afirmar que, de fato, não há compartilhamento de receitas tributárias do governo federal para os demais níveis de governo. No entanto, como a estrutura tributária é organizada por cada estado dentro de seu respectivo território, em alguns casos, há compartilhamento de receitas tributárias com os governos locais.

6. Embora SCHROEDER (2006, p. 330) reconheça que os governos estaduais norte-americanos realizem uma parcela substancial de seus gastos com os seus próprios recursos tributários, sendo que em torno de 70% de suas receitas totais são derivadas de suas próprias fontes arrecadatórias.

cas (baixo grau de discricionariedade) e as de compartilhamento geral (amplo grau de discricionariedade).

Quanto à forma de repasse, ou seja, à espécie de transferência adotada, identifica-se que as incondicionadas foram utilizadas em curto espaço de tempo, sendo que, dentre as condicionadas, as categóricas sempre foram repassadas em maior número que as concedidas em bloco, o que, de certa forma, vai ao encontro do modelo de federalismo adotado nos EUA, o qual, pode-se concluir que, *a priori*, seja avesso à ideia dos repasses intergovernamentais. A concepção de liberdade e autonomia dos governos subnacionais engloba a capacidade de cada um assumir o ônus de suas escolhas políticas. Em outras palavras, cada ente federativo deve, em última instância, arcar com os seus próprios gastos, sem que se torne subordinado aos repasses federais.

2.2. Endividamento dos entes subnacionais

Não há, no federalismo norte-americano, um controle do governo central em face dos níveis de endividamento dos entes subnacionais. Ao contrário do que ocorre no Brasil, o Senado dos EUA não interfere na gestão das finanças públicas dos estados. As restrições constitucionais ou legais existentes, com relação ao endividamento público dos governos subnacionais, são estabelecidas por leis produzidas pelas assembleias legislativas estaduais e, em alguns casos, referendadas pela população (DURAND, p. 22).

Com relação aos governos dos estados norte-americanos, a situação é diferente da esfera federal. Há restrições ao endividamento na maioria das constituições, que vão desde a completa proibição de qualquer dívida, como é o caso de Indiana e West Virginia até limitações mais ou menos rigorosas. Assim, por exemplo, a Constituição do Estado do Arizona proíbe débitos superiores a 350 mil dólares; a Constituição do Estado de Georgia limita o débito a 10% das receitas e a de Nevada a 2% do valor dos bens do Estado. Alguns estados exigem *referendum* popular para aprovação de pedidos de endividamento ou de extensão de seus limites (GRANOF, 1984; FERREIRA, 1998).

Grande parte dos governos subnacionais é proibida de incorrer em déficits orçamentários, em face de restrições normativas. A maioria, no entanto, está autorizada a emitir dívida de longo prazo com a finalidade de investimento em infraestrutura de capital, assim como, em algumas situações específicas, para atender a necessidades orçamentárias de curto prazo (SCHROEDER, p. 348).

DURAND (2003, p. 19) elucida que os estados americanos, como quaisquer estados-membros de uma federação, não podem imprimir moeda. Assim, quando suas receitas são menores do que as despesas, ocasionando déficits, eles têm que levantar recursos através de empréstimos realizados no mercado. Em outras palavras, quando os governos subnacionais veem esgotadas as suas duas outras fontes de financiamento, quais sejam, as receitas tributárias e as transferências intergovernamentais, a alternativa que lhes resta é o mercado de títulos públicos ou *bonds*.

Os governos subnacionais, ao recorrerem ao mercado financeiro, acabam se submetendo às restrições impostas pelos investidores, o que, por via transversa, implica um instrumento de controle do endividamento público. Assim, entes com índices elevados de dívida pública ou que desejem realizar empréstimos para custear gastos correntes tendem a encontrar maiores barreiras, seja pela falta de interesse dos adquirentes dos títulos, seja pela elevação da taxa de juros para a concretização da operação.

Após uma série de episódios de *defaults*, os legislativos estaduais passaram a impor limites para a emissão de títulos públicos. Conforme já visto, o governo federal não interfere na política de endividamento dos entes subnacionais, mas, por outro lado, não ampara os entes com problemas financeiros. Em suma, não há socorros financeiros (*bailouts*) em situações de crises fiscais agudas (*defaults*). Recorde-se aqui que a imensa maioria das transferências realizadas pelo governo federal aos estados são vinculadas a funções específicas[7], tais como saúde, educação, ações afirmativas, seguridade, infraestrutura etc., sendo concretizadas através das *block grants* ou das *categorical grants*. Sendo assim, os governos subnacionais não têm liberdade para aplicar os recursos oriundos destes repasses no equacionamento da dívida pública.

7. Há os que criticam o que consideram um certo exagero do recurso a essas transferências, como é o caso, por exemplo, de PETERSON (1995, p. 75). Apesar de reconhecer o potencial das transferências intergovernamentais – que podem auxiliar a equalizar as despesas dos governos estaduais e locais, assim como atender às necessidades daqueles que dependem dos serviços públicos -, alerta que esses benefícios têm um preço, já que, segundo ele, quanto maior for o volume dessas concessões, o ente beneficiário se torna menos disciplinado pelas forças do mercado, ou seja, quanto maior for a intensidade das transferências, menos o ente subnacional precisa recorrer ao mercado financeiro, e, consequentemente, deixa de se submeter às exigências impostas por este último.

Após os *defaults*, não somente os governos estaduais introduziram normas de controle do endividamento, mas também o mercado passou a adotar medidas de prevenção, como a instituição de um amplo sistema de seguros e a criação de empresas encarregadas da classificação dos riscos dos diversos títulos públicos, o que acabou impondo uma maior disciplina fiscal aos governos estaduais[8].

Em suma, no modelo de federalismo norte-americano, calcado em uma maior autonomia e descentralização, não há um controle normativo, por parte do governo federal, do endividamento dos entes subnacionais. A consequência daí oriunda é que os estados possuem ampla liberdade no que tange à gestão de suas finanças públicas; mas, por outro lado, já sabem, aprioristicamente, que não poderão contar com eventuais auxílios financeiros do governo federal em tempos de crises fiscais.

2.3. Casos de *bailouts*

No caso norte-americano, foram raros os exemplos de *bailouts* no desenvolvimento histórico de seu federalismo. O primeiro caso ocorreu em 1790, em que Hamilton[9] fora favorável à operação de resgate por parte do governo central, em boa medida, por uma questão de moralidade e justiça, uma vez que os estados com as maiores dívidas haviam suportado o peso das despesas na condução da Guerra Revolucionária. No entanto, a sua lógica se concentrava, em face do seu receio quanto às externalidades, em estabelecer o governo federal como o único credor dos estados e interromper o acesso independente destes últimos aos mercados de crédito no futuro, o que fez com que, de fato, o ente central assumisse a dívida dos estados endividados. Os críticos mais expressivos de Hamilton se insurgiram contra a assunção da dívida, especialmente porque o governo central estabeleceria um precedente incentivando os estados a acreditar que era do tipo irresoluto. Com efeito, o temor dos críticos veio a se efetivar cinquenta anos após a assunção inicial da dívi-

8. A existência de títulos públicos competitivos exige um mercado financeiro bem estruturado, com informações transparentes e regras contábeis divulgadas conforme padrões aceitáveis, de modo a se considerar uma segura análise de risco de inadimplência, que englobe o estoque e o vencimento da dívida, limitações tributárias, outras obrigações contratuais, os rendimentos atuais etc. (RODDEN; ESKELAND, p. 62).

9. A referência é relativa a Alexander Hamilton, o primeiro Secretário do Tesouro dos Estados Unidos, no período de 1789 a 1795, tendo sido nomeado por George Washington.

da, tendo esta sido mantida como precedente em pedidos urgentes por outra assunção de volume muito maior (RODDEN, 2005, p. 70).

Um choque negativo ocorreu com o pânico financeiro de 1837 e o início de uma grande recessão, que perdurou de 1839 a 1843. Muitos dos estados continuaram a tomar empréstimos de forma ainda mais agressiva, até que toda a estrutura financeira entrou em colapso com o choque bancário de 1840. Os empréstimos cessaram, o trabalho em canais e ferrovias parou e as poucas receitas tributárias secaram completamente. Acima de tudo, os valores da terra que sustentavam o empréstimo começaram a cair. À medida que a crise se aprofundava, alguns dos governos estaduais mais endividados se recusaram a se ajustar, resistindo a quaisquer aumentos de impostos diretos até o fim, até que um depois de outro, nove estados "faliram" entre 1841 e 1842.

ANDRADE (2012, p. 99-100) informa que, previsivelmente, a assunção da dívida dos estados pelo governo central era apoiada pelos estados mais endividados (especialmente Maryland e Pennsylvania) e pelos investidores, mas não pelos estados menos endividados. Após anos de debate, um comitê presidido por William Cost Johnson, de Maryland, submeteu um relatório ao Congresso em 1843, defendendo a federalização das dívidas. Os opositores da assunção da dívida dos estados pelo governo federal argumentaram que tal medida transferiria os ônus da dívida de estados irresponsáveis para estados fiscalmente prudentes. O relatório de Johnson não foi aprovado pelo Congresso. As principais explicações para tanto talvez sejam simples: a maioria dos estados não possuía dívidas elevadas, ao passo que parte significativa dos estados mais endividados tinha populações pequenas (sete dos nove estados que decretaram moratórias eram novos). Além disso, a população dos estados menos endividados enxergava a assunção da dívida pelo governo federal como uma injusta transferência dos seus ônus e os candidatos presidenciais não queriam perder votos nesses estados.

A experiência histórica americana da década de 1840 foi vital, pois a conduta do governo federal, ao resistir às pressões dos estados endividados e dos credores, estabeleceu um precedente no sentido de priorizar efetivamente a autonomia dos entes subnacionais, e mesmo sob as condições mais severas, o ente central deixou claro que não seria responsável pelas dívidas públicas dos estados, assim como não poderia ser obrigado a refinanciá-los. Considerando, ainda, o precedente de resgate de 1790, o referido comportamento por parte do ente central foi determinante para incutir nos eleitores e no mercado financeiro a ausência ou a diminuição de expectativas quanto à possibilidade de futuros salvamentos, o que acabou por provocar também uma mudança de conduta por parte destes[10].

DURAND (2003, p. 23) traz um outro exemplo de *default* dos governos subnacionais norte-americanos, desta vez, o da cidade de Nova Iorque, que apresentou uma severa crise fiscal em 1975. Inicialmente, o governo federal não assumiu as suas dívidas e somente depois de seguidas demandas por parte do governo do estado de Nova Iorque – que temia que os efeitos da crise da cidade se estendessem a nível estadual –, é que o governo federal, na administração Ford, e o Congresso concordaram em realizar empréstimos de curto prazo, mas, diga-se de passagem, mediante rigorosas exigências relacionadas ao ajuste das contas públicas do ente federativo e após ter interferido e assumido o controle das finanças locais. A cidade teve que aceitar mudanças drásticas na condução de sua política fiscal, com a instituição de normas de controle, a imposição de aumento de sua arrecadação tributária e a redução de empréstimos para o financiamento de gastos correntes.

Mais recentemente, houve o caso da insolvência da cidade de Detroit, localizada no estado norte-americano de Michigan. Segundo HEROLD (2018, p. 15 apud GEISSLER, 2015):

> O maior pedido de falência municipal na história dos EUA é o de Detroit, Michigan. Tendo acumulado dívida em valor superior a US $ 18 bilhões (US $ 26.000 por habitante), Detroit requereu insolvência nos termos do Capítulo 9[11], em julho de 2013. Até o final de 2014, após 16 meses, Detroit conseguiu se reerguer. Em novembro de 2014, o tribunal aprovou o plano de reestruturação da dívida negociado com os

10. Segundo RODDEN (2005, p. 77-78), os investidores começaram a insistir em informações muito mais substanciais sobre a qualidade dos projetos de investimento, a organização das instituições estatais e, sobretudo, a força dos sistemas tributários estaduais. Os eleitores também aprenderam algumas lições extremamente valiosas. Os empréstimos nem sempre substituem os impostos na construção de infraestrutura, bem como as decisões sobre endividamento acabam afetando o bem-estar dos cidadãos - potencialmente de maneira bastante dramática.

11. A autora se refere ao *Chapter 9* do *United States Bankruptcy Code*, de 1937, que estabelece regras para a recuperação financeira das municipalidades norte-americanas. Segundo CONTI (2018, p. 379), "*o Código de Falências norte-americano prevê que, estando demonstrada a insolvência e for impraticável a composição com os credores, o ente poderá requerer os benefícios previstos na legislação, devendo firmar uma declaração pública de insolvência (disclosure statement) e apresentar um plano de ajuste de suas dívidas (plan of debt adjustment), que será submetido à aprovação e acompanhamento pelo Poder Judiciário, em um processo que se assemelha à nossa recuperação judicial de empresas*".

> detentores de títulos e pensionistas. De acordo com o plano, o passivo seria reduzido em US $ 7 bilhões. Os credores experimentaram uma diminuição substancial de 80% em suas reivindicações, enquanto as pensões obtiveram um corte mais brando. Honorários a advogados, consultores e analistas financeiros relacionados à falência totalizaram mais de US $ 150 milhões. Em conclusão, o processo de insolvência de Detroit permitiu um novo começo. Iniciou-se um processo de reestruturação administrativa, com a atração de novas indústrias e capital.[12] (tradução livre)

Uma das primeiras medidas do procedimento de insolvência foi a suspensão de ações judiciais e de pagamentos aos credores, o que permitiu à cidade, no curto prazo, lidar com alguns de seus problemas de fluxo de caixa, e, ainda, obter um acordo com o Estado de Michigan, que assentiu em investir US $ 350 milhões nos fundos de pensão de Detroit por duas décadas. Em 7 de novembro de 2014, apenas quinze meses após o pleito, o Judiciário aprovou o ajuste fiscal de Detroit. Ao final, Detroit conseguiu reduzir a sua dívida de longo prazo em torno de US $ 7 bilhões, com respectivos investimentos da ordem de US $ 1,7 bilhões em serviços de infraestrutura urbana.

Houve, no entanto, uma diferença substancial entre os *bailouts* de Nova Iorque e Detroit – a participação do governo federal. No primeiro caso, após uma considerável relutância por parte do ente central, é que este concordou em financiar parte do déficit, mas, conforme visto, mediante a implantação de rigorosas restrições fiscais, que foram impostas à cidade. Em Detroit, foi o Estado de Michigan que promoveu o socorro financeiro, mas, ainda assim, por intermédio de um plano previamente ajustado entre credores e com a interveniência do Poder Judiciário, sendo certo que todo o processo transcorreu à margem de qualquer participação financeira do governo central.

---

12. No original: The largest municipal bankruptcy filing in US history is that of Detroit, Michigan. Having accumulated debt amounting to over USD 18 billion (USD 26 000 per inhabitant), Detroit filed for insolvency under Chapter 9 in July 2013. By the end of 2014, after 16 months, Detroit emerged from it. In November 2014, the court approved the debt restructuring plan that had been negotiated with bondholders and pensioners. According to the plan, liabilities will be reduced by USD 7 billion. Creditors experienced a substantial haircut of 80% on their claims, while pensions were cut only slightly. Fees to lawyers, consultants and financial advisors related to bankruptcy resulted in total to more than USD 150 million. In conclusion, the insolvency proceeding of Detroit enabled a fresh start. It launched an administrative restructuring process and attracted new industries and capital.

3. FEDERALISMO ALEMÃO

3.1. Noções gerais

A Alemanha é um estado federal, conforme previsto no artigo 20 de sua Constituição, denominada Lei Fundamental (*Grundgesetz = GG*), de 23.05.1949. O país é formado, atualmente, por 16 estados (*Länder*), incluindo três cidades-estados (Berlim, Bremen e Hamburgo), sendo que cinco deles – Brandemburgo, Mecklemburgo-Pomerânia Ocidental, Saxônia, Saxônia-Anhalt e Turíngia – foram criados e incorporados durante a reunificação com a antiga República Democrática da Alemanha, em 1990. Os municípios possuem autonomia de gestão, mas são submetidos ao controle e à coordenação dos governos estaduais.

A organização estatal se assenta em um sistema parlamentarista de governo, formado por uma estrutura bicameral: (i) o Conselho Parlamentar (*Bundestag*) ou Câmara Baixa, com representantes do povo eleitos por um sistema eleitoral misto; e, (ii) o Conselho Federal (*Bundesrat*) ou Câmara Alta, com representantes dos estados. Esta instituição, especificamente, se distancia muito da forma usual dos "Senados", adotados em outras federações, já que seus membros não são eleitos, mas indicados pelos respectivos governos estaduais. O número de componentes de cada estado varia entre três e seis, a depender da população local.

PRADO (2006, p. 75-76) chama a atenção para um aspecto essencial na dinâmica política do *Bundesrat*, que compõe sua diferença principal em relação às Câmaras Altas dos sistemas bicamerais usuais. Nestas, os representantes estaduais são eleitos diretamente e não devem subordinação aos respectivos governos, sendo que, no geral, os Senados se estruturam segundo linhas partidárias, o que acaba por permitir que o posicionamento dos representantes se oriente por agendas políticas partidárias ou pessoais. Embora seja provável alguma correlação entre os partidos políticos que ocupam os executivos estaduais e seus senadores, não se pode deixar de reconhecer que tal situação não é necessária e certa. Já no modelo alemão, esta conexão é direta, visto que as composições políticas do *Bundesrat* se traduzem em expressão direta da composição de poder ao nível de governo intermediário. Tal representação fortalece os estados, não em um sentido individual, mas sim, coletivamente, o que faz com que os estados, isoladamente considerados, não detenham poder significativo, mesmo quando tenham grande capacidade econômica. Sendo assim, os estados só têm força, na medida em que consigam se organizar coletivamente, nas negociações dentro do *Bundesrat* perante o poder central.

Há uma intensa concentração da competência legislativa no âmbito da União, ficando a cargo dos estados a execução das leis federais. A maior parte das leis são elaboradas e aprovadas pelo Governo Federal, tornando-se diminuta a atuação dos Estados nessa seara. Apesar de existirem críticas dos estados, especialmente no que diz respeito à criação de encargos aos entes subnacionais por leis federais, não se pode olvidar que existe uma participação efetiva dos estados no processo legislativo federal, na construção das escolhas políticas mais importantes concernentes à elaboração das políticas públicas e até mesmo nos processos de emenda à Constituição e de escolha dos juízes do Tribunal Constitucional Federal (DERZI *et al*, 2015, p. 475).

As transferências intergovernamentais são um instrumento de concretização de um princípio constitucional, o da equivalência das condições de vida no território alemão, que, em última análise, se traduz na busca da uniformidade das condições individuais dos cidadãos, não importa a região em que vivam[13], tratando-se de um poderoso mecanismo de equalização social, devendo-se atentar para a questão da fidelidade estatal, sob a qual o Governo Federal e os Estados deverão se pautar. Esta significa verdadeiramente um mútuo dever existente com fins de formação de uma comunidade solidária, na qual coexiste a autonomia de cada ente, mas que a insolvência de um dos membros é excluída pelos outros (HEINTZEN, p. 448).

As transferências intergovernamentais estão reguladas no artigo 106 da Lei Fundamental Alemã. A compensação financeira federal, ou seja, aquela existente entre o governo federal e os estados, bem como a dos estados entre si são reguladas exclusivamente em nível federal. Não existem leis estaduais ou acordos contratuais que versem sobre o tema. Já a compensação municipal está regulada primordialmente em âmbito estadual, visto que as municipalidades são consideradas como parte da organização administrativa, e não, como um terceiro nível da organização estatal. Em regra, conforme já visto, as receitas distribuídas não se

13. Previsto no art. 106, (3), 2, da Lei Fundamental:

2. As necessidades de cobertura da Federação e dos Estados devem ser harmonizadas entre si de tal forma, que se alcance uma compensação equitativa, se evite uma sobrecarga dos contribuintes e **se mantenha a uniformidade das condições de vida no território federal**. Adicionalmente, na fixação das participações da Federação e dos Estados no imposto sobre mercadorias e serviços, será levada em conta a diminuição da receita fiscal dos Estados, a partir de 1º de janeiro de 1996, resultante da consideração dos filhos no direito do imposto de renda. A matéria será regulamentada por lei federal mencionada na terceira frase. (grifei)

vinculam originariamente a uma determinada finalidade, sendo que os entes beneficiários possuem plena autonomia para decidir em que tipo de despesas serão aplicadas, tendo em vista as necessidades locais.

Sem dúvida, os mecanismos de partilha e equalização horizontal se traduzem no aspecto distintivo e peculiar do federalismo alemão. De acordo com PRADO (2006, p. 76), há três tipos básicos de procedimentos de partilha de recursos no sistema alemão, os quais podem ser considerados como etapas de um processo:

(i) compartilhamento de impostos (basicamente IR e IVA);

(ii) transferências interestaduais sem participação da União (*Länderfinanzausgleich*);

(iii) transferências verticais União-estados e estados-municípios.

HEINTZEN (2015, p. 452) destrincha as referidas etapas com interessante abordagem didática:

(1) *compensação financeira primária vertical*:

A palavra "vertical" se refere às transferências do governo federal para os estados. Já a palavra "primária" resulta da apuração total das receitas tributárias auferidas no exercício financeiro e a posterior verificação da porção proporcional devida ao Governo Federal e aos estados separadamente considerados.

(2) *Compensação financeira primária horizontal*:

Na primeira fase, apura-se a parcela da receita tributária de um exercício que será destinada aos estados conjuntamente. Já nesta segunda etapa – primária e horizontal – define-se quantitativamente o valor que cada estado, individualmente considerado, receberá do montante total. Para tanto, observa-se o princípio da arrecadação local, ou seja, cada estado receberá o valor correspondente à diferença entre o montante que os seus respectivos órgãos fazendários arrecadam[14] e a parte designada, legal e constitucionalmente, ao governo federal.

14. PRADO (2006, p. 98-99) informa que IR, combustíveis e atividade produtiva local são distribuídos conforme a origem da receita, ou seja, os montantes guardam estreita correlação com a capacidade econômica das jurisdições. Já o IVA foi escolhido para funcionar como elemento de ajuste do sistema, sendo que três quartos dos recursos são distribuídos numa base *per capita* e os 25% restantes são utilizados para melhorar a receita dos estados mais pobres, de modo que estes últimos se aproximem da capacidade financeira média nacional.

(3) *Compensação financeira horizontal secundária*:

Após a etapa distributiva primária, é hora de se compensar as discrepâncias dos valores partilhados a cada estado, de forma secundária, em que se confrontam receitas e despesas de cada ente subnacional, objetivando aferir quais seriam os mais necessitados de recursos para a consecução dos objetivos constitucionais e legais. Trata-se, por conseguinte, de um mecanismo de correção de eventuais distorções. Nesta fase, não há participação da União, mas sim, de uma equalização resultante de recursos dos próprios estados entre si, segundo critérios legais.

(4) *Compensação financeira vertical secundária*:

Prevista no artigo 107 da Constituição alemã, esta fase engloba repasses do governo federal aos estados mais fragilizados economicamente, com o objetivo de se reduzir ainda mais as desigualdades financeiras entre estes entes. De acordo com HEINTZEN (2015, p. 455), o volume da compensação financeira vertical secundária é atualmente o dobro que o da compensação financeira horizontal secundária, sendo a reunificação da Alemanha o maior motivo para dada consequência econômica[15].

A Lei de Compensação Financeira (*Finanzausgleichsgesetzes*) regulamenta o referido dispositivo constitucional, dispondo que a definição do poder arrecadatório de um Estado é algo objetivamente verificável, de forma que dado conceito se dá a partir da apuração entre a capacidade arrecadatória de um Estado, acrescido das receitas por ele recebidas a título de compensação financeira, comparado com a média dos outros Estados em um mesmo exercício financeiro.

(5) *Auxílios financeiros federais*:

Diferentemente das etapas anteriores, esta não se destina à tarefa redistributiva entre os entes, mas sim, à melhoria da infraestrutura e ao incentivo de economias locais, sendo, portanto, transferências condicionadas. Desta feita, são concedidas, indistintamente, aos estados que demonstrem necessidade para tal, de forma discricionária e com os recursos vinculados a uma atividade específica[16].

---

15. O autor informa, ainda, que essa espécie de suplementações financeiras, ou seja, do Governo Federal para os "novos Estados alemães" terminam de uma forma regressiva até o final de 2019. Esta, inclusive, é uma das principais razões pelas quais o tema relativo à adequada compensação financeira continuar na pauta das discussões políticas, sendo periodicamente revisitado em fóruns e congressos jurídicos em todo o país (2015, p. 456).

16. Em 1975, decisão da Corte Constitucional alemã estabeleceu que todos os estados têm que concordar com a alocação deste tipo de fundos do governo federal para os estados, o que levou à

3.2. Endividamento dos entes subnacionais

SPAHN e FÖTTINGER (1997, p. 236-237) esclarecem que, em período anterior à União Europeia, a lei restringia os empréstimos do Banco Central diretamente ao governo federal e aos estados a uma quantidade relativamente pequena de empréstimos de curto prazo. No entanto, após o Tratado de Maastricht, os limites institucionais para o financiamento de déficits passaram a decorrer diretamente de seus dispositivos, que, dentre outros, proíbem transações diretas entre o governo e o Banco Central, bem como restringem o montante de empréstimos governamentais às despesas de investimentos ("regra de ouro"). Por conseguinte, não há empréstimos diretos entre os entes federativos, mas, por outro lado, os estados que vinham apresentando déficits orçamentários frequentes recebiam uma cota maior de recursos das transferências intergovernamentais.

Uma questão relacionada ao endividamento dos entes federativos na Alemanha é a que se refere ao denominado "risco moral" (*moral hazard*). Segundo SPAHN (2001, p. 166), uma compensação financeira baseada em receitas ou gastos atuais não pode fugir da crítica de favorecer a irresponsabilidade orçamentária. Com efeito, se grande parte do déficit é coberto pelo conjunto dos estados ou pela União, sob o pretexto de constituírem uma "comunidade solidária", há uma falta total de incentivos para se evitar estes déficits. Pelo contrário, o estado pode cair na tentação de gastar mais do que aquilo que corresponde a sua capacidade própria, contando com o "salvamento" pela comunidade a título de solidariedade entre os estados.

HEINTZEN (2015, p. 458-459) esclarece que, por ocasião da segunda Reforma do Federalismo na Alemanha em 2009[17], a atenção voltou-se

---

edição de diversos regulamentos sobre o tema. Estes dispositivos reduziram em muito o caráter discricionário deste tipo de transferência, cuja facultatividade, aliás, costuma ser muito criticada pelos partidários de uma maior autonomia aos entes subnacionais, dado que a existência de contrapartidas, por parte do ente federal, tende a trazer embaraços a uma maior liberdade destes últimos (PRADO, p. 116 *apud* SPAHN, 1999).

17. A primeira reforma do federalismo alemão, conhecida como "Pacto de Solidariedade I", foi instituída em março de 1993, com vigência a partir de 1995, tendo permanecido em vigor até 2004. O acordo previa uma série de medidas, incluindo a introdução de uma sobretaxa de solidariedade e a revisão do sistema estadual de equalização fiscal. Já o "Pacto de Solidariedade II", negociado em 2001, com vigência em 2005, permanecerá em vigor até 2019. Para maiores informações: *"Die Vereinbarung über den Solidarpakt" ["O Acordo sobre o Pacto de Solidariedade"]*, Archiv der Gegenwart, 16 de março de 1993, pp. 48032-36. Disponível em: <http://ghdi.ghi-dc.org/sub_document.cfm?document_id=3105>. Acesso em 30 nov. 2019.

para a questão do endividamento público, muito por conta das drásticas consequências oriundas da crise financeira mundial de 2008. O artigo 109 da Lei Fundamental[18] passou a vigorar no sentido de que os orçamentos da Federação e dos Estados devem ser equilibrados basicamente sem que seja necessário que estes recorram a créditos. No caso dos estados, especificamente, proibir-se-á, de forma absoluta, um eventual novo endividamento[19].

Com a adoção, pela Federação Alemã, de uma política financeira restritiva – especialmente em face das exigências da União Europeia -, o endividamento dos estados passou a ser o centro do debate das preocupações nacionais. Dessa forma, foi previsto dispositivo na Constituição relativo à transferência expressiva de recursos para os estados economicamente mais fracos, mas, em contrapartida, estes mesmos estados devem alcançar um orçamento equilibrado até o exercício de 2020[20].

---

18. Artigo 109

    [Regime orçamentário da Federação e dos Estados]

    (...)

    (3) **Os orçamentos da Federação e dos Estados devem ser equilibrados basicamente sem recorrer a créditos**. A Federação e os Estados podem estabelecer regulamentos para levar em conta os efeitos de uma evolução conjuntural que não corresponda à situação normal de altas e baixas simétricas, bem como um regulamento de exceção para catástrofes naturais ou situações extraordinárias de emergência, que fuja ao controle do Estado e que prejudique consideravelmente a situação financeira estatal. O regulamento de exceção tem de incluir um regulamento correspondente de amortização. Para o orçamento da Federação, a regulamentação específica é ditada no artigo 115 com a ressalva, que a primeira frase é cumprida, quando os recursos provenientes de créditos não ultrapassem 0,35 por cento em relação ao Produto Interno Bruto nominal. A regulamentação específica para os orçamentos dos Estados é ditada pelos próprios Estados no âmbito das suas competências constitucionais com a ressalva de que a primeira frase somente é cumprida, quando não é permitida nenhuma tomada de créditos. (grifei)

19. O autor informa que a lei (provisória) de compensação financeira perderá vigência em 31.12.2019, razão pela qual os regulamentos "de frenagem da dívida" passarão a vigorar integralmente a partir de 01.01.2020, ocasião em que será retirada a possibilidade de os estados auferirem receitas provisórias por meio de empréstimos.

20. Artigo 143 d

    [Regras transitórias no âmbito das ajudas de consolidação]

    (...)

    (2) Aos Estados Berlim, Bremen, Sarre, Saxônia-Anhalt e Schleswig-Holstein podem ser concedidos recursos de consolidação do orçamento da Federação no período de 2011 até 2019, num valor total de 800 milhões de euros anuais, como ajuda para a observância das disposições do Artigo 109, §3, a partir de 1º de janeiro de 2020. Desse montante cabem 300 milhões de euros a Bremen, 260 milhões de euros ao Sarre e 80 milhões de euros respectivamente a Berlim, Saxônia-Anhalt e Schleswig-Holstein. As ajudas serão concedidas com base num acordo administrativo regulamentado por uma lei federal, com a aprovação do Conselho Federal. A concessão das ajudas está condicionada a uma completa redução dos déficits de financiamento

3.3. Casos de *bailouts*

A estrutura federativa alemã, antes das Reformas de 2006 e de 2009[21], atribuía aos *Länder* considerável poder discricionário sobre decisões orçamentárias e de contratação de empréstimos; mas muito pouca autonomia para o incremento de receitas tributárias, visto que os impostos que mais arrecadam se encontram no âmbito de competência do ente central. Além disso, o sistema de equalização utilizado na repartição de recursos foi interpretado pelos credores como garantias implícitas da dívida dos entes subnacionais, o que provoca uma situação de risco moral (*moral hazard*) para o sistema.

Mesmo adotando um sistema de repartição que busca concretizar o princípio constitucional da uniformidade das condições de vida em todo o território alemão – o que acarreta uma maior parcela de recursos para os estados com os menores índices de desenvolvimento, e, por conseguinte, mais fracos financeiramente –, episódios de pedido de resgate ocorreram na história do federalismo alemão, sendo ocasionados justamente por estados recebedores de recursos.

Destacam-se, inicialmente, os casos de Bremen e Sarre, no final da década de 1980. Nesta época, o governo central não tinha poder para impor restrições numéricas às atividades de empréstimos dos *Länder*, as quais também não se submetiam à aprovação ou à revisão pelo *Bund*. No sistema alemão, os *Länder* têm as suas próprias disposições consti-

---

até o fim do ano de 2020. Os pormenores, em especial as etapas anuais de redução dos déficits de financiamento, a fiscalização da redução dos déficits de financiamento através do Conselho de Estabilidade, bem como as consequências no caso da inobservância das etapas de redução serão regulamentados através de lei federal com a aprovação do Conselho Federal e através de acordo administrativo. Fica proibida a concessão simultânea de ajudas de consolidação e ajudas de saneamento, em razão de emergência orçamentária extrema.

21. Com relação ao período posterior às reformas, SILVEIRA (2019, p. 160-161) informa sobre as transformações ocasionadas no modelo federativo alemão, que "*na segunda reforma, dentre outras modificações, impôs-se equilíbrio para os orçamentos da 'federação' (governo central) e dos 'Länder' (entes subnacionais); a adoção de limites mais restritos de endividamento estrutural (financiamento regular dos gastos públicos exigidos por falta de receitas tributárias ou patrimoniais), tanto para o governo central quanto para os entes subnacionais; aspectos que acabaram com a capacidade de endividamento destes. Antes mesmo do Pacto Orçamentário europeu, já havia questionamentos sobre o enfraquecimento do federalismo alemão. A proibição de endividamento pelos entes subnacionais (Länder) colocou em dúvida se eles poderiam prosseguir com o exercício adequado das competências constitucionalmente asseguradas na Federação Alemã (considerando que, no texto original da Constituição, tais entes possuíam plena capacidade de endividamento). Essa dúvida provavelmente levou a uma série de reduções das competências dos Länder, indicando um enfraquecimento do federalismo alemão pós-reformas e uma saída recentralizadora para a crise*".

tucionais e estatutárias, que, no geral, os impedem de contrair empréstimos que superem os gastos para fins de investimento projetados no orçamento, as quais são conhecidas como "regra de ouro".

Bremen e Sarre, a partir das décadas de 1970 e 1980, enfrentaram grandes crises econômicas e tiveram que lidar com problemas críticos de desemprego, o que ocasionou uma pressão significativa em suas finanças. Apesar da constante dependência de transferências de recursos suplementares e equalizadores, ambos os *Länder* continuaram a aumentar os gastos, o que gerou grandes déficits orçamentários e uma maior dependência do endividamento público para o financiamento das despesas. Em face de seus respectivos níveis de dependência fiscal de outros *Länder* e do *Bund*, a estratégia dos governos de Bremen e Sarre era dizer aos eleitores que eles não eram responsáveis por crescentes déficits e ônus da dívida, argumentando que o restante da federação não estava cumprindo com as suas obrigações constitucionais, no sentido de garantir um financiamento adequado. Apesar dos níveis alarmantes de dívida, os governos de Sarre e Bremen não tiveram problemas em obter crédito de seus *Landesbanks*[22] (RODDEN, 2005, p. 194).

Em meados da década de 1980, ficou claro que os níveis de dívida acumulada em Bremen e Sarre eram insustentáveis e ambos os *Länder* declararam que enfrentavam "emergências" fiscais, pedindo à federação e aos outros *Länder* que fornecessem fundos especiais para pagar parte de sua dívida. O estado de Bremen acabou solicitando que o *Bund* assumisse explicitamente as suas obrigações. A década de 1980 viu uma variedade de reclamações dos *Länder* perante o Tribunal Constitucional, tendo Sarre e Bremen conduzido os seus pleitos de resgates aos tribunais. Uma decisão de 1986 considerou que as transferências suplementares federais poderiam ser usadas para ajudar os *Länder* com problemas fiscais, o que reforçou as expectativas das autoridades de Bremen e Sarre de que o governo central acabaria sendo irresoluto, enfraquecendo ainda mais seus incentivos para arcar com os custos do ajuste. Durante o resto dos anos 80, eles não fizeram nenhum esforço para se ajustar. Em vez disso, continuaram a articular demandas de resgate ao Tribunal Constitucional e, em maio de 1992, o Tribunal declarou que a obrigação de solidariedade contida na Lei Básica exigia que o *Bund*, como parte da

22. RODDEN (2005, p. 190) esclarece que, embora a maior parte da dívida do governo federal seja na forma de títulos, os *Länder* dependem principalmente de empréstimos bancários diretos para financiar seus déficits. Os *Länder* controlam indiretamente uma rede de bancos comerciais - o *Landesbanken*, que realiza empréstimos aos municípios e aos *Länder*.

renegociação do sistema de equalização em 1993, utilizasse as transferências suplementares para fornecer salvamentos a ambos os estados, no valor de 17 bilhões de marcos (RODDEN, 2005, p. 195).

Verifica-se, por conseguinte, que, dada a estrutura de equalização - vertical e horizontal - do sistema alemão, estados recebedores de recursos, que se encontrem em dificuldades fiscais, tenderão a não promover um ajuste imediato em suas finanças, em face da criação de expectativas quanto a um possível resgate por parte do ente central (*Bund*) e dos demais *Länder*. Apesar de ter havido uma resistência inicial, já que ambos os estados tiveram que recorrer ao Poder Judiciário, e mesmo conseguindo o salvamento, ainda que mediante decisão judicial, fato é que Bremen e Sarre continuaram a apresentar problemas fiscais e orçamentários[23].

Outra tentativa de resgate na federação alemã foi protagonizada por Berlim. Após a Reunificação, os estados do leste passaram a receber um considerável volume de recursos, em atendimento ao princípio equalizador constitucional, visto que eram menos desenvolvidos economicamente que os demais estados. Embora detentora da situação privilegiada de ente recebedor de recursos, a cidade-estado de Berlim, com o passar dos anos, assistiu à sua situação fiscal se deteriorar, com o acúmulo de crescentes índices de endividamento, o que a levou a uma demanda judicial.

O Tribunal Constitucional, ao indeferir o pleito de Berlim pelo resgate, decidiu de forma distinta aos casos de Bremen e Sarre, o que, à primeira vista, pode ser considerado um resultado surpreendente, se considerarmos as equivalências entre os problemas fiscais e orçamentários entre estes *Länder*, assim como a estrutura federativa alemã, que

---

23. Segundo RODDEN (2005, p. 195-196), Bremen e Sarre começaram a receber os fundos especiais em 1994. Bremen, um extra de 1,8 bilhão de DM por ano e Sarre, um extra de 1,6 bilhão de DM. Bremen e Sarre não tinham o ônus de efetuar reembolsos, embora os governos estaduais tenham concordado com as limitações no crescimento das despesas e tenham prometido usar os fundos extras apenas para a redução da dívida pública, bem como em usar os excessos oriundos do corte de juros na redução da dívida ou em investimento adicional em infraestrutura. Os resgates foram suficientes para equilibrar os orçamentos temporariamente. Não obstante, o *Bund* ainda não possuía meios para punir ou recompensar as mudanças nos gastos ou o progresso na redução da dívida, e o resultado de ambos os *Länder* na redução da dívida ficou aquém das expectativas. A análise empírica de Seitz (1998) mostra que o crescimento das despesas primárias em Bremen e Sarre continuou a superar alguns dos outros estados após os acordos de resgate. De fato, desde então, os dois *Länder* argumentaram que os resgates eram insuficientes e justificaram as suas incapacidades em reduzir a dívida, ao apontar que sofreram déficits inesperados de receita.

tende a priorizar a solidariedade e a equalização entre os entes. A fundamentação para o indeferimento, além do descumprimento, por parte de Berlim, das normas relativas à limitação quanto aos índices de endividamento, também se baseou no fato de Berlim não se encontrar em uma situação de extrema dificuldade financeira, ou seja, de *default*.

Assim é que STIFFLER (2014, p. 34 apud SEITZ, 1999, p. 23) sugere que a decisão de 1992 do Tribunal Constitucional, determinando o resgate da dívida de Bremen e Sarre, acabou por provocar um acréscimo no índice de endividamento de ambos os estados e de outros, o que levou Berlim a aumentar a sua dívida per capita de 4.000 DM, em 1991, para quase 17.000 DM em 1998. Considerando o jogo de resgate, conclui-se que Berlim optou, deliberadamente, em não promover os devidos ajustes fiscais, em face da esperança em um salvamento por parte das demais esferas.

E apesar de o Tribunal Constitucional ter indeferido o pleito de Berlim, a fundamentação no sentido de não se encontrar o ente, naquele momento, em uma grave situação financeira, acabou deixando em aberto a possibilidade de eventuais resgates futuros. Segundo STIFFLER (2014, p. 35), a decisão pelo não resgate representou, inicialmente, uma surpresa negativa para os credores, tendo o mercado reduzido o spread em títulos emitidos por Berlim; situação que, no entanto, fora revertida em alguns meses, presumivelmente, porque os investidores ainda enxergavam uma probabilidade de resgate para os casos de índices de endividamento mais elevados.

4. O ENDIVIDAMENTO DOS ENTES SUBNACIONAIS NO FEDERALISMO BRASILEIRO

A Constituição de 1988 estabeleceu duas forças contraditórias ao descentralizar os recursos federais e centralizar as competências legislativas na União, produzindo um desequilíbrio entre os movimentos centrífugo e centrípeto. Ressalta-se que a descentralização financeira foi marcada pela prevalência de transferências constitucionais de recursos em detrimento da arrecadação dos tributos pelos próprios entes federados. Assim, o arcabouço constitucional brasileiro apresentava a perigosa mistura de uma ampla autonomia para contrair empréstimos[24] com uma

24. Os autores destacam que, à época, os Estados detinham ampla autonomia nessa esfera, não havendo necessidade de autorização ou garantia da União no que tange às operações de crédito (ECHEVERRIA; RIBEIRO, p. 656).

baixa capacidade de arrecadação de recursos, além de uma excessiva centralização de competências legislativas e de serviços no âmbito da União (ECHEVERRIA; RIBEIRO, p. 655).

Essa desproporcionalidade na distribuição de competências em favor da União trouxe graves implicações em diversas searas, mas, especialmente, no problema específico da dívida pública, máxime, na consideração do endividamento dos Estados-membros perante a União. A aparente autonomia financeira dos entes subnacionais consagrada na Constituição de 1988, com a atribuição de competências tributárias próprias, bem como o repasse de maiores recursos por parte do governo central, logo foi desacreditada pela realidade[25].

Por ocasião da instituição do Plano Real, e, consequentemente, da adoção de suas regras de austeridade, a privatização das empresas e bancos estaduais, responsável por retirar dos estados poder de gasto, aliado ao controle fiscal e ao movimento de descentralização, reforçou a tendência de redução do papel dos estados e de esvaziamento do poder de intermediário das relações intergovernamentais na federação brasileira. O processo levou à reconfiguração do nosso federalismo, com os municípios ganhando espaço e se articulando diretamente com a esfera federal. A União, ao contrário do que defendia o pensamento dominante da Constituição de 1988, assumiu o protagonismo, ao concentrar recursos, definir programas de políticas públicas, repassar às outras esferas de governo verbas condicionadas, além de ter em mãos o controle sobre a política de renegociação das dívidas (LOPREATO, 2018, p. 4).

PRADO (2007, p. 68) indica três elementos desestruturantes do federalismo brasileiro, a saber: (i) inexistência de instituições voltadas

25. CARVALHO (2010, p. 112) propugna que não se pode afirmar, realmente, que existe uma considerável descentralização de políticas no federalismo brasileiro, uma vez que grande parte dos gastos dos entes subnacionais refere-se a despesas vinculadas (educação e saúde, por exemplo), sejam elas legais ou constitucionais, ou é objeto de transferências do governo central para aplicação em objetivos específicos, o que obriga a destinação desses recursos para a finalidade determinada pela União. Os estados e municípios não possuem autonomia plena, pois não conseguem estabelecer, com a flexibilidade necessária, suas próprias políticas, já que não são capazes de financiá-las com recursos próprios. É importante mencionar que o modelo representa apenas uma descentralização de funções, atuando os entes subnacionais, na maioria das vezes, como executores da política prescrita pelo poder central. Cria-se, assim, uma relação de dependência que é pérfida para a federação e põe em risco seu equilíbrio, incentivando a adoção de práticas clientelistas (até com características do coronelismo) pois, no mais das vezes, para a liberação de recursos pelo nível governamental superior, acaba-se valorizando mais a linha partidária do ente subnacional que solicita esses recursos do que, propriamente, a necessidade da região por determinada alocação de bens e serviços.

para a preservação do equilíbrio vertical; (ii) debilidade das práticas e mecanismos de cooperação intergovernamental; e (iii) ausência da organização hierárquica típica das federações, onde os governos locais são subordinados aos governos intermediários.

Com relação aos dois primeiros, reconhece-se que não se pode prescindir da função orientadora do governo central, para promover a criação de instituições e mecanismos que garantam o equilíbrio e a cooperação entre os entes. O problema é que, no Brasil, uma das grandes dificuldades para o progresso de qualquer debate sobre este tema esbarra na oportuna falta de interesse da União. Tendo conseguido inverter a correlação de forças em relação à reforma de 1988, não há por que esperar que a União ponha em debate o problema da distribuição vertical. Ela detém hoje uma posição de força, articulando-se diretamente com os municípios e isolando os estados de uma parte relevante das questões públicas federativas (PRADO, 2007, p. 74).

E prossegue, ao afirmar que uma importantíssima diferença entre o Brasil e a totalidade das demais federações existentes é que, desde a sua origem nos anos sessenta, o modelo de equalização foi composto por dois dispositivos independentes, uma para estados e outra para municípios. Isto é totalmente anômalo perante o padrão mundial de federações, no qual os governos locais são subordinados aos governos estaduais ou provinciais. Assim sendo, na virtual totalidade das demais federações existe basicamente um sistema de transferências equalizadoras que articula o governo federal aos governos intermediários, cabendo a estes redistribuir internamente os recursos para seus municípios.

A estrutura federativa brasileira, moldada pela Constituição de 1988, permitiu uma ampla concentração legislativa no âmbito federal associada a uma baixa capacidade de arrecadação tributária das demais esferas e, ao menos inicialmente, uma ampla autonomia para contrair empréstimos por parte dos entes subnacionais. Essa combinação levou, em pouco tempo, a diversas situações de desajustes fiscais regionais. De fato, essa liberdade desmedida no que tange à contratação de empréstimos, em conjunção com a sua alta dependência das transferências de recursos do ente central, gerou uma insustentável dívida estadual e municipal, que culminou com o resgate de 25 dos 27 Estados e mais de 150 dos maiores municípios, ao custo aproximado de R$ 100 bilhões de reais, que representava, em dezembro de 1998, 11,3% do PIB e 77,9% da dívida líquida dos Estados e municípios, com a manutenção de uma cultura de indisciplina fiscal (RIGOLON; GIAMBIAGI, p. 132).

Surgiu, por conseguinte, a necessidade de se redesenhar o protótipo federalista brasileiro, principalmente após uma série de resgates promovidos pelo governo central nas décadas de 80 e 90 do século passado[26], o que culminou com a edição de uma legislação que impôs normas de restrição fiscal, limitando o acesso dos entes subnacionais ao crédito, bem como impedindo o resgate por parte da União. Além disso, iniciou-se um processo de privatização dos bancos estaduais, o que restringiu sobremaneira o acesso dos estados a novas emissões de títulos de crédito. Buscou-se, ademais, incrementar o controle dos gastos subnacionais, com a imposição de limites legais a determinadas despesas, especialmente pela Lei de Responsabilidade Fiscal.

Apesar da instituição de todos este arcabouço de controle e limitação de gastos públicos, fato é que, com o passar dos anos, os entes subnacionais novamente se depararam com graves desajustes em suas finanças, e, considerando o histórico do governo central em promover resgates em situações como essa, é de se concluir que os entes subnacionais confiaram, inicialmente, na expectativa no sentido de que a União iria socorrê-los, como já fez de igual modo no passado[27].

Assim é que, de fato, novos resgates foram realizados após os ajustamentos da década de 1990, com a instituição de novos refinanciamentos e a criação de regimes especiais de recuperação, o que veio a corroborar a tradição de salvamentos financeiros no âmbito do federalismo fiscal brasileiro[28].

---

26. Os casos de crises fiscais dos entes subnacionais brasileiros, com os respectivos episódios de resgate, podem ser analisados pormenorizadamente em: LOPREATO (2000; 2002; 2018); e, TORREZAN (2017).

27. RODDEN (2005, p. 242-243) assegura que os estados brasileiros passaram por três crises de dívida na última década (o autor se refere à década de 1990). Em meados da década de 1960, a dívida de todos os governos subnacionais representava quase um por cento do PIB, enquanto em 1998 atingiu acima de 14%. O rápido crescimento da dívida em nível estadual ocorreu por meio de uma série de crises, cada uma delas precipitada por eventos um pouco além do controle dos estados. No entanto, cada incidente acelerou e se transformou em uma crise sistêmica devido aos problemas de risco moral. Em cada caso, quando confrontados com níveis crescentes e insustentáveis de dívida, os estados se recusaram a arcar com os custos do ajuste e exigiram que o governo federal assumisse as suas dívidas de alguma forma. Além disso, a credibilidade das demandas dos Estados por resgates foi reforçada pela incapacidade declarada (e em muitos casos real) de responder adequadamente à crise. Em acréscimo, a credibilidade do compromisso do governo federal de não assumir dívidas subnacionais foi prejudicada por sua história de resgates e pela forte representação dos estados no Congresso e no executivo.

28. Após o processo de renegociação das dívidas dos estados e municípios imposto pela lei nº 9.496/1997 e pelas Medidas Provisórias nºs 2.192-70/2001 e 2.185/2001, em 25 de novembro de 2014, foi editada a lei complementar nº 148, que alterou os critérios de indexação aplicáveis

5. COMPARATIVO ENTRE OS DIFERENTES MODELOS

O federalismo brasileiro foi inspirado, no início, no modelo norte-americano. Questões políticas e sociais da época orientaram a referida opção[29]. SANTOS (2018, p. 72) estatui que "*o Federalismo implantado foi dual e segregador. O primeiro porque foram atribuídas competências legislativas e tributárias tanto à União, quanto aos Estados-Membros; e segregador, pois não contemplava nenhuma forma de cooperação entre os Estados da Federação*". Apesar da inspiração dualista, o próprio Rui Barbosa (1909) reconheceu as diferenças históricas de formação entre o federalismo brasileiro e o norte-americano, em especial, a tendência centralizadora brasileira, verificada desde a monarquia:

> Não somos uma federação de povos até ontem separados, reunidos de ontem para hoje, pelo contrário, é da União que partimos. Na União ainda não cessamos de estar, pois a Federação é absolutamente o único meio de sustentar deste país imenso, enfraquecida pelas absorções da monarquia.

A história do federalismo brasileiro foi marcada por períodos em que se intercalavam tendências descentralizadoras e de concentração de poder no ente federal. Apesar de o seu nascimento ter sido marcado

---

aos contratos de refinanciamento de dívidas. Posteriormente, foi editada a lei complementar nº 156, de 28 de dezembro de 2016. A norma abriu espaço à renegociação das dívidas com a União e o BNDES, além de ter definido, como regra de controle fiscal, a obrigação de os estados aprovarem leis fixando, nos dois exercícios subsequentes à assinatura do termo aditivo, a variação da inflação como limite de crescimento anual das despesas primárias. A maioria dos estados solicitou o acordo e teve redução do serviço da dívida. Devido à extrema gravidade fiscal apresentada por alguns estados, houve a necessidade de se ir além a uma mera renegociação das linhas de crédito, motivo pelo qual foi editada a lei complementar nº 159, de 19 de maio de 2017, que instituiu o Regime de Recuperação Fiscal.

29. SANTOS (2018, p. 71-73) discorre que, "*em 1889, foi proclamada pelo Marechal Deodoro da Fonseca a implantação da República em território nacional. Assim ficou instituído o sistema federalista no Brasil, oficializado na Constituição de 1891, contando com imensa colaboração do então vice-presidente Rui Barbosa. Por influência norte-americana, o país passou a chamar-se Estados Unidos do Brasil, usando o modelo ianque de constituição como parâmetro. (...) Nesse período, as antigas províncias, hoje denominadas de Estados, mais ricas eram São Paulo, Rio de Janeiro e Minas Gerais, cujos representantes da classe dominante trabalharam para defender a implantação do Federalismo. O intuito, político, era proporcionar um maior grau de autonomia a essas unidades subnacionais. Os Estados recém-criados gozavam de grande autonomia, mas nem sempre fizeram bom uso dela. Muitos caíram sob o comando de oligarquias regionais, exercendo ainda mais domínio sobre as comunidades locais. Do ponto de vista administrativo, no início do período republicano, pode-se dizer que houve uma euforia descentralizadora, em que os Estados se viram com extensa autonomia na área internacional. No entanto o ultra federalismo (D`AVILA,1993) - ideia defendida por positivistas gaúchos- foi combatido, já que o esfacelamento do poder central era um risco que a maioria dos Estados não queria correr*".

por uma aptidão dual, o modelo de federalismo escolhido pela Constituição de 1988 foi o cooperativo, mais próximo do sistema vigente na Alemanha. As assimetrias verificadas no caso brasileiro, no entanto, não se coadunam com a solidariedade e a busca da equalização das desigualdades inter-regionais do federalismo alemão, apesar de terem sido estas diretivas, repita-se, as escolhidas pelo constituinte originário. O fato é que os problemas do federalismo fiscal verificados no Brasil podem ter como causa a tentativa de se adotar parâmetros do federalismo dual e do federalismo cooperativo, mas, ao mesmo tempo, não possuir instrumentos e instituições fortes o suficiente para implantar os mecanismos necessários para coibirem os problemas estruturais. Na prática, ficamos pelo "meio do caminho" entre o dual e o cooperativo, com engessamento das ferramentas de competição, bem como as de cooperação entre os entes subnacionais.

No que se refere ao endividamento dos entes subnacionais, foram constatadas diferenças substanciais entre o federalismo fiscal norte-americano e o alemão. Conforme visto, os Estados Unidos possuem uma tradição de ampla liberdade dos entes subnacionais, e mesmo que, nos dias atuais, não se verifique um aspecto dualista tão marcante como nos primórdios do federalismo norte-americano, deve-se reconhecer que os estados possuem ampla autonomia fiscal, orçamentária e tributária. Daí por que o governo federal não impõe restrições à contratação de empréstimos pelos entes subnacionais, mas, como regra, não os socorre financeiramente em situações de *defaults*. No Brasil, logo nos primeiros anos de vigência da CF/88, também não se verificou a imposição de limites ou regramento normativo aos empréstimos realizados pelos entes subnacionais, o que acabou resultando em situações de déficits estaduais recorrentes, e, por consequência, na necessidade de se estabelecer um controle efetivo dos entes subnacionais já na década de 1990.

O modelo alemão, dotado de ampla equalização, em face, primordialmente, de transferências verticais e horizontais, possui uma tendência de auxiliar os estados financeiramente mais fracos, motivo pelo qual se pode inserir uma garantia implícita de resgate no referido sistema. Ocorre que, ao contrário dos salvamentos instituídos no Brasil, na Alemanha não se verificou a imposição de encargos financeiros nas referidas transferências. No federalismo fiscal brasileiro, os resgates, conhecidos como *"federalizações da dívida"*, assumiram a forma de novas operações de crédito. Inicialmente, com a União assumindo a condição de credora no lugar dos particulares; e, contemporaneamente, com a União promovendo novos financiamentos, com postergação dos prazos e implantação de encargos mais suaves.

Em resumo, a ideia inicial de se conceder ampla autonomia aos entes subnacionais para contrair empréstimos – como no federalismo dos EUA -, logo se mostrou ineficiente, pois provocou níveis de endividamento elevados de vários estados e municípios. Ao contrário do governo federal norte-americano; o ente central brasileiro acabou promovendo operações de resgate, o que incutiu uma expectativa recorrente de salvamento no sistema. De fato, esta tendência de resgate se verifica na legislação mais atual sobre o tema. Os raros casos de salvamentos norte-americanos foram adotados com a concomitante exigência de fortes restrições fiscais, com o compromisso do ente recebedor dos recursos pela contenção de gastos públicos ou a ampliação da carga tributária, tendo, ainda, o governo federal assumido a gestão das finanças da cidade, no caso específico de salvamento de Nova Iorque. Apesar de tentativas brasileiras neste sentido, as restrições legais acabaram sendo suavizadas com o tempo, em face da atuação de diversos atores do jogo de resgate, o que inclui os Poderes Executivo, Legislativo e Judiciário, além de outros órgãos de controle.

Por outro lado, os diversos refinanciamentos realizados pelo governo federal brasileiro, além de provocarem uma assimetria, como no governo alemão, no que tange à existência de uma garantia implícita de resgate; com este último não se assemelha, pois as novas operações de salvamentos foram realizadas com a imposição de juros – alguns, aliás, excessivos e criadores de mais assimetrias[30] - e necessidade de amortização, que acabaram por resultar em diversos *defaults* estaduais e municipais posteriormente. Na Alemanha, de outro modo, as transferências foram realizadas diretamente para os estados em dificuldades fiscais e orçamentárias, sem lhes atribuir mais encargos financeiros ou a obrigação de devolução, em consonância com um federalismo cooperativo e solidário.

O que se observou no federalismo fiscal brasileiro, na prática, foi a tentativa de junção de instrumentos típicos de um federalismo dual e de um federalismo cooperativo, o que fez com que o sistema não se

30. A lei complementar nº 148/2014, editada em face de antigo pleito dos entes subnacionais em face dos onerosos encargos contratuais, além de ter alterado os critérios de indexação aplicáveis aos contratos de refinanciamento de dívidas oriundos da lei nº 9.496/1997 e das medidas provisórias nºs 2.192-70/2001 e 2.185/2001, também diminuiu as taxas de juros até então vigentes.

decidisse pela prevalência de um ou outro modelo, sendo obrigado a se deparar com a dura realidade em que se verificam discrepâncias estruturais graves relacionadas ao endividamento dos entes subnacionais, e que, ainda hoje, talvez em face da indecisão estrutural, apresenta fortes disparidades.

6. CONSIDERAÇÕES FINAIS

Com suporte na teoria do jogo de resgate, desenvolvida por Jonathan Rodden, em que se perquire, a partir do comportamento dos entes integrantes de uma federação, as expectativas quanto à existência, em um modelo federalista, de efetivas possibilidades de socorros financeiros às esferas que apresentem eventuais crises fiscais, buscou-se fazer um comparativo entre os exemplos norte-americanos, alemão e brasileiro.

À primeira vista, pode parecer surpreendente a escolha pelos referidos modelos, dadas as suas diferenças estruturais. Ocorre que o federalismo brasileiro adotou, em diferentes fases, instrumentos e institutos de um e outro sistema, sem, no entanto, haver tido uma decisão firme em uma dada direção.

Não existe um modelo estanque de federalismo, sendo que todas as federações do mundo tiveram que se ajustar às modificações sociais, políticas e econômicas no transcorrer do tempo. Assim é que o modelo brasileiro se inicia dual, por inspiração norte-americana, e termina - ao menos até os dias de hoje - cooperativo, nos moldes do sistema alemão.

Não há, no federalismo norte-americano, calcado em uma maior autonomia e descentralização, um controle normativo do governo central em face dos níveis de endividamento dos entes subnacionais. Os estados possuem ampla liberdade no que tange à gestão de suas finanças públicas, inclusive para instituir as suas bases tributárias; mas, por outro lado, não poderão contar com eventuais auxílios financeiros do governo federal em tempos de crises fiscais.

Os exemplos históricos ressaltam a relevância da autonomia dos entes subnacionais no modelo norte-americano, tendo o governo central assumido uma postura enérgica de negação de pleitos de resgate (*bailouts*) em situações de graves crises financeiras, o que contribuiu para incutir o compromisso pela responsabilidade fiscal em todos os atores envolvidos, desde os próprios entes subnacionais até os investidores do mercado financeiro.

No caso alemão, em razão da adoção de uma repartição redistributiva, vertical e horizontal, de recursos, concretizadora do princípio constitucional da uniformidade das condições de vida em todo o território nacional, criou-se uma expectativa quanto à existência de uma garantia implícita da dívida dos entes subnacionais.

Os casos alemães de *bailouts*, mesmo que determinados por decisão judicial, vão ao encontro da opção por um modelo cooperativo e solidário, em que todas as esferas devem se orientar pelo auxílio mútuo. É bem verdade que, em face das exigências normativas da União Europeia, o modelo alemão tem sido submetido a reformas, de modo a se exigir um maior comprometimento dos *Länder* recebedores de recursos no que tange ao equilíbrio fiscal.

No Brasil, é notório o desequilíbrio das finanças dos entes subnacionais, com recorrentes episódios de *defaults*, apesar das tentativas de ajustes promovidas ao longo dos anos. As contínuas instabilidades podem ser atribuídas à própria estrutura do sistema, que, de um lado, falhou quanto à concessão de uma efetiva autonomia financeira aos entes subnacionais; e, de outro, quanto à ausência de instrumentos que realizem a vontade do constituinte de 1988, no sentido de se promover concretamente um federalismo em que prevaleça a cooperação entre todos.

7. REFERÊNCIAS BIBLIOGRÁFICAS

ANDRADE, Cesar Augusto Seijas de. *O Controle do Endividamento Público e a Autonomia dos Entes da Federação*. Dissertação de mestrado da Universidade de São Paulo, Faculdade de Direito. São Paulo: USP, 2012.

BARBOSA, Ruy. *Trabalhos Jurídicos*. Rio de Janeiro: Imprensa Nacional, 1909.

CARVALHO, José Augusto Moreira de. *O federalismo fiscal brasileiro e o desvio de recursos*. Tese de doutorado da Universidade de São Paulo, Faculdade de Direito. São Paulo: USP, 2010.

CONTI, José Mauricio. *Um Salve pela Recuperação Financeira do Estado do Rio de Janeiro*. In: *Levando o Direito Financeiro a Sério - A luta continua*. 2ª edição. São Paulo: Blucher, 2018, p. 377 -382.

DERZI, Misabel de Abreu Machado; BUSTAMANTE, Thomas da Rosa de. *O Princípio Federativo e a Igualdade: uma perspectiva crítica para o Sistema Jurídico Brasileiro a partir da análise do Modelo Alemão*. In: DERZI, Misabel Abreu Machado; BATISTA JÚNIOR, Onofre Alves; MOREIRA, André Mendes (organizadores). *Estado Federal e Guerra Fiscal no Direito* Comparado. Belo Horizonte: Arraes Editores, 2015. (Coleção federalismo e tributação, v. 2).

DILGER, Robert Jay; CECIRE, Michael H. *Federal Grants to State and Local Governments: A Historical Perspective on Contemporary Issues*. Washington/USA: Congressional Research Service, 2019. Disponível em: <https://fas.org/sgp/crs/misc/R40638.pdf>. Acesso em 7 dez. 2019.

DURAND, Maria Rita Garcia Loureiro. *O Controle do Endividamento Público no Brasil: uma Perspectiva Comparada com os Estados Unidos*. São Paulo: Fundação Getúlio Vargas, 2003.

ECHEVERRIA, Andrea; RIBEIRO, Gustavo. *O Supremo Tribunal Federal como árbitro ou jogador? As crises fiscais dos Estados brasileiros e o jogo do resgate*. In: Revista Estudos Institucionais, v. 4, n. 2, p. 642-671, 2018.

FERRAZ, Anna. *A Constituição de 1934*. In: D'ÁVILA, Luiz Felipe (org.). *As Constituições Brasileiras*. São Paulo: Brasiliense, 1993.

FERREIRA, Ivan Fecury Sydrião. *A Economia Política do Endividamento Público em uma Federação: um estudo comparativo entre o Brasil e os Estados Unidos*. Dissertação apresentada ao Curso de Mestrado em Administração Pública e Governo da FGV/EAESP. Área de Concentração: Planejamento e Finanças Públicas. São Paulo: Escola de Administração de Empresas - FGV, 1998.

GEISSLER, R. "*Detroit. Hintergründe eines historischen Bankrotts", Analysen und Konzepte aus dem Programm "Lebenswerte Kommune", Ausgabe 2, BertelsmannStiftung*, 2015.

GRANOF, Michael. *A Fundamental flaw of Debt Limitations for State and Local governments*. In: Journal of Accuonting and Public Policy, vol 3, 1984, pp. 293-309.

HEINTZEN, Markus. *A distribuição das verbas públicas entre o governo federal, os estados e os municípios na República Federal da Alemanha*. In: DERZI, Misabel Abreu Machado; BATISTA JÚNIOR, Onofre Alves; MOREIRA, André Mendes (organizadores). *Estado Federal e Guerra Fiscal no Direito* Comparado. Belo Horizonte: Arraes Editores, 2015. (Coleção federalismo e tributação, v. 2).

HEROLD, Katharina. *Insolvency Frameworks for Sub-national Governments*. In: *OECD Working Papers on Fiscal Federalism No. 23*. OECD, 2018.

LOPREATO, Francisco Luiz Cazeiro. *O endividamento dos governos estaduais nos anos 90*. Texto para Discussão. IE/UNICAMP n. 94, 2000.

__________. *O colapso das finanças estaduais e a crise da federação*. São Paulo: UNESP, 2002.

__________. *Governos estaduais: o retorno à debilidade financeira*. São Paulo: UNICAMP, 2018.

PETERSON, Paul E. *The Price of Federalism*. Washington D.C.: The Brookings Institution, 1995.

PRADO, Sérgio. *Equalização e federalismo fiscal: uma análise comparada*. Rio de Janeiro: Konrad-Adenauer-Stiftung, 2006.

__________. *A questão fiscal na federação brasileira: diagnóstico e alternativas*. CEPAL, 2007.

RIGOLON, Francisco; GIAMBIAGI, Fábio. *A Renegociação das dívidas e o regime fiscal dos Estados*. In: GIAMBIAGI, Fabio; MOREIRA, Mauricio Mesquita (org.). *A economia brasileira nos anos 90*. Rio de Janeiro: BNDES, 1999, p. 111-144.

RODDEN, Jonathan. *Hamilton's Paradox: The Promise and Peril of Fiscal Federalism*. Cambridge: Cambridge University Press, 2005.

________; GUNNAR, S. Eskeland; LITVACK, Jennie. *Fiscal Decentralization and the Challenge of Hard Budget Constraints*. USA: The MIT Press, 2003.

SANTOS, Fernando Roberto Souza. *Federalismo, políticas públicas e reforma do Estado*. Porto Alegre: Fi, 2018.

SCHROEDER, Larry. *Local Government Organization and Finance: United States*. In: SHAH, Anwar (ed.). *Local Governance in Industrial Countries – Public Sector Governance and Accountability Series*. Washington/D.C.: The World Bank, 2006.

SEITZ, Helmut. *Subnational Government Bailouts in Germany*. ZEI Center for European Integration Studies, No. B20, 1999.

SILVEIRA, Francisco Secaf Alves. *O estado econômico de emergência e as transformações do direito financeiro brasileiro*. Belo Horizonte: D'Plácido, 2019.

SPAHN, Paul Bernd. *Da controvérsia sobre a compensação financeira na Alemanha*. In: HOFMEISTER, Wilhelm; CARNEIRO, José Mário Brasiliense (organizadores). *Federalismo na Alemanha e no Brasil*. São Paulo: Fundação Konrad Adenauer, 1999.

________. *Maintaining fiscal equilibrium in a Federation: Germany*. (Draft). S.l.: s.editor, 2001.

________; FÖTTINGER, Wolfgang. *Germany*. In: TER-MINASSIAN, Teresa (editor). *Fiscal Federalism in Theory and Practice*. Washington/USA: International Monetary Fund, 1997.

STIFFLER, Myles O. *Fiscal Federalism and Insolvency: Contrasting Cases of the U.S.A. and Germany. Case Study Analysis of Subnational Debt Frameworks and Insolvency Mechanisms*. Barcelona: IBEI, 2014.

STOTSKY, Janet G.; SUNLEY, Emil M. *United States*. In: TER-MINASSIAN, Teresa (ed.). *Fiscal Federalism in Theory and Practice*. Washington D.C.: International Monetary Fund, 1997.

TORREZAN, Raphael Guilherme Araújo. *Federalismo fiscal e a desconstrução dos estados: uma análise sob a perspectiva do endividamento público*. São Paulo: UNESP, 2017.

03

A PREGUIÇA FISCAL DOS MUNICÍPIOS E A REVITALIZAÇÃO DO IPTU

Bernard Gama Botelho

Mestre em Finanças Públicas, Tributação e Desenvolvimento no Programa de Pós-Graduação em Direito - PPGD/UERJ, formado em Direito pela Universidade Cândido Mendes - UCAM, autor de artigos publicados e advogado.

Sumário: Introdução; **1.** Uma questão de Justiça e de Eficiência; **1.1** A importância dos objetivos constitucionais e as normas tributárias; **1.2** As bases tributárias eficientes; **2.** O IPTU consolidado: quadro analítico; **3.** A necessária (e possível) revitalização do Imposto patrimonial pela Constituição de 1988; **3.1** A questão da planta de valores e o princípio da legalidade; **3.2** A progressividade; Conclusão; Referências Bibliográficas.

INTRODUÇÃO

O sistema constitucional tributário estabeleceu inúmeros signos presuntivos de riqueza como hipóteses de incidência (ATALIBA, 1999, p. 47), distribuindo-as sob as competências de cada ente federativo. No caso do patrimônio não houve o estabelecimento de uma tributação única, separando as bases tributárias entre propriedade imobiliária urbana, imobiliária rural, transmissão (onerosa e gratuita), e eventuais ganhos advindos do patrimônio.

Essa foi uma tentativa do constituinte de descentralização do poder de tributar com o intuito de garantir a autonomia das unidades federativas, consoante critérios que possam facilitar a instituição e a cobrança. No caso dos impostos patrimoniais, foi outorgada competência aos Municípios no art. 156, I para instituir imposto sobre a propriedade predial e territorial urbana – IPTU, que poderá ser progressivo em razão do valor do imóvel e ter alíquotas diferentes de acordo com a localização e o uso do imóvel (BRASIL, 1988).

Por sua vez, o Código Tributário Nacional, em seus arts. 32, 33 e 34, estabeleceu as normas gerais para incidência do IPTU, dispôs sobre o conceito de zona urbana, delineou o fato gerador como a propriedade, a posse e o domínio útil e, por fim, estabeleceu a base de cálculo no valor venal do bem:

> "Art. 32. O imposto, de competência dos Municípios, sobre a propriedade predial e territorial urbana tem como fato gerador a propriedade, o domínio útil ou a posse de bem imóvel por natureza ou por acessão física, como definido na lei civil, localizado na zona urbana do Município.
>
> § 1º Para os efeitos deste imposto, entende-se como zona urbana a definida em lei municipal; observado o requisito mínimo da existência de melhoramentos indicados em pelo menos 2 (dois) dos incisos seguintes, construídos ou mantidos pelo Poder Público:
>
> I - meio-fio ou calçamento, com canalização de águas pluviais;
>
> II - abastecimento de água;
>
> III - sistema de esgotos sanitários;
>
> IV - rede de iluminação pública, com ou sem posteamento para distribuição domiciliar;
>
> V - escola primária ou posto de saúde a uma distância máxima de 3 (três) quilômetros do imóvel considerado.
>
> § 2º A lei municipal pode considerar urbanas as áreas urbanizáveis, ou de expansão urbana, constantes de loteamentos aprovados pelos órgãos competentes, destinados à habitação, à indústria ou ao comércio,

> mesmo que localizados fora das zonas definidas nos termos do parágrafo anterior.
>
> Art. 33. A base do cálculo do imposto é o valor venal do imóvel. Parágrafo único. Na determinação da base de cálculo, não se considera o valor dos bens móveis mantidos, em caráter permanente ou temporário, no imóvel, para efeito de sua utilização, exploração, aformoseamento ou comodidade.
>
> Art. 34. Contribuinte do imposto é o proprietário do imóvel, o titular do seu domínio útil, ou o seu possuidor a qualquer título." (BRASIL, 1966)

A partir dessa estrutura, o poder legislativo municipal ficou encarregado de fixar as alíquotas e estabelecer a atualização da planta de valores, encerrando um sistema que, em tese, poderia ser entendido como justo e eficiente, assegurando-se arrecadação suficiente para o orçamento municipal atender às demandas locais.

Em geral, o IPTU é um dos tributos que criam menos distorções e é capaz de gerar substanciais ingressos se o ente federativo local assegurar a atualização de cadastros constantemente, com a adoção ainda de alíquotas que atendam a preceitos de isonomia. Ainda assim, é um imposto impopular (TORRES, 2007, p. 86), principalmente quanto à questão das atualizações da planta de valores que criam desgastes políticos locais.

No entanto, a impressão que se tinha é de que os municípios não melhoraram a saúde fiscal, a despeito das competências e repasses obrigatórios. Assim, a FGV encomendou uma série de estudos que foram publicados em 2013[1], demonstrando que os municípios não estão explorando o potencial arrecadatório do IPTU, correlacionando tal fato com a dependência orçamentária das transferências intergovernamentais, obrigatórias e voluntárias.

De fato, os dados apresentados sugerem uma distorção principalmente quanto ao tamanho dos municípios. Em geral, os micros e pequenos municípios, isto é, com até 20.000 (vinte mil) habitantes, representam 72% do total de unidades do país e são dependentes quase que exclusivamente das transferências governamentais, segundo dados recentes do IBGE (2005). Portanto, as transferências intergovernamentais

1. Nos dias 08 e 09 de outubro de 2013, a FGV Projetos e o Instituto Brasiliense de Direito Público realizaram o seminário "Desafios do IPTU no Brasil", cujos dados coletados resultaram no livro IPTU no Brasil: um diagnóstico abrangente, expondo a inexpressiva arrecadação desse imposto para os Municípios, cujas bases não são melhores exploradas.

são importantes para viabilizar a autonomia de alguns desses entes, não sobrando muito espaço para atuação tributária.

Contudo, indicadores do Portal da Transparência (BRASIL, 2018)[2] apontam que os municípios que mais recebem repasses federais através de transferências voluntárias são os grandes centros urbanos, produtores e com alta concentração populacional. Logo, aqueles municípios que possuem um contexto econômico propício para obter receitas tributárias próprias ficaram dependentes desses repasses, estimulando um comportamento irresponsável do ponto de vista fiscal, o que Daniel Marins denominou de "preguiça fiscal" (MARINS, 2016, p. 15) dos entes federativos.

No caso, chama atenção o Rio de Janeiro por ser um dos municípios que mais receberam transferências voluntárias nos últimos anos e a planta de valores estava sem correção desde 1997. Com isso, o processo legislativo para a atualização exigiu um esforço político que polarizou contribuintes, com repercussões econômicas negativas e que, ao final, resultou apenas na correção da base de cálculo defasada (PMRJ/SMF, 2018)[3].

A saúde fiscal dos municípios é um tema de preocupação para várias instituições nacionais e internacionais, como a Organização para a Cooperação e Desenvolvimento Econômico (2010), promovendo estudos periódicos qualitativos que comparam os sistemas tributários de países-membros ou que manifestaram interesse de ingresso, como é o caso do Brasil. Assim, acerca do sistema tributário brasileiro no período de 1990-2010 em comparação com a América Latina, o imposto sobre a propriedade é motivo de preocupação com a transparência fiscal e com o equilíbrio arrecadatório:

> "Por outro lado, a proporção dos impostos sobre a propriedade com relação à receita total foi significativamente elevada no Brasil em comparação com a média da região, chegando a 8,6% em 2003, e chegando a níveis ainda mais elevados do que os dos países da OCDE na maioria dos anos, durante o período 1990-2010 (também em termos de PIB). A maioria dessas receitas corresponde a impostos sobre transações fi-

2. A título meramente ilustrativo, no âmbito do Estado do Rio de Janeiro, em 2017, os municípios que mais receberam repasses federais em 2018, na ordem decrescente, foram: Rio de Janeiro, Niterói, Maricá, Campos dos Goytacazes, Macaé, Nova Iguaçu, Duque de Caxias, São Gonçalo, Angra dos Reis, Cabo Frio e Petrópolis.

3. Trata-se de legislação de mera atualização da planta de valores, cujo debate legislativo promoveu um desgaste político, de maneira generalizada.

> nanceiras e de capital, que acarreta maior distorção do que os impostos recorrentes sobre bens imóveis. Enquanto a importância relativa aos impostos sobre a propriedade ainda era alta no Brasil em 2010, foi observada uma grande variação durante o período 1990-2010, refletindo principalmente flutuações de receitas de impostos sobre operações financeiras" (OCDE, 2010).

Todo esse contexto exposto ilustra a problemática central deste trabalho, que é a competência municipal do IPTU e de como é exercida parcialmente com a finalidade apenas de garantir as transferências[4], mas sem explorar os preceitos tributários de justiça e eficiência, que podem aprimorar o campo de arrecadação. Ainda assim, questiona-se: existe espaço de inovação para o IPTU?

Com isso, os estudos pretendidos neste artigo destinam-se a expor uma série de reflexões jurídicas que viabilizem propostas ou caminhos que possam ser traçados para revitalização da tributação sobre a propriedade imobiliária urbana, distribuídos em três tópicos essenciais.

Na primeira parte, apresentam-se estudos sobre o fundamento constitucional dos impostos no sistema constitucional tributário atual e em como os preceitos de justiça e eficiência irradiam e interagem com a própria legitimidade da tributação. Com isso, pretende-se demonstrar que o IPTU não apenas pode, como deve ser um imposto simultaneamente justo e eficiente, a fim de garantir a melhor distribuição do ônus fiscal.

Na segunda parte, analisa-se o que foi consolidado sobre o IPTU, não apenas do ponto de vista normativo, mas principalmente do que já foi produzido a título de interpretação e integração nos tribunais e que desenharam o imposto como é atualmente, pois a letra pura da lei só tem efetividade a partir da sua interpretação e integração (TORRES, 2006, p. 326). Trata-se de uma análise efetivamente descritiva.

Por fim, na terceira parte abordam-se as propostas que podem garantir a revitalização do IPTU como um instrumento de promoção da justiça distributiva em âmbito municipal e de desenvolvimento local, que são estritamente fundamentadas a partir das premissas anteriormente abordadas.

---

4. A Lei de Responsabilidade Fiscal – Lei Complementar nº 101/2000, estabelece no parágrafo único do art. 11 que é vedada a realização de transferências voluntárias para o ente que não instituir e arrecadação de todos os tributos da competência constitucional.

1. UMA QUESTÃO DE JUSTIÇA E DE EFICIÊNCIA

1.1 A importância dos objetivos constitucionais e as normas tributárias

O direito tributário não tem em si uma finalidade própria, integrando o direito financeiro, pois os tributos, no Estado Fiscal, viabilizam as políticas públicas e o cumprimento dos planejamentos orçamentários. Ainda assim, são orientados por um comando ético no texto constitucional, tais como a liberdade, a justiça, a solidariedade, dentre outros que estão estabelecidos na Constituição de forma aberta, genérica e sem qualquer hierarquia entre si (TORRES, 2014, p. 40).

O fundamento da tributação, nos preceitos compreendidos atualmente, tem seu marco inicial nos escritos de Adam Smith, afirmando que "os súditos de todo Estado deveriam contribuir para sustentar às suas respectivas capacidades, isto é, em proporção à renda que respectivamente gozam sob a proteção do Estado" (SMITH, 2017, p. 549). A lógica desse Estado fiscal, portanto, é o financiamento pelos cidadãos que se beneficiam dos bens públicos e das instituições para exercerem a plenitude das faculdades econômicas (TORRES, 1991, p. 98), coincidindo com o surgimento dos estados liberais a partir da independência dos EUA e da revolução francesa.

Historicamente, esse Estado Fiscal apresenta fases, em que a primeira tem sua base ideológica fundada na liberdade individual e a segunda fase correspondente ao período do chamado Estado Social Fiscal, em que os tributos assumem feição distributiva e alocativa (RIBEIRO, 2016, p. 27).

O estabelecimento da justiça como valor essencial do Direito é retomado a partir dos anos 60 e 70 do século XX, período que o Estado de Bem-Estar Social começa a dar sinais de colapso, pela crescente dívida pública em decorrência das ações positivas, bem como descontrole da inflação. Em geral, as críticas ao modelo econômico baseado nos preceitos de John Maynard Keynes[5] se tornaram intensas, com propostas de

5. John Maynard Keynes (1883-1946) foi um economista britânico que se opôs aos preceitos clássicos de economia como livre mercado, defendendo maior intervenção do Estado nos mercados para fixar preços, salários e políticas fiscais com finalidade específica, destacando-se as obras *"A teoria Geral do Emprego, do Juro e da Moeda"* e *"As conseqüências Econômicas da Paz"*.

repensar o papel do Estado, advindo o que atualmente é convencionado como Estado Democrático e Social de Direito (SCHOUERI, 2017, p. 38).

Costuma-se adotar como paradigma de mudança estrutural das teorias de justiça a obra de John Rawls, "Uma Teoria de Justiça", cujas propostas nortearam muitos autores em tributação, tais como Klaus Tipke, na Alemanha, Ronald Dworkin nos EUA e Ricardo Lobo Torres, no Brasil. Em comum, concluem que a justiça fiscal "se transforma no caminho mais promissor para a efetivação da justiça distributiva" (TORRES, 2014, p. 121) e sob essa ótica os tributos devem refletir simultaneamente as escolhas coletivas e as demandas sociais.

A lógica de justiça fiscal não é um valor fechado em si mesmo, um estado desejável de coisas considerado isoladamente, mas algo em permanente interação com outros valores, tais como a liberdade, a igualdade, a segurança e a solidariedade, que são retirados do texto constitucional. Portanto, a compreensão desse Estado Democrático e Social de Direito impõe a efetivação através de princípios, que representam a ponte entre o mundo dos valores para o plano jurídico (BARROSO, 2018, p. 241).

Nas últimas décadas, a interação dos princípios tributários que efetivam esses valores para garantir a máxima eficácia normativa tornou-se o centro de acalorados debates, uma vez que a justificação moral de tributos impõe a superação de tradições positivistas extremamente enraizadas, o que se convenciona como pós-positivismo (TORRES, 2014, p. 157).

Portanto, a tributação no século XXI não mais se limita a preceitos fechados, havendo uma preocupação com a justificação moral a partir do cumprimento desse estado desejável de coisas que a Constituição estabelece (*Ibidem*, p. 55), que aparecem no núcleo dos princípios tributários. Assim é que a liberdade se entrelaça com as imunidades, ao passo que a justiça invoca os princípios da capacidade contributiva, da distribuição, da solidariedade, dentre outros.

A partir da identificação desses princípios as regras trarão a concretude necessária, jamais se afastando do estado desejável de coisas estabelecido na Constituição. No contexto tributário, essas regras fixam o fato gerador, a base de cálculo, as alíquotas incidentes, enfim, técnicas de imposição fiscal que tem em seu núcleo justamente toda a estrutura valorativa da Constituição, não mais se limitando ao clássico princípio da legalidade.

Assim, é essencial que, quando se discute a justiça fiscal, considerem-se os valores constitucionais que se manifestam através de princípios e regras, sem o qual, a própria imposição fiscal terá sua legitimidade comprometida. Logo, o sistema tributário moralmente bom é aquele que dará concretude ao estado desejável de coisas estabelecido na Constituição.

1.2 As bases tributárias eficientes

A partir da compreensão dos valores, é importante analisar as bases tributáveis eleitas na Constituição para fundamentar os tributos. De fato, a renda, o patrimônio, a receita, circulação, serviços, etc. são signos presuntivos de riqueza, isto é, denotam um valor de mercado mensurável e com liquidez para garantir os ingressos no orçamento público.

Acerca da diversificação das bases tributárias, Klaus Tipke (2012, p. 18) entende que há apenas uma fonte impositiva, a renda armazenada e, a partir dela, o legislador cria uma série de conexões externas, técnicas e diferenciações para justificar outros tipos de impostos. Outra passagem interessante é de Perez de Ayala (1966, p. 53), para quem a riqueza pode ser entendida como uma foto, refletindo o patrimônio estático e a renda como um vídeo, em razão da movimentação que somente a liquidez é capaz de viabilizar.

E é interessante que o modelo brasileiro optou por dispor rigidamente esses signos presuntivos na Constituição, distribuindo-os entre as diversas competências tributárias, cujas escolhas refletem a compreensão da época do que seria economicamente eficiente. Geraldo Ataliba identifica como hipótese de incidência a situação abstrata prevista em lei com potencial de gerar uma obrigação tributária (ATALIBA, 2016, p. 75).

A despeito dessas pontuações, o ponto primordial sobre as escolhas tributárias reside, na questão da eficiência: dentre os diversos sistemas tributários disponíveis, aquele que gerar mais receitas, poucos custos administrativos e menos distorções será de fato o melhor sistema (MURPHY e NAGEL, 2005, p. 128). A despesa com a estrutura administrativa é inevitável, cujo aprimoramento reside na adoção de novas tecnologias que maximizem a máquina pública.

Por outro lado, os efeitos que os tributos podem causar são entendidos como distorções no mercado e influenciam decisões que influenciam até mesmo os valores constitucionais. Esses fatos não podem ser controlados, mas minorados por escolhas públicas acertadas que caminham em direção da eficácia, pois um bom sistema tributário será aquele que minimizará os efeitos sem comprometer os objetivos do sistema.

Retomando-se a discussão sobre a renda e patrimônio, embora sejam riquezas, submetem-se a diversas formas de tributação para evitar acúmulos que provoquem desigualdades insuportáveis que comprometam os valores constitucionais. Adotando-se essa premissa, fica claro que o Constituinte Originário destacou essas bases tributárias por algum motivo especial e que precisa ser evidenciado.

O patrimônio figura em várias hipóteses de incidência ora como a propriedade imobilizada, urbana ou rural, ora na transferência e até mesmo na forma de aquisição, se herdado ou se adquirido, que, em comum todos representam riqueza diversa da renda, importando em um desenho tributário próprio.

Remanesce, porém, uma importante indagação sobre a qualidade dessas bases tributárias, isto é, se atendem aos preceitos de justiça fiscal e se são economicamente eficientes para a finalidade constitucional a qual foram consagradas. Assim, é importante averiguar a distribuição do patrimônio pré-tributário e a aplicabilidade do sistema tributário, para, então concluir se o IPTU é capaz de corrigir distorções e assegurar o cumprimento dos valores constitucionais.

A partir das premissas de John Rawls (1997, p. 03), dois princípios são consagrados para a justiça distributiva. O primeiro estabelece que "cada pessoa deve ter um direito igual ao mais abrangente sistema de liberdades básicas iguais que seja compatível com um sistema semelhante de liberdade para as outras" e o segundo estipula que "as desigualdades sociais e econômicas devem ser ordenadas de tal modo que sejam ao mesmo tempo (a) consideradas como vantajosas para todos dentro dos limites do razoável, e (b) vinculadas a posições e cargos acessíveis a todos" (*Ibidem*, p. 64).

Esses princípios rompem com a ordem positivista então vigente, pois o primeiro princípio se situa na formação do contrato social que consagra preceitos de liberdade política, econômica e propriedade privada e, quando implementados, distribuídos de maneira vantajosa.

Além disso, para Rawls (*Ibidem*, p. 64), os indivíduos possuem critérios pessoais de justiça que os motivam a defender as normas que tendem a salvaguardarem seus direitos e bens. Assim, a Constituição surge como um contrato social com as expectativas de justiça da sociedade, que, na experiência brasileira, são retirados explicita e implicitamente do texto constitucional. Sobressai, portanto, a redação do art. 3º que estabelece os objetivos da República Federativa do Brasil, destacando a justiça, a liberdade e a solidariedade e em como esse texto deve influenciar todas as decisões do sistema tributário.

Portanto, eventuais desigualdades são aceitas na medida em que trazem vantagens para a sociedade, cabendo aos indivíduos a modificação desse quadro mediante mecanismos de inclusão do Estado e consoante o estado desejável de coisas previsto na Constituição.

Em um contexto pré-tributário, o espaço urbano no Brasil nunca foi distribuído com equidade e reflete um quadro de grave de desigualdade econômica e social no país, com excessiva concentração e práticas de especulação imobiliária, com efeitos perversos para os excluídos desse sistema. Logo, a obtenção de bens e direitos que tragam bem-estar não tem um início igualitário e sim distorcido, valendo transcrever contributiva passagem de Murphy e Nagel sobre:

> "Em suma, não existe uma distribuição pré-tributária real que resulte de uma perfeita igualdade de recursos empregados no exercício de oportunidades perfeitamente iguais, e a justiça tributária não pode se resumir à imposição de cargas iguais medidas de acordo com essa base. A tributação é uma parte necessária do conjunto de instituições estatais que, pela teoria do libertarismo igualitário, seriam indispensáveis para a criação das precondições de um mercado em que tudo o que acontece é justo." (MURPHY e NAGEL, 2005, p. 142).

A partir dessas pontuações, conclui-se que a Constituição destacou um imposto de competência municipal sobre a propriedade predial e territorial urbana pretendendo no contexto do sistema tributário, essa imposição efetive a justiça, a liberdade e a solidariedade, tanto a partir dos princípios como das regras que induzam para estado desejável de coisas.

Com essa perspectiva, a conclusão preliminar que se tem é de que o IPTU atual não é justo, uma vez que não ataca os problemas pré-tributários que expõem uma desigualdade que ofende os valores constitucionais, e também não é eficiente, pois a partir dos dados apresentados na introdução, os municípios estão em um estado de "preguiça fiscal", faltando objetividade do imposto para alcançar as finalidades pretendidas na Constituição.

2. O IPTU CONSOLIDADO: QUADRO ANALÍTICO

O IPTU é um dos impostos mais antigos na história da tributação, cuja incidência já se vislumbrava em sociedades antigas. No entanto, no Estado Patrimonial, e no Estado de Polícia, os impostos tinham uma conotação opressiva, descritos por Ricardo Lobo Torres como preço da liberdade em substituição das obrigações militares (TORRES, 1991, p. 37-38).

Assim, não havia a noção de propriedade como atualmente, apenas o patrimônio do soberano, que dispunha dos bens arbitrariamente invocando as razões do Estado. Com as revoluções liberais, esse modelo social é implodido com a retirada dos poderes absolutos do Estado, podendo agora os cidadãos disporem de seu patrimônio conforme interesses econômicos pessoais, em que as instituições públicas exercem papel apenas de garantir a manutenção, daí surgindo a ideia de propriedade privada que passa a ser economicamente avaliada e livremente negociada como uma mercadoria.

A Constituição menciona o conceito de propriedade, mas não limita exatamente o fato gerador, que cabe a lei complementar delimitar. Assim é que o CTN, lei formalmente ordinária e materialmente complementar, estabeleceu no art. 32 que o fato gerador será a propriedade, o domínio útil e a posse. Além disso, estipula genericamente a zona urbana e a base de cálculo como valor venal do imóvel.

O valor venal, para efeitos de tributação, é a importância que poderia ser obtida acaso o imóvel estivesse a disposição para compra e venda, com condições usuais de mercado, cabendo a administração fazendária utilizar as técnicas de levantamentos e fixação da planta de valores, cabendo a lei estabelecer os critérios gerais da tributação.

Definitivamente a base de cálculo do IPTU invoca um dos problemas atuais desse imposto, isso porque o STF reconhecia a relativização da lei formal, atribuindo a ato administrativo a concretização do ato genérico de lei (BRASIL, 1975). Ocorre que esse entendimento foi superado no RE 87.763 de relatoria do Ministro Moreira Alves e julgado em 23.11.1979, declarando que apenas a lei, e não decreto, pode majorar o IPTU além da correção monetária, retomando a tradição legalista aplicada até hoje[6].

---

6. Como demonstração da força do precedente originário até, o STF vem repetindo nos seguintes julgados: RE 648245, Relator(a): Min. GILMAR MENDES, Tribunal Pleno, julgado em 01/08/2013; I 420015 AgR, Relator(a): Min. CARLOS VELLOSO, Segunda Turma, julgado em 22/11/2005; AI

Esse entendimento, no entanto, dá sinais de potencial mudança paradigmática no STF, desde o julgamento do RE 648.245, de Relatoria do Ministro Gilmar Mendes, cujos temas serão abordados nos tópicos seguintes (BRASIL, 2013).

Outra discussão importante, que tem grande influência no objeto analisado deste trabalho, é a progressividade do IPTU. Historicamente, o RE 153.771 impõe uma série de questões sobre a possibilidade de revitalização da tributação municipal (BRASIL, 1996). De maneira bem sucinta, prevaleceu o entendimento do Ministro Moreira Alves, para quem o IPTU não é capaz de expressar subjetivismos econômicos do contribuinte, tratando-se um imposto real.

Em tese, essa discussão sobre a inconstitucionalidade da progressividade do IPTU criou uma espécie de "trauma" nos municípios que adotaram essa legislação, pois além das execuções fiscais perdidas, foram ajuizadas inúmeras outras ações de restituições, com impacto no equilíbrio orçamentário.

No entanto, esse entendimento do STF sofreu uma reviravolta com a edição da EC 29/2000, modificando o art. 156 para modificar o §1º, que passou a prever a progressividade do IPTU em razão do valor do imóvel, da localização e do uso do imóvel.

Com essa correção do constituinte derivado, o STF passou a julgar uma série de recursos com uma divisão de inconstitucionalidade da progressividade até a entrada em vigor dessa emenda, resultando então a Súmula nº 668, com a seguinte redação: "É inconstitucional a lei municipal que tenha estabelecido, antes da Emenda Constitucional 29/2000, alíquotas progressivas para o IPTU, salvo se destinada a assegurar o cumprimento da função social da propriedade urbana".

Essa emenda foi efetivamente questionada no âmbito de controle concentrado, tendo o STF julgado a ADI 2.732 improcedente e mantido entendimento da possibilidade do IPTU progressivo (BRASIL, 2015).

532721 AgR, Relator(a): Min. EROS GRAU, Primeira Turma, julgado em 16/08/2005; AI 346226 AgR, Relator(a): Min. ELLEN GRACIE, Primeira Turma, julgado em 03/09/2002; AI 176870 AgR, Relator(a): Min. MARCO AURÉLIO, Segunda Turma, julgado em 12/03/1996; RE 111431, Relator(a): Min. NÉRI DA SILVEIRA, Tribunal Pleno, julgado em 23/06/1988; RE 109292, Relator(a): Min. RAFAEL MAYER, Tribunal Pleno, julgado em 25/02/1988; RE 108774, Relator(a): Min. NÉRI DA SILVEIRA, Relator(a) p/ Acórdão: Min. RAFAEL MAYER, Primeira Turma, julgado em 25/02/1988; RE 110983, Relator(a): Min. CELIO BORJA, Segunda Turma, julgado em 22/09/1987; RE 108363, Relator(a): Min. CÉLIO BORJA, Segunda Turma, julgado em 24/02/1987.

Outra questão crucial do IPTU reside na falta de comunicação das administrações municipais com os registros de imóveis, mesmo com toda tecnologia disponível atualmente. Na verdade, atualmente cabe aos municípios efetivarem os convênios com cartórios para aprimoramento das informações sobre o espaço urbano, ou seja, é uma faculdade que se não foi efetivada, implicará em questões de injustiça fiscal.

Em linhas gerais, este tópico, embora breve, limitou-se apenas a descrever como o IPTU atualmente é efetivado pelos municípios, cujos problemas estruturais e políticos criam um aspecto obsoleto do tributo, que, na verdade, tem grande potencial para promoção do estado desejável de coisas pretendido na Constituição.

3. A NECESSÁRIA (E POSSÍVEL) REVITALIZAÇÃO DO IMPOSTO PATRIMONIAL PELA CONSTITUIÇÃO DE 1988

A partir das questões teóricas e práticas abordadas, qual seria então o desenho tributário do IPTU que possa atender aos princípios constitucionais e alcançar o estado desejável de coisas pretendido pelo Constituinte?

Antes de abordar a possível revitalização do IPTU, uma premissa importante que sempre deve guiar qualquer estudo crítico é de que a tributação pode ser tanto um instrumento de destruição, como uma arma de fortalecimento da democracia (EUA, 1817)[7]. Portanto, eventuais propostas podem efetivar o IPTU com preceitos de justiça e de eficiência, mas também podem criar distorções graves. Logo, toda e qualquer proposta de reformulação envolve a análise desses impactos e de quais as normas em jogo.

---

7. Trata-se de célebre frase proferida pelo *Chief Justice Marshall* no caso McCulloch v. Maryland, de 1819. No original, *"That the power to tax involves the power to destroy; that the power to destroy may defeat and render useless the power to create; that there is a plain repugnance in conferring on one Government a power to control the constitutional measures of another, which other, with respect to those very measures, is declared to be supreme over that which exerts the control, are propositions not to be denied. But all inconsistencies are to be reconciled by the magic of the word CONFIDENCE. Taxation, it is said, does not necessarily and unavoidably destroy. To carry it to the excess of destruction would be an abuse, to presume which would banish that confidence which is essential to all Government."*

3.1 A questão da planta de valores e o princípio da legalidade

Conforme narrado linhas anteriores, a base de cálculo do IPTU é um dos atuais problemas administrativos, que impedem a revitalização desse imposto a partir da estrutura normativa atual. Isso porque a diferença entre a base de cálculo abstrata e a base de cálculo concreta ainda não é evidente.

No caso, cabe ao legislativo municipal determinar os parâmetros de tributação que a Administração deve adotar, sem poder inserir qualquer correção na planta de valores, além dos índices oficiais.

Portanto, a primeira de todas revitalizações que o IPTU pode passar envolve justamente a superação do legalismo fechado, permitindo a atualização dos valores das plantas genéricas de valores através de ato administrativo direto, como, por exemplo, decretos executivos. Viabilizar tal estrutura não implica em majoração da base de cálculo sem lei, mas de busca da verdade material e de praticabilidade administrativa (DERZI, 2010, p. 888).

Recentemente, o plenário do STF chegou a suscitar tal debate, como um indicativo de potencial modificação do entendimento, no RE 648.245/MG que, ao final limitou-se a confirmar antiga jurisprudência da Corte acerca da necessidade de lei em sentido formal de eventual atualização além dos incides oficiais. No entanto, interessante questionamento foi que o Ministro Barroso efetuou:

> Mas a discussão de exigir-se que lei estabeleça a base de cálculo para o IPTU, a meu ver, a jurisprudência do Supremo já oscilou, como sabem Vossas Excelências, e pessoalmente acho que esta é uma fórmula que engessa excessivamente o Município. Quer dizer, aqui é preciso encontrar um ponto de equilíbrio entre a proteção do contribuinte, que não deve ficar à mercê do alvedrio do Poder Executivo, mas também há um problema que, muitas vezes, o município e o prefeito ficam reféns da câmara municipal, que, por animosidade política ou às vezes por populismo, não aprova a lei que modifica a base de cálculo, o que priva o município, muitas vezes, de uma das suas principais fontes de receita. (BRASIL, 2013).

Portanto, dentre as potenciais atualizações do IPTU, retirar o elemento político das partes técnicas do imposto pode otimizar a relação tributária municipal, rompendo-se com uma tradição positivista de sujeitar toda e qualquer atualização da planta de valores a lei em sentido formal.

3.2 A progressividade

Conforme narrado linhas anteriores, até a EC 29/2000, que modificou o §1º do art. 156 da Constituição, a interpretação atribuída pelo STF era que o IPTU tinha natureza de imposto real, não sendo viável a aplicação do princípio da capacidade contributiva e, com isso, limitou a atuação legislativa municipal a uma igualdade formal (CARRAZA, 2015, p. 183).

Com o julgamento do RE 423.768/SP, o STF reformulou seu entendimento, passando a admitir a progressividade do IPTU, que foi confirmado na ADI 2.732, em que o Relator Ministro Dias Toffoli consolidou entendimento da Corte unindo os fundamentos de ambos os precedentes (BRASIL, 2015).

Primordialmente, qualquer tentativa de revitalização do IPTU através da fixação de alíquotas progressivas denota uma planta de valores atualizada, isto é, o município que pretender aprimorar a arrecadação através de alíquotas progressivas deve ter toda a zona urbana detalhadamente atualizada. Isso é essencial, pois alíquotas progressivas em face de uma planta desatualizada será instrumento de injustiça, pois alguns contribuintes serão mais onerados do que outros. Diante dessa lógica, a progressividade do IPTU pode ser entendida sob dois aspectos: fiscal ou extrafiscal, objetiva ou subjetiva.

No §4º do art. 182 da Constituição (BRASIL, 1988) está prevista a progressividade do IPTU com a finalidade extrafiscal, no capítulo de política urbana, no título VII, referente a ordem econômica e financeira. Trata-se de norma vinculada a implementação da função social da propriedade, não guardando muita relação com os preceitos de justiça fiscal, isonomia e solidariedade que é objeto deste estudo.

Apesar de oposições respeitáveis à progressividade fiscal do IPTU (TORRES, 2007, p. 316), admitem-se duas vertentes de aplicação. De um lado, a progressividade fiscal objetiva é a variação em relação ao imóvel, como localização e uso, e a progressividade fiscal subjetiva é a valoração por aspectos econômicos do contribuinte, situação que pode denotar controvérsias jurídicas.

Interessante discussão é a que trouxe Hugo de Brito Machado (2004) diferenciando o tipo de técnica para o cálculo do IPTU. A progressividade graduada estabelece faixas alíquotas para cada parcela da base de cálculo, que foi adotado pelo município de São Paulo, com uma alíquota base de 1,0% (um por cento) que será acrescida ou reduzida de um percentual referente a cada faixa.

Por sua vez, a progressividade simples estabelece alíquotas maiores sobre toda a base de cálculo e não apenas sobre as faixas excedentes daquelas submetidas a alíquotas menores e que, aparentemente, é a metodologia mais adotada pelos municípios brasileiros. Essa metodologia, porém, gera distorções inadmissíveis, pois contribuintes que se diferenciam por pequeno valor venal podem arcar com tributos em valores absolutos bem díspares.

A partir dessa estrutura, vislumbra-se que a progressividade graduada que estabelece uma alíquota básica e a incidência de percentuais conforme o valor venal do imóvel permite dois cenários: de um lado, a graduação com alíquotas negativas é instrumento de verdadeira justiça fiscal ao minorar o IPTU daqueles que não detêm condições. Por outro lado, os percentuais elevados viabilizam ao município conhecer efetivamente a realidade econômica dos imóveis urbanos, o que pode orientar melhor as decisões futuras dos gestores.

Assim, a progressividade graduada do IPTU não apenas é uma questão de escolha política, mas moralmente necessária a partir de preceitos de justiça, isonomia e solidariedade, cuja aplicabilidade trará maior transparência fiscal e viabilizará o ingresso de receitas nos municípios proporcionais à realidade econômica local.

CONCLUSÃO

A pretensão originária deste artigo foi expor como há espaço para repensar e revitalizar o IPTU para efetivar a justiça e a isonomia em âmbito local e tentar evitar a dependência dos municípios com as transferências intergovernamentais, combatendo-se a "preguiça fiscal". Logo, reformular esse imposto não é uma simples questão de escolha política, mas de necessidade institucional.

A partir do princípio da distribuição de rendas, a preocupação central da tributação passa a ser a capacidade contributiva em relação aos impostos, evitando-se concentração de rendas e patrimônios. Logo, a imposição fiscal visa captar receitas para o Estado e, ao mesmo tempo, estabelecer igualdade de oportunidades que evitem evitar situações de desigualdades insuportáveis (TORRES, 2014, p. 360).

No caso do Brasil, o jornal "O Estado de São Paulo" (2018) utiliza-se de recentes dados do IBGE para indicar que a população brasileira do século XXI é essencialmente urbana, além de viverem em apenas 6% dos municípios brasileiros, e a saúde fiscal dos municípios de médio e grande porte torna-se objeto essencial para garantir a própria subsistência da sociedade, tanto no aspecto de ações negativas, como as ações afirmativas.

Nessa realidade, o IPTU com base de cálculo constantemente atualizada por agentes com a necessária expertise e a aplicação de alíquotas graduadas é essencial para garantir a saúde fiscal municipal, cujo caminho passa pelo fortalecimento do federalismo fiscal, combate.

Desta forma, tentou-se demonstrar que a atual estrutura do IPTU é incompatível com os princípios e garantias fundamentais do Brasil, propondo-se, portanto, medidas pontuais que possam dar mais eficiência, transparência e justiça ao sistema tributário, cujo momento de 30 (trinta) anos da Constituição representa a grande oportunidade para debater as questões realmente importantes para a sociedade, com abordagem prática das conclusões obtidas.

REFERÊNCIAS BIBLIOGRÁFICAS

AFONSO, José Roberto, R. ARAÚJO, Erika Amorim, NÓBREGA, Marcos Antonio Rios da. **IPTU no Brasil – um diagnóstico abrangente**. Vol. 4. Rio de Janeiro: FGV Projetos. 2013.

ATALIBA, Geraldo. **Hipótese de incidência tributária**. São Paulo: Malheiros, 2016.

BARROSO, Luís Roberto. **Curso de direito constitucional: os conceitos fundamentais e a construção do novo modelo**. 7ª edição. São Paulo: Saraiva Educação, 2018.

BRASIL. **Constituição: República Federativa do Brasil.** Brasília: Senado Federal, 1988. Disponível em: <http://www.planalto.gov.br/ccivil_03/constituicao/constituicao-compilado.htm>. Acesso em: 19 Set. 2018.

________. **Código Tributário Nacional, de 25 de Outubro de 1966.** Disponível em: <http://www.planalto.gov.br/ccivil_03/LEIS/L5172.htm>. Acesso em: 19 Set. 2018.

________. **Lei complementar nº 101, de 04 de Maio de 2000.** Disponível em: <http://www.planalto.gov.br/ccivil_03/Leis/LCP/Lcp101.htm>, acesso em: 19 Set. 2018.

________. Supremo Tribunal Federal. **Ação Direta de Inconstitucional 2.732.** Relator(a): Min. DIAS TOFFOLI, Tribunal Pleno, julgado em 07/10/2015, Acórdão Eletrônico Dje-249, Divulgação em 10/12/2015 e Publicado em 11/12/2015. Disponível em: <http://redir.stf.jus.br/paginadorpub/paginador.jsp?docTP=TP&docID=9975925>. Acesso em: 23 Set. 2018.

________. Supremo Tribunal Federal. **Recurso Extraordinário 77.269.** Relator Min. BILAC PINTO, 1ª Turma, julgado em 18/11/1975, publicado em diário oficial 26-12-1975. Disponível em: <http://www.stf.jus.br/portal/jurisprudencia/visualizarEmenta.asp?s1=000132723&base=baseAcordaos>. Acesso em: 23 Set. 2018.

_________. Supremo Tribunal Federal. **Recurso Extraordinário 153.771.** Relator(a): Min. CARLOS VELLOSO, Relator(a) p/ Acórdão: Min. MOREIRA ALVES, Tribunal Pleno, julgado em 20/11/1996. Disponível em: <http://www.stf.jus.br/portal/jurisprudencia/visualizarEmenta.asp?s1=000109276&base=baseAcordaos>.Acesso em: 23 Set. 2018.

_________.Supremo Tribunal Federal. **Recurso Extraordinário 648.245.** Relator(a): Min. GILMAR MENDES, Tribunal Pleno, julgado em 01/08/2013. Disponível em <http://redir.stf.jus.br/paginadorpub/paginador.jsp?docTP=TP&docID=5323879>. Acesso em: 23 Set. 2018.

_________. **Recursos Transferidos - 2018 - Portal da Transparência**. Disponível em: <http://www.portaltransparencia.gov.br/transferencias>. Acesso em: 19 Set. 2018.

BUCHANAN, James M. **The limits of liberty: between anarchy and Leviathan.** *In:* The collected works of James Buchanan; v. 7. Indianapolis: Liberty Fund, Inc. 2000.

DERZI, Misabel. **Limitações constitucionais ao poder de tributar**, 8ª Ed. Rio de Janeiro: 2010.

ESTADOS UNIDOS DA AMÉRICA. **McCullogh vs Maryland.** US Supreme Court: Washington, 1817. Disponível em: <https://supreme.justia.com/cases/federal/us/17/316/>. Acesso em 23 Set. 2018.

IBGE – Instituto Brasileiro de Geografia e Estatística. **Perfil dos municípios brasileiros**. Brasília, 2005. Disponível em: <https://biblioteca.ibge.gov.br/visualizacao/livros/liv28141.pdf>. Acesso em: 19 Set. 2018.

KLAUS, Tipke. **Moral tributária do estado e dos contribuintes**. Trad. Luiz Dória Furquim. Porto Alegre: Segio Antonio Fabris Ed. 2012.

MACHADO, Hugo de Brito. **Forma de cálculo do IPTU progressivo**. Revista dialética de direito tributário nº 106, São Paulo, 2004.

MARINS, Daniel Vieira. **O esforço fiscal dos municípios e as transferências intergovernamentais**. Rio de Janeiro: Grama. 2016.

MURPHY, Liam e NAGEL, Thomas. **O mito da propriedade: os impostos e a justiça**. Tradução Marcelo Brandão Cipolla. São Paulo: Martins Fontes, 2005.

O ESTADO DE SÃO PAULO. **Brasil tem mais de 206 milhões de habitantes, diz IBGE**. São Paulo: Grupo Estado, [1875?]-. Diário. Disponível em: <https://brasil.estadao.com.br/noticias/geral,brasil-tem-mais-de-206-milhoes-de-habitantes-diz-ibge,10000072855>. Acesso em: 23 Set. 2018.

OCDE – Organização Para a Cooperação e Desenvolvimento Econômico. **Estatísticas sobre Receita na América Latina - 1990-2010.** Disponível em <http://www.oecd.org/ctp/tax-global/BRAZIL_PT_country%20note_final.pdf>. Acesso em: 19 Set. 2018.

PÉREZ DE AYALA, José Luis. **La Estrucutura Economico-Finaniera Interna de nuestro Sistema Tributario**. Revista de Derecho Financiero y de Hacienda Pública Vol. XVI, Nºs 65-66-67 (Sistema Tributario Español - Vol. I) 1966-1967.

PIKETTY, Thomas. **O Capital no século XXI.** Trad. Monica Baumgarten de Bolle – 1ª ed. Rio de Janeiro: Intrínseca, 2014.

RIO DE JANEIRO, Prefeitura (RJ). **Acesso a Informações - IPTU 2018.**Disponível em: <http://www.rio.rj.gov.br/web/smf/exibeconteudo?id=5840195>. Acesso em: 19 Set. 2018.

________. **Lei municipal nº 6.250, de 28 de setembro de 2017.** Disponível em: <http://mail.camara.rj.gov.br/APL/Legislativos/contlei.nsf/da65a6361caf8790 83257f460066ebb6/3518886cb3f67455832581aa005432fb?OpenDocument>. Acesso em: 19 Set. 2018.

RAWLS, John. **Uma teoria de justiça**. Tradução Almiro Pisetta e Lenita M. R. Esteves. São Paulo: Martins Fontes, 1997.

RIBEIRO, Ricardo Lodi. **Estudos de direito tributário - vol. 2: tributação e direitos fundamentais.** 1ª edição. Rio de Janeiro: Multifoco, 2016.

SÃO PAULO, Prefeitura (SP). **Lei municipal nº 6.989, de 29 de dezembro de 1966, com a redação dada pela Lei Municipal nº 13.475, de 30 de dezembro de 2002.** Disponível em: <http://www3.prefeitura.sp.gov.br/cadlem/secretarias/negocios_juridicos/cadlem/integra.asp?alt=31122002L%20134750000>. Acesso em: 23 Set. 2018.

SCHOUERI, Luís Eduardo. **Direito Tributário - 7ª edição.** São Paulo: Saraiva, 2017.

SILVEIRA, Paulo Antônio Caliendo Velloso da. **Direito Tributário e Análise Econômica do Direito: uma visão crítica.** Rio de Janeiro: Elsevier, 1999.

SMITH, Adam. **A riqueza das nações: uma investigação sobre a natureza e as causas da riqueza das nações**. Tradução Noberto de Paula Lima. 3ª ed. Rio de Janeiro: Nova Fronteira, 2017.

TORRES, Ricardo Lobo. **A ideia de liberdade no estado patrimonial e no estado fiscal**. Rio de Janeiro: Renovar, 1991.

________. **Normas de Interpretação e Integração do Direito Tributário**. 4ª Ed., rev., e atual. Rio de Janeiro: Renovar, 2006.

________. **Tratado de direito constitucional financeiro e tributário. Vol. 2 - princípios**. Rio de Janeiro: Renovar, 2014.

________. **Tratado de direito constitucional financeiro e tributário. Vol. 4 - os tributos na Constituição**. Rio de Janeiro: Renovar, 2007.

04

FEDERALISMO FISCAL NA 1º REPÚBLICA E A GUERRA TRIBUTÁRIA NA PARAÍBA

Bruno Miguel Drude

Mestre em Direito Constitucional pelo PPGDC da Universidade Federal Fluminense, Pós-Graduação *Lato Senso* pelo Instituto Brasileiro de Estudos Tributários, Graduado em Direito pela Universidade Candido Mendes. Professor de Direito Tributário, Financeiro e Administrativo. Advogado.

INTRODUÇÃO

O presente trabalho realiza uma análise sobre o sistema tributário da Constituição de 1891 e sua correlação com o sistema oligárquico implementado através da Política dos Governadores. Mais além, o trabalho analisa a ideologia imperante que orientou o projeto constitucional do sistema tributário, assim como as influências e predisposições dos Constituintes que tiveram maior influência na edificação do modelo eleito em 1890. A partir de tal investigação, objetivou-se identificar se o sistema tributário já teria sido forjado, desde sua origem, para servir à lógica oligárquica.

Para tal análise, é realizado mapeamento das competências tributárias e limitações constitucionais, considerando o cenário federativo recém exsurgido, passando à verificação das repercussões concretas de seu funcionamento durante a vigência da Carta Política de 1891, especialmente a disputa tributária travada entre os entes federativos e sua relação com a Política dos Governadores.

A Política dos Governadores representou estrutura que envolveu todos os níveis do Poder Político Nacional e, portanto, a integralidade das regiões brasileiras vivenciou suas repercussões sociais e políticas. Interessa, ao presente estudo, conforme prenunciado, analisar o uso do sistema tributário como instrumento de manutenção do alinhamento político vertical, sendo utilizado tanto como benesse aos grupos aliados como coerção contra os dissidentes políticos do situacionismo federal e estadual, o que ficou bastante evidenciado no episódio histórico da Guerra Tributária da Paraíba, no qual a utilização do sistema tributário contrariamente à lógica de sua criação gerou o isolamento do governo e medidas do establishment tendentes à interrupção de sua utilização para servir ao propósito contrários às Oligarquias e ao Poder Central.

1. FEDERALISMO FISCAL NA CONSTITUIÇÃO DA REPÚBLICA DOS ESTADOS UNIDOS DO BRASIL DE 1891

Se existe um ponto de concordância na doutrina da história constitucional brasileira certamente é de que a experiência federalista norte americana influenciou a Constituinte de 1890. O modelo de estados unidos através de um governo central, mas ao mesmo tempo preservando grande parcela de suas autonomias, soava conveniente tanto para aqueles que primavam pelos princípios republicanos, quanto para aqueles que desejavam a manutenção do poder econômico e o exercício do poder político sem as interferências do Monarca.

O exemplo norte americano, para muitos dos constituintes federalistas poderia ser implantado no Brasil em vista de ambas as nações terem, no momento da formação da federação, subdivisões geográficas herdadas do regime anterior, lá as colônias e aqui as províncias. A estrutura bicameral do legislativo, agora numa democracia representava de uma estado federalista, por um lado garantia o poder político das elites provinciais, sem a interferência da monarquia e, por outro, prometia maior igualdade de tratamento entre as unidades mais importantes (geográfica e economicamente) e aquelas até então relegadas à insignificância política devido ao incipiente desenvolvimento econômico, além de outros fatores geopolíticos[1].

Apesar dos elementos formadores do federalismo norte americano terem constituído o conteúdo dos discursos parlamentares e intelectuais, o professor Christian Edward Cyril Lynch destaca que o elemento efetivamente considerado pelos Constituintes brasileiros para exaltar o modelo foi o fantástico desenvolvimento econômico alcançado pelos Estados Unidos da América do Norte desde a adoção do federalismo. Atenta, no entanto, para consciência das elites intelectuais no sentido de que a implantação do federalismo no Brasil poderia não reproduzir a experiência exitosa observada na América do Norte, muito ao contrário, intentos sul americanos desencorajavam a reprodução do modelo, pois desaguaram em "caudilhismo e guerra civil" (LYNCH, 2014, p.100). Nessa linha, o professor defende que a experiência constitucional argentina de 1853 e o extraordinário desenvolvimento econômico do país platino durante a década de 1880 teriam representado o ponto de inflexão para convencer parte da elite política brasileira de que a adoção do modelo federalista, com pontuais adaptações, poderia ser bem sucedida na futura república.

No país vizinho, a adoção das bases constitucionais se deu a partir de uma interpretação distinta acerca dos pilares de liberdade, igualdade e autonomia que guiaram o desenvolvimento da nação norte americana. Em vista das distinções culturais, históricas e sociais, um dos maiores influenciadores da constituição argentina de 1853, Juan Batista Alberd, defendia que os institutos constitucionais colhidos na América do Norte

1. Essa última perspectiva se revelaria frustrada.

deveriam ser desenvolvidos aqui de modo a preservar algo do antigo regime até que as condições estruturais, culturais e econômicas alcançassem o estágio de desenvolvimento observado nos Estados Unidos. Para tanto, haveria de se combinar a descentralização federalista com um governo central forte, capaz de promover o desenvolvimento necessário através de políticas de imigração, combater o caudilhismo e implantar infraestrutura para viabilizar a produção de riqueza por meio de um comércio pujante.

Alberd entendia que a democracia não deveria ser interpretada com a permissividade norte americana. Seria necessário manter o poder político das oligarquias e desenvolver mecanismos de intervenção tendentes a suprimir levantes minoritários que poderiam desviar o país do programa desenvolvimentista. Nesse sentido, as oligarquias deveriam garantir o alinhamento com o poder central e este garantir supremacia das oligarquias nas respectivas subunidades regionais, intervindo, se fosse o caso, para manutenção da estratificação do modelo anterior até que fossem alcançadas as metas desenvolvimentistas anteriormente relacionadas.

O Professor Lynch defende que foi esse modelo e, por assim dizer, a experiência constitucional argentina, que teria inspirado alguns dos constituintes mais influentes, entre os quais destaca Quintino Bocaiuva e Campos Sales.

A partir de tais matizes, os constituintes de 1890 edificaram um sistema que, após a consolidação da republicana, viabilizou modelo federalista que permitiria a utilização dos diversos subsistemas constitucionais como mecanismos de manutenção das oligarquias regionais e de um poder central comprometido com medidas tendentes à preservação do *estatus quo* da estratificação social. E, conforme restará demonstrado, o sistema tributário foi desenvolvido e utilizado como mecanismo para modular as forças políticas regionais, mantendo-as alinhadas com o Poder Central.

Necessário anotar, no entanto, que houve divergências sobre os moldes que o federalismo adotaria no Brasil, gerando árduas discussões na constituinte de nosso primeiro experimento republicano. Divididos entre unionistas e federalistas, os constituintes travaram longos debates sobre as competências que deveriam ser entregues à União e às unidades federativas (BONAVIDES, 1991, p.226).

Seja pelo efeito psicológico da memória recente de revoltas separatistas e das intervenções realizadas pelo poder central, seja pelas mais diversas linhas ideológicas adotadas pelos constituintes, ou mesmo pelo projeto oligárquico construído pelas elites econômicas regionais, o desenho federalista provocava inquietação, especialmente frente à proposta de divisão das unidades federais em três esferas autônomas. Se a autonomia dos Estados já era motivo de insônia para alguns, imagine-se a autonomia de municípios. Victor Nunes Leal (1975, p. 80) ressalta que o debate girou em torno das matérias que poderiam ser alcançadas pela autonomia dos municípios, existindo uma especial preocupação em relação à eletividade das respectivas administrações, apesar da ideia de autonomia dos municípios ser perfeitamente compatível, pois revelava desdobramento teórico do próprio federalismos.

Apesar de algumas alas da Constituinte defenderem a descentralização em três entidades federativas, essa não foi a proposta vencedora. Prevaleceu o modelo dual (União Federal e Estados) de autonomias, estabelecendo a submissão dos municípios aos governos estaduais que legislariam sobre a organização daqueles.

A doutrina, tanto do direito quanto da história, tece árduas críticas ao Constituinte de 1890 em razão da excessiva adoção das características federalistas norte-americanas, sem ter levado em consideração peculiaridades brasileiras. Sob tal perspectiva, o Professor Gustavo Sampaio Telles Ferreira (2012, p. 18-20) aponta a insistência na descentralização dual como um dos fatores responsáveis pela ruína do primeiro sistema constitucional republicano quarenta anos depois de sua fundação.

Em sua crítica, o professor Gustavo Sampaio entende que a falta de autonomia dos municípios teria sido um dos equívocos dos Constituintes de 1890. Porém, se considerarmos as influências ideológicas demonstradas por Lynch, tal aspecto constitucional revelaria êxito da adaptação aos moldes Platinos, no objetivo de viabilizar margem de controle do poder central sobre os estados e desses últimos sobre os municípios, através dos mecanismos de interferência e intervenção disponíveis nos diversos subsistemas constitucionais. Nesse contexto, se a falta de autonomia dos municípios pode ter sido um equívoco quando analisado a partir da ideologia liberal e democrática, que orientou o federalismo norte americano, também pode ser considerada exitosa a partir dos matizes ideológicos de parte dos constituintes, que desejavam conferir à nova carta constitucional alguma dose do antigo regime, mesmo que de forma subterrânea. Ou seja, assim como no paradigma Platino, "a prática das formas americanas não dispensariam uma interpretação constitucional oligárquica, centrípeta e autoritária" (LYNCH, 2014. p. 102).

Por conseguinte, considerando os desígnios de parcela dos constituintes, é de se concluir que a autonomia dos municípios não era bem quista, pois poderia viabilizar fragmentação de poderes e consequente desalinhamento político, viabilizando, assim, a substituição das oligarquias regionais por outros grupos não comprometidos com os objetivos programáticos do poder central.

Mesmo porque, o conteúdo da democracia na 1ª República era mais restritivo do que o concebido na modernidade e tal se deve, em grande medida, ao projeto oligárquico implementado pelas elites econômicas que, desde o império, desejavam conquistar o poder político.

Tendo sido iniciada no Governo de Campos Sales, a Política dos Governadores marcou a República Velha durante quase toda a sua existência, mais especificamente, desde o segundo Presidente civil (o próprio Campos Sales), que foi o grande arquiteto desse sistema (FAORO, 2012, p. 640), até o golpe[2] militar de 1930. Consistia em estrutura de apoio político que alimentava os interesses daqueles que a compunham e perpetuava as oligarquias dominantes, que já se encontravam no poder econômico desde o império, porém, com ainda mais ingerência e aparelhamento nas estruturas públicas, pois agora não possuíam a concorrência do séquito monárquico e do estamento burocrático central outrora instalados na máquina estatal (FAORO, 2012, p. 699). Além disso, a interferência do fator militar também havia chegado ao cabo, após o governo Prudente de Morais. As funções que viriam a ser assumidas pelas oligarquias a partir dessa guinada foram perfeitamente abordadas por Edgard Carone, que destacou o papel estabilizador econômico e político destas nas respectivas regiões, em alinhamento com o poder central, o que também é afirmado por Marcelo Cerqueira (1993, p. 315-316).

O atendimento e a manutenção do poder eram conciliados nas três esferas da federação, de modo a sustentar os interesses de cada ator na proporção de sua colaboração com o poder imediatamente inferior

2. Não existe qualquer pretensão de firmar juízo de valor sobre a natureza do movimento que implicou na ruptura do regime político da primeira república. A utilização da expressão é apenas uma preferência pela definição política de golpe de estado que expressa ação de uma autoridade ou grupo que adota medidas contrárias ao sistema constitucional existente. Nessa eleição de conceito, não se debate se havia, ou não, apoio popular ao movimento liderado por Getúlio Vargas e se o mesmo legitimaria a ação, considerando-se, tão somente, que houve ruptura do sistema a partir de uma ação armada que foi conduzida quase integralmente por apenas um setor da sociedade.

e/ou superior. Para funcionar, era necessário que todas as três esferas estivessem em harmonia, sob pena de uma prejudicar a outra, deflagrando risco de colapso sistêmico. Mas o sistema foi elaborado de modo a reduzir esse risco através da cooptação imediata de atores divergentes. O mecanismo era tão eficiente que, verticalmente, se sustentou até o colapso provocado por fatores mais relacionados aos erros de seus operadores do que ao seu próprio funcionamento mecânico[3] idealizado originalmente.

A Estrutura da Política dos Governadores pode ser analisada de baixo para cima ou de cima para baixo. Cada uma dessas direções possuía peculiaridades importantes para o funcionamento do sistema. De cima para baixo, o sistema funcionava com o apoio do Governo Federal a um candidato para cada Governo Estadual. Por sua vez, os candidatos apoiados pelo Governo Federal se comprometiam a sustentar os candidatos aos cargos eletivos em esfera estadual e municipal, assim como atender aos interesses dos principais representantes das oligarquias regionais instaladas nos respectivos municípios. Já de baixo para cima, em contraprestação, as oligarquias regionais apoiavam, com votos, os candidatos ao governo dos estados. No nível seguinte, os Presidentes Estaduais (governadores) se comprometiam a apoiar o candidato à Presidente da União indicado através do pacto da Política do Café com Leite, trazendo os votos de seus eleitores e os votos de todas as demais regiões que participavam da ala situacionista.

---

3. Apesar da insatisfação de inúmeros setores da sociedade na última década da República Velha, a maior parte dos historiadores elenca fatores, para o enfraquecimento da Política dos Governadores, que não estão diretamente relacionados com sua estrutura funcional, mas sim com erros e fatos coincidentes ocorridos nesse período. O principal fato que levou à derrocada da República Velha, sem dúvida, foi o rompimento da Política do Café com Leite, com a indicação, por São Paulo, de Júlio Prestes para Candidato à Presidência pelo governo de situação, contrariando o acordo político que estabelecia a indicação de Antônio Carlos Ribeiro de Andrada, então governador de Minas Gerais, à Presidência da República. A quebra do pacto da Política do Café com Leite levou à ruptura da aliança entre São Paulo e Minas Gerais, estimulando esse último Estado a aderir à Aliança Liberal com o Rio Grande do Sul e Paraíba. Porém, além desse erro político, um fato aleatório teve importância primordial para o golpe de trinta. O assassinato de João Pessoa, em razão de rixa pessoal, foi transformado em fato político a partir do contexto político que realmente atingiu a Paraíba, tendo alimentado ostensiva campanha publicitária da Aliança Liberal. Com isso, a Aliança Liberal conseguiu apoio popular, principalmente nos centros urbanos. Outros fatores conjunturais, como o isolamento do exército, sem dúvida, contribuíram para o desfecho. Porém, não tivessem ocorrido as duas circunstâncias acima relacionadas, a queda da 1ª República, ao menos naquele ano, muito provavelmente não teria ocorrido.

O sistema apresentava maior complexidade em sua base, ou seja, nos municípios, mas também apresentava sensível equilíbrio no centro, pois os Presidentes estaduais precisavam conciliar os interesses das diversas oligarquias regionais existentes dentro dos estados. Entretanto, as rupturas em nível municipal e estadual acabavam não afetando o sistema como um todo, pois as alas exitosas acabavam sendo absorvidas pelo sistema, passando a ocupar o mesmo papel que os vencidos desempenhavam anteriormente, qual seja, sustentar e ser sustentado pela esfera acima.

No âmbito Federal, a composição de forças foi resolvida a partir do rodízio no poder que ficou conhecido como Política do Café com Leite. Os dois maiores colégios eleitorais do país, São Paulo e Minas Gerais, se alternavam no poder, sem, contudo, deixar de atender os interesses, uns dos outros[4], além das demandas de outros estados influentes na política nacional. Edgard Carone (1969, p. 119) destaca que esse esquema teve apenas duas exceções durante a República Velha (Hermes da Fonseca e Epitácio Pessoa), porém, sem identificar sua ruptura, continuando a obedecer à mesma lógica nos escrutínios subsequentes.

Parte dessa estrutura notada na esfera federal, guardadas as devidas ressalvas, era simetricamente aplicada nas esferas inferiores para equilibrar as expectativas de poder nos momentos em que não era possível acomodas todos os grupos oligárquicos nos cargos eletivos estaduais e federais. Na esfera federal e estadual também eram utilizados os cargos executivos para acomodar sujeitos pertencentes às oligarquias aliadas ao governo como mecanismo de equilíbrio de forças. Essa mesma distribuição não ocorria nos municípios, na medida em que os cargos municipais[5], como regra, eram definidos pelos líderes das oligarquias regionais, que alijavam seus opositores das estruturas públicas.

O apoio prometido pelo candidato à chefia do Governo Estadual podia abranger uma variedade de interesses, que compreendiam cargos públicos executivos, apoio para candidatura em cargos eletivos em quaisquer esferas, realização de obras tendentes a beneficiar o desenvolvimento de determinada atividade econômica, tolerância à fraude

4. A Política do Café com Leite teve interrupção em 1910 com o impasse na escolha do candidato Mineiro, oportunidade em que foi Eleito Marechal Hermes da Fonseca e em 1919, quando o Paraibano Epitácio Pessoa foi escolhido frente o impasse na indicação do candidato.

5. Os cargos estaduais com atividade nos respectivos municípios também eram definidos pelos líderes das respectivas oligarquias predominantes nos respectivos municípios.

eleitoral, a leniência na fiscalização e cobrança de exações, omissão em relação à apuração de crimes, entre outros.

De baixo para cima, na base do sistema, as oligarquias regionais aliadas apoiavam umas às outras de modo a perpetuar a influência nos respectivos municípios[6]. Na esfera municipal, o apoio dependia dos acordos políticos realizados nas demais esferas. Quando havia disputas em âmbito municipal, a motivação, em regra, extravasava a lógica política e passava a refletir outros fatores. Mas as disputas em âmbito municipal não eram cotidianas, justamente porque o sistema foi arquitetado para manutenção do poder e, consequentemente, havia predisposição de apoio à família tradicional da respectiva região.

As disputas ocorriam com maior frequência nas eleições para as assembleias estaduais e parlamento federal, mas também não costumavam a durar, pois o Presidente Estadual (governador) já se encontrava previamente comprometido a apoiar aqueles que sustentaram sua candidatura. O sistema possuía uma falha nesse ponto, pois, algumas vezes, ambos concorrentes a uma única cadeira legislativa apoiavam a candidatura do chefe do governo e este se via obrigado a interceder por um dos lados. Nessas situações, quando todas as tentativas de composição falhavam, o rompimento era inevitável, pois os preteridos se juntavam inevitavelmente à oposição, reduzindo numericamente o eleitorado para as eleições subsequentes, o que era superado através da fraude eleitoral e da degola[7].

Para que tais mecanismos funcionassem, a máquina pública, nesse momento histórico, não possuía a ideia de prestar serviços ao cidadão, mas sim atender aos propósitos dos que detinham o poder político. Essa engrenagem patrimonialista pressupunha a personalização do aparato público de modo a gerar – no cidadão – o sentimento de que um dado serviço público foi ofertado, não pelo estado, mas sim pelo sujeito que captura a estrutura público ou que exerce influência sobre ela. Essa lógica, assim como os demais mecanismos, com as devidas adaptações, era simetricamente desenvolvida nas três esferas do Estado. Na base da

6. Muitas vezes, a áreas de influência de determinada família não se encerrava apenas em um município, podendo abranger vários municípios, por vezes, extravasando as fronteiras estaduais. Como no caso da Família Pereira Lima da Paraíba e família Pessoa de Queiroz em Pernambuco, cujo terras, negócios e influência se estendiam por diversos municípios da Paraíba e de Pernambuco, conforme relacionado na pesquisa da Historiadora Professora Inês Caminha Lopes Rodrigues, intitulado A Revolta de Princesa.

7. Prática consistente no impedimento de candidaturas pelas Comissões verificadoras de Poderes.

Política dos Governadores, tal captura era mais aparente e incrementada pelo fenômeno do Coronelismo.

Na República Velha, cada Coronel possuía seu curral eleitoral que abrangia aqueles que empregava em seus negócios particulares como aqueles que empregava nos órgãos públicos. Tornando assim eleitores todas essas pessoas dependentes ou coniventes com o chefe local.

As estruturas públicas municipais eram confiadas ao uso dos Coronéis pelos governos estaduais, justamente para que esses servissem como base de apoio, conforme a lógica estrutural da Política dos Governadores. Ou seja, os governos municipais davam sustentação ao governo estadual e este dava sustentação ao governo federal. Em contrapartida, o governo federal apoiava a manutenção dos grupos estaduais no poder e estes apoiavam a manutenção dos grupos municipais.

Esse contexto, por assim dizer, foi viabilizado e controlado, entre outros mecanismos, pelo sistema tributário construído em 1890. Nesse ponto, vale retroceder à constituinte para demonstrar como o modelo federativo fiscal fora arquitetado de modo a alcançar tais desígnios.

Como dito anteriormente, a autonomia dos entes federativos foi amplamente discutida na Constituinte de 1980, aí inclua-se a autonomia financeira, em especial a repartição de receitas da arrecadação tributária. O tema foi abordado em nove[8] das vinte e uma sessões do Congresso Constituinte.

O projeto original[9] encomendado pelo Governo Provisório estabelecia que à União seriam destinados: i) o imposto de importação; ii) direito de entrada, saída e estadia de navios; iii) taxa de selo; iv) contribuições postais e telégrafos; e v) exações alfandegárias. Aos estados foram competidos: i) o imposto de exportação; ii) imposto sobre a propriedade territorial; iii) imposto sobre a transmissão de propriedades. Nada obstante, o mesmo artigo, que conferia competência dos estados para arrecadar o imposto de exportação, estabelecia que o referido tributo seria extinto em 1898 ou em data anterior, conforme viesse a ser decidido pelo Congresso Nacional. Além de tais receitas exclusivas dos

---

8. O tema foi abordado na 7ª, 8°, 9ª, 10ª, 11ª, 12ª, 14ª, 17ª e 18ª sessões do Congresso Constituinte da República de 1890.

9. Projeto elaborado por Comissão formada por Joaquim Saldanha Marinho, Américo Brasiliense de Almeida Mello, Antônio Luis dos Santos Werneck, Francisco Rangel Pestana e José Antônio Pedreira de Magalhães Castro. Posteriormente revisada e organizada por Rui Barbosa.

respectivos entes federativos, o projeto autorizava a criação de tributos residuais, tanto pela União como pelos Estados.

Apesar do projeto ter sido confiado à Comissão de Petrópolis, muitos atribuem parte substancial do texto ao jurista que deveria ter sido apenas seu revisor e organizador. Existe debate sobre a extensão das inserções e alterações realizadas por Rui Barbosa. Especificamente em relação ao sistema tributário, não lhe é atribuída a opção pelo modelo de repartição das competências tributárias, mas tão somente dispositivos que inibiam a disputa de tributação entre os estados, a laicidade de tratamento tributário e a proibição de retroatividade[10]. Nada obstante, fica claro nos estudos que abordaram os trabalhos da Comissão dos 5 que, mesmo não tendo lavrado pessoalmente grande parte da redação do projeto constitucional, Rui Barbosa teve grande poder de influência sobre os seus membros. Nesse contexto, apesar de não ser possível afirmar a partir de registros históricos formais, seria coerente que a distribuição de rendas tivesse origem ou influência nos ideais de Rui Barbosa, visto que a sua perspectiva federalista possuía orientação mais centralista que defendia em nome da manutenção da unidade nacional[11]. O fato de ocupar o Ministério da Fazenda no período em que o projeto estava sendo elaborado também denota sua participação mais intensa na eleição do modelo de distribuição de receitas. O seu discurso, sobre os aspectos fiscais da Constituição, proferido em 16 de novembro de 1980, corrobora que Rui Barbosa teve um papel importantíssimo na idealização do modelo.

É certo que, além dos nomeados para elaborar o projeto original e o seu revisor Rui Barbosa, outros nomes importantes tiveram grande influência na edificação do texto que seria apresentado ao Congresso Constituinte, entre os quais, importa destacar Quintino Bocaiuva (então ministro da Relações Exteriores) e Campos Sales (então ministro da Justiça). Nessa perspectiva, é de se perceber que esses três nomes bebiam da doutrina federalista Norte Americana, mas tinham perfeita consciência de que algumas adaptações pontuais precisariam ser realizadas, considerando especialmente a experiência constitucional argentina de 1853 e a obra de Juan Batista Alberd.

10. Introdução de Pedro Calmon. Em: Barbosa, Rui. A Constituição de 1891. In: __. Obras Completas, Ministério da Educação e da Saúde. Vol. XVII. Tomo I.

11. Introdução de Pedro Calmon. Em: Barbosa, Rui. A Constituição de 1891. In: __. Obras Completas, Ministério da Educação e da Saúde. Vol. XVII. Tomo I.

O sistema tributário do projeto original revela exatamente a distribuição de rendas de modo a viabilizar que o poder central tivesse recursos suficientes para desenvolver os programas tendentes ao desenvolvimento econômico do país, assim como garantir ao poder central supremacia sobre os demais entes, de modo a viabilizar eventuais intervenções para estabilizar dissensões regionais. Ao mesmo tempo, a distribuição de receitas para os estados garantiria que as oligarquias regionais mantivessem o poder regional. Nesse contexto, o projeto de sistema tributário do governo atendia àquela orientação de Alberdi no sentido de que a constituição deveria viabilizar reformas modernizantes, mas sem dispensar algo do antigo regime.

Como Ministro da Justiça, Campos Sales foi responsável pelos nomes que comporiam a Comissão de Petrópolis. Dessa forma, é de se inferir que também possuía influência sobre os trabalhos do projeto constitucional.

Apesar dos dois ministros beberem na experiência platina, não é possível afirmar que seus ideais a respeito do nível de autonomia federativa convergiam. Nesse contexto, o modelo de sistema tributário contido no projeto originário parecia atender parcialmente aos ideais de Rui Barbosa e aos de Campos Sales, porém, ressalte-se, nenhum dos dois ficou integralmente satisfeito com o produto final do projeto encaminhado ao Congresso.

Rui Barbosa defendia que a maior parte das rendas fosse destinada ao Poder Central, conforme fica bastante evidente em seu discurso na Constituinte. Já Campos Sales sustentava uma divisão mais favorável aos estados, sem, no entanto, inclinar-se ao ultra federalismo fiscal, o que fica bastante claro em suas intervenções[12] nos debates da Constituinte, especialmente quando contestou e votou[13] contra o modelo proposto por Júlio de Castilhos, afirmando que "nos Estados Unidos produziu máo resultados"[14].

---

12. Campos Sales interferiu algumas vezes nos debates, sempre denotando que o modelo de distribuição de receitas exclusivas era sua opção, sempre rejeitou a participação de entes federativos uns nas receitas dos tributos dos outros. Na oportunidade do discurso de Julio de Castilhos, alertou que o modelo proposto por este já se mostrara malogrado na experiência Norte Americana. Em outra oportunidade, rebatendo a proposta do Deputado Rosa e Silva, foi veemente, expressando que "Isso não seria Federação".

13. Votou contra a proposta de substitutivo do art. 8°, na qual Julio de Castilhos objetivou reservar exclusivamente aos estados todos os tributos que não fossem de competência da União.

14. Annaes do Congresso Constituinte da República de 1890. Câmara do Deputados. 2ª Ed. Revista. p. 574.

Nesse contexto, a distribuição de rendas constante no Projeto original parece ter satisfeito aos auspícios de Campos Sales, porém, a previsão originária de extinção do Imposto de Exportação, programada para 1898, parece ter atendido aos desígnios de Rui Barbosa, apesar de ter sido retirada do texto final. Assim, como será visto, o produto final saído do Congresso Constituinte viria a atender em maior grau o projeto do então Ministro da Justiça, imprimindo no Brasil um sistema tributário que viabilizaria substancial autonomia econômica aos estados e, por consequência, garantiria recursos suficientes para os grupos da situação sustentarem suas bases eleitorais e, adrede, o projeto de manutenção das oligarquias.

Ao chegar no Congresso Constituinte, o projeto original sofreu proposta de emenda para corrigir o que os federalistas consideravam disparidade entre as fontes de receita da União e aquelas dos Estados, além de mudanças de redação e acréscimos de ressalvas, porém, sem desfigurar o modelo original. Restou proposto pela Comissão dos 21 que: i) os serviços atribuídos exclusivamente à união pudessem ser transferidos aos estados, mediante anuência dos mesmos; ii) ao estados caberia 10% das receitas do Imposto de Importação incidente sobre as mercadorias destinadas ao consumos nos seus respectivos territórios; iii) acrescentou-se o imposto sobre propriedade predial à aqueles exclusivos; iv) suprimiu-se a previsão de extinção do imposto de exportação no ano de 1898; v) acrescentou-se vedação de que os estados tributassem uns aos outros; e vi) estabelecendo que os tributos residuais eventualmente criados pela União fossem uniformes em todo o território nacional.

Entre as proposições de emenda, certamente a de maior relevância foi a que suprimia a previsão de extinção do Imposto de Exportação em 1898. Mais tarde, seria acolhida com tranquilidade.

Frente à complexidade do tema, houve proposta para que a discriminação de rendas deixasse de ser decidida nos trabalhos constituintes para ser introduzida posteriormente através de emenda. Uma medida visivelmente arriscada naquela quadra histórica, visto que o sistema tributário identifica questão nevrálgica ao modelo federalista, o que foi tempestivamente anotado pelo deputado Ramiro Barcellos, convicto federalista gaúcho[15].

15. Annaes do Congresso Constituinte da República de 1890. Câmara do Deputados. 2ª Ed. Revista. p. 527.

Os debates continuaram sendo travados majoritariamente em torno da distribuição de rendas a partir do modelo do projeto original complementado com as propostas de emenda apresentadas no parecer da Comissão dos 21. Muitos parlamentares apresentavam suas proposições individuais sem a pretensão de alterar substancialmente o modelo original. Entretanto, o grupo dos ultra-federalistas, representado por Julio de Castilhos, fez defesa fervorosa de modelo distinto.

Se o parecer da Comissão dos 21[16] não representou oposição ao modelo do sistema proposto pelo projeto do governo, o grupo capitaneado por Julio de Castilhos despejou críticas ao texto, defendendo que, em verdade, o sistema misturava dois modelos de tributação distintos, provocando desequilíbrio entre as rendas destinadas à União e aos Estados, entregando às subunidades federativas matéria que deveria ser tratada pela União (imposto de exportação), viabilizando a concorrência de tributação entre os entes federativos, o que repercutiria negativamente na economia e viabilizaria intervenção da União nos Estados através da tributação. Sobre esse último tema, o deputado gaúcho teceu comentários ásperos, afirmando que a competência residual e concorrente não era republicana e nem expressava um federalismo sincero. Durante seu discurso, Julio de Castilhos ainda defendeu que o sistema, da maneira que estava proposto, mantinha a lógica existente no regime imperial com algumas alterações canhestras[17].

Nessa perspectiva, a proposição de Julio de Castilhos era reservar à União os Impostos de Importação e Exportação, que compreendiam a porção mais substanciosa da arrecadação nacional, atribuindo exclusivamente aos estados todas as demais matérias tributáveis. Além das fontes de renda atribuídas à União, o projeto do deputado Gaúcho previa a possibilidade de os estados serem chamados para cobrir eventual déficit do orçamento federal.

A preocupação que levou Julio de Castilhos a propor sistema tributário distinto daquele constante no projeto original estava diretamente relacionada à preservação da autonomia dos estados no regime federalista. O modelo proposto pelo Deputado sulista objetivava impedir a União de intervir nos estados através da criação de tributos residuais

16. Formada por um representante de cada Estado.

17. Annaes do Congresso Constituinte da República de 1890. Câmara dos Deputados. 2ª Ed. Revista. p. 570-576.

ou instrumentos fiscais acessórios. Ao fim e ao cabo, buscava reduzir o poder central e sua ingerência nas administrações e economias locais.

Julio de Castilhos defendia um poder central forte suficiente para defender o país e para intervir em estados que ofendessem a constituição, porém, era radical em relação à intervenção da União nos destinos dos estados. Entendia que o sistema tributário deveria viabilizar a independência administrativa e econômica de modo a inviabilizar que o poder central exercesse ingerência nos estados. Nesse contexto, enxergava no projeto originário, com proposta de emenda da Comissão dos 21, modelo que desaguaria em conflito entre os estados e a União, sendo certo que esta buscaria recursos para complementar seu orçamento através dos tributos residuais e, para tanto, identificaria as atividades economicamente mais importantes dos estados, tributando-as e, com isso, interferindo no desenvolvimento econômico das subunidades federativas.

Outros parlamentares Ultra-Federalistas também acentuaram que a divisão consignada no projeto original e emendada pela Comissão dos 21 poderia até proporcionar condições satisfatórias para os estados com economias mais desenvolvidas, mas deixaria os demais na penúria. Nesse sentido, o Deputado Rosa e Silva (de Pernambuco) também defendeu modelo distinto.

Contra as propostas ultra-federalistas, Rui Barbosa discursou em 16 de novembro de 1890. Sua fala, inclusive, reafirma que o sistema tributário do projeto original tinha sua influência, pois desenvolvido a partir de dados disponibilizados pelo Ministério da Fazenda. Durante sua manifestação, que já levava em consideração as propostas de emendas apresentadas pela Comissão dos 21, apresentou números relativos à arrecadação da União (estatísticas a partir dos resultados do império), despesas correntes, arrecadação dos estados e até despesas das administrações estaduais. Ficou claro que seu anseio era, repita-se, propiciar um poder central forte para manter a unidade nacional e, para tanto, entendia que a União deveria deter a maior parte das rendas do país, o que, em sua concepção, não prejudicava a organização federativa, mas tão somente implicava em um federalismo mais centrípeto, que privilegiaria a nação e o povo. Federalismo, para Rui Barbosa, não demandava que a União e os Estados estivessem em pé de igualdade em todos os aspectos, não exigia a mais irrestrita autonomia das subunidades. Insistia que muitos estavam tomados por um fetichismo federalista sem, no entanto, sopesar as consequências dos excessos autonomistas que defendiam[18]. O Ultra-federalismo, para Rui Barbosa, representava um risco, por isso, afirmava, era necessário "chegar a uma descentralização mais inteligente e fecunda, onde haja meio de estabelecê-la beneficamente, assegurando, ao mesmo passo, a centralização, nos casos em que a descentralização traga perigos à República".[19]

Vê-se, portanto, que o ideal ultra-federalista ia de encontro ao federalismo inspirado na experiência argentina. O modelo forjado pelo Governo provisório, no entanto, conferia a maior parte das receitas exclusivas para União e uma fração bastante inferior aos estados (após a extinção do imposto de exportação em 1898) e, por isso, estava mais próximo da concepção federalista argentina. Todavia, por aqui, tal reprodução não atenderia aos anseios das oligarquias regionais desejosas de uma porção maior de poder político após o fim do Império e em meio a um Governo Provisório militar. Considerando esse quadro, a supressão do parágrafo que previa a extinção do Imposto de Exportação refletiu medida de extrema relevância para atender minimamente os anseios de parte dos estados e conseguir número de votos suficiente para aprovar o modelo de repartição idealizada originalmente.

Em meio às discussões que dividiam o grupo dos federalistas moderados e unionistas de um lado e o grupo dos ultra-federalistas de outro, o debate sobre uma melhor organização das competências residuais acabou se tornando inviável. A incerteza acerca da suficiência da arrecadação para cobrir as despesas da União e dos estados obrigou que os tributos residuais não fossem carimbados em favor de nenhum ente federativo e nem que fossem estabelecidos limites globais máximos.

Nessa perspectiva, o açodamento dos debates sobre o sistema tributário foi parcialmente responsável por sua má organização, especialmente em relação aos tributos residuais. Nesse ponto, alertou Julio de

18. "A revolução federalista penetrou, pois, nos fatos como torrente violentamente represada, cujos diques se arrasassem de um momento para outro; e, invadindo a atmosfera política do país com a pujança de uma reação sem contrapeso, opero como um princípio eliminador das fôrças de equilíbrio moral, que devem corrigir-lhe as demasias. Já não há senão federalistas. Já os federalistas antigos se vêem desbancados e corridos pelo fanatismo dos conversos. Já muitas vezes os mais intransigentes nos serviços do princípio triunfante são os que ontem embaraçavam as pretensões mais módicas da reforma federativa. Federação tornou-se moda, entusiasmo, cegueira, palavra mágica, a cuja simples invocação tudo há de ceder, ainda que a invoquem mal, fora de propósito, em prejuízo da federação mesma." In:_. Barbosa, Rui. A Constituição de 1891. In: _. Obras Completas, Ministério da Educação e da Saúde. Vol. XVII. Tomo I. p. 149.

19. Barbosa, Rui. Obras Completas, Ministério da Educação e da Saúde. Vol. XVII. Tomo I. p. 155.

Castilhos a respeito do risco de cumulação de tributos sobre uma mesma materialidade, o que veio a se confirmar mais tarde. Os tributos residuais, além de revestirem uma carta em branco para União interferir nos estados, seriam objeto de verdadeira disputa entre estes últimos.

Inobstante o fator acima abordado, vê-se, portanto, que, apesar de ter estabelecido um modelo fiscal pouco distinto do projeto original e atribuído uma importante fonte de receita exclusiva aos estados, o modelo tributário aprovado ao final alcançou um sistema que viabilizaria fontes variadas de receita à União, de modo que esta gozasse de recursos suficientes para evitar concorrência de capacidade econômica entre os estados e o poder central[20].

Por outra visão, apesar do Imposto de Exportação ter sido reservado aos estados, tal arrecadação somente geraria fonte de recurso substancial às unidades mais desenvolvidas economicamente, como SP, MG e RS. Rio de Janeiro, Pernambuco e Bahia também conseguiriam razoáveis receitas sobre as exportações. Para os demais estados, apesar de usufruírem exclusivamente do imposto de exportação, não lograriam fontes de arrecadação substanciais, a ponto de alcançarem condições mínimas de independência em relação à União.

Todavia, comparando com o projeto original, a divisão adotada ao final também foi satisfatória para os estados, garantindo-lhes fontes de receita que em outros sistemas federalistas eram entregues à União. Logicamente, a distribuição de rendas continuou a ser criticada por aqueles mais centralistas. Sobre essa controvérsia, sustentou Carlos Maximiliano (1929, p. 222-223) que, na década posterior à Constituinte, a União teria recursos escassos e os estados ficariam ricos. Tal discussão não acaba na Constituinte, criando feridas que ficam aparentes até a queda da república.

20. A distribuição prevalecente de receitas reservou para a União: i) o imposto de importação; ii) taxas sobre os direitos de entrada, saída e estadia de navios; e iii) taxa sobre selo, correios e telégrafos. Os estados, como dito, foram beneficiados por um número maior de materialidades tributáveis, lhes foram atribuídas as competências para instituir: i) imposto de exportação de mercadorias de sua própria produção; ii) imposto sobre imóveis rurais e urbanos; iii) imposto sobre transmissão de propriedade; iv) imposto sobre indústria e profissões; v) taxa de selos quanto aos atos do governo em relação aos negócios de sua economia interna; e vi) contribuição para os seus correios e telégrafos. Os estados ainda possuíam a capacidade tributária de arrecadas o imposto de importação de mercadorias estrangeiras, quando destinadas ao consumo interno no seu território, revertendo, no entanto, tais receitas aos cofres da União.

De toda feita, se os debates foram numerosos em relação à divisão das receitas entre a União e os Estados, parece ter havido maior consenso quanto à introdução de barreiras constitucionais direcionadas à imposição da obediência ao sistema de competências tributárias. Ficaram estabelecidas inúmeras cláusulas vedando os excessos tanto da União quanto dos Estados. Isso, no entanto, não foi suficiente para evitar os abusos que viriam a ser praticados por ambos, além de um truncado sistema que José Maria Bello (1964, p. 89) denominou de "extravagante confusão tributária".

Isso porque, como dito, além das materialidades tributárias exclusivas previstas expressamente, a União e os Estados poderiam instituir outros tributos. Esse sistema de competências autorizava, inclusive, que a União e os Estados tributassem concomitantemente uma mesma materialidade e/ou base econômica. Dessa forma, era possível a ocorrência de bitributação e *bis in idem* em relação às competências residuais. Tal possibilidade provocou, ao longo de todo o período republicano, celeumas de todo o tipo, especialmente porque os estados instituíam tributos com nomes distintos dos existentes, mas acabavam onerando a mesma materialidade que já era reservada à União. Porém, essa não era a única disputa provocada por um sistema tributário pueril.

É fato que os constituintes se esforçaram para evitar excessos fiscalistas da União e dos Estados, assim como a disputa entre estes. Além disso, tinham a pretensão de obstar carga tributária excessiva para o comércio e indústria, de modo a viabilizar o crescimento ou preservação da economia nacional.

O sistema tributário aprovado açodadamente, no entanto, logo mostraria suas fragilidades quando analisado a partir da teoria federalista, pois a insuficiência das rendas para garantir o financiamento das administrações estaduais, especialmente dos estados menores, foi constatada nos primeiros anos de vigência da Constituição. Por outro lado, o déficit orçamentário dos estados combinado com o sistema bancário centralizado se mostraria eficaz para garantir o êxito do projeto constitucional de inspiração platina, no controle do poder central sobre as subunidades federais.

Teoricamente, aos estados foi proporcionado recursos suficientes para financiar suas atividades. Entretanto, inúmeros fatores inviabilizaram que os recursos suprissem os custos das administrações públicas nos primeiros anos de vigência da Constituição, entre os quais, vale citar: i) a crise econômica atravessadas na última década no século XIX;

ii) administrações estaduais ainda desorganizadas e instituições frágeis; iii) a precária infraestrutura, especialmente dos estados menores; iv) a alternância de grupos políticos estaduais entre os governos de Marechal Floriano e Campos Sales; v) a precária estrutura e a captura das Fazendas Públicas estaduais que impactavam na ineficiência arrecadatória; e vi) a complacência dos governos estaduais com a sonegação tributária nas atividades econômicas detidas por oligarquias regionais.

Tais fatores provocaram o endividamento de muitos estados que passaram a ter a União como credora, constituindo, portanto, mais um instrumento que viria a ser utilizado para manter o alinhamento entre o poder central e os grupos políticos estaduais.

Nesse contexto, é possível afirmar que o programa constitucional de inspiração platina foi exitoso para viabilizar que a União desenvolvesse seus programas sem depender dos estados e, ao mesmo tempo, permitir recursos suficientes para que as Oligarquias regionais represassem insurgências minoritárias de grupos desalinhados com o poder central.

Todavia, como dito, uma ponta do projeto acabou não sendo bem amarrada pelo açodamento constituinte. Se o sistema permitiu razoável alinhamento político vertical, não foi bem planejado para evitar o conflito federativo fiscal horizontal, inclusive na parte que igualou os direitos da União e dos estados, vale dizer, para instituir tributos residuais.

A utilização do sistema tributário para concretizar o programa oligárquico inspirado na doutrina de Alberdi se mostrou bastante eficiente durante quase toda a república. Contudo, uma das principais funções da arrecadação de uma federação, a autonomia, ficou relegada ao segundo plano. Portanto, na lógica do projeto constituinte de 1891, a arrecadação não objetivou proporcionar autonomia e nem melhores condições de vida para população a curto prazo, mas sim financiar um projeto de crescimento econômico que seria implementado pelas oligarquias durante prazo suficiente para que as condições econômicas nacionais e o nível de civismo alcançassem índices satisfatórios, de modo a permitir que a população passasse a usufruir dos benefícios de uma economia de mercado pujante e uma cultura europeizada em longo prazo. Nada obstante, o período de transição não teve fim, durando até a ruptura da primeira república.

2. A GUERRA TRIBUTÁRIA

Apesar das travas desenvolvidas para evitar a disputa entre as unidades federativas, houve pouca, ou nenhuma, preocupação com as competências tributárias residuais. Conforme demonstrado, em verdade, não se tratou de falta de zelo, mas negligência intencional, em vista do árduo debate em torno do tema e na perspectiva de atender aos anseios fiscais, tanto daqueles que desejavam mais fontes de recurso para União, quanto daqueles desejosos de ainda mais fontes de recursos para os estados.

Dessa forma, como dito anteriormente, restou autorizada a instituição de exações residuais cumulativamente e sem quaisquer limites relativamente às materialidades abrangidas, ressalvadas aquelas exclusivas. Nesse contexto, tributos já conhecidos no Brasil ou em outros países, como o Imposto de circulação (com diversificadas denominações) e o Imposto de Renda, poderiam ser instituídos e exigidos de forma dúplice, autorizando-se, portanto, a bitributação e o *bis in idem*. Por óbvio, uma das principais inspirações no federalismo norte americanas e no argentino, o desenvolvimento econômico, seria dificultado por tal sistema.

Na ausência de um sistema mais bem estruturado, relativamente à distribuição de rendas e obstáculos mais eficientes para impedir disputa de receitas entre os entes federativos, os princípios federativos seriam esquecidos durante a república, dando lugar à guerra tributária entre a União e estados, bem como destes, uns contra os outros.

Como era de se esperar, tanto a União como os Estados passaram a instituir tributos residuais ou continuaram a exigir exações que já existiam, porém não se adequavam ao novo sistema tributário.

Mas é necessário reconhecer que diversos dispositivos tinham o objetivo de impedir os excessos das unidades federativas e, em segundo plano, evitar que os setores produtivos fossem atingidos por exigências ilegais.

A primeira norma de tal natureza estava contida no nº 2 do art. 7° e excetuava a navegação de cabotagem das exações. Apesar de constar no artigo que tratava das rendas da União, a proibição de tributação sobre a navegação de cabotagem também se estendia aos demais entes federativos.

Constou no § 2°, do art. 7°, que os Impostos instituídos pela União deveriam ser uniformes em relação a todos os estados. O dispositivo objetivou, obviamente, impedir que a União utilizasse a tributação como instrumento de coerção e represália, além de concretizar a ideia federativa de harmonia e equilíbrio entre as unidades. Nada obstante, sobre tal proibição, questionou-se se a uniformidade do tributo não implicaria, ao contrário do escopo da norma, em tributação desigual (não isonômica), visto que a capacidade econômica de alguns estados era bastante superior à de outros e, portanto, haveria de se aplicar proporcionalidade na medida da desigualdade.

Entretanto, tal fundamento não viria a gerar maiores celeumas, restringindo-se a uniformidade à aplicação de um mesmo método de tributação com os mesmos padrões quantitativos em todo o território. A questão da isonomia, que já havia sido rejeitada nos debates constituintes, não orientou a interpretação do dispositivo durante a Primeira República.

Mais uma vez, apesar de constar no artigo que trata da União, tal vedação também abrange os demais entes federativos. Essa interpretação era defendida por João Barbalho (1902, p. 32) e Carlos Maximiliano (1929, p. 239). Ambos juristas justificavam que o dispositivo deveria ser combinado com o art. 63 e §§ 2° e 30, do art. 72.

O art. 8° vinha corroborando a uniformidade de tributação, prevendo que à União era vedado estabelecer distinções e preferências de quaisquer naturezas em relação aos portos dos estados.

Com a atribuição da competência pelo imposto de exportação aos estados, fez-se necessário adaptar o sistema para evitar a bitributação dos produtos exportados através de territórios distintos daquele em que foram produzidos. Não faria qualquer sentido conferir competências para instituir e arrecadar imposto de exportação aos estados e não reservar tal tributação à unidade que efetivamente produziu as mercadorias exportadas. Tão pouco seria admissível, em vista do programa de desenvolvimento econômico, permitir que a produção sofresse incidência do imposto na saída do estado produtor e viesse a ser onerado uma segunda vez no estado por onde fosse exportada.

O próprio enunciado do nº 1° do art. 8° já viabilizava a construção de norma afastando a bitributação, visto que fez constar as expressões "mercadorias de sua própria produção", excluindo, portanto, a competência de outros estados para exigir imposto de exportação sobre mercadorias produzidas fora de seus territórios. De toda feita, fez bem o constituinte em reafirmar tal óbice no § 2° do art. 8°, apesar da péssima técnica legislativa, pois somente haveria de se falar em isenção na hipótese em que houvesse incidência do tributo na ausência da norma isentiva. Não era o caso.

Aos estados também restou vedado tributar bens, rendas e serviços uns dos outros, assim como da União, conforme dispunha o art. 10.

Com o objetivo de salvaguardar a livre circulação de mercadorias entre as unidades federativas e, por consequência, assegurar o desenvolvimento econômico como um todo, vedou-se à União e aos estados exigirem tributos incidentes sobre o trânsito de mercadorias. O enunciado do número 1° do art. 11 também vedava qualquer tipo de tributação sobre os veículos que transportassem as mercadorias. A respeito da possibilidade de cobrança do imposto de trânsito sobre as mercadorias que circulavam entre as fronteiras de estados, Carlos Maximiliano (1929, p. 227-230) defendia que a Constituição não permitia, sendo inconstitucional, independentemente do nome que recebesse, insistia que tal concepção objetivava evitar "guerra tarifárias entre as circunscrições administrativas da república".

Pelas disposições contidas nos números 2° e 3° do art. 11 buscou-se dar eficácia à laicidade do estado e à segurança jurídica, vedando-se subvenção e restrições ao exercício religioso através de tributação, bem como proibindo a retroatividade.

Além das limitações expressas, importa evidenciar aquela contida no art. 12, segundo a qual os estados e a União estavam proibidos de instituir tributos residuais que alcançassem as mesmas materialidades reservadas exclusivamente a um dos entes na forma dos arts.7° e 9°. Essa vedação foi certamente a mais contrariada durante a República Velha e motivo de intensos conflitos.

Como dito outrora, o enunciado inserto no § 2° do art. 7°, apesar de posicionado topologicamente em dispositivo que tratava de competências e limites da União, se aplicava também aos demais entes federativos, considerando sua interpretação sistêmica orientada pelos princípios regentes do federalismo.

Nada obstante, verificou-se instituição e alteração de tributos, especialmente pelos estados, de forma discriminativa de sua origem, tanto em relação a produtos advindos de outros estados como em relação a produtos originados em determinadas regiões dentro dos próprios estados.

Como será visto mais a frente, tais práticas geraram repercussões catastróficas, como o episódio da Guerra Tributária na Paraíba, no qual os excessos de discriminação tributária do Governo João Pessoa contribuíram para o acirramento das tensões políticas que geraram o desalinhamento com o poder central.

Além dos efeitos políticos internos, a política de discriminação em relação à origem das mercadorias também pode ser identificada, do ponto de vista federalista, como quebra do pacto federativo e foi interpretada dessa forma pelos estados que sofreram perdas orçamentárias com a política fiscal implementada.

Por outro viés, através do caso da Paraíba, demonstra-se como, inclusive nesse ponto, o sistema tributário foi utilizado para exercer coerção contra grupos políticos contrários à situação do estado, porém, alinhados com o poder central. Nesse contexto, o modelo idealizado para manter o alinhamento político e preservar as oligarquias alinhadas no poder viria a ser utilizado além dos limites imaginados pelos constituintes para atingir o próprio sistema oligárquico, provocando ruptura, inclusive, em nível federal.

A norma verificada no §2° do art. 9° também seria ofendida. Escorados em interpretação abusiva e contrária aos preceitos federalistas, alguns estados passaram a considerar que mercadorias produzidas em outras unidades, mas estocadas e/ou preparadas[21] em seu território para exportação subsequente, em verdade, se incorporariam à economia local e, portanto, quando efetivamente exportadas, estariam novamente submetidas ao imposto de exportação.

Tal interpretação foi rechaçada pelo Supremo Tribunal Federal, como no caso em que São Paulo tentou exigir imposto sobre exportação do café mineiro que era preparado no território paulista para subsequente exportação. Nesse caso, o Tribunal decidiu que tais procedimentos preparatórios não provocavam a incorporação das mercadorias à economia local (HORBACH, 2007, p.158-159).

Assim como as demais limitações constitucionais, aquela do art. 12 também foi vilipendiada por inúmeros estados. Tornou-se comum a criação de tributos com os mais diversificados nomes (incorporação, estatística, selo, etc.) para onerar materialidades que eram exclusivas de outras entidades federativas. Entre as tentativas dessa natureza, os estados alcançavam materialidades tanto da União como as de outros estados. Nem sempre a afronta residia na criação do tributo, por vezes, apesar de ser instituído nos limites constitucionais e legais, as práticas ficais implementadas pelos órgãos de arrecadação acabavam por subverter a natureza do tributo e conferir-lhe amplitude que invadia a competência tributária das outras unidades federativas. Nessas circunstâncias o Su-

21. Preparação para exportação sem qualquer processo de transformação. Envolvia procedimento como pesagem, acondicionamento, separação, ou outros que não alteravam as características das mercadorias, em geral gêneros primários como café e algodão.

premo Tribunal Federal também teve a oportunidade de se manifestar pela ilegalidade da exigência. Conforme narrado nas memórias jurisprudências do Ministro Epitácio Pessoa, foi analisado caso em que o Estado do Maranhão calculava o tributo de circulação interna sobre as mercadorias chegadas no porto, independentemente das mesmas serem comercializadas após a importação, o que identificava, na prática, exigência de tributo sobre a mesma materialidade do imposto de importação (NOLETO, 2009, p.78-79). O caso de afronta ao art. 12 foi reproduzido por inúmeros estados, inclusive, durante o Governo de João Pessoa na Paraíba. Como será abordado adiante.

No curso da Primeira República, por toda parte se debatia a disputa tributária travada generalizadamente. Os jornais diuturnamente noticiavam os abusos cometidos pela União e, em maior número, pelos estados, demonstrando os graves problemas do projeto de federalismo fiscal da Constituição de 1891.[22]

---

22. "Solidariedade Nacional (...) Os governos estadoaes que arvoram neste momento no Brasil a bandeira vermelha da luta de tarifas deviam antes procurar collaborar nessa obra de unidade brasileira, a qual não conhece nem pode conhecer barreiras econômicas. É incrível que um século depois de proclamada a independência política, appareçam administradores desejosos de restabelecer antigos ônus tributários que já o primeiro império condenava e que a República tomou como um dos pontos de seu programa eliminar de vez. Não prevalece o argumento de que os Estados menores precisam assegurar a sua independência econômica, e isso só poderá ser obtido com tributações defensivas. Independência econômica não se alcança com palavras ou medidas artificiaes que redundam apenas em prejuízos para a própria collectividade, defendida a pulso e obrigada a se sacrificar por essa supposta autonomia.

Parece evidente que nada se póde obter asphyxiando as próprias liberdades, e condemnando-se a si próprio ao suicídio.

É muito justo e até digno de aplausos que cada Estado do Brasil procure augmentar e progredir, criando novas possibilidades, alargando a sua capacidade productiva, buscando novos mercados. Tudo isso é perfeitamente defensável. Quando Pernambuco, por exemplo, cria o seu serviço de defesa do café e procura incentivar o plantio da rubiácea não quer com isso hostilizar S. Paulo que nos poderia vender todo o café que consumimos. Como do mesmo modo o Rio Grande do Sul não nbos quer declarar guarra de extermínio quando importa 100 toneladas de mudas de canna e melhora as suas usinas. Tudo isso é uma emulação natural, contra a qual nada se póde dizer.

É uma questão de actividade, de capacidade de capacidade de trabalho, de iniciativa e de acção. Mas o caso muda inteiramente de figura quando sob pretesto de defesa econômica os Estados criam entre si verdadeiras trincheiras alfandegárias.

As práticas da guerra tributária que se quer desencadear no Brasil precisam ter um paradeiro. Do contrário, não sabemos até onde vamos parar, quando vierem inevitáveis as represálias de um Estado para outro, com inimigos a se debaterem numa guerra de morte." In:_Jornal A Província, 17.04.1929.

3. GUERRA TRIBUTÁRIA DA PARAÍBA

Além de seguir a lógica do sistema oligárquico, a arrecadação tributária na Paraíba possuía outras características relacionadas à geografia do Estado e à deficitária infraestrutura de transportes.

Com diminuta malha ferroviária, o Estado da Paraíba deixava a quase totalidade do interior desassistida. Os poucos ramais existentes não chegavam nem à área meridional e muito menos ao oeste do Estado. Do litoral, em direção ao interior, a estrada de ferro chegava somente a Capina Grande.

Uma estrada de rodagem com trechos em má conservação cortava o estado da capital ao município de Cajazeiras, já próximo à divisa com o Ceará. Nada obstante, nenhuma das duas alternativas de transporte era viável, do ponto de vista econômico, para o escoamento da produção do oeste do Estado[23].

Dessa forma, a logística e o custo, não justificavam o escoamento da mercaria através do porto da Paraibano. Ao invés disso, a produção do Sudoeste, por exemplo, era levada pela fronteira até o município de Rio Brando, em Pernambuco, e de lá transportado pela estrada de Ferro até o porto daquele estado. O trajeto entre o município de Princesa e Rio Branco era de 130 Km e os produtos eram transportados em animais. Contudo, outras razões justificavam tal opção. Junto com as mercadorias destinadas à exportação, seguiam também lotes destinados ao comércio interno que era mais atraente na praça do estado vizinho. Além dos preços mais altos de venda, a carga tributária era inferior à da Paraíba.

Sobre a carga tributária, é necessária uma nota. De fato, o sistema tributário de 1891 não viabilizaria que o produtor de um estado se be-

23. Para os produtores do noroeste do Estado, apesar da estrada de rodagem oferecer uma ligação com Campina Grande, tal opção não se justificava, pois a malha ferroviária do Ceará possuía ligação com municípios de Pombal. Dessa forma, era mais barato e fácil escoar a produção através do porto de Mucuripe. Alguns municípios do noroeste também escoavam mercadorias pelo Rio Grande do Norte.

    Já para os produtores do sudoeste do Estado, o escoamento da produção através do porto da Paraíba era ainda mais impraticável. A Estrada de rodagem não alcançava a maioria dos municípios, só sendo acessada através de estradas carroçáveis. Nessas circunstâncias, por exemplo, produtos produzidos em Princesa (que dista 428km da capital) precisavam ser transportados por carroças por aproximadamente 115Km, até Teixeira, e de lá a mercadoria era levada no lombo de animais até Patos, por cerca de 30Km. De Patos, a mercadoria seguiria pela estrada de rodagem até Campina Grande, por aproximadamente 200 Km, onde finalmente seria transportada pela estrada de ferro até o porto na Capital do Estado.

neficiasse com a tributação da exportação mais vantajosa em estados vizinhos, na medida em que a competência do Imposto de Exportação cabia ao estado produtor, independentemente da exportação ser realizada através de outro território. Por essa lógica, a tributação sobre as exportações mais baixa de Pernambuco não deveria representar fator para influir na opção de escoar a produção pelo estado vizinho. Contudo, a sonegação do imposto de exportação nas remessas para estados vizinhos era um fator histórico na Paraíba (MARIZ, 1939, p. 38-39). Dessa forma, o custo do escoamento por estados vizinhos, especialmente Pernambuco, considerava o impacto do não recolhimento do imposto para o Estado da Paraíba e a tributação favorecida praticada pelo Estado contíguo.

Esses fatores atraiam o interesse de vários municípios localizados no sudoeste e no sudeste do Estado, alguns, inclusive, com maior facilidade de acesso ao porto de Recife, como Campina Grande, por exemplo. Mas diversos outros mantinham o intercâmbio comercial com Pernambuco, como Teixeira, Misericórdia, Piacó, Itabaiana, Alagoa de Monteiro, Umbuzeiro e Princesa.

Pontue-se, outrossim, que considerando o sistema tributário de 1891, há de se concluir que a maior perda de receita se dava com o Imposto de Exportação, por constituir, entre os tributos constitucionalmente previstos, o de maior relevo na composição das receitas dos Estados. Nesse contexto, tomando o conjunto de fatores narrado acima, grande parte da produção agrícola, pecuária e até industrial, da Paraíba, saía pelas suas fronteiras para serem comercializadas em estados vizinhos ou exportadas através dos portos destes, sem sofrerem tributação no estado de origem, causando perdas aos cofres do ente.

Tais circunstâncias, que persistiam por décadas, se refletiam na economia do estado, uma das mais incipientes do Brasil. Por óbvio, a parca circulação de riqueza no mercado interno e a fuga das exportações repercutiam também na baixa arrecadação e finanças deficitárias.

Mas a sonegação de tributos não se restringia ao imposto de exportação. Como visto anteriormente, a máquina estatal era utilizada para acomodar os membros das oligarquias e seus colaboradores. Para os efeitos do tema ora desenvolvido, é de se destacar que a Fazenda Pública estadual era um dos órgãos públicos largamente utilizados para acomodar apadrinhados políticos e familiares, em especial nas mesas de rendas (Coletorias Estaduais), ou seja, justamente o setor que era responsável pela arrecadação direta dos tributos nos respectivos municípios (GURJÃO, 1994, p. 73).

Por consequência, quando assumiu a presidência estadual, além do sistema tributário capturado pela política dos governadores e oligarquias, João Pessoa encontrou os cofres públicos deficitários, além de uma administração tributária completamente desorganizada e cooptada. Dessa forma, a mudança dessa realidade se tornou um dos principais focos da nova gestão.

Entre as demais mudanças pretendidas, João Pessoa promoveu uma reforma tributária direcionada ao aumento da arrecadação e saneamento das contas públicas. Obviamente, além de considerar as reformar efetivamente necessárias, o presidente estadual pretendia utilizar a política tributária para atender desígnios pessoais (íntimos ou ideológicos). Sob o manto da modernização do Estado, melhoria das condições da população da capital e austeridade administrativa, João Pessoa desejava atingir as oligarquias da Paraíba e até mesmo as de Pernambuco e, a partir do controle da arrecadação e aumento de tributos sobre atividades relacionadas à produção agropecuária, João Pessoa, obviamente, atingia diretamente o Poder Econômico dos Coronéis paraibanos e do estado vizinho.

O sistema tributário que antes era utilizado em favor das oligarquias, passou a ser utilizado contra as mesmas. Apesar dos fundamentos oficiais apresentados, era evidente que a política tributária serviu de instrumento para João Pessoa munir sua empreitada contra o sistema oligárquico.

Como plano para levar a cabo sua empreitada, pretendeu deslocar para o litoral o comércio do estado, obstando o comércio tradicionalmente livre de tributação entre os produtores do interior do Estado e os comerciantes do Estado de Pernambuco, além do escoamento da produção do interior através do Porto do estado vizinho.

Nesse objetivo, reformou a legislação tributária para aumentar e instituir impostos tendentes a desestimular a importação e exportação de mercadorias através de outros estados, praticamente impondo que as exportações e importações fossem realizadas através do Porto da Paraíba.

Não é possível afirmar que a política de deslocamento das exportações para a capital da Paraíba tenha sido desenvolvida com o objetivo exclusivo de atingir o poder econômico dos Coronéis. A partir das fontes acessadas, importa concluir que tal medida, assim como inúmeras outras, efetivamente objetivou o desenvolvimento econômico do estado. Nada obstante, as alterações legislativas realizadas atingiram em cheio a produção agropecuária do interior do estado e até mesmo a parca produção industrial, que eram detidas quase exclusivamente pelas oligarquias estaduais, inclusive, pelos Pessoa de Queiroz (primos de João Pessoa).

Adiante, restará demonstrado como tal reforma tributária atingiu em cheio os meios produtivos do interior que eram detidos pelas oligarquias. Mas antes, vale conhecer e compreender a reforma em si.

Em relação à administração da Fazenda Pública estadual, João Pessoa verificou que as Mesas de Rendas eram ocupadas por servidor incapacitados ou por indicados políticos coniventes com a sonegação (RODRIGUES, 1978, p. 29-30). Frente a esse quadro, removeu os ocupantes de inúmeras mesas de rendas, além de outras repartições públicas, sem ajustar tais alterações com os respectivos líderes locais. Exemplo de tais alterações foi a remoção de um irmão do Coronel José Pereira, do cargo de administrador da Mesa de Rendas de Princesa (INOJOSA, 1980, p. 64), colocando em prática a promessa expressada publicamente de atingir a família Pereira Lima.

Entre as medidas da reforma: i) instituiu Contribuição de trânsito nas estradas; ii) alterou e majorou as alíquotas do Imposto de Incorporação; iii) alterou e majorou as alíquotas do Imposto de Exportação; iv) instituiu o Imposto de Estatística.

A Contribuição de trânsito, instituída através do Decreto Lei n° 1.545 de 30 de novembro de 1928, estabeleceu o pagamento de pedágio a cada 20 Km de estrada de rodagem ou carroçável[24]. Para tanto, implantou uma série de cancelas para a cobrança do tributo e para a fiscalização de outros impostos. Essas medidas rederam ao Presidente Estadual os jocosos apelidos João Cancela e João Porteira.

As medidas da política fiscal não visavam tão somente aumentar os ônus tributários para alcançar maior arrecadação. Por isso, cumpre reafirmar que as intenções de João Pessoa não eram exclusivamente atingir as Oligarquias, mas também propiciar o desenvolvimento econômico do Estado. Tais conclusões podem ser alcançadas a partir dos benefícios fiscais instituídos através da Lei n° 680 (RODRIGUES, 1978, p. 41-42). Essas medidas foram inclusive seguidas por incentivos ao incremento e melhoria de determinados gêneros através da capacitação de produ-

24. Os valores eram cobrados considerando o tipo de transporte, da seguinte forma: a) carros de boi – 14$000; b) outros veículos puxados a boi – 12$000; c) carros ou carroças puxadas por cavallares ou muares – 10$000; d) auto-caminhões em geral ou auto-ominibus – 1$200; e) automóveis de passageiros – 1$000; f) cangaceiro ou cavalleiro-$300; g) gado vaccum, cavalar ou muar - $200; outras espécies - $100.

tores, fornecimento de materiais, melhoria de repartições públicas que atuavam no apoio à agricultura, entre outras.

Também houve instituição de Imposto Territorial. Com a edição da Lei n° 678 de 21 de novembro de 1928, o Estado pretendia exigir o correspondente a 0,5% sobre o valor venal das terras. Segundo consta em registro feito por Inês Caminha Rodrigues (1978, p. 43), o tributo não chegou a ser efetivamente cobrado.

A medida de maior impacto da reforma tributária seria a Lei n° 673 de 17 de novembro de 1928, a qual promoveu alterações em relação aos impostos de exportação, além de alterar o Imposto de Incorporação que incidia sobre os produtos incorporados na economia do estado, ou seja, alcançava a cadeia de circulação dos produtos importados.

Por meio de tais alterações, imprimiu-se tratamento distinto para as mercadorias que ingressavam no estado e as que saíam para outros estados. Em relação ao imposto de exportação, foram estabelecidas alíquotas mais baixas para as mercadorias que eram exportadas através da capital e mais altas para as escoadas através de estados vizinhos (diferença entre 2% a 4%). Os principais produtos atingidos foram o algodão e o couro, por constituírem as mercadorias mais importantes da economia paraibana.

Tratando-se de impacto da carga tributária, o Imposto de Incorporação foi o que causou maior ônus na discriminação dos produtos que eram importados através do porto da Paraíba e aqueles que chegavam através das fronteiras estaduais. A tributação de produtos importados através de outros estados ultrapassou mil por cento em relação a determinados bens.

Conforme prenunciado, essa medida pretendia deslocar o fluxo de negócios para a capital do estado e impedir o comércio com os estados vizinhos. Com isso, João Pessoa esperava que firmas comerciais abrissem estabelecimentos na capital, em vista da alta carga tributária que passariam a suportar se persistissem mantendo seus estabelecimentos unicamente em outros estados.

Apesar de algumas empresas terem dado início à abertura de filiais na capital da Paraíba, a medida acabou não alcançando os efeitos esperados (RODRIGUES, 1978, p. 49).

Com o excessivo aumento do Imposto de Incorporação, o descontentamento sobejou os limites fronteiriços, despertando protestos de inúmeros estados do Brasil, que se manifestaram contrariamente aos excessos tributários instituídos por João Pessoa. Essa campanha contra João Pessoa suscitou inúmeros atos formais dirigidos ao Presidente da República, mas encontrou melhor forma de protesto através dos meios de comunicação. Os jornais de diversas regiões do Brasil publicaram reportagens e pronunciamentos de Associações de comércio e indústria criticando a barreira tributária paraibana. Uma reportagem publicada pelo "Jornal do Commércio" de Pernambuco causou especial repercussão ao confrontar as alíquotas tributárias praticadas pela Paraíba, mostrando diferenças expressivas. Essa reportagem causou perplexidade em todo o país, atraindo antipatia por João Pessoa.

A publicação no Jornal da Paraíba também provocou a resposta de João Pessoa, que passou a confrontar todas as notícias veiculadas no periódico de Pernambuco[25].

Portanto, verifica-se que a política tributária da Paraíba seguia a lógica nacional de leniência até o Governo João Pessoa, ou seja, os tributos eram mantidos em patamares que não geravam protestos dos produtores rurais e de outros setores produtivos[26], além da conivência com a sonegação, mesmo porque os produtores rurais eram, em sua maioria, Coronéis alinhados com os Governo Estaduais anteriores. Lógica que foi alterada abruptamente por João Pessoa.

De toda feita, os mecanismos tributários utilizados pelo Presidente João Pessoa, assim como os fundamentos arrecadatórios que os justificaram, demonstram que o sistema constitucional tributário da Carta de 1891 possuía fragilidades que viabilizavam a disputa entre estados, assim como entre os estados e a União. Além disso, viabilizava a renúncia fiscal, favorecendo às oligarquias instaladas no poder que acabavam sendo, direta ou indiretamente, atribuídas da arrecadação dos próprios tributos.

Nesse contexto, o sistema tributário da Primeira República está entre os fatores que permitiu a captura da coisa pública e o baixo nível de efetividade dos princípios corolários do federalismo fiscal no período.

---

25. Em verdade, a troca de acusações travada através dos meios de comunicação possuía muitos fatores subjacentes que extrapolavam a questão fiscal e envolviam uma rixa familiar e a predisposição de João Pessoa contra o sistema oligárquico.

26. Apesar da intensificação de arrecadação observada ainda no governo de Francisco Camilo de Holanda em 1916 (MARIZ, 1939, p. 53) e que continuou aumentando progressivamente nos anos subsequentes em decorrência da alta dos preços do algodão, a carga tributária era assimilada pelos setores produtores.

4. O IMPACTO ECONÔMICO DA GUERRA TRIBUTÁRIA NA PARAIBA

O objetivo de transferência de estabelecimentos para Capital não foi bem sucedida. Como visto anteriormente, através da Lei n° 673 de 17 de novembro de 1928, instituiu-se distinção de alíquotas para a exportação através de estabelecimentos localizados na capital e para as exportações realizadas diretamente pelos produtores do interior através de outros estados.

A diferença de alíquota, no entanto, não surtiu o efeito esperado para impor que a produção do interior passasse exportada pela capital (RODRIGUES, 1978, p. 47-48). Suportar a alíquota majorada era economicamente mais vantajoso, quando comparado aos custos do transporte das mercadorias até a capital. Assim, os produtores do interior, em sua maioria, preferiram dar continuidade às exportações através de estados vizinhos, arcando com a alíquota majorada.

De toda feita, apesar do conflito criado entre o governo da Paraíba e parcela das oligarquias estaduais, além da animosidade com estados vizinhos, a política fiscal implantada por João Pessoa rendeu frutos para os cofres do estado. A arrecadação, que já vinha aumentando[27] nos anos anteriores, deu um salto em 1929. Tal aumento não foi promovido apenas em razão da política tributária implantada. De fato, naquele ano o estado teve a maior exportação de algodão até então vista, o que, combinado às medidas fiscais, gerou arrecadação Record de 19.932:000$000. No ano de 1930, apesar do resultado ter sido inferior (19.075:000$000), também gerou arrecadação muito superior àquelas dos governos anteriores (MARIZ, 1939, p. 86-89).

Apesar da pequena diferença de arrecadação de 1929 para 1930, esse último ano teve um profundo retrocesso na economia e no equilíbrio orçamentário. Tais vicissitudes são atribuídas a três fatores: i) a interrupção de envio de recurso da União, em vista do desalinhamento político; ii) os custos assumidos no combate armado na Revolta de Princesa; iii) em razão da revolução de 1930.

Retrocedendo ao ano de 1929, verifica-se que a reforma tributária desenvolvida alcançou parcialmente os desígnios de João Pessoa, apesar

27. Os produtos produzidos no estado, em especial o algodão, vinham sofrendo alta de preços no mercado internacional, o que levou ao aumento de arrecadação. Além disso, governos anteriores já tinham promovido aumentos nos tributos, porém, em percentuais muito mais baixos do que aqueles imprimidos no Governo João Pessoa.

de ter servido de combustível para a ruptura política com as oligarquias do interior do estado e com o Governo Federal, além de ter estimulado, ainda mais, seus familiares antagonistas de Pernambuco a instigar e financiar os elementos revoltosos no ano seguinte.

Com o aumento de arrecadação, a reorganização administrativa e orçamentária, João Pessoa conseguiria sanear as contas públicas em 1929 e alcançar reserva de aproximadamente 6 mil contos (VIDAL, 1930, p. 19-32), mas o desalinhamento com o Poder Central e as Oligarquias a ele aliadas isolaria o estado e tornaria seu governo insustentável. O resultado do desalinhamento foi a adesão de João Pessoa à Aliança Liberal, que viria a protagonizar a ruptura do sistema em 1930, com Getúlio Vargas na liderança.

5. AS DERROTAS DO PRESIDENTE JOÃO PESSOA NOS TRIBUNAIS

O sistema tributário havia sido construído para manutenção das oligarquias em alinhamento com o poder central. Dessa forma, era de se esperar que os atingidos pela sua utilização às avessas reagissem.

A implantação das cancelas gerou protestos, principalmente de motoristas profissionais. Houve impetração de Habeas Corpus que foi acolhido parcialmente para determinar a retirada das cancelas. Porém, não houve pronunciamento objetivo quanto à legalidade do pedágio, o que levou o Governo a continuar exigindo a exação. Os motoristas entenderam a insistência do Governo como uma afronta e, por assim dizer, um desrespeito à decisão judicial. Sem cancelas, houve resistência ao pagamento do pedágio, levando ao envio de policiais para garantir a cobrança e a segurança dos agentes fiscais.

Não é possível afirmar que houve derrota judicial da medida, porém, é certo que o desgaste provocado, de alguma forma, gerou um capital político negativo na parcela da população diretamente atingida pela contribuição de trânsito.

Em que pese a brandura do judiciário no caso tratado, era de todo óbvio que a exação ofendia o número 1°, do art. 11, da Constituição de 1891, visto que a contribuição de trânsito era cobrada indistintamente, dentro do estado ou na fronteira com outros, inclusive em relação aos veículos que transportavam mercadorias. E tal compreensão não é abstraída somente dos relatos históricos que dão conta da prática empregada, mas aferível a partir do próprio texto legal. O art. 4° do Decreto n°

1.545 estabelecia que o valor exigido era reduzido à metade quando o veículo transitasse sem cargas e sem passageiros. De tal dispositivo, depreende-se que a exação era exigida integralmente quando os veículos faziam transporte de mercadorias.

Na doutrina moderna, existe divergência sobre a natureza tributária do pedágio, exação que possui características semelhantes à aludida contribuição de trânsito criada por João Pessoa. Majoritariamente, entretanto, os estudiosos do direito tributário contemporâneo entendem que o pedágio não possui natureza tributária. Todavia, os moldes do pedágio concebidos atualmente são distintos da contribuição de trânsito instituída no Estado da Paraíba em 1928. Os aspectos conferidos à aludida contribuição importam em imposição pecuniária devida ao estado, sem a exigência de qualquer contraprestação por partes deste. Por conseguinte, a contribuição de trânsito possuía natureza tributária e estava submetida aos limites constitucionais. Consequentemente, era evidente sua afronta ao nº 1°, do art. 11, da Constituição de 1891, ao menos em relação aos veículos que transportavam mercadorias.

No período histórico estudado, é bastante claro que o legislador não distinguia espécies tributárias, utilizando o *nomen iuris* imposto, taxa e contribuição sem qualquer verificação das características do tributo ao qual desejava aludir.

Em que pese a falta de preocupação com o nome conferido ao tributo, assim como na realidade jurídica atual, a utilização de nome distinto não era capaz de alterar a sua natureza. Identificar um tributo com um nome e conferir-lhe arquétipo idêntico a alguma exação já existente é o mesmo que instituir pela segunda vez um mesmo tributo.

Nessa perspectiva, se um estado criava uma contribuição sobre a importação ou um imposto sobre mercadorias desembarcadas no porto, inobstante à utilização de *nomen iuris* distintos daquele utilizado no art. 7° da Constituição de 1891, tal não era suficiente para torná-los lídimos. O Estado que assim agisse estaria, em verdade, ofendendo a Constituição e, por assim dizer, o pacto federativo.

Foi o que se deu na Paraíba em 1928 com criação do imposto de estatística. Através da Lei n° 672 de 17 de novembro de 1928, o governo estabeleceu, por via transversa, carga tributária ainda maior para os produtos exportados e importados. Apesar de batizar o tributo de imposto de estatística, em verdade, incidia sobre as mesmas materialidades dos impostos de exportação e de importação.

No caso, a incidência de imposto de estatística sobre a exportação, apesar de aumentar a carga tributária, poderia não provocar inconstitucionalidade do tributo, uma vez que a competência para tributar as exportações já era constitucionalmente atribuída aos estados. Historicamente, o *bis in idem* é tolerado no Brasil. Por conseguinte, foi a bitributação que atraiu a declaração de inconstitucionalidade do Imposto de Estatística, pois o mesmo também incidia sobre os produtos importados, ou seja, competência tributária que pertencia à União. A notícia da decisão do Supremo Tribunal Federal extravasou a mídia do Nordeste, sendo noticiada em todo o país. No diário de Pernambuco, o episódio foi explorado de forma bastante detalhada, demonstrando, mais uma vez, a irresignação dos estados vizinhos da Paraíba com a Política Tributária de João Pessoa[28].

---

28. "Começou a derrocada do fisco parahybano: o Supremo Tribunal Federal, julgando o aggravo da companhia Souza Cruz, proclama, unanimemente a inconstitucionalidade do imposto proibitivo com o que a Parahyba onera artigos de outros Estados.

RIO, 15 – A Companhia Souza Cruz requereu um fundamentado interdito prohibitório, contra a Fazenda da Parahyba, perante o juiz seccional naquelle Estado, a fim de ser garantida na posse de mercadorias de sua propriedade e commercio, ameaçados pela Lei estadual que instituiu o imposto de importação sob rubrica de IMPOSTO DE ESTATÍSTICA.

O pedido da Companhia Souza Cruz foi indeferido indeferido pelo Dr. Caldas Brandão, juiz seccional da secção da Parahyba, cujo despacho foi agravado para o Supremo Tribunal Federal que, hoje, julgou o feito.

O Ministro F. Witaker fez uma longa e clara exposição sobre matéria, sustentando que o imposto em questão, cobrado indevidamente pela Parahyba e contra o qual a Conpanhia Souza Crus se insurgira, buscando o amparo da lei, nada mais era do que o imposto de importação, da competência exclusiva da União e portanto, sendo cobrado póla Parahyba, era inconstitucional.

Após a erudita exposição do ministro Witaker, o Tribunal acompanhou o seu voto, dando provimento ao agravo e condenando, por unanimidade, a medida impetrada.

(...)

Começou, mais cedo do que se esperava, o esboroamento da obra prima que a obstinação do actual governo da Parahyba erigiu como marco millenario de sua administração. Os impostos que o Presidente Parahybano, sob o domínio de ladinos comerciantes da capital, fez a assembléia estadual crias, com o fito .... de reerguer a economia do estado, logo no início de sua execução, demonstraram a evidencia, sua impraticabilidade.

Era um repto quixotesco que a teimosia do chefe do executivo lançava aos demais estados, fechando as fronteiras aos artigos de producão destes. Temos debatido e impugnado demasiadamente, a louca aventura do fisco parahybano.

Nada, porém, suasoriamente à luz dos argumentos ou peia voz do bom seno, poude deter a marcha descompassaada dos fomentadores das barreiras alfandegárias. Insultando, vociferando, ferindo reputações, o rei e sua corte tudo esqueceram e conculcaram arrastados pela idéia fixa. O resultado não tardou a se positivar em toda sua malancholica evidencia.

A Parhyba, decretando guerra aos irmãos federados, engendrou contra si própria, um movimento de protesto e reação, que dia a dia, se alastra e avulta por todo o pais.

As alterações promovidas no Imposto de Incorporação e no Imposto de Exportação também provocaram indignação de setores produtivos e de Estados vizinhos.

O ataque mais robusto ao Imposto de Incorporação teve origem no Estado de Pernambuco. Quarenta empresas desse estado obtiveram Mandado Proibitório a fim de afastar a incidência do tributo que consideravam abusivo. A decisão foi proferida em julho de 1829.

O sistema tributário, que fora utilizado em benefício das oligarquias, quando utilizado contra as mesmas, não surtiria os efeitos esperados. No curto espaço de tempos em que a política tributária passou a ser utilizada de modo a reduzir o poder econômico dos coronéis, dois tributos foram afastados pelos tribunais e, uma medida fiscalizatória (as cancelas), apesar de não ter efetivamente desaparecido, foi declarada ilegal.

Quando o sistema funcionava em favor do sistema oligárquico, em regra, não existiam maiores consequências. Nada obstante, a partir das

---

Não é só mais o brado da imprensa regional; não é só mais o grito de angustia do commercio do interior daquele estado; não é mais o protesto isolado de uma associação de classe. Já hoje, tudo brada, tudo grita, tudo protesta, commercio, associações e imprensa, a inqualificável política tributária do governo da Prahyba.

Ressalta a todo mundo a inconstitucionalidade hora com que o fisco Paraybano escorcha os contribuintes. E se essa inconstitucionalidade é evidente, claro que, - como já dissemos -, pagará tais impostos quem quiser, porque o prestígio da lei ahi está para deter os avansos desse fisco salteador de fronteiras.

Já começou o encaminhamento da questão, para o terrno para que ela há muito deveria ter sido levada. A égide do poder judiciário, já recorrei um dos prejudicados com a alarmante tributação. A Companhia Souza Cruz, assediada de todos os lados, pela voracidade da fazenda estadual da Parahyba viu-se na conjuntura de recorrer ao remédio legal, requrendo um interdicto prohibitório para se garantir na posse das mercadorias de sua propriedade e commercio, ameaçadas pela exorbitância da lei esdrúxula.

Fei-o perante o juiz seccional, na seccional daquele estado, Sr. Dr. Caldas Brandão, que lhe denegou o pedido. Rejubilaram os rapazes D'"A UNIÃO" a ponto da edição ... do corrente, em tremeliques de prazer, escreverem enfaticamente: "..... levada também por loas que entoaram (refere-se o órgão oficial à companhia Souza Cruz) tentou acção e decaiu da mesma, por sentença do juiz federal que proclamou perfeitamente constitucional a nossa lei."

Mas a Companhia Souza Cruz não se capacitou das sabias razões do juiz nem desconcertou com a ruidosa alegria D'"A UNIÃO". E agravou do despacho para a incorruptível e mais alta Corte de Justiça do Pais.

Esta, por esmagadora unanimidade, emitiu veredicto muito ao contrário, proclamando PERFEITAMENTE INCONSTITUCIONAL a extorsiva lei parahybana.

Aos demais atingidos pela iniqüidade tributária, ahi está o único exemplo a seguir, requerer interdcoto proibitório ao juiz seccional na Parahyba, e, denegado o pedido, recorrer para o Supremo Tribunal Federal, - seguro amparo e refúgio dos direitos postergados pela tirania." In: Diário de Pernambuco. 17.05.1929.

medidas adotadas por João Pessoa, verifica-se que o sistema tributário não fora concebido para prover, entre outras funções, o custeio de políticas de desenvolvimento social, mas sim para custear a máquina administrativa que, no mais das vezes, era capturada pelas oligarquias.

De toda feita, independente do juízo de valor que se estabeleça acerca da Política Tributária desenvolvida por João Pessoa, as derrotas sofridas nos Tribunais demonstram, ao menos, que, o Judiciário rechaçou normas tributárias que feriam o pacto federativo. Bem assim, mesmo que a partir de fundamentos distintos, a utilização do sistema tributário para atingir grupos específicos foi devidamente freada, visto que, a tributação não pode ser utilizada para beneficiar grupos determinados da sociedade, mas também não pode ser utilizada para atacar esses grupos.

6. INFLUÊNCIA DA GUERRA TRIBUTÁRIA PARA O DESALINHAMENTO COM O GOVERNO FEDERAL E A ECLOSÃO DA REVOLTA DE PRINCESA[29]

A severa reforma tributária implementada por João Pessoa provocou substancial desgaste nas relações mantidas entre o governo e os setores produtivos do interior do estado, os quais, como visto, eram dominados pelas oligarquias estaduais. É de se recordar que o comércio atacadista e varejista do interior, especialmente de mercadorias importadas, também foi bastante prejudicado, atraindo a antipatia das casas de comércio do sertão pelo Governador.

O aumento da carga tributária, promovido através da majoração de tributos, não representaria, isoladamente, fator de ruptura, se identifi-

29. Luta armada entre as forças regulares do Estado da Paraíba e elementos revoltosos liderados pelo Coronel José Pereira no Município de Princesa e regiões vizinhas. Durante a revolta, o território chegou a ser declarado independente do estado da Paraíba, possuindo bandeira, hino, jornal e outros elementos voltados à confirmação da independência. Não se tratou de independência do território em relação país, mas sim de uma proclamação equivalente a "emancipação" do Estado da Paraíba, à revelia das normas Constitucionais, em flagrante atentado ao pacto federativo. Ocorre que o líder da revolta, o Coronel José Pereira, tinha como aliado o próprio Presidente da República e demais oligarquias alinhadas com o Governo Federal, enquanto o Governo da Paraíba havia rompido o alinhamento no âmbito da Política dos Governadores, causando seu isolamento e abandono pelo Governo Federal (que adotou até mesmo medidas para prejudicar o estado). Sem ajuda do Governo Federal, o Estado da Paraíba não conseguiu por fim à revolta até a morte do Governador João Pessoa, após a qual, o próprio Coronel José Pereira desmobilizou as linhas de defesa e deu por terminado o levante. Apesar de ser considerado criminoso no Estado, o Coronel José Pereira e sua família foram protegidos por tropas do Governo Federal, que finalmente interviram no estado após a morte de João Pessoa. O Coronel José Pereira nunca foi preso e continuou a viver anônimo em Pernambuco, sob a proteção da família Pessoa de Queiroz.

casse medida isolado, pois não foi capaz de provocar, naquele momento histórico, redução do poder econômico das oligarquias estaduais que dominavam a produção e exportação de gêneros agropecuários, em especial aquelas lideradas por coronéis influentes na política paraibana. Não é possível afirmar o mesmo em relação ao clima de tensão provocado no seio da oligarquia formada pelos três ramos da família Pessoa, como será abordado adiante (família do ex-presidente Epitácio Pessoa, de quem João Pessoa era sobrinho).

Conforme os elementos colhidos na bibliografia acessada e em outras fontes, é possível verificar que o impacto econômico provocado pelo aumento da carga tributária foi concomitante à alta de preços das culturas tradicionais da Paraíba no mercado internacional e às excelentes safras obtidas nos anos de 1929 e 1930. Nesse contexto, os custos suportados com o aumento da carga tributária foram, em alguma medida, compensados pelos maiores lucros obtidos no período.

No entanto, é possível identificar que a reforma administrativa, incluindo as remoções e alterações nas Mesas de Rendas, geraram mais tensões e animosidades do que o aumento da carga tributária em si, relativamente às oligarquias do interior do estado. Isso porque, o aumento da carga tributária não representou perda de poder econômico para as oligarquias paraibanas dedicadas especialmente à exportação de gêneros agropecuários, entretanto, as reformas administrativas representaram perda de poder político dos coronéis.

A majoração de tributos, como dito, representou perda do poder econômico de um ramo da Família Pessoa, mais especificamente dos Pessoa de Queiroz de Pernambuco. Ocorre que os Pessoa de Queiroz já possuíam substancial poder político e econômico em Pernambuco, que sobejava as fronteiras daquele estado, alcançando a Paraíba. É de se pontuar, no entanto, que a influência na Paraíba era predominantemente econômica, com menor grau de ingerência política, especialmente depois que João Pessoa assumiu o governo[30].

Esse conjunto de fatores incitou conflito irremediável na oligarquia epitacista, gerando a ruptura definitiva entre os Pessoa Cavalcanti de Albuquerque e os Pessoa de Queiroz. A relação entre os ramos da família já era complexa, contudo, dentre os fatores colhidos ao longo do estudo,

30. A indicação de João Pessoa à presidência da Paraíba significou a frustração dos planos de predomínio político dos Pessoa de Queiroz, além das fronteiras de Pernambuco.

identifico a reforma tributária como ponto de inflexão para o rompimento definitivo.

O rompimento entre os ramos da família Pessoa foi determinante para polarização política observada na região. Além de passarem a ser inimigos declarados de João Pessoa, os Pessoa de Queiroz passaram a utilizar sua influência política e econômica para atacar o primo da Paraíba e inviabilizar seu governo.

São atribuídas aos Pessoa de Queiros inúmeras medidas que contribuíram sobremaneira para ruptura partidária ocorrida em 1930, o rompimento entre o Coronel José Pereira e João Pessoa, a eclosão da Revolta de Princesa e, até mesmo, o financiamento dos revoltosos (BELLO, 1964, p. 339-340).

Nesse contexto, verifica-se que a reforma tributária representou um dos elementos mais significativos na construção do cenário que levou ao desalinhamento político generalizado entre o governo da Paraíba e o establishment. E, na temática geral debatida no artigo, confirmo, através do paradigma eleito, que o sistema tributário, que já nascera forjado para a finalidade de sustentar um projeto de alinhamento do poder central com as oligarquias regionais, não era viável para sustentar um desenho federalista regido por princípios republicanos e democráticos concebidos a partir da ideologia norte americana.

7. CONCLUSÃO

Na véspera da proclamação da República, a elite política brasileira estava dividida entre monarquistas e republicanos, cada qual com tendências diversas, dentro das possibilidades de compatibilidade sistêmicas. Muitas cores adornavam essas tendências, mas a inspiração de maior relevo já era o modelo norte americano. Parcela da elite econômica e política, notadamente os latifundiários, desejosos da maximização da influência na política nacional, adotaram, sincera ou demagogicamente, a bandeira da república federativa para alcançar os seus anseios.

Proclamada a República, apesar do ímpeto monarquista de parcela da elite política, já não havia espaço para insistir na volta do Império, de modo que, sob a égide de republicanos, restava debater a forma de estado e o desenho institucional. Entre os mais variados matizes, relativamente à forma de estado, polarizaram os unionistas e os federalistas. Aqueles desejosos de uma nação unitarista e estes defensores do federalismo. O modelo federalista, entretanto, conquista a preferência majoritária. A evolução cívica e o desenvolvimento econômico dos Estados Unidos da América do Norte atraem tanto as elites intelectuais, como as econômicas. Porém, é na experiência Argentina que alguns dos protagonistas intelectuais da política nacional enxergam a viabilidade real de adequar o federalismo de inspiração norte americana em um país latino-americano.

Contudo, grande parcela da elite política nacional se confundia com as oligarquias regionais e, nesse cenário, foi na experiência argentina que colheram outra perspectiva importantíssima para a manutenção do poder político e econômico. Sob os ideais de Alberd, o edifício constitucional argentino desenvolveu uma república federalista democrática sem abandonar velhas estruturas sociais, muito ao contrário, a manutenção de oligarquias regionais foi pressuposta do projeto de formação da nação argentina e serviu de mecanismo estrutural para moderar as transformações sociais e econômicas.

A perspectiva de um modelo federalista que garantisse as autonomias regionais de modo que as oligarquias tivessem poder e autonomia para conservar seus interesses, como dito, chamou atenção de importantes personagens do governo provisório e ou constituintes de 1890, entre os quais, destacaram-se Campos Sales e Quintino Bocaiuva. Outros, destacadamente Rui Barbosa, também viram, na experiência argentina, características que poderiam ser adequadas à realidade brasileira e atender aos desígnios ideológicos democráticos.

Os personagens anteriormente mencionados teriam participação e/ou grande influência na elaboração do projeto constitucional originário encomendado pelo Governo Provisório. Entre os próprios integrantes do Governo provisório existia razoável divergência em relação aos níveis de autonomia dos estados, ou seja, internamente já era travada disputa que viria a ser reproduzida no Congresso Constituinte.

Relativamente aos seus diversos aspectos, o projeto original adotou um modelo de federalismo com bastante autonomia para os estados. Suprimiu-se, no entanto, a autonomia dos municípios, deixando-os subordinados aos estados, o que revela o açodamento do processo legislativo, mas também identifica consonância com a orientação da experiência platina.

Nesse contexto, apesar de não ser possível afirmar que a falta de autonomia dos municípios se deu em razão dos desígnios políticos oligárquicos, também há de se reconhecer que a falta de autonomia dos municípios viria a servir de instrumento perfeitamente adequado para a

Política dos Governadores. Ou seja, sem autonomia, o grupo da situação do governo estadual poderia intervir nos municípios de opositores políticos, através de inúmeros instrumentos, de modo a infirmar os mesmos, subtraindo-os a relevância política ou inviabilizando os atos de oposição. Ao mesmo tempo, em relação aos apoiadores, mantinha-se o poder e permitia-se a captura da coisa pública para uso pessoal.

Nessa perspectiva, repita-se, o modelo federalista, com os níveis de autonomia estabelecidos já no projeto originário, atendia prematuramente a política que veio a ser implantada definitivamente no governo de Campos Sales.

Diversos subsistemas constitucionais já nasceram moldados para a implantação e manutenção do projeto de alinhamento entre o Poder Central e as Oligarquias Regionais ou vieram a ser adaptados num segundo momento, passando a servir aos desígnios da Política dos Governadores.

O subsistema constitucional tributário já nasceu perfeitamente adequado ao projeto oligárquico. Como ficou demonstrado, o projeto original não atenderia os interesses oligárquicos em sua integralidade. Porém, algumas emendas promovidas pelo Congresso Constituinte amenizariam a tendência centralista e proporcionariam ao texto definitivo fontes de receita bastante satisfatória para os Estados, mais do que isso, ampla autonomia para definir a política tributária dos estados por seus respectivos governos, desde que, em favor dos interesses econômicos das oligarquias regionais alinhadas com o Governo Federal. Nos moldes em que foi estabelecido, o sistema tributário poderia ser utilizado para beneficiar os interesses econômicos de oligarquias regionais ou para atacar os grupos políticos opositores, desde que, mantido o alinhamento com o governo central.

No entanto, não viabilizava a utilização para gerar o desalinhamento político ou para alterar a estratificação social, ao menos não em relação ao sistema oligárquico.

A operacionalidade do sistema tributário e a sua inadequação para operar alterações na estratificação social é bem ilustrada pelo episódio da Guerra Tributária na Paraíba. Quando João Pessoa chega ao Poder pela oligarquia dominante, assume o papel antagônico de líder minoritário, ou seja, passa a defender interesses outros que não aqueles ditados pelo alinhamento federal e pelo sistema oligárquico que o levou ao poder. Mais do que isso, passa a tentar utilizar os subsistemas constitucionais e a administração pública, que sempre representaram mecanismos de atendimento do sistema oligárquico, para infirmar a base da Política dos Governadores, vale dizer, o Coronelismo.

No entanto, a partir dos eventos relacionados ao longo do trabalho, foi possível demonstrar que a reinterpretação do sistema constitucional tributário, objetivando o desmonte do próprio sistema oligárquico, não era viável, provocando o isolamento do estado e, ao final, uma revolta armada.

Talvez, a falta de flexibilidade do sistema para suportar mudanças no sistema político e social tenha levado à sua própria ruptura em 1930.

No contexto visto, é de se constatar que, o sistema tributário de 1891 possuía muitas falhas sob a ótica do federalismo fiscal, mesmo porque já era esperada a sua captura pelas oligarquias regionais nos estados e sua utilização para o predomínio da união sobre os estados em esfera federal. Tal desenho, como dito, foi orientado a partir da experiência federalista platina do século XIX, mas se revelaria hábil a atender somente uma de seus objetivos.

Para efeitos de manutenção do alinhamento e controle do poder central através das oligarquias, o sistema foi bem sucedido, porém se revelou incompatível com os demais objetivos, vale dizer, por ser mal desenhado, permitia disputa tributária e atrapalhava o próprio desenvolvimento econômico, além disso, alcançado desenvolvimento cívico, haveria de se rejeitar o patrimonialismo na área fiscal.

BIBLIOGRAFIA

- BALTHAZAR, Ubaldo Cesar. História do Tributo no Brasil. Santa Catarina: Boiteux, 2005.
- BARBALHO, João. Constituição Federal Brazileira: Commentarios. Rio de Janeiro: Litho-Typographia, 1902.
- BARBOSA, Rui. Obras Completas. Ministério da Educação e da Saúde. Vol. XVII. Tomo I.
- BASBAUM, Leôncio. História Sincera da República. Vol. 1. 4. ed. São Paulo: Editora Alfa Omega, 1981.

__________. História Sincera da República. Vol. 2. ed. 4. São Paulo: Editora Alfa Omega, 1981.

- BELLO, José Maria. História da República. 5. ed. São Paulo: Companhia Editora Nacional, 1964.
- BONAVIDES, Paulo.; ANDRADE, Paes de. História Constitucional do Brasil. 3. ed. Rio de Janeiro: Paz e Terra, 1991.
- BONAVIDES, Paulo; LYNCH, Christian Edward Cyril; NETO, Cláudio Pereira de Souza; SILVA, José Afonso da; COMPARATO, Fábio Konder; FILHO, Valmir Pontes; BARRO-

SO, Luiz Roberto. As Constituições Brasileiras: Notícia, História e Análise Crítica. Brasília: OAB Editora, 2008.

- CARONE, Edgard. A Primeira República. São Paulo: Editora Difusão Europeia do Livro, 1969.

_________. Revoluções do Brasil Contemporâneo 1922-1938. São Paulo: Editora Ática, 1989.

- CARVALHO, José Murilo de. Cidadania no Brasil: O Longo Caminho. Rio de Janeiro: Civilização Brasileira, 2015.
- CERQUEIRA, Marcelo. A Constituição na História – Origens e reformas. Rio de Janeiro: Revan, 1993.
- FAORO. Raymundo. Os Donos do Poder: formação do patronato político brasileiro. 3.ed. Rio de Janeiro: Editora Globo, 2001.
- FERREIRA, Gustavo Sampaio Telles. Federalismo Constitucional e Reforma Federativa. Rio de Janeiro: Lumen Juris, 2012.
- GURJÃO, Eliete de Queiroz. Morte e Vida das Oligarquias: Paraíba (1889 – 1945). João Pessoa: Universitária UFPB, 1994.
- HORBACH, Carlos Bastide. Memória jurisprudencial: Ministro Pedro Lessa. Série Memória Jurisprudencial. Brasília: Supremo Tribunal Federal, 2007.
- LEAL, Victor Nunes. Coronelismo, Enxada e Voto: O Município e o Regime Representativo no Brasil. 7. ed. Brasil: Companhia das Letras, 2012.
- LYNCH, Christian Edward Cyril. Da Monarquia à Oligarquia: História Institucional e Pensamento Político Brasileiro 1822-1930. São Paulo: Alameda Editora, 2014.
- MARIZ, Celso. Evolução Econômica da Paraíba. Paraíba: A União Editora, 1939.
- MAXIMILIANO, Carlos. Comentários à Constituição Brasileira. 3. ed. Porto Alegra: Livraria do Glôbo, 1929.
- NOLETO, Mauro Almeida. Memória Jurisprudencial: Ministro Epitacio Pessôa. Série memória jurisprudencial. Brasília: Supremo Tribunal Federal, 2009.
- OLIVEIRA, Gustavo da Gama Vital de. Temas de Federalismo Fiscal Brasileiro. Rio de Janeiro: Gramma Livraria e Editora, 2016.
- RAPOSO, Eduardo. 1930 Seis Versões e Uma Revolução. Recife: Fundação Joaquim Nabuco, 2006.
- RODRIGUES, Inês Caminha Lopes. A Revolta de Princesa: Uma Contribuição ao Estudo do Mandonismo Local Paraíba (1930). Paraíba: A União Cia Editora, 1978.
- RODRIGUES, Inês Caminha Lopes. A Revolta de Princesa: poder privado x poder instituído. São Paulo: Brasiliense, 1981.
- ROURE, Agenor de. A Constituinte Republicana. Brasília: Editora Universidade de Brasília, 1979.
- SODRÉ, Nelson Werneck. Formação Histórica do Brasil. Rio de Janeiro: Graphia, 2004.
- VIDAL, Adhemar. 1930 História da Revolução na Parahyba. São Paulo: Companhia Editora Nacional, 1933.

_________. O Incrível João Pessoa. Rio de Janeiro: Editora Universo, 1931.

- VISCARDI, Cláudia Maria Ribeiro. O Teatro das Oligarquias. 2. ed. Belo Horizonte: Editora Fino Traço, 2012.

05 RE 572.672/SC: FEDERALISMO FISCAL E A IMPORTÂNCIA DA INTERPRETAÇÃO ESTRUTURAL

Carlos Alexandre de Azevedo Campos

Mestre e Doutor em Direito Público pela UERJ. Professor-Adjunto de Direito Financeiro e Tributário na graduação, mestrado e doutorado da UERJ. Ex-Assessor de Ministro do STF. Advogado. Membro da Associação Brasileira de Direito Financeiro - ABDF, da Sociedade Brasileira de Direito Tributário - SBDT e da *International Fiscal Association* - IFA.

INTRODUÇÃO

Constitucionalismo é o projeto normativo de criar, alocar e constranger os poderes do estado. Constituição, por sua vez, é o desenho inaugural e fundamental desse projeto. Para que promovam um *documento de sucesso,* os "designers constitucionais" e os intérpretes devem se ocupar de como melhor distribuir o poder entre atores políticos e instituições, do quanto de poder esses atores e instituições podem de fato possuir e de como redistribuir esse poder em resposta às mudanças fáticas e políticas sucessivas. É o que a doutrina contemporânea tem denominado de "**direito constitucional estrutural**"[1]: o objeto é a distribuição, equilíbrio e redistribuição de poder; os mecanismos são o princípio da separação de poderes - poderes do presidente e do parlamento, estado administrativo, *judicial review* - e o **federalismo**[2].

Dentro desse quadro, federalismo é a teoria normativa ou filosofia política, conceitual e dinamicamente associada ao constitucionalismo[3], que propõe formas variadas de distribuir **verticalmente** o poder político entre diferentes níveis coordenados e independentes de governo. Possui, assim, uma dimensão normativa. Federação, por sua vez, é o arranjo institucional estabelecido como uma das estruturas de divisão de poderes em uma determinada Constituição. Federação seria, desse modo, o modelo de estado ou prática institucional que os constituintes estabelecem por inspiração do conceito normativo de federalismo que adotam[4]. Como ocorre com o trabalho constitucional geral de distribuir e equilibrar poderes políticos, a divisão vertical de autoridade, no plano tanto do desenho inaugural como de sua operação, encerra inúmeras dificuldades e perplexidades. Especialmente no mais importante campo dessa prática: o do ***federalismo fiscal***. Este último é o tormentoso tema deste artigo - de alta complexidade teórica e de implicações práticas dramáticas.

Princípios do federalismo fiscal ocupam-se de propor como melhor alocar, distribuir e limitar, de um lado, responsabilidades, funções e gas-

---

1. LEVINSON, Daryl J. Looking for Power in Public Law. *Harvard Law Review* Vol. 130 (1), 2016, p. 33.
2. Ibidem, p. 102: "Junto com a separação de poderes, federalismo constitucional é concebido como um mecanismo para difundir e equilibrar poder".
3. Para essa vertente de pensamento, cf. o clássico FRIEDRICH, Carl Joachim. *Trends of Federalism in Theory and Practice*. New York: Praeger, 1968.
4. Sobre essa distinção, cf. HALBERSTAM, Daniel. Federalism: Theory, Policy, Law. *In:* ROSENFELD, Michel; SAJÓ, András. *The Oxford Handbook of Comparative Constitutional* Law, 2012, p. 580-581.

tos, e de outro, o poder de tributar e as transferências de recursos, entre os níveis central e subnacionais de governo. Trata-se de arranjo fundamental para a delimitação e o financiamento dos serviços públicos. Esse arranjo é sempre problemático em todos os países que adotam tal forma de organização política. As dificuldades alcançam tanto o nível desejável de transferência de responsabilidades do ente central aos periféricos, como a medida necessária de autonomia política e financeira dos *entes menores*. As distorções de nosso modelo têm chegado ao que podemos chamar de verdadeira *crise do federalismo fiscal brasileiro*. Recentes acontecimentos econômicos, políticos e sociais não deixam dúvidas quanto à plena vigência dessa crise.

Essas distorções são, muitas vezes, agravadas por interpretações equivocadas ou por fundamentações insuficientes realizadas pelo "árbitro da Federação" - o Supremo Tribunal Federal. Tal circunstância inspirou os ilustres coordenadores desta coletânea a criativamente chamarem-na de "Federalismo (s)em juízo". O presente artigo se ocupa de uma das importantes decisões que o Supremo tomou para a operação de nosso federalismo fiscal: o julgamento do RE 572.672/SC[5], ocorrido em 18/6/2008, no qual discutiu-se se os estados-membros podem diferir o recolhimento do ICMS, como medida de incentivo econômico aos contribuintes, com prejuízo à cota do imposto que pertence aos municípios nos termos do artigo 158, inciso IV, da CF/88. A titularidade dos municípios quanto à parte da receita do ICMS tem o condão de limitar o exercício da competência tributária pelos estados? O Supremo disse que sim. Este artigo não visa criticar a conclusão do Tribunal, mas apenas apontar certa insuficiência da fundamentação. As minhas objeções são voltadas às críticas doutrinárias em face da decisão.

O texto tem a seguinte divisão: além desta Introdução **(1)**, delimito, no próximo item **(2)**, o objeto do artigo ao discorrer sobre o RE 572.672/SC, (2.1) apresentando os argumentos do estado-membro recorrente, (2.2) descrevendo os fundamentos e conclusão do julgamento pelo Supremo e (2.3) problematizando-os; no tópico seguinte **(3)**, são apresentadas algumas críticas doutrinárias à decisão do Tribunal; na sequência, elaboro minhas objeções a essas críticas sem, no entanto, deixar de dizer da fundamentação insuficiente da Corte; defendo que essas críticas doutrinárias, em relação ao federalismo fiscal, possuem deficiências **(4)** de ordem conceitual, **(5)** quanto à fundamentação do mecanismo e **(6)** de

5. STF – Pleno, RE 572.672/SC, Rel. Min. Ricardo Lewandwski, j. 18/6/2008, DJ 5/9/2008.

caráter metodológico; então **(7)** proponho limites e possibilidades de aplicação do entendimento do STF como resposta a algumas críticas. Ao final, conclusões **(8)**.

1. O RE 572.672/SC

O Estado de Santa Catarina interpôs recurso extraordinário contra acórdão do Tribunal de Justiça daquele estado, que foi assim ementado:

> ICMS - PROGRAMA DE DESENVOLVIMENTO DA EMPRESA CATARINENSE (PRODEC) - RETENÇÃO DA PARCELA DESTINADA AOS MUNICÍPIOS - VIOLAÇÃO AOS ARTIGOS 158, IV, E 160, DA CONSTITUIÇÃO FEDERAL.
>
> A concessão de incentivos fiscais pelo Estado não pode diminuir o repasse do ICMS constitucionalmente assegurado aos Municípios.

Na espécie, o Estado havia instituído, por meio de lei, política econômica denominada "Programa de Desenvolvimento da Empresa Catarinense" - PRODEC, com o intuito de promover o desenvolvimento socioeconômico do Estado. Mediante esse programa, o governo estadual outorgou dois tipos diferentes de benefícios às empresas instaladas na região: (i) financeiro, sob a forma de financiamento por meio de instituição oficial; e (ii) tributário, consistente na postergação do recolhimento do ICMS. No tocante à segunda espécie de benefício, haveria uma consequência negativa de ordem federativa: o incentivo levaria ao adiamento do repasse aos municípios da parcela de 25% do ICMS que lhes pertence por determinação do artigo 158, inciso IV, da Constituição de 1988[6].

No caso concreto, o Município de Timbó (recorrido) alegou, pela via judicial adequada, que o Estado de Santa Catarina, ao diferir parte do recolhimento do ICMS na hipótese beneficiada, acabou por renunciar à receita que pertenceria plenamente ao ente municipal. Não seria relevante a circunstância de o imposto, em razão do tipo de benefício fiscal outorgado, não chegar a ser arrecadado. Em qualquer hipótese, o Estado não poderia "fazer cortesia com o chapéu alheio": deveria reservar aos municípios a parcela de ICMS que constitucionalmente lhes

---

6. CF/88:

   Art. 158. Pertencem aos Municípios:

   [...]

   IV - vinte e cinco por cento do produto da arrecadação do imposto do Estado sobre operações relativas à circulação de mercadorias e sobre prestações de serviços de transporte interestadual e intermunicipal e de comunicação.

cabe. Como se viu, o Tribunal de Justiça de Santa Catarina concordou com os argumentos do ente local, vindo a determinar ao Estado a observância irrestrita do inciso IV do artigo 158, da Carta da República. Foi contra esse entendimento que o recurso extraordinário, ora discutido, foi manejado.

1.1. Os argumentos do estado-membro recorrente

No extraordinário, interposto com base na alínea "a" do inciso III do artigo 102, da Constituição, o Estado de Santa Catarina alegou violação ao próprio inciso IV do artigo 158, e também ao artigo 160[7], ambos da CF/88. Em resumo, o Estado defendeu que com o PRODEC o ICMS não chegou a ser arrecadado, havendo a postergação do cumprimento do dever tributário. Com isso, não haveria que se falar em parcela do "produto da arrecadação" a ser repassada aos municípios, uma vez que a arrecadação não chegara a ocorrer. Não sendo realizada a arrecadação, logicamente inexistiria direito dos municípios à partilha das receitas dela decorrente. Para o ente recorrente, como os municípios não possuem competência tributária relativa ao ICMS, apenas passariam a ter algum direito à repartição do imposto quando a receita correspondente efetivamente ingressasse nos cofres públicos.

Como se vê, para o Estado, não há nada de errado em utilizar cota da arrecadação do ICMS pertencente aos municípios para financiar ou incentivar empreendimentos comerciais ou industriais, haja vista apenas os estados-membros possuírem competência tributária em relação ao imposto. Foi assim defendida, no recurso, a ideia de plenitude do exercício da competência tributária pelos estados, alcançando o "poder de isentar ou beneficiar" mesmo que em detrimento da partilha de receita do imposto estadual com os municípios. Dessa forma, o inciso IV do artigo 158, da Carta da República, não encerraria um limite ao poder tributário dos estados. Ao contrário, o direito dos municípios à receita do imposto estaria sujeito à vontade política dos estados. Por unanimidade, os ministros do Supremo não acataram a tese.

7. CF/88:

   Art. 160. É vedada a retenção ou qualquer restrição à entrega e ao emprego dos recursos atribuídos, nesta seção, aos Estados, ao Distrito Federal e aos Municípios, neles compreendidos adicionais e acréscimos relativos a impostos.

1.2. Fundamentos e conclusão do julgamento

O relator ministro Ricardo Lewandowski negou provimento ao extraordinário, no que foi seguido por todos os demais juízes constitucionais. Para o Tribunal, não é lícito aos estados postergarem o repasse da parcela do ICMS devida aos municípios, tal como assegurada no inciso IV do artigo 158, da Constituição, sob o pretexto de concederem benefícios e incentivos fiscais a empresas e particulares. O direito dos municípios deve ser assegurado independentemente de se tratar de receita efetivamente arrecadada ou não. O poder político dos estados, concernente à concessão de medidas fiscais desonerativas, encontraria limites no direito dos municípios à partilha de receitas.

O relator iniciou a fundamentação de seu voto descrevendo o modelo federativo de 1988. Segundo afirmou, a Carta vigente "estendeu, em muito, a autonomia dos entes federados, quando comparada com o texto constitucional anterior, particularmente no plano fiscal". Para Lewandowski, essa amplitude se deu em relação tanto às competências tributárias dos estados, do Distrito Federal e dos municípios, como ao "repasse de recursos compartilhados com os entes federativos". Lembrou que na Carta adotou-se um "federalismo cooperativo", caracterizado por um "entrelaçamento de competências e atribuições dos diferentes níveis governamentais", "aliado à partilha dos recursos financeiros".

Nesse sentido, para o ministro, seria valioso destacar a correlação, no Estado Federal, entre a distribuição de competências materiais e a "atribuição de rendas próprias às unidades federadas", como condição indispensável para que essas possam cumprir as suas obrigações constitucionais. Significa dizer: a autonomia financeira seria indispensável para o exercício da própria autonomia política. São suas palavras:

> Destarte, para que a autonomia política concedida pelo constituinte aos entes federados seja real, efetiva, e não apenas virtual, cumpre que se preserve com rigor a sua autonomia financeira, não se permitindo no tocante à repartição de receitas tributárias, qualquer condicionamento arbitrário por parte do ente responsável pelos repasses a que eles fazem jus.

O ministro Lewandowski, apesar de ter dito, com base no que decidido pelo Tribunal de origem, que o ICMS pode ter sido efetivamente arrecadado, advertiu que essa circunstância não seria decisiva para o deslinde da controvérsia, uma vez que o direito dos municípios não "estaria condicionado ao efetivo ingresso do tributo no erário estadual". Embora um tanto confusa a sua fundamentação neste ponto, pretendeu o magistrado assentar que a parcela do ICMS, aludida no inciso IV do artigo 158, da Constituição, "não constitui receita do Estado, mas, sim, dos Municípios, aos quais pertence de pleno direito". Não obstante a competência dos estados, tal parcela – disse o relator – "integra *de jure* o patrimônio do Município, não podendo o ente maior dela dispor a seu talante, sob pena de grave ofensa ao pacto federativo".

Com base em tais premissas, o ministro negou provimento ao recurso, reconhecendo o direito alegado pelo município recorrido, no que foi, como já dito, acompanhado por todos os demais ministros presentes no julgamento. Após Lewandowski, o primeiro a votar foi o ministro Menezes Direito que, concordando com o ente menor, falou em "intervenção indevida na regra da Federação" por parte do Estado de Santa Catarina – esse estaria, em seus dizeres, estabelecendo, por conta própria, "qual o percentual que iria ser repassado aos Municípios", ao arrepio do que determina a Constituição. Por sua vez, a ministra Cármen Lúcia disse que "a Federação brasileira se compõe exatamente com a garantia da autonomia municipal", que seria um "princípio constitucional" *quebrantado* se não fossem assegurados aos entes locais os seus "recursos na forma estabelecida pela Constituição".

O ministro Ayres Britto, embora tenha enfatizado a liberdade de conformação dos estados em concederem benefícios fiscais de ICMS, destacou que esses entes não possuem a disponibilidade do total da receita desse imposto, mas tão somente dos 75% que lhes cabem, devendo os incentivos fiscais ser outorgados com a reserva dos 25% pertencentes aos municípios. Para o ministro, assim deveria ser concluído ante o uso da técnica interpretativa mediante a qual se impõe escolher, entre duas interpretações possíveis, a que melhor confirmar, sobretudo, normas constitucionais dotadas "do **status** de princípios estruturantes". Para Ayres Britto, no caso concreto, estavam em jogo "vários princípios estruturantes da própria Federação brasileira". O ministro Cezar Peluso, em fundamentação diversa, falou em "fraude à Constituição" praticada pelo Estado de Santa Catarina[8], na medida em que foi empregado por esse ente um artifício legítimo – concessão de benefício fiscal – para ex-

8. Arguindo a fraude à Constituição em matéria tributária como hipótese de *elusão legislativa da Constituição*, cf. CAMPOS, Carlos Alexandre de Azevedo. *Elusão* Legislativa da Constituição no Direito Tributário. *In:* GREGÓRIO JR., Eduardo Lourenço; LEAL, Saul Tourinho (Org.). *A Constituição cidadã e o Direito Tributário – Estudos em homenagem ao Ministro Carlos Ayres Britto.* Belo Horizonte: Editora Fórum, 2019 (No prelo).

cluir ilegitimamente parcela de arrecadação tributária que pertence a outro ente – ao Município de Timbó.

O ministro Celso de Mello destacou que a parcela de 25% do ICMS pertence aos municípios "de pleno direito", de forma que os estados devem repartir suas receitas "sem qualquer outra restrição que não aquelas a que alude o próprio texto constitucional". Esse ponto é bastante importante: as restrições possíveis ao direito dos municípios apenas podem advir diretamente do texto constitucional, ainda que decorrentes de normas constitucionais implícitas como, por exemplo, a imunidade tributária do mínimo existencial. Voltarei a este ponto no **item 7** deste trabalho. Para o decano, deveria prevalecer a tutela da autonomia municipal, "princípio estruturante da organização institucional do Estado brasileiro", cuja preservação depende do respeito à "repartição constitucional de receitas tributárias". Por fim, e no mesmo sentido, o então Presidente do Tribunal Gilmar Mendes fundamentou seu voto na correlação vital entre autonomia municipal e o modelo constitucional de repasse de receitas tributárias ou distribuição de participações financeiras.

1.3. Problematização

Os argumentos do recurso extraordinário e os fundamentos da decisão dão a noção do desafio enfrentado neste caso: de um lado, um ente titular da competência tributária relativa ao ICMS, acreditando ter liberdade para legislar em matéria de política econômica envolvendo esse imposto, a ponto de poder instituir benefícios fiscais sem reservas quanto ao total da receita renunciada; de outro, um ente titular da parcela da receita desse imposto, em relação à qual não possui poder político-legislativo, mas da qual necessita para poder cumprir suas funções e atribuições constitucionais. Como pano de fundo, a necessidade de compreender-se o conteúdo, as características essenciais, os limites e as possibilidades de nosso *federalismo fiscal*.

O Supremo decidiu a favor do segundo ente (o municipal), destacando a importância dos recursos financeiros em jogo para o exercício, em última análise, de sua autonomia política e a realização de suas competências constitucionais. Como abordo no tópico seguinte, parte da doutrina criticou a decisão, dando maior peso à autonomia política dos entes titulares da competência tributária (estados-membros) e apontando algumas dificuldades práticas de implementação da decisão. Eu não concordo com as críticas. Nos últimos tópicos deste artigo, explicarei o porquê de discordar dos críticos. Mas ao fazê-lo, procurarei também indicar, sem qualquer pretensão de exaurir o tema, problemas de fundamentação da decisão do Tribunal. Alegarei que o Supremo perdeu, mais uma vez, a oportunidade de articular uma teoria minimamente coerente e mais sofisticada do que vem a ser o federalismo fiscal e o que suas normas procuram cumprir como elementos de uma das estruturas de partilha de funções e poderes mais importantes da Constituição de 1988.

2. CRÍTICAS À POSIÇÃO DO STF

Como mencionado, a decisão do Supremo no RE 572.762/SC não escapou às críticas da doutrina especializada. Como apresento na sequência, duas foram as principais linhas de censura: (i) a decisão teria distorcido o conceito de competência tributária, na medida em que mutilou o alcance desse instituto constitucional, restringindo a atuação política do ente titular da competência exclusivamente sobre a parcela do imposto que não deve ser partilhado; (ii) a decisão seria de difícil aplicação, sequer podendo ser generalizada ante a desarrumação que causaria na estrutura federativa nacional. Dois excelentes artigos representam muito bem essas linhas críticas.

Em texto bem escrito e fundamentado, Marcos Bueno afirmou que "caus[ou] surpresa o resultado do julgamento" ante o que vem a ser o federalismo cooperativo, notadamente quanto aos "conceitos de competência tributária e participação do produto da arrecadação, tal como delineado no modelo de federalismo fiscal adotado na Constituição de 1988". Para o autor, foi "surpreendente" que o Tribunal, por unanimidade, tenha entendido "que os benefícios fiscais deveriam se restringir à parte do imposto que não seria objeto de partilha". De acordo com o procurador do Estado do Rio de Janeiro, o Supremo incorreu em "equívocos [...] no que concerne ao conceito e abrangência da competência tributária". A impossibilidade de subordinar o exercício pleno da competência tributária ao direito do beneficiário de parcela da receita seria, em suas palavras, um "tranquilo entendimento doutrinário"[9].

O autor constatou que os ministros tiveram "grande preocupação com a questão da importância da autonomia financeira dos entes mu-

9. PENHA, Marcos Bueno Brandão da. Repartição de competência tributária, participação no produto da arrecadação e concessão de incentivos fiscais: análise do julgamento do RE 572.762/SC pelo Supremo Tribunal Federal. *Revista de Direito da Associação dos Procuradores do Novo Estado do Rio de Janeiro* Vol. XXII (Série Especial: Direito Tributário: Federalismo e Guerra Fiscal), 2014, p. 154-171.

nicipais"[10], mas que isso não seria o suficiente para poder restringir "o conceito de 'competência tributária' às receitas fiscais próprias, e não aquelas que serão objeto de partilha"[11]. Desse modo, o direito dos municípios apenas poderia surgir após a arrecadação do imposto pelo ente competente. Como se tratou, na espécie, de diferimento, não chegara logicamente a surgir o direito dos municípios.

Três parecem ter sido as suas premissas principais e correlacionadas: (i) uma conceitual: "o Federalismo brasileiro é baseado num sistema rígido de discriminação de rendas instituído pela Constituição"[12]; (ii) uma de fundamentação: "o federalismo fiscal desenhado pela Constituição de 1988 se sustenta sobre dois pilares: a repartição de competências tributárias e a distribuição do produto da arrecadação"[13]; (iii) uma metodológica: "a autonomia financeira dos entes municipais não pode ser reforçada ou garantida através do sacrifício da competência tributária conferida pela Constituição aos entes estaduais e ao ente central"[14]. Como abordarei nos tópicos seguintes, penso que as premissas sofrem de deficiências, que têm como ponto de partida certo reducionismo do próprio conceito de federalismo fiscal.

Em linha semelhante ao do Marcos Bueno, acrescentando importantes e criativas problematizações quanto à implementação da decisão, o professor Fernando Facury Scaff e o advogado Alexandre Coutinho da Silveira censuraram a decisão do Supremo. Os autores, igualmente, trabalharam com a ideia de o alcance do conceito de competência tributária ser o ponto mais relevante para a solução da controvérsia, tendo o Supremo falhado em compreender essa dimensão. Segundo defenderam, o direito de um ente federativo "de receber parcela do produto da arrecadação tributária" deixa "íntegra a competência tributária do ente arrecadador", não podendo haver qualquer "ingerência no exercício desta competência", de forma que "a partilha ocorrerá [somente] sobre o produto da arrecadação". Como sentenciaram: "há repartição de receita e não repartição de competência"[15].

---

10. Ibidem, p. 157.
11. Ibidem, p. 162.
12. Ibidem, p. 169.
13. Ibidem, p. 163.
14. Ibidem, p. 164.
15. SCAFF, Fernando Facury; SILVEIRA, Alexandre Coutinho da. Competência Tributária, Transferências Obrigatórias e Incentivos Fiscais. *In*: CONTI, José Maurício; ________.; BRAGA, Carlos

Os autores acusaram haver um conflito entre a decisão do Supremo e o conceito de competência tributária, de tal forma a poder-se falar que o Tribunal promoveu um "'recorte epistemológico' no conceito de 'competência tributária'". Segundo afirmaram, até a decisão do Supremo, esse conceito "alcançava todos os aspectos referentes ao tributo (aspectos quantitativo, temporal, material e pessoal) e agora só compreende a parcela referente à sua receita própria, e não à receita transferida"[16]. Para os autores:

> Se a Constituição Federal, numa mão, outorga competência tributária a determinado ente político, privativamente – de forma que não cabe a qualquer outro interferir no seu exercício –, revela-se temerário que, por outra, a mesma Carta lhe retire o poder de decidir sobre a melhor forma de exercê-la, segundo suas necessidades verificadas diante da competência legislativa que lhe foi atribuída, e da gama de incumbências às quais deve fazer parte.[17]

Em resumo, para os autores, a decisão do Supremo, em vez de reforçar, veio a desarrumar o pacto federativo, com consequências sistêmicas negativas sobre as "relações jurídico-políticas" entre os entes, tornando-as "muito mais complexas e destoantes do que se convencionou para o sistema financeiro e tributário"[18]. Além dessa censura direta, os autores fizeram interessante problematização acerca do possível alcance da decisão. Questionaram, de forma bastante inteligente, se o Tribunal formulou uma "regra geral, aplicável em todas as hipóteses", ou "se existem exceções que permitam dizer que apenas em específicos casos o referido entendimento pode ser adotado"[19]. Sem embargo, o ponto é relevante na medida em que a universalidade de uma decisão é critério de sua legitimidade.

Apesar da qualidade das objeções, não concordo com as críticas. Como desenvolvo nos quatro tópicos seguintes, penso ter sido acertada a decisão do Tribunal quanto ao seu resultado, embora carente de uma fundamentação mais sólida quanto ao alcance do federalismo fiscal. Acredito que as críticas padecem dos seguintes defeitos, que abordarei

---

Eduardo Faraco (Org.). *Federalismo Fiscal: Questões Contemporâneas.* Florianópolis: Conceito Editorial, 2010, p. 288.

16. Ibidem, p. 296.
17. Ibidem, p. 300-301.
18. Ibidem, p. 302.
19. Ibidem, p. 286.

em cada um desses tópicos seguintes: (i) as críticas partem de um conceito muito restrito de federalismo fiscal, que teria por conteúdo apenas a partilha de competências tributárias e de receitas, ao passo que penso ser a distribuição de funções e responsabilidades entre os entes federativos o próprio ponto de partida dos desenhos do federalismo fiscal; (ii) como decorrência do primeiro defeito, a fundamentação da controvérsia é praticamente exclusiva em termos de competência tributária, desprezando o elemento função constitucional; (iii) ainda como consequência, ignora-se o uso mais seguro da interpretação estrutural para resolver casos da espécie; e, por fim, (iv) não existem tantas dificuldades para a implementação da decisão.

3. A DEFICIÊNCIA CONCEITUAL

As críticas à decisão do Supremo parecem partir de um conceito restritivo de federalismo fiscal; um conceito pela metade. Marcos Bueno, por exemplo, fala em um federalismo fiscal brasileiro baseado em um sistema de discriminação de rendas, que se sustenta sobre os pilares da repartição de competências tributárias e da distribuição do produto da arrecadação. O professor Fernando Facury Scaff e Alexandre Coutinho da Silveira, ao discorrerem sobre o federalismo fiscal no Brasil pós-88, abordaram-no sob o ângulo exclusivamente da divisão de competências tributárias e de receitas. Significa dizer: para os ilustres críticos, a premissa conceitual é a do federalismo como sistema de repartição de competência tributárias e de receitas.

Tal conceito mais restrito é bastante comum na doutrina nacional. Exemplificando por essa maioria, em um dos mais prestigiados manuais de Direito Financeiro que temos entre nós, o professor Regis Fernandes de Oliveira assim define federalismo fiscal:

> Em assim sendo, o federalismo fiscal significa a partilha dos tributos pelos diversos entes federativos, de forma a assegurar-lhes meios para atendimento de seus fins. Não só de tributos, no entanto, mas também de receitas não tributárias, como as decorrentes da exploração de seu patrimônio (preço), da prestação de serviços através de concessão ou da partilha de produto da produção de energia elétrica e de produção mineral, na forma do § 1º do art. 20 da Constituição. Faz-se um bolo arrecadatório, destinados a fornecer os meios para que o Estado cumpra suas finalidades [....].[20]

20. OLIVEIRA, Regis Fernandes de. *Curso de Direito Financeiro*. 6ª ed. São Paulo: RT, 2014, p. 110-111.

Esses autores não deixam de apontar as finalidades e deveres constitucionais dos entes federativos como o motivo por trás da partilha de competências e receitas. No entanto, isso significa tratar as responsabilidades e esses deveres como algo extrínseco ao desenho do federalismo fiscal. Ao excluir o lado das responsabilidades e deveres do próprio conceito de federalismo fiscal, acaba-se por enfraquecer a fundamentação e debilitar a interpretação das grandes controvérsias correspondentes, como se o tema fosse restrito a definir o alcance da atribuição de competências tributárias e da partilha de receitas. Não é por menos que as críticas se resumem a contrapor a competência de um ente ao direito à partilha da receita do outro.

Penso que tal deficiência conceitual não ajuda a compreensão do desenho original do federalismo fiscal em nossa Constituição. Ou seja, no âmbito do denominado **direito constitucional estrutural**, é necessário que a fundamentação e a interpretação levem em conta todos os elementos que constituem as diferentes estruturas da Constituição. Assim deve ser feito com a estrutura do federalismo fiscal, pois só assim poderá ser apreendido integralmente o projeto normativo de criar, alocar, equilibrar e constranger os poderes do estado. No plano da distribuição vertical de poderes, como elementos do próprio constitucionalismo, os princípios do federalismo fiscal têm por objeto como melhor alocar, distribuir e limitar, de um lado, responsabilidades e funções, e de outro, o poder de tributar e as transferências de recursos, entre os níveis central e subnacionais de governo. Assim deve ser compreendido o arranjo constitucional: de forma integral, e não como estruturas diversas.

Essa redução conceitual não é comum no Direito Comparado. Pioneiro na expressão "federalismo fiscal", Richard Musgrave, ao problematizar as finanças públicas em governos multiníveis, disse que o propósito do federalismo fiscal, nesse modelo, "é permitir que diferentes grupos vivendo em vários estados expressem diferentes preferencias por serviços públicos; e isso, inevitavelmente, leva a diferentes níveis de tributação e serviços públicos"[21]. O autor enfatiza o federalismo fiscal como arranjo que alcança tributos e serviços públicos. No mesmo sentido, outro clássico sobre o tema, Wallace E. Oates adverte que a questão básica, ao desenhar-se o sistema de federalismo fiscal, é o alinhamento de responsabilidades e dos instrumentos fiscais adequadamente entre

21. MUSGRAVE, Richard A. *The Theory of Public Finance.* New York: McGraw-Hill Book Co., 1959, p. 179-180.

os níveis de governo. O designer constitucional deve estar atento às diferentes vantagens que uma distribuição de tarefas e recursos entre os entes federativos pode produzir. Essa compreensão é o que compõe o federalismo fiscal:

> Mas para compreendermos essas "diferentes vantagens", nós precisamos entender quais funções e instrumentos são melhor centralizados e quais são melhor colocados na esfera de níveis descentralizados de governo. Esta é a matéria do federalismo fiscal. Como um subcampo das finanças públicas, federalismo fiscal endereça a estrutura vertical do setor público. Ele explora, em termos normativos como positivos, os papéis dos diferentes níveis de governo e os meios pelos quais eles se relacionam um ao outro através de tais instrumentos, como as subvenções intergovernamentais.[22]

Da mesma forma, para autores mais contemporâneos, como Answar Shah, que também muito se dedicou ao tema[23], o federalismo fiscal diz sobre "o desenho de constituições fiscais – ou seja, como tributar, gastar, e alocar as funções regulatórias entre governos e como transferências intergovernamentais são estruturadas"[24]. O campo de estudo é, assim, abrangente, incluídos os gastos e as funções. Para Enrico Corali, pensar o federalismo fiscal na Constituição é raciocinar as opções, constitucionalmente sustentáveis, "em matéria de autonomia de entrada e de despesas das Regiões e dos Entes Locais"[25]. Da mesma forma, a exposição de Rossela Miceli destaca a amplitude do que seja o "federalismo fiscal":

> Como mais vezes revelado no presente trabalho, a expressão federalismo fiscal é hoje utilizada em termos gerais, ao escopo de definir as relações financeiras entre os vários níveis de governo dentro de um Estado, reagrupando diversas soluções jurídicas em comum de uma filosofia organizativa baseada sobre o autogoverno e sobre a descentralização.
>
> [...]

---

22. OATES, Wallace E. *An essay on fiscal federalism. In:* BAIMBRIDGE, Mark; WHYMAN, Philip. (Ed.) *Fiscal Federalism and European Economic Integration.* New York: Routledge, 2004, p. 13.

23. Para ampla compreensão de sua teoria, cf. a excelente obra: BOADWAY, Robin; SHAH, Anwar. *Fiscal Federalism. Principles and Practice of Multiorder Governance.* New York: Cambridge University Press, 2009.

24. SHAH, Anwar. Introduction: Principles of Fiscal Federalism. *In:* _______. (Ed.) *A Global Dialogue on Federalism. Vol. 4: The Practices of Fiscal Federalism – Comparative Perspectives.* Montreal: McGill--Queen's University Press, 2007, p. 3.

25. CORALI, Enrico. *Federalismo Fiscale e Costituzione: essere e dovere in tema di autonomia di entrata e di spesa di regioni ed enti locali.* Milão: Giuffrè, 2010, p.2-3.

> Em particular, o federalismo fiscal, em toda a sua clarificação, tende a afirmar de modo mais ou menos forte o binômio dos princípios da autonomia e responsabilidade.
>
> Ao reconhecimento dos espaços de autonomia corresponde nos modelos federais um poder de entrada e despesa, ao fim de responsabilizar os Entes territoriais menores (pertencentes a um Estado) a uma correta e eficiente gestão do território e dos recursos disponíveis.
>
> O federalismo fiscal é, assim, fundado sobre alguns elementos recorrentes, quais sejam:
>
> - a existência de um governo central;
>
> - o reconhecimento de autonomia aos Entes territoriais menores;
>
> - uma responsabilidade de entrada e de despesa em nome de tais Entes;
>
> - a tendência de realização de objetivos políticos e de orientações autônomas em nível territorial.[26]

As definições deixam claro que pensar o federalismo fiscal é pensar o desenho constitucional como um arranjo original e fundamental de distribuição de funções e recursos; o federalismo fiscal é esse todo. Nazaré da Costa Cabral chega a dizer que o "primeiro passo" do federalismo fiscal é a "determinação de funções"[27]. Portanto, pensar o federalismo fiscal como tendo apenas um lado – o das competências tributárias e repartição de receitas – é reduzir o conceito, cortando pela metade a estrutura constitucional correspondente. Esse modo de compreender o tema tem consequências para a solução das controvérsias que surgem; repercute tanto sobre a fundamentação, ou seja, sobre a escolha dos princípios que regem a matéria, como sobre a interpretação, isto é, na escolha do método mais adequado. É do que me ocupo nos próximos dois tópicos deste artigo.

4. A DEFICIÊNCIA DA FUNDAMENTAÇÃO

O próprio Supremo Tribunal Federal, no RE 572.672/SC, não se esforçou para desenvolver o conceito abrangente de federalismo fiscal. Não obstante os ministros terem destacado a relevância da autonomia financeira para assegurar a autonomia política dos entes menores, máxime para o cumprimento de suas funções constitucionais, ainda assim

26. MICELI, Rossela. *Federalismo Fiscale e Principi Europei: spazi di autonomia, livelli di responsabilità e modelli di federalismo.* Milão: Giuffrè, 2014, p. 45-47.

27. CABRAL, Nazaré da Costa. O primeiro passo do federalismo financeiro: determinação de funções. *Boletim de Ciências Econômicas* Vol. 57, Faculdade de Direito da Universidade de Coimbra, 2014, p. 833-871.

abordaram a matéria como se a atribuição dessas funções e responsabilidades fosse algo externo ao desenho constitucional do federalismo fiscal. Daí porque os ministros, assim como a doutrina crítica, restringirem a discussão da controvérsia a fundamentos insuficientes: alcance da competência tributária, alcance do direito à partilha de receitas e autonomia financeira *vis a vis* autonomia política. Penso que faltou olhar para o federalismo fiscal como estrutura constitucional global e consolidada de financiamento e função.

Como exposto, para Marcos Bueno, a fundamentação do federalismo fiscal encontra-se em dois pilares: a repartição de competências tributárias e a distribuição do produto da arrecadação. Por sua vez, para o professor Fernando Facury Scaff e Alexandre Coutinho da Silveira, a controvérsia gira em torno do alcance do conceito de competência tributária e de como o direito de um ente menor receber parcela do produto da arrecadação tributária não interfere nesse alcance. Como os três ilustres autores disseram, a partilha somente pode ocorrer sobre o produto da arrecadação, de forma que não há repartição de competência tributária, só da receita e uma vez arrecadada. Penso que a controvérsia envolve bem mais do que isso.

Como decorrência do que seja desenhar na Constituição a estrutura do federalismo fiscal, ou seja, de alocar responsabilidades e recursos, não é possível pensar soluções para os conflitos tendo em vista tão somente a tarefa parcial de distribuir competências tributárias. Sabe-se que a distribuição de competências tributárias responde a critérios não apenas de justiça, mas talvez principalmente de eficiência econômica tendo em vista as bases tributáveis e as condições de possibilidade arrecadatória de cada ente territorial. Daí as amplas discussões que se travam no campo das Finanças Públicas acerca de quais tributos devem ser melhor distribuídos entre os entes locais, regionais e central. Os municípios devem tributar a renda ou a propriedade, ou uma combinação de ambas as bases[28]? Os entes regionais devem ter seu próprio imposto sobre a renda? Apenas o ente central é o adequado para tributar o consumo?

Não é o espaço adequado para discutir-se tema tão árduo[29]. Mas é certo que o constituinte de 1988 levou em conta o critério da eficiência

28. Cf. SHANSKE, Darien. Revitalizing Local Political Economy Through Modernizing the Property Tax. *Tax Law Review* Vol. 68 (1), 2014, p. 143-205.

29. Para tanto, cf. SCHWARTZ, Amy Ellen (Ed.) *City Taxes, City Spending. Essays in Honor of Dick Netzer.* Cheltenham: Edward Elgar, 2004.

arrecadatória para realizar o seu desenho e estabelecer/distribuir as competências tributárias. Contudo, no que se refere ao desenho da partilha de receitas, houve algo mais em jogo. A partilha de receitas existe porque o constituinte tinha a noção exata da insuficiência, em desfavor dos entes menores, dos recursos próprios (leia-se: recursos provenientes do exercício da competência tributária) para que pudessem cumprir com as responsabilidades gerais e sociais, altamente descentralizadas com a Constituição de 1988. Significa dizer, nossa partilha de competências e receitas não respondeu a uma lógica pura e simples de eficiência econômica, mas a uma lógica que tem sido definida como sendo *o financiamento segue a função*. Segundo Nazaré da Costa Cabral:

> Segundo a teoria convencional do federalismo financeiro, o ponto de partida do estudo das relações financeiras entre níveis de governo reside na afirmação *o financiamento segue a função* (Shah, 2007: 9). Tal implicaria determinar primeiro o nível de despesa para só depois identificar as fontes de receita e as necessidades de financiamento. Ou seja, segundo este princípio, no caso dos governos locais, é a despesa que pré-determina a receita. Isto justificaria que, por exemplo, à medida que novas atribuições e competências fossem transferidas do Ente central para os governos locais, estes fossem obtendo novas fontes de financiamento ou vissem alargadas as receitas já existentes. [...] Subjacentes apareciam então os *princípios de dependência funcional da receita à despesa e de conexões entre ambas*.[30]

Essa lógica da conexão esteve presente no desenho original de nosso federalismo fiscal dito cooperativo e solidário. Como se sabe, a descentralização foi uma grande marca do modelo de 1988, com destaque para a ampla atribuição de responsabilidades aos entes menores, inclusive no tocante à realização dos direitos sociais que foi ampliada e mesmo agravada, durante os trinta anos de vigência da CF/88, pelo Supremo mediante a interpretação dessa repartição de encargos[31]. Foi também tendo em vista essa descentralização de tarefas que o constituinte dis-

30. CABRAL, Nazaré da Costa. O primeiro passo do federalismo financeiro: determinação de funções. *Boletim de Ciências Econômicas* Vol. 57, Faculdade de Direito da Universidade de Coimbra, 2014, p. 837.

31. Por exemplo: RECURSO EXTRAORDINÁRIO. CONSTITUCIONAL E ADMINISTRATIVO. DIREITO À SAÚDE. TRATAMENTO MÉDICO. RESPONSABILIDADE SOLIDÁRIA DOS ENTES FEDERADOS. REPERCUSSÃO GERAL RECONHECIDA. REAFIRMAÇÃO DE JURISPRUDÊNCIA. O tratamento médico adequado aos necessitados se insere no rol dos deveres do Estado, porquanto responsabilidade solidária dos entes federados. O polo passivo pode ser composto por qualquer um deles, isoladamente, ou conjuntamente. (STF – Plenário Virtual, RE 855.178, Rel. Min. Luiz Fux, j. 5/3/2015, DJ 16/3/2015.

tribuiu competências tributárias e, ante a insuficiência dessas, partilhou receitas tributárias em regime de cooperação e solidariedade entre os entes federativos. Trata-se, assim, de uma estrutura única e com pretensão de coerência, ainda que assimétrica. Essa lógica de conexão em que *o financiamento segue a função* é não só fundamento de nosso federalismo fiscal, mas vetor interpretativo para toda e qualquer controvérsia federativa que surja.

Essa ideia é um qualificativo da noção de *autonomia financeira* dos entes subnacionais, se pensarmos a relação entre a lógica de conexão e o espírito descentralizador do constituinte de 1988. A noção de subsidiariedade que pautou nosso desenho constitucional, com a ideia que os governos locais, por estarem mais próximos dos cidadãos, devem preferencialmente prover bens e serviços públicos, conduz à afirmação do trabalho uniforme e coerente do constituinte em assinalar funções e recursos. A interpretação constitucional deve operar dentro desse campo de fundamentação, sob pena de desvirtuar por completo o trabalho do constituinte.

Desse modo, a fundamentação não pode ser realizada em termos simplesmente do alcance da competência tributária e de como esse alcance pode ser restringido ou não pelo direito de partilha de receitas. Na realidade, ao desenhar nosso modelo de federalismo fiscal, ficou claro que o constituinte, depois de assinalas responsabilidades e funções, distribuiu competências tributárias pensando principalmente em eficiência arrecadatória, tendo em vista as bases tributáveis e as circunstâncias próprias de cada ente federativo. Porém, em um segundo momento, encerrado o trabalho de distribuir competências próprias, que foi pautado em critérios naturais de eficiência, o constituinte passou a reduzir os desequilíbrios financeiros inerentes a esses desenhos mediante o instrumento da partilha de receitas e de transferências. Nesse estágio, a fundamentação foi outra: a ideia do *financiamento segue a função*. Pensando no caso português, Nazaré da Costa Cabral dá explicação que se aplica por inteiro ao nosso caso:

> Veja-se o que sucede, por exemplo, com as receitas da propriedade imobiliária. O critério que alicerça, aqui, a titularidade ativa da receita nos municípios em nada tem que ver com a despesa, antes com o fundamento da tributação. Tratando-se de propriedade imobiliária, insusceptível de deslocalização, a tributação que sobre ela incide está imune a expedientes de concorrência fiscal negativa ou a fugas de comércio de que sofrem os factores imóveis (rendimentos, capitais e vendas), sendo pois uma candidata perfeita a produzir receita fiscal local. Daí que, verda-

> deiramente, o argumento de que *o financiamento segue a função* só faça maior sentido, depois de ultrapassado este patamar da determinação da receita fiscal própria e uma vez comprovada a insuficiência desta para fazer face à respetiva despesa. Verificada, por conseguinte, a subsistência do *desequilíbrio financeiro vertical*. Assim sendo, o argumento só é válido quando se trate de determinar as fontes de financiamento *de segunda linha*, os recursos *não próprios*, aqueles que resultam das transferências do Estado central para os níveis inferiores de decisão, uma vez que estas transferências atendem ou devem atender preferencialmente às despesas realizadas a nível local, ao seu montante e natureza. E é isso, justamente, que acontece no caso português.[32]

Ainda que a autora fale em transferências, o fundamento serve para as receitas próprias dos entes menores relativas a tributos de competência alheia. O princípio do *financiamento segue a função* serve para compreendermos o modelo como algo que precisa ser mantido coerente e funcional, o que requer a fundamentação das controvérsias não com o peso todo no alcance da competência tributária, e sim em como definir esse alcance sem *desconfigurar* o modelo original de financiamento das responsabilidades estatais descentralizadas. A ordem de fundamentação é justamente a inversa da que postulada pelos críticos. Fundamentação exclusiva na competência tributária é contar uma história pela metade; fundamentação com maior peso na competência tributária é contar uma história de trás para frente. Dessa fundamentação insuficiente deriva a última deficiência das críticas: a metodológica. Aqui entra em cena a relevância da interpretação estrutural.

5. A DEFICIÊNCIA METODOLÓGICA

Duas linhas metodológicas podem ser extraídas das críticas feitas à decisão do Supremo: (i) uma de viés mais literal, que toma a expressão "produto da arrecadação" como premissa semântica para dizer que a partilha só pode recair sobre o que efetivamente arrecadado, o que pressupõe liberdade absoluta do exercício anterior da competência tributária; (ii) outra mais sistemática, que opõe a autonomia político-legislativa do titular da competência tributária à autonomia financeira do ente beneficiário da partilha, para concluir, como o fez Marcos Bueno, que "a autonomia financeira dos entes municipais não pode ser reforçada ou garantida através do sacrifício da competência tributária conferida pela

32. CABRAL, Nazaré da Costa. O primeiro passo do federalismo financeiro: determinação de funções. *Boletim de Ciências Econômicas* Vol. 57, Faculdade de Direito da Universidade de Coimbra, 2014, p. 840.

Constituição aos entes estaduais e ao ente central". Essas linhas não são as mais adequadas. Acredito que o tipo de controvérsia instaurado seria melhor solucionado mediante a chamada *interpretação estrutural*.

Como busquei expor nos dois tópicos anteriores, considerado o conceito amplo de federalismo fiscal, existe no desenho constitucional uma lógica de conexão interna da estrutura de divisão de tarefas e recursos; uma lógica originária estrutural que as práticas interpretativas sucessivas não podem prejudicar, muito menos trair. Ao contrário, a interpretação constitucional deve proteger essa lógica interna contra práticas políticas e institucionais que visam enfraquecê-la – e têm sido muitas as práticas da espécie. Exemplos notórios – como aponto um pouco mais adiante – desse enfraquecimento podem ser consideradas a progressiva concentração de arrecadação da União nas contribuições especiais não compartilhadas e a concessão desenfreada e sem critérios de benefícios fiscais do ICMS, de duvidosa legitimidade, pelos estados-membros. A interpretação constitucional não pode ser cega a essas variáveis.

Alguns ministros fundamentaram seus votos reconhecendo que o federalismo fiscal é um *princípio estruturante*[33] e, como tal, requerem uma interpretação diferenciada que privilegie a sua relevância para o arranjo constitucional. Uma interpretação que leve em conta elementos como a autonomia financeira dos municípios. Apesar de não ser encontrada menção à chamada interpretação estrutural, me parece que esse seria o método que esses votos reclamaram. A interpretação estrutural é aquela que evita que decisões imponham às constituições uma contradição interna insuportável – o bloqueio das conexões instrumentais e finalísticas entre as estruturas da constituição, indispensáveis para o cumprimento dos objetivos fundamentais pelo estado.

33. CANOTILHO, J. J. Gomes. *Direito Constitucional e Teoria da Constituição*. 4ª ed. Coimbra: Almedina, 2000, p. 1.137-1.139: para o constitucionalista português, **princípios estruturantes** são "constitutivos e indicativos das ideias diretivas básicas de toda a ordem constitucional. São, por assim dizer, as traves-mestras jurídico-constitucionais do estatuto jurídico do político. [...] Estes princípios ganham concretização através de outros princípios (ou subprincípios) que 'densificam' os princípios estruturantes, iluminando o seu sentido jurídico-constitucional e político-constitucional, formando, ao mesmo tempo, com eles, um sistema interno. [...] Os princípios estruturantes não são apenas densificados por princípios constitucionais gerais ou especiais. A sua concretização é feita também por várias *regras constitucionais*, qualquer que seja a sua natureza. [...] Os princípios estruturantes ganham densidade e transparência através das suas concretizações (em princípios gerais, princípios especiais ou regras), e estas formam com os primeiros uma unidade material (unidade da Constituição).

Formulada por Charles Black Jr., a interpretação estrutural consiste em alcançar "inferências da existência das estruturas constitucionais e das relações que a Constituição estabelece entre essas estruturas"[34]. É um movimento interpretativo que considera a constituição como um todo, e não partes ou dispositivos específicos; que enfatiza a inter-relação entre as normas e os princípios constitucionais estruturantes. De acordo com Black Jr., direitos, deveres e poderes podem ser extraídos tanto de dispositivos específicos do texto constitucional, como das estruturas e das relações entre essas estruturas também criadas pelo texto constitucional. Não se trata de raciocinar fora do texto, e sim de explorar aquilo que não é diretamente "dito" pelo texto, mas se infere das normas que estruturam os poderes do estado, das relações entre o estado e a sociedade, e das relações entre essas normas estruturais.

Para Black Jr., há "um interfuncionamento entre o modo textual e o modo relacional e estrutural de interpretação, uma vez que a estrutura e as correspondentes relações são, elas próprias, criadas pelo texto, e as inferências extraídas dessas devem, certamente, ser controladas pelo texto"[35]. Quanto ao processo de inferências estruturais, Kent Greenfield explica que

> [...] estes argumentos começam por declarar uma premissa, normalmente uma descrição da estrutura constitucional de um poder particular ou do governo como um todo, e então sugerem que um certo resultado é ou exigido ou proibido pela estrutura. Exemplos típicos de interpretação estrutural [são] os argumentos que um maior poder inclui o menor, e que a natureza de um ofício determina a natureza de seu poder.[36]

Portanto, o método estrutural é o único que permite, na construção das decisões, que se levem em conta as conexões textuais, finalísticas e funcionais entre as diferentes estruturas da Constituição e entre os elementos que compõem as estruturas particulares. Das inferências estruturais que podem ser extraídas de nosso desenho constitucional do federalismo fiscal, não há como concluir-se peremptoriamente que o direito de um ente à partilha de receita não possa vir a restringir o exercício da competência tributária correspondente. Ambos os mecanis-

34. BOBBITT, Philip. *Constitutional Fate. Theory of the Constitution*. New York: Oxford University Press, p. 74.

35. BLACK JR., Charle. *Structure and Relationship in Constitutional Law*. Baton Rouge: Lousiana State University Press, 1969, p. 31.

36. GREENFIELD, Kent. Original Penumbras: Constitutional Interpretation in the First Year of Congress. *Connecticut Law Review* Vol. 26 (1), 1993, p. 84.

mos de obtenção de recursos estão conectados às responsabilidades e funções atribuídas a esses diferentes entes como um processo unitário e coerente de construção de nosso federalismo fiscal. A interpretação constitucional dele levar em conta esse todo e as relações finalísticas e funcionais entre as partes que compõem esse todo.

Solucionar a controvérsia do RE 572.672/SC a partir pura e simplesmente da compreensão do que seja o alcance da competência tributária significa, em última análise, renunciar ao exame das conexões existentes entre a distribuição dos poderes e de receitas tributárias e a lógica que governou a descentralização de responsabilidades e funções na Constituição de 1988; lógica essa que privilegiou a aproximação dos centros de decisão às comunidades locais e suas necessidades particulares. Ademais, significa ignorar que nosso Federalismo fiscal cooperativo[37] foi estruturado sob a perspectiva da solidariedade, seja na perspectiva da provisão de bens e serviços (ótica da despesa e encargos), como na da receita e suas diferentes fontes. Dessa forma, federalismo fiscal é sempre "uma forma de optimização da política fiscal que permite atender às especificidades de cada comunidade local, aproximando as formas de contribuição dos interesses das comunidades locais"[38], e assim deve ser interpretado em seu conjunto de medidas e institutos.

Portanto, a interpretação constitucional estrutural aponta no sentido da liberdade dos estados-membros de atribuírem benefícios fiscais do ICMS sem que isso possa importar em debilitar o sistema de proteção da capacidade de os municípios cumprirem suas funções e responsabilidades, tal como estabelecido pela própria Constituição de forma original e coerente. Não se trata de mutilar o conceito de competência tributária, e sim de delimitar o seu exercício como instituto que se encontra inserido em uma estrutura mais ampla de atribuição e divisão de poderes e responsabilidades. Significa ajustar o seu exercício como um dos elementos dessa estrutura, e não como a estrutura propriamente

---

37. Sobre as três formas distintas de federalismo cooperativo, cf. SHAH, Anwar. Introduction: Principles of Fiscal Federalism. *In:* _______. (Ed.) *A Global Dialogue on Federalism. Vol. 4: The Practices of Fiscal Federalism – Comparative Perspectives.*Op. cit., p. 5-6. O autor disse que o Brasil é o único país que adota o terceiro modelo: "[...] com esferas independentes de governo, todas as ordens de governo gozam autonomia e igual status e coordena suas políticas horizontal e verticalmente".

38. BENTO, Inês Pisco. Federalismo Fiscal na Constituição Portuguesa? *Boletim de Ciências Econômicas* Vol. 53, Faculdade de Direito da Universidade de Coimbra, 2010, p. 190.

dita. Assim, o respeito aos 25% da parcela que pertence aos municípios é o respeito à coerência e funcionalidade dessa estrutura constitucional.

Ademais, essa conclusão torna-se ainda mais relevante em um cenário de enfraquecimento progressivo dessa estrutura originária. Como se sabe, a União tem *fraudado* o pacto federativo fiscal por meio de um crescente incremento da carga tributária sobre as empresas mediante as contribuições especiais, especialmente as sociais como a COFINS, o PIS e a CSL. Como a receita dessas contribuições não é compartilhada com estados e municípios, tal prática aumenta o desequilíbrio fiscal vertical. No entanto, a União, apesar de tais aumentos, não necessariamente tem melhorado a oferta dos serviços sociais, como forma de aliviar os encargos dos entes subnacionais. Seja por meio da chamada Desvinculação das Receitas da União-DRU, seja por meio do volume absurdo de renúncia de receitas dessas contribuições[39], a União tem praticado verdadeiro desvio de finalidade, com prejuízo do custeio dos serviços de seguridade social, máxime os de saúde.

No entanto, os estados-membros e o Distrito Federal também têm promovido esse desequilíbrio, em prejuízo aos municípios, no que concerne às receitas do ICMS. Agravando a crise fiscal dos estados, muitos governos, por motivos eleitoreiros, têm privilegiado empresas financiadoras de campanha por meio de benefícios fiscais do ICMS, comprome-

39. Esse aspecto dos benefícios fiscais envolvendo as contribuições sociais tem sido ignorado pela doutrina. Como se sabe, os tributos cumprem três importantíssimos papéis: econômico (arrecadação), social (redistributivo) e interventivo (regulatório) (cf. AVI-YONAH, Reuven S. The Three Goals of Taxation. *Texas Law Review* Vol. 60 (1), 2006, p. 3 e ss.) No caso das contribuições do artigo 195 da CF/88, essas foram instituídas como principal fonte de custeio da Seguridade Social. Essa é a razão de ser dessas contribuições, daí serem qualificadas por essa finalidade. A função arrecadatória se mostrou eminente, apenas admitindo-se algum papel indutor como natural a todo tributo ante o mito da neutralidade tributária – todo tributo tem algum efeito sobre o comportamento humano, ainda que esse não seja a sua razão de ser. Aos poucos, a Jurisprudência do STF vinculou essas contribuições à solidariedade como verdadeiro princípio estrutural. Deixou claro que respondem às lógicas da capacidade contributiva e da solidariedade social. No entanto, o que se tem visto, há alguns anos, na legislação ordinária dessas contribuições, não é uma crescente complexidade normativa a fim de atender à mais justa distribuição do ônus entre os contribuintes. Me parece cada vez mais presente o uso das contribuições de seguridade social como forma de intervenção da União Federal na economia, prestigiando certos setores em detrimento de outros, buscando incentivar ou desestimular algumas atividades econômicas, promovendo mudanças urgentes no mercado; enfim: as contribuições de Seguridade Social cada vez mais se aproximam de um papel extrafiscal absolutamente incompatível com a *ratio* pela qual foram instituídas pelo constituinte originário. A complexidade cada vez maior e a inconstância intolerável da legislação correspondente acusam tal fenômeno. Trata-se de verdadeiro desvio de finalidade constitucional, realizada pelo legislador ordinário, que merece atenção maior da doutrina.

tendo a cota que pertence aos municípios. Para citar um exemplo, há o caso envolvendo o ex-governador do Rio de Janeiro Sérgio Cabral e a empresa Michellin. Nas eleições de 2010, quando disputou sua recondução ao cargo, Cabral recebeu da empresa a quantia de R$ 200.000,00 (duzentos mil reais), conforme extraído do portal de prestação de contas do TSE pelo SPCE (Sistema de Prestação de Contas Eleitorais). Por sua vez, foi possível apurar que nos anos de 2009 e 2010 empresas do grupo da doadora obtiveram benefícios fiscais que somaram respectivamente os valores aproximados de R$ 16.144.557,00 (dezesseis milhões cento e quarenta e quatro mil quinhentos e cinquenta e sete reais) e de R$ 33.631.027,00 (trinta e três milhões seiscentos e trinta e um mil e vinte e sete reais). Esses benefícios se deram preponderantemente através de isenções fiscais, mas também pela redução da base de cálculo, relativos ao ICMS[40].

A interpretação adequada não pode ignorar essa dinâmica progressiva de enfraquecimento do federalismo fiscal. A solução interpretativa adequada não pode ser a que chancele ou mesmo incentive esse quadro de desnaturação da estrutura constitucional. Porém, interpretações que foquem apenas para um lado da estrutura correm o risco de incorrer em um tipo de *blind spot*: importantes elementos da disputa ficam de fora do processo de construção da decisão. Daí por que não concordo com as críticas na medida em que a interpretação proposta se resuma a confrontar titularidade de competência tributária ao direito à parcela do produto da arrecadação. Com o devido respeito ao brilhantismo dos autores, mas vejo um reducionismo metodológico que teve como ponto de partida um reducionismo conceitual.

6. PROPONDO LIMITES E POSSIBILIDADES

Feita a defesa da decisão do Supremo sob os três aspectos acima abordados, que apontei como deficiências das críticas formuladas, revela-se importante agora responder algumas perplexidades de implementação formuladas perspicazmente pelo professor Fernando Facury Scaff e por Alexandre Coutinho da Silveira. São problematizações que colocam em dúvida a possibilidade de a decisão ser generalizável, o

40. O relato é feito por minha orientanda Gabriela Rohem de Souza Santos, em seu TCC "Uma Abordagem Sobre a Legitimidade na Concessão de Benefícios Fiscais e as Respectivas Possibilidades de Controle", apresentado na Faculdade de Direito da UERJ em abril de 2018. (mimeografado com o autor).

que apontaria para uma possível irracionalidade do discurso decisório. Sem embargo, sem atender a uma pretensão de generalidade, a decisão padeceria do racional adequado, sendo comprometida a sua própria legitimidade.

O primeiro questionamento feito pelos autores foi se a decisão pode ser aplicada às receitas transferidas pela União aos demais entes subnacionais. Essa pergunta foi respondida, penso que erroneamente, pelo Supremo em caso posterior: o do RE 705.423/SE[41], envolvendo benefícios fiscais do IR e do IPI e o direito dos municípios à participação na receita desses impostos. Contrariando o que decidido no RE 572.672/SC, a maioria do Tribunal consignou inexistir direito aos municípios para além do que efetivamente arrecadado, subsistindo pleno direito da União a conceder benefícios fiscais, mesmo consideradas as cotas dos estados e dos municípios de que trata o artigo 159 da Carta da República.

Para o relator ministro Edson Fachin, a diferença entre os contextos fático-normativos envolvidos nos dois precedentes justifica dizer do *distinguishing*: no primeiro caso, centrou-se na natureza compulsória

---

41. STF – Pleno, RE 705.423/SE, Rel. Min. Edson Fachin, j. 23/11/2016, DJ 5/2/2018:

RECURSO EXTRAORDINÁRIO. REPERCUSSÃO GERAL. CONSTITUCIONAL, TRIBUTÁRIO E FINANCEIRO. FEDERALISMO FISCAL. FUNDO DE PARTICIPAÇÃO DOS MUNICÍPIOS – FPM. TRANSFERÊNCIAS INTERGOVERNAMENTAIS. REPARTIÇÃO DE RECEITAS TRIBUTÁRIAS. COMPETÊNCIA PELA FONTE OU PRODUTO. COMPETÊNCIA TRIBUTÁRIA. AUTONOMIA FINANCEIRA. PRODUTO DA ARRECADAÇÃO. CÁLCULO. DEDUÇÃO OU EXCLUSÃO DAS RENÚNCIAS, INCENTIVOS E ISENÇÕES FISCAIS. IMPOSTO DE RENDA - IR. IMPOSTO SOBRE PRODUTOS INDUSTRIALIZADOS – IPI. ART. 150, I, DA CONSTITUIÇÃO DA REPÚBLICA. 1. Não se haure da autonomia financeira dos Municípios direito subjetivo de índole constitucional com aptidão para infirmar o livre exercício da competência tributária da União, inclusive em relação aos incentivos e renúncias fiscais, desde que observados os parâmetros de controle constitucionais, legislativos e jurisprudenciais atinentes à desoneração. 2. A expressão "produto da arrecadação" prevista no art. 158, I, da Constituição da República, não permite interpretação constitucional de modo a incluir na base de cálculo do FPM os benefícios e incentivos fiscais devidamente realizados pela União em relação a tributos federais, à luz do conceito técnico de arrecadação e dos estágios da receita pública. 3. A demanda distingue-se do Tema 42 da sistemática da repercussão geral, cujo recurso-paradigma é RE-RG 572.762, de relatoria do Ministro Ricardo Lewandowski, Tribunal Pleno, julgado em 18.06.2008, DJe 05.09.2008. Isto porque no julgamento pretérito centrou-se na natureza compulsória ou voluntária das transferências intergovernamentais, ao passo que o cerne do debate neste Tema reside na diferenciação entre participação direta e indireta na arrecadação tributária do Estado Fiscal por parte de ente federativo. Precedentes. Doutrina. 4. Fixação de tese jurídica ao Tema 653 da sistemática da repercussão geral: "É constitucional a concessão regular de incentivos, benefícios e isenções fiscais relativos ao Imposto de Renda e Imposto sobre Produtos Industrializados por parte da União em relação ao Fundo de Participação de Municípios e respectivas quotas devidas às Municipalidades." 5. Recurso extraordinário a que se nega provimento.

ou voluntária das transferências intergovernamentais, considerada a participação direta dos municípios em relação ao ICMS; ao passo que no segundo caso, estava em jogo a participação indireta na arrecadação da União mediante os fundos de participação. Ora, a decisão no RE 705.423/SE é errada por todos os motivos expostos até aqui: a diferença existente entre as duas hipóteses não é suficiente para infirmar a necessidade de correlação entre responsabilidades e recursos que o constituinte estabeleceu.

A maioria do Tribunal privilegiou os aspectos semânticos dos enunciados constitucionais em detrimento dos elementos mais importantes da estrutura constitucional de nosso federalismo fiscal. Sem embargo, é possível manter a liberdade de conformação do legislador federal para criar políticas econômicas com esses impostos sem que isso possa implicar redução da capacidade funcional de estados e municípios. Esse entendimento, ao que parece, foi o adotado pelo Supremo na ACO 758/SE[42] que, embora o julgamento tenho sido bastante fatiado no tempo, encerrou-se após o julgamento do RE 705.423/SE. Pode ser que uma nova rodada decisória venha a ocorrer.

Os autores, em um segundo momento, questionam se o entendimento do Supremo pode ser aplicado para hipóteses de redução de base de cálculo. E acrescentam: "toda e qualquer forma de benefício fiscal deverá ser vedada, se importar em diminuição de arrecadação?"[43]. Em primeiro lugar, não se trata de vedar a concessão de benefícios, e sim de delimitar a instituição, não podendo a renúncia alcançar a parcela da receita que pertence a outros entes. Contudo, há hipóteses em que tal limitação não se impõe. Me refiro às hipóteses em que as desonerações decorram direta e manifestamente de comandos constitucionais, ainda que implícitos. Como o direito dos entes menores à partilha de receitas decorre da Constituição, apenas benefícios que possuam **status** de norma constitu-

42. STF – Pleno, ACO 758/SE, Rel. Min. Marco Aurélio, j. 19/12/2016, DJ 1º/8/2017:

FUNDO – ESTADOS – PARTICIPAÇÃO – ARTIGO 159, INCISO I, ALÍNEA "A", DA CONSTITUIÇÃO FEDERAL – ALCANCE – PROGRAMAS PIN E PROTERRA – SUBTRAÇÃO – IMPROPRIEDADE. A participação dos Estados, no que arrecadado pela União, faz-se segundo o figurino constitucional, sendo impróprio subtrair valores destinados aos Programas PIN e PROTERRA. PRESCRIÇÃO – OBRIGAÇÃO DE DAR – QUINQUÊNIO. Uma vez reconhecido certo direito, cumpre observar o prazo prescricional.

43. SCAFF, Fernando Facury; SILVEIRA, Alexandre Coutinho da. Competência Tributária, Transferências Obrigatórias e Incentivos Fiscais. *In*: CONTI, José Maurício; ___________.; BRAGA, Carlos Eduardo Faraco (Org.). *Federalismo Fiscal: Questões Contemporâneas*. Op. cit., p. 301.

cional – o que vem a ser diferente de benefícios que cumpram finalidade constitucional – podem ser instituídos sem tais limitações.

É o caso, por exemplo, da desoneração do mínimo existencial, seja mediante a não incidência do IR sobre a renda mínima, seja mediante a desoneração de produtos de consumo essenciais como os que compõem a cesta básica. Nesses casos, têm-se verdadeiras imunidades constitucionais implícitas[44], cabendo ao legislador ordinário definir o alcance das desonerações em patamares razoáveis. Assim deve ser, especialmente, porque a tutela do mínimo existencial é encargo comum das três esferas federativas de governo, seja mediante prestações positivas, seja por meio da abstenção de impor tributos. Há aqui a necessidade de bem delimitar a interpretação dessas hipóteses: é preciso que esteja configurado caso de *vera imunidade constitucional,* e não simplesmente de benefício que atenda a algum fim de desenvolvimento econômico ou social compatível com a Constituição. Em se tratando de tutela do mínimo existencial, pode-se falar mesmo em um *dever constitucional de legislar.*

Os autores questionam também sobre o alcance da proibição à reestruturação do tributo, como pode ocorrer com a redução da alíquota geral do ICMS ou a criação de mais faixas de incidência do IR. Ora, tais casos não configuram renúncia de receitas, que foi o mote do julgamento no RE 572.672/SC. O conceito de renúncia de receitas é legal, previsto no § 1º do artigo 14 da LRF (LC 101/2000): compreende anistia, remissão, subsídio, crédito presumido, concessão de isenção em caráter não geral, alteração de alíquota ou modificação de base de cálculo que implique redução discriminada de tributos ou contribuições, e outros benefícios que correspondam a tratamento diferenciado. Sem embargo, reestruturação geral de tributos, aplicável naturalmente a todos indiscriminadamente, nada tem a ver com renúncia de receita. Portanto, trata-se de um falso problema. A objeção do "cumprimento com chapéu alheio" é um problema de outorga de benefícios, e não de realizar necessários ajustes gerais à tributação.

Esses são os principais questionamentos feitos pelos autores, de forma coerente e inteligente. Não se está aqui diante da hipótese do "argumento do espantalho" (*straw man fallacy*), ou seja, de uma visão distorcida da decisão do Tribunal, de seu campo de aplicação, de seus

44. Sobre a não tributação do mínimo existencial como imunidade implícita, cf. TORRES, Ricardo Lobo. ***O direito ao mínimo existencial.*** Rio de Janeiro: Renovar, 2009.

pressupostos e implicações[45]. As preocupações são consistentes e dão a noção do quanto são controvertidos o tema e a solução dada pelo Supremo. Todavia, acredito que são problematizações insuficientes para reduzir o acerto e a relevância da decisão. É bem verdade que ela foi enfraquecida posteriormente pelo que decidido no RE 705.423/SE. Apesar de a maioria vencedora ter apontado diferença desse precedente com o nosso RE 572.672/SC, é certo dizer que existe sim conflito entre as duas conclusões. O Supremo, mais cedo ou mais tarde, precisará uniformizar o entendimento, assentando, espero, a aplicação generalizada da solução – como questionados pelos críticos – independentemente se presente participação direta ou indireta do ente subnacional na parcela da receita tributária.

7. CONCLUSÃO

No cenário mundial, há forte tendência a arranjos institucionais que promovam responsabilidade fiscal e estabilidade orçamentária. Ao mesmo tempo, "a descentralização fiscal está em voga", presente "a esperança que governos estaduais e locais, sempre mais próximos ao povo, serão mais responsivos às preferências particulares de seus eleitores e capazes de encontrar novos e melhores meios de prover serviços públicos"[46]. Essas duas perspectivas compõem o federalismo fiscal estruturado na Constituição de 1988. Há de imaginar essa estrutura como uma divisão original e coerente de competências, responsabilidades e recursos que viabilize o atendimento, na melhor medida possível, equilibrado dessas duas tendências. Práticas institucionais e interpretativas que venham a desnaturar essa estrutura não se mostram adequadas. Por esse motivo, este artigo foi voltado a defender a solução adotada pelo STF no RE 572.672/SC. Essa foi, segundo penso, a interpretação correta de nosso direito constitucional estrutural.

---

45. Sobre falácias argumentativas, cf. BUSTAMANTE, Thomas; DAHLMAN, Christian (ed.) *Argument Types and Fallacies in Legal Argumentation*. New York: Springer, 2015.

46. OATES, Wallace E. *An essay on fiscal federalism*. *In:* BAIMBRIDGE, Mark; WHYMAN, Philip. (Ed.) *Fiscal Federalism and European Economic Integration*. Op. cit., p. 13.

06 ITR: UM TRIBUTO INDISPENSÁVEL À FEDERAÇÃO BRASILEIRA

Carlos Augusto Rolim

Mestrando em Finanças Públicas, Tributação e Desenvolvimento da Universidade do Estado do Rio de Janeiro (UERJ).

1. INTRODUÇÃO

A Constituição de 1891 inaugurou na ordem jurídica nacional o então "imposto sobre imóveis rurais", que tinha como função o desestímulo de latifúndios improdutivos. Após quase 130 anos, o diagnóstico é de que seu modelo sempre foi ineficiente e precisa ser alterado, diante de sua grande importância para o desenvolvimento da Federação.[1]

Ao longo de todo o tempo, o Brasil assistiu diversas tentativas de reforma tributária, entre utópicas e realistas, que não obtiveram sucesso ou sequer tentaram mudar esse quadro.[2]

Os problemas do ITR são de toda a ordem, o que faz surgir um pensamento majoritário de que sua regulação é ultrapassada, pois além de ineficiente em função extrafiscal de induzir a ocupação produtiva da terra não serve também como instrumento auxiliar da política agrária.

Além disso, o produto de sua arrecadação é irrelevante, passando por problemas relacionados à forma de apuração e fiscalização, até as inconsistências entre sua legislação e a legislação ambiental.

Mas, se novamente as forças políticas e econômicas do país estão reunidas para trabalhar por uma reforma tributária necessária ao crescimento do país e nenhuma das principais propostas tratam desse tema tão relevante: qual será o futuro do ITR perante à federação?

A administração de terras no Brasil sempre foi um de seus maiores problemas. A criação das Capitanias Hereditárias, no século XVI,[3] os movimentos de insurgência contra o regime republicano, no final do século

1. A previsão dos impostos "sobre imóveis rurais" ocorreu de forma conjunta com os "imóveis urbanos", sem estipular os critérios que diferenciariam uns dos outros, estipulando a competência de sua criação aos Estados, conforme o art. 9º da Constituição de 1891.

2. TORRES, Ricardo Lobo. *Reforma tributária e utopia fiscal*. Revista da Fac. de Direito da UERJ, Rio de Janeiro, nº 2, 1994.

3. As Capitanias Hereditárias foram uma forma de administração territorial da América portuguesa, que era parte do Império Português, pela qual a Coroa, com recursos limitados, delegou a tarefa de colonização e exploração de determinadas áreas. Estabelecidas em 1532, a implementação só começou em 1534, sendo sua extinção oficial em 28 de fevereiro de 1821, pouco mais de um ano antes da declaração de independência. Cf. WIKIPEDIA. Disponível em: <https://pt.wikipedia.org/wiki/Capitanias_do_Brasil>. Acesso em 27/01/2020.

XIX,[4] e os movimentos sociais contra o regime militar, nos anos 80,[5] são algumas das evidências.

Em 2019, o Brasil arrecadou pouco mais de 2,5 trilhões de reais em tributos. No mesmo período, a arrecadação do ITR resultou pouco superior a 1,73 bilhões de reais, representando uma participação da ordem de 0,007% da carga fiscal nacional.[6]

Se considerarmos outro imposto sobre patrimônio imobiliário, o IPTU, cuja arrecadação alcançou cifras da ordem de 47,13 bilhões de reais e juntarmos os devidos produtos, alcança-se uma participação de cerca de 1,95% de toda a arrecadação tributária brasileira - incluindo União, Estados-membros e Municípios.[7]

Comparativamente a anos anteriores, como em 2011, quando essa base econômica apresentou 1,74%, evidencia-se um leve aumento de seu nível participativo em relação à arrecadação nacional.

Contudo, pode-se dizer que o Brasil adotou a tendência de outros países, que reforçaram a tributação sobre a propriedade imobiliária?[8]

Como se verá mais a frente, ainda não.

Entre os que acreditam que reformas menos abrangentes são mais viáveis a desmontar a resistência política e da sociedade[9] e os que con-

---

4. Entre esses movimentos, contra a então nova República brasileira, está a Guerra de Canudos ou Campanha de Canudos - um conflito armado que envolveu o Exército Brasileiro e membros da comunidade sócio-religiosa liderada por Antônio Conselheiro, em Canudos, no interior do estado da Bahia. Entre as verdadeiras causas do conflito estão as questões sociais da terra contra os latifúndios improdutivos, as secas cíclicas e o desemprego crônico. Cf. WIKIPEDIA. Disponível em: <https://pt.wikipedia.org/wiki/Guerra_de_Canudos>. Acesso em 27/01/2020.

5. Entre os mais proeminentes movimentos sociais está o Movimento dos Trabalhadores Rurais Sem Terra - MST, inaugurado em 1984, em pleno regime militar, que tem basicamente como pauta a redistribuição de terras improdutivas. Cf, WIKIPEDIA. Disponível em: <https://pt.wikipedia.org/wiki/Movimento_dos_Trabalhadores_Rurais_Sem_Terra>. Acesso em 27/01/2020.

6. Para ser mais preciso, a arrecadação total de tributos no Brasil, durante o exercício 2019, resultou em R$2.504.853.948.529,48, enquanto que a arrecadação do ITR alcançou o montante de R$ 1.731.381.915,02. Cf. IMPOSTÔMETRO. Disponível em: <https://impostometro.com.br/>. Acesso em: 25/01/2020.

7. A arrecadação total de IPTU, para o mesmo período, chegou a R$ 47.135.870.417,69. Cf. Ibid.

8. Cf. THE ECONOMIST. *Levying the land*: free Exchange. 29/06/2013. Disponível em: <https://www.economist.com/finance-and-economics/2013/06/29/levying-the-land>. Acesso em 15/06/2018.

9. Entre as propostas mais importantes que circulam no Congresso Nacional está a criada pelo CCIF (Centro de Cidadania Fiscal), uma instituição *think tank* independente. O CCIF entende que todo o sistema tributário brasileiro carece de reforma, mas que a tributação sobre o consumo é a mais disfuncional e a que mais urgentemente requer simplificação. O objetivo da sua proposta

fiam que a solução é uma reforma completa do Estado Fiscal[10], os primeiros, até agora, estão ganhando terreno, uma vez que as propostas mais avançadas apresentam soluções parciais dos inúmeros problemas do sistema tributário nacional.

Como os países que participam da OCDE apresentam médias superiores às do Brasil quanto à participação da tributação sobre a propriedade (bem como sobre a propriedade imobiliária) em relação à arrecadação total, pode ocorrer, em um futuro próximo, um realinhamento ascendente.

Afinal, uma das consequências da crise de 2008 foi justamente ajustar medidas fiscais e econômicas entre os países da OCDE e do G20 com o propósito de evitar fuga de capitais para os chamados "paraísos fiscais" e o aumento da evasão fiscal em nível global, o que se resume na sigla BEPS - *base erosion and profit shifting*.[11]

Aos poucos, o que se observa, entre as nações que atuam no mercado globalizado, é um realinhamento de seus ordenamentos jurídicos, de forma a buscar uma harmonização política internacional. O que pode, em tese, aproximar as estruturas tributárias entre os membros de organizações como o G20 ou a OCDE, por exemplo.

Porém, enquanto algumas bases tributárias, como o consumo, estão um passo à frente na discussão das reformas tributárias, aos poucos, surgem novos estudos e relatórios promissores em mostrar um potencial desconhecido (ou não desejável?) do ITR.

Propostas recentes sobre o imposto trazem uma nova esperança de transformá-lo em um instrumento efetivo não só para as políticas públicas sobre a gestão da terra rural no Brasil como também de reforço

---

é a substituição dos cinco tributos atuais – PIS, Cofins, IPI, ICMS e ISS – por um único imposto do tipo IVA (Imposto sobre Bens e Serviços – IBS), cuja receita seria compartilhada entre a União, os estados e os municípios. A proposta está descrita na PEC45/2019.

10. Um que defende a reforma do Estado Fiscal por completo, de forma a afastar os "ranços" do Estado Patrimonialista, presente em nosso país até hoje, é Ricardo Lobo. Cf. TORRES, Ricardo Lobo. *A idéia de liberdade no estado patrimonial e no estado fiscal.* Rio de Janeiro: Renovar, 1991.

11. BEPS é um acrônimo derivado do inglês *base erosion and profit shifting*, que significa em português "erosão de base e transferência de lucros". É um termo técnico usado para designar esquemas de planejamento tributário agressivo praticados por empresas multinacionais ou grupos econômicos, que se aproveitam de lacunas normativas e assimetrias dos sistemas tributários nacionais para transferir, artificialmente ou não, lucros a países com tributação baixa ou inexistente. Cf. WIKIPEDIA. Disponível em: <https://pt.wikipedia.org/wiki/Beps>. Acesso em 23/01/2020.

financeiro aos governos locais, que se tornam, a cada ano, mais dependentes dos entes centralizados.

Este artigo pretende realizar um diagnóstico atual do ITR, pela análise das causas de sua criação e seus resultados aferidos, até o presente. Além disso, far-se-á um brevíssimo panorama global da tributação sobre a propriedade imobiliária bem como as propostas da modernização do ITR, das mais simples às mais complexas.

Não se pretende aqui esgotar o tema tampouco apresentar soluções definitivas para os problemas do tributo. Porém, mostrar que o imposto tem pleno potencial não só para sua função extrafiscal como também para o reforço das finanças de governos locais.

Por fim, acredita-se que em um futuro próximo não existirão obstáculos que impeçam a evolução do ITR, por mais que setores específicos, como a "bancada ruralista", resistam.

Seja pelo revigoramento da tributação sobre a propriedade, oriundo da necessidade da busca de instrumentos fiscais mais estáveis e resilientes às crises econômicas, o que faz do ITR (e do IPTU) uma escolha natural, no caso do Brasil ou pelo alinhamento do país às estruturas tributárias das demais nações que atuam nos mesmos ambientes econômicos.

2. ASPECTOS E TENDÊNCIAS INTERNACIONAIS DA TRIBUTAÇÃO SOBRE A PROPRIEDADE

A crise mundial de 2008 abalou as economias de diversos países, lançando desafios em modificar seus sistemas tributários em busca de fontes mais estáveis e resilientes sob o aspecto financeiro, uma vez que a concentração de tributação sobre bases econômicas de grande mobilidade trouxe enormes prejuízos ao mundo globalizado.[12]

Isso rejuvenesceu o interesse em fortalecer a tributação sobre a propriedade, sobretudo imobiliária, em diversos ordenamentos, conforme as palavras de NORREGAARD:

> There is now a strong and renewed interest in property taxation around the globe. This clearly manifests itself in numerous reform initiatives recently adopted or considered in different countries but also in a rich recent literature focusing not least-but not solely-on developing and transition economies. The revived interest may have di-

12. Cf. Op. cit., nota 8.

> fferent motivations in different country groupings, with for example, devolution of fiscal powers to strengthen local democracy a driving force in some transition economies, while in many developing countries the lead motives are revenue mobilization and providing incentives for better land use.[13]

Comparando-se as participações da tributação sobre a propriedade imobiliária entre países em desenvolvimento e os mais avançados, que fazem parte da OCDE, verifica-se uma grande distância, assim resumida: *the data also suggest that reliance on property taxation (similar to most other taxes) is strongly related to economic development, with the average revenue ratio to GDP in OECD countries being triple that of developing countries.*[14]

Essa diferença se torna ainda maior quando comparada às nações de origem anglo-saxã, sobretudo Reino Unido e EUA. Enquanto que a primeira registrou em 2011 uma participação da tributação sobre a propriedade imobiliária em relação à arrecadação tributária nacional de 12,06%, a segunda apresentou um patamar 16,76%.[15]

Outro fato observável entre nações é que variam as espécies da tributação sobre a propriedade, de forma que há um conceito "amplo" para o termo, como também variam as motivações políticas e os objetivos econômicos.

De uma forma geral, embora no plano internacional a tributação sobre a propriedade nos remeta à noção da recorrente tributação (geral-

13. Os dados do nível de participação da tributação sobre a propriedade imobiliária em relação à arrecadação total de países da OCDE e dos que não participam desta organização, como o Brasil, em 2011, estão apresentados no estudo de John Norregaard, promovido pelo Fundo Monetário Internacional. Cf. NORREGAARD, John. *Taxing immovable property*: revenue potential and implementation challenges. IMF Working Paper, 2013, p. 4.

14. Apesar do pesquisador do FMI advertir que essa afirmação se baseia na cobertura de todas as modalidades de tributação sobre a propriedade nos países abordados, os números apresentados em sua pesquisa quanto à participação, de forma isolada, da base tributária imobiliária, são evidentes em mostrar que o Brasil possui um nível participativo baixo da tributação sobre a propriedade imobiliária em relação a outros países desenvolvidos, como Japão, EUA, Austrália e Reino Unido. Cf. Op. Cit., nota 3, p. 37-40.

15. Quanto às referências asiáticas, o Japão, p. ex., apresentou uma participação da tributação sobre a propriedade imobiliária de 13,47%, enquanto a Coréia do Sul, 4,08%. Assume-se, de forma simplista, que não houve alterações profundas dos níveis nos países mais avançados que fazem parte da OCDE, pela afirmação de Norregaard de que a média se estabilizou, a partir das décadas de 60 e 70. Cf. NORREGAARD, Op. cit., nota 3, p. 8-10.

mente anual) sobre a propriedade imobiliária,[16] ela engloba uma grande variedade de exações sobre: o uso, a titularidade e a transferência de propriedade.[17]

Como tais tributos incidem sobre uma base muito semelhante, a matéria econômica comum, permite-se que se agrupem sob um mesmo subsistema, no caso, a renda auferida, transmitida ou imobilizada.[18]

No caso do Brasil, dois impostos incidem sobre a renda imobilizada em imóveis, ITR e IPTU, que embora diferem quanto às competências (de acordo com os art. 153, VI da CF/88), acompanham a maioria dos países em manter o produto da arrecadação dessa fonte tributária para o reforço financeiro das localidades.[19]

Em todos os ordenamentos que estipulam a tributação sobre bens imóveis há um enfrentamento dos temas comuns, que envolvem questões como: o que será tributado? A terra (terreno, lote ou gleba) ou seus melhoramentos (terra mais edificações)? Como será estipulada a base de cálculo (avaliação da área, autoavaliação, avaliação de mercado ou do aluguel)? Como será a alíquota (progressiva ou proporcional)? Quem a estipula (governo central ou local)?

---

16. Tratando-se do sistema tributário brasileiro, que adota oficialmente a classificação do CTN, o conjunto de tributos sobre a propriedade estaria representado nos impostos que se vinculam ao patrimônio e à renda, incidindo: sobre a propriedade de veículos automotores (IPVA), sobre a renda (IR), sobre a transmissão *causa mortis* e doações (ITCMD), sobre a transmissão *inter vivos* de bens imóveis (ITBI), sobre a propriedade predial e territorial urbana (IPTU) e, por fim, sobre a propriedade territorial rural (ITR).

17. "According to standard international tax classifications, property taxes encompass recurrent taxes on immovable property, measured gross of debt and levied on proprietors or tenants; recurrent taxes on net (of debt) wealth; taxes on estates, inheritances and gifts; financial and capital transaction taxes on the issue or transfer of securities and checks, or sales of immovable property; and other recurrent or non-recurrent taxes on property". Cf. NORREGAARD, op. cit., p. 6.

18. Uma vez que a Constituição sequer menciona quaisquer regras a respeito do problema da semelhança do substrato econômico, que ocasiona problemas de superposições de incidências, por vezes inevitáveis, é tarefa do legislador estremar os tributos, uns dos outros. Cf. TORRES, Ricardo Lobo. *Tratado de direito constitucional financeiro e tributário*, vol. IV - os tributos na Constituição. Rio de Janeiro: Renovar, 2007, p. 85-86.

19. Nota: cabe lembrar que pertencem aos Municípios cinquenta por cento do produto da arrecadação do ITR, relativamente aos imóveis neles situados, cabendo a totalidade na hipótese da opção a que se refere o art. 153, § 4º, III, na conformidade do art. 158, II, CF/88 (redação dada pela Emenda Constitucional nº 42, de 19.12.2003), o que basicamente confirma a tendência global de reforço financeiro dos governos locais por tal base econômica. Cf. BIRD, Richard M. & SLACK, Enid. *Land and property taxation in 25 countries*: a comparative review. CESifo DICE Report 3/2005.

Outra questão, em comum a todos os países, é que a tributação sobre a propriedade imobiliária nutre uma grande resistência por parte dos proprietários, devido ao que os americanos chamam de *salient*. Ou em outras palavras, o crédito tributário é óbvio, fácil de calcular e difícil de evitar.[20]

Essa resistência é muito semelhante a outra modalidade de imposto sobre a propriedade, o imposto sobre patrimônio, que recebeu (e recebe) inúmeras críticas, aqui e alhures,[21] existindo diversas opiniões que o exorcizam veementemente.

Assim como na Alemanha o imposto foi proibido por não se harmonizar com a Lei Fundamental Alemã,[22] na Espanha há os que defendem sua supressão total ou, pelo menos, a certos grupos específicos, como os de origem familiar.[23]

Alguns estudos, demonstram que a forma de pagar os tributos sobre a propriedade (com mais parcelamentos, por exemplo) influencia diretamente a tolerância dos proprietários com o imposto.[24]

Quanto à forma da autoavaliação (*self-assessment*), maiores comentários merecem ser apresentados, tendo em vista sua semelhança com a autodeclaração do VTN para efeitos do cálculo do ITR.[25] Como se verá mais à frente, essa modalidade é apontada como uma das causas do fracasso do ITR quanto à sua função extrafiscal.

---

20. Cf. Op. cit., nota 8, p. 5.

21. Haja vista a previsão constitucional do imposto sobre grandes fortunas, que nunca evoluiu para a realidade, conforme art. 153, VII, CF/88. Ricardo Lobo Torres informa que a experiência mundial desse imposto resultou em frustração, retórica e ideologia declinante. No Brasil, o grande mestre fluminense informa que a doutrina, majoritariamente, posicionou-se contra a instituição do IGF. Cf. TORRES, Ricardo Lobo. Tratado de direito constitucional financeiro e tributário, vol. IV - Os tributos na Constituição. Rio de Janeiro: Renovar, 2007, p. 206-217.

22. Cf. TIPKE, Klaus & LANG, Joachim. Direito tributário (*steuerrecht*). Tradução da 18.ed. Alemã, totalmente refeita, de Luiz Doria Furquim. Porto Alegre: Sergio Antonio Fabris Ed., 2008, p. 416.

23. GRACIA MARIA, Luchena Mozo. *La supresión del impuesto sobre el patrimônio y las empresas familiares*. Revista de Estudios Empresariales. Universidad de Castilla-La Mancha. Segunda época, Número: 2 (2009).

24. CABRAL, Marika & HOXBY, Caroline. *The Hated Property Tax*: Salience, Tax Rates, and Tax Revolts. NBER Working Paper No. 18514. November 2012, Revised April 2013, Revised February, 2015.

25. *Self-assessment* é uma forma de autodeclaração do valor do imóvel, feita pelo proprietário, para se estipular a base de cálculo da tributação sobre a sua própria propriedade. No Brasil, essa modalidade não é utilizada para efeito de IPTU, em que a base de cálculo é estipulada por parâmetros relacionados a elementos urbanísticos. Cf. SHANSKE, Darien. *Revitalizing local political economy trough modernizing the property tax*. UC Davis Legal Studies Research Paper Series, 2014. Disponível em: <http://ssm.com/abstract=2413012>. Acesso em 25/03/2018.

A forma de autodeclaração também apresenta variações entre países, principalmente no aspecto das obrigações acessórias. Enquanto alguns, como a Hungria, determinam aos contribuintes que realizem o autoregistro na Fazenda local, incluindo suas obrigações fiscais; outros realizam comparações entre a avaliação da administração e a autoavaliação declarada pelo proprietário, sendo o exemplo da Tailândia.

O período para o *self-assessment* também pode variar, como no caso das Filipinas, que ocorre a cada três anos.

Outro fato que pode se tornar um complicador é que, em geral, onde vigora a autodeclaração, pode conferir ao governo o direito de adquirir a propriedade pelo preço declarado, em vez do praticado no mercado, embora isso ocorra raramente. Tal modalidade exige da gestão administrativa um alto grau de confiabilidade dos valores praticados no mercado, em uma eventual desapropriação.[26]

Uma medida interessante para o controle da confiabilidade do *self-assessment* é a de TANZI, após reconhecer que os países que adotaram tal modalidade sofreram com sonegações de contribuintes que registravam valores menores que os de mercado, conforme suas palavras:

> Over the years, countries have tried various solutions to deal with this problem. An interesting suggestion was made more than three decades ago by Maurice Allais, the Nobel Prize winner in economics from France, in his book first published in 1977. Allais (1988) proposed that people should self-assess the value of their properties; then, their self-assessments would be made public. Anyone who wanted to buy these properties at a price that exceeded the declared price by, say 40 percent, could step forward and propose to buy them. If the owner refused to sell, the bid plus a penalty would become the new base for determining the tax on that property. In theory, this idea offers a relatively simple, self-enforcing mechanism. In some countries, in fact, the government has the right to buy the properties at the values self-assessed by their owners, but this right has seldom been exercised.[27]

Outra questão, considerada especial em certos países, é a tributação sobre terras agricultáveis (*agricultural property*).

---

26. É o exemplo de Taiwan. A Austrália, durante o século XIX, utilizou-se da autodeclaração para efeitos da base de cálculo da tributação sobre a propriedade. Cf. Op. cit., nota 17, p. 38.

27. TANZI, Vito. *Pitfalls on the road to fiscal decentralization*. Working Paper no. 19, Carnegie Endowment for International Peace, Washington, DC. 2001.

Segundo alguns estudos, é muito comum que em ordenamentos estrangeiros a terra agrícola receba tratamento fiscal diferenciado quanto a sua base de cálculo para efeitos de tributação, ao invés de ser avaliada pelos valores de mercado, tanto por razões sociais e políticas quanto pela preservação da terra rural.

Entretanto, uma advertência é necessária, dessa forma:

> However, experience shows that the objective of preserving rural land cannot be obtained simply through the tax preference, which is insufficient to prevent conversion into urban use, because the tax differential is not high enough in the face of the possibility of selling at several times the price a potential farmer buyer would pay.[28]

Um caso inusitado é o das Filipinas, no sudeste da Ásia, onde, excepcionalmente, as propriedades rurais são tributadas em uma percentagem maior de valor de mercado que as aplicadas para as propriedades residenciais.[29]

Em certos países, as terras agrícolas não sofrem nenhuma incidência tributária. Enquanto que em outros elas são tributadas pelo valor nominal, não se utilizando do valor de mercado (que incentivaria ao melhor uso da terra).

Uma constatação em certos estudos internacionais é que o tratamento favorável às terras rurais pode causar especulação imobiliária nas cidades, aumentando, portanto, os preços de lotes urbanos.[30]

3. ANÁLISE DO ITR: O MODELO ATUAL E A DERROTA DE SEUS PROPÓSITOS

3.1 O modelo atual e suas inconsistências

O imposto sobre a propriedade territorial rural, de competência federal, está previsto no art. 153, VI, da CF/1988, bem como sua finalidade extrafiscal de "desestimular a manutenção de propriedades improdutivas".[31]

---

28. MAURER, Robert & PAUGAM, Anne. *Reform Toward Ad Valorem Property Tax in Transition Economies*: Fiscal and Land Use Benefits. Land and Real Estate Initiative, Background Series 13, World Bank, Washington, 2000.
29. Cf. Op. cit., nota 17., p. 42.
30. Ibidem.
31. CF/1988: Art. 153. Compete à União instituir impostos sobre: (...)
    VI - propriedade territorial rural; (...)

O inciso III, do §4º daquele artigo permite aos Municípios exercerem a cobrança do imposto, desde que observada a legislação federal que o rege, quando receberá a totalidade do produto da arrecadação, sendo a metade em caso de cobrança pelo ente competente, no caso a União.

A lei nº 9.393/1996 é a norma jurídica atual do imposto, sendo regulamentada pelo Decreto nº 4.382/2002, que é seguido pela Instrução Normativa SRF nº 256/2002.

O fato gerador do imposto está definido no art. 1º da Lei 9.393/1996, complementado pelo parágrafo 2º do mesmo dispositivo.[32]

O aspecto da definição de imóvel rural (área contínua sob mesma propriedade), conforme seu marco legal, é o mesmo do Código Florestal, quanto às caracterizações de áreas de preservação permanente, reserva legal e o Cadastro Ambiental Rural (CAR).

Entretanto, esse mesmo conceito difere do utilizado no direito civil, que discrimina os imóveis em função de suas matrículas nos cartórios de registro de imóveis. Podendo, então, existir um único imóvel perante à legislação do ITR (devido à área contínua), e, ao mesmo tempo, vários imóveis do ponto de vista civil (devido às várias matrículas).[33]

Outra questão polêmica é o critério utilizado para se estremar área rural da urbana. No caso, a legislação do ITR tratar como rural apenas a parcela das terras localizada na zona rural do Município, enquanto o Código Florestal (Lei Ordinária nº 12.651/2012) considera todo o imó-

---

§ 4º O imposto previsto no inciso VI do caput:

I - será progressivo e terá suas alíquotas fixadas de forma a desestimular a manutenção de propriedades improdutivas;

II - não incidirá sobre pequenas glebas rurais, definidas em lei, quando as explore o proprietário que não possua outro imóvel;

III - será fiscalizado e cobrado pelos Municípios que assim optarem, na forma da lei, desde que não implique redução do imposto ou qualquer outra forma de renúncia fiscal.

32. O fato gerador do imposto é "a propriedade, o domínio útil ou a posse de imóvel por natureza, localizado fora da zona urbana do município, em 1º de janeiro de cada ano", conforme o art. 1º Lei 9.393/1996. A definição de imóvel rural segue no parágrafo 2º do mesmo artigo, que diz: "considera-se imóvel rural a área contínua, formada de uma ou mais parcelas de terras, localizada na zona rural do município".

33. Lei de Registros Públicos: art. 176, §1º, I - I - cada imóvel terá matrícula própria, que será aberta por ocasião do primeiro registro a ser feito na vigência desta Lei.

vel, mesmo se alguma parcela estiver em área urbana - o que demonstra uma inconsistência entre tais normas.[34]

A questão da imunidade de "pequenas glebas rurais", conforme inciso II, §4º, art. 153 da CF/88, também apresenta alguns problemas.

No caso, esse conceito está regulado no parágrafo único do art. 2º da Lei 9.393/1996 que estabelece os limites de área para se considerar "pequenas glebas rurais" em diferentes regiões territoriais brasileiras.[35]

O art. 3º da norma estabelece as condições para isenção do imposto. No primeiro caso, o imóvel compreendido nos programas oficiais de reforma agrária, desde que satisfeitas as demais condições; e, o segundo caso, o conjunto de imóveis rurais de um mesmo proprietário, desde que a área total deles não exceda os limites discriminados no artigo anterior.

Contudo, esse tema também não se harmoniza com o que está definido pelo Código Florestal, especificamente em seu art. 3º, V – que faz menção direta ao art. 3º da Lei nº 11.326/2006. Essa última, estabelecendo como limite a área de quatro módulos fiscais, que difere daqueles limites previstos na legislação do ITR (30 ha, 50 ha e 100 ha).[36]

Esses flagrantes desajustes legais mostram enormes diferenças em temas fundamentais do imposto, o que dificulta a coordenação entre essas duas legislações.

Quanto ao lançamento do crédito tributário, no caso do ITR, é por homologação, onde todas as informações são preenchidas pelo contribuinte, que preenche a DITR - Declaração do Imposto sobre a Propriedade Territorial Rural, disponibilizada pela Receita Federal do Brasil, atra-

---

34. Lei 9.393/96: art. 1º, § 2º Para os efeitos desta Lei, considera-se imóvel rural a área contínua, formada de uma ou mais parcelas de terras, localizada na zona rural do município. Lei 12.651/2012: Art. 3º, IV - área rural consolidada: área de imóvel rural com ocupação antrópica preexistente a 22 de julho de 2008, com edificações, benfeitorias ou atividades agrossilvipastoris, admitida, neste último caso, a adoção do regime de pousio.

35. Lei 9.393/1996: art. 2º, p. único: Para os efeitos deste artigo, pequenas glebas rurais são os imóveis com área igual ou inferior a: I- 100 ha, se localizado em município compreendido na Amazônia Ocidental ou no Pantanal mato-grossense e sul-mato-grossense; II- 50 ha, se localizado em município compreendido na no Polígono das Secas ou na Amazônia Oriental; e III- 30 ha, se localizado em qualquer outro município.

36. Lei 11.326: Art. 3º Para os efeitos desta Lei, considera-se agricultor familiar e empreendedor familiar rural aquele que pratica atividades no meio rural, atendendo, simultaneamente, aos seguintes requisitos:

I - não detenha, a qualquer título, área maior do que 4 (quatro) módulos fiscais.

vés de um programa especifico que realiza as críticas de consistência dos dados inseridos.[37]

Na DITR, o sujeito passivo fornece todas as informações necessárias para o cálculo do imposto, tais como a área e o valor do imóvel, o valor das benfeitorias, as áreas não tributáveis – como as áreas de preservação permanente (APP), a reserva legal (RL), forma de ocupação da área aproveitável, entre outros elementos.

O Cadastro de Imóveis Rurais (CAFIR) representa o elemento mais importante da gestão do tributo, sendo administrado pela Receita Federal, que possui um convênio com o Instituto Nacional de Colonização e Reforma Agrária (INCRA), destinado a coordenar as atualizações cadastrais do ITR (consolidadas no CAFIR) com os cadastros utilizados pelo INCRA para fins da política agrária.

Porém, não há uma coordenação entre o cadastro da Receita Federal (CAFIR) e os cadastros ambientais, em especial com o CAR. Tampouco, existe auditoria da consistência das informações do CAR com o ADA, que é utilizado como forma de compatibilização das informações fornecidas aos órgãos ambientais com as informações utilizadas na apuração do ITR.

Isso demonstra falhas de fiscalização do imposto em diversos aspectos, sendo negligenciado pelos órgãos que o administram e que o apoiam.

O cálculo do imposto é o resultado da multiplicação do valor da terra nua (VTN) - que corresponde ao valor de mercado do solo, bem como das florestas e pastagens naturais - pela alíquota.

Na prática, o VTN é calculado partindo-se do valor de mercado total do imóvel, excluindo-se o valor das construções, instalações e benfeitorias, bem como o valor das culturas, pastagens cultivadas e melhoradas e florestas plantadas.

Ou seja, pela legislação do ITR, as áreas mantidas com finalidades ambientais (APP, RL etc.) ficam de fato isentas do imposto, pois são consideradas áreas não tributáveis, não integrando, portanto, o VTN tributável.[38]

---

37. Essa modalidade difere do IPTU, cujo crédito tributário é informado por lançamento de ofício, calculado pelo Fisco municipal. Caso o contribuinte do ITR não realize o autolançamento, a Receita poderá realizá-lo de ofício, utilizando os valores contidos em seu banco de dados.

38. Considera-se "área tributável" a área total do imóvel, deduzidas as áreas não tributáveis, as quais compreendem as seguintes: de preservação permanente (APP); de reserva legal (RL); de interes-

A determinação da alíquota é função da área total do imóvel e do seu grau de utilização (GU) - que é a relação entre a área efetivamente utilizada e a área aproveitável do imóvel. Os parâmetros que ajudam a identificar a alíquota não serão aqui explicados por limitações do trabalho.

Entretanto, o produto final é um quadro de alíquotas do ITR bastante progressivas, sendo diretamente e inversamente proporcionais à área e ao GU do imóvel, respectivamente.[39]

3.2 O ITR e seus problemas

Sem pretender apresentar todos os problemas do imposto, identificam-se alguns bem explícitos na doutrina, dessa forma:

- *Ineficiência de sua função extrafiscal de desestímulo à manutenção de propriedades improdutivas*: O imposto, ao não cumprir tal missão, em dissonância com o previsto no art. 153, § 4º, I da Constituição Federal, termina colaborando também para a especulação de terras. Especialmente na região amazônica, onde a devastação ambiental de áreas públicas e a manutenção de propriedades improdutivas é constante, objetivando a posterior venda ou grilagem das terras desmatadas.

- *Baixa arrecadação*: Colabora para esse quadro o baixo custo do imposto para os proprietários na forma como o imposto é regulado e cobrado atualmente, incentivando a manutenção de propriedades improdutivas.

Em 2018, a arrecadação alcançou cerca de R$ 1,5 bilhão - menos de 0,1% da receita de tributos da União. Isso corresponde a uma receita anual de cerca de R$ 3,00 por hectare de área total e pouco mais de R$ 4,73 por hectare de área tributável.[40]

---

se ecológico para a proteção dos ecossistemas, assim declaradas por órgão estadual ou federal competente; comprovadamente imprestáveis para a exploração agrícola, pecuária ou florestal, declaradas de interesse ecológico por órgão estadual ou federal competente; sob regime de servidão ambiental (ou florestal); de reserva particular do patrimônio natural (RPPN); cobertas por florestas nativas, primárias ou secundárias em estágio médio ou avançado de regeneração; e alagadas para fins de constituição de reservatório de usinas hidrelétricas autorizadas pelo poder público. Cf. II, art. 10, Lei nº 9.393/1996.

39. A maior alíquota (20%) é mais de seiscentas vezes superior à menor alíquota (0,03%). Sob a ótica econômica, a opinião de economistas é que a maior alíquota é excessivamente elevada (em cinco anos o valor do imposto devido seria igual ao valor da terra nua tributável), assim como a menor alíquota é excessivamente baixa. Cf. APPY, Bernard. *O imposto territorial rural*: como forma de induzir boas práticas ambientais. IPAM, 2015, p. 14.

40. Deve-se ressaltar que esses cálculos se basearam nos dados declarados em 2012, admitindo-se preliminarmente pelos autores que não houve profundas alterações desses níveis. Cf.

Em 2019, o Brasil arrecadou pouco mais de 2,5 trilhões de reais em tributos. No mesmo período, a arrecadação do ITR resultou pouco superior a 1,73 bilhões de reais, representando uma participação da ordem de 0,007% da carga fiscal nacional.[41]

São várias as causas dessa baixa arrecadação, sendo as mais fortes o caráter auto declaratório do imposto, com clara tendência de proprietários subavaliarem o VTN bem como superestimar o valor dos investimentos realizados no imóvel, a área de preservação ambiental e, principalmente, o GU.

Soma-se também o fato de que o índice de lotação da pecuária (único requisito de produtividade mínima) não ser realista em seu valor, uma vez que foi definido décadas atrás, enquanto que a pecuária brasileira alcançou espantosa produtividade em escala mundial.

Alimenta essa situação a fragilidade da fiscalização sobre os valores declarados, o pouco interesse da Receita Federal em promover esforços para um imposto de baixo poder arrecadatório. Mesmo quando sua cobrança foi permitida aos municípios, o pequeno impacto positivo não foi suficiente para mudar esse quadro.

Outro problema é que a alíquota média é bastante baixa, estando a grande maioria das propriedades enquadrada na faixa de GU superior a 80%, à qual correspondem as menores alíquotas.

Assim, a conclusão é de que a baixa arrecadação do imposto é fruto não só dos problemas da forma de apuração e fiscalização como também a alguns aspectos quanto à no desenho do ITR.

- *Ineficiência como instrumento de apoio à política agrária*: Além dos fatos já descritos, o fato de não existir um índice mínimo de produtividade para o plantio de produtos agrícolas permite que áreas plantadas improdutivas sejam consideradas produtivas, o que reduz a alíquota do imposto.

Uma falha detectada na instrução normativa que regulamenta o imposto é que ela permite facilmente caracterizar o imóvel como produti-

---

INSTITUTO ESCOLHAS. *Imposto Territorial Rural*: justiça tributária e incentivos ambientais, abril/2019, p. 14.

41. Para ser mais preciso, a arrecadação total de tributos no Brasil, durante o exercício 2019, resultou em R$2.504.853.948.529,48, enquanto que a arrecadação do ITR alcançou o montante de R$ 1.731.381.915,02. Cf. IMPOSTÔMETRO. Disponível em: <https://impostometro.com.br/>. Acesso em: 25/01/2020.

vo, desde que autoriza considerar pastos em formação (sem qualquer prazo para sua finalização) como área efetivamente utilizada.

- *Divergências com a legislação ambiental*: Uma observação inicial é que, embora ineficaz, a regulamentação do ITR tem um viés produtivista em dissonância com a legislação ambiental, uma vez que não há punição (na legislação do imposto) pelo descumprimento desta.

Outra evidência que deixa isso claro, é a não incorporação na legislação do imposto da punição prevista no Código Florestal quanto à proibição da dedução das áreas de preservação ambiental obrigatória (APP, RL etc.) da base de cálculo do ITR.

Um outro fato é que as áreas de preservação ambiental, embora já sejam isentas do ITR, são novamente contabilizadas para aplicação de alíquotas menores do imposto, diminuindo ainda mais o crédito a ser quitado.

Outra deficiência apontada em sua legislação é a imputação como produtiva apenas da área utilizada em atividades agropecuárias, considerando outras atividades improdutivas, mesmo sendo ambientalmente mais desejáveis, como as voltadas para energia eólica, por exemplo.

A divergência no conceito de pequenos imóveis rurais entre a legislação do imposto e o Código Florestal é outro problema, conforme já mencionado.

4. PROPOSTAS DE REJUVENESCIMENTO DO ITR

Dentre os impostos sobre patrimônio, o ITR é, sem dúvida, o que menos arrecada.[42] Essa baixa expectativa de arrecadação talvez tenha arrefecido a doutrina em propor mudanças mais profundas em sua regulação, preferindo sugerir alterações pontuais ou superficiais.

As principais propostas de reforma tributária que atualmente tramitam no Congresso Nacional, em sua forma original,[43] não trataram desse imposto, bem como do IPTU.

---

42. O sítio "impostômetro" aponta, em 2019, o ITR em último lugar em comparação aos demais impostos sobre renda e patrimônio. Disponível em: <https://impostometro.com.br/>. Acesso em 29/12/2019.

43. As duas principais propostas que pautam atualmente o debate sobre a reforma tributária são a Proposta de Emenda Constitucional (PEC) nº 45, de 2019, em tramitação na Câmara dos Deputados, e a PEC nº 110, de 2019, que está no Senado Federal. Ambas têm como foco a substituição dos vários tributos sobre bens e serviços por um IVA sobre o consumo e de aplicação em todo

Entretanto, em um país onde a maioria dos Municípios possui a maior parte de seu território em zonas rurais e com o desenvolvimento do agronegócio, principalmente da atividade pecuária, isso soa como um contrassenso.

Nos estudos e propostas sobre o ITR, um fato parece ser unânime: o de que o imposto não cumpre com a função extrafiscal para o qual foi originalmente criado, necessitando ser reformada sua legislação, por considerada antiquada e ineficiente.

Sem querer apresentar todas as propostas apresentadas para se alterar a forma do tributo, passa-se a comentar algumas, entre passadas e atuais.

- Unificação IPTU e ITR

Uma proposta antiga, informada por Ricardo Lobo Torres, é a unificação dos impostos IPTU e ITR, gerando o imposto sobre a propriedade imobiliária, com previsão de progressividade.

Embora aparentemente, sob a ótica da racionalidade econômica, represente um avanço, caso seja destinada sua competência à União, a medida poderia representar um prejuízo à autonomia dos entes municipais.[44]

- A proposta do IPAM

Em junho de 2015, Bernard Appy, através do Instituto de Pesquisa Ambiental da Amazônia - IPAM, e um dos responsáveis por uma das principais propostas de reforma tributária atualmente em trâmite no Congresso Nacional (PEC 45/2019), propôs diversas adequações entre a lei que regulamenta ITR e o Código Florestal.

Nesse estudo, além de propor ajustes de conceitos à legislação ambiental, medidas de estímulo a ocupação produtiva da terra e de boas práticas ambientais, o pesquisador do CCIF expôs enorme preocupação em criar um cadastro de imóveis rurais eficiente: "um dos principais

território nacional, com um número mínimo possível de alíquotas e exceções. Cf. PELLEGRINI, Josué. "Principais propostas de reforma tributária em tramitação no Congresso Nacional". Nota Técnica nº38, 11/10/2019. Disponível em: <https://www2.senado.leg.br/bdsf/bitstream/handle/id/562755/NT38.pdf>. Acesso em: 29/12/2019.

44. TORRES, Ricardo Lobo. "Reforma tributária e utopia fiscal". Rio de Janeiro: Revista da Faculdade de Direito. N. 2, 1994, p. 384.

motivos para a ineficiência da fiscalização do ITR é a inexistência de um cadastro de imóveis rurais abrangente e georreferenciado".[45]

Apesar das propostas, sobretudo do cadastro georreferenciado, Appy considerava difícil tal medida por reconhecer a falta de interesse do Governo Federal.

Contudo, em junho de 2019 foi sancionada a Lei 13.838, que simplifica o georreferenciamento de propriedades rurais, devido à dispensa da carta de anuência no processo de georreferenciamento de imóveis rurais.

Com a dispensa da anuência expressa dos confrontantes e com a declaração do próprio requerente de que respeitou os limites e as confrontações poderá ser realizada a descrição georreferenciada.

Com isso, espera-se que tal medida beneficie mais de 15 milhões de pequenos, médios e grandes produtores em todo o país, em busca de resolver litígios ocorridos há décadas, quando as medições das propriedades não eram precisas, contribuindo para gerar insegurança jurídica em todo o país.

Com o sistema de georreferenciamento, que é de alta precisão, haverá total confiabilidade ao processo de registro, em virtude dos marcos cravados nas divisas das propriedades e com o apoio do Incra que validará o dados, encaminhando-os para averbação em cartório.[46]

- O Imposto sobre Terrenos e Edificações - ITE

Embora o ITR e o IPTU não figurem nas formas originais das propostas principais de reforma do sistema tributário brasileiro, a ideia de reunificação voltou à tona como emenda à forma original da PEC 45/2019, para criar o Imposto sobre Terrenos e Edificações (ITE), mas, desta vez, sob a competência tributária dos municípios.[47]

Entre as justificativas dessa proposta estão a necessidade de se avançar a pauta de tributos sobre patrimônio, mais a garantia de que as

---

45. Cf. APPY, Bernard. *O imposto territorial rural*: como forma de induzir boas práticas ambientais. Brasília: IPAM, 2015, p. 59.

46. Cf. SENADO FEDERAL. Lei que simplifica o georreferenciamento de propriedades rurais é sancionada. Disponível em: <https://www12.senado.leg.br/noticias/materias/2019/06/05/lei--que-simplifica-o-georreferenciamento-de-propriedades-rurais-e-sancionada>. Acesso em 30/01/2020.

47. Trata-se da Emenda na Comissão nº 41/2019 à PEC 45/2019, apresentada à Comissão Especial em setembro de 2019.

competências constitucionais conferidas aos Municípios sejam integralmente cumpridas, ou seja, o fortalecimento de sua autonomia.

Outra razão, além da baixa arrecadação do ITR e de não ser cumprida sua função extrafiscal, está o fato da distância entre o ente competente para o imposto (a União) e os proprietários de terras, o que causou a EC nº 42/2003, quando se permitiu criar os convênios para sua arrecadação por parte dos entes locais.

Esse fato, aliado à falta de maior liberdade para regular o ITR conforme a realidade de cada ente local, como definir alíquotas, torna defensável que a competência tributária do ITE seja destinada aos Municípios.

A proposta mantém a progressividade do imposto em razão do valor do imóvel bem como sua função extrafiscal, de forma a desestimular a manutenção de propriedades improdutivas, podendo ter alíquotas diferentes de acordo com a localização. Também mantém a imunidade sobre pequenas glebas rurais, definidas em lei complementar, quando as explore o proprietário que não possua outro imóvel.

Defende-se também que o imposto tenha alíquotas mínimas e máximas definidas em lei complementar, a fim de evitar alíquotas muito baixas ou confiscatórias na legislação municipal, incluindo-se os benefícios fiscais, de forma a evitar o desgaste de governos locais.

- *Projeto de Lei 454/2019*

Outra proposta, desta vez apresentada pela oposição e que se encontra no Projeto de Lei 454/19, altera a forma de calcular o VTN para cobrança do ITR.[48]

A proposta sugere que o VTN deve seguir o preço de mercado de imóveis rurais a partir de tabela com preços médios da terra por município, com atualização anual, cuja responsabilidade por sua confecção ficaria a cargo dos órgãos federais.

Mais especificamente, a Receita Federal e o Instituto Nacional de Colonização e Reforma Agrária (Incra) que participará com informações sobre o preço da terra. A ideia é alimentar a tabela com base em preços médios da terra por município, apurados em 1º de janeiro de cada ano.

---

48. Atualmente a proposta se encontra em análise nas comissões de Agricultura, Pecuária, Abastecimento e Desenvolvimento Rural; de Finanças e Tributação; e de Constituição e Justiça e de Cidadania.

Como atualmente a Lei 9.393/96 define que os preços dos imóveis rurais observem o levantamento realizado pelos Municípios, o que acaba por perder eficácia pelo fato da incapacidade da maior parte das prefeituras em manter esse tipo de serviço técnico, haveria a necessidade de "federalizar" a responsabilidade de estabelecer o valor do VTN.

A proposta visa a acabar com a subjetividade na auto-avaliação dos proprietários rurais, dispondo das mesmas bases de preços da terra para a declaração do ITR. Os mesmos dados declarados no Cadastro Ambiental Rural (CAR), como previsto no Código Florestal, deverão compor o cálculo do VTN, sob pena de multa.

- *A proposta do Instituto Escolhas*

Uma proposta tentadora foi lançada em abril de 2019 pelos pesquisadores do Laboratório de Planejamento de Uso do Solo e Conservação (GeoLab) e do Grupo de Políticas Públicas (GPP), ambos da Esalq/USP, pelo economista Bernard Appy e pelo jurista Carlos Marés.[49]

Sob o ponto de vista financeiro, o estudo promete transformar o ITR em uma verdadeira fonte de recursos aos Municípios, aumentando em cerca de 10 vezes o nível atual de arrecadação, e ao mesmo tempo ser eficiente na função extrafiscal para a qual foi idealizado.

Segundo o estudo, efetuando-se algumas alterações na fórmula de cálculo do ITR, pode-se arrecadar o maior valor possível de receita, cerca de R$ 16,8 bilhões, com 1,76 milhão de imóveis pagantes e 255,76 milhões de hectares de área tributável.[50]

As mudanças propostas beneficiam, segundo o trabalho, aqueles municípios com baixa população e que têm quase todo seu território destinado à atividade agrícola. Como toda mudança tributária que pretende causar o maior benefício com menor impacto, o estudo pretendeu minimizar as distorções presentes no funcionamento do ITR bem como mostrar a quantificação de seus efeitos.

O projeto do instituto almejou os objetivos de apresentar um conjunto de propostas de alteração da legislação do ITR; atualizar os índices

49. *O estudo foi apresentado durante o seminário "ITR: Justiça Tributária e Incentivos Ambientais". Cf. GAZETA DO POVO. 'IPTU do campo' pode render até 10 vezes mais, de acordo com estudo. Disponível em: <**https://www.jornaldocomercio.com/_conteudo/cadernos/jc_contabilidade/2019/04/679152-iptu-do-campo-pode-render-ate-10-vezes-mais-de-acordo-com-estudo.html**>. Acesso em: 15/01/2020.*

50. Cf. Op. cit., nota 40.

de lotação da pecuária (indicador de produtividade); e desenvolver um modelo georreferenciado que permite simular o efeito de diversos cenários, com um grau de detalhamento que chega ao nível do imóvel.[51]

Entre as propostas de mudanças legislativas propostas para discussão, destacam-se:

a) A substituição, na apuração da base de cálculo do ITR, do Valor da Terra Nua (VTN) pelo Valor do Imóvel Rural (VIR), que é o valor médio regional de mercado do imóvel como um todo (incluindo culturas, benfeitorias, entre outros), objetivando transformar o ITR em um imposto efetivo sobre o patrimônio imobiliário e facilitar a sua cobrança.

b) Mudança de conceitos sobre a decomposição da área do imóvel, considerando como área tributável a área de floresta nativa (uma vez que pode ser desmatada a qualquer momento, como se observa na realidade), no intuito de desestimular a especulação imobiliária e criar incentivos para conversão de áreas de floresta nativa em Áreas de Preservação Permanente (APPs).

c) Alteração da forma de cálculo da alíquota do ITR, que passaria a ser fixada com base em uma fórmula formada por três componentes: uma alíquota básica sobre toda a área tributável do imóvel; uma parcela crescente, diretamente proporcional à área aproveitável do imóvel; e uma parcela decrescente, inversamente proporcional à produtividade na exploração do imóvel. O objetivo aqui é produzir um conjunto de alíquotas mais realistas que as atuais (0,2% a 3,7%), evitando o aumento da alíquota em imóveis com grandes Áreas de Preservação Ambiental (APPs) bem como "saltos" de alíquotas, conforme a tabela atual.

d) Obrigação de revisão periódica (seis meses) dos índices mínimos de lotação da pecuária dos índices mínimos de produtividade (dois anos) de produtos agrícolas, dando efetividade ao ITR como indutor da ocupação produtiva do imóvel.

51. Por questões de limitação, não se exporá aqui toda a metodologia. Contudo, conforme aponta o estudo "essa mudança consiste em uma tentativa de padronizar a base de cálculo do ITR com demais bases utilizadas em território nacional, tendo em vista a existência de possíveis atualizações futuras visando à continuidade do projeto, e de aproveitar o esforço recente do IBGE de caracterização do espaço geográfico rural, a partir não só de características físicas, mas também de fluxos econômicos, para o agrupamento dos municípios em zonas homogêneas em termos de dinâmica produtiva.". Cf. Op. cit., nota 3, p. 37.

e) Extinção da dispensa, para os imóveis com área inferior a 1.000, 500 ou 200 ha (a depender da região), da aplicação dos índices mínimos de lotação da pecuária, uma vez que não há razão para que não se exija exploração produtiva de imóveis cuja área supere a das pequenas glebas rurais, que já são imunes.

f) Criação de medidas efetivas de penalização pelo descumprimento da legislação ambiental, desde que não se poderá deduzir as áreas de preservação obrigatória da área tributável, para fins de apuração da base de cálculo, bem como deverão ser consideradas como área não utilizada para fins de definição da alíquota do ITR, compatibilizando as legislações florestal e do imposto. O que pode tornar o ITR um instrumento mais efetivo de indução à adoção de "boas práticas ambientais".

g) Modificação do conceito de pequenas glebas rurais (imunes à incidência de ITR) para imóveis com área tributável de até 24 há, em substituição a considerar a área total da propriedade, apurando melhor a definição desse termo.

O estudo apresentou a simulação de diversos cenários, com as propostas já informadas, através dos índices de produtividade estipulados entre as regiões do país, chegando a diversos resultados de arrecadação. O resultado do melhor cenário (cenário 4), que incorporou principalmente a atualização do índice de lotação da pecuária, apresentou um produto da arrecadação da ordem de R$ 16,8 bilhões de reais, o que representa cerca de dez vezes o valor atual de arrecadação com o ITR.

A meta dessa proposta não é prioritariamente arrecadar, conforme consta no relatório, mas "tornar o ITR um instrumento mais efetivo de indução à ocupação produtiva dos imóveis e a sua exploração sustentável e, simultaneamente, contribuir para desestimular (ainda que de forma restrita) a especulação imobiliária com áreas que podem ser desmatadas".[52]

Embora o aumento seja plausível com as mudanças, pelo menos, relata o estudo, a tributação brasileira se tornaria mais justa e eficiente e abriria espaço para a redução de tributos distorcidos, preservando a carga tributária atual.

52. Cf. Op. cit., nota 40, p. 62.

5. CONCLUSÃO

Conforme Ricardo Lobo Torres, o Estado de Impostos ainda predomina na ampla maioria das nações, inclusive o Brasil. Se é certo que a tributação sobre a propriedade, em suas diversas modalidades, depende da política e dos objetivos de cada país, é natural que se um tributo não atenda tais expectativas, seja por quais razões forem, é necessária sua extinção ou alteração.

A extinção não é a solução para o ITR. Ainda que seu potencial arrecadatório ou seu objetivo extrafiscal não tenham produzido os resultados esperados, os problemas, salvo melhor juízo, estão em sua regulação e gestão administrativa.

O Brasil ainda carece de instrumentos efetivos de incentivo ao uso produtivo da terra e, consequentemente, de combate à especulação imobiliária. Portanto, o melhor caminho é a reformulação do imposto.

Quaisquer medidas ou propostas apontadas para o ITR, e que servem para qualquer tributo, devem estar acompanhadas de simulações ou ensaios bem apoiados por dados factíveis, de modo a deixar claro sua fundamental instrumentalidade para a federação.

Portanto, propostas simplórias ou sem efeito, especialmente no campo tributário, devem ser evitadas porque acabam por protelar as verdadeiras mudanças, haja vista as utopias que o país já passou.

A simples implementação da progressividade das alíquotas pela Lei nº 9.393/96, mas acompanhada dos demais elementos que regulam o imposto - como o lançamento por homologação, os índices de produtividade defasados há décadas e a falta de fiscalização – não modificou esse quadro de frustração do imposto.

Os estudos sobre o ITR apontam não só uma função extrafiscal como também uma função fiscal. Portanto, em virtude do potencial não aproveitado do ITR, não só o país se prejudica em não possuir um instrumento tributário eficiente em promover o uso produtivo da terra como também os governos municipais, que deixam de reforçar suas finanças.

Como tudo tem sua hora para mudar, haverá de chegar a do ITR, quando o Congresso e seus grupos específicos, como a bancada ruralista, deverão ter em mente que a Federação e o país estão acima de todos.

6. BIBLIOGRAFIA

- APPY, Bernard. *O imposto territorial rural*: como forma de induzir boas práticas ambientais. Brasília: IPAM, 2015.

- BIRD, Richard M. & SLACK, Enid. *Land and property taxation in 25 countries*: a comparative review. CESifo DICE Report 3/2005.

- CABRAL, Marika & HOXBY, Caroline. *The Hated Property Tax*: Salience, Tax Rates, and Tax Revolts. NBER Working Paper No. 18514. November 2012, Revised April 2013, Revised February, 2015.

- CENTRO DE CIDADANIA FISCAL-CCIF. *Proposta de Emenda Constitucional nº 45/2019*: versão atualizada. Disponível em: <http://www.ccif.com.br/wp-content/uploads/2018/11/PEC-IBS-vs13-2018.07.27-p%C3%B3s-Camara.pdf>.

- GRACIA MARIA, Luchena Mozo. *La supresión del impuesto sobre el patrimônio y las empresas familiares*. Revista de Estudios Empresariales. Universidad de Castilla-La Mancha. Segunda época, Número: 2 (2009).

- IMPOSTÔMETRO. Disponível em: <https://impostometro.com.br/>. Acesso em: 25/01/2020.

- INSTITUTO ESCOLHAS. *Imposto Territorial Rural*: justiça tributária e incentivos ambientais, abril/2019, p. 14.

- LENTI, Felipe E. B. & MOREIRA DA SILVA, Ana P. *Repensando o imposto territorial rural para fins de adequação ambiental*. Mudanças no código florestal brasileiro: desafios para a implementação da nova lei. Organizadores: Ana Paula Moreira da Silva, Henrique Rodrigues Marques, Regina Helena Rosa Sambuichi. Rio de Janeiro: Ipea, 2016.

- MAURER, Robert & PAUGAM, Anne. *Reform Toward Ad Valorem Property Tax in Transition Economies*: Fiscal and Land Use Benefits. Land and Real Estate Initiative, Background Series 13, World Bank, Washington, 2000.

- NORREGAARD, John. *Taxing immovable property*: revenue potential and implementation challenges. IMF Working Paper, 2013, p. 4.

- SHANSKE, Darien. *Revitalizing local political economy trough modernizing the property tax*. UC Davis Legal Studies Research Paper Series, 2014. Disponível em: http://ssm.com/abstract=2413012>.

- TANZI, Vito. *Pitfalls on the road to fiscal decentralization*. Working Paper no. 19, Carnegie Endowment for International Peace, Washington, DC. 2001.

- THE ECONOMIST. *Levying the land*: free Exchange. 29/06/2013. Disponível em: <https://www.economist.com/finance-and-economics/2013/06/29/levying-the-land>. Acesso em 15/06/2018.

- TIPKE, Klaus & LANG, Joachim. Direito tributário (*steuerrecht*). Tradução da 18.ed. Alemã, totalmente refeita, de Luiz Doria Furquim. Porto Alegre: Sergio Antonio Fabris Ed., 2008, p. 416.

- TORRES, Ricardo Lobo. *A idéia de liberdade no estado patrimonial e no estado fiscal*. Rio de Janeiro: Renovar, 1991.

- __________. *Reforma tributária e utopia fiscal*. Revista da Fac. de Direito da UERJ, Rio de Janeiro, nº 2, 1994.

- ________. *Tratado de direito constitucional financeiro e tributário*, vol. IV - os tributos na Constituição. Rio de Janeiro: Renovar, 2007, p. 85-86.
- WIKIPEDIA. *Base erosion and profit shifting*. Disponível em: <https://pt.wikipedia.org/wiki/Beps>.
- ________. *Capitanias hereditárias*. Disponível em: <https://pt.wikipedia.org/wiki/Capitanias_do_Brasil>. Acesso em 27/01/2020.
- ________. *Guerra de Canudos*. Disponível em: <https://pt.wikipedia.org/wiki/Guerra_de_Canudos>. Acesso em 27/01/2020.
- ________. Movimento dos Trabalhadores Rurais Sem Terra. Disponível em: <https://pt.wikipedia.org/wiki/Movimento_dos_Trabalhadores_Rurais_Sem_Terra>. Acesso em 27/01/2020.

07 A TREDESTINAÇÃO DAS CONTRIBUIÇÕES SOCIAIS

Carolina Cantarelle Ferraro

Mestre em Finanças Públicas, Tributação e Desenvolvimento pela Universidade do Estado do Rio de Janeiro (UERJ). Especialista em Direito Tributário pela Fundação Getúlio Vargas (FGV/RJ). Bacharel em Direito pela Universidade do Estado do Rio de Janeiro (UERJ). Advogada.

INTRODUÇÃO

Com a ascensão do Estado Social, tornou-se necessária uma maior atuação estatal para garantia dos direitos e liberdades dos indivíduos, pelo que o tributo passou a ter um papel de suma relevância para o financiamento das prestações positivas a serem fornecidas pela Administração Pública à sociedade.

Contudo, o dever fundamental de pagar tributos não pode ser irrestrito e ilimitado sob a justificativa do dever de solidariedade no rateio do custo do Estado desejado pela sociedade, motivo pelo qual este dever fundamental, tanto no ordenamento jurídico pátrio quanto alhures, encontra-se estritamente vinculado ao princípio de capacidade contributiva.

Neste contexto, tornou-se necessária a instituição da figura das contribuições sociais como fonte de custeio para as atividades tipicamente sociais, que são desempenhadas por entidades que correspondem a uma *longa manus* do Estado.

No entanto, embora as contribuições sociais tenham sido instituídas com uma finalidade pré-estabelecida, específica e bem delimitada – qual seja: o financiamento da previdência social, da saúde e da assistência social –, foi inserido no ordenamento brasileiro o instituto da desvinculação das receitas da União com o objetivo de sanear o sistema financeiro federal e alcançar a estabilidade econômica. Esse instituto, conhecido por "DRU", foi criado inicialmente como uma medida temporária, mas vem sendo prorrogado gradativamente ao longo dos anos por meio de novas emendas constitucionais.

Tendo esse pano de fundo, o presente artigo tem por escopo analisar a figura das contribuições sociais e sua finalidade no ordenamento jurídico pátrio, bem como a tredestinação do produto de sua arrecadação.

Será dada especial atenção ao tratamento dado ao assunto pela doutrina e jurisprudência e, ao final do artigo, serão trazidas conclusões sobre o tema e a necessidade iminente de uma reforma tributária no Brasil.

1. O HISTÓRICO DAS CONTRIBUIÇÕES SOCIAIS

O Estado Fiscal é a faceta do Estado cujas necessidades financeiras são essencialmente suportadas por impostos, tendo sido essa uma característica dominante do Estado Moderno, não obstante a sua evolução na passagem do Estado Liberal para o Estado Social.[1]

Sob a égide do Estado Liberal, preconizava-se a ideia de proteção da propriedade e das liberdades do indivíduo e, sob a influência da crença na "mão invisível" da economia, defendia-se a desnecessidade do intervencionismo estatal e a ideia de neutralidade (econômica e social) da tributação. Em outras palavras, a tributação deveria ser mínima e de natureza meramente arrecadatória.

Vigorou neste período a justiça comutativa[2] baseada no princípio do custo benefício, segundo o qual cada um deveria pagar tributos em razão dos benefícios obtidos, passando o tributo a ser visto como expressão da liberdade. Neste contexto, as exações tributárias de contornos nitidamente definidos foram os impostos e as taxas e os mecanismos de controle sobre a sua instituição apoiaram-se numa visão causalista de mundo (teoria do fato gerador) própria do Estado de Direito, prestigiando os meios definidos (fatos legalmente qualificados).[3]

Com o advento do século XX, o Estado Fiscal desenvolveu-se sob a forma de Estado Social ou Estado de Bem-Estar, prevalecendo a ideia de liberdade positiva e o fim precípuo de garantir direitos para todos, inclusive os sociais. Movido por preocupações de funcionamento global da sociedade e da economia, o Estado Fiscal Social teve por base uma tributação alargada, exigida pela própria estrutura estatal, caracterizando-se, portanto, num estado economicamente interventor e socialmente conformador.

Neste cenário, passaram a vigorar as ideias de justiça distributiva[4] e de solidariedade social, segundo a qual o financiamento das ações estatais (como saúde pública e educação) caberia a toda sociedade, preferencialmente através do pagamento de impostos.

---

1. NABAIS, José Casalta. *O dever fundamental de pagar impostos: contributo para a compreensão constitucional do estado fiscal contemporâneo.* Coimbra: Editora Almedina, 2015. 4ª reimp. p. 191-194.
2. TORRES, Ricardo Lobo. *Tratado de Direito Constitucional Financeiro e Tributário – Valores e princípios constitucionais tributários.* 2ª ed. Rio de Janeiro: Renovar, 2014. p. 111, cit: "A justiça comutativa é a justiça que impera nas trocas e tem o seu campo específico no direito privado."
3. GRECO, Marco Aurélio. *Contribuições (uma figura "sui generis").* São Paulo: Dialética, 2000. p. 101.
4. TORRES, Ricardo Lobo. Op cit. p. 110. O conceito de justiça distributiva remonta a Aristóteles, que assim a definia: "é a que intervém na distribuição das honras, ou das riquezas, ou de outras vantagens que se repartem entre os membros da comunidade política".

Assim sendo, visando a atingir determinados objetivos econômicos e a suprir as necessidades sociais, o Estado começou a atuar positivamente mediante a criação de entidades específicas, consideradas como uma *longa manus* deste. Tais estruturas necessitavam de recursos financeiros para cumprir com seus objetivos, justificando, assim, a cobrança da coletividade de quantias em prol destas finalidades[5].

Surgiu então a figura das contribuições, cuja preocupação não é tanto com as causas (fatos geradores), mas predominantemente com as finalidades buscadas (de caráter social, de intervenção no domínio econômico) próprias do Estado Social.[6]

Daí criou-se a nomenclatura "parafiscalidade", já que tais contribuições passaram a ser arrecadadas por entidades que se encontravam "ao lado" do Estado e com a afetação de suas receitas aos fins específicos a que se destinavam tais entidades.

Com o surgimento desta nova figura e das entidades intermediárias que se encontram entre o Estado e os cidadãos, foi alterado o enfoque dado às ideias de fraternidade e solidariedade, de modo que a solidariedade passou a ser vista como um elo de ligação entre membros de um grupo identificado em função de certos interesses, objetivos e necessidades, ou seja, um elo que une alguns e não todos.[7]

Na terceira e atual fase do Estado Fiscal, correspondente ao Estado Social e Democrático de Direito, tornou-se necessário ponderar os valores de liberdade e solidariedade e unir os elementos de justiça comutativa com os da justiça distributiva, viabilizando o surgimento da solidariedade de grupo (também chamada de custo-benefício coletivo), em relação às contribuições parafiscais através da referibilidade de grupo. As contribuições parafiscais, portanto, buscam fundamento de validade na solidariedade de grupo, por serem uma forma de imposição de encargo fiscal somente sobre o grupo ou as pessoas que dele se beneficiam. Assim sendo, a solidariedade social em sentido genérico passou a se restringir aos impostos.[8]

---

5. GRECO, Marco Aurélio. op. cit. p. 57.
6. Ibid. p. 101.
7. Ibid. p. 59.
8. RIBEIRO, Ricardo Lodi. *Limitações Constitucionais ao Poder de Tributar*. Rio de Janeiro: Lumen Juris, 2010. p. 149-152.

Emanuelle Morselli, um dos precursores no estudo da dogmática da parafiscalidade, distingue tributos com finalidade eminentemente política (como os impostos) e outros com fins sociais e econômicos (como as contribuições sociais ou impostos parafiscais). Para Morselli, a parafiscalidade relaciona-se com os deveres especiais atinentes aos fins econômicos ou sociais – que, por sua vez, dizem respeito a determinados grupos ou categorias profissionais – garantidas ou reconhecidas pelo Estado como organismos institucionais.[9]

Enaltecendo a finalidade social, a parafiscalidade passou a ser vista como justificativa para a nova forma interventiva do Estado, na tentativa de preservar o paradigma da ação estatal neutra, ao lado de um novo viés redistributivo e com pretensões de correção das falhas do modelo capitalista.

Além disso, a criação da parafiscalidade, de certa forma, foi uma saída para estimular o pagamento de tributos sem reações ou resistência por parte dos contribuintes, haja vista essa nova forma de contribuição possuir fundamento específico e arrecadação vinculada a tal fim.[10]

Há, inclusive, que se destacar que a parafiscalidade encontrou grande amparo em regimes autoritários e totalitaristas (especialmente no fascismo italiano, que perdurou de 1922 a 1943, e na França de Vichy, nos anos de 1940 a 1944), que a utilizavam como escusa às garantias tradicionais dos contribuintes, cobrando-as e majorando-as em flagrante violação às limitações ao poder de tributar constitucionalmente estabelecidas.

E no Brasil não poderia ser diferente. O tema das contribuições sociais foi desenvolvido na Era Vargas (1930-1945), com destaque para a criação de Institutos de Aposentadorias e Pensões em 1933, que concentravam no poder geral a gestão e as receitas da previdência social brasileira.[11]

Uma análise rápida do constitucionalismo brasileiro mostra que as contribuições foram previstas expressamente pela primeira vez na

---

9. MORSELLI, Emanuele. *Curso de Ciência das Finanças Públicas – Introdução e Princípios Gerais* (tradução Elza Meschick), 5. ed. Rio de Janeiro: Edições Financeiras S.A., 1959. p. 17.

10. IBRAHIM, Fábio Zambitte. *A Parafiscalidade – Ascensão e Queda das Contribuições Sociais.* Revista Brasileira de Direito Previdenciário, n. 1, Fev-Mar/2011. p. 21-46.

11. IBRAHIM, Fábio Zambitte. *A previdência social no estado contemporâneo: fundamentos, financiamento e regulação.* Niterói/RJ: Impetus, 2011. p. 250.

Constituição de 1934[12]. Todavia, mister observar que nem a redação original do Código Tributário Nacional (CTN) e da Constituição de 1967 tratavam da figura das contribuições. Tanto é que foi necessário o advento do Decreto-lei nº 27/1966 para inclusão do artigo 217 no CTN ratificando a permanência das contribuições no ordenamento constitucional, bem como a Emenda Constitucional (EC) nº 01/1969, fazendo referência expressa a tal figura mediante a inclusão do parágrafo 2º e inciso I no artigo 21 da Constituição de 1967.[13] Tais modificações legislativas evidenciam ainda mais o interesse do regime ditatorial brasileiro pela figura das contribuições.

Até então, prevalecia o entendimento – tanto da doutrina como da jurisprudência[14] – de que as contribuições teriam natureza tributária, mas se caracterizariam como uma nova espécie do gênero tributo. Todavia, em 1977 foi editada a EC nº 08 que, apesar de ampliar a competência da União para instituição de contribuições e incluir o interesse das categorias profissionais (além da previdência social e intervenção no domínio econômico), introduziu o inciso X no artigo 43 da Constituição de 1967, retirando as contribuições do capítulo relativo ao sistema tributário nacional, o que deu origem à alegação de que as contribuições sociais deixaram de ter natureza de tributo e passaram a ser "algo à parte"[15].

No entanto, tal divergência perdeu força com a promulgação da Constituição de 1988 (CFRB/88) e o retorno das contribuições no sistema tributário nacional e sua submissão (ainda que parcial, segundo vozes da doutrina) ao regime jurídico tributário, conforme redação do artigo 149[16].

---

12. O artigo 121, alínea "h" da Constituição de 1934 previa assistência médica e sanitária ao trabalhador e à gestante e a contribuição para previdência para casos de velhice, invalidez, morte, maternidade e acidente de trabalho.

13. GRECO, Marco Aurélio. op. cit. p. 77.

14. Cf. BRASIL. Supremo Tribunal Federal. Recurso Extraordinário 18291. Rel. Min. Aliomar Baleeiro, DJ 25/10/1974.

15. Cf. GRECO, Marco Aurélio. op. cit. p. 78. BRASIL. Supremo Tribunal Federal. Recurso Extraordinário 86595. Rel. Min. Xavier de Albuquerque, DJ 07/05/1978; QUEIROZ, Luís Cesar Souza de. *Critério finalístico e o controle de constitucionalidade das contribuições*. VI Congresso Nacional de Estudos Tributários. Sistema tributário brasileiro e a crise atual / Macedo, Alberto (et al). São Paulo: Noeses, 2009, p. 631-633.

16. Cf. BRASIL. *Constituição da República Federativa do Brasil*. Brasília: Planalto, 2016. Disponível em: <http://www.planalto.gov.br > Acesso em 19 de março de 2017: "Art. 149. Compete exclusivamente à União instituir contribuições sociais, de intervenção no domínio econômico e de

Como ressaltado por Ricardo Lobo Torres, o viés intervencionista acentuado da CFRB/88 teve como resultado a transformação da parafiscalidade em fiscalidade, com a incorporação das contribuições sociais à constituição tributária e a consequente simbiose entre "liberdade para" (liberdade para a concretização de objetivos coletivos) e justiça tributária.[17]

Como visto no início deste tópico, no Brasil também houve a simbiose das visões de Estado de Direito e Estado Social e a fusão dos valores da segurança e da justiça, na medida em que no artigo 1º da CFRB/88 estabelece que a República Federativa do Brasil constitui-se em Estado Democrático de Direito e o artigo 3º, inciso I, por sua vez, prevê que um dos objetivos fundamentais da República é "construir uma sociedade livre, justa e solidária".[18]

Verifica-se que a justiça decorre da conjugação da solidariedade com a liberdade, na medida em que o objetivo da CFRB/88 é a construção de uma sociedade que, concomitantemente, veja resguardada a liberdade individual e também enxergue a implementação concreta de mecanismos e formas de cooperação entre seus integrantes.[19]

Esta simbiose é facilmente identificada nas contribuições para a seguridade social, haja vista que os artigos 193 e seguintes da CFRB/88 qualificam os fins a serem perseguidos, o que as aproxima do ideal do Estado Social, enquanto o artigo 149 remete ao Estado de Direito ao obrigar tais contribuições a se submeterem, dentre outras, às limitações ao poder de tributar.[20]

Considerando a submissão das contribuições sociais ao regime jurídico tributário nos moldes do artigo 149 acima detalhados, a partir de 1988, as contribuições sociais (re)adquiriram natureza tributária e passaram a se confundir com os impostos com destinação especial, fun-

---

interesse das categorias profissionais ou econômicas, como instrumento de sua atuação nas respectivas áreas, observado o disposto nos arts. 146, III, e 150, I e III, e sem prejuízo do previsto no art. 195, § 6º, relativamente às contribuições a que alude o dispositivo."

17. TORRES, Ricardo Lobo. op. cit. p. 315-316.

18. GRECO, Marco Aurélio. op. cit. p. 101-102.

19. GRECO, Marco Aurélio. Solidariedade Social e Tributação *In:* GRECO, Marco Aurélio; GODOI, Marciano Seabra de. (Org.) Solidariedade Social e Tributação, 2005, p. 168-189.

20. Limitações essas como: legalidade (artigo 150, I), irretroatividade (artigo 150, III, "a"), anterioridade (artigo 150, III, "b", na feição do artigo 195, parágrafo 6º), além de se submeterem às normas gerais contidas no Código Tributário Nacional (CTN) (artigo 146, III). GRECO, Marco Aurélio. op. cit. p. 102. Nesse mesmo sentido, QUEIROZ, Luís Cesar Souza de. op. cit. p. 632.

dados na justificativa racional da solidariedade, já que as contribuições são pagas por pessoas jurídicas que não usufruem das prestações estatais, como se dá, por exemplo, nas contribuições previdenciárias sobre a folha de salários.[21]

Com a associação entre segurança dos direitos fundamentais financiada pelos impostos e a seguridade social suportada pelas contribuições sociais ou impostos com destinação especial, bem como a inclusão da justiça parafiscal na justiça fiscal, criou-se um sistema de seguridade social insustentável e em crise financeira permanente.[22]

Não é preciso ir muito longe para chegar a tal conclusão, uma vez que o susbsistema de saúde é marcado pela universalidade e gratuidade, enquanto o susbsistema previdenciário se caracteriza pela precariedade, haja vista a cobertura assistencial não depender de contribuição, sendo mantida pelos demais membros da sociedade.[23]

Há, portanto, ainda que implicitamente, o abandono da solidariedade de grupo e o retorno do discurso da solidariedade social e da necessidade de financiamento do aparato estatal por toda a sociedade através de um sistema tributário baseado fundamentalmente em impostos.

2. A FUNDAMENTAÇÃO DAS CONTRIBUIÇÕES SOCIAIS NO ORDENAMENTO JURÍDICO BRASILEIRO

Antes da promulgação da CFRB/88, muito se discutia acerca da natureza jurídica das contribuições sociais. Em 1974, o Supremo Tribunal Federal (STF) reconheceu a natureza tributária das contribuições[24] e, posteriormente, em 1978, decidiu em sentido diverso, haja vista a EC nº 08/1977 ter introduzido o inciso X no artigo 43 da Constituição de 1967, pelo que as contribuições deixavam de ter natureza tributária e passavam a ser algo à parte.[25-26]

---

21. TORRES, Ricardo Lobo. op. cit. p. 90.
22. TORRES, Ricardo Lobo. op. cit. p. 170.
23. IBRAHIM, Fábio Zambitte. op. cit. p. 258-259.
24. BRASIL. Supremo Tribunal Federal. Recurso Extraordinário 18291. Rel. Min. Aliomar Baleeiro, DJ 25/10/1974.
25. BRASIL. Supremo Tribunal Federal. Recurso Extraordinário 86595. Rel. Min. Xavier de Albuquerque, DJ 07/05/1978.
26. GRECO, Marco Aurélio. op. cit. p. 78; QUEIROZ, Luís Cesar Souza de. op. cit. p. 633.

Tendo a CFRB/88 como pano de fundo, em princípio, tal discussão teria sido apaziguada, pelo que a maioria da doutrina e jurisprudência assumiu a natureza tributária das contribuições sociais, identificando-as como espécie tributária autônoma, distinta de impostos, taxas, empréstimos compulsórios e contribuições de melhorias. Mas nem sempre foi assim e isto até hoje não é um ponto pacífico.

Tradicionalmente, a classificação das espécies tributárias dividiu a doutrina em duas escolas. A primeira delas, conhecida por dicotômica ou bipartite, partindo do critério de identificação da materialidade do fato gerador, vislumbra apenas duas espécies tributárias a depender da vinculação a uma atuação estatal (taxas) ou não (impostos). Já a segunda, denominada por tricotômica ou tripartite, leva em conta somente as características do antecedente e do consequente da norma tributária[27] e subdivide as taxas em razão do grau de referibilidade da atividade estatal ao sujeito passivo, diferenciando as taxas das contribuições.[28-29] Esta teoria tripartite ou tricotômica foi adotada pelo artigo 5º do CTN, nos termos do qual "os tributos são impostos, taxas e contribuições de melhoria".

À primeira doutrina filiam-se autores como Pontes de Miranda, Alfredo Augusto Becker e Geraldo Ataliba, enquanto Rubens Gomes de Souza e Sacha Calmon Navarro Coelho seguem a segunda teoria.[30]

Fábio Fanucchi e Luciano Amaro adotam a classificação em quatro espécies tributárias, quais sejam: impostos, taxas, contribuições e empréstimos compulsórios. Ives Gandra Martins e Hugo de Brito Machado, por sua vez, encabeçam a classificação quinquipartite dos tributos, considerando como espécies tributárias os impostos, as taxas, as contribuições de melhoria, os empréstimos compulsórios e as contribuições especiais. Estas últimas classificações afastam-se da materialidade do fato gerador, preocupando-se com as propriedades e o perfil de cada espécie.[31]

Todavia, o entendimento das contribuições como espécie autônoma de tributo encontra uma crítica plausível na doutrina, uma vez que

---

27. QUEIROZ, Luís Cesar Souza de. op. cit. p. 635.
28. SCHOUERI, Luís Eduardo. *Direito Tributário.* São Paulo: Saraiva, 2015. 5 ed. p. 169-170.
29. GRECO, Marco Aurélio. op. cit. p. 91.
30. Neste sentido, AMARO, Luciano. *Direito tributário brasileiro.* São Paulo: Saraiva, 2010. p. 87.
31. CF. AMARO, Luciano. op. cit.. p. 89-103, GRECO, Marco Aurélio. op. cit. p. 92.

a destinação específica a ser conferida ao produto da arrecadação se dá, na verdade, em um momento posterior ao fenômeno tributário.[32] Tal teoria será analisada mais adiante.

Como visto, a depender da classificação adotada, as contribuições sociais objeto do presente estudo são caracterizadas ou não como espécie tributária autônoma[33]. Para os defensores da teoria tripartirte e quatripartite, as contribuições sociais seriam subespécie das contribuições. Há ainda quem diga que as contribuições sociais teriam natureza de taxa, assim como há defensores da tese de que elas seriam, na verdade, impostos afetados a uma finalidade específica.

A afirmação de que as contribuições sociais teriam natureza de taxa reside na aparente natureza contraprestacional das contribuições sociais, pois as contribuições a cargo dos trabalhadores seriam uma contrapartida dos benefícios a eles prestados ou postos à sua disposição. Yonne Dolácio de Oliveira aproxima as contribuições especiais das taxas devido à existência de um benefício particular, individualizado, obtido pelo obrigado e decorrente de uma atuação estatal específica e determinada.[34]

Vê-se, pois, que adotada a variável da referibilidade para fins de classificação das espécies tributárias, as contribuições sociais se assemelhariam às taxas, uma vez que restaria presente a referibilidade entre o sujeito passivo e a prestação estatal específica.

Como assevera Ricardo Lobo Torres, a ideia adjacente desta classificação se fundamenta na sociedade de risco[35], segundo a qual o ônus tributário deve recair sobre aqueles que se beneficiam das vantagens. Verifica-se que o Estado dos impostos cede espaço para o Estado das

---

32. QUEIROZ, Luís Cesar Souza de. op. cit. p. 642.

33. Ao ver de Luís Cesar de Souza Queiroz, as teorias tripartite, quadripartite e quinquipartite apresentam uma conclusão comum: "imposto, taxa, contribuição de melhoria, contribuições especiais e empréstimo compulsório apresentam natureza tributária. *In* Ibid. p. 635.

34. AMARO, Luciano. op. cit.. p. 85-86.

35. O termo "sociedade de risco" tornou-se mundialmente conhecido a partir da obra de BECK, Ulrich. *Sociedade de risco: rumo a uma outra modernidade.* (tradução de Sebastião Nascimento) São Paulo: Editora 34, 2011. 2ª ed. De acordo com Ulrick Beck, vivemos hoje num momento de reconfiguração da sociedade moderna, o que opera mudanças radicais na política, na economia e no comportamento, na medida em que a produção social de riquezas se faz acompanhar, cada vez mais, de uma produção social de riscos, que variam da instabilidade dos mercados às catástrofes ambientais e ao terrorismo.

taxas, de modo a evitar a socialização das despesas para ganhos restritos a determinados grupos.[36]

Na visão de Fábio Zambitte Ibrahim, a equiparação às taxas seria válida para as contribuições previdenciárias dos segurados, principalmente em regimes de seguro social como o brasileiro, pois o valor do benefício tem correlação com as contribuições pagas. No entanto, ao adentrar no assunto de modo menos superficial é possível concluir que a equiparação entre contribuições sociais (em especial a previdenciária) e as taxas não merece guarida.[37]

Primeiramente, há que se destacar que as contribuições não se legitimariam como taxas por não corresponderem ao exercício do poder de polícia nem à prestação de serviço público divisível, e também por terem base de cálculo igual à de impostos.

Em segundo lugar, imperioso considerar que a correlação entre o custeio e o benefício é variante e não está presente em toda e qualquer prestação previdenciária. O beneficiário pode não ser a mesma pessoa que efetivamente contribuiu para previdência, motivo pelo qual se pode falar que tal contraprestação seria familiar, e não individual (como é o caso da pensão por morte).[38]

Por outro lado, a tese de que as contribuições seriam "impostos" também encontra inúmeros argumentos na doutrina brasileira e alhures. Ainda que se alegue que as contribuições sociais seriam distintas dos impostos pelo fato de possuírem finalidade específica e sua receita ser vinculada a determinada atividade estatal em benefício de um grupo de pessoas, fato é que essa distinção vem perdendo força com o passar do tempo, haja vista a criação de inúmeras contribuições que acabam por se distanciar do fundamento da solidariedade de grupo e a tredestinação do produto da arrecadação das contribuições por meio da figura da DRU. Além do mais, é indiscutível que há muito o imposto é utilizado como instrumento de justiça social.

A lição mais antiga nesse sentido parece ser a de Gaston Jèze, que entendia que as contribuições a cargo das empresas seriam verdadeiros

36. TORRES, Ricardo Lobo. Op cit. p. 370.

37. IBRAHIM, Fábio Zambitte. op. cit. p. 261.

38. Ibid. p. 261-262.

impostos, face à inexistente contrapartida[39], demonstrando a inexistência da referibilidade da contribuição com a prestação estatal.

Ademais, considerando que as contribuições sociais destinam-se ao custeio de todo o sistema da seguridade social, o que engloba a previdência social, a saúde e a assistência social, verifica-se que a referida a atuação estatal é dirigida a toda a coletividade, incluindo aquelas pessoas que nunca efetuaram qualquer contribuição à seguridade.[40]

Não bastasse a generalidade e a universalidade das contribuições sociais, há que se destacar que, diferentemente das taxas, os seus fatos geradores não são atuações do Estado, o que as aproxima ainda mais dos impostos.

A doutrina portuguesa, encabeçada por José Casalta Nabais, recusa qualquer autonomia das figuras tributárias que integram o fenômeno da parafiscalidade. Para o professor luso, as contribuições seriam, na verdade, impostos afetados a determinadas entidades públicas, que não devem ser objeto de um tratamento jurídico-constitucional diverso do dispensado aos impostos em geral.[41]

Isto fica ainda mais evidente quando se analisa a CFRB/88 e a modificação nela introduzida pela EC nº 12/1996, que criaram as contribuições sociais sobre o faturamento, o lucro e as movimentações financeiras, chamadas por Ricardo Lobo Torres como "contribuições sociais exóticas", nas quais não há contraprestação estatal em favor do contribuinte, motivo pelo qual tais contribuições nada mais são do que impostos com destinação especial, incidentes sobre a renda, as vendas ou as transações bancárias.[42]

---

39. MACHADO, Brandão. *São tributos as contribuições sociais? In: Princípios tributários no direito brasileiro e comparado: estudos jurídicos em homenagem a Gilberto Ulhoa Canto.* Rio de Janeiro: Forense, 1988. p. 86 *APUD* AMARO, Luciano. op. cit. p. 84.

40. Neste sentido, destaque para os artigos 196 e 203 da CFRB/88 *in* BRASIL. *Constituição da República Federativa do Brasil.* Brasília: Planalto, 2016. Disponível em: <http://www.planalto.gov.br>. Acesso em 19 de março de 2017: "Art. 196. A saúde é direito de todos e dever do Estado, garantido mediante políticas sociais e econômicas que visem à redução do risco de doença e de outros agravos e ao acesso universal e igualitário às ações e serviços para sua promoção, proteção e recuperação."

    "Art. 203. A assistência social será prestada a quem dela necessitar, independentemente de contribuição à seguridade social, e tem por objetivos: (...)".

41. NABAIS, José Casalta. op. cit. p. 256-257.

42. TORRES, Ricardo Lobo. op. cit. p. 602.

Tais contribuições "anômalas" ou "exóticas" não buscam fundamento de validade na solidariedade de grupo, passando a exibir a mesma justificativa dos impostos, qual seja: a capacidade contributiva fundada na solidariedade social ou geral.

Marco Aurélio Greco vai ainda mais longe e adota o entendimento de que as contribuições sociais sequer teriam natureza tributária, sendo, pois, uma figura "sui generis". Primeiramente, ao analisar a CRFB/88, o referido autor faz alusão ao artigo 145, segundo o qual a União, os Estados, o Distrito Federal e os Municípios podem instituir os seguintes tributos: impostos, taxas e contribuições de melhoria. Estas, portanto, seriam as espécies tributárias previstas pelo modelo constitucional vigente.[43]

O ilustre professor ainda afasta duas possíveis alegações em sentido contrário à sua afirmação, sustentando que, ainda que o artigo 145 enumerasse os tributos que poderiam ser criados por todos os entes políticos e não apenas a União (como é o caso das contribuições), não haveria justificativa para a disciplina adotada pela CFRB/88 ser diferente da anterior. Além do mais, também não se poderia sustentar a natureza tributária das contribuições sob a justificativa de que o artigo 145 deve ser interpretado em conjunto com o artigo 149 que estabelece que as contribuições se submetem ao regime jurídico dos tributos.

A questão adjacente que se impõe é a seguinte: se as contribuições tivessem natureza tributária, faria sentido o artigo 149 determinar a aplicação de normas de direito tributário e a submissão a determinadas limitações constitucionais ao poder de tributar? Para Marco Aurélio Greco, se a intenção do constituinte fosse conceder natureza tributária às contribuições, bastaria a inclusão de um quarto inciso no artigo 145 ou até mesmo prever na redação do inciso III apenas a palavra "contribuições" ao invés de especificamente "contribuição de melhoria", pelo que, obrigatória e automaticamente, toda a sistemática e regime tributário seriam aplicados para as contribuições em comento.[44-45]

Para ilustrar a sua indignação à classificação das contribuições sociais como tributos, Marco Aurélio traz à baila a figura da contribuição cobrada dos servidores públicos para custeio de sistemas de previdên-

43. GRECO, Marco Aurélio. op. cit. p. 80.

44. Ibid. p. 80-81.

45. De modo diverso, Luís Cesar de Souza Queiroz entende que as contribuições possuem natureza tributária por estarem compreendidas tanto na definição constitucional, quanto na definição complementar de tributo. *In* QUEIROZ, Luís Cesar Souza de. op. cit. p. 634.

cia e assistência social, conforme previsto no parágrafo 1º do artigo 149 da CFRB/88. Na visão dele, sustentar que tal contribuição seria um tributo é o mesmo que aceitar que a União, os Estados, o Distrito Federal e os Municípios podem cobrar tributos de seus servidores.[46]

Tal crítica também é encampada por Ricardo Lobo Torres, para quem o STF teria criado o "princípio estrutural da solidariedade" com o propósito de validar tributos anômalos criados pela própria Constituição, como, dentre outros, a contribuição social sobre as aposentadorias dos servidores públicos.[47] Faz-se alusão ao julgamento do STF nas ADI nº 3.105/DF e ADI nº 3.128/DF que, após a edição da EC nº 41/2003, entendeu como constitucional a cobrança de tal contribuição dos servidores inativos e pensionistas.

Assim sendo, a conclusão a que se chega é que, independente da natureza tributária ou não ou da classificação que se venha a adotar, fato é que as contribuições sociais são uma figura "sui generis", "anômala" e "exótica".

3. A TREDESTINAÇÃO DAS CONTRIBUIÇÕES SOCIAIS E A DESVINCULAÇÃO DAS RECEITAS DA UNIÃO

Como destacado por Fernando Facury Scaff, a CFRB/88 estabeleceu um sistema de federalismo participativo, de modo que algumas receitas da União devem ser compartilhadas com os Estados e os Municípios, tendo criado também um mecanismo através do qual parte das receitas arrecadadas pela União deve ser vinculada a finalidades específicas, fundamentais para o desenvolvimento da sociedade brasileira.[48]

No entanto, em que pese o produto da arrecadação das contribuições sociais ser exclusivamente destinado às finalidades que geraram a sua criação (isto é, a previdência social, a saúde e a assistência social), na prática isso ocorre de uma maneira um pouco diferente graças aos fenômenos da tredestinação e da desvinculação das receitas advindas das contribuições.

---

46. GRECO, Marco Aurélio. op. cit. p. 88.

47. TORRES, Ricardo Lobo. *Existe um Princípio Estrutural da Solidariedade. In:* GRECO, Marco Aurélio; GODOI, Marciano Seabra de. (Org.) Solidariedade Social e Tributação, 2005, p. 198-207.

48. SCAFF, Fernando Facury. *Direitos humanos e a desvinculação das receitas da União – DRU.* Revista de Direito Administrativo, 2004, v. 236: p. 35.

De acordo com a diferenciação feita pelo professor Luís Cesar de Souza Queiroz, a desvinculação decorre de Emenda Constitucional ou de lei em sentido incompatível com a destinação estabelecida pelo poder constituinte originário, segundo a qual o produto da arrecadação será destinado a custear certa ação estatal ou a financiar certo órgão, fundo ou despesa. Por outro lado, a tredestinação é o fenômeno representativo da não utilização de recursos para os fins normativamente previstos.[49]

Feita tal diferenciação, passa-se à análise do histórico da desvinculação no ordenamento jurídico brasileiro, tendo em vista que desde 1994 o constituinte derivado vem editando emendas constitucionais com o intuito de desvincular parte do montante arrecadado por meio das contribuições sociais sob o falacioso argumento de necessidade de saneamento financeiro e alcance da estabilidade econômica.

Sob a égide do processo de revisão constitucional[50], a Emenda Constitucional de Revisão nº 1, publicada em 01.03.1994, inseriu os artigo 71, 72 e 73 ao Ato das Disposições Constitucionais Transitórias (ADCT) e criou o Fundo Social de Emergência (FSE), tendo por propósito alcançar a estabilização econômica e social em um cenário econômico instável devido à implementação do Plano Real, além de ter por objetivo estabilizar a inflação.[51]

O FSE foi criado para vigorar durante os exercícios de 1994 e 1995 e era composto por (i) Imposto de Renda Retido na Fonte (IRRF) sobre pagamentos efetuados a qualquer título pela União, suas autarquias e fundações; (ii) majoração do Imposto sobre Operações Financeiras (IOF), Imposto Territorial Rural (ITR), Imposto de Renda (IR), IRRF e majoração das alíquotas da Contribuição Social sobre o Lucro Líquido (CSLL) e da contribuição ao Programa de Integração Social (PIS) das instituições financeiras; e (iii) 20% do produto da arrecadação de todos os impostos e contribuições da União, exceto os acima mencionados.[52]

Uma vez encerrado o prazo de vigência do FSE, em 04.03.1996 foi promulgada a EC nº 10 que prorrogou o fundo até 30.06.1997 e passou

49. QUEIROZ, Luís Cesar Souza de. op. cit. p. 643.

50. Conforme previsão do artigo 3º do Ato das Disposições Constitucionais Transitórias (ADCT). *In* BRASIL. *Constituição da República Federativa do Brasil*. Brasília: Planalto, 2016. Disponível em: <http://www.planalto.gov.br > Acesso em 19 de março de 2017.

51. DRAGO, Florence Cronemberger Haret. MOLLICA, Rogério. *Tredestinação vista pela ótica da política judiciária*. *In* Revista Thesis Juris – RTJ, São Paulo, V. 4, N.3, pp. 451-467, Set.-Dez. 2015.

52. SCAFF, Fernando Facury. op. cit. p. 37.

a denominá-lo de Fundo de Estabilização Fiscal (FEF) que, em linhas gerais, manteve todas as normas criadas pela Emenda Constitucional de Revisão nº 01/1994 com exceção daquelas relativas ao ITR. Além do mais, a desvinculação de 20% do produto da arrecadação de todos os impostos e contribuições da União passou a abranger inclusive aqueles tributos a serem criados.[53] Posteriormente, em 22.11.1997, foi editada a EC nº 17 que prorrogou o FEF, de modo retroativo, até 31.12.1999.

A Desvinculação de Receitas da União, mais conhecida pela sigla DRU, surgiu efetivamente no ordenamento jurídico brasileiro em 2000 como verdadeira sucessora dos dois mecanismos financeiro-orçamentários anteriores, os fundos FSE e FEF[54]. A EC nº 27, de 21.03.2000, instituiu a DRU para o período de 2000 a 2003 e desvinculou 20% da arrecadação de "*impostos e contribuições sociais da União, já instituídos ou que vierem a ser virados no referido período, seus adicionais e respectivos acréscimos legais*".

Em 2003, a EC nº 42 trouxe a lume uma nova reforma tributária e prorrogou a DRU até o ano de 2003. Além de ampliar o prazo da DRU até 2007, ampliou também o seu alcance de modo a incluir na desvinculação a Contribuição de Intervenção no Domínio Econômico (CIDE). Contudo, houve por bem inserir o parágrafo 1º ao artigo 76 do ADCT com a preocupação relativa a possíveis problemas políticos decorrentes da diminuição da receita dos Estados e Municípios.[55]

Ato contínuo, com a promulgação da EC nº 56, de 20.12.2007, a DRU foi novamente prorrogada, agora até 2011, quando foi editada a Emenda Constitucional nº 68 que estendeu o seu período de vigência até o final do exercício de 2015.

Assim, em julho de 2016, o Governo Federal encaminhou ao Congresso Nacional a Proposta de Emenda à Constituição nº 87/2015 para que a DRU fosse prorrogada por mais alguns anos com mudanças substanciais.

Em 08.09.2016, foi então publicada a EC nº 93, com efeitos retroativos desde 01.01.2016, determinando, em suma, a prorrogação da DRU até 31.12.2023 bem como a majoração do percentual de desvinculação de 20% para 30% das contribuições sociais e de intervenção no domínio

53. Ibid. p. 38.

54. DRAGO, Florence Cronemberger Haret. MOLLICA, Rogério. op. cit. p. 454.

55. SCAFF, Fernando Facury. op. cit. p. 39.

econômico e taxas arrecadadas pela União, deixando de fora da desvinculação os impostos e os acréscimos legais antes previstos.

Sob a justificativa de que a desvinculação de receitas possibilita o manejo de recursos para qualquer despesa considerada prioritária, formação de superávit primário e pagamento da dívida pública, a EC nº 93/2016 ainda incluiu os artigos 76-A e 76-B no ADCT introduzindo no ordenamento jurídico pátrio a desvinculação de receitas dos Estados e Municípios (DREM).

Isto é, desde o início do exercício de 2016 até o final de 2023, haverá a desvinculação de 30% das receitas dos Estados, do Distrito Federal e dos Municípios relativas a impostos, taxas e multas, já instituídos ou que vierem a ser criados até a referida data, seus adicionais e respectivos acréscimos legais, e outras receitas correntes.

Assim como a DRU, a DREM também não altera a regra que estabelece os gastos mínimos para educação[56] e saúde[57] nem as transferências constitucionais de impostos para Estados e Municípios.

Feito um breve parêntese acerca da instituição da DREM, retorna-se à tredestinação das contribuições sociais que é o tema principal do presente artigo. Pelo o que foi exposto e analisado até aqui, percebe-se que a sua principal consequência é a possibilidade de redução dos valores gastos nas finalidades constitucionalmente estabelecidas para as contribuições. Assim, a DRU é um mecanismo que permite a desvinculação de receitas originalmente afetadas sem estabelecer nenhum tipo de destinação ao montante desvinculado, deixando-o à livre disposição do Poder Executivo.[58]

Dito de outro modo, o governante passa a ter mais recursos de livre alocação, o que possibilita uma reavaliação das políticas públicas a serem concretizadas de acordo com as prioridades e urgências da sociedade naquele momento. Todavia, ao mesmo tempo em que a desvinculação é benéfica ao flexibilizar a aplicação da parcela do montante arrecadado, ela dá margem para discricionariedade dos governantes, o que é preocupante já que nos últimos tempos a sociedade brasileira vivencia episódios frequentes de políticas públicas casuísticas, sem planejamento e continuidade, sem falar na corrupção que assombra o cenário político.

56. 18% para União e 25% para Estados e Municípios.

57. 15% para a União, 12% para Estados e 15% para Municípios.

58. DRAGO, Florence Cronemberger Haret. MOLLICA, Rogério. op. cit. p. 455.

4. SERIA A DESVINCULAÇÃO INCONSTITUCIONAL?

Como visto, o Estado Social e Democrático de Direito assumiu inúmeros deveres prestacionais perante a sociedade, tendo trazido para seu âmbito de atuação atividades de intervenção no campo social e econômico. Neste contexto, a CFRB/88 estabeleceu a vinculação de determinados ingressos financeiros a gastos já pré-determinados pelo constituinte originário com o fim precípuo de garantir o suporte financeiro a essas prestações estatais e impedir que o Poder Executivo utilize tais recursos para finalidades diversas.[59]

Partindo dessa premissa, o artigo 149 da CFRB/88[60] estabeleceu que as contribuições especiais – isto é, não só as contribuições sociais, mas também as de intervenção do domínio econômico – seriam destinadas ao custeio dos deveres prestacionais do Estado intimamente ligados aos direitos fundamentais dos cidadãos. Percebe-se, pois, que o gasto social a ser realizado é a verdadeira *ratio essendi* das contribuições sociais, pelo que se passou a questionar a desvinculação de parcela da arrecadação das contribuições e sua destinação para outros fins.

Neste cenário, parcela significativa da doutrina sustenta que a desvinculação dos recursos das contribuições sociais afronta a Constituição na medida em que isto prejudica o atendimento aos direitos fundamentais de segunda e terceira gerações, desrespeita os direitos e garantias individuais dos contribuintes e viola o pacto federativo, uma vez que a desvinculação transforma as contribuições sociais em verdadeiros impostos disfarçados cujo produto da arrecadação não é partilhado com os demais entes da federação.[61]

Sacha Calmon, apesar de negar a natureza jurídica de espécie autônoma de tributo a determinadas contribuições sociais em razão de sua finalidade, não admite a destinação do produto da arrecadação das contribuições a outros fins distintos daqueles pré-estabelecidos pela Constituição:

---

59. BREYNER, Frederico Menezes. *Inconstitucionalidade da DRU quanto às contribuições sociais sob a ótica dos direitos prestacionais fundamentais*. Revista do CAAp, v. XIII, 2007, p. 203-221.

60. BRASIL. *Constituição da República Federativa do Brasil*. Brasília: Planalto, 2016. Disponível em: <http://www.planalto.gov.br > Acesso em 19 de março de 2017: "*Art. 149. Compete exclusivamente à União instituir contribuições sociais, de intervenção no domínio econômico e de interesse das categorias profissionais ou econômicas, como instrumento de sua atuação nas respectivas áreas, observado o disposto nos arts. 146, III, e 150, I e III, e sem prejuízo do previsto no art. 195, § 6º, relativamente às contribuições a que alude o dispositivo.*"

61. QUEIROZ, Luís Cesar Souza de. op. cit. p. 660-661.

> "Os fins constitucionalmente predeterminados revelam uma diretriz constitucional. Nem o legislador, nem o administrador podem adestinar ou tredestinar o produto da arrecadação das contribuições, sob pena de crime de responsabilidade e nulidade do ato administrativo, ainda que normativo, no caso do Executivo. No caso do Legislativo, a lei será considerada inconstitucional, por ser contrária à Constituição."[62]

Hugo de Brito Machado, de forma semelhante, também adota posicionamento contrário à desvinculação das contribuições sociais:

> "É da essência do regime jurídico específico da contribuição para a seguridade social a sua destinação constitucional. Não a destinação legal do produto da arrecadação, mas a destinação constitucional, vale dizer, o vínculo estabelecido pela própria Constituição entre a contribuição e o sistema de seguridade social, como instrumento de seu financiamento direto pela sociedade."[63]

Há quem diga que o desvio da finalidade das contribuições sociais torna a DRU inconstitucional, todavia, uma vez que a DRU é instituída por Emendas Constitucionais, seria possível alegar que as Emendas veiculam normas inconstitucionais? Trata-se de uma questão cuja solução é muito delicada.[64]

A jurisprudência atual do Supremo Tribunal Federal (STF) não admite a existência de normas constitucionais advindas do poder constituinte originário que sejam inconstitucionais, reconhecendo apenas a possibilidade de controle de constitucionalidade em relação às revisões e emendas do poder constituinte derivado, que devem estar sempre abalizadas pelos parâmetros estabelecidos pela Constituição.[65]

Todavia, o STF ainda não manifestou seu entendimento acerca da (in) constitucionalidade de emenda constitucional que estabelece a des-

---

62. COELHO, Sacha Calmon Navarro. *Curso de Direito Tributário Brasileiro.* 9ª ed. Rio de Janeiro: Forense, 2006, p. 451.

63. MACHADO, Hugo de Brito. *Curso de Direito Tributário.* 31ª ed. São Paulo: Malheiros, 2010. p. 419.

64. Neste sentido, Gustavo da Gama Vital de Oliveira destaca que "Não raras vezes, portanto, o STF é chamado a desempenhar a dificílima tarefa de *distinguir o que é mero inconformismo de minorias políticas legitimamente vencidas na seara legislativa do que é efetiva violação de cláusulas pétreas que justificam a declaração de inconstitucionalidade de emendas pela violação dos consensos mínimos traçados na Constituição.*" OLIVEIRA, Gustavo da Gama Vital de. *Alguns parâmetros para a densificação das cláusulas pétreas tributárias e financeiras. In Temas de direito constitucional tributário brasileiro.* Rio de Janeiro: Gramma, 2017. p. 108-109.

65. BRASIL. Supremo Tribunal Federal. ADI 939. Rel. Min. SYDNEY SANCHES, Tribunal Pleno, julgado em 15/12/1993, DJ 18-03-1994 PP-05165 EMENT VOL-01737-02 PP-00160 RTJ VOL-00151-03 PP-00755.

vinculação do produto da arrecadação de contribuições especiais.[66] No *leading case* relativo a essa temática, a Suprema Corte não enfrentou diretamente o debate da inconstitucionalidade da emenda, tendo adotado o entendimento de que, ainda que fosse inconstitucional tal desvinculação, o contribuinte não teria direito à desoneração e/ou repetição do montante recolhido correspondente ao percentual desvinculado e esta seria a questão nuclear do recurso. A ementa do referido acórdão encontra-se transcrita abaixo:

> "DIREITOS CONSTITUCIONAL E TRIBUTÁRIO. REPERCUSSÃO GERAL. DESVINCULAÇÃO DE RECEITAS DA UNIÃO – DRU. ART. 76 DO ATO DAS DISPOSIÇÕES CONSTITUCIONAIS TRANSITÓRIAS. AUSÊNCIA DE CORRELAÇÃO ENTRE A ALEGADA INCONSTITUCIONALIDADE DA DRU E O DIREITO À DESONERAÇÃO TRIBUTÁRIA PROPORCIONAL À DESVINCULAÇÃO. ILEGITIMIDADE PROCESSUAL. AUSÊNCIA DE DIREITO LÍQUIDO E CERTO. RECURSO EXTRAORDINÁRIO AO QUAL SE NEGA PROVIMENTO. 1. A questão nuclear deste recurso extraordinário não é se o art. 76 do ADCT ofenderia norma permanente da Constituição da República, mas se, eventual inconstitucionalidade, conduziria a ter a Recorrente direito à desoneração proporcional à desvinculação das contribuições sociais recolhidas. 2. Não é possível concluir que, eventual inconstitucionalidade da desvinculação parcial da receita das contribuições sociais, teria como consequência a devolução ao contribuinte do montante correspondente ao percentual desvinculado, pois a tributação não seria inconstitucional ou ilegal, única hipótese autorizadora da repetição do indébito tributário ou o reconhecimento de inexistência de relação jurídico-tributária. 3. Não tem legitimidade para a causa o contribuinte que pleiteia judicialmente a restituição ou o não recolhimento proporcional à desvinculação das receitas de contribuições sociais instituída pelo art. 76 do ADCT, tanto em sua forma originária quanto na forma das alterações promovidas pelas Emendas Constitucionais n. 27/2000, 42/2003, 56/2007, 59/2009 e 68/2011. Ausente direito líquido e certo para a impetração de mandados de segurança. 4. Negado provimento ao recurso extraordinário."[67]

O principal argumento que pode ser levantado para sustentar a inconstitucionalidade das emendas constitucionais que ao longo dos anos estabeleceram a desvinculação das receitas advindas das contribuições

66. Quanto à arguição de inconstitucionalidade da desvinculação das receitas da União sob a perspectiva da mutação constitucional, ver MARINS, Daniel Vieira. DESVINCULAÇÃO DAS RECEITAS DA UNIÃO E MUTAÇÃO CONSTITUCIONAL. Revista da SJRJ, v. 21, p. 85-105, 2014.

67. BRASIL. Supremo Tribunal Federal. RE 566007. Rel. Min. CÁRMEN LÚCIA, Tribunal Pleno, julgado em 13/11/2014, ACÓRDÃO ELETRÔNICO REPERCUSSÃO GERAL - MÉRITO DJe-028 DIVULG 10-02-2015 PUBLIC 11-02-2015.

é que elas violam o artigo 60, §4º, inciso IV da CFRB/88[68], que é um limite explícito ao poder constituinte derivado[69]. Dito de outro modo, haveria inconstitucionalidade vez que a arrecadação das contribuições deve se destinar à promoção dos direitos fundamentais prestacionais de segunda geração.[70]

Contudo, há que se questionar se a desvinculação das receitas advindas das contribuições efetivamente viola os direitos e garantias individuais a ponto de ferir a cláusula pétrea acima mencionada e, consequentemente, ser considerada como inconstitucional. Isto porque, os direitos fundamentais prestacionais de segunda geração podem ser cumpridos pelo Estado de outro modo, que não apenas através da aplicação do recurso das contribuições. Não é possível olvidar que tais prestações também devem ser financiadas pelos impostos, cuja função precípua é suportar a necessidade financeira do Estado como um todo.

Neste sentido, conforme afirma Luís Cesar de Souza Queiroz, a desvinculação total ou parcial das receitas oriundas das contribuições especiais, no mínimo, revela que tais valores não são necessários para servir de fonte de custeio das ações públicas. Isto porque, segundo o professor, é preciso ter em mente que:

---

68. BRASIL. *Constituição da República Federativa do Brasil*. Brasília: Planalto, 2016. Disponível em: <http://www.planalto.gov.br > Acesso em 19 de março de 2017: *"Art. 60. A Constituição poderá ser emendada mediante proposta: (...)* § 4º Não será objeto de deliberação a proposta de emenda tendente a abolir: *I - a forma federativa de Estado; II - o voto direto, secreto, universal e periódico; III - a separação dos Poderes; IV - os direitos e garantias individuais."*

69. Cf. OLIVEIRA, Gustavo da Gama Vital de. op. cit. p. 104: *"As cláusulas pétreas cumprem o relevante papel de retirar das maiorias políticas eventuais determinadas decisões políticas e valores fundamentais que constituem o núcleo do projeto constitucional inaugurado pela manifestação do poder constituinte originário. Em outros termos, definir o que são cláusulas pétreas é definir quais matérias estão "excluídas do conflito político pacífico."*

70. Neste sentido, Fernando Facury Scaff: *"O procedimento adotado através destas Emendas Constitucionais acarretou a utilização de verbas vinculadas (afetadas) a uma destinação para outros fins que não aqueles constitucionalmente previstos, e que, in casu, afetaram vastamente a concretização dos direitos humanos (ou, como deseja parte da doutrina, dos direitos fundamentais sociais) por falta de recursos para sua implementação, destinados a outras finalidades; (...) O fato de terem sido estas alterações decorrentes de uma série de Emendas Constitucionais não permite que se argumente o fato de que se trata de uma norma constitucional de idêntica hierarquia, pois o Supremo Tribunal Federal em outra oportunidade já decidiu que Emendas Constitucionais podem ser inconstitucionais, caso violem cláusulas pétreas (art. 60, §4º, IV, CF), (...) Desta forma, o fato de serem emendas constitucionais não afasta a inconstitucionalidade flagrante decorrente da agressão aos direitos fundamentais de segunda geração (direitos fundamentais socais) fruto do afastamento de recursos fiscais constitucionalmente destinados à educação, saúde e seguridade social, conforme acima evidenciado." In* SCAFF, Fernando Facury. Direitos humanos e a desvinculação das receitas da União – DRU. Revista de Direito Administrativo, 2004, v. 236: p. 48-49.

> "a necessidade da totalidade dos recursos para servir de fonte de custeio da atuação estatal a ser realizada apresenta-se como causa relevante, tanto por integrar o antecedente da respectiva norma constitucional de produção normativa relativa à contribuição especial, quanto por integrar o antecedente da própria norma (de conduta) de contribuição especial."[71]

Assim, ao que parece, a desvinculação de parte da arrecadação das contribuições tende a ser encarada como um desvio de finalidade das mesmas, levando à ilegalidade de sua cobrança ou ao menos de parte dela e tornando inócuas as diferenciações entre os impostos e as contribuições.[72]

CONCLUSÃO

O objetivo do presente artigo consistiu em analisar os contornos das contribuições especiais e a sua principal finalidade no âmbito do Estado Social e Democrático de Direito, qual seja: o financiamento das prestações positivas (saúde, seguridade e assistência social) que o Estado deve fornecer à sociedade.

Ao longo deste trabalho pretendeu-se fazer um breve apanhado histórico da evolução das contribuições e do regime adotado no Brasil desde a Constituição de 1934 até a CFRB/88. Posteriormente, foram analisadas as principais as controvérsias acerca da natureza jurídico-tributária das contribuições sociais, tendo sido possível perceber que, apesar de as contribuições terem por objetivo o atendimento a valores considerados importantes pelo constituinte (como solidariedade, justiça, participação, etc.), fato é que elas não podem ser vistas como um "super trunfo" para o Poder Público, como se tudo pudesse ser feito (e, consequentemente, imposto ao contribuinte) sob o nome mágico de "contribuição".[73]

Feita tal análise e contextualização, passou-se a abordar os institutos da tredestinação e também da desvinculação do produto da arrecadação das contribuições, introduzida no Brasil através da Emenda Constitucional de Revisão nº 1/1994 que criou o Fundo Social de

71. QUEIROZ, Luís Cesar Souza de. op. cit. p. 666.
72. MACHADO, Hugo de Brito. op. cit. p. 419.
73. Cf. GRECO, Marco Aurélio. op. cit. p. 91.

Emergência (FSE) e posteriormente com a Desvinculação de Receitas da União, amplamente conhecida pela sigla DRU, recentemente prorrogada até o final de 2023.

A desvinculação do produto da arrecadação das contribuições tem como justificativa a possibilidade de manejo de recursos para qualquer despesa considerada prioritária, a formação de superávit primário e o pagamento da dívida pública, tendo por fim precípuo a estabilização econômica e social do país.

Todavia, muito se questiona se tal desvinculação seria inconstitucional, haja vista que o poder constituinte originário de 1988 pré-estabeleceu as finalidades sociais específicas às quais estariam vinculados os ingressos financeiros oriundos das contribuições. Assim, a celeuma acerca de tal questão gira em torno da análise se seria possível uma norma constitucional ser inconstitucional. Apesar de o presente artigo não ter o propósito de esgotar um tema tão delicado como esse, verificou-se que o STF já reconheceu a possibilidade de controle de constitucionalidade em relação às revisões e emendas constitucionais, que devem estar sempre abalizadas pelos parâmetros estabelecidos pelo poder constituinte originário.

Contudo, em que pese toda a discussão acerca de emendas constitucionais inconstitucionais, a conclusão a que se chegou no presente trabalho é que o fato de haver a desvinculação de parte das receitas arrecadadas através das contribuições especiais não representa violação à cláusula pétrea contida no artigo 60, §4º, inciso IV da CFRB/88, haja vista que os direitos e garantias individuais podem ser alcançados de outro modo ainda que haja tal desvinculação.

Assim sendo, independente da discussão acerca da (in) constitucionalidade de tal desvinculação, fato é que ela indica um verdadeiro desvio de finalidade das contribuições e demonstra que os valores arrecadados por meio das contribuições não são tão necessários para servir de fonte de custeio das prestações públicas.

REFERÊNCIAS

AMARO, Luciano. *Direito tributário brasileiro.* São Paulo: Saraiva, 2010.

BECK, Ulrich. *Sociedade de risco: rumo a uma outra modernidade.* (tradução de Sebastião Nascimento). São Paulo: Editora 34, 2011.

BRASIL. *Constituição da República Federativa do Brasil.* Brasília: Planalto, 2016. Disponível em: <http://www.planalto.gov.br > Acesso em: 19 de março de 2017.

________. Supremo Tribunal Federal. Recurso Extraordinário 18291. Rel. Min. Aliomar Baleeiro, DJ 25/10/1974.

________. Supremo Tribunal Federal. Recurso Extraordinário 86595. Rel. Min. Xavier de Albuquerque, DJ 07/05/1978.

________. Supremo Tribunal Federal. ADI 939. Rel. Min. SYDNEY SANCHES, Tribunal Pleno, julgado em 15/12/1993, DJ 18-03-1994 PP-05165 EMENT VOL-01737-02 PP-00160 RTJ VOL-00151-03 PP-00755.

________. Supremo Tribunal Federal. RE 566007. Rel. Min. CÁRMEN LÚCIA, Tribunal Pleno, julgado em 13/11/2014, ACÓRDÃO ELETRÔNICO REPERCUSSÃO GERAL - MÉRITO DJe-028 DIVULG 10-02-2015 PUBLIC 11-02-2015.

BREYNER, Frederico Menezes. *Inconstitucionalidade da DRU quanto às contribuições sociais sob a ótica dos direitos prestacionais fundamentais.* Revista do CAAp, v. XIII, 2007, p. 203-221.

COELHO, Sacha Calmon Navarro. *Curso de Direito Tributário Brasileiro.* 9ª ed. Rio de Janeiro: Forense, 2006.

DRAGO, Florence Cronemberger Haret. MOLLICA, Rogério. *Tredestinação vista pela ótica da política judiciária. In* Revista Thesis Juris – RTJ, São Paulo, V. 4, N.3, pp. 451-467, Set.-Dez. 2015.

GRECO, Marco Aurélio. Contribuições (uma figura "sui generis"). São Paulo: Dialética, 2000.

________. Solidariedade Social e Tributação *In:* GRECO, Marco Aurélio; GODOI, Marciano Seabra de. (Org.) Solidariedade Social e Tributação. São Paulo: Dialética, 2005.

IBRAHIM, Fábio Zambitte. *A previdência social no estado contemporâneo: fundamentos, financiamento e regulação.* Niterói/RJ: Impetus, 2011.

________. *A Parafiscalidade – Ascensão e Queda das Contribuições Sociais.* Revista Brasileira de Direito Previdenciário, n. 1, Fev-Mar/2011.

________. *Existe um Princípio Estrutural da Solidariedade. In:* GRECO, Marco Aurélio; GODOI, Marciano Seabra de. (Org.) Solidariedade Social e Tributação. São Paulo: Dialética, 2005.

MACHADO, Brandão. *São tributos as contribuições sociais? In: Princípios tributários no direito brasileiro e comparado: estudos jurídicos em homenagem a Gilberto Ulhoa Canto.* Rio de Janeiro: Forense, 1988.

MACHADO, Hugo de Brito. *Curso de Direito Tributário.* 31ª ed. São Paulo: Malheiros, 2010.

MARINS, Daniel Vieira. DESVINCULAÇÃO DAS RECEITAS DA UNIÃO E MUTAÇÃO CONSTITUCIONAL. Revista da SJRJ, v. 21, p. 85-105, 2014.

MORSELLI, Emanuele. *Curso de Ciência das Finanças Públicas – Introdução e Princípios Gerais* (tradução Elza Meschick), 5. ed. Rio de Janeiro: Edições Financeiras S.A., 1959.

NABAIS, José Casalta. *O dever fundamental de pagar impostos: contributo para a compreensão constitucional do estado fiscal contemporâneo.* Coimbra: Editora Almedina, 2015. 4ª reimp.

OLIVEIRA, Gustavo da Gama Vital de. *Alguns parâmetros para a densificação das cláusulas pétreas tributárias e financeiras. In Temas de direito constitucional tributário brasileiro.* Rio de Janeiro: Gramma, 2017.

QUEIROZ, Luís Cesar Souza de. *Critério finalístico e o controle de constitucionalidade das contribuições*. VI Congresso Nacional de Estudos Tributários. Sistema tributário brasileiro e a crise atual / Macedo, Alberto (et al). São Paulo: Noeses, 2009, p. 631-633.

RIBEIRO, Ricardo Lodi. *Limitações Constitucionais ao Poder de Tributar.* Rio de Janeiro: Lumen Juris, 2010.

SCAFF, Fernando Facury. Direitos humanos e a desvinculação das receitas da União – DRU. Revista de Direito Administrativo, 2004, v. 236.

SCHOUERI, Luís Eduardo. *Direito Tributário.* São Paulo: Saraiva, 2015.

TORRES, Ricardo Lobo. *Tratado de Direito Constitucional Financeiro e Tributário – Valores e princípios constitucionais tributários.* 2 ed. Rio de Janeiro: Renovar, 2014.

08 O CONTROLE SOCIAL DAS POLÍTICAS PÚBLICAS NO FEDERALISMO BRASILEIRO

Claudio Soares da Silva Calisto

Auditor-Fiscal da Receita Federal do Brasil. Mestre em Finanças Públicas, Tributação e Desenvolvimento pela UERJ.

Sumário: Introdução; **1.** Federalismo e políticas públicas; **2.** As políticas públicas no federalismo brasileiro; **3.** O controle social das políticas públicas por meio da democracia deliberativa; **4.** Comparação entre os três níveis de poder dos gastos públicos com direitos sociais fundamentais; Conclusão; Referências.

INTRODUÇÃO

O presente trabalho defende a hipótese de que o controle social das políticas públicas no federalismo brasileiro demanda estudos comparativos dos gastos sociais entre os três níveis de poder, a fim de orientar soluções para o problema da baixa eficácia dos direitos sociais fundamentais no Brasil.

O tema inicia-se com a apresentação da interação existente entre as formas de federalismo e o desenvolvimento das políticas públicas para, em seguida, discorrer sobre a concretização das políticas públicas no federalismo brasileiro.

Após, é defendida a necessidade da democracia deliberativa para o aumento da eficácia dos direitos sociais e, ao final, são apresentados gráficos comparativos dos três níveis de governos acerca dos gastos públicos com direitos sociais fundamentais, a fim de subsidiar o controle social das políticas públicas no federalismo brasileiro.

1. FEDERALISMO E POLÍTICAS PÚBLICAS

A relação entre políticas públicas e federalismo é de reciprocidade.

A distribuição das competências e das fontes de financiamento aos entes políticos define os meios pelos quais as políticas públicas são prestadas à sociedade. Por sua vez, o desenvolvimento de políticas públicas pode alterar o relacionamento entre os entes federativos.

Uma maneira de observar o impacto que o federalismo causa nas políticas públicas é através da classificação do federalismo em competitivo e cooperativo

O federalismo competitivo é caracterizado por uma distribuição de competências entre os níveis de poder, que favorece a competição entre os entes políticos por meio da autonomia para captar recursos e produzir as políticas públicas[1].

O modelo competitivo é descentralizado. Cada ente federativo detém o poder de tributar e de planejar suas próprias políticas públicas, com liberdade para fixar valores dentro de sua jurisdição.

1. FRANZESE, Cibele; ABRUCIO, Fernando L. A combinação entre federalismo e políticas públicas no Brasil pós-1988: os resultados nas áreas de saúde, assistência social e educação. ENAP – Caderno EIAPP – Reflexões para IberoAmérica: Avaliação de Programas Sociais. Brasília, 2009, pp. 25-42.

Um ponto fraco no modelo de competição é o denominado *race to the bottom*.

Trata-se de uma estratégia governamental de refrear os investimentos em áreas sociais para não atrair residentes de outros entes da Federação, os *free riders*, representados por grupos de pessoas economicamente desfavorecidas, que atravessam territórios em busca de oportunidades econômicas e sociais.

A razão dessa estratégia de contenção dos gastos sociais no modelo competitivo é que os investimentos em prestações sociais básicas (saúde, educação, habitação, assistência social etc) realizados pelos entes subnacionais podem estimular uma migração desproporcional de habitantes para o território da unidade federativa provedora dos serviços públicos de melhor qualidade.

Esta migração exacerbada demanda um excesso de investimentos nas áreas sociais do ente federativo fornecedor das políticas públicas, até colapsar o orçamento com uma insustentável carga de despesas, gerando, por consequência, a perda de credibilidade do governo perante a população.

Em outro perfil, o federalismo cooperativo atua por meio de uma divisão funcional de tarefas entre os entes federativos, coordenadas e executadas conjuntamente, em paralelo a um sistema de taxação também conjunta, com equalizações financeiras verticais e horizontais.

No modelo cooperativo, a formulação das políticas públicas é de competência federal e a implementação dos subnacionais.

Há um sistema de compensações financeiras para equilibrar os custos entre os estados mais ricos e mais pobres, além de um Conselho Federal envolvido na aprovação da legislação em âmbito nacional, composto por pessoas indicadas pelos governadores.

Em relação às áreas sociais sob o controle da localidade, por exemplo, polícia, educação e cultura, diversos comitês formais e informais são criados para coordenar a atuação entre os diferentes estados e uniformizar a aplicação das políticas públicas.

A fragilidade do federalismo cooperativo está na interdependência das decisões dos entes políticos, que dificulta qualquer providência rápida de correção das políticas públicas.

O fenômeno é conhecido como "armadilha da decisão conjunta" e significa que a necessidade de cooperação produz um grande número de *veto players*.

Outra abordagem da relação entre políticas públicas e federalismo é o neo-institucionalismo histórico[2].

Neste, não se busca associar a questão da autonomia dos entes federativos ao federalismo competitivo, nem as implicações da decisão compartilhada ao federalismo cooperativo, mas reconhece a coexistência de ambas as características em uma mesma federação.

O neo-institucionalismo histórico defende que a ordem no tempo entre o surgimento do federalismo democrático e a implantação do modelo de bem-estar social define a relação entre políticas públicas e federalismo.

Os Estados que estavam organizados em federalismos democráticos eram descentralizados e competitivos antes de optarem pelo modelo do *welfare state.*

Essa descentralização retardou ou mesmo impediu a formação de políticas de bem-estar em razão da dificuldade de planificação a nível nacional e lentidão no aumento dos gastos sociais.

Por outro lado, o desenvolvimento do Estado de Bem-Estar Social nas federações mais centralizadas e autoritárias possibilitou uma implantação mais rápida das políticas públicas em nível nacional e um incremento acelerado dos gastos sociais.

No mesmo sentido, a situação específica em que cada área social se encontrava antes do advento do *welfare state* também possui influência relevante nas políticas públicas.

Para as federações menos democráticas que já contavam com iniciativas federais e prerrogativas de atuação do ente central, a expansão das políticas públicas do *welfare state* foi mais fácil e rápida.

Em contraponto, a expansão de programas sociais nos federalismos descentralizados e competitivos foi mais lenta e difícil, devido à falta de estímulos aos entes subnacionais para promoverem o aumento dos gastos sociais de forma independente, preocupados muitas vezes com o referido fenômeno dos *free riders.*

Ademais, o governo central dessas federações democráticas descentralizadas não dispunha de competência para implantar políticas públicas em nível nacional, sem a anuência dos entes subnacionais.

---

2. Ibid, p. 29-30.

Inclusive, em muitos países houve necessidade de alterar a legislação, a fim de readequar a competência do ente central, do modo a lhe atribuir o papel de formulador de políticas públicas em nível nacional.

Nos países em que a ampliação das competências do ente central não foi bem recebida, a dificuldade foi contornada por meio da transferência de recursos federais vinculados a programas sociais, os *grants*.

Com a crise financeira da década de 70, o modelo do *welfare state* começa a ser desmontado da mesma forma, qual seja, de modo rápido e fácil para os federalismos mais centralizados, e de forma lenta e gradual nos federalismos democráticos fortemente descentralizados e competitivos.

Do exposto, nota-se que a relação entre federalismo e políticas públicas está intrinsecamente correlacionada com o nível de descentralização adotado pelo país e com o histórico específico das políticas públicas aplicadas em determinada área social. A descentralização possui diversas formas e graus, que podem ser consolidados em três modalidades[3]:

i) transferência de capacidades fiscais e de decisão sobre políticas para autoridades subnacionais;

ii) transferência para outras esferas de governo de responsabilidades pela implementação e gestão de políticas e programas definidos no nível federal;

iii) deslocamento de atribuições do governo nacional para os setores privado e não-governamental.

A primeira modalidade de descentralização amplia o raio de ação governamental, a segunda concentra as decisões no nível federal e a terceira reduz as atividades do governo.

A combinação de autoritarismo com centralização em contraposição à ideia de descentralização e democracia vigorou por um longo período.

Alexis de Tocqueville e Stuart Mill defenderam que a descentralização promovia uma aproximação do governo com a população. Mill argumentava que as instituições locais são mais eficientes do que as fe-

3. ALMEIDA, Maria Hermínia Tavares de. Recentralizando a Federação? *Revista Sociologia e Política*, Curitiba, 24, p. 29-40, jun. 2005.

derais na prestação dos serviços públicos, o que era a opinião geral do pós-guerra.

A aproximação dos governos locais com os cidadãos lhe permitia conhecer melhor as necessidades da localidade e os tornava mais suscetíveis ao controle social. Na mesma esteira, os economistas defendiam que o nível local alocava melhor os recursos públicos e que os cidadãos "votam com os pés", mudando-se para os municípios com melhores serviços públicos.

No final do século XX, o diagnóstico brasileiro sobre a descentralização era bem diferente, conforme retratado por Oliveira[4]:

> Esses diagnósticos destoam fortemente daquele apresentado por Victor Nunes Leal (1986), que afirmava que a descentralização fortalecia as elites locais, promovendo a patronagem e dotando os "caciques" de grandes poderes, dado que estes passam a deter maiores e constantes recursos financeiros, através dos repasses governamentais e arrecadações de tributos municipais (IPTU, ISS), e políticos, já que tem autonomia na utilização dos recursos financeiros e contam com baixíssima fiscalização sobre as formas de aplicação dos mesmos, além da detenção de poder sobre a nomeação para cargos públicos (OLIVEIRA, 2007).

2. AS POLÍTICAS PÚBLICAS NO FEDERALISMO BRASILEIRO

A ideia de descentralização como meio de gerar novos espaços de participação política e maior controle social sobre o governo influenciou a Constituição Federal de 1988, a ponto de inovar com uma federação composta por três níveis de governo, sendo os Municípios alçados ao *status* de ente federado.

Segundo Oliveira, a Constituição de 1988 apoiou-se em três pilares[5]:

> a) *descentralização política*, corn a elevação dos municípios ao status de entes federados, autônomos; (b) *descentralização administrativa*, com o repasse de responsabilidades sobre a prestação de serviços sociais para os governos locais; e (c) *descentralização fiscal*, com o repasse de recursos federais e estaduais aos municípios, além da transferência da responsabilidade pela coleta de impostos municipais, como IPTU e ISS.

---

4. OLIVEIRA, Vanessa Elias de. Processo de descentraliza4ao de políticas públicas e seu impacto sobre o federalismo brasileiro. *Revista Brasileira de Estudos Constitucionais - RBEC*, Belo Horizonte, ano 5, n. 19, p. 197-218, jul./set. 2011.

5. Ibid, p. 199.

A Carta Cidadã optou por atribuir aos entes políticos competências comuns para as políticas sociais brasileiras, sendo derrotadas as propostas de descentralização fiscal com descentralização de competências.

Desse modo, qualquer ente federativo brasileiro está autorizado a implementar programas nas áreas de saúde, educação, assistência social, habitação, saneamento, o que proporciona os efeitos decorrentes relatados na literatura: superposição de ações, desigualdades territoriais na provisão de serviços públicos e ausência de mínimos denominadores comuns nas políticas nacionais, que ocorrem na ausência de coordenação nacional das políticas públicas.

A Constituição de 1988 assegurou todas as liberdades, mas na prática pouco foi alterado na estrutura institucional da gestão das políticas sociais herdadas do regime militar, por exemplo, a saúde continuou sendo coordenada nacionalmente e a educação manteve-se na esfera local[6]:

> Ocorre que a Constituição Federal de 1988 não alterou a estrutura institucional de gestão das políticas sociais herdada do regime militar. Mesmo as medidas de reforma aprovadas e implementadas pelos sucessivos presidentes - posteriormente à Constituição Federal de 1988 – pouco ou nada alteraram esta estrutura prévia, que é centralizada para as políticas de saúde e desenvolvimento urbano e descentralizada para a política de educação fundamental. No início dos anos 90, a distribuição federativa dos encargos na área social derivava menos de obrigações constitucionais e mais da forma como historicamente estes serviços estiveram organizados em cada política particular. A capacidade de coordenação das políticas setoriais dependeu em grande parte destes arranjos institucionais herdados.

A atuação simultânea de diferentes níveis de governo em áreas comuns aproxima o federalismo brasileiro do modelo cooperativo pela necessidade de coordenação, mas ainda falta a publicação da lei complementar prevista na Constituição, que estabelecerá a divisão funcional entre as esferas de governo, fixará normas para a cooperação e determinará a quem cabe a formulação e a execução das políticas sociais[7].

Atribuir a formulação das políticas públicas ao governo federal possui a vantagem de coordenar todo o território nacional, uniformizar um padrão mínimo de qualidade e promover resultados redistributivos.

---

6. ARRETCHE, Marta. Federalismo e políticas sociais no Brasil: problemas de coordenação e autonomia. *São Paulo em Perspectiva*, São Paulo, ano 18, n. 2, p. 17-26. 2004.

7. FRANZESE, Cibele; ABRUCIO, Fernando L., op. cit., p. 29.

Uma das formas de garantir a adesão dos governos locais à agenda do governo federal é o uso de transferência financeira aos governos subnacionais, condicionada à implementação da política pública formulada pela União.

Nas áreas sociais em que o governo federal historicamente não possui influência sobre as escolhas locais, por exemplo, o ensino fundamental, a estratégia da União tem sido constitucionalizar encargos. Trata-se de aprovar emendas constitucionais para reduzir a margem de escolhas dos governos subnacionais e obrigá-los a adotar o comportamento desejado pelo governo federal. Esta foi a solução dada para elevar os salários dos professores e garantir um mínimo de gastos em ensino fundamental.

A estratégia da constitucionalização de encargos só é possível, porque no Brasil é relativamente mais fácil aprovar emendas à Constituição, bastando maioria de 2/3 em duas sessões de cada casa legislativa e sem necessidade de aprovação das casas legislativas estaduais, como ocorre nos Estados Unidos[8].

O fato é que grande parte dos entes locais brasileiros não arrecada o suficiente para cumprir com o encargo constitucional dos direitos sociais[9]:

> Vive-se, portanto, um momento crítico na Federação brasileira e um gravíssimo problema de natureza fiscal, que tem comprometido o funcionamento adequado das instituições e serviços estaduais e municipais. O reconhecimento deste cenário e imperativo para qualquer atividade de interpretação e construção jurídicas acerca da matéria. O interprete não existe fora de uma concreta situação histórica, que molda a sua *pré-compreensão* da realidade, nem tampouco pode estar alheio aos problemas concretos para os quais deve encontrar solução.

3. O CONTROLE SOCIAL DAS POLÍTICAS PÚBLICAS POR MEIO DA DEMOCRACIA DELIBERATIVA

Direito e política são as duas faces de *Janus* da sociedade. O direito virado para o dever-ser, a política para o ser, mas ambos interagem com pretensões de correção recíprocas em um Estado Democrático de Direito.

8. ARRETCHE, Marta. op. cit. p. 24-25.
9. BARROSO, Luís Roberto. A derrota da Federação: o colapso financeiro dos Estados e Municípios. *Revista Direito Processual Geral*, Rio de Janeiro, n. 53, p. 107-113. 2000.

Alexy[10] cita a democracia deliberativa como um exemplo da pretensão de correção do direito:

> De esta forma, el concepto de corrección conecta el concepto de derechos humanos con el de la democracia, de haber una conexión entre democracia y corrección. Tal conexión existe cuando, primero, por «democracia» se entiende la democracia deliberativa o la «forma estatal de la discusión», y segundo, cuando hay un vínculo entre discurso y corrección.

Por sua vez, o direito corrige a política por meio do exercício das competências constitucionais atribuídas às instituições públicas e a salvaguarda dos valores fundamentais da Constituição Federal.

Destarte, tão importante quanto levar o direito a sério[11] é levar a política a sério, principalmente as políticas públicas que visam dar eficácia aos direitos sociais fundamentais.

Neste sentido, Norton e Elson[12] descrevem que as novas abordagens de avaliação das políticas públicas baseadas em desempenho, eficácia e focalizadas em resultados (*outcomes*) indicam uma importante evolução da política.

Se os governos estão dispostos a se comprometerem em obter resultados específicos (por exemplo, a melhoria das condições de saúde da população), então o foco de sua prestação de contas pode ser mais claramente estabelecido, de modo a proporcionar resultados equitativos para todos os cidadãos.

Por outro lado, se os governos apenas se comprometem a realizar gastos em políticas públicas (*inputs*) e a entregar obras (*outputs*), existe a possibilidade de que esses gastos e recursos públicos beneficiem apenas grupos específicos de partidários.

Contudo, existem grandes desafios na avaliação dos efetivos resultados em aumento da eficácia dos direitos sociais fundamentais, promovidos por meio das políticas públicas:

---

10. ALEXY, Robert. *La institucionalizacion de los derechos humanos en el estado constitucional demo-crático*. Tradução Maria Cecília Ananos Meza. Revista Del Instituto Bartolomé De Las Casas. Madrid, 1998, p. 39.
11. DWORKIN, Ronald. *Levando os direitos a sério*. São Paulo: Martins Fontes, 2002.
12. NORTON, Andy; ELSON, Diane. *What's behind the budget?* Politics, rights and accountability in the budget process. London: Overseas Development Institute, 2002, p. 7.

i) O desenvolvimento de sistemas de informação capazes de avaliar de forma confiável os fenômenos complexos envolvidos nas políticas públicas;

ii) Comunicar as medidas de resultados e eficácia ao público local, a fim de que possa exercer as pressões do controle social sobre as políticas públicas;

iii) Romper barreiras estruturais que dificultam o alcance de resultados por falta de interação entre instituições públicas distintas, por exemplo, serviços de saúde e educação trabalhando em conjunto para melhorar a saúde infantil;

iv) Criar espaço para identificação de problemas e soluções em nível local, sem restringir as possibilidades de ação dos gestores públicos.

Apesar das dificuldades, a avaliação dos resultados indicadores do aumento da eficácia dos direitos sociais fundamentais é essencial para o controle social das políticas públicas.

Esses resultados levados ao debate público em espaços formais e informais conduzem ao que Habermas identifica em sua teoria da ação comunicativa como a força criadora da democracia deliberativa.

A própria opinião pública, por si só, é capaz de interferir diretamente no processo político-institucional de elaboração das políticas públicas nos três níveis de governos, desde que o discurso aberto consolide uma razão pública e pressione governantes por soluções ao déficit na prestação de direitos sociais fundamentais.

Jucá[13] argumenta que o povo precisa ser incluído no processo decisório da vida financeira do Estado, porque as escolhas e opções orçamentárias trazem reflexos importantes nos interesses diretos e imediatos dos indivíduos e das famílias.

Ademais, a participação política da sociedade por meio da opinião pública ostensiva aumenta o grau de legitimação política das decisões governamentais, em maior amplitude do que o universo restrito da representação política poderia proporcionar, pois esta última pode ser resultado da escolha de uma "minoria do eleitorado ativo".

Jucá sustenta a necessidade de incorporar efetivamente elementos e traços democráticos no controle das finanças públicas desde a primeira

---

13. JUCÁ, Francisco Pedro. *Finanças públicas e democracia*. São Paulo: Atlas, 2013, p. 37.

etapa de elaboração do ciclo orçamentário, uma vez que considera excessiva a concentração desta tarefa no Poder Executivo.

O autor[14] cita Ricardo Lobo Torres, para ressaltar o estreito vínculo entre democracia e finanças públicas, a ponto de se mesclarem em um conceito de democracia fiscal:

> O Estado Democrático de Direito de Constituição de 1988 (art. 1°), por conseguinte, afirma-se sobretudo na via do orçamento, com o controle dos gastos públicos, o redirecionamento das despesas vinculadas às políticas sociais e certa regulação do social e do econômico, configurando-se como Estado Democrático Fiscal.

O Brasil restabeleceu o Estado Democrático de Direito com a Constituição Federal de 1988, após um extenso período de comoção social que culminou no movimento pelas "Diretas Já".

Atualmente, a garantia constitucional das liberdades negativas essenciais possibilita uma ampla liberdade de expressão, condição básica para a discussão em espaços públicos formais e informais, criando, por conseguinte, um ambiente livre para o desenvolvimento da democracia deliberativa.

Um exemplo relevante ocorreu em junho de 2013, quando milhões de brasileiros se manifestaram nas ruas com reivindicações por mais liberdades positivas, isto é, por serviços públicos de melhor qualidade que façam justiça aos direitos sociais apregoados na Constituição Federal.

E de modo geral os dados corroboram a percepção popular acerca da baixa eficácia no Brasil dos direitos sociais fundamentais.

O Instituto Brasileiro de Geografia e Estatística (IBGE) divulga periodicamente um relatório com indicadores idealizados pela Organização das Nações Unidas (ONU), que "buscam avaliar a eficácia dos direitos, ou seja, o reflexo dos esforços desempenhados na sociedade na forma de direitos realizados, efetivados"[15].

Os indicadores são classificados em áreas de direitos humanos referentes à vida, segurança, alimentação adequada, assistência à saúde, educação, moradia adequada, seguridade social, trabalho, liberdade de

---

14. Ibid, p. 36.
15. BRASIL. IBGE. *Síntese de indicadores sociais*: uma análise das condições de vida da população brasileira 2012. Brasília, DF: Senado, 1988. p. 203-224.

expressão, julgamento justo, entre outros grupos de indicadores sociais criados pela ONU.

Alguns resultados brasileiros de 2012, em síntese, foram os seguintes:

A taxa de mortalidade por causa externa pouco se alterou entre 2001 e 2009.

Em relação ao indicador de direito à liberdade e segurança da pessoa, o relatório conclui que:

> A partir dos índices trazidos percebe-se que a sociedade ainda não possui sensação de tranquilidade suficiente para ser chamada de segura, comprometendo então a liberdade de locomoção, integridade, entre outros aspectos.

A taxa brasileira de mortalidade neonatal representa o dobro das taxas registradas pelo Chile e Uruguai, sendo superior também à da Argentina.

Para o indicador do direito à educação, "Os dados mostram ainda que as taxas de reprovação são bem superiores nas escolas públicas, independentemente do nível de ensino observado".

O relatório informa também que mais de 11 milhões de brasileiros moram em favelas ou habitações assemelhadas; 44% dos trabalhadores estavam ocupados na economia informal em 2011; 13,3 milhões de pessoas dependem do bolsa-família e outras 3,6 milhões de pessoas dependem do benefício de prestação continuada (BPC-LOAS) para obter a própria subsistência.

Enfim, os indicadores do IBGE apontam para uma baixa eficácia dos direitos sociais fundamentais no Brasil, mormente quando confrontados com o extenso rol de proteção e garantias sociais dispostos na Constituição.

O debate público e o controle social no ambiente da democracia deliberativa são as forças políticas de transformação deste ambiente de baixa eficácia dos direitos sociais fundamentais, sejam exercidos em espaços públicos formais ou informais.

A judicialização de direitos subjetivos individuais em busca de prestações estatais garantidoras do mínimo existencial não resolve o problema generalizado da baixa eficácia dos direitos sociais fundamentais e ainda possui o inconveniente de cada vez mais redirecionar recursos públicos à revelia do planejamento orçamentário elaborado pelo Executivo e Legislativo.

Barcellos[16] argumenta que seria possível minimizar o efeito inconveniente da judicialização desses direitos subjetivos individuais, se houvesse o controle no plano abstrato da constitucionalidade das alocações orçamentárias:

> Essa dificuldade, porém, parece ser substancialmente minimizada uma vez que o controle sobre a omissão estatal na prestação de determinado bem ou serviço se coloque no plano coletivo (para a defesa de direitos difusos ou coletivos) e sobretudo no plano abstrato (constitucionalidade de alocações orçamentárias), e isso por algumas razões. Em primeiro lugar, a discussão coletiva ou abstrata exigirá naturalmente um exame do contexto geral das políticas públicas discutidas – o que em geral não ocorre no contexto de ações individuais -, tornando mais provável esse exame, já que os legitimados ativos (Ministério Público e associações) terão melhores condições de trazer tais elementos aos autos e discuti-los.

A Constituição Federal de 1988 determina que o exercício da Administração Pública deva perseguir os objetivos especificados em seu art. 3°:

> Art. 3º Constituem objetivos fundamentais da República Federativa do Brasil:
>
> I - construir uma sociedade livre, justa e solidária;
>
> II - garantir o desenvolvimento nacional;
>
> III - erradicar a pobreza e a marginalização e reduzir as desigualdades sociais e regionais;
>
> IV - promover o bem de todos, sem preconceitos de origem, raça, sexo, cor, idade e quaisquer outras formas de discriminação.

Essa exigência de conformação constitucional do orçamento público limita o âmbito de atuação do Executivo e do Legislativo, podendo configurar uma inconstitucionalidade nas situações de flagrante e injustificada desconformidade do conteúdo orçamentário com os objetivos fundamentais da República.

Este é um dos espaços formais da democracia deliberativa, onde questões constitucionais são debatidas e reavaliadas por meio da argumentação jurídica.

Mas a democracia deliberativa também é exercida nos espaços informais por meio do controle social.

---

16. BARCELLOS, Ana Paula. *A eficácia jurídica dos princípios constitucionais:* o princípio da dignidade da pessoa humana. 3° ed. Rio de Janeiro: Renovar, 2011, p. 355-356.

Tendo em vista os custos dos direitos sociais, sobretudo os direitos sociais positivos, e a alta carga tributária suportada pela sociedade, a população despertou um interesse crescente sobre o orçamento público e, especialmente, sobre os gastos públicos em direitos sociais fundamentais.

Portanto, a liberdade de expressão, a transparência fiscal e uma população politicamente interessada no orçamento público formam um terreno propício para o desenvolvimento do controle social dos gastos públicos, no seio da sociedade civil organizada.

Com esse propósito, isto é, de trazer subsídios à população brasileira para o controle social dos gastos públicos, apresenta-se na sequência um estudo comparativo dos gastos públicos em direitos sociais fundamentais pelos três níveis de governo.

4. COMPARAÇÃO ENTRE OS TRÊS NÍVEIS DE PODER DOS GASTOS PÚBLICOS COM DIREITOS SOCIAIS FUNDAMENTAIS

Depreende-se da política deliberativa de Habermas que a teoria da ação comunicativa associa a democracia a uma ética discursiva, que se estende ininterruptamente por toda a sociedade e que pode fomentar o controle social das políticas públicas.

Desse modo, a sociedade pode consolidar uma razão comunicativa, fruto do debate político nos espaços públicos formais e informais, que progressivamente é assimilada pelo Estado, posto que, em um Estado Democrático, nem o Poder Público e nem os mercados ficam indiferentes a uma opinião pública fundamentada, ostensiva, focalizada e prolongada, que pleiteia pela eficácia dos direitos fundamentais.

No caso específico da distribuição das políticas públicas no federalismo brasileiro, importa comparar entre os níveis de governo o quanto está sendo gasto com direitos sociais fundamentais em cada área social básica, para se ter uma visão objetiva da efetiva distribuição de encargos sociais entre as esferas de poder e, assim, obter subsídios para que o controle social identifique as fragilidades do sistema.

As informações sobre gastos públicos coletadas, tratadas e comparadas no presente trabalho dizem respeito às despesas por funções contidas no Anexo 2 - Demonstrativo da Execução das Despesas Por Função e Subfunção (Lei de Responsabilidade Fiscal, art. 52, II, c), disponibilizados ao público por meio do portal da transparência fiscal de cada ente da Federação.

A comparação dos entes políticos é apresentada por meio de indicadores *per capita* dos gastos públicos.

Esta distinção entre os gastos totais e os gastos *per capita* é essencial para uma adequada comparação dos entes da Federação, já que o tamanho da população é diretamente proporcional à escassez dos recursos.

Em contraponto, os valores *per capita* representam uma unidade de medida niveladora, porque permite uma comparação ajustada ao tamanho da população.

O número de habitantes[17] de cada ente político foi obtido das estatísticas do IBGE, encaminhadas anualmente ao Tribunal de Contas da União (TCU) com a finalidade de subsidiar as transferências obrigatórias entre entes federativos.

Os Municípios estão sendo representados apenas por suas capitais.

A Figura 1 apresenta a média das despesas *per capita* liquidadas com assistência social, previdência social, saúde e educação por níveis de poder nos anos de 2011 a 2015.

Constata-se na Figura 1 que a União é a maior provedora de assistência social e de previdência social, provavelmente em função do bolsa-família e o Regime Geral da Previdência Social (RGPS).

Quando se trata de saúde e educação, os pesos se invertem, ficando os Municípios na posição de maiores provedores, seguidos pelos Estados.

A Figura 2 apresenta a média das despesas *per capita* liquidadas com direitos da cidadania, habitação, saneamento e gestão ambiental por níveis de poder nos anos de 2011 a 2015.

Novamente, verifica-se que em média os Municípios realizam os maiores gastos *per capita* em habitação, saneamento básico e gestão ambiental, enquanto que os Estados são os maiores provedores da função governamental intitulada direitos da cidadania, na maior parte composta por gastos com presídios.

---

17. IBGE. *População residente enviada ao Tribunal de Contas da União - 2001-2015.* Disponível em <http://www.ibge.gov.br/home/estatistica/populacao/estimativa2015/serie_2001_2015_tcu.shtm> Acesso em 28 mai. 2016.

A Figura 3 consolida as oito funções governamentais especificadas nas Figuras 1 e 2, aqui chamadas de prestações sociais básicas, com a diferença de comparar a média dos gastos *per capita* dos três níveis de governo com a soma desses gastos.

Constata-se que, considerando as oito funções governamentais em conjunto, a União é o ente político que em média mais gasta com prestações sociais básicas, provavelmente devido aos valores gastos com bolsa-família e previdência social.

Mas, quando somado o que todos os Municípios gastam em conjunto, os valores superam em muito a União e ficam um pouco acima do que todos os Estados gastam em conjunto com prestações sociais básicas, o que revela que o peso maior dos encargos sociais está sendo suportado pelos governos subnacionais.

FIGURA 1 – Gastos liquidados com assistência social, previdência social, saúde e educação por níveis de poder

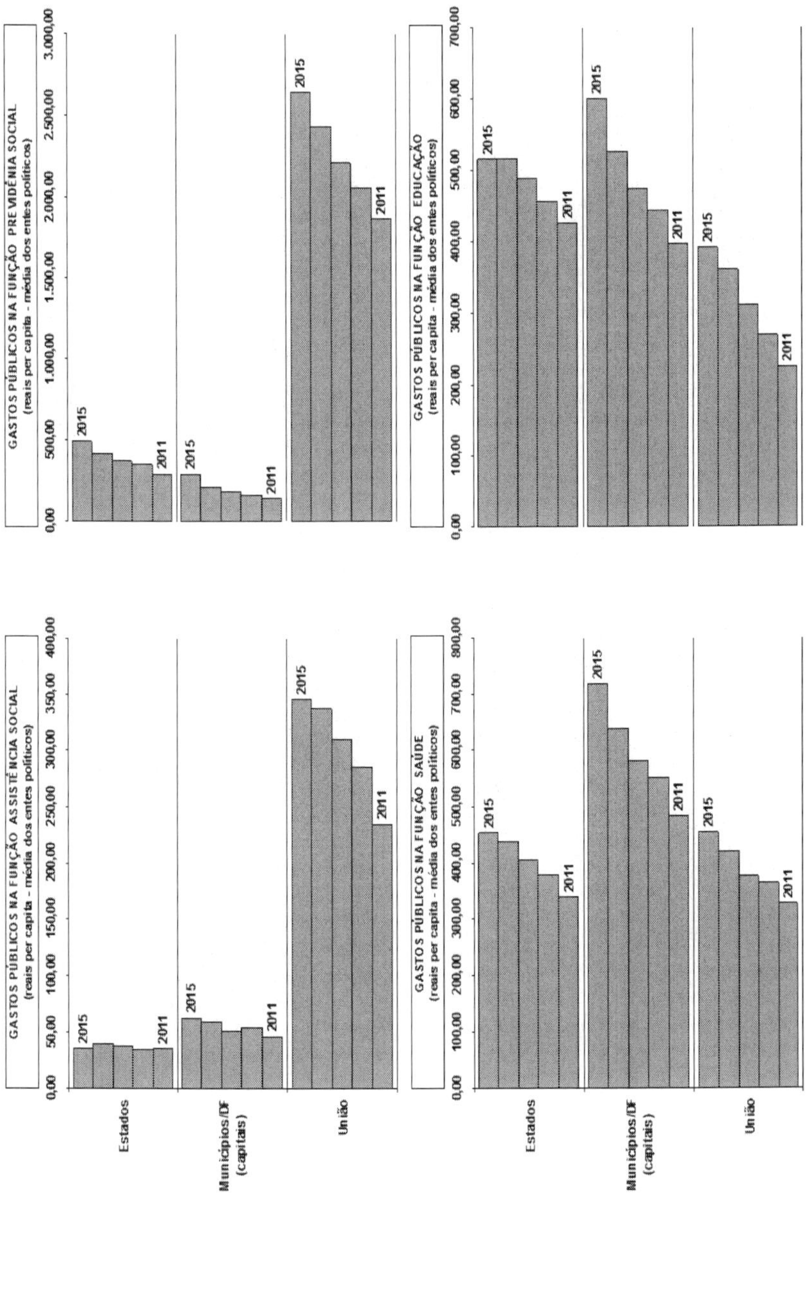

Fonte: O Autor, 2016.

FIGURA 2 – Gastos liquidados com direitos da cidadania, habitação, saneamento e gestão ambiental por níveis de poder

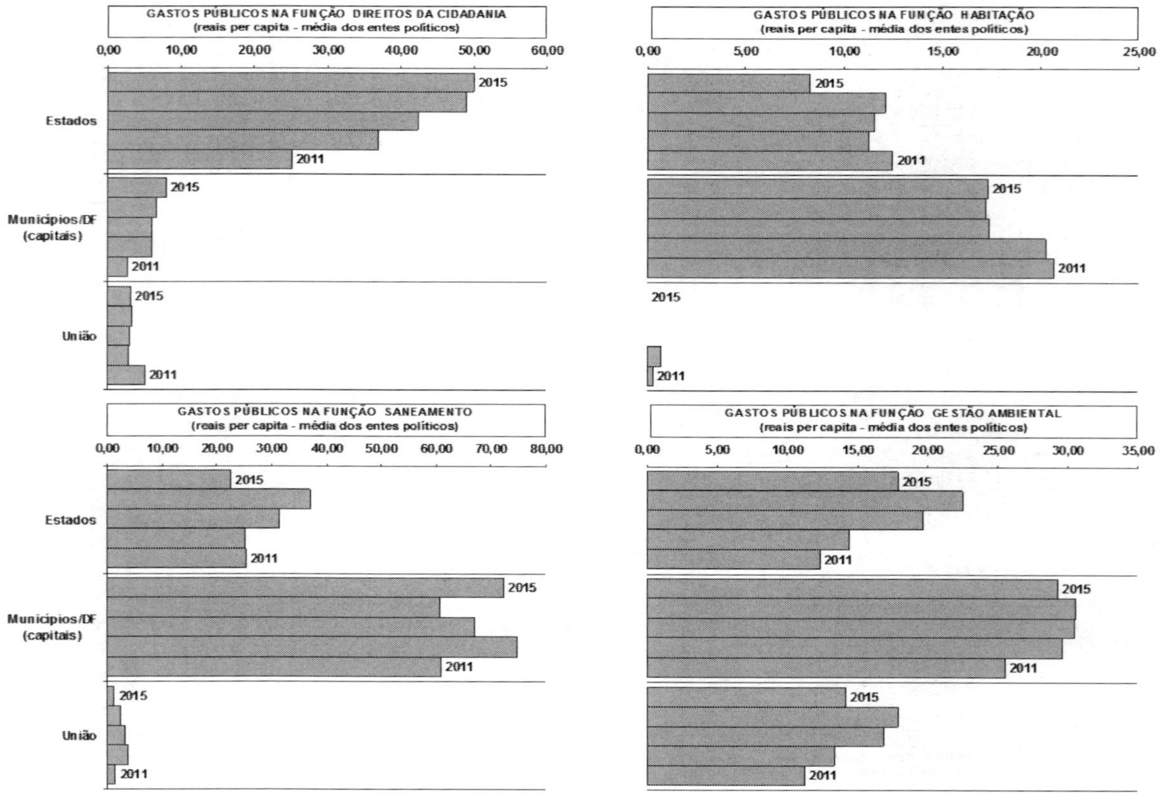

Fonte: O Autor, 2016.

FIGURA 3 – Gastos liquidados com prestações sociais básicas por níveis de poder

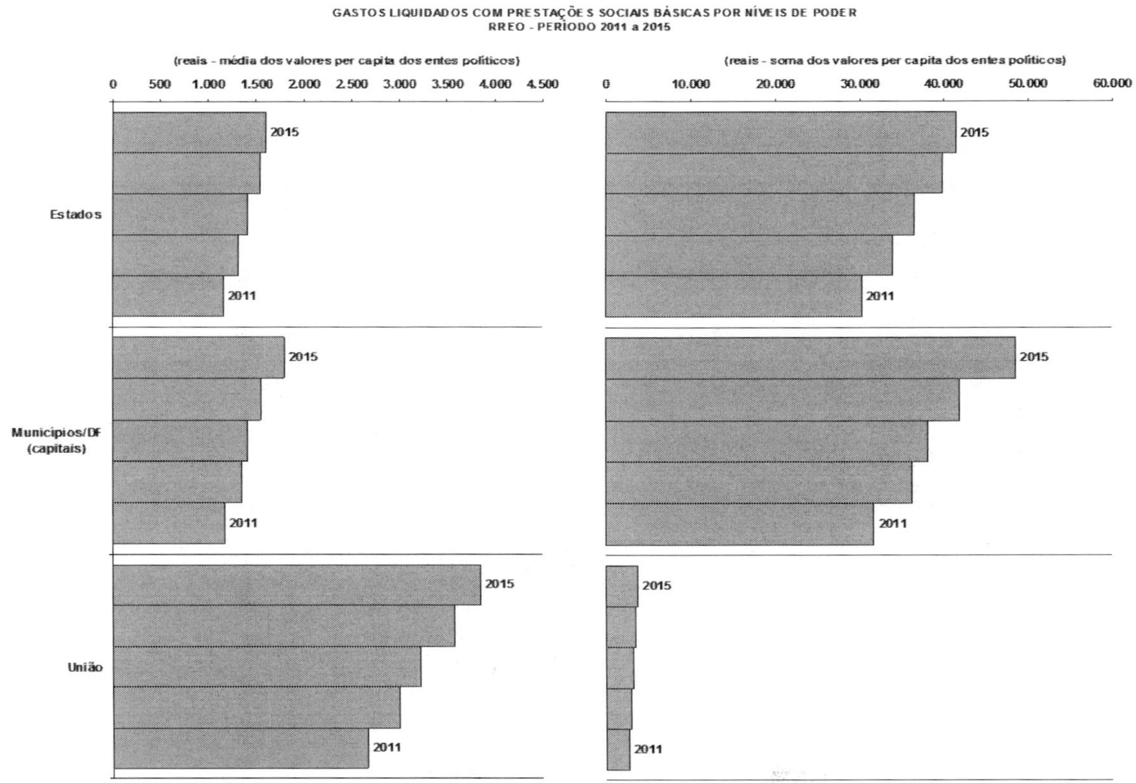

Fonte: O Autor, 2016.

CONCLUSÃO

Percebe-se do exame dos dados que o federalismo brasileiro sobrecarrega os governos subnacionais com custos sociais, sem oferecer uma fonte de recursos financeiros proporcional à tarefa.

Considerando que a União aumentou sua participação nas receitas públicas nacionais através das contribuições sociais, mas são os Municípios que suportam o maior volume de gastos sociais com saúde, torna-se forçoso concluir que o arranjo federativo brasileiro está em desequilíbrio.

Dada a competência comum dos entes políticos em prestar políticas públicas para as mesmas áreas sociais, seria razoável que os governos subnacionais recebessem parcela da arrecadação da União com contribuições sociais, tendo em vista que a finalidade comum aos três níveis de governo.

De toda sorte, algo precisa ser feito para aumentar a eficácia dos direitos sociais fundamentais, pois as condições sociais da população, que já eram ruins, estão se deteriorando e os governos sempre imergidos em crises fiscais recorrentes.

O controle social no contexto da democracia deliberativa é o meio legítimo de atuação política pacífica na busca da eficácia dos direitos sociais fundamentais, e podem ser bastante eficazes quando direcionados para o orçamento público.

As sociedades dos países em desenvolvimento não podem esperar pelo desenvolvimento econômico para só depois promover o desenvolvimento social.

Neste sentido, Sen[18] aponta que a discussão pública é o caminho para efetivar direitos sociais fundamentais, especialmente quando a sociedade possui liberdade de expressão e força política para promover a transformação social através do discurso ostensivo em praça pública:

> Há uma ampla margem para a pública discussão, e até mesmo para que se exerça uma pressão eficaz, no que diz respeito a saber-se o que um estado ou uma sociedade particular – mesmo que pobres – podem fazer para impedir violações de certos direitos econômicos e sociais fundamentais (relacionadas, por exemplo, com carestias freqüentes, subnutrição ou falta de cuidados médicos).

---

18. SEN, Amartya. *A ideia de justiça*. Coimbra: Almedina, 2009, p. 502-503.

REFERÊNCIAS

ALEXY, Robert. *La institucionalizacion de los derechos humanos en el estado constitucional democrático*. Tradução Maria Cecília Ananos Meza. Revista Del Instituto Bartolomé De Las Casas. Madrid, 1998.

ALMEIDA, Maria Hermínia Tavares de. Recentralizando a Federação? *Revista Sociologia e Política*, Curitiba, 24, p. 29-40, jun. 2005.

ARRETCHE, Marta. Federalismo e políticas sociais no Brasil: problemas de coordenação e autonomia. *São Paulo em Perspectiva*, São Paulo, ano 18, n. 2, p. 17-26. 2004.

BARCELLOS, Ana Paula. *A eficácia jurídica dos princípios constitucionais:* o princípio da dignidade da pessoa humana. 3° ed. Rio de Janeiro: Renovar, 2011.

BARROSO, Luís Roberto. A derrota da Federação: o colapso financeiro dos Estados e Municípios. *Revista Direito Processual Geral*, Rio de Janeiro, n. 53, p. 107-113. 2000.

BRASIL. IBGE. *Síntese de indicadores sociais*: uma análise das condições de vida da população brasileira 2012. Brasília, DF: Senado, 1988. p. 203-224.

DWORKIN, Ronald. *Levando os direitos a sério*. São Paulo: Martins Fontes, 2002.

FRANZESE, Cibele; ABRUCIO, Fernando L. A combinação entre federalismo e políticas públicas no Brasil pós-1988: os resultados nas áreas de saúde, assistência social e educação. *ENAP – Caderno ENAPP* – Reflexões para IberoAmérica: Avaliação de Programas Sociais. Brasília, 2009.

IBGE. *População residente enviada ao Tribunal de Contas da União - 2001-2015.* Disponível em: http://www.ibge.gov.br/home/estatistica/populacao/estimativa2015/serie_2001_2015_tcu.shtm. Acesso em 28 mai. 2016.

JUCÁ, Francisco Pedro. *Finanças públicas e democracia*. São Paulo: Atlas, 2013.

NORTON, Andy; ELSON, Diane. *What's behind the budget?* Politics, rights and accountability in the budget process. London: Overseas Development Institute, 2002.

OLIVEIRA, Vanessa Elias de. Processo de descentralização de políticas públicas e seu impacto sobre o federalismo brasileiro. *Revista Brasileira de Estudos Constitucionais - RBEC*, Belo Horizonte, ano 5, n. 19, p. 197-218, jul./set. 2011.

SEN, Amartya. *A ideia de justiça*. Coimbra: Almedina, 2009.

09

ANGOLA E BRASIL: TRIBUTAÇÃO DO SETOR PETROLÍFERO

Constantino António Zangui

Mestrando em Direito Tributário, no PPGD/UERJ. Bacharel em Ciências Contábeis, pela FAF/UERJ.

Sumário: Introdução; **1.** Exploração do Petróleo em Angola; **1.1.** Agência Nacional de Petróleo, Gás e Biocombustíveis de Angola (ANPG); **2.** Regime Jurídico Tributário do Setor Petrolífero Angolano; **2.1.** Tributação do Petróleo e o Princípio Público dos Recursos; **2.2.** Principais Tributos Petrolíferos em Angola; **2.2.1.** Imposto sobre o Rendimento do Petróleo (IRP); **2.2.2.** Imposto sobre a Produção do Petróleo (IPP); **2.2.3.** Imposto sobre a Transação do Petróleo (ITP); **2.2.4.** Contribuição para a Formação de Quadros; **2.3.** Liquidação de Impostos; **3.** Estudo comparado: República Federativa do Brasil; **4.** Conclusões.

INTRODUÇÃO

Na década de 1950, Angola conheceu as primeiras descobertas em terra (*onshore*) e em águas rasas marítimas (*offshore*). As primeiras concessões sobre a pesquisa e produção (E&P) aconteceram na região de Cabinda[1] e a favor da CABGOC (*Cabinda Gulf Oil Company*), subsidiária da Chevron, que desde 1955 opera o "Bloco ZERO[2]", região com reservas recuperáveis estimadas em 5 bilhões de barris.

Um ano depois, o governo angolano criou a sua *National Oil Company* (NOC), que é a Sociedade Nacional de Combustíveis de Angola, Sonangol[3], que é responsável pela estruturação e gestão das participações governamentais no sector de pesquisa e produção (E&P) de petróleo em território angolano, além de atuar em outros elos da cadeia de petróleo e gás no país. Ao Ministério dos Petróleos "MINPET" cabe a responsabilidade de regular e definir a política nacional de petróleo e coordenar, controlar e auditar este setor econômico.

A exploração *onshore* sustada devido as hostilidades da guerra civil, a Sonangol incentivou as oportunidades *offshore* de pesquisa e produção (E&P) na costa marítima angolana. Tal incentivo despertou interesse das *International Oil Company* (IOC ou IOCs) através do licenciamento de áreas significativas, em águas rasas no sul de Cabinda, na década de 80, e na década seguinte em águas mais profundas, em torno de 100 km da costa.

O acordo da Sonangol com a CABGOC, para a região de Cabinda, é o único relevante e que segue o modelo de concessão. Todos os outros relacionamentos da Sonangol com as IOCs nos blocos *offshore* são baseados em acordos de *joint ventures* e modelos de partilha de produção. As IOCs exercem o papel de operadores dos campos concedidos.

O sucesso da exploração dos campos *offshore,* na da década de 90, determinou a influência de Angola entre os países produtores de petróleo. Angola é o segundo maior produtor de petróleo na África e é mem-

1. Cabinda: Província do Norte de Angola.
2. O Bloco Zero é atualmente a única área em que vigora o modelo de concessão; todos os outros acordos se baseiam em *joint ventures* ou no modelo de partilha de produção.
3. Sonangol: Unidade Econômica Estatal - é a entidade responsável pela gestão e estruturação da participação do estado no setor.

bro da OPEP[4] desde Janeiro de 2008, cuja cota diária, cifra-se na produção de Um milhão e novecentos mil barris de petróleo.

A economia angolana é extremamente dependente das receitas provenientes da exploração petrolífera que, de acordo com dados do FMI, representam 47% do PIB, 76% das receitas fiscais e 98% das exportações.

O setor petrolífero é o que mais contribui para o crescimento econômico do país, apesar dos recentes esforços no sentido da diversificação da economia.

A guerra civil desestabilizou a economia angolana durante décadas. As reformas econômicas dos últimos anos feitas pelo Governo e a estabilização da moeda interna, Kwanza[5], tem proporcionado uma estabilidade econômica, aliada aos baixos índices de inflação.

Reconstruir as infra-estruturas é imperioso para Angola. Para tal, as entidades governamentais vêm e têm no petróleo, para viabilizar a execução de tais obras, a porta *standard* para que tal reconstrução seja exequível a curto e médio prazo.[6]

Os progressos alcançados não livram Angola em enfrentar inúmeros desafios que se prendem em corrigir a excessiva burocracia, o alto índice de pobreza e as inúmeras dificuldades sociais, o combate ao analfabetismo, a construção de infra-estruturas de energias, água, meios de comunicação, transportes e, entres outras, vitais para Angola, produção dos alimentos, modernização do tecido econômico agrícola, industrial e serviços.

Angola é um país produtor com exploração em *onshore* e *offshore* em águas rasas, profundas e ultras profundas. Adota desde 1975, como modelo de contratação preferencial no *upstream* o PSA que, atendendo à importância estratégica do recurso para a economia e soberania do

4. OPEP: Organização dos Países Exportadores de Petróleo.

5. Kwanza: é o nome do maior rio de Angola e também, é o nome da atual moeda do país.
Associação Africana dos Países Produtores de Petróleo.

6. FERRAZ, Eunice de Fátima P.Gonçalves. PSA ANGOLANO: Análise da Recuperação de Custos e dos Fatores de Atratividade. 2015. Disponível em: <https://repositorio.ucp.pt/bitstream/10400.14/19433/1/TESE%20PSA%20ANGOLA.pdf> Acesso em: 17 de Set. de 2019.
***FRANCISCO, Eliseu Gonçalves.** ANGOLA: Tributação do Sector Petrolífero.2015. Disponível em: <https://lexangola.blogs.sapo.pt/angola-tributacao-do-sector-petrolifero-2341> Acesso em: 17 de Set. de 2019.

país, desenvolve um regime fiscal que prevê mecanismos de atração de investimento adaptados às condicionantes de cada projeto.

1. EXPLORAÇÃO DO PETRÓLEO EM ANGOLA

A legislação define a exploração ou pesquisa como o conjunto de operações ou atividades destinadas a avaliar áreas, objetivando a descoberta e a identificação de jazidas de petróleo. Seu processo está relacionado à prestação de serviços (contratação de serviços técnicos de levantamento geofísico), e tais serviços precisam contar com a utilização de embarcações.

As primeiras descobertas de petróleo em Angola datam de 1910 com a concessão de uma área de 114.000 km^2 à companhia Canha & Formigal no *offshore* da bacia do Kwanza, de que veio a resultar a perfuração do primeiro poço em 1915 (Sonangol: 2014).

A primeira descoberta comercial no vale do Kwanza pela Petrofina que, em parceria com a administração colonial, criou a Fina Petróleos de Angola - Petrangol e construiu a refinaria de Luanda para processamento do crude, isso em 1955 (Sonangol: 2014).

O primeiro levantamento sísmico no *offshore* de Cabinda pela CABGOC - *Cabinda Gulf Oil Campany*, foi feito em 1962, dele resultando descobertas que, seguindo o modelo então utilizado pela indústria (Feijó, 2013), viriam a ser objeto de concessão de exploração e produção entre a CABGOC, atualmente subsidiária da Chevron, e as autoridades coloniais portuguesas, aprovada pelo Decreto 41357 de 11 de novembro de 1957 (Sonangol, 2014).

Com a proclamação da independência e a aprovação da primeira Constituição de Angola, isso em 1975, Angola, seguindo o "movimento na época generalizado que encontrou sede material na Carta dos Direitos e Deveres Econômicos dos Estados, aprovada pela Assembleia Geral da ONU em 1974, que pela primeira vez na História do Direito Internacional acolheu o Princípio da Soberania dos Estados sobre os seus Recursos Naturais" (Feijó, 2013), consagrou-se o princípio da propriedade estatal dos recursos minerais, operando-se em seguida uma série de nacionalizações.

Através do Decreto n.º 79/76 de 25 de agosto de 1976, foi constituída a Sociedade Nacional de Combustíveis (Sonangol, UEE5), que resultou da nacionalização da Angol, subsidiária da companhia portuguesa

Sacor (Minpet, 2014). Como concessionária nacional, a Sonangol é a entidade responsável pela gestão e estruturação da participação do estado no setor (BNDES, 2009).

No que tange ao quadro legal das atividades petrolíferas no período pós-independência, foi inicialmente instituído pela Lei Geral das Atividades Petrolíferas, Lei 13/78 de 26 de agosto que, no cumprimento dos cânones constitucionais, reafirmou-se o Princípio da Propriedade Estatal dos Hidrocarbonetos e instituiu-se o Sistema Misto de Regulação da Exploração e Produção de Petróleo, passando estas a ter de se conformar à lei e aos contratos individualmente considerados (Feijó, 2013: 76)[7].

Com a guerra civil ocorrida de 1975 a 2002, a exploração petrolífera ficou circunscrita ao *offshore* da costa Atlântica. Apesar da Lei Geral das Atividades Petrolíferas pretender estabelecer o regime geral das atividades, a maior parte da regulação da relação entre as companhias petrolíferas e a concessionária nacional continuava a constar dos contratos a que a própria lei remetia.

Questões como as relacionadas com o cumprimento das leis e regulamentos fiscais, cambiais e aduaneiros eram negociadas para cada área e constavam de anexos aos PSAs, dando origem a uma variedade de regimes em função das áreas de concessão.

Em 1996, a *Elf*, em parceria com a *Exxon Mobil, BP - Amoco/Statoil, NorskHydro* e *Fina,* fizeram a descoberta mais importante até então, o campo Girassol, no Bloco 17. Situado no *offshore* em águas profundas e com reservas de 1 Bilbao de barris recuperáveis e uma produção de quinhentos mil barris/dia, o campo Girassol atraiu para a indústria angolana o interesse de inúmeras companhias petrolíferas, o que fez com que Angola passasse de produtor médio a um dos principais pontos de busca de reservas (IPB, 2014: 49).

Após a guerra, os investimentos têm-se direcionado para a reativação da exploração e produção em *onshore* e na bacia do Kwanza em águas ultra, ultras profundas, pré-sal10, devido às semelhanças geológicas com a costa leste do Brasil, que contém na camada do pré-sal enormes quantidades de reservas de hidrocarbonetos.

7. Refere-se que cada contrato tem o seu próprio regime e diferem substancialmente entre si.

Angola opera nos três segmentos da indústria petrolífera, nomeadamente *upstream, midstream* e *downstream*, sendo o modelo contratual a adotar definido pelas transações a eles subjacentes, pela intensidade de capital, pelo risco e pelos meios tecnológicos que exigem.

O Decreto Presidencial nº. 49/19 de 6 de fevereiro, cria a Agência Nacional de Petróleo, Gás e Biocombustíveis, transferindo assim, todos os direitos de exploração e gestão da Sonangol, como explanação no item seguinte.

1.1. Agência Nacional de Petróleo, Gás e Biocombustíveis de Angola (ANPG)

A Agência Nacional de Petróleo, Gás e Biocombustíveis, abreviadamente designada por "Agência" ou "ANPG", criada ao abrigo do Decreto Presidencial nº. 49/19 de 6 de Fevereiro, é uma pessoa coletiva de direito público, do sector econômico ou produtivo, que goza de personalidade e capacidade jurídica e é dotada de autonomia administrativa, financeira e patrimonial.

A ANPG tem por objeto a regulação da atividade de exploração do petróleo e gás, sendo a Concessionária Nacional que tem por finalidade regular, fiscalizar e promover a execução das atividades petrolíferas, nomeadamente as operações e a contratação, no domínio dos petróleos, gás e biocombustíveis.

A mesma está sujeita à superintendência do Titular do Poder Executivo, exercida pelo Titular do Departamento Ministerial responsável do Sector dos Recursos Minerais e Petróleos.

A atividade da ANPG, dos órgãos e serviços, dos seus trabalhadores e de outras pessoas que atuem em seu nome e representação deve reger-se, em especial, pelos seguintes princípios:

- Autonomia de gestão;
- Programação econômica e financeira;
- Economia e utilização eficiente dos recursos financeiros;
- Transparência e boa governação;
- Cooperação inter-orgânica com as demais entidades da Administração do Estado;
- Abertura à inovação.

A ANPG tem as seguintes atribuições:

- Implementar as ações necessárias a adjudicação e gestão dos contratos de petróleo e gás natural;
- Executar a política pública do Estado no domínio da Indústria Petrolífera, em conformidade com as melhores práticas internacionais;
- Acompanhar o desenvolvimento técnico e tecnológico para efeitos de adequação legislativa do Setor, nos limites das suas competências;
- Promover e estimular os investimentos no Setor dos Petróleos, Gás e Biocombustíveis e divulgar os dados técnicos que não sejam do domínio reservado, conforme a legislação em vigor;
- Assegurar a promoção da formação especializada dos quadros do Setor, em estreita colaboração com os órgãos e serviços públicos e privados vocacionados a ministrar a respectiva formação inicial e contínua.

Competências específicas:

- Definir regras sobre a planificação das reservas e exploração de hidrocarbonetos no País;
- Negociar e celebrar contratos;
- Regular e executar o procedimento de delimitação de blocos para efeitos de concessão das atividades de pesquisa, exploração e desenvolvimento;
- Criar o quadro regulatório e autorizar a prática das atividades de carregamento acondicionamento de petróleo, gás e biocombustíveis etc.

A ANPG compreende os órgãos de Gestão (Conselho de Administração, Presidente, Conselho Fiscal e Técnico) e Serviços de Apoio Agrupado (Gabinetes e Direção de exploração e produção, etc.).

A ANPG e a SONANGOL – E.P. promover o levantamento dos recursos humanos e do patrimônio em posse da SONANGOL – E.P. para a correta alocação entre ambas.

A transferência dos recursos humanos e do patrimônio provenientes da SONANGOL –E.P. e de outras empresas públicas do Subsetor do Petróleo e Gás, bem como o patrimônio da Agência foi aprovada por Diploma Conjunto dos Titulares dos Departamentos Ministeriais responsáveis pelas Finanças, Recursos Minerais e Petróleo e Administração Pública, Trabalho e Segurança Social.[8]

2. REGIME JURÍDICO TRIBUTÁRIO DO SETOR PETROLÍFERO ANGOLANO

O regime legal do sector petrolífero de Angola é decalcado ou influenciado ao modelo da Malásia. Lei Geral das Atividades Petrolíferas (Lei nº. 13/78) substitui o regime colonial português e representou uma grande mudança na legislação petrolífera angolana, estabelecendo os princípios fundamentais que passaram a reger a exploração do potencial petrolífero de Angola no período pós-independência.

Desde a independência, em Angola prevalece o Princípio da Soberania sobre os Recursos Naturais. No mesmo ano (1975), foi promulgada a primeira Constituição, embora com alterações, vigorou até 2010, conforme mencionado no item anterior.

O Princípio da Soberania sobre os Recursos Naturais determina (art. 16), que a propriedade sobre os hidrocarbonetos pertence ao Estado, ou seja, o regime jurídico deste artigo reforça o poder do Estado Angolano quanto ao seu poder soberano sobre os recursos naturais prescrito no artigo 3º da Constituição da República de Angola.

De acordo a lei pós-independência, todos os reservatórios petrolíferos localizados em todo território angolano era de propriedade do povo. Os direitos de exploração e produção de tais reservatórios foram transferidos para a Sonangol. Esta, por sua vez, não estava autorizada a alienar tais direitos.

Estabeleceu-se, nos termos da lei, que todos os direitos existentes com relação à exploração petrolífera em todo território angolano seriam cancelados e transferidos para a Sonangol. E, qualquer IOC que desejasse explorar petróleo nesse país teria que possuir as qualificações técnicas e financeiras necessárias e associar-se à Sonangol. Tal associação poderia ser realizada nas áreas *onshore* por meio de uma *Joint Venture*, que deveria contar com a participação majoritária da Sonangol, ou atra-

---

8. ANGOLA. Agência Nacional de Petróleo, Gás e Biocombustíveis de Angola. Disponível em: <https://anpg.co.ao/legislacao/> Acesso em: 25 de Set. de 2019.

ANGOLA. Diário da República. (2019). Decreto Presidencial nº. 49/19 de 6 de fevereiro, cria a Agência Nacional de Petróleo, Gás e Biocombustíveis. *Diário da República I Série*, n.º 15.

vés de um Contrato de Partilha da Produção, que poderia ser aplicável tanto às áreas *onshore* como *offshore*.

Com intuito de torná-la mais rica e melhor adaptada às mudanças que o setor apresenta, visando com isso, atingir de maneira mais eficaz os interesses nacionais, o governo angolano decidiu proceder à revisão da Lei nº. 13/78 (Lei Geral das Atividades Petrolíferas). Com isso, foi promulgada a Lei nº. 10/2004.

A referida lei (Lei nº. 10/2004) ratificou o Princípio Fundamental da Propriedade Estatal sobre os Recursos Petrolíferos, já consagrados na Constituição angolana e na anterior Lei, bem como a obrigatoriedade associativa com a Sonangol no âmbito de suas concessões petrolíferas, reproduzindo, ainda, alguns outros princípios constantes da Lei Geral das Atividades Petrolíferas. Seu objetivo principal foi de salvaguardar os princípios de política econômica e social aplicáveis ao setor petrolífero, como:

- Proteção do interesse nacional;
- Desenvolvimento do mercado de trabalho e valorização dos recursos petrolíferos;
- Proteção do meio ambiente e racionalização da utilização dos recursos petrolíferos;
- Viabilização da competitividade do país no mercado internacional.

As atividades de exploração e produção de petróleo (art. 6º da Lei nº. 10/2004), só podem ser feitas através de um contrato de Concessão. Na verdade, as concessões de áreas a serem exploradas são feitas exclusivamente à Sonangol que, nos termos da Lei, é a Concessionária Nacional exclusiva.

Em Angola usa-se mais os modelos de *Joint Venture* (societária e contratual), PSA e *Risk Production Agreement,* pois é através destes instrumentos que as relações entre as IOCs e o Estado hospedeiro angolano são materializadas. Embora a Lei preveja três regimes, na verdade, desde a promulgação da Lei, a Sonangol tem utilizado apenas o regime de PSA ou Contrato de Partilha de Produção para associar-se às IOCs. Ou seja, Angola adota o regime contratual do PSA[9] para regular sua relação com as IOC, uma vez que os outros nunca foram postos em prática.

9. O modelo de PSA especifica o trabalho a ser realizado. Contudo, a sua extensão pode ser negociada entre as partes. As companhias petrolíferas estão obrigadas ao pagamento do bônus

2.1. Tributação do Petróleo e o Princípio Público dos Recursos

Segundo Francisco (2015), o Princípio Público da Propriedade dos Recursos Naturais consagrado no art. 95, da Constituição Angolana, reforça o princípio da soberania permanente sobre os recursos naturais prescritos nos artigos 3º e 16º da referida Constituição. Tal princípio só pode ser materializado através da intervenção de autoridades públicas.

Em Angola, as principais entidades públicas e governamentais que desempenham papel fundamental nas atividades de petróleo e gás natural são: O Presidente da República, o Conselho de Ministros, o Ministério dos Petróleos (MINPET), o Ministério das Finanças e a Sociedade Nacional de Combustíveis de Angola "Sonangol". Ou seja, cabe a estas entidades corporizarem a vontade pública do Estado Angolano sobre os recursos naturais.

Angola tem, atualmente, uma tributação específica para as atividades petrolíferas, nos termos da Lei 13/2004 sobre "Tributação das Atividades Petrolíferas". É aplicável a todas as empresas nacionais ou estrangeiras, que exerçam atividades petrolíferas e tem por objetivo estabelecer o regime tributário que incide sobre:

- As atividades de pesquisa;
- Desenvolvimento;
- Produção;
- Armazenagem;
- Venda;
- Exportação;
- Tratamento e transporte de petróleo bruto e gás natural.

No Sistema Fiscal angolano existem regimes distintos para contratos de associação em áreas de Concessão e PSAs. Em cada um destes regimes, existe um nível complementar de complexidade, com diferentes variantes contratuais, aplicáveis aos diferentes tipos de regimes. No caso do Bloco Zero, por exemplo, os abatimentos permitidos para o cál-

---

de assinatura e a cumprir, mediante solicitação da Sonangol, as suas obrigações para com o mercado.

O Bloco Zero é atualmente a única área em que vigora o modelo de concessão; todos os outros acordos se baseiam em *joint ventures* ou no modelo de partilha de produção.

culo do Imposto sobre Transações Petrolíferas, relativos à Área A, são diferentes daqueles permitidos nas Áreas B e C.

Em relação à Partilha da Produção, os acordos evoluíram, os contratos anteriores, eram baseados na produção acumulada, para contratos mais recentes, de águas profundas, que hoje são baseados na taxa de retorno, sendo Angola o único país entre os grandes produtores africanos a utilizar este critério. As maiorias das cláusulas do PSAs são negociáveis e são bem específicos.

Em outras palavras, diferem de contrato a contrato, como por exemplo, as percentagens, *royalties* e recuperação de custos.

A Lei nº. 13/2004 é aplicável a outras substâncias, tais como nafta, ozoterite, enxofre, hélio, dióxido de carbono e substâncias salinas, quando provenientes das operações petrolíferas. De acordo com estudo do Banco Mundial, o custo de administração deste regime pode ser particularmente penoso e dispendioso, em razão da diversidade contratual.

São consideradas como remunerações governamentais todas as receitas advindas da atividade petrolífera, ou seja, todos os tributos e outros pagamentos ao Estado, exigidos por lei ou cláusulas contratuais.

2.2. Principais Tributos Petrolíferos em Angola

Os principais tributos petrolíferos em Angola são:

- Bônus: únicos meios de pagamentos em dinheiro, pagos no ato da adjudicação de um contrato de exploração e produção. Cobrados em razão de uma descoberta comercial ou do começo da produção. Outro bônus, que tem a ver com fundos sociais. Todo bônus de licitação, provenientes de investidores estrangeiros ou potenciais, são pagos à Concessionária Nacional (A Sonangol funciona como entidade tributária).
- Imposto sobre a Produção do Petróleo (TP ou *royalties*): os *royalties* são impostos sobre a produção e calculados como uma percentagem da produção bruta de cada uma das áreas de concessão ou de contrato. São aplicáveis apenas aos contratos de associação e são tributadas na ordem de 16,67% a 20%.
- Imposto sobre o Rendimento do Petróleo: O Imposto sobre o Rendimento do Petróleo (IRP) é calculado em 65,75% sobre os lucros provenientes das áreas de concessão mais antigas, e em 50% sobre o lucro do petróleo oriundo das mais recentes áreas (PSA).

- Imposto sobre Transações Petrolíferas: O Imposto sobre Transações Petrolíferas (TP) só se aplica à Área de Concessão de Cabinda.

Francisco (2015), afirma que o regime jurídico as concessões devem ser contratualizadas em Decretos, sejam nos contratos de associação (apenas no bloco zero) ou nos contratos de partilha e produção, atualmente vigora os seguintes instrumentos jurídicos:

Lei nº. 13/2004, de 24 de Dezembro: Esta lei é aplicável a todas as concessões petrolíferas outorgadas desde 1º de Janeiro de 2005.

Nos termos do artigo 81º da Lei nº. 13/2004, para as concessões anteriores a 2005, aplica-se o regime fiscal explanado nos contratos. Para as concessões posteriores a 2005, o Decreto de concessão não incluiu regime fiscal e remete diretamente para a Lei 13/2004.

Nas concessões outorgadas antes de 2005, o regime fiscal estava previsto nos respectivos contratos: quando fosse de associação o imposto incidia sobre o rendimento; sobre a produção e sobre a sobre a transação. E quando fosse de partilha e produção, incidia sobre o rendimento.

A Lei nº. 13/2004, de 24 de Dezembro (Lei sobre a Tributação Petrolífera), tipificou os seguintes impostos:

- Imposto sobre o Rendimento (IRP);
- Imposto sobre a Produção do Petróleo (IPP);
- Imposto sobre a Transação do Petróleo (ITP);
- Taxa de superfície;
- Contribuições para a formação de Quadros Angolanos.

2.2.1. Imposto sobre o Rendimento do Petróleo (IRP)

Incide sobre o rendimento tributável auferido no exercício das seguintes atividades:

- Pesquisa;
- Desenvolvimento;
- Produção;
- Armazenagem;
- Venda;

- Exploração;
- Tratamento e transporte de petróleo;
- Comércio por grosso de quaisquer outros produtos provenientes destas operações.

Outras atividades das entidades primariamente ocupadas com a realização dessas operações, resultantes de ações ocasionais ou meramente acessórias, desde que tais atividades não revistem a forma de indústria ou comércio.

Rendimento tributável:

- Associação em participação - diferença entre todos os proveitos ou ganhos realizados e os custos ou perdas imputáveis determinados nos termos dos contratos de associação;
- Contrato de partilha e produção – dedução à totalidade do petróleo produzido para a recuperação dos custos e dos recebimentos da Concessionária Nacional conforme estabelecido no contrato de partilha e produção e de acordo com as regras estabelecidas na Lei 13/04.

Custos ou Perdas dedutíveis:

- Encargos com a atividade básica, acessória ou complementar, relativos à produção ou aquisição de bens e serviços;
- Encargos de natureza administrativa referentes às despesas gerais incorridas em Angola pelos contribuintes, quando operadores, relativos à manutenção dos seus escritórios, instalações de apoio às operações petrolíferas e às residências afetas às mesmas;
- Reintegrações e amortizações;
- Rendas pagas a terceiros pela ocupação de imóveis afetos à execução das operações petrolíferas;
- Custos de serviços de gestão de riscos, fundos de pensões e fundos de abandono;
- Despesas decorrentes de litígios ou serviços jurídicos inerentes a operações petrolíferas;
- Juros e encargos autorizados;
- Custos previstos e admissíveis por lei.

Custos e Perdas não dedutíveis:

- Despesas incorridas por falta grave, dolo ou negligência;
- Comissões pagas a intermediários;
- Despesas de comercialização, transporte de petróleo e de qualquer garantia prestadas a favor da Concessionária Nacional;
- Despesas administrativas fora de Angola;
- Despesas com a formação do pessoal expatriado;
- E todas previstas na lei.

Custos fiscais:

- Associação em participação;
- Não dedutível depreciação de CAPEX[10] superior ao limite de 16,66% por ano;
- CAPEX incluiu:
- Custos de pesquisas e avaliação;
- Perfuração de postos de desenvolvimento;
- Instalação de produção e transporte;
- Contrato de partilha de produção;
- Custos fiscais classificados em:
- Despesas de pesquisa;
- Despesas de desenvolvimento;
- Despesas de produção;
- Taxa;
- Associação em participação – 65,75%;
- Contrato de partilha de produção – 50%.

10. CAPEX: é a sigla da expressão inglesa *capital expenditure* (em português, despesas de capital ou investimento em bens de capital) e que designa o montante de dinheiro despendido na aquisição (ou introdução de melhorias) de bens de capital de uma determinada empresa.

2.2.2. Imposto sobre a Produção do Petróleo (IPP)

Incide sobre a quantidade do petróleo bruto e gás natural medido à boca do poço deduzida das quantidades consumidas in natura nas operações petrolíferas.

Taxa: 20%

Possibilidade de redução para 10%:

- Exploração de petróleo em jazigos marginais;
- Exploração de petróleo na zona marítima com coluna de água superior a 750 metros;
- Exploração de petróleo em zonas terrestres de difícil acesso definido pelo Governo.

2.2.3. Imposto sobre a Transação do Petróleo (ITP)

Incide sobre o lucro auferido pelo exercício de operações petrolíferas no âmbito de associações em participação.

Taxa: 70%

Encargos dedutíveis:

- Os encargos dedutíveis no IRP;
- Prêmio de produção;
- Prêmio de investimento;
- Custos não dedutíveis:
- Perdas não dedutíveis nos termos do IRP;
- Imposto sobre a produção do petróleo;
- Imposto sobre a transação de petróleo;
- Taxa de superfície;
- Contribuição para a formação de quadros angolanos;
- Custos de financiamentos, incluindo juros e outros encargos.

Taxa de Superfície

Incide sobre a área da concessão ou sobre as áreas de desenvolvimento.

Valor: USD 300.00/Km2.

2.2.4. Contribuição para a Formação de Quadros

Regulamentado por:

- Decreto-lei nº. 17/09, de 26 de Junho;
- Decreto-Executivo 45/10, de 10 de Maio;
- Decreto-Executivo 46/10, de 10 de Maio.

Âmbito:

- Empresas estrangeiras e angolanas, cujo capital é detido majoritariamente por entidades estrangeiras e que exerçam no território nacional, atividades petrolíferas;
- Empresas estrangeiras e angolanas com maioria de capital detido por pessoas singulares ou entidades estrangeiras que permanentemente, prestem serviços àquelas.

Isenções:

- Empresas sedeadas no estrangeiro;
- Empresas de prestação de serviços, cujo maior parte do trabalho é feito fora de Angola;
- Empresas cujo objeto social não se reporte diretamente a atividade petrolífera;
- Fundo de Formação do Petróleo;
- Empresa detentora de licença de prospecção: USD 100.000.00;
- Empresa em período de pesquisa: USD 300.000.00;
- Empresa em período de produção, atividade de refinação ou de transporte: USD 0,15/barril;
- Empresa de prestação de serviço: 0,5/ano do valor do contrato.

Encargos:

Despesas de formação especializada, seminários e verbas consignadas a Universidade Agostinho Neto e Universidade Católica;

O não cumprimento destas obrigações dá azo a penalidades.

2.3. Liquidação de Impostos

A liquidação de impostos processa-se na repartição Fiscal e é da responsabilidade dos contribuintes. São dedutíveis os custos atrás descritos.

A falta da entrega da declaração é penalizada com multas que variam entre USD 100.000.00 a USD 500.000.00. E a recusa da exibição da Contabilidade é penalizada com multas que variam entre USD 500.000.00 a USD 5.000.000.00.

Angola dispõe de um regime fiscal de incentivo as Empresas nacionais do Sector Petrolífero. Tais incentivos passam pela redução de 50% a 65,75%.

3. ESTUDO COMPARADO: REPÚBLICA FEDERATIVA DO BRASIL

Fez-se menção nos itens anteriores, que os investimentos de Angola têm-se direcionado para a reativação da exploração e produção em *onshore* e na bacia do Kwanza em águas ultra, ultras profundas, pré-sal, devido às semelhanças geológicas com a costa leste do Brasil, que contém na camada do pré-sal enormes quantidades de reservas de hidrocarbonetos.

Nesta seção final do trabalho, o estudo ficou reservada para a análise comparativa, dos mecanismos jurídicos que, em Angola e no Brasil, presidem às concessões para exploração de petróleo.

Para tanto, são aqui apresentados os mecanismos de incentivo ao investimento adotados no *upstream* angolano, e comparados com os utilizados no Brasil, com produção em *offshore* e adoção do PSA.

O petróleo é objeto de cobiça no Brasil, assim como ocorre na maioria dos países do mundo que possuem esse recurso.

Ávila (2019), o Estado do Rio de Janeiro já tentou instituir, por duas vezes, o ICMS sobre a extração de petróleo. Trata-se de medida meramente arrecadatória que se distancia do arquétipo constitucional e infraconstitucional sobre a matéria. As duas tentativas foram afastadas quando o STF foi acionado para tratar da matéria. Portanto, não incide ICMS na extração do petróleo!

Tributação na fase de exploração do petróleo

Legislação aplicável:

- Lei do Petróleo: Lei 9.478/97;

- REPETRO-Sped: Lei 13.586/17, arts. 372, 377, 426 e 462 do Decreto 6.759/09 (Regulamento Aduaneiro) e IN RFB 1.781/17;
- ISS: Lei Complementar 116/03 e leis do ISS, de cada município competente para a tributação;
- PIS/COFINS: Lei 10.637/02 e Lei 10.833/03;
- PIS/COFINS-importação: Lei 10.865/04.

Tributação na fase de produção do petróleo

Legislação aplicável:

- Lei do Petróleo: Lei 9.478/97;
- Lei do Transporte Aquaviário: Lei 9.432/97;
- IRRF: art. 685 do RIR (Decreto 3.000/99), Lei 9.481/97 e Lei 13.586/17.

Tributação no refino do petróleo

Legislação aplicável:

- CIDE: 149 e 177, § 4 da Constituição Federal de 1988, Lei 10.336/01, Instrução Normativa SRF 422/04;
- IRPJ e CSLL: Lei 9.430/96 e Instrução Normativa RFB 1.312/12;
- ICMS: Constituição Federal de 1988, art. 155, § 2º, X, *b*, Lei Complementar 87/96 e Convênio ICMS 110/07;
- PIS/COFINS: Lei 9.718/98.

Na fase de exploração do petróleo, é comum que as atividades de exploração de petróleo requeiram a celebração de dois contratos distintos (*split* contratual): um de prestação de serviços e outro de afretamento de embarcação.

Caso o serviço executado na fase exploratória esteja previsto como fato gerador do ISS, tal imposto incidirá. Afinal, O fato gerador do ISS ocorre no local do estabelecimento prestador nos serviços executados em águas marítimas, com exceção, dentre outros, dos serviços portuários, utilização de porto, reboque de embarcações, serviços de apoio marítimo, de movimentação ao largo, serviços de armadores, estiva, conferência, logísticas e congêneres.

De acordo com a lista anexa à Lei Complementar 116/03, constitui fato gerador do ISS, os serviços de "pesquisa, perfuração, cimentação, mergulho, perfilagem, concretação, testemunhagem, pescaria, estimulação e outros serviços relacionados com a exploração de petróleo, gás natural e de outros recursos minerais".

Inúmeros bens precisam ser importados para viabilizar a operacionalização das atividades de exploração, como é o caso de medidores de gravidade, magnetômetros de alta sensibilidade *esniffers* (farejadores). O regime aduaneiro especial de utilização econômica destinado a bens a serem utilizados nas atividades de exploração, desenvolvimento e produção de petróleo e de gás natural (Repetro-Sped), é extremamente importante para o segmento, tendo em vista que desonera a tributação e estimula a atividade produtiva.

Todos os gastos necessários à atividade de exploração de petróleo, capitalizáveis (ativo imobilizado) ou não (geofísica e geologia), são insumos para fins de creditamento do PIS/COFINS não-cumulativo. Importa, aqui, a ideia de essencialidade.

Na fase de produção do petróleo, o afretamento, caso a pessoa jurídica fretadora esteja situada no exterior, via de regra, a afretadora remeterá o pagamento correspondente à parcela do contrato de afretamento à alíquota de zero por cento (0%) de IRRF. A parcela do contrato que exceder aos seguintes limites, se sujeita à incidência do imposto sobre a renda retido na fonte à alíquota de 15%:

- 70% (setenta por cento), quanto às embarcações com sistemas flutuantes de produção ou armazenamento e descarga;
- 65% (sessenta e cinco por cento), quanto às embarcações com sistema do tipo sonda para perfuração, completação e manutenção de poços; e
- 50% (cinquenta por cento), quanto aos demais tipos de embarcações.

Na fase da Tributação no refino do petróleo, os Contribuintes da CIDE-combustíveis são os produtores, os formuladores e os importadores, pessoa física ou jurídica, dos combustíveis líquidos.

A incidência da CIDE-combustíveis é monofásica. As distribuidoras, varejistas, transportadores e consumidores finais não são contribuintes do tributo. O consumidor final (contribuinte de fato) suporta o ônus tributário (repercussão econômica) da CIDE-combustíveis. Mas o contribuinte de direito é quem procede ao recolhimento desse tributo aos cofres da União.

Caso o petróleo seja adquirido do exterior, haverá a incidência da CIDE incidente sobre a importação de gasolinas e suas correntes; diesel e suas correntes; querosene de aviação e outros querosenes; óleos combustíveis (*fuel-oil*); gás liqüefeito de petróleo, inclusive o derivado de gás natural e de nafta; e álcool etílico combustível. No presente caso, o pagamento da Cide deve ser efetuado na data do registro da Declaração de Importação. É importante observar que este tributo não incidirá sobre as receitas de exportação, para o exterior, dos produtos ora relacionados.

Em relação ao ICMS, o Convênio ICMS 110/07, que dispõe sobre o regime de substituição tributária nas operações com combustíveis e lubrificantes, derivados ou não de petróleo e com outros produtos, autoriza que os Estados e o Distrito Federal, quando destinatários, atribuam ao remetente de combustíveis e lubrificantes, derivados ou não de petróleo, situado em outra unidade da Federação, a condição de sujeito passivo por substituição tributária, relativamente ao ICMS incidente sobre as operações com esses produtos, a partir da operação que o remetente estiver realizando, até a última, assegurado o seu recolhimento à unidade federada onde estiver localizado o destinatário.

As contribuições para o PIS/PASEP e a COFINS devidas pelos produtores e importadores de derivados de petróleo serão calculadas, respectivamente, com base nas seguintes alíquotas:

- 08% e 23,44%, incidentes sobre a receita bruta decorrente da venda de gasolinas e suas correntes, exceto gasolina de aviação;
- 4,21% e 19,42%, incidentes sobre a receita bruta decorrente da venda de óleo diesel e suas correntes; e
- 10,2% e 47,4%, incidentes sobre a receita bruta decorrente da venda de gás liquefeito de petróleo (GLP) dos derivados de petróleo e gás natural.

O produtor, o importador e o distribuidor poderão optar por regime especial de apuração e pagamento do PIS/PASEP e da COFINS. A incidência do PIS/PASEP e da COFINS se dá de forma monofásica na refinaria, que pode atuar como produtora ou importadora, a depender do caso concreto e do enquadramento nas normas regulatórias[11].

11. ÁVILA, Márcio. Tributação do petróleo: da exploração ao refino. 2019. Disponível em: <https://cenariospetroleo.editorabrasilenergia.com.br/tributacao-do-petroleo-da-exploracao-ao-refino/>. Acesso em: 23 de Set. de 2019.

4. CONCLUSÕES

Nos dois casos (Angola e Brasil), percebe-se que a sustentabilidade orçamentária e financeira depende dos rendimentos obtidos através dos recursos esgotáveis e não renováveis e está sujeita a flutuação, cotação e da procura nos mercados nacionais e internacionais.

No caso do Brasil, Diversos Estados da federação dependem das receitas provenientes do petróleo ou de seus derivados, como é o caso do Estado do Rio de Janeiro, que enfrenta várias dificuldades financeiras com a queda do preço do barril de petróleo.

Tal dependência torna suas economias, suas sustentabilidades orçamentária e financeira dependentes das realidades inesperadas face a cotação da *commodity* petróleo seu a ativo principal.

O outro ponto importante entre os dois países, é a enorme semelhança geológica entre eles, ou seja, a bacia do Kwanza em águas ultra, ultras profundas e pré-sal10 é semelhante com a costa leste do Brasil.

10 COMO A TRIBUTAÇÃO DE NOVAS RIQUEZAS PODE CONTRIBUIR PARA O FINANCIAMENTO DA FEDERAÇÃO BRASILEIRA: A TRIBUTAÇÃO DOS BANCOS DE DADOS

Daniel Lannes Poubel

Mestre e Doutorando em Finanças Públicas, Tributação e Desenvolvimento pelo Programa de Pós-graduação em Direito da Universidade do Estado do Rio de Janeiro (PPGD-UERJ). Advogado.

INTRODUÇÃO

Os recursos são escassos, e as necessidades humanas, infinitas. Contudo, diante da escassez de recursos, as necessidades deveriam ser adequadas, de forma equilibrada, à escassez de riquezas. O ser humano, entretanto, tende a ter um sem número de necessidades, o que torna necessário lidar, com sabedoria, com os recursos existentes e saber bem distribuí-los.

Essas máximas da ciência econômica (escassez de recursos e a necessidade de bem geri-los) irradiam efeitos para qualquer sistema tributário, especialmente num mundo em que cada Estado busca fontes de financiamento de suas necessidades frente a empresas com atuação global.

No caso brasileiro, a situação é ainda mais grave, porque, em regra, existe um rol taxativo de impostos, de competência distribuída para diversos entes. União, Estado e Municípios, muitas vezes, brigam por novas fontes de custeio de suas atividades, especialmente por meio da criação de novas figuras tributárias, mas infelizmente em frequente desrespeito às regras constitucionais de partilha de competências.

Em tempos de reforma do Sistema Tributário Nacional na Constituição, muitas são as mudanças pensadas. Do ponto de vista jurídico, no entanto, é possível implementar, desde já, soluções que obedeçam às instituições, em especial diante do surgimento de novas tecnologias após o advento da Constituição de 1988.

No século XXI, as grandes empresas de tecnologia passaram a fornecer diversos serviços digitais de armazenamento e troca de informações nas mais variadas formas (áudio, vídeo, texto). Na maioria das vezes, os serviços são gratuitos para o consumidor e permitem interação entre os diversos usuários de uma rede social. Em troca, os usuários em regra concordam em ceder diversas informações pessoais (nome, idade, fotografias, voz, preferências de consumo, perfil social etc.) e impessoais (relacionadas à navegação, dados do dispositivo de acesso, da conexão, tempo e hora do acesso, localização etc.) ao prestador de serviços. Como forma de remunerar a atividade, esses serviços em regra vendem publicidade ao usuário do portal, da rede social ou do aplicativo.

Essas informações (pessoais e anônimas) são monetizadas de várias formas pelas empresas. Os prestadores do serviço de rede social (provedores de conteúdo) podem utilizar esses dados para direcionar publicidade aos usuários com muito mais eficiência do que um meio de comunicação impessoal (como a televisão ou o rádio), uma vez que já possuem, de antemão, as informações do público de destino da mensagem publicitária. As companhias de aluguel de filmes *online* podem, com base no tempo em que os usuários gastam assistindo a filmes de comédia numa determinada região do planeta, usar modelos preditivos para financiar a produção de seriados e filmes com maior chance de aprovação do público pagante. As empresas de jogos online, conscientes da faixa etária e de preferências por mais ou menos violência nos videogames, podem direcionar seus esforços para a produção de jogos ambientados na Segunda Guerra Mundial ou num cenário futurístico.

A receita de venda de mercadorias ou de prestação de serviços digitais já é objeto de incidência de diversos tributos, como ICMS, ISS, IPI, IRPJ, CSLL PIS, COFINS e de outras contribuições. Por sua vez, as atividades praticadas pelas empresas que exploram serviços digitais, ao utilizarem esses dados para si próprias, não poderia ser tributada, porque tratar-se-ia de autosserviço. No entanto, há um outro signo presuntivo de riqueza, ainda não explorado pelo legislador tributário, que pode ser fonte de arrecadação de recursos para os entes públicos brasileiros.

É dentro desse contexto que o presente estudo busca entender e sistematizar o potencial de tributação de novos fenômenos econômicos tecnológicos, especialmente os bancos de dados digitais as atividades relacionadas ao contexto do chamado "big data".

1. A DISPUTA POR RECURSOS E FINANCIAMENTO ESTATAL

Nenhum Estado nacional, assim como qualquer organização humana ou instituição, sobrevive sem recursos financeiros. No contexto contemporâneo, a principal fonte de financiamento dos Estados são os tributos – não à toa que Ricardo Lobo Torres dá grande ênfase ao Estado Fiscal como emanação do Estado Democrático de Direito[1].

Só que, como falado, os recursos são escassos, inclusive os financeiros, mas as necessidades humanas (e das instituições), sem controle nem amarras, tendem a um crescimento constante. Para equacionar a escassez de recursos e a necessidade de bem geri-los é que foi criada a ciência econômica[2]. Deveriam assim, os dirigentes das instituições, ade-

1. TORRES, Ricardo Lobo. *Tratado de Direito Constitucional Financeiro e Tributário*. Vol. 1. Rio de Janeiro: Forense, 2009, p. 519 e segs.
2. SILVA, Maria Valesca Damásio de C. *Introdução às teorias econômicas*. Salvador: UFBA, 2016, p. 25.

quar as necessidades aos recursos, ou procurar desenvolver mais e mais fontes de recursos para, então, de forma equilibrada, permitir o crescimento das demandas.

O que se tem, contudo, é uma disputa, quase desenfreada, por recursos financeiros.

Os Estados Nacionais brigam entre si por recursos financeiros produzidos por empresas com atuação internacional, especialmente num mundo cheio de transações online[3]. Para mediar os interesses, o Direito Internacional Tributário se ocupa da produção de normas internacionais para tratar de fatos tributários plurilocalizados. Nesses tratados ou acordos, as partes compõem seus interesses, a fim de evitar dupla ou múltipla imposição tributária sobre transações e transferências de recursos; e busca-se também evitar a evasão fiscal[4].

No plano nacional, também os entes locais competem por recursos financeiros, cabendo a algum ato normativo (normalmente a lei) dispor sobre a divisão não só dos poderes e da atribuição de responsabilidades, mas também da distribuição dos recursos necessários à consecução desses objetivos. No caso brasileiro, cabe primariamente à Constituição dividir a competência entre os entes para arrecadação de receitas de terceiros, e o faz em diversos trechos e por diferentes formas - mediante arrecadação dos particulares (especialmente por meio de tributos, elencando quais são os tipos e a qual ente cabe cada um deles - arts. 145 e seguintes da Constituição) ou por meio de transferências voluntárias ou obrigatórias (vide, por exemplo: arts. 166 e 167 da Constituição). No tocante aos impostos que competem a mais de um ente, a forma federativa de Estado, embora possua pontos positivos, inevitavelmente levará à briga por recursos entre os entes subnacionais. É a chamada *guerra fiscal*, que pode ser conceituada como "as competições interjurisdicionais por investimentos a partir do comportamento não cooperativo de uma ou de várias instâncias subnacionais de governo"[5].

---

3. São várias as notícias que demonstram a briga por recursos. Recentemente, a França iniciou um movimento para tributar transações digitais, mas recuou após os EUA ameaçarem retaliação. Disponível em https://www.em.com.br/app/noticia/internacional/2019/12/02/interna_internacional,1105382/eua-ameaca-franca-com-taxa-de-100-por-conta-de-imposto-digital.shtml. Acesso em 25.01.2020.

4. NABAIS, José Casalta. *Direito Fiscal*. 6. ed. Coimbra: Almedina, 2010, p. 98-102.

5. VIEIRA, Danilo Jorge. "A Guerra Fiscal no Brasil: caracterização e análise das disputas interestaduais por investimentos em período recente a partir das experiências de MG, BA, PR, PE e RJ." *In*

Para além do conflito entre os entes federados por recursos financeiros, mediante o uso de tributos previstos na Constituição Federal de 1988 (a exemplo do ICMS – art. 155, II, CF/88), os Estados e Municípios, por vezes, criam outras figuras de arrecadação em total desrespeito às regras constitucionais. Prova disso é o grande número de Ações Diretas de Inconstitucionalidade na pauta do Supremo Tribunal Federal, por meio das quais diversos contribuições questionam a cobrança das mais variadas taxas que tomam por base de cálculo elementos próprios de impostos. Não por outro motivo, a Constituição Federal teve o cuidado de proibir tal conduta[6].

Todos esses exemplos (disputas internacionais, guerra fiscal e criação de figuras tributárias em desrespeito às regras constitucionais) tomam por base a disputa por recursos mediante tributos já conhecidos e que são comuns nos diversos ordenamentos jurídicos[7]. O desafio deste estudo, no entanto, é pensar em novas figuras tributárias a partir de novas materialidades econômicas que surgem em função do desenvolvimento econômico e tecnológico, além de como repartir o produto de sua arrecadação.

No caso brasileiro, numa primeira análise, a situação seria grave, porque, em regra, existe um rol taxativo de impostos, de competência distribuída para diversos entes. União, Estado e Municípios têm sua competência delimitada nos arts. 153 e seguintes da Constituição Federal, para instituir impostos sobre a riqueza dos particulares. No entanto, prevendo a incompletude do Sistema Tributário Nacional, o Legislador Constituinte Originário permitiu a criação de novos impostos, desde que criados na forma do art. 154, I, da Constituição Federal.[8]

Este estudo se propõe a pensar em uma nova fonte de arrecadação de receitas, por meio da criação de um novo imposto.

NETO, Aristides Monteiro Neto. (Org.). *Governos estaduais no federalismo brasileiro: capacidades e limitações governativas em debate*. Brasília: Ipea, 2014, p. 145.

6. Constituição Federal: "Art. 145. (...) § 2º As taxas não poderão ter base de cálculo própria de impostos."

7. A exemplo do imposto sobre a renda das pessoas jurídicas (IRPJ), no Brasil; também conhecido como *corporate tax* em inglês ou *körperschaftsteuer* na Alemanha.

8. "Art. 154. A União poderá instituir: I - mediante lei complementar, impostos não previstos no artigo anterior, desde que sejam não-cumulativos e não tenham fato gerador ou base de cálculo próprios dos discriminados nesta Constituição."

2. O QUE SÃO OS BANCOS DE DADOS E O "BIG DATA"?

Embora não haja uma definição precisa de o que seja o *big data*, é possível definir a atividade como uma série de trabalhos em grande escala que – pela sua própria natureza e peculiaridade do volume de informações necessárias ao desempenho da atividade – não podem ser feitos em escala menor, com vistas a extrair novas ideias que permitam agregar valor a mercados, organizações, relação entre cidadãos e governos etc[9]. O *big data* é, por essa perspectiva, mais um pressuposto ou método de trabalho, do que uma atividade propriamente dita.

O *big data* é uma forma de utilizar a (cada vez mais sofisticada) tecnologia de processamento e armazenamento de grandes quantidades de dados, armazenados numa espécie de banco ou base, a fim de mapear tendências de *correlação* entre as informações – atividade que é mais importante, nessa área, do que a de descobrir as relações de causa e efeito entre determinados fenômenos[10].

Um banco de dados (no Brasil; ou "base de dados", em Portugal; ou, no inglês, *database*) nada mais é do que um conjunto de arquivos relacionados entre si, uma coleção de dados relacionais, em estado bruto, mas aptos a gerar informação. Um exemplo ajudará a entender do que se está falando.

O número 5 (cinco), isolado, pode não significar coisa alguma; é, contudo, um dado. A seu turno, dizer que o Brasil venceu a Copa do Mundo por 5 (cinco) vezes já é uma informação, pois se trata de um conhecimento interpretado e ao qual é conferido sentido. Nessa acepção, *dados* devem ser entendidos como uma representação de fatos, conceitos ou instruções, que possibilitem a interpretação, comunicação ou proces-

---

9. MAYER-SCHONBERGER, Viktor. CUKIER, Kenneth. *Big Data*: como extrair volume, variedade, velocidade e valor da avalanche de informação cotidiana. 1. ed. Rio de Janeiro: Elsevier, 2013, p. 4.

10. "Com a informação, assim como na física, o tamanho importa. Assim, ao combinar centenas de bilhões de termos de buscam a Google mostrou ser capaz e identificar o surgimento de um surto de gripo quase tão bem quanto os dados oficiais com base nos pacientes que visitam o médico – e pôde gerar uma resposta quase em tempo real, muito mais rápido que as fontes oficiais. Do mesmo modo, a Lei de Etzioni pode prever a volatilidade do preço de uma passagem de avião e, assim, dar um poder econômico significativo para os consumidores. Mas ambos só conseguem isso pela análise de centenas de bilhões de dados.

Esses dois exemplos mostram o valor científico e social do big data, assim como em que medida eles podem se tornar fonte de valor econômico. Os exemplos marcam duas maneiras pelas quais o mundo do big data está fadado a abalar tudo, dos negócios às ciências e saúde, governo, educação, economia, ciências humanas e todos os demais aspectos da sociedade." (MAYER-SCHONBERGER, V. CUKIER, K. Op. cit., p. 7).

samento, quer por pessoas, quer por meios automatizados. Os dados diferem-se da informação, que é o significado conferido aos dados[11] (seja pelos seres humanos, seja pelas máquinas). *Dado* é um "valor de um campo armazenado, matéria-prima para obtenção de informação"[12]; *informação* corresponde a "dados compilados e processados de acordo com solicitação de consultas e análises"[13]; o banco de dados, portanto, é uma "coleção de dados relacionados"[14]. Por isso, "associações aleatórias de dados não podem ser chamadas de base de dados"[15].

Os bancos de dados, quando bem gerenciados por uma equipe de *marketing*, agregam valor ao negócio, ao permitir uma série de benefícios para ambas as partes, como: o direcionamento da comunicação (o cliente vai receber publicidade que mais se adeque a seus hábitos de consumo e preferências); o desenvolvimento de produtos que satisfaçam a necessidades individuais (por exemplo: é possível direcionar a publicidade de vendas de brinquedos e chocolate a crianças, sem perguntar ao usuário a sua idade – basta coletar metainformações a respeito do tipo de vídeo que o usuário mais assiste ao longo da semana); identificar os consumidores mais propensos a comprar novos produtos e serviços[16].

Bancos de dados são também utilizados no meio jurídico. Ao fazer uma pesquisa de jurisprudência no portal de um tribunal, o usuário nada mais está fazendo que acessar um grande banco de dados, composto pela coleção de decisões daquela corte. A partir do uso de palavras-chave ou operadores, é possível refinar a busca até eventualmente encontrar o que se pretende e, a partir dos resultados, construir informação, a ser usada como fonte de uma nova decisão, de uma pesquisa científica ou mesmo de uma petição judicial.

---

11. BITTENCOURT, Rogério Gonçalves. *Aspectos Básicos de Bancos de dados*. 95f. Apostila. Disponível em https://www.marilia.unesp.br/Home/Instituicao/Docentes/EdbertoFerneda/BD%20-%20Aspectos%20Basicos.pdf. Acesso em 04.11.2019.

12. TAKAI, O. K.; ITALIANO, I. C.; FERREIRA, J. E. *Introdução a banco de dados*. 124 f. Apostila. DCC-IME-USP. Fevereiro/2005. Disponível em https://www.ime.usp.br/~jef/apostila.pdf. Acesso em 04.11.2019.

13. TAKAI, O. K.; ITALIANO, I. C.; FERREIRA, J. E. Op. cit.

14. TAKAI, O. K.; ITALIANO, I. C.; FERREIRA, J. E. Op. cit.

15. TAKAI, O. K.; ITALIANO, I. C.; FERREIRA, J. E. Op. cit.

16. LOCK, Dennis. *The Gower Handbook of management*. 4. ed. Vermont: Gower Publishing Company, 1998, p. 351-352. Disponível em: https://books.google.com.br/books?id=swuehFtmFRQC&lpg=PA351&ots=PiDNFDZDL2&dq=database%20marketing&lr&hl=pt-BR&pg=PA351#v=onepage&q=databas e%20 marketing&f=false. Acesso em 04.11.2019.

Os bancos de dados também podem ser usados por instituições financeiras para análise e concessão de crédito a pessoas físicas e jurídicas. Geralmente, os bancos (de investimento, de varejo etc.) armazenam e categorizam os dados de transações financeiras de seus clientes e, com base no histórico de uso do dinheiro, pode avaliar se o cliente é um bom pagador, se atrasa o adimplemento de suas obrigações etc. e, com isso, construir um modelo para otimizar a concessão de crédito, aumentando, assim, o faturamento.

2.1. Legislação sobre bancos de dados no Brasil

No Brasil, embora já explorados há muitos anos, os serviços prestados por empresas que gerenciam bancos de dados para fins de proteção ao crédito tiveram sua regulamentação básica no artigo 43 do Código de Defesa do Consumidor (CDC – Lei nº 8.078/1990), que assim dispõe:

> Dos Bancos de Dados e Cadastros de Consumidores
>
> Art. 43. O consumidor, sem prejuízo do disposto no art. 86, terá acesso às informações existentes em cadastros, fichas, registros e dados pessoais e de consumo arquivados sobre ele, bem como sobre as suas respectivas fontes.
>
> § 1º Os cadastros e dados de consumidores devem ser objetivos, claros, verdadeiros e em linguagem de fácil compreensão, não podendo conter informações negativas referentes a período superior a cinco anos.
>
> § 2º A abertura de cadastro, ficha, registro e dados pessoais e de consumo deverá ser comunicada por escrito ao consumidor, quando não solicitada por ele.
>
> § 3º O consumidor, sempre que encontrar inexatidão nos seus dados e cadastros, poderá exigir sua imediata correção, devendo o arquivista, no prazo de cinco dias úteis, comunicar a alteração aos eventuais destinatários das informações incorretas.
>
> § 4º Os bancos de dados e cadastros relativos a consumidores, os serviços de proteção ao crédito e congêneres são considerados entidades de caráter público.
>
> § 5º Consumada a prescrição relativa à cobrança de débitos do consumidor, não serão fornecidas, pelos respectivos Sistemas de Proteção ao Crédito, quaisquer informações que possam impedir ou dificultar novo acesso ao crédito junto aos fornecedores.
>
> § 6º Todas as informações de que trata o caput deste artigo devem ser disponibilizadas em formatos acessíveis, inclusive para a pessoa com deficiência, mediante solicitação do consumidor.

Posteriormente, foi editada a Medida Provisória nº 518/2010, convertida na Lei nº 12.414/2011, que disciplinou a formação e a consulta a bancos de dados com informações de adimplemento para fins de crédito, conhecida como "Lei do Cadastro Positivo":

> Art. 1º Esta Lei disciplina a formação e consulta a bancos de dados com informações de adimplemento, de pessoas naturais ou de pessoas jurídicas, para formação de histórico de crédito, sem prejuízo do disposto na Lei nº 8.078, de 11 de setembro de 1990 – Código de Proteção e Defesa do Consumidor.
>
> Parágrafo único. Os bancos de dados instituídos ou mantidos por pessoas jurídicas de direito público interno serão regidos por legislação específica.
>
> Art. 2º Para os efeitos desta Lei, considera-se:
>
> I - banco de dados: conjunto de dados relativo a pessoa natural ou jurídica armazenados com a finalidade de subsidiar a concessão de crédito, a realização de venda a prazo ou de outras transações comerciais e empresariais que impliquem risco financeiro;
>
> II - gestor: pessoa jurídica responsável pela administração de banco de dados, bem como pela coleta, armazenamento, análise e acesso de terceiros aos dados armazenados;
>
> III - cadastrado: pessoa natural ou jurídica que tenha autorizado inclusão de suas informações no banco de dados;
>
> IV - fonte: pessoa natural ou jurídica que conceda crédito ou realize venda a prazo ou outras transações comerciais e empresariais que lhe impliquem risco financeiro;
>
> V - consulente: pessoa natural ou jurídica que acesse informações em bancos de dados para qualquer finalidade permitida por esta Lei;
>
> VI - anotação: ação ou efeito de anotar, assinalar, averbar, incluir, inscrever ou registrar informação relativa ao histórico de crédito em banco de dados; e
>
> VII - histórico de crédito: conjunto de dados financeiros e de pagamentos relativos às operações de crédito e obrigações de pagamento adimplidas ou em andamento por pessoa natural ou jurídica.
>
> Art. 3º Os bancos de dados poderão conter informações de adimplemento do cadastrado, para a formação do histórico de crédito, nas condições estabelecidas nesta Lei.
>
> § 1º Para a formação do banco de dados, somente poderão ser armazenadas informações objetivas, claras, verdadeiras e de fácil compreensão, que sejam necessárias para avaliar a situação econômica do cadastrado.
>
> (...)
>
> Art. 4º A abertura de cadastro requer autorização prévia do potencial cadastrado mediante consentimento informado por meio de assinatura em instrumento específico ou em cláusula apartada.

> (...)
>
> Art. 5º São direitos do cadastrado:
>
> (...)
>
> IV - conhecer os principais elementos e critérios considerados para a análise de risco, resguardado o segredo empresarial;
>
> (...)
>
> Art. 7º As informações disponibilizadas nos bancos de dados somente poderão ser utilizadas para:
>
> I - realização de análise de risco de crédito do cadastrado; ou
>
> II - subsidiar a concessão ou extensão de crédito e a realização de venda a prazo ou outras transações comerciais e empresariais que impliquem risco financeiro ao consulente. Parágrafo único. Cabe ao gestor manter sistemas seguros, por telefone ou por meio eletrônico, de consulta para informar aos consulentes as informações de adimplemento do cadastrado.
>
> (...)
>
> Art. 15. As informações sobre o cadastrado constantes dos bancos de dados somente poderão ser acessadas por consulentes que com ele mantiverem ou pretenderem manter relação comercial ou creditícia.

Os serviços de informação cadastral para fins de crédito prestados pelas empresas gestoras de banco de dados estão classificados no código 1.1805.10 da Nomenclatura Brasileira de Serviços, Intangíveis e Outras Operações que Produzam Variações no Patrimônio – NBS instituída pelo Decreto nº 7.708/2012, sendo assim descritos nas Notas Explicativas da NBS:

> 1.1805.10 Serviços de informação cadastral para fins de crédito
>
> Nota Explicativa Aqui se classificam os serviços que fornecem informações sobre a classificação do grau de solvência de particulares ou de empresas, a avaliação da situação financeira e o histórico creditício de potenciais clientes, solicitantes de empréstimos. Também se classificam aqui os serviços de investigação creditícia.
>
> Estão excluídos desta subposição:
>
> 1 - Serviços de capital de risco e finanças corporativas, que se classificam na subposição 1.0902.40; e
>
> 2 - Serviços de classificação de risco (rating), que se classificam na subposição 1.0905.93.

A adequada manutenção e o correto manuseio dos dados na era da informação é tão importante, que levaram o Parlamento a editar a lei nº 13.709/2018 – a chamada Lei Geral de Proteção de Dados Pessoais. A LGPD procura regular a forma de tratamento de dados pessoais, segundo diversos princípios por ela estabelecidos (art. 6º)[17], instituindo inclusive a obrigação de registro das operações de tratamento de dados pessoais:

> Art. 37. O controlador e o operador devem manter registro das operações de tratamento de dados pessoais que realizarem, especialmente quando baseado no legítimo interesse.
>
> Art. 38. A autoridade nacional poderá determinar ao controlador que elabore relatório de impacto à proteção de dados pessoais, inclusive de dados sensíveis, referente a suas operações de tratamento de dados, nos termos de regulamento, observados os segredos comercial e industrial.
>
> Parágrafo único. Observado o disposto no caput deste artigo, o relatório deverá conter, no mínimo, a descrição dos tipos de dados coletados, a metodologia utilizada para a coleta e para a garantia da segurança das informações e a análise do controlador com relação a medidas, salvaguardas e mecanismos de mitigação de risco adotados.

17. "Art. 6º As atividades de tratamento de dados pessoais deverão observar a boa-fé e os seguintes princípios:

I - finalidade: realização do tratamento para propósitos legítimos, específicos, explícitos e informados ao titular, sem possibilidade de tratamento posterior de forma incompatível com essas finalidades;

II - adequação: compatibilidade do tratamento com as finalidades informadas ao titular, de acordo com o contexto do tratamento;

III - necessidade: limitação do tratamento ao mínimo necessário para a realização de suas finalidades, com abrangência dos dados pertinentes, proporcionais e não excessivos em relação às finalidades do tratamento de dados;

IV - livre acesso: garantia, aos titulares, de consulta facilitada e gratuita sobre a forma e a duração do tratamento, bem como sobre a integralidade de seus dados pessoais;

V - qualidade dos dados: garantia, aos titulares, de exatidão, clareza, relevância e atualização dos dados, de acordo com a necessidade e para o cumprimento da finalidade de seu tratamento;

VI - transparência: garantia, aos titulares, de informações claras, precisas e facilmente acessíveis sobre a realização do tratamento e os respectivos agentes de tratamento, observados os segredos comercial e industrial;

VII - segurança: utilização de medidas técnicas e administrativas aptas a proteger os dados pessoais de acessos não autorizados e de situações acidentais ou ilícitas de destruição, perda, alteração, comunicação ou difusão;

VIII - prevenção: adoção de medidas para prevenir a ocorrência de danos em virtude do tratamento de dados pessoais;

IX - não discriminação: impossibilidade de realização do tratamento para fins discriminatórios ilícitos ou abusivos;

X - responsabilização e prestação de contas: demonstração, pelo agente, da adoção de medidas eficazes e capazes de comprovar a observância e o cumprimento das normas de proteção de dados pessoais e, inclusive, da eficácia dessas medidas."

> Art. 39. O operador deverá realizar o tratamento segundo as instruções fornecidas pelo controlador, que verificará a observância das próprias instruções e das normas sobre a matéria.
>
> Art. 40. A autoridade nacional poderá dispor sobre padrões de interoperabilidade para fins de portabilidade, livre acesso aos dados e segurança, assim como sobre o tempo de guarda dos registros, tendo em vista especialmente a necessidade e a transparência.
>
> (...)
>
> Art. 46. Os agentes de tratamento devem adotar medidas de segurança, técnicas e administrativas aptas a proteger os dados pessoais de acessos não autorizados e de situações acidentais ou ilícitas de destruição, perda, alteração, comunicação ou qualquer forma de tratamento inadequado ou ilícito.
>
> § 1º A autoridade nacional poderá dispor sobre padrões técnicos mínimos para tornar aplicável o disposto no caput deste artigo, considerados a natureza das informações tratadas, as características específicas do tratamento e o estado atual da tecnologia, especialmente no caso de dados pessoais sensíveis, assim como os princípios previstos no caput do art. 6º desta Lei.
>
> § 2º As medidas de que trata o caput deste artigo deverão ser observadas desde a fase de concepção do produto ou do serviço até a sua execução.

Assim, a partir da vigência da referida lei, será inaugurada uma nova era no tratamento dos grandes dados no Brasil, inclusive com a criação de um órgão público, a Autoridade Nacional de Proteção de Dados (ANPD), para dar cumprimento à referida lei (arts. 55-A e seguintes da LGPD).

Atualmente, a disponibilidade de dados para análise é tão grande, que as empresas e cientistas de dados se preocupam com a *warehousing* – técnica utilizada para recuperação e integração de dados a partir de fontes distribuídas, autônomas e, possivelmente, heterogêneas[18], que não "conversam" entre si. Ainda que, à primeira vista, a análise de dados e metadados não indique uma tendência ou não produza informação, a correlação entre dados e metadados pode ser o diferencial para predições, modelagem de produtos e busca de soluções para a geração de valor. Nesse aspecto, o armazenamento, o processamento e a análise dos grandes dados (*big data*) é crucial para o crescimento das empresas e para o desenvolvimento de novos campos de pesquisa científica.

---

18. TAKAI, O. K.; ITALIANO, I. C.; FERREIRA, J. E. Op. cit.

Em suma, os bancos de dados são como uma mina de ouro ou depósito de petróleo em estado bruto – algo que, minerado, depurado (e, no caso de dados, interpretado), permite a criação de valor agregado, passível de venda. No Brasil, não se tributam o ouro em estado bruto e o petróleo ainda não extraído, uma vez que se trata de bens da União (art. 20, V e IX, da Constituição Federal – CF, CF/88[19]), ainda não processados e não integrados ao comércio (ou seja, não se praticou qualquer fato gerador dos tributos incidentes sobre a cadeia produtiva); e, ainda que o tivessem sido, incidiria aí a imunidade recíproca (art. 150, CF[20]). Portanto, na hipótese aqui tratada, não haveria que se falar na cobrança de quaisquer impostos sobre a operação relacionada ao mineral em estado bruto, nem mesmo sobre a propriedade desses bens. Contudo, nada impede que a propriedade sobre os dados digitais, organizados por meio de bancos de dados, venha a ser tributada.

3. COMPETÊNCIA PARA TRIBUTAR OS BANCOS DE DADOS

Competência tributária é o poder de *criar* tributos e o poder para *legislar* sobre tributos, observadas as limitações contidas na Constituição Federal, nas normas gerais de Direito Tributário e, no caso dos Estados, na Constituição Estadual, no caso dos Municípios, na Lei Orgânica do Município[21] – definição que encontra amparo no art. 6º do Código Tributário Nacional[22].

A Constituição da República Federativa do Brasil estabelece uma série de poderes tributários aos entes da federação, havendo menção expressa aos impostos que podem ser instituídos sobre determinada materialidades econômicas.

19. "Art. 20. São bens da União: (...) V - os recursos naturais da plataforma continental e da zona econômica exclusiva; (...) IX - os recursos minerais, inclusive os do subsolo".

20. "Art. 150. Sem prejuízo de outras garantias asseguradas ao contribuinte, é vedado à União, aos Estados, ao Distrito Federal e aos Municípios: (...) VI - instituir impostos sobre: a) patrimônio, renda ou serviços, uns dos outros."

21. RIBEIRO, Ricardo Lodi. "Competência tributária". In: ROCHA, Sergio André (Coord.). *Curso de Direito Tributário*. São Paulo: Quartier Latin, 2011, p. 168.

22. "Art. 6º A atribuição constitucional de competência tributária compreende a competência legislativa plena, ressalvadas as limitações contidas na Constituição Federal, nas Constituições dos Estados e nas Leis Orgânicas do Distrito Federal e dos Municípios, e observado o disposto nesta Lei. Parágrafo único. Os tributos cuja receita seja distribuída, no todo ou em parte, a outras pessoas jurídicas de direito público pertencerá à competência legislativa daquela a que tenham sido atribuídos."

Por vezes, a competência é privativa, residual ou transferida[23]. Outras vezes, a competência é comum, como no caso de diversas taxas[24]. No Sistema Tributário Nacional inaugurado com a Constituição de 1988, não mais subsiste a competência concorrente[25].

À União, foi reservada a instituição das diversas contribuições sociais (art. 149, art. 195, arts. 212 e 240; todos da CF[26]), dos empréstimos

---

23. TORRES, Ricardo Lobo. *Tratado de Direito Constitucional Financeiro e Tributário*. Vol. 4. Rio de Janeiro: Forense, 2007, p. 91.

24. TORRES, Ricardo Lobo. Op. cit., p. 91.

25. TORRES, Ricardo Lobo. Op. cit., p. 91.

26. "Art. 149. Compete exclusivamente à União instituir contribuições sociais, de intervenção no domínio econômico e de interesse das categorias profissionais ou econômicas, como instrumento de sua atuação nas respectivas áreas, observado o disposto nos arts. 146, III, e 150, I e III, e sem prejuízo do previsto no art. 195, § 6º, relativamente às contribuições a que alude o dispositivo.

(...)

Art. 195. A seguridade social será financiada por toda a sociedade, de forma direta e indireta, nos termos da lei, mediante recursos provenientes dos orçamentos da União, dos Estados, do Distrito Federal e dos Municípios, e das seguintes contribuições sociais:

I - do empregador, da empresa e da entidade a ela equiparada na forma da lei, incidentes sobre: (Redação dada pela Emenda Constitucional nº 20, de 1998)

a) a folha de salários e demais rendimentos do trabalho pagos ou creditados, a qualquer título, à pessoa física que lhe preste serviço, mesmo sem vínculo empregatício; (Incluído pela Emenda Constitucional nº 20, de 1998)

b) a receita ou o faturamento; (Incluído pela Emenda Constitucional nº 20, de 1998)

c) o lucro; (Incluído pela Emenda Constitucional nº 20, de 1998)

II - do trabalhador e dos demais segurados da previdência social, não incidindo contribuição sobre aposentadoria e pensão concedidas pelo regime geral de previdência social de que trata o art. 201; (Redação dada pela Emenda Constitucional nº 20, de 1998)

III - sobre a receita de concursos de prognósticos.

IV - do importador de bens ou serviços do exterior, ou de quem a lei a ele equiparar. (Incluído pela Emenda Constitucional nº 42, de 19.12.2003)

(...)

Art. 212. A União aplicará, anualmente, nunca menos de dezoito, e os Estados, o Distrito Federal e os Municípios vinte e cinco por cento, no mínimo, da receita resultante de impostos, compreendida a proveniente de transferências, na manutenção e desenvolvimento do ensino. (...)

§ 5º A educação básica pública terá como fonte adicional de financiamento a contribuição social do salário-educação, recolhida pelas empresas na forma da lei. (Redação dada pela Emenda Constitucional nº 53, de 2006)

(...)

Art. 240. Ficam ressalvadas do disposto no art. 195 as atuais contribuições compulsórias dos empregadores sobre a folha de salários, destinadas às entidades privadas de serviço social e de formação profissional vinculadas ao sistema sindical.

compulsórios (art. 148, CF[27]) e dos impostos ordinários (art. 153 da CF) e extraordinários (art. 154, CF):

> Art. 153. Compete à União instituir impostos sobre:
>
> I - importação de produtos estrangeiros;
>
> II - exportação, para o exterior, de produtos nacionais ou nacionalizados;
>
> III - renda e proventos de qualquer natureza;
>
> IV - produtos industrializados;
>
> V - operações de crédito, câmbio e seguro, ou relativas a títulos ou valores mobiliários;
>
> VI - propriedade territorial rural;
>
> VII - grandes fortunas, nos termos de lei complementar.
>
> (...)
>
> Art. 154. A União poderá instituir:
>
> I - mediante lei complementar, impostos não previstos no artigo anterior, desde que sejam não-cumulativos e não tenham fato gerador ou base de cálculo próprios dos discriminados nesta Constituição;
>
> II - na iminência ou no caso de guerra externa, impostos extraordinários, compreendidos ou não em sua competência tributária, os quais serão suprimidos, gradativamente, cessadas as causas de sua criação.

Por sua vez, aos Estados, foi atribuída competência para instituir contribuição para o custeio da previdência social de seus servidores (art. 40 e art. 149, CF[28]) e os impostos do art. 155, CF:

---

27. Art. 148. A União, mediante lei complementar, poderá instituir empréstimos compulsórios:

    I - para atender a despesas extraordinárias, decorrentes de calamidade pública, de guerra externa ou sua iminência;

    II - no caso de investimento público de caráter urgente e de relevante interesse nacional, observado o disposto no art. 150, III, "b".

    Parágrafo único. A aplicação dos recursos provenientes de empréstimo compulsório será vinculada à despesa que fundamentou sua instituição.

28. Art. 40. Aos servidores titulares de cargos efetivos da União, dos Estados, do Distrito Federal e dos Municípios, incluídas suas autarquias e fundações, é assegurado regime de previdência de caráter contributivo e solidário, mediante contribuição do respectivo ente público, dos servidores ativos e inativos e dos pensionistas, observados critérios que preservem o equilíbrio financeiro e atuarial e o disposto neste artigo. (Redação dada pela Emenda Constitucional nº 41, 19.12.2003) (...)

    Art. 149. (...) § 1º Os Estados, o Distrito Federal e os Municípios instituirão contribuição, cobrada de seus servidores, para o custeio, em benefício destes, do regime previdenciário de que trata o art. 40, cuja alíquota não será inferior à da contribuição dos servidores titulares de cargos efetivos da União. (Redação dada pela Emenda Constitucional nº 41, 19.12.2003)

> Art. 155. Compete aos Estados e ao Distrito Federal instituir impostos sobre: (Redação dada pela Emenda Constitucional nº 3, de 1993)
>
> I - transmissão causa mortis e doação, de quaisquer bens ou direitos; (Redação dada pela Emenda Constitucional nº 3, de 1993)
>
> II - operações relativas à circulação de mercadorias e sobre prestações de serviços de transporte interestadual e intermunicipal e de comunicação, ainda que as operações e as prestações se iniciem no exterior; (Redação dada pela Emenda Constitucional nº 3, de 1993)
>
> III - propriedade de veículos automotores. (Redação dada pela Emenda Constitucional nº 3, de 1993)

Aos Municípios, a Constituição conferiu, além da possibilidade de instituir as contribuições para custeio da previdência social de seus servidores (arts. 40 e 149, § 1º, CF), competência para legislar sobre a contribuição para o custeio da iluminação pública (art. 149-A, CF) e sobre os impostos discriminados no art. 156, CF:

> Art. 149-A Os Municípios e o Distrito Federal poderão instituir contribuição, na forma das respectivas leis, para o custeio do serviço de iluminação pública, observado o disposto no art. 150, I e III. (Incluído pela Emenda Constitucional nº 39, de 2002)
>
> (...)
>
> Art. 156. Compete aos Municípios instituir impostos sobre:
>
> I - propriedade predial e territorial urbana;
>
> II - transmissão "inter vivos", a qualquer título, por ato oneroso, de bens imóveis, por natureza ou acessão física, e de direitos reais sobre imóveis, exceto os de garantia, bem como cessão de direitos a sua aquisição;
>
> III - serviços de qualquer natureza, não compreendidos no art. 155, II, definidos em lei complementar. (Redação dada pela Emenda Constitucional nº 3, de 1993)

Assim, embora a competência para legislar sobre Direito Tributário seja comum aos diversos entes da Federação (art. 24, I, CF[29]), a competência para instituir impostos é atribuída nominalmente a cada um dos entes da federação, o que indica uma competência privativa, não podendo um deles instituir os impostos atribuídos a outros.

Isso, contudo, não significa que um mesmo fenômeno econômico não possa ensejar a tributação por diversos tributos. Auferir receita, por exemplo, pode ser fato apto a ensejar a incidência de PIS e de COFINS (art.

29. "Art. 24. Compete à União, aos Estados e ao Distrito Federal legislar concorrentemente sobre:
I - direito tributário, financeiro, penitenciário, econômico e urbanístico."

195, I, *b*, CF e leis ordinárias federais nº 10.637/2002 e 10.833/2003). A importação de bens do exterior pode ensejar a incidência de imposto de importação (art. 153, I, CF) e de PIS/COFINS-importação (art. 195, IV, CF). O fato doação ou herança atrai a competência estadual para o imposto sobre transmissão *causa mortis* e doação (ITCMD - art. 155, I, CF), mas em tese não exclui a competência da União para cobrar imposto sobre a renda e proventos de qualquer natureza sobre o ganho de capital daí decorrente (art. 153, III, CF).

4. A TRIBUTAÇÃO DOS BANCOS DE DADOS

A constatação de que um mesmo fato econômico não impede a tributação por mais de um imposto também se verifica nos bancos de dados.

No contexto do art. 156, III, CF, aos Municípios foi atribuída competência para instituir e cobrar o Imposto sobre Serviços de Qualquer Natureza (ISS/ISSQN) sobre os serviços de *instalação*, *configuração* e *manutenção* de bancos de dados, conforme item 1.07 da lista anexa à Lei Complementar nº 116/2003:

> 1 – Serviços de informática e congêneres.
>
> 1.01 – Análise e desenvolvimento de sistemas.
>
> 1.02 – Programação.
>
> 1.03 – Processamento, armazenamento ou hospedagem de dados, textos, imagens, vídeos, páginas eletrônicas, aplicativos e sistemas de informação, entre outros formatos, e congêneres. (Redação dada pela Lei Complementar nº 157, de 2016)
>
> 1.04 – Elaboração de programas de computadores, inclusive de jogos eletrônicos, independentemente da arquitetura construtiva da máquina em que o programa será executado, incluindo tablets, smartphones e congêneres. (Redação dada pela Lei Complementar nº 157, de 2016)
>
> 1.05 – Licenciamento ou cessão de direito de uso de programas de computação.
>
> 1.06 – Assessoria e consultoria em informática.
>
> 1.07 – Suporte técnico em informática, inclusive instalação, configuração e manutenção de programas de computação e bancos de dados.
>
> 1.08 – Planejamento, confecção, manutenção e atualização de páginas eletrônicas.
>
> 1.09 - Disponibilização, sem cessão definitiva, de conteúdos de áudio, vídeo, imagem e texto por meio da internet, respeitada a imunidade de livros, jornais e periódicos (exceto a distribuição de conteúdos pelas prestadoras de Serviço de Acesso Condicionado, de que trata a Lei nº 12.485, de 12 de setembro de 2011, sujeita ao ICMS). (Incluído pela Lei Complementar nº 157, de 2016)

Essa competência, contudo, não exclui a possibilidade de a União instituir o imposto do art. 154, I, da Constituição sobre os próprios bancos de dados:

> Art. 154. A União poderá instituir:
>
> I - mediante lei complementar, impostos não previstos no artigo anterior, desde que sejam não-cumulativos e não tenham fato gerador ou base de cálculo próprios dos discriminados nesta Constituição.

Um imposto dessa natureza seria algo como que um "IPTU sobre bancos de dados". Isso se justifica, na medida em que a própria existência dos bancos de dados implica uma riqueza, tanto em potencial, quanto efetiva, porque, na era do *big data*, **todos** os dados são considerados valiosos[30].

Com efeito, um imposto sobre bancos de dados preenche todos os requisitos do art. 154, I, da CF, uma vez que:

a) não se confunde com os impostos previstos no art. 153 da Constituição;

b) não possuem fato gerador nem base de cálculo próprio dos discriminados na Constituição (arts. 155 e 156, CF); e

c) não possuem natureza que lhes permita aplicar o princípio da não-cumulatividade.

Sobre esse último ponto, vale notar que, embora a literalidade do art. 154, I, CF, disponha que o novo imposto deve ter natureza não-cumulativa, o Supremo Tribunal Federal dispensou tal requisito ao interpretar o art. 195, § 4º, CF[31], dispositivo que faz referência àquele primeiro:

---

30. "Em resumo: apesar de os dados serem valiosos há muito tempo, eram vistos como um subproduto das operações essenciais de um empreendimento ou estavam limitados a categorias relativamente estreitas, como a propriedade intelectual ou a informação pessoal. Em contrapartida, na era do big data, *todos* os dados serão considerados valiosos.

    (...)

    Ao contrário das coisas materiais – os alimentos que comemos, a vela que acende –, o valor dos dados não diminui com o uso; ele pode ser reprocessado. Os dados são o que os economistas chamam de bem 'sem concorrente': seu uso por uma pessoa não impede o uso por outra, e a informação não se desgasta como as coisas materiais. Assim, a Amazon pode usar dados de transações passadas quando faz as recomendações para os usuários – e os usa repetidamente, não apenas para o consumidor que gerou o dado mas também para muitos outros." (MAYER-SCHONBERGER, V. CUKIER, K.. Op. cit., p. 70-71)

31. Art. 195. (...) § 4º A lei poderá instituir outras fontes destinadas a garantir a manutenção ou expansão da seguridade social, obedecido o disposto no art. 154, I.

> Contribuição social. Constitucionalidade do artigo 1º, I, da Lei Complementar nº 84/96.
>
> - O Plenário desta Corte, ao julgar o RE 228.321, deu, por maioria de votos, pela constitucionalidade da contribuição social, a cargo das empresas e pessoas jurídicas, inclusive cooperativas, incidente sobre a remuneração ou retribuição pagas ou creditadas aos segurados empresários, trabalhadores autônomos, avulsos e demais pessoas físicas, objeto do artigo 1º, I, da Lei Complementar nº 84/96, por entender que não se aplica às contribuições sociais novas a segunda parte do inciso I do artigo 154 da Carta Magna, ou seja, que elas não devam ter fato gerador ou base de cálculos próprios dos impostos discriminados na Constituição.
>
> - Nessa decisão está ínsita a inexistência de violação, pela contribuição social em causa, da exigência da não-cumulatividade, porquanto essa exigência – e é este, aliás, o sentido constitucional da cumulatividade tributária – só pode dizer respeito à técnica de tributação que afasta a cumulatividade em impostos como o ICMS e o IPI – e <u>cumulatividade que, evidentemente, não ocorre em contribuição dessa natureza cujo ciclo de incidência é monofásico</u> –, uma vez que a não-cumulatividade no sentido de sobreposição de incidências tributárias já está prevista, em caráter exaustivo, na parte final do mesmo dispositivo da Carta Magna, que proíbe nova incidência sobre fato gerador ou base de cálculo próprios dos impostos discriminados nesta Constituição.
>
> - Dessa orientação não divergiu o acórdão recorrido. Recurso extraordinário não conhecido.
>
> (RE 258470, Relator Min. Moreira Alves, Primeira Turma, julgado em 21/03/2000, DJ 12-05-2000 PP-00033)

Logo, pela interpretação dada pelo STF ao art. 154, I, da Constituição, não haveria problema em se instituir um imposto sobre a propriedade das informações guardadas em bancos de dados.

Um imposto dessa natureza, evidentemente, deveria atender às máximas smithianas da tributação[32], a saber:

a) <u>equidade</u>: praticamente todas as empresas inseridas numa economia digital estariam subordinadas a esse tipo de imposto. No século XXI, toda e qualquer empresa que trabalhe com um sistema de gerenciamento de notas fiscais e faturamento possui um banco de dados, desde um minimercado a gigantes da tecnologia;

b) <u>certeza</u>: considerando que a competência para instituir tal imposto seria da União, evitar-se-ia, com isso, os problemas ine-

32. CAMPOS, Carlos Alexandre de Azevedo. "Adam Smith". In: CAMPOS, C. A. de A.; CAVALCANTE, D. L.; CALIENDO, P. (Coord.). *Leituras Clássicas de Direito Tributário*. Salvador: Juspodivm, 2018, p. 77-88.

rentes à multiplicidade de legislações estaduais e municipais tão comuns nos demais tributos. A clareza e simplicidade da legislação, é claro, dependeriam da formulação a ser dada pelo Parlamento ao texto da lei, isto é, à técnica legislativa;

c) conveniência: o imposto sobre bancos de dados poderia ser cobrado uma vez por ano, assim como o é, em geral, o IPTU, tendo como base de cálculo o "valor venal" do banco de dados, ou, melhor dizendo, o valor que seria possível atribuir aos dados armazenados. Evidentemente, quantificar um ativo intangível (um ativo não monetário sem substância física, na dicção do CPC 04[33]; ou um direito que tenha por objeto bens incorpóreos destinados à manutenção da companhia ou exercidos com essa finalidade, na dicção do art. 174, VI, da Lei nº 6.404/1976[34]) não

33. "Ativo intangível

9. As entidades frequentemente despendem recursos ou contraem obrigações com a aquisição, o desenvolvimento, a manutenção ou o aprimoramento de recursos intangíveis como conhecimento científico ou técnico, projeto e implantação de novos processos ou sistemas, licenças, propriedade intelectual, conhecimento mercadológico, nome, reputação, imagem e marcas registradas (incluindo nomes comerciais e títulos de publicações). Exemplos de itens que se enquadram nessas categorias amplas são: softwares, patentes, direitos autorais, direitos sobre filmes cinematográficos, listas de clientes, direitos sobre hipotecas, licenças de pesca, quotas de importação, franquias, relacionamentos com clientes ou fornecedores, fidelidade de clientes, participação no mercado e direitos de comercialização." (Comitê de Pronunciamentos Contábeis. *Pronunciamento Técnico CPC 04.* Disponível em http://static.cpc.aatb.com.br/Documentos/187_CPC_04_R1_rev%2013.pdf. Acesso em 10.11.2019.)

34. "Art. 179. As contas serão classificadas do seguinte modo:

I - no ativo circulante: as disponibilidades, os direitos realizáveis no curso do exercício social subseqüente e as aplicações de recursos em despesas do exercício seguinte;

II - no ativo realizável a longo prazo: os direitos realizáveis após o término do exercício seguinte, assim como os derivados de vendas, adiantamentos ou empréstimos a sociedades coligadas ou controladas (artigo 243), diretores, acionistas ou participantes no lucro da companhia, que não constituírem negócios usuais na exploração do objeto da companhia;

III - em investimentos: as participações permanentes em outras sociedades e os direitos de qualquer natureza, não classificáveis no ativo circulante, e que não se destinem à manutenção da atividade da companhia ou da empresa;

IV – no ativo imobilizado: os direitos que tenham por objeto bens corpóreos destinados à manutenção das atividades da companhia ou da empresa ou exercidos com essa finalidade, inclusive os decorrentes de operações que transfiram à companhia os benefícios, riscos e controle desses bens; (Redação dada pela Lei nº 11.638, de 2007)

V – (Revogado pela Lei nº 11.941, de 2009)

VI – no intangível: os direitos que tenham por objeto bens incorpóreos destinados à manutenção da companhia ou exercidos com essa finalidade, inclusive o fundo de comércio adquirido. (Incluído pela Lei nº 11.638, de 2007)."

é tarefa das mais fáceis[35], mas isso não significa que tarefa impossível ou hercúlea[36] – até porque as companhias já o fazem, por exemplo, em suas demonstrações financeira enviadas periodicamente à Comissão de Valores Mobiliários[37]. Neste particular, seria importante, também, a atuação da ANPD, que possui, dentre suas competências, a de zelar tanto pela proteção dos dados pessoais, como também por dispor sobre as formas de publicidade das operações de tratamento de dados pessoais, respeitados os segredos comercial e industrial e por fiscalizar e aplicar sanções em caso de tratamento de dados realizado em descumprimento à legislação (art. 55-J da LGPD)[38].

---

35. "Identificação (...)

 12. Um ativo satisfaz o critério de identificação, em termos de definição de um ativo intangível, quando: (a) for separável, ou seja, puder ser separado da entidade e vendido, transferido, licenciado, alugado ou trocado, individualmente ou junto com um contrato, ativo ou passivo relacionado, independente da intenção de uso pela entidade; ou (b) resultar de direitos contratuais ou outros direitos legais, independentemente de tais direitos serem transferíveis ou separáveis da entidade ou de outros direitos e obrigações." (Comitê de Pronunciamentos Contábeis. *Pronunciamento Técnico CPC 04*. Op. cit.)

36. Vide, por exemplo: MILONE, Mario César de Mattos. *Cálculo do valor de ativos intangíveis*: uma metodologia alternativa para a mensuração do valor de marcas. 124 f. Tese de doutorado. São Paulo: Universidade de São Paulo, 2004. Disponível em https://teses.usp.br/teses/disponiveis/12/12139/tde-27122005-214349/publico/TeseDout_MarioMilone_1204.pdf. Acesso em 10.11.2019.

37. Vide, por exemplo, o seguinte trecho da Deliberação CVM nº 699/2012 aprovou o Pronunciamento Técnico CPC 46 do Comitê de Pronunciamentos Contábeis, que trata de mensuração do valor justo de ativos:

 "EI15 A entidade adquire um grupo de ativos. O grupo de ativos inclui um software gerador de receita desenvolvido internamente para licenciamento a clientes e seus ativos complementares (incluindo banco de dados relacionado com o qual o software é usado) e passivos associados. Para alocar o custo do grupo aos ativos individuais adquiridos, a entidade mensura o valor justo do software. A entidade determina que o software forneceria valor máximo aos participantes do mercado por meio de seu uso em combinação com outros ativos ou com outros ativos e passivos (ou seja, seus ativos complementares e os passivos associados). Não há evidência que sugira que o uso atual do software não é o seu melhor uso possível. Portanto, o melhor uso possível do software é o seu uso atual. (Neste caso, o licenciamento do software, por si só, não indica que o valor justo do ativo seria maximizado por meio de seu uso por participantes do mercado de forma individual.)" (Disponível em http://www.cvm.gov.br/export/sites/cvm/legislacao/deliberacoes/anexos/0600/deli699.pdf. Acesso em 10.11.2019).

38. "Art. 55-J. Compete à ANPD:

 I - zelar pela proteção dos dados pessoais, nos termos da legislação;

 II - zelar pela observância dos segredos comercial e industrial, observada a proteção de dados pessoais e do sigilo das informações quando protegido por lei ou quando a quebra do sigilo violar os fundamentos do art. 2º desta Lei;

 III - elaborar diretrizes para a Política Nacional de Proteção de Dados Pessoais e da Privacidade;

d) eficiência: sob o aspecto do custo estatal da arrecadação, um imposto de tal natureza poderia ser cobrado facilmente, na medida em que, atualmente, a contabilidade da maioria das empresas com capacidade econômica é registrada no Sistema Público de Escrituração Digital - SPED[39], sendo, portanto, fácil acessar as informações de ativos intangíveis que se pretende tributar.

IV - fiscalizar e aplicar sanções em caso de tratamento de dados realizado em descumprimento à legislação, mediante processo administrativo que assegure o contraditório, a ampla defesa e o direito de recurso;

(...)

VIII - estimular a adoção de padrões para serviços e produtos que facilitem o exercício de controle dos titulares sobre seus dados pessoais, os quais deverão levar em consideração as especificidades das atividades e o porte dos responsáveis;

IX - promover ações de cooperação com autoridades de proteção de dados pessoais de outros países, de natureza internacional ou transnacional;

X - dispor sobre as formas de publicidade das operações de tratamento de dados pessoais, respeitados os segredos comercial e industrial;

XI - solicitar, a qualquer momento, às entidades do poder público que realizem operações de tratamento de dados pessoais informe específico sobre o âmbito, a natureza dos dados e os demais detalhes do tratamento realizado, com a possibilidade de emitir parecer técnico complementar para garantir o cumprimento desta Lei;

(...)

XIII - editar regulamentos e procedimentos sobre proteção de dados pessoais e privacidade, bem como sobre relatórios de impacto à proteção de dados pessoais para os casos em que o tratamento representar alto risco à garantia dos princípios gerais de proteção de dados pessoais previstos nesta Lei;

XIV - ouvir os agentes de tratamento e a sociedade em matérias de interesse relevante e prestar contas sobre suas atividades e planejamento;

(...)

XVI - realizar auditorias, ou determinar sua realização, no âmbito da atividade de fiscalização de que trata o inciso IV e com a devida observância do disposto no inciso II do caput deste artigo, sobre o tratamento de dados pessoais efetuado pelos agentes de tratamento, incluído o poder público;

XVII - celebrar, a qualquer momento, compromisso com agentes de tratamento para eliminar irregularidade, incerteza jurídica ou situação contenciosa no âmbito de processos administrativos, de acordo com o previsto no Decreto-Lei nº 4.657, de 4 de setembro de 1942;

XVIII - editar normas, orientações e procedimentos simplificados e diferenciados, inclusive quanto aos prazos, para que microempresas e empresas de pequeno porte, bem como iniciativas empresariais de caráter incremental ou disruptivo que se autodeclarem startups ou empresas de inovação, possam adequar-se a esta Lei;

(...)

XXII - comunicar aos órgãos de controle interno o descumprimento do disposto nesta Lei por órgãos e entidades da administração pública federal;

XXIII - articular-se com as autoridades reguladoras públicas para exercer suas competências em setores específicos de atividades econômicas e governamentais sujeitas à regulação."

39. "Instituído pelo Decreto nº 6.022, de 22 de janeiro de 2007, o Sistema Público de Escrituração Digital (Sped) faz parte do Programa de Aceleração do Crescimento do Governo Federal (PAC

Sob o aspecto da neutralidade tributária, caberia à lei, evidentemente, estabelecer a base de cálculo e alíquota não elevadas, assim como, em geral, não são elevadas para o IPTU, por se tratar de imposto sobre a propriedade (aqui, sobre a propriedade de banco de dados). Nesse aspecto, deveriam ser consideradas, em atenção ao art. 145, § 1º, CF[40], a capacidade econômica de cada um dos grupos contribuintes, aí podendo, por exemplo, considerar o valor de mercado das companhias, a área de atuação etc.

Há, ainda, uma última benesse decorrente da instituição desses impostos sobre a propriedade de bancos de dados: a repartição das receitas com os demais entes da federação:

> Art. 157. Pertencem aos Estados e ao Distrito Federal:
>
> I - o produto da arrecadação do imposto da União sobre renda e proventos de qualquer natureza, incidente na fonte, sobre rendimentos pagos, a qualquer título, por eles, suas autarquias e pelas fundações que instituírem e mantiverem;
>
> II - vinte por cento do produto da arrecadação do imposto que a União instituir no exercício da competência que lhe é atribuída pelo art. 154, I.

Como se percebe, o art. 157, II, da Constituição Federal determina que 20% do produto da arrecadação desse novo imposto seria destinada aos Estados e Distrito Federal, o que poderia aliviar o orçamento desses entes com novas fontes de recursos.

5. CONCLUSÃO

A economia digital traz novos desafios à tributação. No Sistema Tributário brasileiro atual, enquanto não for feita uma reforma tributária ampla que permita captar todas as realidades econômicas subjacentes, fica difícil sustentar, sem aumentar consideravelmente o grau de litigio-

---

2007-2010) e constitui-se em mais um avanço na informatização da relação entre o fisco e os contribuintes.

De modo geral, consiste na modernização da sistemática atual do cumprimento das obrigações acessórias, transmitidas pelos contribuintes às administrações tributárias e aos órgãos fiscalizadores, utilizando-se da certificação digital para fins de assinatura dos documentos eletrônicos, garantindo assim a validade jurídica dos mesmos apenas na sua forma digital." (Disponível em http://sped.rfb.gov.br/pagina/show/964. Acesso em 10.11.2019).

40. "Art. 145. (...) § 1º Sempre que possível, os impostos terão caráter pessoal e serão graduados segundo a capacidade econômica do contribuinte, facultado à administração tributária, especialmente para conferir efetividade a esses objetivos, identificar, respeitados os direitos individuais e nos termos da lei, o patrimônio, os rendimentos e as atividades econômicas do contribuinte."

sidade administrativa e judicial, a ampliação das competências por mera interpretação constitucional. Nesse contexto, o uso de mecanismos já previstos na Constituição poderia, mais rapidamente, adequar a realidade brasileira às novas riquezas produzidas pela revolução digital.

Defende-se, com este estudo, que a via mais adequada é a implementação de um novo imposto, que alcance novas tecnologias, instituído por um único ente federado com alcance nacional, com o compartilhamento do produto de sua arrecadação. Esse imposto seria, por exemplo, o proposto no presente estudo. A seu turno, a tentativa de ampliar o campo de incidência do ICMS (um imposto que foi pensado para o comércio de bens corpóreos), para fazê-lo incidir sobre as operações de *download* de dados (bens ou objetos incorpóreos), como, por exemplo, fizeram o Estado do Mato Grosso[41] e o Convênio CONFAZ nº 106/2017[42], pode levar

41. "Ação Direta de Inconstitucionalidade. Direito Tributário. ICMS. 2. Lei Estadual 7.098, de 30 de dezembro de 1998, do Estado de Mato Grosso. Inconstitucionalidade formal. Matéria reservada à disciplina de lei complementar. Inexistência. Lei complementar federal (não estadual) é a exigida pela Constituição (arts. 146, III, e 155, § 2º, XII) como elo indispensável entre os princípios nela contidos e as normas de direito local. 3. Competência do Supremo Tribunal para realizar controle abstrato de constitucionalidade. Lei que dá efetividade a comando da Constituição Federal pela disciplina de normas específicas para o Estado-membro. 4. Restituição de valores cobrados em substituição tributária e fixação de critérios para o cálculo do imposto (arts. 13, § 4º, e 22, par. Único, da Lei impugnada). Delegação a decreto de matérias albergadas sob o manto da reserva legal. Existência de fumus boni iuris. 5. Discriminação do pagamento antecipado a determinado setor produtivo (art. 3º, § 3º, da Lei impugnada). Razoabilidade do critério objetivo em que repousa a distinção. Inexistência de violação ao princípio da isonomia. 6. Previsão de incidência do ICMS sobre "prestações onerosas de serviços de comunicações, por qualquer meio" (art. 2º, § 2º, da Lei impugnada). Dispositivo cuja redação pouco destoa da determinação constitucional (art. 155, II). Ausência de relevância jurídica na fundamentação para o deferimento da liminar. 7. Previsão de incidência de ICMS sobre serviço de comunicação "iniciado fora do território mato-grossense" (arts. 16, § 2º, e 2º, § 3º, da Lei impugnada). Inexistência, em juízo preliminar, de interpretação extensiva a violar o regime constitucional de competências. 8. ICMS. Incidência sobre softwares adquiridos por meio de transferência eletrônica de dados (art. 2º, § 1º, item 6, e art. 6º, § 6º, ambos da Lei impugnada). Possibilidade. Inexistência de bem corpóreo ou mercadoria em sentido estrito. Irrelevância. O Tribunal não pode se furtar a abarcar situações novas, consequências concretas do mundo real, com base em premissas jurídicas que não são mais totalmente corretas. O apego a tais diretrizes jurídicas acaba por enfraquecer o texto constitucional, pois não permite que a abertura dos dispositivos da Constituição possa se adaptar aos novos tempos, antes imprevisíveis. 9. Medida liminar parcialmente deferida, para suspender a expressão "observados os demais critérios determinados pelo regulamento", presente no parágrafo 4º do art. 13, assim como o inteiro teor do parágrafo único do art. 22, ambos da Lei 7.098/98, do Estado de Mato Grosso." (ADI 1945 MC, Relator(a): Min. OCTAVIO GALLOTTI, Relator(a) p/ Acórdão: Min. GILMAR MENDES, Tribunal Pleno, julgado em 26/05/2010, DJe-047 DIVULG 11-03-2011 PUBLIC 14-03-2011 EMENT VOL-02480-01 PP-00008 RTJ VOL-00220-01 PP-00050)

42. Convênio ICMS 106/2017. Disciplina os procedimentos de cobrança do ICMS incidente nas operações com bens e mercadorias digitais comercializadas por meio de transferência eletrônica de dados e concede isenção nas saídas anteriores à saída destinada ao consumidor final. Dispo-

a desequilíbrio federativo e aumento da litigiosidade. Com efeito, por se tratar de uma tentativa de ampliar o campo de competência dos Estados, por mera interpretação das regras de repartição tributária previstas na constituição de 1988 (época em que nem sequer se imaginava a importância comercial da internet no Brasil), só faz aumentar a litigiosidade. A instituição de um imposto residual pela União teria, ainda, o benefício de limitar esse tipo de interpretação ampliativa das regras de competência dos demais entes estaduais e do Distrito Federal, sem, contudo, impor-lhes um decréscimo de arrecadação, na medida em que parte do produto da arrecadação desse novo imposto seria com eles compartilhado (art. 157, II, CF).

Um imposto sobre bancos de dados, tal qual sugerido no presente estudo, pode ser um meio, ainda que temporário, de permitir alcançar a riqueza gerada no meio digital, em que todos os dados são valiosos, na medida em que deles pode ser extraída riqueza por meio da sua transformação em informação. Não há, aqui, óbice algum à tributação, pois os dados são captados cotidianamente por particulares, e não necessariamente por entes públicos (hipótese em que incidiria imunidade recíproca).

A lei que prever tal imposto deve, contudo, evidentemente, pautar-se pelas máximas de Adam Smith, evidenciando os aspectos de equidade, certeza, conveniência e eficiência. Nesse particular, a forma de avaliar os aspectos da tributação dos bancos de dados poderia contar com o auxílio da Autoridade Nacional de Proteção de Dados, criada pela Lei nº 13.709/2018, em atuação conjunta com a Receita Federal.

REFERÊNCIAS

BITTENCOURT, Rogério Gonçalves. *Aspectos Básicos de Bancos de dados.* 95f. Apostila. Disponível em https://www.marilia.unesp.br/Home/Instituicao/Docentes/EdbertoFerneda/BD%20-%20Aspectos%20Basicos.pdf. Acesso em 04.11.2019.

BRASIL. Comissão de Valores Mobiliários. *Deliberação CVM nº 699/2012.* Aprova o Pronunciamento Técnico CPC 46 do Comitê de Pronunciamentos Contábeis, que trata de mensuração do valor justo. Disponível em http://www.cvm.gov.br/export/sites/cvm/legislacao/deliberacoes/anexos/0600/deli699.pdf. Acesso em 10.11.2019.

nível em https://www.confaz.fazenda.gov.br/legislacao/convenios/2017/CV106_17. Acesso em 10.11.2019.

BRASIL. Comitê de Pronunciamentos Contábeis. *Pronunciamento Técnico CPC 04*. Disponível em http://static.cpc.aatb.com.br/Documentos/187_CPC_04_R1_rev%2013.pdf. Acesso em 10.11.2019.

BRASIL. Conselho Nacional de Política Fazendária. *Convênio ICMS 106/2017*. Disciplina os procedimentos de cobrança do ICMS incidente nas operações com bens e mercadorias digitais comercializadas por meio de transferência eletrônica de dados e concede isenção nas saídas anteriores à saída destinada ao consumidor final. Disponível em https://www.confaz.fazenda.gov.br/legislacao/convenios/2017/CV106_17. Acesso em 10.11.2019.

BRASIL. Constituição da República Federativa do Brasil de 1988. Disponível em http://www.planalto.gov.br/ccivil_03/constituicao/ConstituicaoCompilado.htm. Acesso em 10.11.2019.

BRASIL. LEI Nº 13.709/2018. Lei Geral de Proteção de Dados Pessoais (LGPD). Disponível em http://www.planalto.gov.br/ccivil_03/_ato2015-2018/2018/lei/L13709compilado.htm. Acesso em 10.11.2019.

BRASIL. Lei nº 5.172/1966. Código Tributário Nacional. *Dispõe sobre o Sistema Tributário Nacional e institui normas gerais de direito tributário aplicáveis à União, Estados e Municípios.* Disponível em http://www.planalto.gov.br/ccivil_03/leis/L5172.htm. Acesso em 10.11.2019.

BRASIL. Receita Federal. SPED. Disponível em http://sped.rfb.gov.br/pagina/show/964. Acesso em 10.11.2019.

CAMPOS, Carlos Alexandre de Azevedo. "Adam Smith". In: CAMPOS, C. A. de A.; CAVALCANTE, D. L.; CALIENDO, P. (Coord.). *Leituras Clássicas de Direito Tributário*. Salvador: Juspodivm, 2018, p. 77-88.

ESTADO DE MINAS. "EUA ameaça França com taxa de 100% por conta de imposto digital." Disponível em https://www.em.com.br/app/noticia/internacional/2019/12/02/interna_internacional,1105382/eua-ameaca-franca-com-taxa-de-100-por-conta-de-imposto-digital.shtml. Acesso em 25.01.2020.

LOCK, Dennis. *The Gower Handbook of management.* 4. ed. Vermont: Gower Publishing Company, 1998, p. 351-352. Disponível em: https://books.google.com.br/books?id=swuehFtmFRQC&lpg=PA351&ots=PiDNFDZDL2&dq=database%20marketing&lr&hl=pt-BR&pg=PA351#v=onepage&q=database%20marketing&f=false. Acesso em 04.11.2019.

MAYER-SCHONBERGER, Viktor. CUKIER, Kenneth. *Big Data*: como extrair volume, variedade, velocidade e valor da avalanche de informação cotidiana. 1. ed. Rio de Janeiro: Elsevier, 2013.

MILONE, Mario César de Mattos. *Cálculo do valor de ativos intangíveis*: uma metodologia alternativa para a mensuração do valor de marcas. 124 f. Tese de doutorado. São Paulo: Universidade de São Paulo, 2004. Disponível em https://teses.usp.br/teses/disponiveis/12/12139/tde-27122005-214349/publico/TeseDout_MarioMilone_1204.pdf. Acesso em 10.11.2019.

NABAIS, José Casalta. *Direito Fiscal*. 6. ed. Coimbra: Almedina, 2010.

RIBEIRO, Ricardo Lodi. "Competência tributária". In: ROCHA, Sergio André (Coord.). *Curso de Direito Tributário*. São Paulo: Quartier Latin, 2011.

SILVA, Maria Valesca Damásio de C. *Introdução às teorias econômicas*. Salvador: UFBA, 2016.

TAKAI, O. K.; ITALIANO, I. C.; FERREIRA, J. E. *Introdução a banco de dados.* 124 f. Apostila. DCC-IME-USP. Fevereiro/2005. Disponível em https://www.ime.usp.br/~jef/apostila.pdf. Acesso em 04.11.2019.

TORRES, Ricardo Lobo. *Tratado de Direito Constitucional Financeiro e Tributário.* Vol. 1. Rio de Janeiro: Forense, 2009.

__________. *Tratado de Direito Constitucional Financeiro e Tributário.* Vol. 4. Rio de Janeiro: Forense, 2007, p. 91.

VIEIRA, Danilo Jorge. "A Guerra Fiscal no Brasil: caracterização e análise das disputas interestaduais por investimentos em período recente a partir das experiências de MG, BA, PR, PE e RJ." *In* NETO, Aristides Monteiro Neto. (Org.). *Governos estaduais no federalismo brasileiro: capacidades e limitações governativas em debate.* Brasília: Ipea, 2014.

11

A INDETERMINAÇÃO DO CONCEITO CONSTITUCIONAL DE SERVIÇOS

Diana Rodrigues Prado de Castro

Mestre em Tributação, Finanças Públicas e Desenvolvimento pela UERJ. Advogada.

1. CONCEITO E TIPO: CARACTERÍSTICAS ESSENCIAIS

O objetivo deste artigo é analisar a positivação de um "conceito" constitucional de serviços à luz da Carta Magna de 1988, bem como a sua abertura e indeterminação, considerando o posicionamento do Supremo Tribunal Federal a respeito.

Todavia, antes de adentrar no núcleo principal da discussão, analisaremos se a eventual definição de serviços pode ser enquadrada como "tipo" ou "conceito", bem como as principais características e diferenças entre ambos os vocábulos de acordo com a doutrina nacional e a sua inspiração na doutrina alemã.

Neste contexto, Ricardo Lobo Torres (2014, p. 481) entende ser o tipo uma "*ordenação de dados concretos existentes na realidade*". Em seu modo de ver, os tipos possuem abstração e concretude, podendo ser encontrados tanto na vida social como na norma jurídica. Seriam exemplos de tipo: empresa, empresário, trabalhador, indústria. Por ser complexo, o tipo é aberto, não sendo suscetível de definição e sim de descrição. Utilizar o tipo simplificaria o direito tributário[1]. Ao diferenciar tipo e conceito, Lobo Torres afirma que ambos são inconfundíveis. Ao entender que os conceitos são a representação abstrata de dados empíricos, Lobo Torres afirma que estes podem, de certa forma, "*violentar a realidade*". A formação dos tipos e a concretização dos princípios jurídicos conduzem a uma forma específica de pensamento orientado pelos valores e pelo sistema.

Deste modo, Ricardo Lobo Torres elaborou um denso estudo sobre as principais teorias do tipo, tanto na doutrina estrangeira quanto na doutrina nacional. Citando primeiramente o Karl Larenz, Ricardo Lobo Torres (2014, p. 482) afirma que o jurista alemão, nas primeiras versões de seu livro, abordava a ideia de tipo fechado e tipo aberto, que, ainda que abandonada já na terceira edição do livro, exerceu notória influência nas obras de Alberto Xavier. Entende Larenz que o valor da formação do tipo para o conhecimento dos laços internos do ordenamento jurídico está ligado à proximidade do tipo com o concreto.

Já Klaus Tipke afirma que o tipo seria aberto, não podendo ser definido estritamente, enquanto o conceito seria abstrato. O tipo não seria

1. Ricardo Lobo Torres afirma que a noção de tipo também é utilizada nas ciências sociais (Max Weber utilizou a expressão "tipos ideias"), enquanto Jung divulgou a ideia de tipos psicológicos.

objeto de subsunção. Para garantir a segurança jurídica, deve-se optar por conceitos abstratos ao invés de tipos abertos (TORRES, 2014, p.484).

Ao citar Paul Kirchhof, catedrático de Heidelberg e antigo juiz da Corte Constitucional da Alemanha, Lobo Torres (2014, p. 485) afirma que, no seu entendimento, o legislador já define a carga tributária em tipos. Assim, os impostos indiretos, por exemplo, apoiar-se-iam na generalização e no espessamento dos fatos geradores, que atingem o contribuinte de fato e fazem do empresário o contribuinte de direito. Salienta o autor que, quanto à não-incidência sobre o mínimo existencial, somente o tipo pode generalizar as necessidades vitais do contribuinte e sua família.

Na doutrina brasileira, uma das mais significativas contribuições quanto a este tema foi trazida por Alberto Xavier[2] (1978, p. 92), que, influenciado pelas primeiras obras de Larenz, entendia que o sistema tributário nacional havia optado pela adoção de tipos fechados. Isso porque, na sua visão, a norma tributária conteria todos os elementos para a valoração dos fatos e produção dos efeitos, sem carecer de qualquer recurso a elementos estranhos e sem aceitar qualquer valoração que se substitua ou acresça à contida no tipo legal[3].

Notória contribuição ao tema também concedeu Misabel Derzi (1998, p.634), que já se expressou no sentido de "*o conceito de classe é definido em um número limitado e necessário de características. Entretanto, o tipo não é definido, mas apenas descrito, suas características não são indispensáveis, sendo que algumas delas podem faltar. Ele está na imagem geral, na visão ou intuição do total. A comparação entre o tipo construído ou imaginado e o fato "típico" sucedido deve procurar compreender a "totalidade" da realidade. Com isto, o tipo é mais concreto e rico de conteúdo que o conceito e a investigação jurídica consuma-se por meio da ordenação (e não da subsunção), da comparação e da analogia.*"

2. XAVIER, Alberto. Os Princípios da Legalidade e da Tipicidade da Tributação. São Paulo: Ed. Revista dos Tribunais, 1978, p. 92. No livro Manual de Direito Fiscal. Lisboa: Faculdade de Direito de Lisboa, v.1, p. 124, repete: " Verifica-se, pois, na norma tributária o fenômeno da tipicidade fechada (elevado grau de determinação conceitual ou de fixação do conteúdo), de que falam Larenz e Roxin, e que se opõe à existência de normas "incompletas", "elásticas" ou de "borracha", como alguns já designaram." Apud TORRES, Ricardo Lobo (2014, p. 488).

3. Lobo Torres critica o posicionamento de Alberto Xavier ao afirmar que o jurista português confundiu tipicidade no sentido de *Typizität* que expressa a qualidade do tipo, com a tipicidade na acepção de princípio da determinação." (2014, p. 488).

Misabel entende que as flutuações da realidade – imanentes ao tipo – possibilitam uma evolução mais contínua do tipo do que do conceito classificatório. No seu modo de ver, seriam características próprias do tipo: certa temporariedade ou fluidez em seus contornos, a indefinibilidade, a totalidade da imagem decisiva para o seu reconhecimento, a abertura real, o que a faz mais concreta e próxima da realidade do que o conceito classificatório e a aptidão para ordenar os fenômenos através da comparação, sem rígidos cortes de seção. Nas palavras de Misabel (1998, p. 635): *"Há quem fale em tipos abertos e tipos fechados. O tipo fechado não se distingue do conceito classificatório, pois seus limites são definidos suas notas rigidamente assentadas."*

Misabel (1998, p. 635) defende que não há tipos fechados, pois é a abertura faz parte da essência do tipo[4]. A tentativa de fechamento do tipo nada mais é do que a sua "cristalização em um conceito de classe". Assim, a expressão "tipo fechado" é pura impropriedade. O tipo, em oposição ao conceito, traz como características a abertura, a gradação, o sentido, a inteireza e a aproximação da realidade. Em sendo um conceito aberto, o tipo é *"um sistema eclesiástico de características, não limitadas, renunciáveis, vale dizer, características que podem até faltar em certos objetos, os quais apesar disso, são dados como típicos"* (1998, pp. 627-650).

De acordo com Misabel (1998, pp. 627-650), tanto tipos como conceitos fechados podem coexistir no sistema tributário nacional, devendo-se analisar qual das formas é predominante[5]. Ao invés de deter-se às expressões "tipo" e "conceito", Misabel entende haver um "modo de pensar tipificante", uma técnica (ou uma das técnicas) a serviço da praticidade, destinando-se a viabilizar ou simplificar a execução das normas jurídicas.

Segundo Misabel, *"o 'tipo', esquema ou padrão – quer resulte das características comuns, médias ou frequentes de uma multiplicidade de fenômenos, quer de um caso isolado erigido como modelo do normal – nesse processo, altera o programa da norma e substitui os fatos isolados por*

---

4. Misabel se baseia no entendimento de LARENZ, que, a partir da terceira edição de sua obra, passa a afirmar que os tipos devem ser necessariamente abertos.

5. Segundo Misabel: *"O tipo, por suas características, serve mais de perto a princípios jurídicos como o da igualdade-justiça individual, o da funcionalidade e permeabilidade às mutações sociais. Em compensação, com o seu uso, enfraquece-se a segurança jurídica, a legalidade como fonte exclusiva de criação jurídica e a uniformidade. O conceito determinado e fechado (tipo fechado no sentido impróprio), ao contrário, significa um reforço à segurança jurídica, à primazia da lei, à uniformidade no tratamento dos casos isolados, em prejuízo da funcionalidade e adaptação da estrutura normativa às mutações socioeconômicas."* (1998, pp. 627-650).

uma presunção. Daí resultou a expressão, atribuída pela doutrina estrangeira, de modo de pensar 'tipificante', que serve para designar essa técnica de simplificar a execução da lei". Misabel salienta que este modo de pensar não se traduz em tipos como ordens abertas e graduáveis, mas sim rígidos padrões são produzidos, esquemas fixos que acabam funcionando como presunções *iuris et de iure*. Esclarece, assim, que os tipos propriamente ditos teriam o condão de abstrair e generalizar, assim como as presunções, através de padrões e esquemas. Porém, possivelmente em virtude de suas semelhanças, a doutrina alemã - equivocadamente, no modo de ver de Misabel - passou a designar o fenômeno destinado a simplificar a execução da lei fiscal de "tipificante".

A sua crítica é exatamente no sentido de que o objetivo da padronização simplificadora seria evitar a aplicação individual do Direito - que o tipo, por sua vez, propicia - ao estabelecer, através de uma uniformidade rígida, a aplicação da lei a diversos casos (1998, pp. 627-650).

Ultrapassada a discussão acerca das afinidades e diferenças entre tipo e conceito, analisaremos se, especificamente quanto ao ISS, a Constituição optou por abstração ou concretude na atribuição de sua competência tributária.

2. A INDETERMINAÇÃO DOS CONCEITOS

Luís Eduardo Schoueri (2011, p. 254 e segs.) reconhece que, idealmente, deveria o legislador definir a hipótese tributária com precisão. Entretanto, considerando que o legislador utiliza palavras tão somente com o objetivo de transmitir determinadas ideias, não se pode esperar que a utilização de determinadas palavras seja capaz de afastar qualquer indeterminação e vagueza, que por sua vez deverá ser analisada pelo Poder Judiciário (este responsável por afirmar se haverá de fato incidência ou não do tributo em determinada operação)[6].

Neste contexto, reconhece a impossibilidade de esgotamento, pelo legislador, de todas as situações da vida que revelam a possibilidade de tributação. Isso porque, em uma sociedade complexa e dinâmica como a nossa, caso fosse esta a intenção do legislador, alterações legislativas seriam exigidas incessantemente. E é neste contexto que Schoueri afir-

---

6. Misabel Derzi compartilha do mesmo entendimento, ao afirmar que o "*legislador, necessariamente, se utilizará de generalizações, abstrações conceituais, quantificações e presunções, ao disciplinar os tributos que compõem o sistema tributário nacional.*" (DERZI, 1998).

ma que parte da doutrina (citando expressamente os juristas estrangeiros Ana Paula Dourado e César Garcia Novoa) tem reconhecido que o emprego de cláusulas gerais e conceitos indeterminados pelo legislador não necessariamente ferirá o princípio da legalidade.

Conceitos determinados seriam, nas palavras de César Garcia Novoa, "*producto de la imposibilidad de precisar com mayor exactitud términos o vocablos empelados por la ley, porque las realidades a lós que los mismos se refieren, al comprender uma casuística inabarcable, no admiten outro tipo de determinación*". No entendimento de Engisch, conceitos determinados seriam raros no direito, pois via de regra possuem um núcleo determinado e uma borda duvidosa (SCHOUERI, 2015, p. 310 - 319).

Já as cláusulas gerais seriam descrições amplas da hipótese, permitindo ao aplicador da lei atender às peculiaridades do caso concreto (SCHOUERI, 2015, pp. 310-319). Na concepção de Engisch, as cláusulas gerais são entendidas partindo-se de seu oposto: as hipóteses "casuísticas". Deste modo, são cláusulas gerais as formulações das hipóteses de incidência que, por sua generalidade, alcançam um amplo campo (ENGISCH, 1983). Engisch reconhece a relação entre as cláusulas gerais e os conceitos indeterminados, estabelecendo que nem todo conceito indeterminado é uma cláusula geral, pois por vezes falta ao conceito indeterminado a generalização suficiente para caracterizar uma cláusula geral (mesmo normas casuísticas podem conter conceitos indeterminados); ao mesmo tempo, menciona existir a possibilidade de uma cláusula geral sem que se recorra a conceitos indeterminados (como, por exemplo, "expor alguém a perigo"). Em que pese esta distinção, Engisch afirma que, na prática, tanto cláusulas gerais como conceitos indeterminados caminham lado a lado, sendo possível admitir raciocínio jurídico equivalente para ambos. (1983, p. 108 e segs).

Ao afirmar que a inafastabilidade do emprego de conceitos indeterminados e cláusulas gerais, Schoueri salienta que até mesmo os defensores da tipicidade cerrada parecem reconhecer a inevitabilidade da indeterminação dos conceitos. Isso porque, Yonne Dolacio de Oliveira (1980 APUD SCHOUERI, 2015) já teria afirmado que, "*mesmo em áreas de tipificação cerrada, existem conceitos indeterminados insuscetíveis de uma definição exata, em razão de que apenas podem ser entendidos a partir de um tipo social que não pode ser delimitado exatamente*". Alberto Xavier (1978 APUD SCHOUERI, 2015) conclui sua obra afirmando que "*a bem dizer, não existem conceitos absoluta e rigorosamente determinados; e que, deparando com aquilo que já se tem designado por uma 'indeterminação imanente' de todos os conceitos, se é forçado a reconhecer que a problemática da indeterminação não é tanto de natureza como de grau".* Neste sentido, também afirma Cesar García Novoa que *"ello no excluye que, incluso com la garantia de la tipicidad, la singularización del tributo por la Administración conserve um alto grado de incertidumbre (...) por múltiples motivos, que van desde las posibles interpretaciones divergentes a que puede dar pie um texto no excesivamente claro, hasta la abundancia de conceptos jurídicos indeterminados."* (SCHOUERI, 2015, p. 310 - 319).

Carrazza (1997, p. 270), por sua vez, nega a indeterminação dos conceitos, ao afirmar que *"a segurança jurídica leva, ademais, ao princípio do exclusivismo, com a consequente proibição do emprego de normas indeterminadas, que muito a propósito Nuno Sá Gomes chama de 'elásticas' ou 'de borracha'".* Já Ricardo Lobo Torres pondera que *"os positivismos tentaram, através da teoria da lei material, dar conteúdo específico às normas baixadas pelo legislador, mas não o conseguiram, pois o Direito Tributário, utilizando as cláusulas gerais e os princípios indeterminados, não pode ter na lei formal o fechamento total dos seus conceitos"* (2002, p. 96).

Cumpre salientar que a utilização de conceitos indeterminados e cláusulas gerais pelo legislador não necessariamente violará a segurança jurídica. Esta posição é inclusive sustentada por César García Novoa, ao citar como exemplo o "valor real", ao qual se atribui a base de cálculo de alguns tributos, na Espanha, e que no Brasil pode ser substituído pelo "valor venal". Assim se manifesta o autor: *"La impossibilidad de hablar de 'valor' desde um punto de vista estrictamente objetivo es lo que aconseja, para ser respetuosos con el principio de capacidad econômica, definir un concepto que abarque bajo su círculo de indeterminación diversos supuestos diferentes y, al tiempo, otorgue al intérprete y aplicador de la norma, singularmente a la Administracíon, la faculdad de optar por una solución concreta dentro del ámbito de decisión establecido por la Ley"* (NOVOA, 2000).

Schoueri pondera, neste aspecto, que, não haverá violação à segurança jurídica quando os conceitos indeterminados tornarem-se determinados no momento da aplicação da lei. Entende o autor que a flexibilização das cláusulas gerais e dos conceitos indeterminados possibilita que a lei se adapte às circunstâncias concretas, enquanto a tributação continuará regida pela lei (SCHOUERI, 2015, p. 310 - 319). É neste sentido que Schoueri afirma que a determinação conceitual, como mandamento de otimização, requer que haja a maior determinação e detalhamento possível na lei tributária. Pela razoabilidade, somente seria possível aceitar a cláusula geral ou conceito indeterminado quando o legislador não tiver outro modo mais preciso de descrever a hipótese tributária ao mesmo tempo em que se verifique que a rigidez do legislador afastaria o objetivo da lei[7].

Ricardo Lobo Torres (2000, p. 141) também comunga do entendimento de que há inevitavelmente indeterminação nas normas tributárias, pois, "*do princípio da tipicidade não emana, como imagina o positivismo ingênuo, a possibilidade do total fechamento das normas tributárias e a adoção de enumerações casuísticas e exaustivas dos fatos geradores. A norma de Direito Tributário não pode deixar de conter alguma indeterminação e imprecisão, posto que se utiliza também das cláusulas gerais e dos tipos, que são abertos por definição. É nesse espaço de indeterminação que atua a analogia. Mesmo os juristas que restringem a proibição de analogia aos casos de fattispecie exclusiva como "as que não possam ser referidas a um princípio mais geral, aplicável também a caso não expressamente considerado pela norma positiva", vincula a impossibilidade da analogia à rigidez da norma, mas reconhece a dificuldade de conceituar essa estrutura normativa; M.S. Gianini, que defende o mesmo ponto de vista, afirma que a identificação de normas de fattispecie exclusiva depende da interpretação sistemática da lei.*"

Neste contexto, Gustavo da Gama de Oliveira (2014, p. 197-210) propõe o seguinte questionamento: a complexidade atual das atividades econômicas relacionadas à circulação de bens e serviços permite a construção, com razoável consenso, a partir exclusivamente dos preceitos constitucionais, dos significados de "produtos industrializados", "circulação de mercadorias" e "serviços de qualquer natureza"?

Nas suas palavras:

> "A rigidez do sistema tributário constitucional exigiria que a resposta à questão fosse positiva, mesmo admitindo a dificuldade de atingir o objetivo que ela propõe. A resposta negativa à questão seria, em tese, incompatível com a rigidez do sistema e reconheceria ao legislador complementar (na sua função de dirimir conflitos de competência entre os entes políticos - art. 146, I, CF) plena liberdade para, sob o pretexto de regular conflitos de competências, modificar de forma abusiva a distribuição da competência tributária conferida pela CF.

7. Schoueri entende que a indeterminação dos conceitos e cláusulas gerais não são aplicáveis aos tipos, na medida em que estes não se compatibilizariam com o princípio da legalidade.

> Ocorre que a simples escolha pelo constituinte do nome para designar os impostos já deve oferecer ao intérprete indicação de seu fato gerador possível, como ressalta Amílcar de Araújo Falcão, muito embora o mestre da Universidade do Estado do Rio de Janeiro indicasse que o nome utilizado pela Constituição seria um dos elementos que deveria ser conjugado com "as regras e princípios que decorrem do conjunto do sistema e das relações de tensão e de recíproca influência que provém da definição das diferentes áreas de competência."

Ao tratar dos impostos em espécie, a doutrina brasileira também costuma ressaltar a importância da vinculação do legislador aos sentidos mínimos que são extraídos das locuções empregadas pela Constituição na definição da competência tributária. Nesta linha, Luís César Queiroz (2003, p. 271) adverte que o fato de se considerar a renda como conceito indeterminado não importa em afirmar que se trata de um conceito vazio, sem limites máximos, bem como não permite deduzir que o legislador infraconstitucional possui total liberdade para defini-lo.

Assumindo que as materialidades econômicas que fundamentam os impostos necessitam do reconhecimento de conceitos mínimos (que não estão à livre disposição do legislador complementar), Gustavo da Gama de Oliveira (2014, p. 197-210) propõe o seguinte questionamento: qual critério adotar para definir o imposto que incidirá em uma atividade econômica concreta? No seu entendimento, este processo de definição deve ser analisado à luz da solução oferecida pela lei complementar, na medida em que este é o instrumento adotado pela Constituição para "*demarcação das fronteiras de cada um dos impostos mencionados na Constituição*". A superação desse critério, que nas palavras de Gustavo da Gama exigiriam "ônus argumentativo forçado", seria possível caso comprovado o descompasso do critério adotado pelo Legislador e a materialidade econômica indicada na Constituição.

3. O FATO GERADOR DO ISS E SUA DEFINIÇÃO PELA CONSTITUIÇÃO

A Constituição de 1988 prevê, em seu artigo 156, inciso III[8], a competência dos Municípios e Distrito Federal para instituição de imposto sobre serviços de qualquer natureza, não compreendidos no artigo 155,

8. "Art. 156. Compete aos Municípios instituir impostos sobre:

   [...]

   III - serviços de qualquer natureza, não compreendidos no art. 155, II, definidos em lei complementar".

inciso II, definidos em lei complementar. Antes de nos aprofundarmos no conceito constitucional de prestação de serviços de qualquer natureza, analisaremos a origem e arcabouço histórico deste imposto.

A primeira manifestação de tributação de serviços no Brasil deu-se no Alvará de 20 de outubro de 1812, baixado pelo Príncipe Regente D. João e estabelecendo um tributo extraordinário sobre lojas ou armazéns (item II) e sobre navios ou embarcações (item III). Não havia necessariamente um tributo típico sobre serviços, tendo em vista que o imposto instituído à época abrangia diversas atividades lucrativas, dentre elas as "vendas de serviços" (MORAES, 1975, p. 4). Conforme pontua Bernardo Ribeiro de Moraes, após a Independência, outros serviços foram abrangidos por diversos tributos e, através da Lei de 15 de novembro de 1831, instituiu-se o imposto sobre "casas de moedas" e o imposto sobre "casas de leilão". Pela lei orçamentária nº 70/1836, instituiu-se o "Imposto sobre as lojas", aumentando seu campo de incidência para qualquer casa que tivesse produtos à venda. Em 1843, a lei orçamentária nº 317 cria o imposto sobre "despachantes" e sobre "corretores" (MORAES, 1975, p. 5).

Em 27 de setembro de 1860, através da Lei Orçamentária nº 1.174, o "imposto sobre lojas[9]" recebe nova denominação e passa a ser abrangido pelo imposto sobre indústrias e profissões. O imposto passa a abranger "todas as indústrias e profissões", alcançando qualquer atividade lucrativa, inclusive determinados serviços. Após a proclamação da República, o imposto sobre "indústrias e profissões" passa para competência estadual, com a possibilidade de delegação da competência para os municípios (MORAES, 1975, p. 5-6).

De acordo com Bernardo Ribeiro de Moraes (1975, p. 1- 68), "a partir da I Guerra Mundial (1914-1918) acentuou-se, em todo o mundo, uma tendência fiscal para a adoção de certos impostos sobre o volume total das vendas, das cifras ou volume de negócios, com incidência em cascata, sem atenção alguma para o problema das diversas etapas de todo o processo de industrialização ou comercialização que necessariamente eram oneradas. Essa sistemática impositiva, com uma velocidade vertiginosa, talvez jamais verificada na história das finanças públicas, ocupou, desde logo, lugar de importância nos ordenamentos tributários de diferentes países".

9. Instituído pela Lei Orçamentária nº 70, de 22 de outubro de 1836.

Diferentemente dos demais países, no Brasil, o imposto sobre vendas nasceu por solicitação dos contribuintes e com objetivo de atender certos interesses. A União já cobrava, em período anterior a 1934, um imposto de "vendas mercantis" arrecadado em estampilhas sobre as duplicatas de fatura, as quais a Lei nº 4.625/1922 havia atribuído a natureza de títulos cambiários (MORAES, 1975, p. 11).

Desde 1922, o Brasil possuía um imposto sobre as vendas mercantis, incidindo sobre as duplicatas de faturas, reguladas por lei federal. Através da Constituição de 1934, mudou-se a sistemática em relação à tributação dos serviços. Isso porque além da manutenção do Imposto sobre Indústrias e Profissões, a Constituição previu a criação do Imposto de Diversões Públicas, de competência municipal. Conforme acentua Bernardo Ribeiro de Moraes (1975, p. 45), anteriormente à reforma constitucional de 1965, o campo de incidência hoje abrangido pelo ISS era alcançado, parcial ou totalmente, pelos seguintes impostos: (i) imposto de transações (estadual); (ii) imposto de indústrias e profissões (municipal); (iii) imposto de diversões públicas (municipal); e (iv) imposto de vendas e consignações (estadual).

A Comissão Especial de Reforma Tributária, responsável pela Emenda Constitucional nº 18/1965, criou o imposto sobre serviços de qualquer natureza[10], em substituição aos seguintes impostos: imposto sobre transações, imposto de indústrias e profissões, imposto de licença e do imposto sobre diversões públicas.

Atualmente, o ISS tem como fundamento o artigo 156, III da Constituição,[11] o qual previu a competência dos Municípios e Distrito Federal para instituição de imposto sobre serviços de qualquer natureza, não compreendidos no artigo 155, inciso II, definidos em lei complementar.

Considerando que a Constituição Federal atribuiu competência aos Municípios e ao Distrito Federal para instituir e cobrar o ISS sobre os

---

10. O ISS estava assim previsto:

    Art. 15. Compete aos Municípios o imposto sobre serviços de qualquer natureza, não compreendidos na competência tributária da União e dos Estados.

    Parágrafo único. Lei complementar estabelecerá critérios para distinguir as atividades a que se refere este artigo das previstas no art. 12.

11. "Art. 156. Compete aos Municípios instituir impostos sobre:

    [...]

    III - serviços de qualquer natureza, não compreendidos no art. 155, II, definidos em lei complementar".

serviços excluídos da competência dos Estados, a Lei Complementar nº 116/2003 (LC nº 116/2003) elencou a lista de serviços que deveriam ser objeto de tributação pelo ISS. Contudo, não se pode perder de vista que, ainda que eventualmente determinada atividade tenha sido incluída na lista anexa à LC nº 116/2003, a análise de sua sujeição à incidência do ISS deve ter como ponto de partida seu enquadramento no conceito de prestação de serviços de qualquer natureza.

Neste aspecto, a doutrina brasileira divide-se em dois posicionamentos: parte da doutrina, influenciada pelo precedente do STF no julgamento do Recurso Extraordinário nº 116.121-3/SP (em que se consagrou a dicotomia obrigação de dar/obrigação de fazer como última *ratio* para definir conflitos de competência entre ISS e ICMS) entende que a materialidade do ISS está associada a uma obrigação de fazer. Defendem este entendimento Geraldo Ataliba (1986), Alberto Xavier (2015), José Eduardo Soares de Mello (2001), Aires Barreto (1986), Roque Antônio Carrazza (2012), dentre outros. Segundo tal doutrina, o contrato de prestação de serviços seria um contrato oneroso e bilateral no qual uma pessoa exerceria em favor de outra uma atividade humana, com fim lucrativo e intuito profissional, porém sem subordinação profissional (XAVIER, 2015, p. 11).

Na concepção de Geraldo Ataliba e Aires Barreto (1986, p. 31), "serviço" deve ser definido como "todo esforço humano desenvolvido em benefício de outra pessoa (ou favorecedor de outrem)".

No entendimento de José Eduardo Soares de Mello (2001, p. 31), o cerne da materialidade do ISS não é o "serviço" e sim a "prestação de serviços", compreendendo um negócio jurídico pertinente a uma obrigação de fazer, em conformidade com os postulados do direito privado[12].

---

12. Em sentido oposto, Bernardo Ribeiro de Moraes (1975, p. 97-98) entende que a essência do imposto está no "serviço" e não na prestação de serviços. Em suas palavras:

> O objeto do ISS, já vimos, é bastante vasto, abrangendo os *serviços de qualquer natureza*, inclusive atividades de "prestação de serviços" propriamente ditas. Os impostos do sistema tributário nacional foram definidos, conforme Emenda Constitucional n. 18, de 1965, "por via de referência às suas bases econômicas", "dando-se mais ênfase ao aspecto econômico do imposto", deixando-se para um segundo plano o critério nominalístico. Pois bem, dentro de tal sistema, o imposto municipal ora examinado recebeu a denominação do imposto *sobre serviços de qualquer natureza*, numa patente demonstração de que o referido tributo recai sobre serviços, isto é, sobre bens imateriais (não tenham extensão corpórea e é permanência no espaço). O ISS onera a venda (é imposto sobre circulação) de bens imateriais (de serviços) e não a simples atividade decorrente de contratos de "prestação de serviços".

Neste contexto, afirma o autor:

> Essa espécie de obrigação (*fazer*) não possui definição e características próprias, configurando-se de modo negativo à outra espécie de obrigação (*dar*), que:
>
> "[...] consiste na entrega de coisa móvel ou imóvel, para a constituição de um direito real (venda, doação etc.), a concessão de uso (empréstimo, locação), ou a restituição ao dono. Já as de *fazer* conquanto se definam em geral de modo negativo, são todas as prestações que não se compreendem entre as de dar, têm, na verdade, por objeto um ou mais atos, ou fatos do devedor, como trabalhos materiais e intelectuais."
>
> A obrigação de fazer é a que se vincula o devedor à prestação de um serviço como ato positivo, material ou imaterial, seu ou de terceiro, em benefício do credor ou de terceira pessoa. (MELLO, 2001, p. 31):
>
> I. a obrigação de fazer de natureza fungível, por consistir num *facere* que só pode, ante a natureza da prestação ou por disposição contratual, ser executada pelo próprio devedor, sendo, portanto, *intuitu personae* uma vez que se levam em conta as qualidades pessoais do obrigado.
>
> [...]
>
> 2. a obrigação de fazer fungível, que é aquela em que a prestação pode ser realizada indiferentemente tanto pelo devedor como pelo terceiro, caso em que o credor será livre de mandar executar o ato à custa do devedor [...].

Reproduzindo o entendimento de Washington de Barros Monteiro, José Eduardo Soares de Mello (2001, p.32) pondera:

> [...] se dar ou entregar é ou não consequência do fazer, correspondendo assim, se o devedor tem de dar ou entregar alguma coisa, não tendo, porém, de fazê-lo previamente, a obrigação é de dar; todavia, se primeiramente tem ele de confeccionar alguma coisa para depois entregá-la, se tem de realizar algum ato, do qual será mero corolário o de dar, tecnicamente, a obrigação é de fazer.

Ainda segundo José Eduardo Soares de Mello (2001, p. 32), "não se pode considerar a incidência tributária restrita à figura de 'serviço', como uma atividade realizada; mas, certamente, sobre a 'prestação do serviço', porque esta é que tem a virtude de abranger os elementos imprescindíveis à sua configuração, ou seja, o prestador e o tomador, mediante a instauração de relação jurídica de direito privado, que irradia os naturais efeitos tributários".

Aires Barreto (1999, p. 580), ao discorrer sobre o conceito constitucional de serviços, afirmou tratar-se de uma "prestação de esforço humano a terceiros, com conteúdo econômico, em caráter negocial, de direito privado, tendente à obtenção de um bem material ou imaterial".

Ainda segundo Aires Barreto (1999, p. 580), o conceito constitucional de serviços compreende:

> a) obrigações de fazer (e nenhuma outra);
>
> b) serviços submetidos ao regime de direito privado, não incluindo, portanto, o serviço público (porque este, além de sujeito ao regime de direito público, é imune a imposto, conforme o art. 150, VI, 'a' da Constituição);
>
> b.1) que revelam conteúdo econômico, realizados em caráter negocial – o que afasta, desde logo, aqueles prestados 'a si mesmo', ou em regime familiar ou desinteressadamente (afetivo, caritativo);
>
> b.2) prestados sem relação de emprego – como definida pela legislação própria – excluído, pois, o trabalho efetuado em regime de subordinação (funcional ou empregatício), por não estar *in commercium*.

Luiz Gonzaga Modesto de Paula (1982, p.247), também vinculado à ideia de "obrigação de fazer", assim conceituou o termo "serviço" utilizado pelo legislador constitucional:

> "Podemos dizer que "serviço é a colocação em disponibilidade do fruto de esforço humano, em regime de direito privado, sem subordinação hierárquica e que constitua uma obrigação de fazer", onde a expressão "colocação em disponibilidade" pressupõe o caráter econômico e a habitualidade da prestação de serviços, o que satisfaz o princípio da capacidade contributiva, que, embora não expresso, se encontra nas dobras do princípio da isonomia e da legalidade."

Paulo de Barros Carvalho (1983, p. 146-166) define prestação de serviços como "a prestação a terceiro, de uma utilidade, material ou imaterial, com habitualidade e de conteúdo econômico, de Direito Privado".

Nas mesmas linhas entende Célio de Freitas Barbosa (1980, p. 145-186), enfatizando o oferecimento de uma utilidade material ou imaterial a um terceiro:

> "B6) Serviço tem o sentido de utilidade material ou imaterial oferecida a terceiro, sob-regime de direito privado.
>
> B7) Por prestação de serviço se entende a prática, sob-regime de direito privado, de um esforço pessoal, a terceiro, conferindo a este uma utilidade material ou imaterial."

Esta mesma concepção foi adotada por Marçal Justen Filho (1985, p.83), ao também afirmar que a materialidade do ISS está associada à produção de uma utilidade material ou imaterial:

> "[...] cabível definir a materialidade da hipótese de incidência do ISS nos seguintes termos: prestação de esforço (físico-intelectual) produtor de utilidade (material ou imaterial) de qualquer natureza, efetuada sob-regime de Direito Privado, que não caracterize relação empregatícia."

Já outro segmento da doutrina sustenta, por sua vez, que o conceito de serviços é essencialmente econômico. Este é o entendimento de Bernardo Ribeiro de Moraes[13] (1993, p. 283-286),[14] para quem o conceito de serviço deve ser considerado abrangendo quaisquer atividades que não constituam venda de bens materiais. Em suas palavras:

> "A Economia classifica os bens susceptíveis de utilidade econômica em duas classes distintas, a saber: bens materiais, ou corpóreos, que têm extensão corpórea no espaço, como o produto, a mercadoria; bens imateriais, ou incorpóreos, que carecem de extensão corpórea, como o serviço. Estes últimos podem abranger o "fornecimento de trabalho" a terceiros, v.g., de advocacia, de médico, de datilógrafa, de cabeleireiro etc., a "locação de bens móveis", como a locação de máquinas, de veículos etc., e a "cessão de direitos", v.g., serviços de venda de bilhetes de loteria, serviços de diversões públicas etc.
>
> Para a Economia, o conceito de serviço se opõe ao de bem material ou corpóreo, abrangendo quaisquer outras atividades que não constituam bens corpóreos na etapa de circulação econômica."

---

13. Tal entendimento é diretamente enfrentado por José Eduardo Soares de Melo (2001, p. 37), ao afirmar que:

    "[...] não há como se aceitar o conceito de serviço centrado na economia, sem pertinência jurídica; o seu objeto como sendo a circulação (venda) de bens imateriais; e identificador de bens incorpóreos, que não têm existência física. Considerando que o tributo é uma entidade jurídica (amplamente constitucionalizada), os seus elementos estruturais (especialmente a materialidade) circunscrevem-se a conceitos, critérios e institutos jurídicos. Embora os impostos apresentem um natural substrato econômico (pertinente à própria capacidade contributiva), não há sentido em conferir-se preeminência às etapas econômicas (produção, circulação e consumo), para a conceituação do serviço.

14. Quer nos parecer que a intenção do legislador do CTN também foi neste sentido, tendo em vista que na redação original do Código estabeleceu o seguinte:

    "Art. 71. O imposto, de competência dos Municípios, sobre serviços de qualquer natureza tem como fato gerador a prestação, por empresa ou profissional autônomo, com ou sem estabelecimento fixo, de serviço que não configure, por si só, fato gerador de imposto de competência da União ou dos Estados.

    §1º Para os efeitos deste artigo, considera-se serviço:

    I- o fornecimento de trabalho, com ou sem utilização de máquinas, ferramentas ou veículos, a usuários ou consumidores finais;

    II – a locação de bens imóveis;

    III – locação de espaço em bens imóveis, a título de hospedagem ou para guarda de bens de qualquer natureza".

Enfatizando o conteúdo econômico do conceito de "serviço", para fins de incidência do ISS, Bernardo Ribeiro de Moraes (1975, p. 98-99) diferencia-o da mera prestação de serviços:

> A noção de serviço (objeto do ISS) não pode ser confundida com a de simples "prestação de serviços" (contrato de direito civil, que corresponde ao fornecimento de trabalho). O conceito de serviço nos vem da economia, do trabalho como produto. De fato, o trabalho, aplicado à produção, pode dar como resultado duas classes de bens: bens materiais, denominados material, produto ou mercadoria; e bens imateriais, conhecidos como serviços. Serviço, assim, é expressão que abrange qualquer bem imaterial, tanto atividades consideradas de "prestação de serviços" (v.g.: atividade do médico, do advogado, do engenheiro, do corretor, etc.) como as demais vendas de bens imateriais (v.g. atividade do locador de bens móveis, do transportador, do albergueiro, do vendedor de bilhete da Loteria Federal, etc.). Na lição de Aliomar Baleeiro, serviço pode ser tanto o resultado de uma atividade prestada como o de coisas que as pessoas "põem à disposição dos outros". Quem aluga um automóvel, na realidade, não está fornecendo trabalho, mas estará fornecendo, a terceiros, um bem imaterial, ou melhor, um serviço (cessão de uso e gozo da coisa). Exame superficial da lista de serviços, baixada pelo Decreto-lei n. 406, de 1968, nos mostra que o ISS grava várias atividades que não constituem objeto do contrato de "prestação de serviços", como tal conceituada pelo direito civil, sendo exemplos os serviços de locação de bens móveis, de venda de bilhetes da Loteria Federal etc.
>
> Assim, o ISS recai sobre serviços de qualquer natureza, entendendo-se como tal a circulação (venda) de bens imateriais. Em nosso direito, com algumas modificações, o conceito de serviço corresponde à mesma noção que dele tema doutrina e o ordenamento positivo dos diversos países que adotaram o imposto sobre o valor agregado (prestação de serviços é toda operação que não constitua venda de um bem material).

Há de se mencionar que o fundamento da conclusão do autor parte de uma interpretação histórica do ISS, incluído no texto constitucional através da Emenda nº 18/1965, inicialmente foi classificado pelo constituinte na categoria dos "impostos sobre produção e circulação"[15], e, consequentemente, alcançaria a circulação econômica dos serviços, o que,

15. Isso porque o ISS, quando incluído no texto constitucional, pertencia à Seção IV – Impostos sobre a Produção e Circulação (do Capítulo II – Dos Impostos), conforme abaixo:

    SEÇÃO IV

    Impostos sôbre a Produção, e a Circulação

    [...]

em suas palavras, seria a "venda econômica de bens imateriais" (MORAES, 1995, p. 286).

Feitas estas considerações, considerando que a Constituição ao delimitar a materialidade do ISS não forneceu uma definição específica do que poderia ser caracterizado como "serviços", coube ao seu intérprete - o Supremo Tribunal Federal - a tarefa de extrair do texto o alcance de tais termos.

Tal conceito foi definido pelo STF no julgamento do Recurso Extraordinário nº 116.121-3/SP, cujo objeto era a discussão da incidência do ISS sobre a locação de guindastes. Na ocasião, o Supremo entendeu que a prestação de serviços, tal como desenhada em nossa Constituição, deve envolver uma "obrigação de fazer", decidindo pela inconstitucionalidade da exigência do ISS sobre as atividades de locação, na medida em que estas constituem meras "obrigações de dar":

> Imposto sobre serviços. Contrato de locação. A terminologia constitucional do Imposto sobre Serviços revela o objeto da tributação. Conflita com a Lei Maior dispositivo que imponha o tributo considerado contrato de locação de bem móvel. Em Direito, os institutos, as expressões e os vocábulos têm sentido próprio, descabendo confundir a locação de serviços com a de móveis, práticas diversas regidas pelo Código Civil, cujas definições são de observância inafastável - artigo 110 do Código Tributário Nacional.
>
> (Ministro Relator Octávio Galloti. Julgamento em 11/10/2000. Publicado em 25/05/2001).

Merece destaque o voto do Ministro Celso de Mello, que influenciou substancialmente a decisão final deste Recurso Extraordinário:

> [...] Cabe advertir, neste ponto, que a locação de bens móveis não se identifica e nem se qualifica, para efeitos constitucionais, como serviço, pois esse negócio jurídico - considerados os elementos essenciais que lhe compõem a estrutura material - não envolve a prática de atos que consubstanciam um *praestare* ou *facere*.
>
> Na realidade, a locação de bens móveis configura verdadeira obrigação de dar, como resulta claro do art. 1.188 do Código Civil: "Na locação de

---

Art. 15. Compete aos Municípios o impôsto sôbre serviços de qualquer natureza, não compreendidos na competência tributária da União e dos Estados.

Parágrafo único. Lei complementar estabelecerá critérios para distinguir as atividades a que se refere êste artigo das previstas no art. 12. (optamos por manter a grafia original de alguns termos).

> coisas, uma das partes se obriga a ceder à outra, por tempo determinado, ou não, o uso e gozo de não coisa não fungível, mediante certa retribuição."
>
> [...]
>
> O fato irrecusável é um só: a Constituição, quando atribui competência impositiva ao Município para tributar serviços de qualquer natureza, não compreendidos na competência das outras pessoas políticas exige que só se alcancem, mediante incidência do ISS, os atos e fatos que se possam qualificar, juridicamente, como serviços.
>
> Cumpre assinalar, por necessário, especialmente em face das considerações expostas, que a legislação tributária, emanada de qualquer das pessoas políticas não pode alterar a definição, conteúdo e alcance de institutos, conceitos e formas de direito privado, utilizados, expressa ou implicitamente, pela Constituição Federal, para definir ou limitar competências tributárias.
>
> [...] A decisão emanada do tribunal local – que considerou juridicamente qualificável, como serviço, a locação de bens móveis, tal como relacionada nos itens constantes das Listas de Serviços referidas anteriormente – não pode subsistir, eis que, mais do que desrespeitar o que prescreve o art. 110 do Código Tributário Nacional, transgrediu a Lei Fundamental, que, em matéria tributária, instituiu clara e rígida repartição constitucional de competências impositivas.

O Ministro Carlos Velloso proferiu seu voto adotando o conteúdo econômico do conceito de prestação de serviços, em detrimento do conceito inerente ao Direito Privado e consubstanciado no antigo Código Comercial. Desta feita, concordando com o voto proferido pelo desembargador Maurício Vidigal e influenciado pela doutrina de Bernardo Ribeiro de Moraes, reproduziu seu voto nos seguintes termos:

> O equívoco da apelante repousa na adoção de conceitos do Direito Civil, quando o próprio Direito Tributário permite a interpretação do texto constitucional. Conforme ensina Bernardo Ribeiro de Moraes, em "Doutrina e Prática do Imposto sobre Serviços", o estudo da legislação comparada, que informou a reforma constitucional, instituidora do Imposto sobre Serviços, é essencial para a definição da natureza do fato gerador do imposto. Nessa legislação comparada, entendeu-se que 'prestação de serviços' é toda operação que não constitua venda de um bem material.
>
> Para efeitos de incidência do imposto sobre o valor acrescido, o conceito de 'serviço' foi sempre definido por exclusão ao de transferência de bens. A segunda diretriz do Conselho da CEE, de 11 de abril de 1967, considera transferência de um bem toda transferência do poder de dispor de um bem material como proprietário (art.5º), sendo prestação de serviços toda operação que não constitua transferência de um bem (art.6º). O mesmo se diga da legislação de Luxemburgo, da Holanda, da Suécia, da Alemanha Federal, da Itália, etc.

> Assim, o imposto sobre o valor acrescido, quanto à prestação de serviços, onera as atividades econômicas de transferência de bens não materiais, ou melhor, de bens imateriais, isto é, de serviços.
>
> E mais adiante, leciona o mestre: "o conceito econômico de prestação de serviços (fornecimento de bem imaterial) não se confunde e nem se equipara ao conceito de prestação de serviços do direito civil, que é conceituado como fornecimento apenas de trabalho a terceiros (prestação de serviços é o fornecimento, mediante remuneração, de trabalho a terceiros). O conceito econômico não se apresentando acanhado, abrange tanto o simples fornecimento de trabalho (prestações de serviços do direito civil) como outras atividades, v.g: locação de bens móveis, transporte, publicidade, hospedagem, diversões públicas, cessão de direitos, depósito, execução de obrigações de não fazer, etc. (vendas de bens imateriais)."
>
> Esse conceito econômico de prestação de serviços é o que foi adotado pelo texto constitucional, à luz do direito comparado e dos objetivos do novo imposto que veio a substituir o antigo imposto de indústrias e profissões que incidia sobre atividades semelhantes. Tanto é assim que o imposto recai, não sobre a prestação de serviços, mas sobre "serviços de qualquer natureza". O uso dessa expressão deixa claro que a intenção da Carta Magna não é socorrer-se de definição do direito civil, mas utilizar-se do conceito econômico de serviço. E dentro desse conceito está compreendida a locação de móveis.

A despeito da conclusão da Corte ter sido majoritariamente pela impossibilidade de tributação das atividades de locação pelo ISS, diante da ausência da necessária "obrigação de fazer", o voto do Ministro Carlos Velloso associou-se ao viés econômico do conceito de prestação de serviços, desvinculado do conceito de prestação de serviços vinculado ao direito privado.

Feitas tais observações acerca do conceito de "serviços" para fins de incidência do ISS, a seguinte reflexão deve ser ponderada: caberia à lei complementar definir "serviços de qualquer natureza" ou o conceito já seria definível por si só?

Gustavo da Gama de Oliveira (2014, p. 197-210) afirma que parte da doutrina ainda entende que a atribuição da competência tributária entre os entes da federação se exauriu com a promulgação da Constituição de 1988, de modo que o papel da lei complementar seria tão somente explicitar o que já se encontra em estado latente na Constituição, não se reconhecendo qualquer papel de criação ao legislador complementar na definição dos conflitos de competência. Tais conflitos já poderiam ser solucionados a partir da construção doutrinária das próprias materialidades que justificam os impostos mencionados na Constituição.

Em sentido oposto, Ricardo Lobo Torres (2005, p. 429) destaca que a Constituição não teve a pretensão de definir exaustivamente os fatos geradores dos impostos, de forma que o fechamento do sistema deve ocorrer posteriormente, por meio da complementação legislativa e pela manifestação da jurisprudência nos espaços deixados pelos princípios constitucionais tributários e pelas normas veiculadas por cláusulas gerais. O sistema tributário totalmente fechado, ainda que no plano infraconstitucional, jamais seria obtido. Assumindo o caráter abstrato das definições dos fatos geradores na Constituição e tratando especificamente do papel da lei complementar prevista no artigo 146, I da Constituição, Lobo Torres afirma que a sua função é "*evitar as invasões de competências resultantes das insuficientes definições de fatos geradores dos impostos*" (2005, p. 429).

Já Amílcar de Araújo Falcão entendia pela possibilidade de as normas gerais definirem os impostos de competência própria da União, Estados e Municípios, ressaltando que: "*A norma geral de direito financeiro, para cuja decretação é competente a União, evidentemente poderá editar os princípios de regulamentação e de autuação, para que a discriminação de rendas opere em toda a sua plenitude, para o que é necessário fixar-se de modo uniforme o conceito de cada um dos impostos especificamente discriminados (...).*"

Ao analisar a influência da doutrina alemã em nosso texto constitucional em matéria de competência constitucional, Luís Eduardo Schoueri (2015, p. 270) afirma que a possibilidade de utilização de tipos em matéria tributária foi utilizada previamente por Klaus Vogel e Hannfried Walter, em 1971[16], quando estes perceberam a insuficiência dos critérios apontados pela doutrina e jurisprudência para comparação dos impostos (base de cálculo, "hipótese tributária", efeito econômico), identificando a inexatidão de seu conteúdo.

Luís Eduardo Schoueri[17] (2015, p. 269) salienta a importância da lei complementar para solucionar conflitos de competência, ao constatar que o constituinte utilizou de tipos no elenco das materialidades dos impostos. Neste sentido, a previsão do artigo 146, I da Constituição de-

16. No mesmo sentido e mais completo, v. VOGEL, Klaus. Zur Konkurrenz zwischen Bundes – und Landessteuerrecht nach dem Grundgesetz – Über das 'Anzapfen' von' Steuerquellen' .In *Steuer und Wirtschaft*, 48 (1), 1971, p. 308 – 316.

17. Luís Eduardo Schoueri diferencia conceitos e tipos ao entender que os primeiros são por natureza fechados, enquanto os tipos são naturalmente abertos.

monstra que o próprio constituinte previu a possibilidade de ocorrência de conflitos de competência, e "*impôs ao legislador complementar a tarefa de expressar a mesma realidade através de conceitos, seja por meio de definições de fatos geradores, bases de cálculo e contribuintes, seja através da imposição de limites em casos de conflitos*".

Assim, a mera descrição do fato gerador pelo legislador complementar não é satisfatória, devendo esta ser definida.

Reiterando a importância do papel da lei complementar na solução de conflitos de competência, Ricardo Lobo Torres (2005, p. 368) afirma que "*o ISS incide sobre a prestação imaterial de serviço, ainda que acompanhada do fornecimento de mercadorias. Quando prepondera a obrigação de fazer, típica do ISS, apresentando-se como meramente subsidiário o fornecimento de mercadoria? Só a lei complementar e o trabalho casuísta da jurisprudência podem conduzir ao fechamento do conceito constitucional*".

4. ALCANCE DOS ARTIGOS 109 E 110 DO CÓDIGO TRIBUTÁRIO NACIONAL

Assumindo que há certa indeterminação nos conceitos estabelecidos nas normas tributárias e buscando uma solução para a questão, cumpre analisarmos a influência dos conceitos de Direito Privado sobre o Direito Tributário, bem como o conteúdo e alcance dos artigos 109 e 110 do Código Tributário Nacional.

Ao tratar da autonomia do Direito Tributário frente ao Direito Privado, Schoueri (2015, p. 310 - 319) afirma que o legislador é livre para se vincular, ou não, às normas do Direito Privado. "*O fato de o legislador utilizar uma expressão que também surge no Direito Privado não implica que aquela expressão exija que se considere o instituto do último que com aquela se designa. Uma mesma expressão pode ter significado diverso, conforme o contexto em que se insira. Em princípio, expressões empregadas na lei tributária devem ser interpretadas segundo o contexto das leis em que se encontram.*" Observa, ainda, que o fato de a Constituição ter utilizada expressão existente no direito privado não significa que o instituto de Direito Privado tenha sido acatado pelo constituinte. Ademais, observa que nem sempre o constituinte se utiliza de um conceito no texto constitucional, optando por vezes pela utilização de aproximações tipológicas.

Sobre o artigo 110 do CTN, afirma Ricardo Lobo Torres (2006, p.193):

> "a interpretação literal, apoiada no art. 110 do CTN, prevaleceu também quanto à locação de móveis como fato gerador do ISS. O Supremo Tribunal Federal decidiu, por apertada maioria (5 votos contrários), em caso singular de difícil generalização, que a locação de bens móveis não era fato gerador do ISS, baseando-se na distinção entre locação de serviços e de coisas, não obstante a circunstância de que o tributo sobre serviços se classificar como imposto sobre a circulação de riquezas e atingir todo o setor terciário da economia. [...] De modo que hoje temos a antinômica situação de não-incidência do ISS sobre locação de bens móveis (subitem 3.01) e da incidência sobre a locação de postes, cabos e dutos (subitem 3.04) e sobre a cessão de andaimes, palcos, coberturas e outras estruturas de uso temporário (subitem 3.05). É mais uma complicação do sistema tributário causado pela interpretação literal e formalista do STF."

O Supremo Tribunal Federal já teve a oportunidade de analisar o alcance dos artigos 109 e 110 do CTN em diversos julgados.

Ao analisar a incidência do ISS sobre as atividades de locação de serviços[18], entendeu a Corte que locação de coisa é conceito de direito privado e, como tal, não poderia ser modificado pela legislação tributária. Merece destaque o voto do Ministro Octávio Gallotti, que, adotando uma interpretação histórica e analisando a redação original do artigo 71, §1º do Código Tributário Nacional, identificou que anteriormente incluía-se a locação de bens imóveis entre os serviços e, ademais, que este imposto fora o sucessor do antigo Imposto sobre Indústrias e Profissões, o qual compreendia, em seu campo de incidência, a locação. O Ministro sequer ventilou a hipótese de vinculação da norma ao conceito de direito privado, tendo em vista que a utilização, pelo Constituinte, do vocábulo "serviços", acrescida pelo complemento "de qualquer natureza", e não "prestação de serviços".

Analisando o conceito de faturamento, em relação à COFINS, o STF novamente enfrentou o assunto, por ocasião do julgamento dos Recursos Extraordinários 357.950, 390.840, 358.273 e 346.084[19], em que analisou a constitucionalidade da base de cálculo alargada pela Lei nº

18. Recurso Extraordinário 116.121-SP, Plenário, Rel. Min. Octávio Gallotti, Rel. para o Acórdão Min. Marco Aurélio, j. 11.10.2000, D.J. 25.05.2001.

19. Todos julgados em 09.11.2005, D.J. 15.08.2006.

9.718/98[20]. Vale destacar o voto do Ministro Gilmar Mendes[21], no julgamento do Recurso Extraordinário Nº357.950[22]:

> "A Constituição não explicita o sentido nem o alcance da palavra faturamento, como tampouco o faz em relação a "tributo", "propriedade", "família", "liberdade", "vida", "crime", "cidadão", "sufrágio", etc. Ou seja, não há, no texto constitucional, predefinição ou conceituação formal dos termos aí usados, nem seria conveniente que o houvesse em todos os casos, pois o texto deve adaptar-se às necessidades históricas da evolução socioeconômica, segundo sua vocação de abertura permanente. Dessa flexibilidade constitucional perante as mutações culturais, é célebre o exemplo dos conceitos jurídicos de "cidadão" e "propriedade" nos Estados Unidos da América. [...]
>
> As palavras (signos), assim na linguagem natural, como na técnica, de ambas as quais se vale o direito positivo para a construção do tecido normativo, são potencialmente vagas, "esto es, tienem un campo de referência indefinido consistente em um foco o zona central y uma nebulosa de incertidumbre". Mas isso também significa que, por maiores que sejam tais imprecisões, há sempre um limite de resistência, um conteúdo semântico mínimo recognoscível a cada vocábulo, para além do qual, parafraseando ECO, o intérprete não está "autorizado a dizer que a mensagem pode significar qualquer coisa. Pode significar muitas coisas, mas há sentidos que seria despropositado sugerir".

Por ocasião deste mesmo julgamento, o Ministro Gilmar Mendes afirmou a importância de considerarmos que os conceitos evoluem com o tempo e a dificuldade de constitucionalizar "pré-compreensões". Nas suas palavras:

---

20. Ao definir o que se entenderia como faturamento, declarou que a expressão corresponderia à "receita bruta", assim entendida (§1º): *"a totalidade das receitas auferidas pela pessoa jurídica, sendo irrelevantes o tipo de atividade por ela exercida e a classificação contábil adotada para tais receitas."*

21. Cumpre destacar outro trecho do voto do Ministro Gilmar Mendes no julgamento do Recurso Extraordinário 357.090, publicado em 15 de agosto de 2006, por ocasião do reconhecimento da inconstitucionalidade do artigo 3º,§1º da Lei nº 9.718/1998:

    "Na tarefa de concretizar normas constitucionais abertas, a vinculação de determinados conteúdos ao texto constitucional é legítima. Todavia, pretender eternizar um específico conteúdo em detrimento de todos os outros sentidos compatíveis com uma norma aberta constitui, isto sim, uma violação à Constituição. Representaria, ainda, significativo prejuízo à força normativa da Constituição, haja vista as necessidades de atualização e adaptação da Carta Política à realidade, [...] As disposições legais a ela relativas têm, portanto, inconfundível caráter concretizador e interpretativo. E isto obviamente não significa a admissão de um poder legislativo limitado. Nesse processo de concretização ou realização, por certo senão admitidas tão somente normas que não desbordem os múltiplos significados admitidos pelas normas constitucionais concretizadas."

22. Julgamento publicado no Diário Oficial da União em 15.08.2006. Este Recurso Extraordinário foi julgado em conjunto com o RE 390.840, 358.273 e 346.084.

> "Se aceitarmos como limite um conceito fixado numa dada legislação, num dado momento, vamos ter de atribuir a uma dada legislatura o poder de ter interpretado melhor ou de maneira mais adequada o Texto Constitucional. Entre nós será a legislatura de 1991, que fixou o conceito aceito na Lei Complementar nº 71."

Neste mesmo julgamento, atentando para a mutabilidade da realidade e do direito, o Ministro Eros Grau, em voto vista, mencionou a possibilidade de mudança da norma extraída de um texto conforme a sua realidade é igualmente alterada:

> "Desejo fazer alusão à circunstância de a realidade não parar quieta, ela sim derrubando bibliotecas e preceitos que já não sejam com ela coerentes. Por isso mesmo afirmo que o direito é um organismo vivo que não envelhece, nem permanece jovem, na medida em que, em virtude da sua interpretação/aplicação, é [=deve ser] contemporâneo à realidade. Tenho reiteradamente insistido em que a interpretação do direito é compreensão não apenas dos textos, mas também - repito-me - da realidade. Alterada a realidade social, a norma que se extrai de um mesmo texto será diversa daquela que dele seria extraída anteriormente à mudança da realidade".
>
> "O momento é propício para a afirmação de que, em verdade, a Constituição nada diz: ela diz o que esta Corte, seu último intérprete, diz que ela diz. E assim é porque as normas resultam da interpretação e do ordenamento, no seu valor histórico-concreto, é um conjunto de interpretações, um conjunto de normas potenciais. Por isso MICHEL TROPER sustenta - e nisso estamos de acordo - que a norma constitucional é criada pela autoridade que a aplica, no momento em que a aplica mediante a prática da interpretação. As palavras escritas no texto normativo nada dizem; somente passam a dizer algo quando efetivamente convertidas em normas (isto é, quando - mediante interpretação - são transformados em normas). Por isso as normas resultam da interpretação e podemos dizer que elas, enquanto disposições, não dizem nada - elas, como observam ALÍCIA RUIZ e CARLOS CÁRCOVA, elas dizem o que os intérpretes dizem que elas dizem."

Posteriormente, por ocasião do julgamento do Recurso Extraordinário 547.245/SC[23], em que se discutia a incidência do ISS sobre as operações de leasing financeiro, o tema novamente veio à tona. Neste caso, questionava-se se seria possível falar em prestação de serviços no caso do arrendamento mercantil, tendo em vista que o contrato de leasing fi-

23. Supremo Tribunal Federal, Recurso Extraordinário 547.245/SC, Plenário, Rel. Min. Eros Grau, j. 02.12.2009.

nanceiro compreenderia uma locação seguida de uma opção de compra e venda. Faltando a obrigação de fazer, invocava-se o precedente acerca da locação de bens móveis, por entender pela similitude das situações analisadas.

Na ocasião, o Ministro Joaquim Barbosa admitiu a impossibilidade de se extraírem conceitos ontológicos das materialidades previstas na Constituição. Neste sentido:

> "Parto da oportuna passagem inicial do voto do ministro-relator, no sentido da impropriedade de se sustentar a existência da correta natureza jurídica das operações, como se o conceito fosse ontológico, isto é, nas palavras do Ministro Eros Grau, "como se institutos jurídicos permanecessem ao mundo natural". Não há um conceito constitucional absoluto, imutável, intuitivo através dos tempos para serviços, ditado pela ordem natural e que possa ser a priori violado por conceitos criados pela função especulativa a que aludiu Irving Copi.
>
> Neste sentido, observo que a rápida evolução social tem levado à obsolescência de certos conceitos jurídicos arraigados, que não podem permanecer impermeáveis a novas avaliações (ainda que para confirmá-los). Ideias como a divisão das obrigações em "dar" e "fazer" desafiam a caracterização de operações nas quais a distinção dos meios de formatação do negócio jurídico cede espaço às funções econômica e social das operações e à postura dos sujeitos envolvidos (e.g. software as service, distribuição de conteúdo de entretenimento por novas tecnologias). Cabe aqui ponderar a influência do princípio da neutralidade da tributação.

Mais adiante, o ilustre ministro complementa:

> "Não me impressiona a argumentação no sentido de que haveria um **conceito inequívoco** para a expressão serviços de qualquer natureza, utilizada pelo Constituinte originário para definir a competência para instituição do ISS (art. 156, III, da Constituição). Ainda nos termos do que sustentado, este conceito seria oriundo do direito civil e temperado pelo uso e aceitação constantes no passar do tempo. Por questões de segurança jurídica e isonomia, a identidade do conceito de serviços de qualquer natureza, tal como arraigada na experiência jurídica pátria, deveria ser mantida.
>
> Em que pese a argumentação, dela não compartilho.
>
> Não se discute que um dado texto <u>não</u> possa significar qualquer coisa que deseje seu intérprete, pois, como observou Umberto Eco, "existem interpretações clamorosamente inaceitáveis" para uma dada comunidade linguística.
>
> Contudo, todas as palavras são vagas em maior ou menor intensidade, e muitas delas são ambíguas, como registra Alf Ross.

> A primeira dificuldade consiste na imprecisão do que se tem como conceito arraigado no direito civil para conceituação do que se deva entender por prestação de serviços de qualquer natureza. O texto do Código Civil de 2002 não define o que sejam serviços (arts. 593- 609 da Lei 10.406/2002). O Código Civil anterior utilizava a expressão locação de serviços sem, contudo, trazer qualquer elemento para a estipulação do conceito (Lei 3.071/1916, arts. 1.216 a 1.236).
>
> Por seu turno, a Lei 8.078/1990 (Código do Consumidor), considera serviço "qualquer atividade fornecida ao mercado de consumo, mediante remuneração, inclusive as de natureza bancária, financeira, de crédito e securitária, salvo as decorrentes das relações de caráter trabalhista". Como se vê, ainda que "prestação de serviços" se limitasse à "obrigação de fazer marcada pelo esforço humano empreendido em benefício de outrem", em interpretação baseada no texto do Código Civil, a expressão não é unívoca se considerada a estipulação legal no seio das relações privadas de consumo. E tal estipulação legal é constitucional, como decidiu esta Corte por ocasião do julgamento da ADI 2.591.
>
> Ainda que se socorra de outros influxos de comunicação jurídica, como a dogmática e a jurisprudência, não é possível identificar conceito **incontroverso, imutável ou invencível** para serviços de qualquer natureza.
>
> A segunda dificuldade que vislumbro refere-se à necessidade de interpretação da Constituição conforme a legislação ordinária, ainda que existente por ocasião de sua promulgação. Ainda que a legislação ordinária contivesse um conceito universal e inequívoco para prestação de serviços de qualquer natureza, o alcance do texto constitucional não é condicionado de forma imutável por ele. De outra forma, seria necessário concluir pela possibilidade de estabilização com força constitucional da legislação infraconstitucional, de modo que haveria confusão entre os planos normativos.

Enfatizando a expressão "de qualquer natureza", o Ministro Relator Eros Grau afastou a vinculação com os conceitos de Direito Civil.

Eis trecho de seu voto:

> "Em síntese, há serviços, para os efeitos do inciso III do artigo 156 da Constituição, que, por serem de qualquer natureza, não consubstanciam típicas obrigações de fazer. Raciocínio adverso a este conduziria à afirmação de que haveria serviço apenas nas prestações de fazer, nos termos do que define o direito privado. Note-se, contudo, que a afirmação como tal faz tábula rasa da expressão "de qualquer natureza", afirmada do texto da Constituição."

Já ao buscar o conceito de "mercadoria" para fins de incidência do ICMS, o Supremo analisou o conceito utilizado pelo constituinte, ao julgar a incidência de ICMS sobre operações com software.

Cumpre salientar que, neste caso, o conceito de mercadoria, para fins de incidência do ICMS, sempre esteve tradicionalmente vinculado ao Direito Privado, notadamente o Direito Comercial, segundo o qual mercadoria seria um bem corpóreo e material (JARDIM NETO, 2001, p. 279 e segs.). A influência do Direito Privado é ainda identificada na doutrina de Roque Antônio Carrazza, que entende que "*mercadoria, para fins de tributação por via de ICMS, é o que a lei comercial considera mercadoria*". (CARRAZZA, 2012)

José Eduardo Soares de Melo, neste mesmo sentido, entende por mercadoria o "bem corpóreo da atividade empresarial" (MELO, 1996). A jurisprudência vinha se reproduzindo neste mesmo sentido, como, por exemplo, no julgamento dos Recursos Extraordinários 176.626-3/SP e 199.464-9/SP, em que a Corte se manifestou no sentido de que apenas os softwares de prateleira, produzidos em série e comercializados no varejo, seriam tributados pelo ICMS, pois constituiriam mercadorias postas no comércio, "*materializando o corpus mechanicum da criação intelectual do programa*."

Todavia, quando do julgamento da medida cautelar na Ação Direta de Inconstitucionalidade 1.945/MT, a Corte se manifestou pela incidência do ICMS na ausência de *corpus mechanicum*, nas operações com software realizadas por transferência eletrônica de dados. Justificando este posicionamento, afirmou o Ministro Nelson Jobim, que "*a revolução da internet demoliu algumas fronteiras por meio da criação e aprimoramento de um 'mundo digital'. A época hoje é de realizações de negócios, operações bancárias, compra de mercadorias, acesso a banco de dados de informações, compra de músicas e vídeos, e aquisição de programa de computador nesse ambiente digital. Não há nestas operações a referência ao corpóreo, ao tateável, mas simplesmente pedidos, entregas e objetos que são, em realidade, linguagem matemática binária*".

Recentemente, em julgamento realizado em 29 de setembro de 2016 acerca da incidência do ISS sobre as atividades de administração de planos de saúde, o STF demonstrou que a solução dos conflitos entre a tributação pelo ISS e o ICMS por meio da dicotomia obrigação de dar/obrigação de fazer parece estar com os dias contados. Isso porque, no julgamento do Recurso Extraordinário nº 651.703/PR[24], de relatoria do Ministro Luiz Fux, a Suprema Corte fundamentou a decisão pela incidên-

24. Recurso Extraordinário 651.703-PR, Plenário, Rel. Min. Luiz Fux, j. 20.09.2016, D.J. 07.10.2016.

cia do ISS entendendo que, ainda que a contraposição entre obrigações de dar e de fazer para dirimir o conflito de competência entre o ISS e o ICMS fosse utilizada no âmbito do Direito Tributário, novos critérios de interpretação progressivamente teriam ganhado espaço.

O voto condutor, de lavra do Min. Luiz Fux, afirma que não prevalece a "*tese da interpretação econômica no Direito Tributário, o que enfraqueceria a segurança jurídica, mas, também, não se predica o primado do Direito Privado como o único critério a nortear a interpretação do texto constitucional*".

O Min. Fux afirma, ainda, que "é que é uníssona a doutrina no sentido de que "a Constituição, ao dividir competências, valeu-se eminentemente de tipos, e não de conceitos." Afirma, ainda, que a dicotomia obrigação de dar/obrigação de fazer "*não é a mais apropriada para o enquadramento dos produtos e serviços resultantes da atividade econômica, pelo que deve ser apreciada cum grano salis*." A posição do relator prevaleceu, por maioria, vencido o Ministro Marco Aurélio, que sustentou que os planos de saúde constituem seguros tributáveis pela União e afirmou a impossibilidade de afastamento da necessidade de demonstração de uma obrigação de fazer para fins de incidência do ISS.

Os ministros Fachin[25] e Lewandowski[26] acompanharam o relator, porém buscaram enquadrar as atividades de administração de plano de saúde como obrigações de fazer, enquanto os demais ministros que acompanharam o Min. Fux (Min. Luíz Roberto Barroso, Teori Zavascki, Rosa Weber, Dias Toffoli e Carmen Lúcia) não fizeram considerações distintas.

Abandonando a dependência dos conceitos de direito privado para a definição de termos utilizados pela Constituição, baseada no artigo 110 do Código Tributário Nacional, consignou-se a tese de que a "Constituição Tributária" deve ser interpretada com base no pluralismo metodológico, utilizando-se diversos métodos interpretativos, desde o literal até o sistemático e teleológico.

Outrossim, afirmou-se que os conceitos constitucionais tributários não são fechados e unívocos, motivo pelo qual deve-se também recorrer

---

25. De acordo com o Min. Fachin: "*tanto a atividade-meio quanto a atividade-fim são obrigações de fazer: as operadoras de planos de saúde [...] têm obrigação de fornecer os serviços dispostos na cobertura contratual, a serem realizadas por terceiros, mediante o pagamento das mensalidades.*"

26. Nas palavras do Min. Lewanddowski: "*os planos de saúde se destinam a prestar um serviço a seus clientes, que consiste exatamente na intermediação dos serviços médicos prestados por terceiros, e esse serviço constitui a base de cálculo do tributo.*"

aos aportes de ciências afins, como a Ciência das Finanças, a Economia e a Contabilidade. A conclusão é que, embora os conceitos de Direito Civil exerçam papel importante na interpretação dos conceitos constitucionais tributários, eles não exaurem a atividade interpretativa, o que já havia sido ventilado em outro precedente da Corte, quando do julgamento do Recurso Extraordinário nº 547.245/SC (publicado em 05 de março de 2010).

A despeito de tal entendimento constar na parte dispositiva do acórdão, não é possível concluir, ainda, que o Tribunal abandonou por definitivo a necessidade de uma obrigação de fazer para fins de incidência do ISS. Isso porque, ainda que tenham chegado à mesma conclusão do ministro relator, diferentes justificativas foram adotadas pelos demais ministros, não necessariamente afastando tal conceito. Com efeito, constata-se uma reiterada preocupação em enquadrar as atividades como obrigações de fazer para justificar a incidência do ISS.

No entendimento de Paulo Ayres Barreto (2018, p.102), o Supremo Tribunal Federal não abandonou a distinção entre obrigações de dar e obrigações de fazer, para fins de enquadramento da hipótese de incidência do ISS. Na sua concepção, "*em algumas oportunidades o critério em questão foi aplicado de maneira inadequada, mormente em se tratando de zonas limítrofes entre ISS e IOF*".

Analisando o entendimento que vem sendo adotado pela jurisprudência quanto ao alcance dos artigos 109 e 110 do CTN, Schoueri (2015, p. 763-786) identifica, ainda que em caráter minoritário, a abertura para a possibilidade de uma evolução conceitual, inclusive no âmbito da discriminação de competências, caracterizando, no seu modo de ver, uma "*aproximação tipológica*". Tal abertura se vê presente nas manifestações do Ministro Gilmar Mendes e, em menor grau, do Ministro Joaquim Barbosa. Quanto a este último, Schoueri enfatiza que seu posicionamento, ao julgar o ISS sobre o leasing financeiro, direcionou-se pela inexistência de um conceito universal e inequívoco para a prestação de serviços, com o que evidenciou que a mera referência a conceitos de Direito Privado não é suficiente, quando são vários os conceitos existentes naquele ramo jurídico. O que deve ser privilegiado, no seu entendimento, é a interpretação constitucional, negando que uma lei ordinária possa servir de guia para conhecer o conteúdo de um mandamento constitucional.

Neste contexto, Schoueri sugere a utilização da chamada "solução dinâmica", que exigiria que se investigasse, no momento da aplicação da lei, qual a interpretação corrente do dispositivo constitucional. A sua inspiração está no valor da adaptação contínua do Direito às exigências da vida social, "*devendo-se mudar o significado do texto à luz das circunstâncias*" e, consequentemente, "*corrigir o envelhecimento constitucional*". (2015, p. 763-786)

5. CONCLUSÃO

Tendo em vista que o STF vem sinalizando uma possível mudança de entendimento quanto ao conceito constitucional de "prestação de serviços", é possível que após o julgamento do Recurso Extraordinário nº 651.703/PR, a dicotomia obrigação de dar/obrigação de fazer deixe de ser crucial para fins de solucionar eventuais conflitos de competência entre ISS e ICMS.

REFERÊNCIAS

ATALIBA, Geraldo. BARRETO, Aires. *ISS na Constituição. Pressupostos Positivos – Arquétipo do ISS.* Revista de Direito Tributário, São Paulo, v. 37, 1986.

BARRETO, Aires Fernandino. *ISS e ICM – competência municipal e estadual.* Revista de Direito Tributário. n. 15-16, p. 198, Revista dos Tribunais, 1981.

__________. *ISS – Não- incidência sobre cessão de espaço em bem imóvel.* Repertório IOB de Jurisprudência, São Paulo, n.19, caderno1, p. 580., out. 1999.

BARRETO, Aires F.; Paulo Ayres Barreto. *ISS na Constituição e na lei.* 4.ed. São Paulo: Noeses, 2018.

BATISTA JÚNIOR, Onofre Alves. *O "Princípio da Tipicidade Tributária" e o Mandamento de Minimização das Margens de Discricionariedade e de Vedação da Analogia.* In Direito Tributário e a Constituição. São Paulo: Quartier Latin, 2012.

CARRAZZA, Roque Antônio. *Curso de Direito Constitucional Tributário.* 9.ed. revista e ampliada. São Paulo: Malheiros, 1997, p. 270.

__________. *ICMS.* São Paulo: Malheiros, 2012.

CARVALHO, Paulo de Barros. *A natureza jurídica do ISS.* Revista de Direito Tributário, São Paulo: Revista dos Tribunais, n. 23-24, p. 146-166. 1983.

DE OLIVEIRA, Gustavo da Gama. *Federalismo fiscal, jurisdição constitucional e conflitos de competência em matéria tributária: o papel da lei complementar.* In: *Sistema constitucional tributário: dos fundamentos teóricos aos hard cases tributários: estudos em homenagem ao ministro Luiz Fux*; Marcus Lívio Gomes, Andreu Pitten Velloso (organizadores). – Porto Alegre: Livraria do Advogado Editora, 2014.

DERZI, Misabel Abreu Machado. *Legalidade material, modo de pensar "tipificante" e praticidade no direito tributário.* In *Justiça tributária.* São Paulo: Max Limonad, 1998.

ECO, Humberto. *Interpretação e superinterpretação.* Trad.: MF. São Paulo: Martins Fontes, 1993, p. 50.

ENGISCH, Karl. *Introdução ao pensamento jurídico.* Lisboa: Calouste Gulbenkian, 2001.

ENGISCH, Karl. *Einführung in das juristische Denken. 8. Auflage*. Stuttagart; Berlin; Köln: Kohlhammer, 1983, p. 108. Apud SCHOUERI, Luís Eduardo. Direito Tributário. São Paulo: Saraiva, 2015.

FALCÃO, Amilcar de Araújo. *Fato gerador da obrigação tributária*. São Paulo: Noeses, 2013.

FILHO, Marçal Justen. *O imposto sobre serviços na Constituição*. São Paulo: Revista dos Tribunais, 1985.

JARDIM NETO, José Gomes. *"Os produtos digitais vendidos na Internet e o ICMS"*. In SCHOUERI, Luís Eduardo (coord.). Internet: o direito na era virtual. Rio de Janeiro: Forense, 2001.

LARENZ, Karl. *Metodologia da Ciência do Direito*. Lisboa: Calouste Gulbenkian, 1997.

MELO, José Eduardo Soares de. *Aspectos teóricos e práticos do ISS*. São Paulo: Dialética, 2001.

__________. *ICMS*. São Paulo: Dialética, 1996.

__________. *ISS – Aspectos teóricos e práticos*. São Paulo: Dialética, 2003.

MORAES, Bernardo Ribeiro de. *Doutrina e Prática do Imposto sobre Serviços*. São Paulo: Revista dos Tribunais, 1975.

MORAES, Bernardo Ribeiro de. *Imposto sobre Serviços de Qualquer Natureza*. In: MARTINS, Ives Gandra da Silva (Coord.). *Curso de Direito Tributário*. v. 2. Belém: Centro de Estudos de Extensão Universitária, 1993.

MORESO, José Juan. *A brilliant disguise: entre fuentes y lagunas*. ATRIA, Fernando. BULYGIN, Eugenio. MORESO, José Juan. NAVARRO, Pablo E. RODRÍGUEZ, Jorge L. MANERO, Juan Juiz. Lagunas en el derecho y la función judicial. Madrid-Barcelona: Marcial Pons, 2005.

NOVOA, César García. *El principio de seguridad jurídica em materia tributaria*. Madrid: Marcial Pons, 2000, p.120. Apud SCHOUERI, Luís Eduardo. Direito Tributário. São Paulo: Saraiva, 2015.

OLIVEIRA, Yonne Dolacio de. *A tipicidade no Direito Tributário brasileiro*. São Paulo: Saraiva, 1980, p.47. *Apud* SCHOUERI, Luís Eduardo. Direito Tributário. São Paulo: Saraiva, 2015.

PAULA, Luiz Gonzaga Modesto de. *O desenho constitucional da hipótese de incidência do imposto sobre serviços*. São Paulo: Revista de Direito Tributário, v. 19/20, p. 240-254. 1982.

RIBEIRO, Ricardo Lodi. *Legalidade Tributária, Tipicidade Aberta, Conceitos Indeterminados e Cláusulas Gerais Tributárias*. Revista de Direito Administrativo, v. 229, p. 313-333, 2002.

ROSS, Alf. Apud CAPELLA, Juan-Ramon. *El derecho como lenguaje*. Barcelona: Ariel, 1968, p. 248.

SCHOUERI, Luís Eduardo. *Direito Tributário*. São Paulo: Saraiva, 2011.

__________. *Direito Tributário*. 5ª Ed. São Paulo: Saraiva, 2015.

TORRES, Ricardo Lobo. *Curso de direito financeiro e tributário*. 7.ed. Rio de Janeiro: Forense, 2000.

__________. *Curso de direito financeiro e tributário*. 9.ed. atualizada. Rio de Janeiro: Renovar, 2002.

_________. *Normas de Interpretação e Integração do Direito Tributário*. Rio de Janeiro: Renovar, 2006.

_________. *O princípio da tipicidade no direito tributário*. Revista Eletrônica de Direito Administrativo Econômico nº 5. Bahia, 2006.

_________. *Tratado de direito constitucional financeiro e tributário*, v. II. Rio de Janeiro: Renovar, 2005, p. 429.

_________. *Tratado de Direito Constitucional, Financeiro e Tributário – Valores e Princípios Constitucionais Tributários*. 2.ed. Rio de Janeiro: Renovar, 2014.

QUEIROZ, Luís César Souza de. *Imposto sobre a renda: requisitos para uma tributação constitucional*. Rio de Janeiro: Forense, 2003, p. 271.

VOGEL, Klaus; WALTER, Hannfried. In *Kommentar zum Bonner Grundgesetz (Bonner Kommentar)*. 2ª revisão do comentário ao art. 105 da Lei Fundamental, p.47.

_________. Zur Konkurrenz zwischen Bundes – und Landessteuerrecht nach dem Grundgesetz – Über das 'Anzapfen' von' Steuerquellen'. In *Steuer und Wirtschaft*, 48 (1), 1971, p. 308 – 316.

XAVIER, Alberto. *Direito Tributário Internacional do Brasil*. Rio de Janeiro: Editora Forense, 2015.

_________. *Os princípios da legalidade e da tipicidade da tributação*. São Paulo: Revista dos Tribunais, 1978.

_________. *Os princípios da legalidade e da tipicidade da tributação*. São Paulo: Revista dos Tribunais, 1978, p.97. Apud SCHOUERI, Luís Eduardo. Direito Tributário. São Paulo: Saraiva, 2011.

12

O SUPREMO TRIBUNAL FEDERAL E A DESONERAÇÃO DAS EXPORTAÇÕES DA LEI KANDIR: UMA ANÁLISE DA ADO Nº 25 E SEUS DESDOBRAMENTOS

Érico de Carvalho Pimentel

Mestre em Finanças Públicas, Tributação e Desenvolvimento (UERJ). Doutorando em Finanças Públicas, Tributação e Desenvolvimento (UERJ). Professor da Escola da Procuradoria Geral do Estado do Espírito Santo (ESPGE). Procurador do Estado do Espírito Santo.

1. INTRODUÇÃO

O presente artigo tem por objetivo analisar os aspectos mais notáveis e os desdobramentos da decisão proferida na Ação Declaratória de Inconstitucionalidade por Omissão nº 25, em que o Supremo Tribunal Federal declarou a mora legislativa da União em regular o fundo de compensação a que se refere ao art. 91 do ADCT, conforme redação dada pela Emenda Constitucional nº 42, de 2013.

O artigo está dividido em quatro partes. Na primeira parte, vamos fazer um breve retrospecto da questão de fundo, apresentando o cerne da controvérsia fática e jurídica da incidência de ICMS nas exportações. Na segunda parte, apresentamos uma análise da ADO nº 25, indicando os posicionamentos adotados. Na terceira parte, analisaremos o desdobramento da decisão, consistente no pedido de prorrogação de prazo pela União para a colmatar a lacuna legislativa. Por fim, apresentamos nossas conclusões.

2. A QUESTÃO DA INCIDÊNCIA DO ICMS NAS EXPORTAÇÕES

Como regra geral de boa política tributária, não deve haver incidência de impostos sobre consumo sobre produtos exportados (no caso do Brasil, ICMS; em outros países, VAT), de modo a alcançar a neutralidade tributária.[1] Feldstein e Krugman (1990, p. 263-264) observam, em um

---

1. Por exemplo, DIRECTIVA 2006/112/CE, do Conselho Europeu, ao regulamentar o IVA no âmbito da União Europeia, estabeleceu, no Artigo 146.º, 1, que "os Estados-Membros isentam as seguintes operações: a) As entregas de bens expedidos ou transportados, pelo vendedor ou por sua conta, para fora da Comunidade; b) As entregas de bens expedidos ou transportados pelo adquirente não estabelecido no respectivo território, ou por sua conta, para fora da Comunidade, com exceção dos bens transportados pelo próprio adquirente e destinados ao equipamento ou ao abastecimento de embarcações de recreio, aviões de turismo ou qualquer outro meio de transporte para uso privado; c) As entregas de bens a organismos aprovados que exportem esses bens para fora da Comunidade no âmbito das suas atividades humanitárias, caritativas ou educativas exercidas fora da Comunidade; d) As prestações de serviços que consistam em trabalhos relativos a bens móveis adquiridos ou importados para serem objeto desses trabalhos na Comunidade e que sejam expedidos ou transportados para fora da Comunidade pelo prestador de serviços, pelo destinatário não estabelecido no respectivo território ou por conta destes; e) As prestações de serviços, incluindo os transportes e as operações acessórias, com exceção das prestações de serviços isentas em conformidade com os artigos 132.º e 135.º, quando estiverem directamente ligadas a exportações ou a importações de bens que beneficiem do disposto no artigo 61.º e na alínea a) do n.º 1 do artigo 157.º. Por outro lado, a mesma diretiva estabelece no Artigo 2º,1, que "estão sujeitas ao IVA as seguintes operações: d) as importações de bens. Nos Estados Unidos, o Artigo 1, § 9, par. 5., da Constituição Americana estabelece que "não serão exigidos impostos ou taxas sobre artigos exportados por qualquer estado". Uma série de decisões da Suprema Corte entendeu inconstitucional a in-

sistema *ideal*, os imposto sobre o consumo (VAT ou impostos equivalentes) não devem gerar efeito alocativo. Isto é, não deve facilitar ou prejudicar a competição no comércio exterior. Estudos empíricos evidenciam, porém, que a incidência de imposto sobre os produtos destinados ao comércio exterior prejudica as exportações. Mihir Desai e James Hines, (2005) por exemplo, concluíram, a partir de dados de 136 países em 2000, que a incidência de imposto sobre consume nas exportações impactam no volume de exportações, o que evidencia um efeito negativo do VAT nas exportações, em particular porque a devolução do VAT pago normalmente é incompleto.

Em vista desse efeito no comércio exterior, a Constituição Federal de 1988, seguindo o exemplo de vários ordenamentos jurídicos, consagrou essa regra geral. Porém, excepcionou-a para os chamados produtos semielaborados, assim definidos em lei complementar (art. 155, X, "a")[2]. Isso significa dizer que o ICMS não incidiria sobre produtos manufaturados, porém, *poderia* incidir sobre produtos semielaborados, principal item da pauta de exportações brasileiras.

Enquanto não fosse editada a referida lei complementar, o Conselho Nacional de Política Fazendária (CONFAZ) poderia regulamentar provisoriamente o dispositivo até que adviesse a citada lei complementar (Art. 34, §8º, ADCT, CF/88). A competência que foi exercida por meio do Convênio nº 66, de 1988, o qual regulamentou o conceito de produto semielaborado.[3] Entretanto, o CONFAZ estabeleceu um conceito tão

---

cidência de impostos sobre consumo sobre exportações para países estrangeiros (vide Turpin v. Burgess, 117 U.S. 504, 507 (1886); Almy v. California, 65 U.S. (24 How.) 169, 174 (1861); Dooley v. United States, 183 U.S. 151, 154 (1901)

2. Art. 155. Compete aos Estados e ao Distrito Federal instituir impostos sobre: [...] X - não incidirá: a) sobre operações que destinem ao exterior produtos industrializados, ***excluídos os semielaborados definidos em lei complementar.***

3. O CONFAZ estabeleceu dois conceitos de produto semielaborado. O primeiro, relacionados a produtos que sofreram algum tipo de beneficiamento industrial em geral e que possam vir a "constituir em insumo agropecuário ou industrial ou dependa, para consumo, de complemento de industrialização, acabamento, beneficiamento, transformação e aperfeiçoamento". O segundo, relaciona-se a processos industriais específicos. Neste grupo estão: "a) abate de animais, salga e secagem de produtos de origem animal; b) abate de árvores e desbastamento, descascamento, esquadriamento, desdobramento, serragem de toras e carvoejamento; c) desfibramento, descaroçamento, descascamento, lavagem, secagem, desidratação, esterilização, prensagem, polimento ou qualquer outro processo de beneficiamento, de produtos extrativos e agropecuários; d) fragmentação, pulverização, lapidação, classificação, concentração (inclusive por separação magnética e flotação), homogeneização, desaguamento (inclusive secagem, desidratação e filtragem), levigação, aglomeração realizada por briquetagem, nodulação, sinterização, calcinação, pelotização e serragem para desdobramento de blocos, de substâncias

amplo de produto semielaborado que os principais produtos da pauta de exportação brasileira, caracterizada pela exportação de commodities agrícola, mineral e de produtos agropecuários ficaram sujeitos a incidência do ICMS na exportação.[4]

Três anos depois, em 1991, foi editada a lei complementar referida no art. 155, X, "a", da CRFB/88. Entretanto, a Lei Complementar nº 65 igualmente estabeleceu um conceito elástico de produto semielaborado[5] e transferiu a competência para definição de produto semielaborado para o CONFAZ.[6]

Para corrigir essa distorção, foi editada a Lei Complementar nº 87/1996 (Lei Kandir), que, ao dispor das normas gerais sobre o ICMS, estabeleceu a não incidência do imposto sobre a sobre operações que destinem ao exterior mercadorias, inclusive produtos primários e produtos industrializados semielaborados, bem como sobre prestações de serviços para o exterior (art. 32, I). Dessa forma, a Lei Kandir desonerou a incidência da exportação de produtos primários, principais itens da pauta de exportação nacional, gerando a alegação de perdas de arrecadação pelos estados.

---

minerais, bem como demais processos, ainda que exijam, adição de outras substâncias; e) resfriamento e congelamento."

4. Ainda hoje, passados mais de 30 anos do advento da Constituição, os produtos semielaborados têm um grande peso no comércio. De acordo com dados do Ministério da Economia, em 2019, o Brasil exportou aproximadamente R$ 224 bilhões. Desse montante de exportação de soja corresponde a R$ 32,6 bilhões (ou 15% da pauta); petróleo e derivados, a R$ 30 bilhões (13%); minérios metalúrgicos, R$ 25,2 bilhões (11%); carnes e derivados, a R$ 16,1 bilhões (7%); papel e celulose, a R$ 9,4 bilhões (4%); açúcar e álcool, R$ 6,2 bilhões (3%); café, R$ 5,07 bilhões (2%); madeira, a 2,8 bilhões (1%); fumo, R$ 2,1 bilhões (1%); suco de laranja, a R$ 1,9 bilhão. Esses itens, que não exaurem a lista de produtos semielaborados corresponde a 59% da pauta de exportação. Dados extraídos de http://www.mdic.gov.br/index.php/comercio-exterior/estatisticas-de-comercio-exterior/series-historicas, acesso em 25.01.2020.

5. Lei Complementar 65/1991: Art. 1° É compreendido no campo de incidência do imposto sobre operações relativas à circulação de mercadorias e sobre prestação de serviço de transporte interestadual e intermunicipal, e de comunicação (ICMS) o produto industrializado semielaborado destinado ao exterior: I - que resulte de matéria-prima de origem animal, vegetal ou mineral sujeita ao imposto quando exportada in natura. II - cuja matéria-prima de origem animal, vegetal ou mineral não tenha sofrido qualquer processo que implique modificação da natureza química originária. III - cujo custo da matéria-prima de origem animal, vegetal ou mineral represente mais de sessenta por cento do custo do correspondente produto, apurado segundo o nível tecnológico disponível no País.

6. Lei Complementar 65/1991: Art. 2° Cabe ao Conselho Nacional de Política Fazendária (Confaz): I - estabelecer as regras para a apuração do custo industrial conforme referido no artigo anterior; II - elaborar lista dos produtos industrializados semielaborados segundo definidos no artigo anterior, atualizando-a sempre que necessário.

Além da perda de arrecadação do principal imposto estadual, a Lei Kandir gerou outro problema para os estados: o direito ao crédito tributário do ICMS pago na cadeia produtiva desses produtos destinados ao exterior. Assim, as empresas exportadoras, além de não recolherem o ICMS, passaram a fazer jus a créditos tributários relativos aos impostos recolhidos de mercadorias que entraram no estabelecimento para integração ou consumo em processo de produção de mercadorias industrializadas, inclusive semielaboradas, destinadas ao exterior (art. 32, II). Para resolver essas perdas, a Lei Kandir estabeleceu um fundo para compensação das perdas de arrecada estadual e para compensar os créditos advindos de pagamento do tributo nas fases anteriores, desonerando a exportação. O Fundo, chamado de "Fundo da Lei Kandir" fora previsto no artigo 31 da Lei Complementar nº 87/1996.

A sistemática de incentivo à exportação da Lei Kandir foi constitucionalizada através da Emenda Constitucional nº 42/2003. A norma estabeleceu a necessidade, por parte do Congresso Nacional, no tocante à edição da lei complementar prevista no art. 91 do ADCT, incluído pela EC 42/2003:

> Art. 91. A União entregará aos Estados e ao Distrito Federal o montante definido em lei complementar, de acordo com critérios, prazos e condições nela determinados, podendo considerar as exportações para o exterior de produtos primários e semielaborados, a relação entre as exportações e as importações, os créditos decorrentes de aquisições destinadas ao ativo permanente e a efetiva manutenção e aproveitamento do crédito do imposto a que se refere o art. 155, § 2º, X, "a").

Entretanto, a norma nunca foi editada. A omissão do Congresso Nacional foi objeto de análise pelo Supremo Tribunal Federal na ADO nº 25, de relatoria do Min. Gilmar Mendes, a qual foi julgada procedente para reconhecer a omissão legislativa inconstitucional.

3. A POSIÇÃO DO SUPREMO TRIBUNAL FEDERAL NA ADO Nº 25

Em 27/08/02013, o Estado do Pará requereu ao STF a declaração de inconstitucionalidade por omissão ante a ausência de edição da lei complementar prevista no art. 91, §3º, do ADCT. A ADO nº 25 foi julgada procedente para reconhecer a omissão legislativa inconstitucional.

O ministro Gilmar Mendes, relator, apresentou voto pela procedência do pedido para declarar mora por parte do Congresso Nacional em editar a aludida lei complementar e estabeleceu o limite de doze meses para que a omissão seja sanada. Ressaltou que, na hipótese de o mencionado prazo transcorrer "in albis", caberá ao Tribunal de Contas da União (TCU) (a) fixar o valor total a ser repassado aos Estados-Membros e ao Distrito Federal, considerando os critérios dispostos no art. 91 do ADCT para fixação do montante a ser transferido anualmente relativo às exportações de produtos primários e semielaborados, à relação entre as exportações e as importações, aos créditos decorrentes de aquisições destinadas ao ativo permanente e à efetiva manutenção e aproveitamento do crédito do imposto a que se refere o art. 155, § 2º, X, "a", da CF; e (b) calcular o valor das quotas a que cada ente terá direito, considerando os entendimentos entre os Estados-Membros e o Distrito Federal realizados no âmbito do Conselho Nacional de Política Fazendária (Confaz).

No julgamento, a Corte Constitucional observou que o tema se vincula à autonomia financeira e partilha de recursos tributários aos Estados da federação, daí a natureza constitucional do tema.[7] O ponto sensível declarado pelo Supremo Tribunal Federal foi o fato de que, embora a redação original da Constituição tivesse direcionado suas disposições normativas de modo a descentralizar as receitas, as sucessivas alterações por força de emenda de constitucional reverteu esse modelo. Houve concentração de recursos tributário na União, por meio das contribuições (cuja receita não é compartilhada com os demais entes).

Foi observado, ainda, que, partir do Plano Real, as receitas de contribuições aumentaram a participação no total de receitas correntes da União, sem o respectivo incremento na participação das receitas tributárias passíveis de divisão para os Estados.[8] Assim, se, por um lado, o constituinte desenhou um quadro fiscal fortemente descentralizado quanto aos impostos, por outro, deixou nas mãos da União, livres de qualquer

---

7. O reconhecimento da constitucionalidade do tema tem particular relevância para os governos subnacionais uma vez que, em um dos principais paradigmas do federalismo brasileiro, o federalismo americano, a possibilidade de controle de constitucionalidade dos atos decorrentes do exercício dos poderes financeiros da União mesmo que gerem impactos nos entes subnacionais é duvidoso. Por exemplo, em *Steward Machine Company v. Davis*, 301 U.S. 548 (1937), e *South Dakota v. Dole*, 483 U.S. 203 (1987) reconheceram amplos poderes da União para regular matéria de finanças públicas (tributação, no primeiro; gasto público, no segundo), mesmo quando isso venha a causar impactos na atividade legisladora reservada aos entes subnacionais.

8. É importante notar que o fenômeno da tributação por contribuições – e, portanto, da concentração de receitas na União, deu-se nada obstante os estados e munícipios remanescerem com as competências legislativa e administrativas originárias em atividades sensíveis de educação, saúde, segurança púbica e justiça local, as quais geram grandes demandas de recursos públicos em função uso intensivo de mão de obra.

partilha de arrecadação, outra espécie tributária: as contribuições, especialmente as sociais.

Agravou esse fato a edição da Emenda Constitucional nº 42/2003, que representou um passo relevante para a desoneração de exportações de um lado, do outro causou forte impacto nas finanças estaduais. Com a emenda, os mecanismos de desoneração e de obrigatoriedade de repasses mensais a cargo da União passaram a ter previsão constitucional. Além disso, as exportações brasileiras foram completamente removidas do campo de incidência do ICMS. Criou-se, portanto, uma imunidade constitucional.

Conforme anotado no voto condutor, a nova regra traz consequências severas sobretudo para quem se dedica à exportação de produtos primários. A compensação veio através do estabelecimento uma fórmula de transferência constitucional obrigatória da União em favor dos Estados-Membros e do Distrito Federal (art. 91 do ADCT), de modo a atenuar os impactos financeiros decorrentes da desoneração promovida pela EC 42/2003 nas contas estaduais. Entretanto, a lei complementar prevista no art. 91 do ADCT nunca foi editada e, até hoje, a regra de transição do § 3º desse dispositivo continua sendo aplicada.[9] Nesse aspecto, o STF observou existir um dever constitucional de legislar, previsto no art. 91 do ADCT, e uma omissão legislativa que perdura por mais de dez anos até a data do julgamento. Conclui-se, ainda, ainda que a existência de regra de transição em que se estabelece critérios provisórios para os repasses não afastar a omissão em debate, mas, ao contrário, a confirma.

9. De acordo com estimativas, essa omissão vem causando prejuízo bilionário aos estados. Segundo o parecer da Comissão Mista Especial Sobre a Lei Kandir – 2017, do Congresso Nacional, a menor estimativa de prejuízo dos estados entre os anos de 1997 a 2015 é de R$ 466.8 bilhões (valores corrigidos pelo IPCA, dezembro de 2015) (CONGRESSO NACIONAL, 2018, p. 24-25). Somente ao estado do Espírito Santo, um dos maiores prejudicados, seriam devidos R$ 41.6 bilhões. Apenas no ano de 2015, seriam devidos a essa unidade da federação R$ 3.2 bilhões de reais. A dimensão deve valor para o erário estadual pode ser calculado a partir de sua arrecadação de ICMS no período, que foi de R$ 9.4 bilhões (SECRETARIA DA FAZENDA DO ESTADO DO ESPÍRITO SANTO, 2020). Caso houvesse os repasses no montante estimado, o total de recursos disponíveis seriam de 12.6 bilhões, um acréscimo de 25% em receitas vinculadas ao ICMS. Os números são controvertidos, pois, a partir das premissas e de metodologias distintas, pode se chegar a resultados distintos. Porém, com exceção de um relatório técnico do TCU que entendeu nada ser devido pela União, todos os valores encontrados pelos principais atores giram em torno na casa de bilhões de reais para os principais estados credores (CONGRESSO NACIONAL, 2018; CÂMARA DOS DEPUTADOS, 2018; CONSELHO NACIONAL DE SECRETÁRIOS DE FAZENDA DO BRASIL, 2016).

Nesse cenário, o STF considerou necessário não apenas declarar a omissão legislativa, dado o decurso de 10 (dez) anos sem edição da legislação correlatada, mas também necessária a prolação de sentença aditiva. Desse modo, estabeleceu-se que, no caso de permanência da omissão, fosse conferida competência a órgão sob jurisdição do STF que definisse os critérios de distribuição de recursos. Entendeu-se, então, que o TCU seria a instituição mais adequada para cumprir temporariamente essa incumbência (CF, art. 161, parágrafo único), em particular diante do fato de ser esse o órgão escolhido pelo legislador para o cálculo da participação de cada Estado-Membro ou do Distrito Federal na repartição da receita tributária a que se refere o art. 159, II, da CF.

O Tribunal, por unanimidade e nos termos do voto do Relator, julgou procedente a ação para declarar a mora do Congresso Nacional quanto à edição da Lei Complementar prevista no art. 91 do ADCT, fixando o prazo de 12 meses para que seja sanada a omissão. A divergência restou quanto à fixação do prazo (tendo o ministro Marco Aurélio ficou vencido no estabelecimento do prazo) e quanto à sentença aditiva proposta pelo relator (divergiram os ministros Marco Aurélio, Teori Zavascki e Cármem Lúcia). No que concerne a esse último ponto, o ministro Teori Zavascki, que abriu a divergência, ressaltou a impossibilidade de substituir a norma provisória do art. 91 do ADCT por outra também precária, criada pelo STF e executada pelo TCU. Se, eventualmente, o Legislativo extrapolasse o prazo de doze meses, aí sim caberia ao STF deliberar a respeito.

Em sumário, o STF deu prazo de um ano para o Congresso regular a matéria. Caso houvesse o decurso do prazo sem manifestação, caberia ao Tribunal de Contas da União (TCU) fixar regras de repasse e calcular as cotas de cada um dos interessados. Nessa perspectiva, o Congresso Nacional teria até 30 de novembro de 2017 para regulamentar os critérios e prazos para compensação da União aos Estados pelas perdas acumuladas com a Lei Kandir, que desonerou a exportação de commodities e produtos semielaborados.

4. DESDOBRAMENTOS SEGUINTES. O STF E A PRORROGAÇÃO DO PRAZO PARA ATIVIDADE LEGIFERANTE: FATO SUPERVENIENTE OU REVISÃO DO JULGADO?

A União requereu o desarquivamento da ADO nº 25 e solicitou a prorrogação do prazo por mais vinte e quatro meses para a edição da lei complementar que viria a fixar o montante integral devido aos estados e sua repartição. Nada obstante o posicionamento contrário do Pará, Minas Gerais e do Maranhão, bem como da Procuradoria-Geral da República, o pedido foi deferido pelo min. Gilmar Mendes, *ad referendum* do Plenário.

Na decisão monocrática, o min. Gilmar Mendes pontuou que, em cumprimento à decisão do STF, o Congresso Nacional superou parcialmente a omissão ao instituiu a Comissão Mista Especial sobre a Lei Kandir - 2017, cujo relatório serviu de referência para elaboração do Projeto de Lei Complementar nº 511/2018, em tramitação no Congresso Nacional. Para o ministro, a conjunção de crise fiscal (e o impasse para definição da origem dos recursos, estimados em R$ 39 bilhões) e o debate sobre a reforma tributária, constituiu óbice para a formação do consenso na aprovação da lei. Além disso, destacou a "impossibilidade técnico-operacional de o Tribunal de Contas da União realizar, a curto prazo, o cálculo sem que tenha acesso às bases de notas fiscais eletrônicas dos Estado, mormente ser necessário que os Entes subnacionais cumpram o disposto no §4º do art. 91" (SUPREMO TRIBUNAL FEDERAL, 2019).

É importante notar que nenhuma dessas razões são, na verdade, supervenientes. A crise fiscal do estado brasileiro é um truísmo e não se desconhece o agravamento da situação fiscal. Mas o as questões fiscais sempre foram invocadas como justificativa da concentração das receitas pela União e do repasse cada vez menor aos estados. Se recursos públicos fossem abundantes, não haveria discussão sobre o quanto e a quem será direcionado os recursos, e quem pagará a conta bilionária. A questão, portanto, não pode ser considerada superveniente mais é ínsita às finanças públicas, que trabalha com a premissa de escassez de recursos para fazer frente a todas as demandas da sociedade.

Por outro lado, a questão técnico-operacional é de duvidosa plausibilidade fática e jurídica. Por "impossibilidade técnico-operacional" referiu às dificuldades relatadas pela Comissão Mista no estabelecimento dos critérios para a apuração e distribuição do valor, bem como fato de Ministério da Fazenda (atual Ministério da Economia) ter apontado sigilo para o acesso da Comissão Mista Especial sobre a Lei Kandir e do TCU à base de dados de notas fiscais eletrônicas. Esse último impedido se mostra incompreensível porque, para fins do a §4º do artigo 91 do ADCT não é necessário devassar a vida dos contribuintes, mas apenas conhecer as estimativas dos cálculos (como, aliás, já vinha sendo feito pelos governos estaduais). Não é necessário que seja informado que o contribuinte *a* emitiu tal nota número *xyz* no valor *x*. É necessário somente que seja informado o volume de transações em bases estatísticas (agregadas e anônimas), a qual não é protegida por sigilo fiscal em nenhum país democrático. Talvez, para superar esse fato, bastasse a aplicação da dicção expressa do §4º do artigo 91 do ADCT e solicitar diretamente aos estados a informações necessárias para elaborar os cálculos.[10]

O outro ponto chamado de "impossibilidade técnico-operacional" são os critérios de estimativa de valor, que podem baseados "na relação entre as exportações e as importações", "nos créditos decorrentes de aquisições destinadas ao ativo permanente e a efetiva manutenção" e "aproveitamento do crédito do imposto". Nesse ponto, não havia, nem há qualquer dúvida sobre o caráter polêmico da definição desses critérios. Aliás, esse fato foi reconhecido pela própria União no seu pedido de prorrogação. Nesse contexto, não parecer razoável citar tal controvérsia com fato superveniente uma vez que esse e a falta de recurso estão no centro da omissão legislativa desde a instituição do fundo da Lei Kandir.

Na verdade, bem analisada, a decisão monocrática "revisou" o pronunciamento da Supremo Tribunal Federal e, na prática, aplicou o entendimento da divergência aberta pelo min. Teori Zawascki que, com a saudosa discrição e parcimônia judicial, entendeu caber ao *político* e não ao *jurídico*, estabelecer as condições para a construção de um consenso sobre o tema fundamental para o pacto federativo.[11]

---

10. Não se desconhece que uma das alegações da União foi baseada no relato do Ministério Fazenda sobre a ausência de prestação de informações, inclusive por alguns dos maiores estados credores. Entretanto, tal fato não constitui motivo hábil para impedir o prosseguimento dos cálculos, uma vez que poderia ser realizado com base nas informações prestadas e, em seguida, proceder a uma extrapolação estatística para os entes omissos.

11. Essa recuou se mostra ainda mais prudente ante a celeuma advinda de um estudo do TCU. Contrariando o longo histórico de discussão sobre o tema, foi amplamente noticiado a existência de estudo preliminar em que se entendeu não haver direito dos estados e Distrito Federal (bem como dos municípios) às compensações relativas à desoneração do ICMS nas exportações de produtos primários e semielaborados pela Lei Kandir. Sobre esse ponto, é importante deixar claro ser equivocado atribuir ao TCU essa conclusão, que nega a existência do estudo. E mesmo que exista, trata-se de um estudo preliminar de servidores do quadro, ainda não analisado pelos ministros do órgão de conta. Entretanto, tal circunstância não impediu uma forte reação crítica por parte dos estados e do Congresso Nacional ao surgir a notícia da existência do estudo, havendo até posicionamentos atribuindo ao Poder Executivo Federal, através da Receita Federal, de exercer pressão sobre TCU(JUNIOR e MARINHO, 2019).

5. CONCLUSÃO

O julgamento ADO nº 25 apresentou inovação em matéria de jurisdição constitucional no tocante ao federalismo fiscal. O Supremo Tribunal Federal dada a experiência anterior sobre questão federativas e não se limitou a exortar o legislador a legislar de modo a sanar a omissão. Nesse julgamento, foi além, apresentou uma decisão capaz de tornar-se efetiva por si mesma, outorgando poderes a órgão sob sua jurisdição de modo a sanar a omissão.

É inegável que o Supremo Tribunal Federal avançou um passo para a efetividade da jurisdição constitucional, não se limitando apenas a pronunciar a omissão, mas também de adotar mecanismo para a sua superação, delegando a tarefa para órgãos sob sua jurisdição. Entretanto, temas complexos (como a distribuição de recursos no pacto federativo) demanda cautela e concessões ao político. Diante dessa realidade, o STF – ainda em decisão monocrática a ser referenda (ou não) pelo Plenário – aparentemente recuou, adotando, na prática, o voto vencido do min. Teori Zawascki. Tal fato, antes de ser um demérito, evidencia uma conduta positiva do STF, na medida em que reconhece a importância do papel do Poder Legislativo no processo. Entretanto, é inegável certo desgaste, uma vez que o recuou poderia ter sido evitado caso tivesse sido a progressão de medidas proposta pelo min. Teori Zawascki.

O tema ainda está em aberto, devendo ser aguardado o desfecho definitivo, uma vez que o cenário se mostra cada dia mais complexo e desafiador para o federalismo brasileiro.

6. BIBLIOGRAFIA

BRASIL. **Constituição (1988)**. Constituição da República Federativa do Brasil. Brasília, Disponível em: <http://www.planalto.gov.br/ccivil_03/constituicao/constituicao.htm>. Acesso em: 08 out. 2017.

BRASIL. Supremo Tribunal Federal. **ADO 25**. Requerente: Governador do Estado do Pará. Requerido: Congresso Nacional. Relator: Min. Gilmar Mendes. Brasília, 18 de agosto de 2017. Disponível em: <http://www.stf.jus.br/portal/processo/verProcessoPeca.asp?id=312459127&tipo App=.pdf. Acesso em: 07 de out. 2017.

_________ **Questão de Ordem na Ação Direta de Inconstitucionalidade por Omissão 25 Distrito Federal**. Brasília: [s.n.], 2019. Disponível em: <http://www.stf.jus.br/arquivo/cms/noticiaNoticiaStf/anexo/DecisoADO25MinistroGM.pdf>. Acesso em: 12 jan. 2020.

CÂMARA DOS DEPUTADOS. **Quadro Resumo - Perdas e Compensações - Lei Kandir**. Câmara dos Deputados. Brasília. 2018.

CONGRESSO NACIONAL. **Parecer da Comissão Mista Especial sobre a Lei Kandir - 2017**. Congresso Nacional. Brasília, p. 60. 2018.

CONSELHO NACIONAL DE SECRETÁRIOS DE FAZENDA DO BRASIL. **Proposta de emenda substitutiva do Comsefaz ao PLS nº 312, de 2013**. Brasília, p. 17. 2016.

DESAI, M. A.; HINES JR., J. R. **Value-Added Taxes and International Trade: The Evidence**. Michigan Business School. [S.l.], p. 36. 2005.

FELDSTEIN, M. S.; KRUGMAN, P. R. International Trade Effects of Value-Added Taxation. In: RAZIN, A.; SLEMROD, J. **Taxation in the Global Economy**. [S.l.]: University of Chicago Press, 1990. p. 263-282.

JUNIOR, O. B.; MARINHO, M. S. Decisão do TCU e as novas controvérsias sobre a Lei Kandir. **Conjur**, 2019. Disponível em: <https://www.conjur.com.br/2019-fev-18/onofre-batista-novas-controversias-lei-kandir>. Acesso em: 20 jan. 2020.

SECRETARIA DA FAZENDA DO ESTADO DO ESPÍRITO SANTO. Consulta Arrecadação. **Secretaria da Fazenda**, 2020. Disponível em: <https://internet.sefaz.es.gov.br/informacoes/arrecadacao/consulta.php>. Acesso em: 2020 jan. 30.

13

AS CONTRIBUIÇÕES SOCIAIS COMO INSTRUMENTO DE FRAUDE AO PACTO FEDERATIVO[1]

Fábio Zambitte Ibrahim

Professor Adjunto de Direito Financeiro da Universidade do Estado do Rio de Janeiro; Professor Titular de Direito Tributário e Previdenciário do IBMEC RJ; Doutor em Direito Público pela UERJ; Mestre em Direito Previdenciário pela PUC-SP; Advogado.

Gustavo Carvalho Gomes Schwartz

Professor do Instituto de Direito da PUC-Rio; Mestre em Finanças Públicas, Tributação e Desenvolvimento pela UERJ; Advogado.

1. O presente artigo foi publicado originalmente na Revista Direito das Relações Sociais e Trabalhistas, v. 3, n. 1 – janeiro/junho 2017.

1. INTRODUÇÃO

No ano em que a Constituição Federal de 1988 completa 29 anos, o superendividamento de Estados e Municípios[2], que os impede de cumprir a contento os misteres constitucionais que lhes foram conferidos, descortina a crise pela qual passa o federalismo brasileiro, colocando em xeque o Pacto Federativo celebrado em 05 de outubro de 1988[3] e a própria efetividade dos direitos fundamentais consagrados no texto constitucional.

Não obstante a multiplicidade de causas para o desequilíbrio das contas dos entes subnacionais, o processo de centralização do poder político e de recursos verificado no pós 88 ganha papel de relevo, comprometendo a autonomia político-administrativa de Estados, Distrito Federal e Municípios, ao provocar um descompasso entre as competências materiais cometidas e as receitas necessárias para o seu custeio, em afronta direta à vontade do constituinte originário, que buscou adotar na Constituição vigente um modelo de federalismo cooperativo.

Esse processo de centralização, decorrente de práticas legislativas e políticas adotadas pela União, contribuiu para acentuar ainda mais a assimetria que caracteriza as relações entre os entes integrantes do Estado Federal brasileiro, e evidencia o fenômeno que se convencionou chamar de guerra fiscal, mas em uma vertente distinta daquela entre os entes federados de mesma posição, qual seja, a competição fiscal vertical. Dentre essas práticas, a que gera maior impacto negativo nas relações federativas, sobretudo no campo do federalismo fiscal, importando

2. Sobre o superendividamento de Estados e Municípios, vide as seguintes reportagens: http://g1.globo.com/economia/noticia/2016/09/maia-diz-que-crise-financeira-dos-estados-e-pior-que-do-governo-federal.html e http://www12.senado.leg.br/noticias/materias/2016/06/03/dividas-com-a-uniao-serao-debatidas-em-encontro-de-governadores-com-renan, acesso em 08/10/2016.

3. Há autores que defendem que a federação brasileira não surgiu da celebração de um Pacto Federativo. Essa é a posição de Manoela Gonçalves Ferreira Filho (cf. FERREIRA FILHO, Manoel Gonçalves. *Princípios Fundamentais do Direito Constitucional*: o estado da questão no início do século XXI, em face do direito comparado e, principalmente, do direito positivo brasileiro. 3. ed. São Paulo: Saraiva, 2012. p. 299). José Afonso da Silva parece sustentar a mesma tese, ao afirmar que "A Constituição de 1988 recebeu-a da evolução histórica do ordenamento jurídico. Ela não instituiu a federação. Manteve-a mediante a declaração, constante do art. 1º, que configura o Brasil como uma *República Federativa*." (SILVA, José Afonso da. *Curso de Direito Constitucional Positivo*. 29. ed. rev. e atual. São Paulo: Malheiros Editores, 2007. p. 99. Grifos no original). Em sentido contrário, sustentando que em 05 de outubro de 1988 foi celebrado o Pacto Federativo, vide RIBEIRO, Ricardo Lodi. *Estudos de Direito Tributário*: Tributação e cidadania. Vol. I. 1. ed. Rio de Janeiro: Editora Multifoco, 2015. p. 82.

em perda substancial de receitas pelos entes subnacionais, é a opção da União de aumentar a arrecadação por meio das Contribuições Sociais[4], ao invés de fazê-lo através de impostos, a fim de escapar à partilha do produto arrecadado.

O presente artigo pretende, assim, analisar o fenômeno denominado de guerra fiscal vertical, com enfoque específico no impacto das Contribuições Sociais no federalismo fiscal cooperativo instituído pela Constituição de 1988.

Para atingir este objetivo, discorreremos, inicialmente, sobre o conceito de federalismo fiscal, a sua importância para a concretização da autonomia dos entes federados, a qual constitui um dos elementos essenciais da forma federativa de Estado, e sobre a discriminação constitucional de rendas no contexto do federalismo cooperativo, buscando investigar se o desejo de maior descentralização federativa manifestado na constituinte de 1987/1988, concretizou-se no texto da Carta Cidadã.

Em seguida, intenta-se examinar o movimento de centralização do poder político e de recursos na União, verificado após a promulgação da Constituição de 1988, em especial as consequências da utilização desmedida de Contribuições Sociais no desequilíbrio do federalismo fiscal brasileiro.

Por fim, pretende-se tecer algumas observações acerca da Desvinculação de Receitas da União (DRU) e da recente Emenda à Constituição n. 93, que estendeu até 31 de dezembro de 2023 a possibilidade de desvinculação de 30% da arrecadação da União relativa às Contribuições Sociais, às contribuições de intervenção no domínio econômico e às taxas, focando especificamente seus efeitos no Pacto Federativo e no federalismo fiscal cooperativo.

2. FEDERALISMO FISCAL E A DISCRIMINAÇÃO DE RENDAS NA CONSTITUIÇÃO DE 88: O INSUCESSO DA TENTATIVA DE DESCENTRALIZAÇÃO

A Constituição de 1988 adotou a federação como forma do Estado brasileiro. Dispõe, em seu art. 1º, que a República Federativa do Brasil é composta pela união indissolúvel de Estados, Municípios e Distrito Fe-

4. Utilizaremos no presente estudo a expressão *Contribuições Sociais* em seu sentido amplo, abarcando todas as Contribuições destinadas ao custeio da Seguridade Social.

deral. Como leciona José Afonso da Silva, "a federação consiste na *união* de coletividades regionais autônomas que a doutrina chama de Estados Federados [...]. O cerne do conceito de estado Federal está na configuração de dois tipos de entidades: a *União* e as coletividades regionais autônomas (*Estados Federados*)."[5]

Tem-se assim que o federalismo é forma de divisão territorial do Poder, perseguindo dois objetivos principais. O primeiro, é a limitação do Poder através da repartição de competências entre as entidades integrantes da federação, que passam a exercê-lo nos limites constitucionalmente definidos[6]. O segundo objetivo é, no dizer de Ricardo Lodi Ribeiro, "a democratização das decisões que passam a ser tomadas numa esfera mais próxima do cidadão, que, com isso, tem maiores possibilidades de fiscalizar, controlar e influir nas decisões estatais"[7].

Do que fora dito, pode-se identificar dois elementos essenciais do regime federativo, inobstante a existência de outros[8], cuja ausência dará lugar a um federalismo não autêntico ou incompleto. Referimo-nos aqui à autonomia constitucional e federativa dos entes subnacionais e à repartição constitucional de competências. Não há verdadeiramente descentralização do Poder sem que se atribua autonomia constitucional a Estados e Municípios, compreendendo esta a auto-organização, autogoverno e autoadministração[9]. E não há autonomia, por

---

5. SILVA, José Afonso. Op. Cit., p. 99/100. Grifos no original.

6. A esse respeito, Manoel Gonçalves Ferreira Filho leciona que "A divisão territorial do Poder serve ao objetivo de limitá-lo, como o faz a divisão funcional. Ao gerar, ou reconhecer, os referidos núcleos autônomos, obviamente recusa a concentração de todo Poder num mesmo órgão. Ademais, importa numa repartição de competências que restringe o campo de atuação do Poder central. " (FERREIRA FILHO, Manoel Gonçalves. Op. Cit., p 281). No mesmo sentido, vide TORRES, Ricardo Lobo. *Tratado de Direito Constitucional Financeiro e Tributário*. Vol. I: Constituição Financeira, sistema tributário e estado fiscal. Rio de Janeiro: Renovar, 2009. p. 384.

7. RIBEIRO, Ricardo Lodi. Op. Cit., p. 86/87. Cf., tb., SILVA, Davi Marques da. A competição tributária vertical no Brasil: uma patologia do sistema. *Revista de Direito da Associação dos Procuradores do Novo Estado do Rio de Janeiro*. Vol. XXII, Direito Tributário: Federalismo e Guerra Fiscal. Rio de Janeiro: APERJ, 2014. p. 491.

8. Embora alguns elementos essenciais sejam unanimidade, a doutrina diverge quanto à formulação da lista de caracteres imprescindíveis para que um Estado seja considerado federal, fornecendo cada autor a sua seleção.

9. Auto-organização importa em que Estados e Municípios estabeleçam sua própria estrutura de Poder, gozando de poder para elaborar sua Constituição ou Lei Orgânica e legislação. Autogoverno refere-se à possibilidade de os entes subnacionais escolherem, sem interferência do Poder Central, seus próprios governantes. A Autoadministração corresponde, por sua vez, ao livre exercício das competências materiais atribuídas pela Constituição Federal. (Cf. RIBEIRO, Ricardo Lodi. Op. Cit., p. 89; e FERREIRA FILHO, Manoel Gonçalves. Op. Cit., p. 290). Ainda no mesmo

sua vez, sem que se reserve às entidades subnacionais um campo próprio de atuação, sem a interferência da União[10], o que se faz através da repartição constitucional de competências, e, em especial, da definição de competências exclusivas.

A repartição de competências importa em que as relações entre os entes da federação não se desenvolva sob a marca da hierarquia, já que cada integrante tem sua esfera de atribuição definida pela constituição Federal.

Quando uma Constituição reparte de modo estanque as competências atribuídas à União e aos Estados-membros, fazendo-o de forma rígida e sem a previsão de qualquer inter-relacionamento, buscando limitar ao máximo interferências no campo de atuação de cada integrante da federação, diz-se que se está diante do modelo de federalismo dualista ou dual. Esse foi o modelo adotado na origem do federalismo, que surgiu com a Constituição americana de 1787[11].

O federalismo cooperativo, por sua vez, representa um contraponto ao federalismo dual, e pressupõe uma atuação harmônica entre os entes da federação, assentando-se sobretudo na ideia de solidariedade.[12] Gilberto Bercovici assim define a cooperação que caracteriza esse modelo de federalismo:

> Na cooperação, nem a União nem qualquer ente federado pode atuar isoladamente, mas todos devem exercer sua competência conjuntamente com os demais. Na repartição de competências, a cooperação

---

sentido, vide OLIVEIRA, Julio M. de. e PEREIRA, André Luiz dos Santos. Do Federalismo Dualista ao Federalismo de Cooperação: A evolução dos modelos de estado e a repartição do poder de tributar. In: DERZI, Misabel Abreu Machado; BATISTA JÚNIOR, Onofre Alves; e MOREIRA, André Mendes (Org.). *Estado Federal e Tributação*: Das origens à crise atual. Vol. 1. Belo Horizonte: Arraes Editores, 2015. p. 28.

10. FERREIRA FILHO, Manoel Gonçalves. Op. Cit., p. 290.

11. RIBEIRO, Ricardo Lod. Op. Cit., p. 90. Do mesmo modo, OLIVEIRA, Julio M. de e PEREIRA, André Luiz dos Santos. Op. Cit., p. 29.

12. Vide, a esse respeito, TORRES, Heleno Taveira. *Direito Constitucional Financeiro*: Teoria da Constituição Financeira. São Paulo: Editora Revista dos Tribunais, 2014. p. 267, para quem o princípio da solidariedade consiste no elemento de legitimação do federalismo cooperativo instituído pela Constituição Federal. Ricardo Almeida Ribeiro da Silva também vê o princípio da solidariedade, embora sob ótica diversa, como o "fator aglutinante, que carrega em seu âmbito os valores comuns que justificam a permanência do vínculo juspolítico." (Cf. SILVA, Ricardo Almeida Ribeiro da. Federalismo Fiscal, Eficiência e Legitimidade: O jurídico para além do formalismo constitucional. In: DERZI, Misabel Abreu Machado; BATISTA JÚNIOR, Onofre Alves; e MOREIRA, André Mendes (Org.). *Estado Federal e Tributação*: Das origens à crise atual. Vol. 1. Belo Horizonte: Arraes Editores, 2015. p. 61).

> se revela nas chamadas competências comuns, consagradas no art. 23 da Constituição de 1988. Nas competências comuns, todos os entes da Federação devem colaborar para a execução das tarefas determinadas pela Constituição.[13]

A Constituição brasileira de 1988 adotou o federalismo cooperativo, que, como visto, revela-se, dentre outros aspectos, na definição, pelo art. 23, de amplo rol de competências materiais comuns à União, Estados, Municípios e Distrito Federal, os quais deverão atuar de acordo com normas de cooperação a serem definidas por lei complementar (parágrafo único do art. 23, CF). Mas também se assenta, de acordo com alguns autores[14], na fixação de competência legislativa concorrente entre União e Estados-membros.

Ocorre que, independente do modelo de federalismo adotado, para que seja atendido o desiderato de autonomia federativa, sobretudo em sua face de autoadministração, não basta à Constituição a repartição das competências material e legislativa, com o cometimento, às entidades periféricas, de atribuições constitucionais. Deve-se, também, repartir as receitas, a fim de municiar cada um dos entes da federação com recursos suficientes para fazer frente aos custos financeiros das prestações a seu cargo.[15] A essa repartição convencionou-se chamar de discriminação constitucional de rendas, que constitui um dos objetos mais importantes de estudo do Federalismo Fiscal, embora não o único[16].

Cumpre ressaltar, contudo, que a autonomia federativa, no seu aspecto financeiro, só será real e efetiva se houver correspondência entre os misteres constitucionais cometidos a cada ente da federação e as re-

---

13. BERCOVICI, Gilberto. A descentralização de políticas sociais e o federalismo cooperativo brasileiro. *Revista de Direito Sanitário*. Brasil, v. 3, n. 1, mar. 2002, p. 16. Disponível em: http://www.revistas.usp.br/rdisan/article/view/81291. Acesso em: 10 outubro de 2016.

14. Cf. FERREIRA FILHO, Manoel Gonçalves. Op. Cit., p. 291. Do mesmo modo, RIBEIRO, Ricardo Lodi. Op. Cit., p. 92.

15. Cf. RIBEIRO, Ricardo Lodi. Op. Cit., p. 93/94. Do mesmo modo, TORRES, Silvia Faber. Federalismo e Subsidiariedade. *Revista de Direito da Associação dos Procuradores do novo Estado do Rio de Janeiro*. Vol. XIX, Federalismo. Rio de Janeiro: APERJ, 2008. p. 101.

16. Acerca do conceito de Federalismo Fiscal, vide a lição de José Maurício Conti, para quem "O estudo da maneira pela qual as esferas de governo se relacionam do ponto de vista financeiro, que podemos denominar de Federalismo fiscal, engloba a análise da maneira pela qual está organizado o Estado, qual é o tipo de federação adotado, qual é o grau de autonomia dos seus membros, as incumbências que lhe são atribuídas e, fundamentalmente, a forma pela qual serão financiadas." (CONTI, José Maurício. *Federalismo Fiscal e Fundos de Participação*. São Paulo: Editora Juarez de Oliveira, 2001. p. 24/25).

ceitas tributárias atribuídas, não bastando, de resto, a mera atribuição de recursos.

Em verdade, a autonomia federativa é melhor atendida com a repartição, entre União, Estados e Municípios, do poder de tributar, isto é, com a distribuição de competência legislativa em matéria tributária entre as esferas da federação, de forma a que lhes seja assegurado um fluxo contínuo e incondicionado de recursos, através da instituição de impostos privativos.[17]

Isso porque, somente com repartição de competência impositiva é que se assegura independência aos entes federados, que poderão obter os recursos necessários às suas atribuições constitucionais sem precisar sujeitar-se a outro membro da federação para obter os meios financeiros de que precisa.[18]

A Constituição Federal de 1988, em reação ao centralismo da Constituição de 1967, acentuado na Emenda Constitucional nº 1/1969[19], que concentrou na União o poder político e as competências tributárias, anulando, na prática, a autonomia político-financeira dos Estados-membros[20], a despeito de manter os aspectos formais do federalismo, empreende nova tentativa de descentralização[21], buscando equilibrar a re-

---

17. No mesmo sentido manifesta-se Rogério Leite Lobo ao tratar da importância da autonomia das entidades políticas, aduzindo que: "Daí a imprescindibilidade de uma criteriosa repartição das competências tributárias originárias entre os entes federativos, propiciando, de início, uma massa crítica de rendas próprias, de preferência suficientes ao adimplemento direto das atribuições constitucionalmente cometidas a cada ente autônomo, mediante a técnica chamada 'divisão horizontal de rendas', a qual 'consiste em reservar certa matéria tributável a um poder [União, Estado-membro (ou Município)] que dela aufere recursos exclusivos'". (LOBO, Rogério Leite. *Federalismo Fiscal Brasileiro*: Discriminação de Rendas Tributárias e Centralidade Normativa. Rio de Janeiro: Lumen Juris, 2006. p. 80).

18. MOREIRA, André Mendes. O Federalismo Brasileiro e a Repartição de Receitas Tributárias. In: DERZI, Misabel Abreu Machado; BATISTA JÚNIOR, Onofre Alves; e MOREIRA, André Mendes (Org.). *Estado Federal e Tributação*: Das origens à crise atual. Vol. 1. Belo Horizonte: Arraes Editores, 2015. p. 157.

19. Cf. FERREIRA FILHO, Manoel Gonçalves. Op. Cit., p. 300. Do mesmo modo TEIXEIRA, José Raimundo Baganha. *O Atual Desequilíbrio no Sistema de Repartição de Receitas Tributárias*. Estudo da Consultoria Legislativa da Câmara dos Deputados. Março de 2011. Disponível em http://www2.camara.leg.br/documentos-e-pesquisa/publicacoes/estnottec/areas-da-conle/tema10/2011_480.pdf. Acesso em 10 de outubro de 2016.

20. Rememore-se que os Municípios só foram alçados à qualidade de entes integrantes do Estado Federal brasileiro, detentores, portanto, de autonomia política, com o advento da Constituição Federal de 1988.

21. Luís Roberto Barroso vai além, e atribui à Constituição de 1988 um papel de reconstrução do federalismo no Brasil. Afirma que "A Constituição de 1988 procurou reconstruir o federalismo

partição da competência legislativa em matéria tributária entre os entes da federação, de forma a definir impostos próprios para União, Estados, Distrito Federal e Municípios, cuja arrecadação satisfizesse as despesas decorrentes das atribuições constitucionais.[22]

O texto constitucional conferiu aos Municípios, assim, competência tributária em relação ao imposto sobre propriedade territorial e urbana (IPTU), sobre transmissão *inter vivos* de bens imóveis (ITBI) e sobre serviços de qualquer natureza (ISSQN), tendo a Emenda à Constituição nº 39/2002 inserido nesse rol a Contribuição para Custeio do Serviço de Iluminação Pública (COSIP).[23]

Os Estados-membros foram contemplados com os Impostos sobre transmissão causa *mortis* e doação (ITD), sobre operações relativas à circulação de mercadorias e sobre prestações de serviços de transporte interestadual e intermunicipal e de comunicação (ICMS) e sobre propriedade de veículos automotores (IPVA).[24]

À União, por sua vez, foi atribuído como meio de financiamento de seus desígnios constitucionais os impostos sobre importação (II), exportação (IE), renda e proventos de qualquer natureza (IR), produtos industrializados (IPI), operações financeiras (IOF), propriedade territorial rural (ITR) e sobre grandes fortunas (até hoje não instituído).[25]

Além dos impostos expressamente previstos na Carta Política, outorgou-se à União competência para instituir contribuições sociais, de intervenção no domínio econômico e de interesse das categorias profissionais ou econômicas[26], reservando-se, ainda, uma competência

no Brasil, estruturalmente abalado pelo modelo centralizador adotado sob o regime constitucional de 1967-69. Estados e Municípios tiveram sua autonomia formal revitalizada, tanto no campo de suas competências político-administrativas como legislativas. Também no domínio das competências tributárias e partilha de rendas é possível creditar à nova Carta um movimento de descentralização fiscal." (Cf. BARROSO, Luís Roberto. A Derrota da Federação: o colapso financeiro dos Estados e Municípios. *Revista de Direito da Procuradoria Geral do Estado do Rio de Janeiro*. Vol. 53. Rio de Janeiro: PGE, 2000. p. 109).

22. A história do federalismo brasileiro e, em consequência, do federalismo fiscal, pode ser caracterizada pelo movimento pendular de centralização/descentralização federativa, intimamente ligado às idas e vindas do regime democrático, afetado pelos regimes ditatoriais que se instalaram por aqui (Estado novo, entre 1937 - 1945 e a Ditadura Militar, entre 1964 – 1988).

23. V. artigos 156, I, II e III e 149-A, da CF/88.

24. V. artigo 155, I, II e III, da CF/88.

25. V. artigo 153, I, II, III, IV, V e VI, da CF/88.

26. V. artigo 149, da CF/88.

residual para instituir outros impostos não previstos no texto constitucional.[27]

Elaborar essa discriminação horizontal de rendas, no entanto, não é tarefa fácil, já que pressupõe a escolha das bases econômicas que serão objeto da imposição tributária, e a sua repartição entre as esferas da federação[28], procurando-se atribuir a cada entidade os impostos que mais se adequem às suas necessidades e à sua realidade.

Sucede, entretanto, que em um país com as dimensões do Brasil, as "gigantescas diferenças regionais nas condições socioeconômicas"[29] impõem a constatação de que nem todos os Estados-membros e Municípios serão capazes de, com base na arrecadação dos impostos de sua própria competência, fazer frente aos custos decorrentes das competências materiais a eles cometidas pela Constituição Federal de 1988, comprometendo-se a sua capacidade de autofinanciamento, e, por conseguinte, a sua autonomia financeira[30].

Com o intuito de sanar esse descompasso, o Constituinte inseriu na Carta de 1988 regras de distribuição vertical das receitas, em que os entes federativos obtêm recursos por meio de transferências de parcela do produto da arrecadação de impostos de competência impositiva alheia. É bem como assinala Rogério Leite Lobo:

> Noutras palavras, a partir da inescapável constatação de que nem todos os Estados-membros e Municípios – os quais se pretenderia tornar *autônomos* – são capazes de produzir em seus lindes riqueza suficiente para dela extrair, sem auxílio externo, matéria tributável em montante compatível às atribuições constitucionais que lhes tenham sido conferidas, dentro de sua rigidez a Carta de 1988 pretendeu otimizar a 'distribuição vertical de rendas' que em estado embrionário existia desde a Constituição de 1946, estipulando uma complexa rede de vasculariza-

27. V. artigo 154, I e II, da CF/88.
28. "[...] a Constituição de 1988 buscou uma equalização distributiva dos campos econômicos de tributação entre as três esferas da Federação." (Cf. SILVA, Ricardo Almeida Ribeiro da. Op. Cit., p.73).
29. LOBO, Rogério Leite. Op. Cit., p. 80.
30. À essa constatação chega também Manoel Gonçalves Ferreira Filho: "[...] em razão do grau de desenvolvimento e do tipo de atividade prevalecente, um mesmo tributo pode render muito para um Estado-membro, pouco para outro e nada para um terceiro. " (Cf. FERREIRA FILHO, Manoel Gonçalves. Op. Cit., p. 292).

ção financeira, dinamizada por transferências de parcelas do produto da arrecadação de alguns impostos [...].[31]

A face cooperativa do federalismo fiscal brasileiro se revela, justamente, na repartição do produto arrecadado dos impostos, disciplinada nos artigos 157 a 162 da Constituição Federal, que é informada pelo princípio da cooperação mútua, de forma a socorrer as entidades da federação com menor capacidade de autofinanciamento, no intuito de reequilibrar as diferenças regionais[32].

Essa repartição da receita tributária é engendrada de duas formas no texto constitucional. A primeira se dá de forma direta, através da participação de Estados-membro e Municípios no produto da arrecadação de impostos da União; e da participação de Municípios no produto da arrecadação de impostos dos Estados-membro.

A repartição se dá, também, de forma indireta. Nessa hipótese, parte do produto arrecadado pela União com os impostos de renda e sobre produtos industrializados é entregue para a composição dos Fundos de Participação dos Estados e Distrito Federal (FPE) e dos Municípios (FPM), que posteriormente reparte os recursos entre os entes subnacionais de acordo com critérios previamente definidos[33].

---

31. LOBO, Rogério Leite. Op. Cit., p. 82.

32. Nesse sentido, válida a lição de Heleno Taveira Torres, para quem "esta dimensão integradora da Constituição Financeira somente é possível em virtude do modelo de federalismo cooperativo adotado pela Constituição de 1988, caracterizado pelo financiamento centrífugo (efeito virtuoso do federalismo centrípeto que tem início com a Constituição de 1934) em favor das autonomias de menor capacidade financeira. "Deveras, se os poderes convergem para a unidade central do federalismo, este ente assume a responsabilidade pelo financiamento dos entes periféricos, pelo princípio da cooperação mútua (o que chamamos de financiamento 'centrífugo'). Este modelo de federalismo baseado em uma maior cooperação define o poder financeiro como 'cooperativo' [...]". (Cf. TORRER, Heleno Taveira. Op. Cit., p. 244).

33. Recentemente foi editada a Lei Complementar nº. 143/2013, com o objetivo de adequar os critérios de rateio do Fundo de Participação dos Estados ao acórdão do STF nas ADIs nº. 875, ,1.987, 2.727 e 3.243, que declarou inconstitucionais os critérios fixados na Lei Complementar nº. 62/1989. A esse respeito, remetemos o leitor ao artigo de Marciano Seabra de Godoi, que analisa detalhadamente essa "resposta" do Congresso Nacional. V. GODOI, Marciano Seabra. Nova Legislação do Fundo de Participação dos Estados (LC 143/2013): A curiosa resposta do Congresso Nacional às determinações do Supremo Tribunal Federal. In: DERZI, Misabel Abreu Machado; BATISTA JÚNIOR, Onofre Alves; e MOREIRA, André Mendes (Org.). *Estado Federal e Tributação*: Das origens à crise atual. Vol. 1. Belo Horizonte: Arraes Editores, 2015. pp. 225 – 235.

No entanto, apesar da complexa discriminação de rendas formulada no texto constitucional, que, adotando a repartição horizontal e vertical, objetivou assegurar real autonomia às esferas da federação, é de se concluir que a Constituição Federal de 1988 não logrou êxito em concretizar, em reação ao centralismo que caracterizou o regime político anterior, a efetiva descentralização político-administrativa almejada na constituinte de 87/88, consolidando, entre nós, "um federalismo fortemente centralizado, centrípeto."[34]

Em verdade, a Carta política de 1988 reservou à União largo campo de competências materiais, legislativas e, sobretudo, tributárias, assentando-a em posição de prevalência em relação aos demais entes da federação. Daí se dizer que a federação brasileira é extremamente assimétrica[35].

Manteve a União largo domínio do campo da normatividade, tendo lhe sido outorgada competência para legislar, privativa ou concorrentemente[36], sobre inúmeras matérias de interesse de todas as esferas federativas, cabendo-lhe, além de tudo, a fixação de normas gerais aplicáveis a todos os níveis, inclusive em matéria tributária (art. 146, III, da CF/88).[37]

Ademais, é forçoso reconhecer que "embora as competências materiais da União sejam amplas, suas bases de custeio são muito maiores quantitativamente."[38] Como se sabe, além dos impostos, a Constituição Federal conferiu ao Poder central competência para instituir as contribuições sociais, tributos cuja arrecadação não é partilhada, e impostos residuais, o que se traduz em primazia da União em matéria de arrecadação.

34. FERREIRA FILHO, Manoel Gonçalves. Op. Cit., p. 300.

35. FERREIRA FILHO, Manoel Gonçalves. Op. Cit., p. 305.

36. V. artigos 22 e 24, da CF/88.

37. Essa é também a conclusão de Ricardo Almeida Ribeiro da Silva: "A União, entretanto, mantém-se com largo domínio dos campos dos recursos públicos e da normatividade, reservando-se ainda grande número de atividades administrativas que poderiam ser deixadas a cargo de Estados e Municípios, ou mesmo do setor privado. " (Cf. SILVA, Ricardo Almeida Ribeiro da. Op. Cit., p. 69).

38. CALCIOLARI, Ricardo Pires. Direitos Sociais e Federalismo: A agonia do orçamento da seguridade social e o crescente endividamento dos entes subnacionais. IN: CONTI, José Maurício; SCAFF, Fernando Facury; BRAGA, Carlos Eduardo Faraco (Coord.). *Federalismo Fiscal*: questões contemporâneas. Florianópolis: Conceito Editorial, 2010. p. 408. No mesmo sentido SILVA, Ricardo Almeida Ribeiro da. Op. Cit., p. 73.

Por outro lado, a constatação referida acima, de que as desigualdades de desenvolvimento dos diversos entes da federação produz o efeito perverso de que muitos não conseguem auferir os recursos necessários aos cometimentos constitucionais através dos impostos de sua competência privativa, leva ainda a uma segunda conclusão: a de que esses Estados-membro e Municípios dependem, quase que exclusivamente[39], dos repasses da União – não só das transferências constitucionalmente obrigatórias, mas também das voluntárias.

A repartição vertical de rendas passou, assim, a ser a regra de financiamento das entidades federativas, quando deveria ser meramente acessória. As transferências tornam-se indispensáveis ao cumprimento dos misteres constitucionais atribuídos a cada um dos entes subnacionais, aniquilando a autonomia real em relação à União.

Não fosse suficiente o relatado, é certo que o sistema de repartição vertical de receitas, que se concretiza através de transferências diretas e indiretas, não foi suficiente para corrigir o descompasso entre as competências materiais cometidas e as receitas atribuídas para o seu custeio.

Segundo Luís Roberto Barroso:

> nem antes nem depois da Constituição em vigor foram os Estados e os Municípios capazes de viver, equilibradamente, com os recursos correspondentes à sua arrecadação, acrescida das transferências intergovernamentais constitucionalmente previstas.[40]

Assim, Estados e Municípios continuaram a ter que se submeter às orientações político-administrativas do governo central, na tentativa de tornar menos penosa a tarefa de "carregar o pires na mão", em busca de

39. Como bem salienta Ricardo Lodi Ribeiro: "não é razoável que em um País como nosso onde a maioria dos Municípios tem a vocação rural, o sistema tributário nacional atribua ao ente local tributos nitidamente de matiz urbana como o ISS e o IPTU, condenando a maioria deles ao parasitismo fiscal, com a inevitabilidade da inexistência de instituição e de arrecadação de tributos próprios e a dependência completa não só das transferências constitucionalmente obrigatórias, como das transferências voluntárias da União e dos Estados, o que fragiliza a autonomia local, a partir do adesismo às políticas dos entes centrais." (CF. RIBEIRO, Ricardo Lodi. Op. Cit., p. 96) A conclusão acertada de Ricardo Lodi Ribeiro serve também a muitos Estados-membro.

40. BARROSO, Luís Roberto. Op. Cit., p. 109. No mesmo sentido, vide OLIVEIRA, Julio M. de. e PEREIRA, André Luiz dos Santos. Op. Cit., p. 33. "Nesse particular, é importante observar que as medidas de adequação entre encargos (federalismo político) e receitas (federalismo fiscal) não se revelam proporcionais. Se de um lado os arts. 157 a 162 objetivaram corrigir distorções múltiplas decorrentes da anterior ineficiência do sistema, de outra parte, é certo que as atribuições do Estado com os chamados direitos sociais de saúde, educação, moradia, lazer, segurança e assistência (art. 6º), ensejaram em um curto espaço de tempo a falência do modelo."

transferências voluntárias que lhes ajudassem a custear as atribuições constitucionais que lhes foram cometidas.

É de se concluir, então, como bem salientou Marta Arrechte, que "a CF 88 não produziu instituições políticas que tornariam o governo central fraco em face dos governos subnacionais".[41] Ao contrário, ao adotar o federalismo cooperativo vigente, outorgou amplas competências normativas e tributárias à União, em detrimento dos demais entes federativos, criando um verdadeiro descompasso entre os cometimentos materiais atribuídos a Estados e Municípios e as receitas conferidas para o seu custeio, consolidando, assim, um modelo de federação fortemente centralizado, financiado sobretudo através de transferências verticais de receita.

Essas circunstâncias, somadas à adoção do modelo cooperativo de federalismo[42], criaram o terreno fértil para o movimento centralizador verificado após a promulgação da Constituição Federal de 1988, que acarretou ainda maior desequilíbrio ao federalismo fiscal brasileiro.

3. MOVIMENTO CENTRALIZADOR DA UNIÃO NO PÓS-88

Como dito, após a promulgação da Constituição Federal de 1988, instaurou-se no federalismo brasileiro um processo de centralização do Poder político e, mormente, de recursos em favor da União, que não é acompanhado de uma alteração na repartição de competências materiais, gerando "uma acentuada sobrecarga fiscal aos Estados e Municípios."[43]

Esse processo, resultante de práticas e comportamentos adotados pela União, tem afetado prejudicialmente, nas últimas décadas, duas específicas facetas da autonomia federativa de Estados e Municípios. São elas a autoadministração e a autonomia financeira. A primeira foi comprometida, e até mesmo reduzida, pelo abuso no exercício das competências legislativas da União. Explica-se.

A Carta de 1988 outorgou à União um vasto campo de competências legislativas, especificando que, quanto às matérias objeto da com-

41. ARRECHTE, Marta. Continuidades e Descontinuidades da Federação Brasileira: de como 1988 facilitou 1995. Revista de Ciências Sociais. Rio de Janeiro, Vol. 52, nº 2, 2009. p. 411.

42. O Federalismo cooperativo tem um perigo ínsito a ele, qual seja, o de agigantamento do papel da União, com a subordinação dos demais entes da federação. Cf. TORRES, Heleno Taveira. Op. Cit., p. 268.

43. RIBEIRO, Ricardo Lodi. Op. Cit., p. 106.

petência concorrente prevista no seu artigo 24, deveria o Governo Central se limitar a estabelecer normas gerais.[44] Do mesmo modo dispôs o artigo 146, III. Contudo, essas limitações às normas gerais não foram respeitadas.[45]

Em verdade, a União fez inserir em diplomas exclusivos para veiculação de normas gerais inúmeras normas especiais, cujo alcance extrapolou a esfera federal, invadindo a competência reservada a Estados e Municípios, em detrimento de sua criatividade institucional.[46]

São exemplos desse comportamento da União, para nos limitarmos ao campo financeiro/tributário, a Lei Complementar nº. 87/1996 (Lei Kandir), que regulamentou detalhadamente a cobrança do ICMS pelos Estados em todo o território nacional; e a Lei Complementar nº 101/2000, (Lei de Responsabilidade Fiscal), que, extrapolando os limites das normas gerais de direito financeiro, normatizou como Estados e Municípios deveriam executar suas políticas e efetuar os seus gastos, impondo às entidades subnacionais as prioridades do Governo Central.

O desrespeito ao limite constitucional da competência outorgada à União para legislar sobre normas gerais tributárias (art. 146, III, CF/88) é ainda mais evidente quando analisado o caso da Lei Complementar nº 116/2003 (Lei do ISS), que disciplinou a cobrança do imposto sobre serviços de qualquer natureza para todos os Municípios brasileiros. Embora o dispositivo constitucional de competência acima referido fale de fato gerador, base de cálculo e contribuintes, a União definiu ainda a alíquota máxima a ser praticada pelos Municípios. Do mesmo modo, a definição da lista de serviços retirou competência dos entes subnacionais, que ficaram adstritos exclusivamente às hipóteses de incidência previstas na legislação federal.

Pode-se afirmar, assim, que essa invasão da competência de Estados e Municípios pela União "chegou a ponto de federalizar quase toda a legislação de direito tributário no país".[47]

---

44. Essa previsão consta, especificamente, do § 1º, do artigo 24, da CF/88, que assim dispõe: "§ 1.º No âmbito da legislação concorrente, a competência da União limitar-se-á a estabelecer normas gerais."

45. Observa Ricardo Lobo Torres que "o poder de legislar, principalmente por meio de lei complementar, passou a se centralizar nas mãos da União, que dele usou e abusou, não obstante a mensagem originária da Constituição de 1988 no sentido do municipalismo." (TORRES, Ricardo Lobo. Op. Cit., p. 407).

46. Cf. SILVA, Ricardo Almeida Ribeiro da. Op. Cit., p. 70.

47. SILVA, Ricardo Almeida Ribeiro da. Op. Cit., p. 70.

A autonomia financeira, por sua vez, tem sido afetada de duas formas. A primeira, pela redução da competência impositiva dos entes subnacionais, seja pela supressão de espécies tributárias ou pela limitação do fato gerador. A segunda, que será objeto específico de análise do próximo capítulo, refere-se à opção do Governo Central de aumentar a arrecadação por meio das contribuições sociais, espécie de tributo cuja arrecadação não é partilhada com Estados e Municípios. Com isso, os valores destinados à repartição vertical - seja pela participação direta na arrecadação ou através dos Fundos - são reduzidos, acarretando perda na arrecadação dos entes periféricos. Analisemos, então, a primeira.

No decurso desse processo de centralização, inúmeras foram as tentativas de alterar a Constituição Federal, através de propostas de Emenda que, claramente, buscavam centralizar ainda mais o Poder Político e os recursos na União[48]. Não obstante a inclusão da forma federativa no rol de cláusulas pétreas[49], algumas Emendas à Constituição foram promulgadas, reduzindo a autonomia financeira dos entes subnacionais, pela supressão de bases impositivas.[50]

Esse é o caso da Emenda à Constituição nº. 3/1993, que eliminou, através de seu artigo 3º, a competência dos Estados para instituir o adicional ao imposto de renda e proventos de qualquer natureza. Suprimiu, outrossim, conforme seu artigo 4º, a competência dos Municípios para instituir imposto sobre vendas a varejo de combustíveis líquidos e gasosos.[51]

A Lei Complementar nº. 87/1996 (Lei Kandir), por seu turno, invadindo competência privativa dos Estados, concedeu isenções heterônomas na exportação, desonerações essas que, com o advento da Emenda à Constituição nº. 42/2003, transmudam-se em imunidades, passando a constar do texto constitucional (artigo 155, § 2º, X, da CF/88).

Todas essas alterações legislativas que importaram em supressão da competência impositiva dos entes subnacionais foram adotadas sem que fossem reduzidas as atribuições materiais a eles cometidas pela

48. Cite-se, apenas para exemplificar, a Proposta de Emenda à Constituição nº. 233/2008.

49. Cf. artigo 60, § 4º, I, da CF/88.

50. Bem anota Regis Fernandes de Oliveira que a centralização acima referida "percebe-se na distribuição das receitas tributárias e nas intenções que cercam todas as reformas constitucionais. Procura-se restringir os recursos estaduais, concentrando-os na União." Cf. OLIVEIRA, Regis Fernandes de. *Curso de Direito Financeiro*. 7. ed. rev., atual., e ampl. São Paulo: Editora Revista dos Tribunais, 2015. p. 110.

51. Cf. SILVA, Davi Marques da. Op. Cit., p. 498.

Constituição de 1988, não se tendo adotado sequer outras medidas para compensar a perda de arrecadação que elas impuseram.[52]

Sem embargo dos efeitos prejudiciais dessas alterações legislativas na autonomia financeira de Estados e Municípios, que, sem sombra de dúvida, contribuíram para aumentar a assimetria do federalismo fiscal brasileiro, é forçoso reconhecer que o que mais contribuiu para o desequilíbrio das contas dos entes subnacionais, e, por conseguinte, para a crise do Pacto Federativo, foi a opção política feita pela União de "fazer frente às suas obrigações sociais valendo-se da instituição de contribuições sociais, previstas sobretudo nos arts. 149 e 195 da Constituição Federal, e que se transformaram em vertiginosos mecanismos de arrecadação fiscal que não se sujeitam à repartição com os Estados-membros e os Municípios."[53]

As contribuições sociais foram alçadas à posição de destaque no rol dos tributos de competência da União, passando a responder pela maior parte da arrecadação federal. Ao mesmo tempo, assumiram no federalismo fiscal brasileiro papel central no desequilíbrio existente hoje nas relações entre os entes da federação, constituindo o núcleo do fenômeno da competição fiscal vertical. No próximo ponto analisaremos os efeitos das contribuições sociais no federalismo fiscal cooperativo.

4. AS CONTRIBUIÇÕES SOCIAIS COMO ELEMENTO DE DESEQUILÍBRIO NO FEDERALISMO FISCAL BRASILEIRO

Como visto, juntamente com a competência para instituir impostos, a Constituição Federal outorgou à União, em seu artigo 149, *caput*, competência exclusiva[54] para instituir as contribuições sociais, cuja finalidade é o financiamento da seguridade social, além das contribuições de

52. A esse respeito, esclareça-se que o Supremo Tribunal Federal julgou procedente a Ação Direita de Inconstitucionalidade por Omissão (ADO) n. 25, fixando prazo de 12 meses para que o Congresso Nacional edite lei complementar prevista no art. 91, do ADCT, regulamentando os repasses de recursos da União para os estados e o Distrito Federal em decorrência da desoneração das exportações do Imposto sobre Circulação de Mercadorias e Serviços (ICMS). Em decorrência da determinação do STF, está em tramitação no Senado Federal o Projeto de Lei Complementar n. 288/2016, que busca alterar o art. 31 da Lei Complementar nº 87/1996 (Lei Kandir), a fim de regulamentar a compensação da União aos Estados, Distrito Federal e Municípios por conta da perda de receita decorrente da desoneração de ICMS sobre exportações de bens primários e semi-elaborados e da concessão de crédito nas aquisições destinadas ao ativo permanente.

53. OLIVEIRA, Julio M. de. e PEREIRA, André Luiz dos Santos. Op. Cit., p. 33.

54. Ressalva-se a competência de Estados e Municípios para instituir a contribuição para custeio de sistema securitário de seus servidores, prevista no § 1º, do art. 149, da CF/88.

intervenção no domínio econômico e de interesse das categorias profissionais ou econômicas. A despeito das controvérsias acerca de sua natureza jurídica, que aqui não nos cabe examinar, por fugir ao escopo do presente trabalho, a doutrina majoritária classifica as contribuições como espécie autônoma de tributo, constituindo a destinação legal do produto de sua arrecadação a característica que as distingue de impostos e taxas, cujos fatos geradores são por elas utilizados.[55]

Mas a destinação do produto arrecadado não é a única e, com relação ao federalismo fiscal, a mais relevante característica distintiva das contribuições sociais. Com efeito, o produto da arrecadação das contribuições sociais pertence exclusivamente à União, não sendo objeto de partilha com os Estados e Município, seja diretamente ou pela via dos Fundos de Participação (FPE e FPM). Essa a característica que mais interessa ao federalismo fiscal, sobretudo ao federalismo fiscal cooperativo.

Essa desnecessidade de repartição dos recursos arrecadados gerou na União a preferência de incrementar a arrecadação tributária por meio das contribuições, sobretudo as sociais, objeto específico do presente estudo, ao invés de fazê-lo por meio dos impostos de renda e sobre produtos industrializados, cuja arrecadação é amplamente partilhada com Estados e Municípios.[56]

É de se destacar, ainda, que essa característica das contribuições sociais, associada ao fato de elas poderem se utilizar dos fatos geradores de impostos, motivou a invasão pela União da competência impositiva de Estados e Municípios, com a ampliação do campo de incidência das contribuições sociais, que passaram a onerar as bases econômicas do ICMS e do ISS, aumentando ainda mais a arrecadação decorrente dessa espécie tributária. Cite-se, a título de exemplo, a ampliação do campo de incidência de PIS e COFINS, que passaram a incidir em todas as etapas da cadeia produtiva e de venda, superando em muito a arrecadação com o IPI.[57]

---

55. RIBEIRO, Ricardo Lodi. *Tributos*: Teoria geral e espécies. Niterói: Impetus, 2013. p. 51. No mesmo sentido, IBRAHIM, Fábio Zambitte. *Curso de Direito Previdenciário*. 15. ed. Rio de Janeiro: Impetus, 2010. p. 94.

56. Cf. RIBEIRO, Ricardo Lodi. Estudos de Direito Tributário... Op. Cit., p. 106. Do mesmo modo, SILVA, Ricardo Almeida Ribeiro da. Op. Cit., p. 73.

57. Cf. SILVA, Ricardo Almeida Ribeiro da. Op. Cit., p. 76. Essa é, também, a percepção de Ricardo Lodi Ribeiro, que, ao se referir às medidas que contribuíram para a sobrecarga fiscal de Estados e Municípios, destaca a "invasão das competências constitucionais de Estados e Municípios pela instituição de contribuições parafiscais com o mesmo fato gerador ou base de cálculo dos impostos destes, como ocorreu na contribuição previdenciária dos autônomos, que possui a

Às circunstâncias acima descritas, deve-se somar a previsão de desvinculação das receitas da União, inserida no artigo 76 do Ato das Disposições Constitucionais Transitórias (ADCT), que autorizou a desafetação de um percentual da arrecadação das contribuições sociais, liberando a sua alocação em áreas distintas daquelas para as quais foram legalmente destinadas.[58]

Todos esses aspectos relacionados às contribuições, especialmente às contribuições sociais (desnecessidade de repartição dos recursos arrecadados; compartilhamento dos fatos geradores e bases de cálculo do ICMS e ISS; e possibilidade de utilização livre de parcela da arrecadação) elevaram-na à posição central na arrecadação federal, consubstanciando-se no instrumento eleito como meio concentrador de poder financeiro na União.[59]

É bem como sustenta Ricardo Lobo Torres:

> O figurino constitucional flexível das contribuições econômicas e sociais levou à criação de inúmeros tributos anômalos, sem a obrigação de repasse para Estados e Municípios.[60]

Em verdade, as receitas decorrentes das contribuições especiais representam, já há alguns anos, a maior fonte de arrecadação da União, como comprova a tabela abaixo.

RECEITAS DO GOVERNO FEDERAL POR ÓRGÃOS SUPERIORES E ORIGENS EM 2016

Imprimir

Total da receita realizada dos órgãos do Poder Executivo do Governo Federal em **2016**: R$ **2.839.717.761.408,52**

DICA: clique no detalhamento para ver as Rubricas de cada Origem de Receita

Categoria	Origem	Dados Orçamentários			Receita Lançada (R$)	Detalhamento
		Previsão Atualizada (R$)	Receita Realizada (R$)	% Realizado		
TOTAL DE RECEITAS		2.952.699.218.208,54	2.839.717.761.408,52	96,17	325.948.228.390,24	
RECEITAS CORRENTES	CONTRIBUICOES	776.230.219.527,00	729.914.699.884,95	94,03	214.502.224.887,34	Por Espécie/Rubrica
RECEITAS CORRENTES	IMPOSTOS, TAXAS E CONTRIBUICOES DE MELHORIA	500.334.867.530,00	459.088.361.000,02	91,75	107.782.979.061,90	Por Espécie/Rubrica

Recorte da tabela referente às receitas do Governo Federal em 2016. Disponível em http://www.portaldatransparencia.gov.br/receitas/consulta.asp?idHierarquiaOrganizacao=1&idHierarquiaDetalhe=0&idDirecao=1&idHierarquiaOrganizacao0=1&idHierarquiaDetalhe0=0&Exercicio=2016 <acesso em 23/05/2017.

mesma base de cálculo do ISS, e do Adicional ao Frete para a Renovação da Marinha Mercante (AFRMM), com a mesma base de cálculo do ICMS de transporte interestadual e intermunicipal." (Cf. RIBEIRO, Ricardo Lodi. Op. Cit., pp. 106/107).

58. Cf. CALCIOLARI, Ricardo Pires. Op. Cit., p. 422.
59. Cf. SILVA, Davi Marques da. Op. Cit., p. 499.
60. TORRES, Ricardo Lobo. Op. Cit., p. 407.

E, em relação à receita com as contribuições especiais, a maior arrecadação é a referente às contribuições sociais, consoante os dados do próprio Governo Federal.[61]

Esse fato não passou despercebido pelo Tribunal de Contas da União. Com efeito, conforme relatório divulgado pelo TCU, o produto da arrecadação das contribuições especiais representou, em 2011, 52,98% do total arrecadado pelo Governo Central.[62]

Ocorre que essa opção de aumentar a arrecadação por meio das contribuições sociais, cuja arrecadação, repita-se, pertence exclusivamente à União, desestruturou o sistema de repartição vertical de rendas engendrado pela Constituição Federal de 1988, contribuindo profundamente para agravar a crise financeira dos entes subnacionais, em ofensa clara ao federalismo fiscal cooperativo.

Isso porque, a despeito da repartição das espécies tributárias entre as esferas da federação, a grande maioria de Estados e Municípios dependem quase que exclusivamente das transferências da União para poder fazer frente aos custos dos cometimentos constitucionais. Sem a partilha da maior fonte da arrecadação federal, experimentaram os entes subnacionais forte perda em sua arrecadação, criando-se, destarte, um "desencontro total entre a descentralização político-administrativa e a financeira, lesando sensivelmente o sistema federativo brasileiro."[63]

Contudo, parece-nos que, apesar do agravamento da crise financeira por que passam Estados e Municípios, a postura da União de optar pelo incremento da arrecadação pela via das contribuições sociais não deve mudar. Diz-se isso em razão da recente aprovação da Emenda Constitucional nº. 93/2016, que estendeu o prazo da Desvinculação de Receitas da União, produzindo, no entanto, profundas mudanças, que serão objeto de análise no capítulo seguinte.

---

61. Os dados se referem à arrecadação da União com as contribuições especiais no ano de 2016. Disponível em: http://www.portaldatransparencia.gov.br/receitas/consulta.asp?idHierarquiaOrganizacao=1&idHierarquiaDetalhe=12280&idDirecao=1&idHierarquiaOrganizacao0=1&idHierarquiaDetalhe0=0&Exercicio=2016 <acesso em 23/05/2017.

62. TCU. Análise da receita referente ao exercício de 2011. Disponível em http://portal.tcu.gov.br/tcu/paginas/contas_governo/contas_2011/fichas/3_1_ArrecadacaoReceita.pdf. Acesso em 10 de outubro de 2016.

63. TORRES, Silvia Faber. Op. Cit., p. 124.

5. A DESVINCULAÇÃO DE RECEITAS DA UNIÃO (DRU), A EMENDA CONSTITUCIONAL Nº 93 E O IMPACTO NO FEDERALISMO FISCAL

A figura da desvinculação de receitas da União surgiu em 1994, com a Emenda Constitucional de Revisão nº 1, que criou o Fundo Social de Emergência (FSE), objetivando sanear as finanças do Governo Federal e estabilizar a economia. O Fundo era composto (i) pelo produto da arrecadação do Imposto de Renda Retido na Fonte relativo aos pagamentos efetuados pela União, suas Autarquias e Fundações; (ii) por verbas decorrentes de majorações do ITR, IR, IOF, CSLL e PIS; e (iii) por 20% (vinte por cento) do produto da arrecadação de todos os impostos e contribuições instituídos pela União, excluídos os referidos nos incisos I, II e III do art. 72, do ADCT.

Após o decurso do prazo de vigência do FSE, a EC nº. 10/1996 criou o Fundo de Estabilização Fiscal (FEF). Em comparação ao Fundo anterior, o FEF perdeu os recursos provenientes da arrecadação do ITR. Contudo, previu-se que também os impostos e contribuições que viessem a ser criados verteriam verbas ao Fundo.[64]

Em 2000, a EC nº. 27 insere o artigo 76 no ADCT, criando a figura específica da Desvinculação de Receitas da União (DRU), com a previsão de desvinculação de 20% da arrecadação da União com impostos, contribuições sociais e de intervenção no domínio econômico. Posteriormente, a DRU teve seu prazo de vigência prorrogado pelas ECs nº 42/2003, 56/2007, 59/2009 e 68/2011.

Na esteira das anteriores, a Emenda Constitucional nº 93/2016 foi promulgada para estender o prazo de vigência da Desvinculação de Receitas da União (DRU), que havia se encerrado em 31 de dezembro de 2015, até 31 de dezembro de 2023. Todavia, a referida EC promoveu profundas alterações no regime anterior, mantendo, entretanto, a desafetação de parte da arrecadação das contribuições sociais.[65]

Com efeito, a nova Emenda à Constituição excluiu do art. 76, do ADCT a previsão de desvinculação da arrecadação com os impostos da

---

64. Cf. MANSUR, Débora Ottoni Uebe. A Desvinculação de Receitas da União e seu reflexo sobre as Contribuições Especiais. Revista de Finanças Públicas, Tributação e Desenvolvimento. v. 5, n.5, 2017, p. 4.

65. Por fugir ao escopo do presente trabalho, evitamos analisar a controvérsia relativa à constitucionalidade da Desvinculação de Receitas da União, sobretudo em relação à desafetação do produto da arrecadação de contribuições sociais, cujo caráter distintivo é justamente, como acima referido, a destinação legal do produto.

União. Nada obstante, aumentou o percentual de desvinculação da arrecadação com as contribuições sociais e de intervenção no domínio econômico para 30% (trinta por cento). Previu ainda a possibilidade de desvinculação, no mesmo percentual, da arrecadação de taxas.

O aumento no percentual de desvinculação do produto arrecadado com contribuições sociais e de intervenção no domínio econômico, acompanhado da exclusão da arrecadação de impostos de competência da União da previsão constante do art. 76, do ADCT, evidencia a estratégia do Governo Federal de continuar a incrementar sua arrecadação por meio das contribuições especiais, especialmente as sociais.

Em verdade, a possibilidade de desafetação de 30% (trinta por cento) do produto arrecadado com as contribuições sociais, permitindo uma alocação mais flexível desses recursos, sem a necessidade de repassá-los a Estados e Municípios, estimulará a prática já corrente da União de expandir a arrecadação dessa espécie tributária, avançando sobre as bases impositivas próprias do ICMS e ISS.

Mas não é só. A exclusão do produto arrecadado com impostos da sistemática da DRU constitui indicativo de que, quando necessitar estimular a economia com incentivos tributários, a União o fará por meio da concessão de benefícios fiscais e isenções dos impostos de sua competência, reduzindo, ainda mais, o montante de recursos obrigatoriamente repassados a Estados e Municípios, direta ou indiretamente.

Assim é que a prática da União, de preferencialmente incrementar sua arrecadação por meio das contribuições sociais, estimulada pela recente aprovação da Emenda Constitucional n. 93/2016, constitui-se em verdadeira política tributária, que não só contribuiu, mas agravou o já desequilibrado federalismo fiscal cooperativo instituído pela Constituição Federal de 1988.

6. CONCLUSÃO

A história da Federação brasileira, inobstante o movimento pendular inerente ao federalismo, pode ser descrita como um processo de centralização do Poder político e financeiro na União, que teve seu ápice no regime constitucional anterior (1967-69). Embora se tenha preconizado na constituinte de 87/88 uma reação ao centralismo exacerbado, a Constituição Federal de 1988 não logrou concretizar todo o ideal de descentralização, com a garantia real e efetiva de autonomia federativa aos entes subnacionais.

O federalismo cooperativo instituído pela Carta Cidadã, "abraçado a uma justificativa de colaboração e solidariedade, acabou por instituir um modelo centrípeto de federação",[66] concentrando na União vasto campo de competências, sobretudo legislativa e tributária. Essa ideia de solidariedade também se fez sentir no campo financeiro.

Com efeito, diante da incapacidade de grande parte dos Estados e Municípios financiarem suas despesas com a arrecadação dos impostos de sua competência exclusiva, a Constituição instituiu um complexo sistema de distribuição vertical de renda, que passou a ser a principal fonte de receita de muitos dos entes subnacionais. Criou-se, assim, o terreno fértil para o movimento centralizador verificado no pós 88.

Nesse cenário, a opção da União de passar a aumentar a arrecadação através das contribuições especiais, sobretudo as sociais, cujo produto não é partilhado com Estados e Municípios, sem a alteração das competências constitucionais materiais dos entes periféricos, gerou grave sobrecarga fiscal nas finanças públicas estaduais e municipais, contribuindo para acentuar a grave crise financeira que os assola.

Esse uso das contribuições sociais como forma de incrementar a arrecadação, embora legítimo a princípio, oculta uma finalidade anti-federalista, que coloca em xeque o federalismo fiscal cooperativo, calcado na repartição vertical de receitas: deixar de partilhar com Estados, Distrito Federal e Municípios o produto arrecadado. Com isso, o Governo Central ganha Poder na barganha pelas transferências voluntárias, impondo às entidades subnacionais a sua vontade política.

Infelizmente, o cenário atual não revela mudança nas práticas centralizadoras da União, dada a promulgação da Emenda Constitucional nº 93/2016, que prorrogou até 31 de dezembro de 2023 a desvinculação de sua arrecadação com as contribuições sociais e de intervenção no domínio econômico, além das taxas.

O colapso das finanças dos Estados e Municípios descortina a crise pela qual passa o Pacto Federativo celebrado em 05 de outubro de 1988, impondo-nos a reflexão acerca do tipo de federação que desejamos. É preciso que o legislador ordinário e o constituinte derivado sejam mais fiéis ao desejo do constituinte originário, de uma federação descentralizada, com a garantia de real e efetiva autonomia federativa, para que os

66. TORRES, Silvia Faber. Op. Cit., p. 106.

entes periféricos possam exercer de forma plena as competências que lhes foram atribuídas pela Constituição Federal.

7. REFERÊNCIAS BIBLIOGRÁFICAS

ARRECHTE, Marta. Continuidades e Descontinuidades da Federação Brasileira: de como 1988 facilitou 1995. Revista de Ciências Sociais. Rio de Janeiro, Vol. 52, nº 2, 2009, pp. 377 a 423.

BARROSO, Luís Roberto. A Derrota da Federação: o colapso financeiro dos Estados e Municípios. Revista de Direito da Procuradoria Geral do Estado do Rio de Janeiro. Vol. 53. Rio de Janeiro: PGE, 2000, pp. 107 a 113.

BERCOVICI, Gilberto. A descentralização de políticas sociais e o federalismo cooperativo brasileiro. Revista de Direito Sanitário, Brasil, v. 3, n. 1, pp. 13 a 28, mar. 2002. Disponível em: <http://www.revistas.usp.br/rdisan/article/view/81291>. Acesso em: 10 outubro de 2016.

BRASIL. Ministério da Transparência, Fiscalização e Controladoria-Geral da União. Receitas do Governo Federal por Órgãos Superiores e Rubricas em 2016. Disponível em http://www.portaldatransparencia.gov.br/receitas/consulta.asp?idHierarquia Organizacao=1&idHierarquiaDetalhe=0&idDirecao=1&idHierarquiaOrganizacao0 =1&idHierarquiaDetalhe0=0&Exercicio=2016&Pagina=1. Acesso em 23/05/2017.

CALCIOLARI, Ricardo Pires. Direitos Sociais e Federalismo: A agonia do orçamento da seguridade social e o crescente endividamento dos entes subnacionais. IN: CONTI, José Maurício; SCAFF, Fernando Facury; BRAGA, Carlos Eduardo Faraco (Coord.). *Federalismo Fiscal*: questões contemporâneas. Florianópolis: Conceito Editorial, 2010.

CONTI, José Maurício. *Federalismo Fiscal e Fundos de Participação*. São Paulo: Editora Juarez de Oliveira, 2001.

FERREIRA FILHO, Manoel Gonçalves. *Princípios Fundamentais do Direito Constitucional*: o estado da questão no início do século XXI, em face do direito comparado e, principalmente, do direito positivo brasileiro. 3. ed. São Paulo: Saraiva, 2012.

IBRAHIM, Fábio Zambitte. *Curso de Direito Previdenciário*. 15. ed. Rio de Janeiro: Impetus, 2010.

LOBO, Rogério Leite. *Federalismo Fiscal Brasileiro*: Discriminação de Rendas Tributárias e Centralidade Normativa. Rio de Janeiro: Lumen Juris, 2006.

MANSUR, Débora Ottoni Uebe. A Desvinculação de Receitas da União e seu reflexo sobre as Contribuições Especiais. Revista de Finanças Públicas, Tributação e Desenvolvimento. v. 5, n.5, 2017.

MOREIRA, André Mendes. O Federalismo Brasileiro e a Repartição de Receitas Tributárias. In: DERZI, Misabel Abreu Machado; BATISTA JÚNIOR, Onofre Alves; e MOREIRA, André Mendes (Org.). *Estado Federal e Tributação*: Das origens à crise atual. Vol. 1. Belo Horizonte: Arraes Editores, 2015.

OLIVEIRA, Regis Fernandes de. *Curso de Direito Financeiro*. 7. ed. rev., atual. e ampl. São Paulo: Editora Revista dos Tribunais, 2015.

PEREIRA, André Luiz dos Santos. Do Federalismo Dualista ao Federalismo de Cooperação: A evolução dos modelos de estado e a repartição do poder de tributar. In:

DERZI, Misabel Abreu Machado; BATISTA JÚNIOR, Onofre Alves; e MOREIRA, André Mendes (Org.). *Estado Federal e Tributação*: Das origens à crise atual. Vol. 1. Belo Horizonte: Arraes Editores, 2015.

RIBEIRO, Ricardo Lodi. *Estudos de Direito Tributário*: Tributação e cidadania. Vol. I. 1. ed. Rio de Janeiro: Editora Multifoco, 2015.

__________ *Tributos*: Teoria geral e espécies. Niterói: Impetus, 2013.

SILVA, Davi Marques da. A competição tributária vertical no Brasil: uma patologia do sistema. Revista de Direito da Associação dos Procuradores do Novo Estado do Rio de Janeiro. Vol. XXII, Direito Tributário: Federalismo e Guerra Fiscal. Rio de Janeiro: APERJ, 2014, pp. 489 a 508.

SILVA, José Afonso da. *Curso de Direito Constitucional Positivo.* 29. ed. rev. e atual. São Paulo: Malheiros Editores, 2007.

SILVA, Ricardo Almeida Ribeiro da. Federalismo Fiscal, Eficiência e Legitimidade: O jurídico para além do formalismo constitucional. In: DERZI, Misabel Abreu Machado; BATISTA JÚNIOR, Onofre Alves; e MOREIRA, André Mendes (Org.). *Estado Federal e Tributação*: Das origens à crise atual. Vol. 1. Belo Horizonte: Arraes Editores, 2015.

TCU. Análise da receita referente ao exercício de 2011. Disponível em http://portal.tcu.gov.br/tcu/paginas/contas_governo/contas_2011/fichas/3_1_ArrecadacaoReceita.pdf. Acesso em 10 de outubro de 2016.

TEIXEIRA, José Raimundo Baganha. *O Atual Desequilíbrio no Sistema de Repartição de Receitas Tributárias.* Estudo da Consultoria Legislativa da Câmara dos Deputados. Março de 2011. Disponível em http://www2.camara.leg.br/documentos-e-pesquisa/publicacoes/estnottec/areas-da-conle/tema10/2011_480.pdf. Acesso em 10 de outubro de 2016.

TORRES, Heleno Taveira. *Direito Constitucional Financeiro*: Teoria da Constituição Financeira. São Paulo: Editora Revista dos Tribunais, 2014.

TORRES, Ricardo Lobo. *Tratado de Direito Constitucional Financeiro e Tributário.* Vol. I: Constituição Financeira, sistema tributário e estado fiscal. Rio de Janeiro: Renovar, 2009.

TORRES, Silvia Faber. Federalismo e Subsidiariedade. Revista de Direito da Associação dos Procuradores do novo Estado do Rio de Janeiro. Vol. XIX, Federalismo. Rio de Janeiro: APERJ, 2008.

14

TRINTA ANOS DE FEDERAÇÃO E CINCO ANOS DE FEDERALISMO: O FEDERALISMO FISCAL BRASILEIRO E SUAS VICISSITUDES

Gustavo da Gama Vital de Oliveira

Mestre e Doutor em Direito Público pela Universidade do Estado do Rio de Janeiro - UERJ, Professor Adjunto de Direito Financeiro da UERJ, Procurador do Município do Rio de Janeiro e Advogado.

Thiago Guerreiro Bastos

Doutorando em Finanças Públicas, Tributação e Desenvolvimento - PPGD/UERJ Mestre em Direito Constitucional - PPGDC/UFF, Especialista em Direito Constitucional - UCAM. Professor da Universidade Estácio de Sá (UNESA), Professor do Centro Universitário Carioca (Unicarioca).

Sumário: 1. Introdução; **2.** Federação e Federalismo; **3.** A afirmação histórica do federalismo no Brasil (antes da federação); **4.** Federalismo Fiscal e a Constituição de 1988; Conclusão; Referência Bibliográfica.

1. INTRODUÇÃO

Federação é uma forma de Estado que busca aglutinar a diversidade na unidade. Sua razão de ser, conforme sustenta Preston King (1982, p. 19) e Michael Burgess (1993, p. 5-6), se dá por questões políticas, históricas, econômicas e sociais. É certo que na Idade Moderna os EUA foram o grande marco desse modelo de Estado, contrastando-se com os dois vigentes até então: confederativo e unitário. Entretanto, isso não significa dizer que a federação estadunidense seja o parâmetro a ser seguido em razão da inexistência de um padrão para designar a federação.

Na verdade, há modelos federativos: brasileiro, argentino, mexicano, venezuelano, alemão, canadense, entre outros. Ronald Watts (1996, p. 10) aponta que os padrões federativos não têm limites, sendo, então, normal e esperado que cada Estado Federado tenha uma vertente ou estrutura diferenciada por pressupostos que antecederam a escolha política efetuada. Logo, a justificativa teórica sobre os vínculos jurídicos constituídos entre as unidades federadas se debruça sobre a realidade regional. Assim, deduzir que a federação brasileira é falha porque destoa das praxes americanas não se sustenta à luz da teoria federativa. O Estado Federal busca, ao seu modo, atingir a descentralização política necessária para fins de bem-estar social. Fica a cargo de cada processo constituinte democrático estabelecer seus anseios políticos no tocante a forma de estado almejada.

Na mesma linha, Misabel Derzi e Thomas Bustamante destacam que é imprópria a idealização de uma forma única de federação, como elementos abstratamente idealizados, de forma que a enunciação da federação deve ser compreendida a partir de uma perspectiva tipológica, com estruturas que sejam sensíveis a modificações temporais (DERZI, BUSTAMANTE, 2016, p. 10).

O presente estudo busca compreender especialmente a afirmação histórica do federalismo brasileiro, destacando a diferença entre a federação e o federalismo e suas importantes consequências para o federalismo fiscal. A centralização das competências tributárias e dos recursos financeiros não atinge diretamente, por exemplo, a federação, como forma de Estado, mas sim o federalismo. Entender o princípio federativo pressupõe a distinção entre federação e federalismo, posto que são compreensões que compõem o referido princípio.

A mencionada distinção afigura-se ainda importante para compreender o alcance da cláusula pétrea prevista no art. 60, §4º, inciso I, da Constituição Federal. O termo utilizado pelo constituinte foi "a forma federativa de Estado". Conforme será demonstrado a seguir, a referida limitação material ao poder de tributar não impede somente a edição de emendas que procurem abolir a federação como forma de Estado (carga estática do princípio federativo), mas também busca proteger a própria noção de federalismo (carga dinâmica do princípio federativo).

Por fim, destacaremos alguns dados empíricos que demonstram que o federalismo fiscal imaginado pelo Constituinte de 1988 foi severamente mitigado em razão de sucessivas emendas constitucionais ou mesmo por práticas adotadas pela União Federal, especialmente a partir de 1993, de forma que, embora o Brasil continue sendo formalmente uma federação, do ponto de vista fiscal, os ideais de federalismo e da descentralização do poder tributário estão cada vez mais distantes.

2. FEDERAÇÃO E FEDERALISMO

Autores como Luís Roberto Barroso (1982, p. 9), José Alfredo Baracho (1982, p. 35) e Wilba Lúcia Maia Bernardes (2010, p. 127) apresentam teorias que buscam justificar a natureza jurídica dos laços forjados entre as unidades. Seis teorias se destacam, merecendo, então, maior atenção: 1) Dupla soberania – originária da obra clássica "O Federalista" na qual se defendia a ideia de co-soberania. Nesse contexto, os Estados abriram mão de parte da sua soberania em prol da União que estava sendo forjada, mas retiveram a soberania restante não delegada; 2) Nulificação – mote teórico de John Calhoun que fomentou teoricamente o pleito dos Estados do sul dos EUA na guerra de secessão em 1865. Seus defensores apontavam que a federação era uma releitura dos laços confederativos, pois a soberania ainda residia nos Estados. Desse modo, poderiam se retirar da unidade caso assim quisessem; 3) Estado federal único – sustentou-se que os Estados cederam sua soberania em prol da União. Logo, esta unidade seria soberana; 4) Teoria da participação – os Estados são chamados a participar da vontade federal, atuando, assim, indiretamente, no exercício da soberania; 5) Teoria da autonomia – defendeu a federação como Estado único e soberano, não negando, contudo, o status de Estados das unidades federadas. Assim, as unidades componentes não seriam soberanas.

A sexta teoria - teoria das três entidades estatais – reproduz a compreensão de Kelsen (2016, p. 445) sobre o fenômeno federativo. Para essa corrente, a forma federativa seria o ápice da descentralização política. Em razão disso, o Estado federal seria uma totalidade que representa a federação e os Estados-membros sob uma ótica de coordenação. A premissa das três entidades estatais é que as ordens jurídicas parciais (União e Estados) não estão subordinadas entre si. A junção dessas duas ordens jurídicas parciais cria a ordem jurídica total que é soberana. É da ordem jurídica total que as unidades autônomas retiram suas competências e seu poder político.

É com regularidade que as expressões federação e federalismo são usadas como sinônimas. Ainda que sejam conceitos entrelaçados e dotados de interdependência não podem ser confundidos. São fenômenos que se fomentam, se retroalimentam, mas ainda assim são elementos autônomos dentro da estrutura federal de Estado. A junção de ambos forja o princípio federativo que se compõe de uma carga estática (federação) e outra dinâmica (federalismo).

Compete ao elemento dinâmico – federalismo - promover expansões ou retrações da forma federativa; o federalismo é um elemento elástico apto a renovar a forma federal ao longo do tempo. Nesse sentido, a federação está para uma *estrutura* enquanto federalismo para uma *postura.*

Assim, fica a cargo da tensão existente entre unidade e diversidade a substância do princípio federativo, pois é nele que resta a diferença conceitual entre federação e federalismo. Com isso, aponta-se a impossibilidade de criar um conceito principiológico universal; compete a cada texto político adotar seu viés político do seu princípio federativo à luz de sua realidade política.

Michael Burgess (1993, p.3) sustenta que a distinção entre federalismo e federação não é uma busca conceitual contemporânea, pois ainda que implicitamente, sua distinção sempre existiu. Coube, portanto, às últimas décadas delimitar as fronteiras axiológicas. Propugna-se que a federação é uma estrutura política do Estado; é seu arranjo institucional.

Falar em federação, como se nota, significa observar sua organização política interna; federação é algo tangível, pois engloba um complexo emaranhado de divisão de poder político. É ínsito à federação o estabelecimento de feixes de atuação própria, mas foge da sua esfera o poder de materializar ou determinar o que são essas competências e/ou como serão exercidas. Como se verá adiante, essa lógica dinâmica fica a cargo do federalismo para fins de equilíbrio e elasticidade interna.

Federação é uma forma de Estado específica que engloba estruturas, instituições e técnicas por meio do qual as unidades regionais incorporadas têm meios de influenciar as decisões tomadas pelo governo central (KING, 1982, p.21-23). Por isso, o conceito de federação envolve a ideia clássica de unidade na diversidade, ou seja, a federação é uma válvula de escape que potencializa a institucionalização da diversidade em um determinado Estado nacional.

Compreender o fenômeno político e histórico que ensejou a formação federal é relevante para determinar o quão estável poderá vir a ser a federação. Por fim, ressalta-se que o conceito de federação não cabe em um parâmetro binário federado / unitário. O perfil federativo tem um amplo espectro, podendo ser mais ou menos descentralizado. Com isso, busca-se enfatizar que há gradações federativas que não podem ser usadas para apontar falha ou sucesso da forma federal experimentada.

Federalismo, por outro lado, não é uma estrutura, é uma postura. É uma visão a favor da descentralização política; é uma premissa ideológica e filosófica que enxerga na divisão do poder político uma saída adequada para atender aos anseios das localidades[1]. Falar em federalismo, em outras palavras, significa dizer que há uma predisposição em sua defesa e em sua efetivação como expressão política regional. Portanto, se federação é uma técnica de divisão de poder, o federalismo é a vontade política, ideológica e filosófica que impulsiona sua efetivação. Federalismo como postura representa a alma da federação, sua personalidade, sua essência, seu jeito de ser. Não é possível avistar o federalismo sem levar em conta a evolução cultural e histórica do lugar. A lente é complexa e multidimensional. As gradações que a lente admite são expressões do federalismo e não da federação[2]. Sob essa perspectiva é possível identificar o *federalismo epigenético*, no sentido de possibilitar modificações de postura que não afetam a estrutura. A noção de epigenia, oriunda da biologia, materializa a elasticidade que se encontra no federalismo. As contrações e distensões são variações deste fenômeno que afetam a prática política sem, necessariamente,

1. Importante atentar que a expressão "federalista" no Brasil significa descentralização, mas no contexto dos EUA é centralização. Isso se justifica pela origem centrípeta ou centrífuga da federação. Diante da ressalva apontada, o termo descentralização será usado sob a ótica da federação centrífuga no contexto brasileiro.

2. Importante apontar que federalismo como postura, como predisposição à descentralização propicia a sua existência mesmo em países não federados. Portanto, há federalismo sem federação, mas o inverso não existe. Os princípios federativos, a ideologia por trás da descentralização pode influenciar modelos unitários. A Espanha e Itália são grandes exemplos de vivências do federalismo em um Estado unitário na essência. O Império do Brasil também vivenciou o federalismo sem ser federação formal, ainda que se identifique estruturas rústicas federativas como a criação de Assembleias Legislativas, etc.

alterar formalmente o texto constitucional. Federalismo epigenético, aponta-se, tem limitações impostas pelo núcleo do princípio federativo. A expansão ou contração política é limitada para evitar a desnaturação federativa a partir de uma excessiva centralização ou uma anárquica descentralização. Compete ao princípio traçar fronteiras do mínimo federativo, de seu núcleo essencial, isto é, indicar quais posturas não são admissíveis. De forma exemplificativa, estabelecer que as unidades possuem poder político tributário é federação, mas determinar quais são essas competências é obra do federalismo. Desse modo, a federalização de competências é fruto deste e não daquele.

É nessa linha de entendimento que a cláusula pétrea da "forma federativa de Estado", prevista no art. 60, §4º, I, da CF, deve ser compreendida. A função da referida cláusula pétrea é justamente preservar a noção federalismo epigenético, ou, em semelhante ao termo utilizado pela doutrina com mais frequência, o "núcleo essencial" do instituto nele versado, o que resulta no reconhecimento de que para além deste *núcleo* há um espaço de conformação no qual deve ser autorizada a atuação do constituinte derivado. Logo, a referida cláusula pétrea não deve ser entendida como protegendo apenas a federação (carga estática), mas o próprio federalismo (carga dinâmica).

A distinção é relevante porque reforça a ideia de que o trabalho da jurisdição constitucional no exame de constitucionalidade de emendas constitucionais, acusadas de violação de cláusulas pétreas, não poderá ser realizado com base somente em critérios formais (OLIVEIRA, 2018. p.57). Ou seja, uma emenda constitucional jamais poderá ser declarada inconstitucional apenas porque realizou uma modificação pontual na matéria relativa à distribuição de competências federativas. Da mesma forma, a cláusula pétrea da "forma federativa de Estado" não pode ser invocada apenas na improvável hipótese de o constituinte derivado buscar a extinção da forma federativa. A própria locução "tendentes a abolir", constante do §4º do art. 60 reforça tal alegação.

Nesse sentido, recai sobre a jurisdição constitucional um papel político ímpar, qual seja, reforçar os contornos do princípio federativo a fim de delimitar sua epigenia/núcleo essencial. Contudo, para que isso se efetive sem atropelos é imprescindível aportes doutrinários que destravem atuação da Corte Constitucional diante de possíveis questionamentos frutos de Emendas à Constituição. Além disso, é ônus político da Corte Máxima adotar uma postura de neutralidade política por meio do conceito de consenso sobreposto de John Rawls. Somente por meio da razão pública seria possível proteger o avanço das maiorias transitórias sobre o núcleo essencial permanente (OLIVEIRA, 2019, p. 11-24).

O Supremo Tribunal Federal reforçou o entendimento explicitado acima ao decidir a ADIN 939-7 (DJ 18.3.94, Rel. Min. Sidney Sanches), na qual restou assentada a inconstitucionalidade do art. 2º da EC 3/93 que instituiu o Imposto provisório sobre Movimentações Financeiras (IPMF) e estabeleceu que ao novo tributo não seria aplicável o princípio da imunidade recíproca (art. 150, VI, alínea "a"), pela evidente violação da cláusula pétrea prevista no art. 60, §4º, inciso I, da CF. Note-se que na hipótese não se tratava de uma emenda constitucional que buscava extinguir a federação, mas que buscava embaraçar o poder de autodeterminação dos ente subnacionais no que respeita à obtenção dos meios financeiros para a manutenção dos seus serviços.

Na mesma linha, no julgamento da ADI 2024, proposta contra dispositivo incluído pela EC 20/98, o Relator, Ministro Sepúlveda Pertence, destacou que a cláusula pétrea da forma federativa de Estado deve ser entendida não sob uma ótica de uma noção ideal de federação, mais sim sob a ótica histórica, tal como contemplado pelo constituinte originário, consoante afirma obtida na própria ementa do julgado:

> "(...)
> 1. A "forma federativa de Estado" - elevado a princípio intangível por todas as Constituições da República - não pode ser conceituada a partir de um modelo ideal e apriorístico de Federação, mas, sim, daquele que o constituinte originário concretamente adotou e, como o adotou, erigiu em limite material imposto às futuras emendas à Constituição; de resto as limitações materiais ao poder constituinte de reforma, que o art. 60, § 4º, da Lei Fundamental enumera, não significam a intangibilidade literal da respectiva disciplina na Constituição originária, mas apenas a proteção do núcleo essencial dos princípios e institutos cuja preservação nelas se protege."

A seguir, passamos a demonstrar que a carga dinâmica do princípio federativo – o federalismo – possui efetiva tradição da história brasileira, bem antes da própria proclamação formal da forma federativa de Estado.

3. A AFIRMAÇÃO HISTÓRICA DO FEDERALISMO NO BRASIL (ANTES DA FEDERAÇÃO)

Afirmar que o federalismo se inicia a partir da República no Brasil é um erro frequente. O mesmo vale para a federação, pois a estrutura federativa rudimentar surgiu ao longo do Império. Portanto, a descentralização política no Brasil possui três grandes ciclos: colonial, imperial e republicano, ou seja, origem, maturação e desenvolvimento/aperfeiçoamento.

A descentralização política no período colonial oscilou entre a intensidade e a moderação. Após a conquista territorial se implementou o sistema de capitanias hereditárias por ordem de D. João III. O modelo criou significativa pulverização do poder no território colonial em razão da escassa presença metropolitana. A divisão colonial em quatorze faixas de terra com seus respectivos donatários, curiosamente, assemelha-se à América Inglesa com suas treze colônias. Entretanto, há um século de diferença entre os dois fenômenos, visto que a colonização dos EUA se iniciou em 1607 na atual área da Virgínia. Além disso, a distância entre os dois sistemas não é apenas temporal, mas política. A Coroa portuguesa atuou para aniquilar qualquer viés descentralizador ao passo que a inglesa incentivou tal postura. Nesse diapasão, é possível afirmar que em ambas experiências coloniais o federalismo antecedeu a federação.

O contexto brasileiro propiciou o surgimento das Câmaras Coloniais[3] que sedimentaram os riscos descentralizadores a nível local. O estudo do gérmen federativo colonial exige a compreensão dos seguintes fatores: 1) duplo isolamento geográfico interno (intra e inter capitanias); 2) isolamento externo (imensa distância entre colônia e metrópole), e 3) tomada de decisões diante das necessidades locais. Esse tripé propicia um rústico elemento federativo a partir da localidade. Sob essa perspectiva, Raymundo Faoro aponta que os grupos oligárquicos sempre tiveram suas bases mal toleradas desde o advento do governo-geral e posterior centralização implementada (FAORO, 2001, loc. 162).

O movimento de fluxo e contra-fluxo federativo no Brasil somente se estabilizou com a chega da Corte em 1808. Se até então a colônia era uma eletrosfera desprovida de núcleo apto a atrair as partículas de elétrons que estavam dispersas, com a chegada do Rei, núcleo, constituiu-se um centro legítimo capaz de fazer com que os elétrons, Províncias, gravitassem em torno de um centro de poder denso o bastante para anular a fuga geográfica das distâncias (FAORO, 2001, loc. 295). Foi nesse mo-

3. Foram órgãos de extrema relevância para o desenvolvimento do poder político local, pois a organização da colônia ocorreu a partir da municipalidade. As Câmaras reproduziam no aspecto político o controle da realidade fática, pois a elite agrária e aqueles que detinham íntima relação com a Coroa eram eleitos por seus iguais (homens bons). Em outras palavras, a comuna propiciou uma insípida experiência representativa (LEAL, 2012, loc. 42-46).

mento político que o Brasil deixou de ser uma banal extensão do estado português para ser a sede da Corte. Consequentemente, foram feitos investimentos, melhorias e obras que incentivaram o mercado interno.

Se havia federalismo no Brasil, por qual motivo se rumou para a centralização com a independência? Para Mirian Dolhnikoff (2005), Raymundo Faoro (2001), José Murilo de Carvalho (2013) e Luiz Fernando Abrúcio (1998), houve um acordo entre as elites na disputa entre a unidade e autonomia. O projeto vencedor se pautou na independência por meio da monarquia a fim de não incorrer na pulverização territorial e guerra civil que assolaram a América Hispânica. A elite brasileira não era homogênea, logo, a despeito de vozes favoráveis à República, estas foram silenciadas pelo grito à monarquia.

A constituinte de 1824 fomentou acalorados debates sobre federação e unitarismo. As Províncias não buscavam trocar a subjugação de Lisboa pelo Rio de Janeiro. Em razão disso, havia forte apelo a uma monarquia federativa. Buscava-se, assim, manter as heranças coloniais intactas, isto é, manter a ordem do passado apenas com uma nova roupagem de independência. A constituição chancelaria a prática política vigente até então (federalismo a nível local).

Contudo, D. Pedro I trouxe a lógica unitária a reboque quando dissolveu a constituinte e outorgou a constituição. Ao romper com os anseios regionais oligárquicos a Carta de 1824 afastou as elites locais e regionais de qualquer poder decisório. O levante provincial iniciado por Pernambuco foi o prelúdio das tensões internas que afligiriam o I Reinado. Fato é que D. Pedro I apenas postergou a primavera federativa, pois não teve força política para aniquilá-la. Assim, a descentralização política venceu a disputa a médio e longo prazo, ainda que tivesse sido derrotada no momento constituinte. O unitarismo não conseguiu meandrar pelos cantões isolados do país; o Rio de Janeiro não tinha como dar respostas a realidades e necessidades tão distantes da sua.

A abdicação de D. Pedro I aponta para vitória do movimento liberal que refutava o projeto unitarista. O anseio por dar voz a atores políticos fora da estrutura do governo central fez com que muitos deputados usassem a Câmara dos Deputados como lócus de barganha provincial, ou seja, para Miriam Dolhnikoff (2005, p.14) as elites regionais conseguiram dar um *by-pass* na estrutura centralizada a fim de salvaguardar os interesses provinciais. A queda de D. Pedro I retira a resistência à rediscussão política acerca dos vínculos jurídicos entre as unidades. O rompante descentralizador promoverá mudanças sensíveis na Constituição para destravar o federalismo e a federação. O ato adicional de 1834 abriu as comportas do federalismo até então represadas pelo texto unitário de 1824. As propostas eram ousadas, pois defendiam a extinção do Poder Moderador, fim do Conselho de Estado, criação de Assembleias Provinciais, fim da vitaliciedade dos senadores com eleição indireta por meio das Assembleias, e menção expressa à forma federativa no Texto. Contudo, o Senado autorizou uma reforma menos ambiciosa.

No geral, a estrutura federativa foi estabelecida, pois ocorreu uma reestruturação administrativa e se criaram as Assembleias Provinciais. Simplificando os acontecimentos políticos é possível afirmar que antes de 1834 a estrutura administrativa era eminentemente Geral. Com advento do ato adicional repartiram-se as funções entre governo Central e Provincial. O redesenho administrativo do período cedeu às Províncias o controle sobre a administração da justiça, fiscalização e tributação e administração interna. As Províncias tornaram-se o principal canal para atingir áreas que a Coroa jamais conseguira antes. Em torno das Assembleias Provinciais criaram-se novas elites de caráter regional que controlavam a direção política provincial.

Um ponto que merece especial destaque do Ato Adicional foi o ensaio de discriminação das rendas[4]. Assim, tributos passaram a ser instituídos a nível regional tais como: dízima sobre gêneros, décima urbana, meia sisa dos escravos, décima sobre herança e legado. O que se denota nesse período é que competia às leis orçamentárias delimitar o que cada unidade ficaria responsável por arrecadar. A lei nº 99 de 31 de outubro de 1835 fixou as receitas e despesas referentes ao ano de 1836. Em seu artigo 12 determinou competir às Províncias todas as imposições não abarcadas pelas rendas do governo central. Além disso, o artigo é expresso ao impor que todo o processo legislativo do orçamento provincial ficaria a cargo da Assembleia Provincial e não mais da Câmara dos Deputados. Assim, criaram-se também Tesourarias Provinciais para facilitar a cobrança dos tributos. Alerta-se, contudo, que o Império manteve para si a parte mais considerável do bolo tributário como se denota do art. 11 da referida lei. A título exemplificativo é possível indicar que receitas próprias obtidas pelas Províncias de São Paulo, Rio Grande do Sul e

4. As receitas e despesas provinciais eram estabelecidas pelos Conselhos Gerais a partir da proposta do Presidente da Província. Competia à Câmara dos Deputados aprovar ou não. Ato adicional não apenas criou Assembleias Provinciais como lhes deu a atribuição política de fazer seu próprio orçamento.

Pernambuco chegavam aproximadamente a 50% do montante total do orçamento próprio:

> A obtenção dos recursos financeiros dependia necessariamente da taxação da principal atividade da província, o que não era desprovido de conflito entre governo e grandes proprietários. A criação e a cobrança de impostos implicavam um ônus político significativo, uma vez que a arrecadação fiscal constituía pontos sensível na relação entre Estado e elite econômica. (...) E aí residia para alguns a dificuldade de obter uma renda significativa. O problema não estaria nas limitações impostas por lei, mas no fato de que os deputados provinciais temiam criar impostos que lhes custaria apoio político e preferiam transferir para o governo central esta responsabilidade (DOLHNIKOFF, p. 163, 2005).

Tal premissa somente se mostra viável porque a monarquia de fato se federalizou, ainda que o Texto expressamente assim não dissesse. A reforma constitucional incentivou o federalismo e traçou estruturas típicas de uma federação. Portanto, se o texto originário não previa poder político a nível provincial, o mesmo não pode ser dito após sua alteração no período regencial.

As alterações promovidas pelo Ato Adicional de 1834 sofreram um reajuste com advento da Lei Interpretativa de 1840. A estrutura federativa e o federalismo ecoavam no seio administrativo imperial, pois a elite exercia poder político no tocante aos seus interesses regionais. Desse modo, a reforma não foi um regresso ao tratamento político de 1824. Buscou a Lei Interpretativa calibrar o federalismo. Assim, reajustou-se o papel do juiz de paz que impunha forte desequilíbrio na estrutura de poder. Nesse sentido, delimitou-se as atribuições das Assembleias para criação de cargos do Poder Judiciário, visto que estes eram eminentemente cargos do governo central.

Destaca-se, também, que a figura do Vice-Presidente, outrora eleito pela localidade, passou também a ser nomeado pelo Imperador tal qual o Presidente. A alteração se justificou em razão do fato de o Presidente nomeado pelo imperador, por causa de constantes viagens oficiais, estar fora do cargo. Então, quem de fato comandava a Província era o Vice-Presidente que não detinha nenhuma relação com o poder central, podendo, assim, desregular políticas de âmbito nacional. Desse modo, decidiu-se que competiria à Assembleia formar uma lista tríplice para que o Imperador escolhesse um dos três nomes. Não se aniquilou a influência regional na escolha do Vice-presidente, apenas se redesenhou a sua estrutura. Em contrapartida, é importante ressaltar que a Lei Interpretativa não impediu a atuação das Assembleias em seu âmbito administrativo nem muito menos retirou o poder político tributário obtido. O ato de 1840 também não avançou sobre a segurança pública e as Câmaras Municipais que continuaram sob a alçada das Assembleias. Portanto, não se nega que houve centralização, principalmente em torno da figura do juiz de paz, mas, aparentemente, não se retornou ao projeto unitarista de 1824. Logo, tachar a lei interpretativa de "regresso" em alusão ao teor político de 1824 se mostra, no mínimo, exagero. Nesse sentido, afirma-se que *"A história da construção do Estado brasileiro na primeira metade do século XIX foi a história da tensão entre unidade e autonomia"* (DOLHNIKOFF, 2005, p. 11).

A estabilidade do II Reinado não foi suficiente para arrefecer os ímpetos descentralizadores. Almejava-se aprofundar o viés federativo iniciado com o Ato Adicional de 1834, mas o gabinete liberal resistia à descentralização por acreditar que a junção de monarquia com federação poderia ameaçar a unidade. Desse modo, o golpe desferido contra o Império não teve socorro da elite, do povo ou dos intelectuais. A elite entendia ser necessário retirar D. Pedro II que resistia à descentralização. Diferente do período regencial, desta vez, o projeto era de ruptura definitiva com a monarquia. O povo sempre fora espectador e nunca ator político[5] motivo pelo qual os acontecimentos políticos relevantes tendiam a ignorá-los. Por fim, os intelectuais se mostravam, de certa forma, indiferentes. Segundo Oliveira Vianna (2006, p. 32-35), Rui Barbosa foi um notório defensor da federação com ou sem a Coroa. Por outro lado, Joaquim Nabuco detinha simpatia pela forma monárquica e defendia sua aglutinação com a federação. O que se percebe é que o pensamento liberal não derrubou a monarquia por acreditar na República, pois não havia nenhum gesto efusivamente republicano. O Império caiu por insistir em represar o federalismo. Por isso, às vésperas do golpe havia um misto de simpatia (Nabuco) e indiferença (Barbosa) em relação ao regime monárquico. O que se denota é que o fim do Império foi, sobretudo, melancólico e aquém de sua relevância político-social. A República surge para retirar o efeito *cliquet* que a Monarquia impôs à descentralização.

Nota-se que o federalismo no Brasil, a postura, não foi fabricada, imposta ou copiada. É algo genuinamente brasileiro. O federalismo encontra formalmente a federação, no Brasil, sem pudor, pela primeira vez,

5. Segundo José Murilo de Carvalho "O povo, naturalmente, estava fora do baile [na Ilha Fiscal], como estivera fora na Proclamação da Independência e estaria na Proclamação da República. Era espectador" (CARVALHO, 2013, p. 422).

com o decreto nº 1 de 15 de novembro de 1889[6] cuja carga política foi ratificada pela Constituição de 1891. Mas o sentimento do federalismo no Brasil está desde 1530 (marco das capitanias hereditárias) tentando encontrar seu equilíbrio. Ora exaltada, ora rechaçada, a descentralização política sempre esteve presente. A adoção da forma federativa ganha maiores dimensões com a primeira carta republicana de 1891. Desde o primeiro desenho federativo até o mais recente, o Brasil oscilou em níveis de descentralização.

Federação e federalismo desabrocham em todo o seu esplendor quando as unidades políticas detêm poder político tributário. Em outras palavras, não existe autonomia política sem independência financeira. Ao longo da evolução federativa brasileira a questão orçamentária sempre foi um tema sensível. Prova disso foi a rústica discriminação de receitas promovida no Império quando a monarquia flertou com o federalismo e a federação. Neste período cabia às leis orçamentárias reservar espaço fiscal para as Províncias.

Somente com a Constituição de 1891 se formalizou sem pudores a forma federativa. Vivenciou-se nesse momento histórico um federalismo selvagem, pois havia intensa disputa política e fiscal entre as unidades federadas. A primeira República foi assolada pela bitributação. A desarticulação fiscal foi tamanha ao ponto de os Estados usarem inadequadamente o imposto de exportação[7]. No afã de obterem receitas próprias para atender aos deveres constitucionais certas unidades passaram a tributar produtos que cruzassem suas circunscrições territoriais sob a argumentação de ser uma exportação. Esse é um nítido indicativo da força federativa que irrompeu em 1891. A controvérsia foi solucionada após amplo debate jurídico no qual se estabeleceu que o imposto de exportação era aquele destinado ao mercado externo[8]. Foi notável aliás a participação de Rui Barbosa na ocasião, destacando a impossibilidade de os Estados buscarem a tributação pelo imposto de

6. De acordo com Heleno Torres: "(...) a partir das oligarquias dominantes das províncias mais próspera, viu-se erigir o nosso federalismo oligárquico. (...) o Brasil acordou unitário e dormiu uma federação, por um 'federalismo de Decreto'" (TORRES, 2004, p. 28).

7. A primeira Constituição republicana garantiu aos Estados o controle da principal fonte de arrecadação tributária – o imposto de exportação -, o direito de manipularem os seus tributos e de criarem outros não concorrentes com a União, bem como de recorrerem à dívida pública e aos empréstimos externos (LOPREATO, 2002, p. 16).

8. Vale destacar que após esse episódio os textos constitucionais brasileiros passaram a adotar a expressão "para o exterior" quando se referem ao Imposto de Exportação para evitar a taxação interna que foi tida como uma mazela da primeira experiência republicana.

exportação nas vendas destinadas a outros Estados da Federação (BARBOSA, 1958, p. 6).

4. FEDERALISMO FISCAL E A CONSTITUIÇÃO DE 1988

A Constituição de 1988 não promoveu uma ampla repactuação fiscal em relação à distribuição da competência tributária[9], preferindo apostar no aumento das transferências intergovernamentais para efetivar o projeto federativo de descentralização pela execução. Não houve inovação ou ruptura fiscal, pois, o aumento dos valores compartilhados já era perceptível desde o início dos anos 80[10].

Inicialmente o processo foi bem-sucedido; a título exemplificativo, em 1988, a União arrecadava cerca de 60.1% da carga tributária total, caindo, em 1991, para aproximadamente 54.3%. Os Estados-membros, por seu turno, experimentaram um aumento, pois saíram de 26.6% para 29.8%, enquanto os Municípios também tiveram acréscimos, saindo de 13.3% para 15.9% (OLIVEIRA, 2010, p.41). Contudo, a partir de 1993 o governo federal forçou uma recentralização fiscal[11]. A fim de recuperar suas finanças a União majorou e instituiu novas contribuições sociais. De acordo com Celso de Barros Correia, os anos 90 marcam a desnaturação das contribuições sociais, pois seu uso excessivo não se deu para manter o orçamento da seguridade, mas sim para reforçar o orçamento fiscal da União uma vez que seriam tributos não compartilháveis (CORREIA NETO, 2010, p. 205).

A EC nº 3/93 demarca o contra-ataque da União no federalismo fiscal. Em uma única tacada a União conseguiu: 1) revogar o Adicional de Imposto de renda Estadual (Art. 155, II); 2) revogar o Imposto sobre Vendas a Varejo de Combustíveis (Art. 156, III); 3) criar a IPMF, imposto

---

9. As competências foram, em regra, mantidas com alterações pontuais. O imposto residual passou a ser federal o que é uma incoerência quando se pensa que a federação traçada em 1988 é de descentralização por execução. Impostos federais únicos foram incluídos na base do atual ICMS. Houve fracionamento do tributo sobre patrimônio em ITBI e ITCMD.

10. Em 1977 o governo central arrecadou 76% da carga tributária. Com as transferências da época ficou com aproximadamente 69% de toda a riqueza produzida. A desconcentração da carga na União ocorreu a partir de 1984 das emendas constitucionais 23/83 (VARSANO, 1998, p. 9-12).

11. A título comparativo, em 2004 Marcos Mendes identificou que de toda a carga tributária arrecadada pela União, 57% originaram-se a partir de contribuições. Marcos Mendes aponta que em 2002 a União arrecadou cerca de 57% de toda a carga tributária. As receitas estaduais, por sua vez, baseavam-se quase que exclusivamente no ICMS (80%) e os Municípios no ISS (35%) (MENDES, 2004, p. 442).

residual não sujeito à partilha com Estados e Municípios; 4) alterou o parágrafo único do art. 160/CF, tornando mais ampla a possibilidade de retenção pela União Federal de recursos de transferências intergovernamentais para Estados e Municípios e, 5) mitigou a imunidade recíproca, submetendo Estados e Municípios ao novo IPMF (medida considerada inconstitucional pelo STF na ADI 939).

As críticas aqui traçadas não buscam defender a impossibilidade de alteração de elementos federativos ou uma alteração de mão única, isto é, apenas para descentralizar. A cláusula pétrea do pacto federativo não pode impedir reajustes ou calibragens. A denúncia recai quando há alteração e não se vislumbra nenhuma previsão de compensação por parte do governo federal em relação ao seu avanço sobre as unidades subnacionais. O primeiro ensaio de reforma fiscal se mostrou bastante antifederativo ao restringir espectro sensível do poder político tributário subnacional sem prever nenhuma medida compensatória. A EC 3/93 anuncia a relação federativa predatória que a União está disposta a adotar para se salvaguardar.

A EC de Revisão de 1994 também foi um divisor de águas para o federalismo fiscal, pois logrou êxito naquilo que a EC 3 falhou. Coube à Emenda de Revisão criar o Fundo Social de Emergência – FSE para sanar as contas federais e estabilizar a economia. Nesse sentido, 20% de todos os impostos e contribuições instituídos pela União seriam desvinculados para compor o fundo. Atualmente, a Desvinculação das Receitas da União - DRU cumpre esse papel.

Os anos 90 marcaram o uso acentuado das contribuições sociais em detrimento dos impostos compartilháveis. A bem da verdade, a maior utilização dos instrumentos tributários previsto no art. 195/CF era algo esperado porque o texto de 1988 universalizou o sistema de proteção social. Por entender que sua utilização se restringiria ao orçamento da seguridade o constituinte não estabeleceu nenhum critério de partilha do montante arrecadado em razão da referibilidade atinente às contribuições. No entanto, a carga tributária referente ao ano de 2016 apontou que o orçamento da seguridade social abarcou 35% de toda a receita obtida pela União. Por sua vez, o orçamento fiscal foi responsável por 24,71%. A COFINS, CSLL e o PIS/PASEP sozinhos responderam por 16% enquanto o IR obteve 17,76%. Os dados referentes ao ano de 2016 refletem toda a dinâmica fiscal implementada desde 1993. Nesse sentido, a título exemplificativo, de 2001 a 2007 a União arrecadou, respectivamente, com IR os seguintes valores em milhões de reais: 159, 193, 190,

212 e 255. Já com CSLL e COFINS, conjuntamente, foi de: 134, 280, 300, 350 e 400[12]. Não se nega a importância das contribuições para o sistema da seguridade social, mas há indícios de que a União tem usado as contribuições para driblar a partilha fiscal esculpida em 1988[13].

Atualmente, a DRU (EC 93/2016) desvincula 30% dos impostos e contribuições arrecadados. Nesse sentido, desafeta aproximadamente 1/3 das contribuições que arrecada, transmutando, assim, uma receita da seguridade em receita fiscal. Há nítida ofensa à referibilidade. Nota-se que a União conseguiu descaracterizar as contribuições e esvaziar a "(...) *autonomia dos Estado e Municípios, que, à míngua de recursos suficientes para o desempenho normal de suas atividades, acabam se sujeitando à política ditada pelo Governo Central*" (ALVES, 2017, p. 230). Em sentido semelhante Erika Amorim Araújo (2005, p. 26-32) ressalta que as contribuições sociais (PIS/PASEP, Cofins, CSLL e CPMF) tem ingressado no cofre da União com intuito de posterior desvinculação tornando-as em receita ordinária do governo federal. O levantamento da arrecadação federal desde 1970 trazem dados bastante elucidativos de quando o governo federal passou dar maior importância às contribuições ao ponto de rivalizar a ultrapassar a receita obtida por meio de impostos.

---

12. Dados obtidos em: Carga tributária no Brasil 2016: Análise por tributos e bases de incidência. Ministérios da Fazenda, Receita Federal. Dezembro de 2017.

13. Segundo André Velloso, a União prefere não usar o imposto residual para não ter que repassar 20% para os Estados. Apesar de não ter usado o art. 154, I, valeu-se de emendas à constituição para criar o malfadado IPMF(EC 3/93), que veio a ser substituído pela CPMF (EC 12/96). Além disso, muitas contribuições são parcialmente desafetadas de sua destinação via DRU, o que demonstra a burla financeira feita pela União. É um indício muito forte dessa materialidade. (VELLOSO, 2016, p. 101-104)

Arrecadação Tributária do Governo Federal: 1970-2004

Inclui todas as receitas tributárias de competência da União

% do PIB

ANO	TOTAL	IMP	CSG	CSFS	Demais
1970	17,33	6,90		5,68	4,75
1971	17,35	6,94	0,19	5,69	4,53
1972	18,12	7,18	0,54	5,88	4,53
1973	17,82	6,38	0,78	6,15	4,51
1974	18,11	6,34	0,95	5,97	4,85
1975	18,59	5,88	1,09	6,69	4,93
1976	18,96	5,65	1,17	6,70	5,43
1977	19,43	5,63	1,26	6,92	5,62
1978	19,29	5,23	1,28	7,19	5,58
1979	18,45	5,16	1,16	7,08	5,05
1980	18,31	5,19	1,02	5,96	6,14
1981	19,03	5,55	1,05	6,43	6,00
1982	20,00	5,65	1,28	7,57	5,51
1983	20,66	6,35	1,57	6,90	5,84
1984	17,93	6,15	1,38	6,11	4,29
1985	17,50	6,96	1,43	5,84	3,27
1986	18,46	7,38	1,76	6,60	2,73
1987	17,18	6,73	1,46	5,89	3,10
1988	16,08	6,83	1,36	5,29	2,60
1989	16,27	7,15	1,96	6,04	1,12
1990	19,29	7,51	3,23	6,56	1,99
1991	16,01	6,00	2,87	5,66	1,47
1992	16,54	6,47	2,82	5,69	1,56
1993	17,70	6,26	3,40	6,44	1,61
1994	20,18	6,01	5,66	6,59	1,91
1995	19,40	6,82	4,25	6,41	1,92
1996	19,57	5,89	3,91	6,68	3,08
1997	19,57	5,62	4,54	6,55	2,85
1998	19,86	6,19	4,32	6,94	2,41
1999	21,59	6,32	5,73	6,88	2,66
2000	21,98	6,02	6,55	6,69	2,73
2001	23,13	6,45	6,92	6,97	2,79
2002	24,49	6,99	7,13	6,94	3,44
2003	23,90	6,45	7,24	6,79	3,42
2004	24,87	6,30	8,04	7,02	3,51

% do Total

ANO	TOTAL	IMP	CSG	CSFS	Demais
1970	100,0	39,8		32,8	27,4
1971	100,0	40,0	1,1	32,8	26,1
1972	100,0	39,6	3,0	32,4	25,0
1973	100,0	35,8	4,4	34,5	25,3
1974	100,0	35,0	5,2	33,0	26,8
1975	100,0	31,6	5,9	36,0	26,5
1976	100,0	29,8	6,2	35,3	28,7
1977	100,0	29,0	6,5	35,6	28,9
1978	100,0	27,1	6,7	37,3	28,9
1979	100,0	28,0	6,3	38,4	27,4
1980	100,0	28,3	5,6	32,5	33,6
1981	100,0	29,2	5,6	33,8	31,5
1982	100,0	28,2	6,4	37,9	27,5
1983	100,0	30,7	7,6	33,4	28,3
1984	100,0	34,3	7,7	34,1	23,9
1985	100,0	39,8	8,1	33,4	18,7
1986	100,0	40,0	9,5	35,7	14,8
1987	100,0	39,2	8,5	34,3	18,0
1988	100,0	42,5	8,5	32,9	16,2
1989	100,0	43,9	12,1	37,1	6,9
1990	100,0	38,9	16,7	34,0	10,3
1991	100,0	37,5	18,0	35,4	9,2
1992	100,0	39,1	17,0	34,4	9,4
1993	100,0	35,4	19,2	36,4	9,1
1994	100,0	29,8	28,0	32,7	9,5
1995	100,0	35,2	21,9	33,0	9,9
1996	100,0	30,1	20,0	34,2	15,7
1997	100,0	28,7	23,2	33,5	14,6
1998	100,0	31,2	21,8	34,9	12,1
1999	100,0	29,3	26,5	31,9	12,3
2000	100,0	27,4	29,8	30,4	12,4
2001	100,0	27,9	29,9	30,1	12,1
2002	100,0	28,5	29,1	28,3	14,0
2003	100,0	27,0	30,3	28,4	14,3
2004	100,0	25,3	32,3	28,2	14,1

Fonte: Erika Amorim Araújo, 2005, p. 27.

Como se denota do quadro exposto, há uma nítida inversão de importância da carga tributária oriundos dos impostos (IMP) para as contribuições sociais gerais (CSG). O ano de 1993 e 1994 são essenciais para identificar uma mudança de paradigma. Em 94, pela primeira vez desde 1970, as contribuições foram equivalentes ao arrecadado com impostos.

A partir de 1999 as contribuições ultrapassaram em valores brutos o que foi arrecadado com impostos. Ao combinar esses dados com aqueles apresentados pelo Ministério da Fazenda referente aos anos de 2007 a 2011 ratificam essa tendência.

Assim, os números estão bastante consolidados. A União tem utilizado as contribuições para burlar o pacto federativo, ofendendo, diretamente, o federalismo fiscal que é elemento nuclear da autonomia federativa[14]. A reversão fiscal promovida pelo governo federal se sustenta em dois pilares: 1) uso da competência tributária prevista no art. 195/CF[15]. Assim, foram instituídas ou majoradas as alíquotas da CPMF[16], PIS, COFINS, CSLL e, 2) Criação de um sistema de desvinculação, atual DRU.

Eduardo Wiesner destaca os efeitos negativos dessa prática, pois as contribuições saltaram de 4,3% para 20,1% em menos de trinta anos (1975 a 2000). A consequência foi a desestruturação das finanças subnacionais (WIESNER, 2003, p.60). Fernando Facury Scaff e Alexandre Coutinho Silveira também denunciam o desinteresse da União pela arrecadação de receita por meio do IR, IPI, ITR, IOF, Cide-combustível, etc. Isto é, tributos que têm percentual partilhável com outras unidades.

---

14. Segundo Leonardo Menescal, em 1988 do total de receita tributária administrado pela Secretaria de Receita Federal, 76,2% correspondiam a tributos compartilhados. Em 2002, o percentual havia reduzido para 45,4%. Ou seja, as receitas não compartilhadas saltaram de 23,8% para 54,6%. Atualmente, do montante tributário após a repartição, a União fica com cerca de 58% do bolo tributário. Há uma significativa concentração na União. Isso faz com que os Estados apelem para o único meio que possuem para atrair investimentos/receita: desoneração do ICMS ainda que em desrespeito ao CONFAZ. (MENESCAL, 2002, p. 333).

15. A título exemplificativo: "O exemplo da COFINS é elucidativo. Estima-se que a contribuição arrecadará R$ 224 bilhões em 2015, sendo que, por força da DRU, R$ 45 bilhões são desafetados para serem utilizados como receita advinda de impostos. Nada será partilhado com os Estado, o Distrito Federal e os Municípios. Esse procedimento abala sensivelmente o equilíbrio federativo. Porém, não mereceu a devida reprovação da Suprema Corte, seja no âmbito tributário, seja na seara da repartição das receitas tributárias. (...) ao apreciar recurso extraordinário interposto em ação movida por Município contra a União, na qual se postulava a repartição de 20% da CSLL desvinculada da sua finalidade típica, com fulcro na regra do art. 159, I, b, da Carta de 1988, a Primeira Turma proclamou, categoricamente, que a desvinculação parcial da receita da União (DRU) 'não transforma as contribuições sociais e de intervenção no domínio econômico em impostos' e, por consequência, não repercute na apuração do Fundo de Participação dos Municípios" (VELLOSO, 2016, p. 103).

16. Importante apontar que com a perda da CPMF em 2008 o governo optou por majorar impostos não compartilháveis como o IOF e aumentou para 15% a alíquota da CSLL a fim de recompor suas finanças. Ou seja, aumento da carga tributária por meio de tributos não compartilháveis. Para maiores detalhes: http://g1.globo.com/Noticias/Economia_Negocios/0,,MUL245270-9356,-00-GOVERNO+AUMENTA+IMPOSTOS+E+CORTA+GASTOS+PARA+COMPENSAR+A+CPMF.html.

A burla ao sistema de partilha foi afiançada pela instituição e/ou majoração de contribuições[17].

> Tanto assim é que, muito embora teoricamente vinculados diretamente ao orçamento da Seguridade Social, PIS, COFINS e CSLL (sem contar com a contribuição previdenciária), responderam em 2008 por 6,4% do PIB nacional. Enquanto tributos federais com maior arrecadação (IR e IPI), cuja soma deveria ser muito superior justamente porque visam o financiamento de todas a demais atividades a serem desenvolvidas pelo Estado, e não apenas a Seguridade Social, alcançam o montante de 8,08%. (...) Observa-se, pois, claramente, que as receitas tributarias sacrificadas – ou seja, aquelas inclusas no pacote de combate à crise – têm seu produto sujeito à repartição: IPI (art. 159, II), IOF (art. 153, §5) e Cide-combustível (art. 159, III). O que, apesar de pode ser explicado através do caráter regulador desses tributos, demonstra que Estados e, principalmente, Municípios, tiveram significativas perdas, fragilizando sua autonomia financeira e indicando movimento centralizador do federalismo pátrio. A diminuição das suas receitas financeiras (oriundas dos repasses, divergindo das receitas tributárias, oriundas da competência própria) conduz à necessidade cada vez maior de obter transferências voluntárias, especialmente oriundas da União (SCAFF; OLIVEIRA, 2010, p. 291-292).

Quando a União arrecada menos por impostos e mais por contribuições a consequência é partilhar menos tributos com as demais unidades federadas. Portanto, analisando criticamente a estrutura federativa adotada em 1988 é possível afirmar que a União obteve bastante êxito em esvaziá-la ou torná-la irrelevante, pois a pulverização fiscal foi, aparentemente, apenas uma tentativa. A União estancou a sangria dos seus principais impostos para se salvaguardar ao custo da federação e do sistema tributário nacional como um todo. É espantoso notar que o governo federal desmantela aquilo que foi incumbido de proteger, o pacto federal. Portanto, atualmente, o Brasil experimenta tensões típicas de estados centralizados.

---

17. Há *lobby* dos Governadores para tornar as contribuições partilháveis conforme se observa no trecho a seguir: "(...) a sugestão dos governadores para inclusão, na base do FPE, da Contribuição para o Financiamento da Seguridade Social e da Contribuição Social sobre o Lucro Líquido só poderá ser feita por emenda constitucional. Vários senadores apoiaram a sugestão, até para evitar que os estados continuem a sofrer perdas a cada desoneração, em geral de IPI, feita pelo governo federal. A manifestação foi reforçada pelos números apresentados pelo representante do Confaz: IPI e IR, que significavam 76% das receitas da União em 1988, tiveram seu peso reduzido a 55% em 2010. Já as contribuições, que hoje são receita exclusiva da União, subiram de 24% para 45%." Nova regra do FPE pode valer por cinco anos. *In:* Senado Federal, 12 de março 2013. Disponível em: http://www12.senado.gov.br/jornal/edicoes/2013/03/15/nova-regra-do-fpe-pode-valer-por-cinco-anos.

CONCLUSÃO

O presente trabalho buscou atingir dois resultados. O primeiro buscou revelar a origem federativa brasileira a partir do federalismo existente no período colonial e imperial. A adoção da forma federativa em 1891 trouxa uma nova dinâmica sobre a forma de estado. Portanto, há mais de 500 anos o Brasil tenta encontrar federalismo e há mais de 100 anos busca estruturar a federação. Postura e estrutura iniciaram seu entrosamento em 1834, mas apenas em 1891 foram usadas sem temor. Desde então há um descompasso no bailar federativo, ou seja, a melodia, federalismo, ainda não casou com a letra, federação. Independentemente de erros e acertos não se pode negar ou refutar a predisposição federativa brasileira. O fato de ainda não ser um bom dançarino não lhe nega o direito de continuar a dançar.

O segundo objetivo deste trabalho foi revelar que o processo de alteração do texto constitucional (que não se limitou às EC 3/93 e Emenda de Revisão de 94) iniciaram o processo de ruptura com o federalismo. A epigenética federativa admite reestruturações desde que não rompa com o pacto federativo, princípio norteador da federação brasileira. Portanto, alterações no pacto fiscal são possíveis, mas não podem desnaturar o DNA/pacto federativo.

Em linhas gerais, há duas constituições sob a ótica do federalismo. O Texto de 88 no tocante às atribuições legislativas e administrativas sofreu poucas alterações que infligissem o pacto federativo. Nesse sentido, o federalismo e a federação pensada em 1988 foram mantidos, em linhas gerais. Contudo, em relação ao federalismo fiscal é possível vislumbrar um novo marco constitucional. As emendas constitucionais associadas a postura da União em utilizar contribuições em detrimento dos impostos criaram um texto paralelo regrado a partir do ADCT. Dessa forma, a Constituição Orçamentária se descolou do projeto original e vivencia hoje, a partir de sucessivas prorrogações da DRU (até 31 de dezembro de 2023 segundo o art. 76/ADCT), um texto constitucional paralelo. A União por meio do Congresso Nacional rompeu a epigenética federativa; houve uma mutação do pacto federativo que rompeu o desenho original.

Atualmente, há um eclipse do federalismo fiscal de 88. As disposições do ADCT atuam como um sistema parasitário ao modelo original que desencadeia problemas federativos e também problemas para o setor econômico ao onerar em excesso a cadeia produtiva. Os dados apresentados são suficientes para corroborar a tese de que há duas constituições em vigor no Brasil, a original e a paralela. A atuação predatória da União gera um efeito de autarquização das unidades subnacionais ao forçar sua dependência fiscal. Então, federalismo fiscal é muito mais do que técnica do direito financeiro. Federalismo fiscal é assegurar poder político tributário às unidades políticas para que estas possam cumprir seus deveres constitucionais. Uma federação sem seu fiador está fadada a se centralizar.

Por fim, conclui-se que dos 30 anos da Constituição de 1988 há muito pouco a se celebrar sob o aspecto federativo. São 30 anos de federação, sem dúvida, mas, aparentemente, foram apenas 5 anos de federalismo, visto que desde 1993 a União avançou sobre o campo fiscal. Agredir o poder político tributário afeta as demais estruturas autônomas, principalmente, a autoadministração. A federação atualmente está enfraquecida enquanto o federalismo fiscal está na UTI.

REFERÊNCIA BIBLIOGRÁFICA

ABRUCIO, Fernando Luiz. **Os Barões da Federação: os governadores e a redemocratização brasileira**. São Paulo: HUCITEC, 1998.

AFONSO, José Roberto; REZENDE, Fernando; VARSANO, Ricardo. **Reforma tributária no Plano Constitucional: uma proposta para o debate**. IPEA, 1998.

ALVES, Raquel de Andrade Vieira. **Federalismo fiscal brasileiro e as contribuições**. Rio de Janeiro: Lumen Juris, 2017.

AMED, Fernando José; NEGREIROS, Plínio José Labriola de Campos. **História dos Tributos no Brasil.** Editora Sinafresp. São Paulo: 2000.

ARAÚJO, Erika Amorim. **Análise das Contribuições Sociais no Brasil.** Comissão Econômica para América Latina e o Caribe – CEPAL, 2005. Disponível em: <http://empreende.org.br/pdf/Democracia%20e%20Participa%C3%A7%C3%A3o/Contribuicoes%20Sociais%20CEPAL-ONU.pdf>.

ARRETCHE, Marta. **Democracia, federalismo e centralização no Brasil**. Rio de Janeiro: FGV, 2012.

_________. **Quem taxa e quem gasta: a barganha federativa na federação brasileira**. Revista de Sociologia e Política, nº 24, 2005.

BARACHO, José Alfredo de Oliveira. **Teoria geral do federalismo.** Belo Horizonte: FUMARC, 1982.

BARBOSA, Rui. **Os Impostos Interestaduais: Polêmica com Amaro Cavalcanti**. Vol. XXIII, 1896, Tomo II. Ministério da Educação e Cultura: 1958. Disponível em: http://docvirt.com/docreader.net/docreader.aspx?bib=ObrasCompletasRuiBarbosa&pesq=Impostos%20interestaduais.

BARROSO, Luís Roberto. **Direito constitucional brasileiro: o problema da federação**. Rio de Janeiro: Forense, 1982.

BASTOS, Aureliano Cândido Tavares. **A Província: estudo sobre a descentralização no Brasil**. Rio de Janeiro: B. L. Garnier, 1870.

BERNARDES, Wilba Lúcia Maia. **Federação e federalismo**. Belo Horizonte: Del Rey, 2010.

BURGESS, Michael. **Comparative federalism: theory and practice**. New York: Routledge, 2006.

__________. Federalism and federation: a reappraisal. ***In*** **Comparative federalism and federation: competing traditions and future directions**. London: Harvester Wheatsheaf, 1993.

CARNEIRO, Levi. **Problemas municipaes**. Rio de Janeiro: Alba, 1931.

CARVALHO, José Murilo de. **A Construção da Ordem: Teatro das Sombras**. Rio de Janeiro: Civilização Brasileira, 2013.

__________. **Pontos e Bordados: Escritos de História e Política**. Belo Horizonte: UFMG: 2005.

COSER, Ivo. **Visconde do Uruguai. Centralização e Federalismo no Brasil 1823-1866.** Rio de Janeiro: Iuperj, 2008.

DERZI, Misabel de Abreu Machado; BUSTAMANTE, Thomas da Rosa de. O princípio federativo e a igualdade: uma perspectiva crítica para o sistema jurídico brasileiro a partir da análise do modelo alemão. In: DERZI, Misabel de Abreu Machado; BUSTAMANTE, Thomas da Rosa de. (Org.). **Federalismo, justiça distributiva e royalties do petróleo**: três escritos 2016 sobre direito constitucional e o Estado federal brasileiro. Belo Horizonte: Arraes Editores, 2016.

DOLHNIKOFF, Miriam. **O pacto imperial: origens do federalismo no Brasil**. São Paulo: Globo, 2005.

FALCÃO, Amílcar de Araújo**. Sistema Tributário Brasileiro**. Rio de Janeiro: Financeiras, 1965.

FAORO, Raymundo. **Os Donos do Poder: Formação do Patronato Político Brasileiro**. Porto Alegre: Globo, 2001.

FERRARI, Sérgio. **Constituição estadual e federação**. Rio de Janeiro: Lumen Juris, 2003.

GENTZ, Friedrich Von. **The origin and principles of the American Revolution compared with the origin and principles of french revolution.** Colorado: Portage Publications, 2009.

GOLDBERG, Daniel K. Entendendo o federalismo fiscal: uma moldura teórica multidisciplinar. Organizadores: CONTI, José Maurício. **Federalismo Fiscal**. Barueri: Manole, 2004.

HAMILTON, Alexander; MADISON, James; JAY, John. **O Federalista**. Belo Horizonte: Líder, 2003.

KELSEN, Hans. **Teoria geral do direito e do Estado**. 5. ed. São Paulo: Martins Fontes, 2016.

KING, Preston. **Federalism and federation.** Baltimore: The Johns Hopkins University Press, 1982.

LA CROIX, Alison L. **The ideological origins of American Federalism**. Cambridge: Harvard University Press, 2010.

LEAL, Victor Nunes. **Coronelismo, Enxada e Voto. O Município e o Regime Representativo no Brasil**. São Paulo: Companhia das Letras, 2012.

LOBO, Rogério Leite. **Federalismo fiscal brasileiro: discriminação das rendas tributárias e centralidade normativa**. Rio de Janeiro: Lumen juris, 2006.

LOPREATO, Francisco Luiz C. **O Colapso das Finanças Estaduais e a Crise da Federação**. São Paulo: UNESP, 2002.

MARTINS, Cristiano Franco. **Princípio Federativo e Mudança Constitucional: Limites e Possibilidades na Constituição Brasileira de 1988**. Rio de Janeiro: Lumen Juris, 2003.

MENDES, Marcos. Federalismo Fiscal. Organizadores: BIDERMAN, Ciro; ARVATE, Paulo. **Economia no Setor Público no Brasil**. Rio de Janeiro, Elsevier, 2004.

MENESCAL, Leonardo Alcantarino. Guerra fiscal, desigualdades regionais e federalismo fiscal no Brasil. Organizadores: CONTI, José Mauricio; SCAFF, Fernando Facury; BRAGA, Carlos Eduardo Faraco. **Federalismo Fiscal: Questões Contemporâneas**. Florianópolis: Conceito, 2010.

NETO CORREIA, Celso de Barros. Repartição de receitas tributárias e transferências intergovernamentais. Organizadores: CONTI, José Mauricio; SCAFF, Fernando Facury; BRAGA, Carlos Eduardo Faraco. **Federalismo Fiscal: Questões Contemporâneas**. Florianópolis: Conceito, 2010.

NOVELLI, Flávio Bauer. Norma Constitucional e Inconstitucional? A propósito do art. 2º, § 2º, da Emenda Constitucional nº 3/93. **Revista de Direito Administrativo**, Rio de Janeiro, v. 199, p. 21-57, jan. 1995. Disponível em: <http://bibliotecadigital.fgv.br/ojs/index.php/rda/article/view/46486>.

OLIVEIRA, Fabrício Augusto. **A evolução da estrutura tributário e do fisco brasileiro: 1889-2009**. IPEA, 2010.

OLIVEIRA, Gustavo da Gama Vital de. **Temas de Federalismo Fiscal Brasileiro**. Rio de Janeiro: Gramma, 2016.

__________. **Cláusulas Pétreas Financeiras e Tributárias**. Rio de Janeiro: Gramma, 2019.

SCAFF, Fernando Facury; SILVEIRA, Alexandre Coutinho. Competência tributária, transferências obrigatórias e incentivos fiscais. Organizadores: CONTI, José Mauricio; SCAFF, Fernando Facury; BRAGA, Carlos Eduardo Faraco. **Federalismo Fiscal: Questões Contemporâneas**. Florianópolis: Conceito, 2010.

TORRES, Heleno Taveira. Constituição financeira e o federalismo financeiro cooperativo equilibrado brasileiro. **Revista Fórum de Direito Financeiro e Econômico – RFDFE**, Belo Horizonte, ano 3, p. 25-54, mar/ago, 2004.

TRIGUEIRO, Oswaldo. **Direito constitucional estadual**. Rio de Janeiro: Forense, 1980.

VARSANO, Ricardo. PESSOA, Elisa de Paula. SILVA, Napoleão Luiz Costa da. AFONSO, José Roberto Rodrigues. ARAUJO, Erika Amorim. RAMUNDO, Julio Cesar Maciel. **Uma Análise da Carga Tributária do Brasil.** – Produzido pelo IPEA. Rio de Janeiro, 1998.

VELLOSO, André Pitten. Repartição de receitas e autonomia federativa. Coordenadores: GOMES, Marcus Lívio; ABRAHAM, Marcus; TORRES, Heleno. **Direito Financeiro Na Jurisprudência Do Supremo Tribunal Federal – Homenagem Ao Ministro Marco Aurélio**. Curitiba: Juruá, 2016.

VIANNA, Oliveira. **O acaso do Império**. Rio de Janeiro: ABL, 2006.

WATTS, Ronald L., **Comparing Federal Systems in the 1990s**, Ontario: Queen's University, 1996.

WIESNER, Eduardo. **Fiscal federalism in Latin America: from entitlements to markets**. Washington, D.C: The Johns Hopkins University Press, 2003.

ZIMMERMANN, Augusto. **Teoria Geral do Federalismo Democrático.** Rio de Janeiro: Lumen Juris, 1999.

15

INDUSTRIALIZAÇÃO POR ENCOMENDA E SERVIÇO RELATIVO A BENS DE TERCEIROS: CONFLITO APARENTE DE INCIDÊNCIA ENTRE IPI E ISS

Julio Cesar Vieira Gomes

Doutor e Mestre em Direito Tributário pela Universidade do Estado do Rio de Janeiro – UERJ. Auditor-Fiscal da Receita Federal do Brasil. Ex-Conselheiro do Conselho Administrativo de Recursos Fiscais – CARF. Professor.

1. UMA BREVE INTRODUÇÃO: CONFLITO APARENTE DE COMPETÊNCIAS TRIBUTÁRIAS

Este artigo é resultado de uma pesquisa sobre os conflitos de competências existentes em nosso sistema tributário. Juntamente com a complexidade, a obscuridade e as contradições do sistema, esse é mais um problema recorrente e que, igualmente, prejudica a segurança jurídica e a previsibilidade, tanto para os contribuintes quanto para o próximo as administrações tributárias. Muitos poderiam ser os casos aqui trazidos. Preferimos um dos conflitos de competência tributária: o imposto sobre produtos industrializados, de competência da União, e o imposto sobre serviços de qualquer natureza, dos municípios. Como se vê, esses conflitos também prejudicam um dos princípios constitucionais estruturantes do Estado nacional - o pacto federativo.

No caso em estudo, tem sido tema de debate[1] a existência de conflitos entre eles em razão de a lista de serviços sujeitos à incidência do ISS contemplar nos subitens do item 14 a restauração, o recondicionamento, acondicionamento, beneficiamento e a montagem[2], operações essas definidas pelo Regulamento do Imposto sobre Produtos Industrializados - RIPI como de industrialização:

> ***RIPI, aprovado pelo Decreto nº 7.212, de 15/06/2010:***
>
> *Art. 4º Caracteriza industrialização qualquer operação que modifique a natureza, o funcionamento, o acabamento, a apresentação ou a finalidade do produto, ou o aperfeiçoe para consumo, tal como (Lei nº 5.172, de 1966, art. 46, parágrafo único, e Lei nº 4.502, de 1964, art. 3º, parágrafo único):*
>
> *I - a que, exercida sobre matérias-primas ou produtos intermediários, importe na obtenção de espécie nova (transformação);*
>
> *II - a que importe em modificar, aperfeiçoar ou, de qualquer forma, alterar o funcionamento, a utilização, o acabamento ou a aparência do produto (beneficiamento);*

---

1. VALLE, Raymundo Clovis do. e Mascarenhas, Cabral. *Tudo sobre IPI – Imposto sobre Produtos Industrializados*. 4ª edição. São Paulo: Aduaneiras, 2002. p. 27.

2. Lista de serviços anexa à Lei Complementar nº 116, de 31/07/2003: 14 – Serviços relativos a bens de terceiros. 14.05 – Restauração, recondicionamento, acondicionamento, pintura, beneficiamento, lavagem, secagem, tingimento, galvanoplastia, anodização, corte, recorte, polimento, plastificação e congêneres, de objetos quaisquer. 14.06 – Instalação e montagem de aparelhos, máquinas e equipamentos, inclusive montagem industrial, prestados a usuário final, exclusivamente com material por ele fornecido.

> *III - a que consista na reunião de produtos, peças ou partes e de que resulte um novo produto ou unidade autônoma, ainda que sob a mesma classificação fiscal (montagem);*
>
> *IV - a que importe em alterar a apresentação do produto, pela colocação da embalagem, ainda que em substituição da original, salvo quando a embalagem colocada se destine apenas ao transporte da mercadoria (acondicionamento ou reacondicionamento); ou*
>
> *V - a que, exercida sobre produto usado ou parte remanescente de produto deteriorado ou inutilizado, renove ou restaure o produto para utilização (renovação ou recondicionamento).*
>
> *Parágrafo único. São irrelevantes, para caracterizar a operação como industrialização, o processo utilizado para obtenção do produto e a localização e condições das instalações ou equipamentos empregados.*

Na verdade, também pode ser defendido que esse conflito de competências tributárias seria um conflito aparente, ao menos no plano normativo da hipótese de incidência. A Constituição Federal cuidou da repartição aos entes políticos da competência para a instituição dos impostos e cada um deles está delineado, com maior ou menor precisão, por suas respectivas hipóteses de incidência. Observa-se no artigo 146, inciso III, alínea "a" que cada imposto possui o seu respectivo fato gerador de forma que não se confundem entre si. Admitir a existência de conflitos para a incidência de dois impostos ao mesmo caso concreto seria aceitar que, em tese, as hipóteses de incidência possam ser coincidentes, o que seria inadmissível para os impostos. Nesses eventuais casos de conflitos aparentes, a solução se encontra na interpretação da regra de incidência dos dois impostos.

Normalmente, os conflitos não são entre dois impostos, mas entre dois Estados-membro ou dois municípios para o exercício da competência tributária em seu território de um mesmo imposto. É usual que se discuta, por exemplo, a qual Estado-membro compete o ICMS, o da origem ou do destino da operação relativa à circulação de mercadorias ou prestação de serviços de transporte interestadual e intermunicipal ou de comunicação. O mesmo conflito também ocorre quanto aos serviços de qualquer natureza que terminam em outro município.

Para esses conflitos de competência tributária, o artigo 146, inciso I da Constituição Federal previu que as soluções concretas sejam através de lei complementar. Já nos eventuais casos de conflitos aparentes na interpretação das hipóteses de incidência de dois impostos, a lei complementar poderá dirimi-los estabelecendo qual seria a melhor interpretação, o que já vem sendo feito pelos nossos tribunais:

> *Art. 146. Cabe à lei complementar:*
>
> *I - dispor sobre conflitos de competência, em matéria tributária, entre a União, os Estados, o Distrito Federal e os Municípios;*
>
> *[...]*
>
> *III - estabelecer normas gerais em matéria de legislação tributária, especialmente sobre:*
>
> *a) definição de tributos e de suas espécies, bem como, **em relação aos impostos discriminados nesta Constituição, a dos respectivos fatos geradores**, bases de cálculo e contribuintes;* (grifo nosso)

Tanto é exclusivo o exercício da competência para a instituição de impostos, sem possibilidade, portanto, que as hipóteses determinadas em lei se confundam que, mesmo na previsão constitucional de competência remanescente, somente podem ser criados novos impostos, ou seja, com outros fatos geradores e bases de cálculo:

> *Art. 154. A União poderá instituir:*
>
> *I - mediante lei complementar, impostos não previstos no artigo anterior, desde que sejam não-cumulativos e não tenham fato gerador ou base de cálculo próprios dos discriminados nesta Constituição;*
>
> *II - na iminência ou no caso de guerra externa, impostos extraordinários, compreendidos ou não em sua competência tributária, os quais serão suprimidos, gradativamente, cessadas as causas de sua criação.*

Como a Constituição Federal apenas define e autoriza o exercício da competência tributária, reservando-se a lei de cada ente político a criação das hipóteses de incidência delineadas no plano constitucional, um eventual conflito denunciaria inconstitucionalidade de uma das normas de incidência e, consequentemente, sua invalidade no sistema tributário. É a conclusão que se chegaria caso se identificasse no mundo fenomênico um fato único que possa sofrer a incidência de dois impostos[3].

---

3. Em relação às contribuições sociais, no entanto, é possível que seja adotada a mesma hipótese de incidência de uma outra contribuição ou de um imposto. No primeiro caso, temos como exemplos as Contribuições para o Financiamento da Seguridade Social – COFINS, para o Programa de Integração Social (PIS), para o Programa de Formação do Patrimônio do Servidor Público (Pasep) e a contribuição previdenciária patronal sobre a receita bruta da comercialização da produção rural, todas no exercício da competência tributária no artigo 195, inciso I, "b" da Constituição Federal, portanto incidindo sobre a receita bruta e faturamento; sendo as três primeiras previstas na LC nº 70, de 30/12/91 e a última, na Lei nº 8.212, de 24/07/91. No segundo caso, incidem sobre o lucro das empresas o Imposto de Renda das Pessoas Jurídicas – IRPJ e a Contribuição Social sobre o Lucro Líquido - CSLL: *Art. 195. A seguridade social será financiada por toda a sociedade, de forma direta e indireta, nos termos da lei, mediante recursos provenientes dos orça-*

Quando se tratam dos ditos impostos sobre o consumo ou sobre a circulação, o que pode acontecer é a incidência simultânea ou em momentos próximos de dois ou mais impostos que possuem como elemento comum a definição do mesmo acontecimento fático-temporal para o surgimento da obrigação tributária sem, contudo, atribuir-se a esse único evento a formação instantânea do fato gerador. Como exemplo, costuma-se atribuir ao evento "saída de produto do estabelecimento" como fato gerador do ICMS e, nos casos de produto industrializado, também do IPI; no entanto, não seria essa a melhor conclusão sobre a formação do respectivo fato gerador. Nesse sentido, sustenta Geraldo Ataliba que a saída é um mero aspecto temporal da hipótese de incidência do ICMS.[4]

> *É o momento que o legislador reputou adequado para estabelecer a presunção de consumação do fato imponível (realização da operação). [...] Daí porque a simples saída, sem modificação da titularidade da mercadoria, não configura a hipótese de incidência e não é, portanto, fato imponível, do que decorre não haver, em tal caso, incidência nem, pois, obrigação tributária.*

O IPI nem sequer tem por hipótese de incidência a circulação de mercadorias como é o caso do ICMS, mas a realização de operações de industrialização em um ou mais estabelecimentos do produtor indus-

---

mentos da União, dos Estados, do Distrito Federal e dos Municípios, e das seguintes contribuições sociais: I - do empregador, da empresa e da entidade a ela equiparada na forma da lei, incidentes sobre: (Redação dada pela Emenda Constitucional nº 20, de 1998) [...] b) a receita ou o faturamento; (Incluído pela Emenda Constitucional nº 20, de 1998) c) o lucro; (Incluído pela Emenda Constitucional nº 20, de 1998). LC nº 70, de 30/12/91: Art. 1° Sem prejuízo da cobrança das contribuições para o Programa de Integração Social (PIS) e para o Programa de Formação do Patrimônio do Servidor Público (Pasep), fica instituída contribuição social para financiamento da Seguridade Social, nos termos do inciso I do art. 195 da Constituição Federal, devida pelas pessoas jurídicas inclusive as a elas equiparadas pela legislação do imposto de renda, destinadas exclusivamente às despesas com atividades-fins das áreas de saúde, previdência e assistência social.

Art. 2° A contribuição de que trata o artigo anterior será de dois por cento e incidirá sobre o faturamento mensal, assim considerado a receita bruta das vendas de mercadorias, de mercadorias e serviços e de serviço de qualquer natureza. Lei nº 8.212, de 24/07/91: Art. 25. A contribuição do empregador rural pessoa física, em substituição à contribuição de que tratam os incisos I e II do art. 22, e a do segurado especial, referidos, respectivamente, na alínea a do inciso V e no inciso VII do art. 12 desta Lei, destinada à Seguridade Social, é de: (Redação dada pela Lei nº 10.256, de 2001) I - 2% da receita bruta proveniente da comercialização da sua produção; (Redação dada pela Lei nº 9.528, de 10.12.97). II - 0,1% da receita bruta proveniente da comercialização da sua produção para financiamento das prestações por acidente do trabalho. (Redação dada pela Lei nº 9.528, de 10.12.97).

4. ATALIBA, Geraldo. Hipótese de Incidência Tributária. 6ª edição. São Paulo: Malheiros Editores, 2004. p. 145.

trial ou equiparado. O fato gerador se aperfeiçoa e, consequentemente, o imposto se torna devido na saída de cada estabelecimento, mas não porque seja esse fato ou a circulação elementos nucleares da hipótese de incidência. Assim fosse, incidiria IPI na circulação de produtos industrializados entre estabelecimentos exclusivamente mercantis, mas não é o caso. A realização de operações de industrialização é o que diferencia o IPI dos demais impostos. Essa constatação foi percebida por Geraldo Ataliba quando afirma que a hipótese de incidência do IPI é a produção industrial:[5]

> *Assim, a hipótese de incidência do imposto sobre produtos industrializados é a produção industrial. Desse conceito estão excluídas a produção artesanal, a artística, a intelectual, a extrativa, a agrícola, a pastoril etc. Donde se vê que a materialidade da hipótese de incidência não é só produzir, mas "produzir industrialmente produtos".*

Ressalta-se que não se quer dizer com isso que o imposto incida sobre as operações de industrialização, eis que o fato gerador somente se aperfeiçoa e nasce a obrigação tributária com a saída do estabelecimento. As operações internas são relevantes para a futura incidência do imposto, mas elas por si só não são suficientes. Sobre os produtos consumidos internamente não incide o IPI.

Outro exemplo ocorre na importação de uma mercadoria industrializada destinada à comercialização no mercado interno. No caso, ocorrerão os respectivos fatos geradores de três impostos: sobre a importação de produtos estrangeiros (pelo simples fato de ser procedente do exterior), sobre produtos industrializados (por ter sido submetido a um processo de industrialização) e sobre a operação relativa à sua circulação no mercado nacional. Como se constata, no caso, o exercício da competência tributária pela União e Estados-membro se justifica pela ocorrência da respectiva situação definida em lei como necessária e suficiente para a incidência do imposto. Caso, por exemplo, se tratasse da importação de um animal vivo destinado à reprodução não haveria a incidência do IPI nem do ICMS. É que esses impostos não incidem sobre a importação propriamente, mas, independentemente da procedência ser nacional ou estrangeira, sobre produtos industrializados ou destinados à circulação, respectivamente.

5. Ibid. p. 144.

Também é oportuno ressaltar que a conclusão sobre um possível conflito de competências é induzida pela possibilidade de adoção de uma mesma base de cálculo para diferentes impostos. A constituição apenas proibiu que as taxas tivessem base de cálculo própria dos impostos, mas não vedou que os demais tributos adotassem as mesmas bases de cálculo. Na maioria dos casos, em tese, elas não são exatamente iguais, mas efetivamente podem ser muito semelhantes: sobre os salários incidem tanto o imposto sobre a renda e proventos de qualquer natureza como também a contribuição social previdenciária; sobre o valor aduaneiro, incidem o imposto sobre a importação de produtos estrangeiros, o imposto sobre produtos industrializados e o imposto estadual sobre a operação relativa à circulação da mercadoria. Há muitos outros exemplos: o ICMS incidirá sobre o valor da venda de um veículo automotor adquirido pelo consumidor que será também a base de cálculo para o pagamento do IPVA no ano da aquisição.

Essa análise será feita ao longo do artigo para a demonstração de que os supostos conflitos entre IPI e ISS são apenas aparentes. Também foi escolhida propositalmente para o título a expressão "Industrialização por encomenda **e** Serviço relativo a bens de terceiros". É que, como veremos, os conceitos de industrialização por encomenda e serviço relativo a bens de terceiros não se confundem e, portanto, em cada caso examinado estaremos diante de uma ou outra situação. Mas, por ora, fica um prévio e breve registro do meu entendimento sobre a incidência do IPI.

A partir dessas premissas, iniciaremos nosso estudo pelas regras de incidência desses dois importantes impostos do sistema tributário brasileiro.

2. AS HIPÓTESES DE INCIDÊNCIA DO IPI E DO ISS

2.1. Um breve histórico[6]

No Brasil, o ouro foi o primeiro produto que justificou a existência de um imposto sobre a produção e o consumo. Cobrado na forma de quintos vigorou durante o século XVIII. Terminado o ciclo do ouro, em 1820 foi criado o imposto sobre a produção de aguardente de cana, o que pode ser considerado um embrião do que viria a ser o Imposto sobre

---

6. ROSA, Denerson Dias. *Do histórico da tributação sobre o consumo*. In: IPI – Aspectos jurídicos relevantes. Coordenador: Marcelo Magalhães Peixoto. São Paulo: Quartier Latin, 2003. p. 58-60.

Produtos Industrializados – IPI. A cobrança se dava na forma de selo ou estampilha tal como as atuais garrafas de bebidas alcoólicas e cigarros.

Após a independência, a primeira regulamentação de um imposto sobre a produção e o consumo se deu com o Decreto nº 149 de 1842. Ainda restrita a cobrança à produção de aguardente de cana, somente em 26/02/1886, quase cinquenta anos depois, que por meio do Decreto nº 746 foi criado o imposto sobre a produção de fumo. Posteriormente, foram criados impostos sobre outros produtos, como as demais bebidas alcoólicas, calçados, remédios, sal e outros.

Como havia um imposto diferente para cada produto, com o alargamento do campo de incidência dos impostos tornava-se necessária uma consolidação da legislação para que facilitasse a administração, cobrança e pagamento. Assim, por meio do Decreto nº 3.622, de 22/05/1900 foi editado um regulamento único para todos os impostos de consumo. De fato, nessa época os impostos incidiam quando da venda ao consumidor final, seja a venda realizada pelo próprio produtor ou pelos comerciantes.

Em 31/12/1922 criou-se através da Lei Federal nº 4.625, de 31/12/1922 o Imposto sobre Vendas Mercantis de competência dos Estados-membros. Foi a origem do Imposto Estadual sobre Operações Relativas à Circulação de Mercadorias que veio a se tornar o atual ICMS.

No ano seguinte, em 1923, foi reformulado o Imposto de Consumo para que fosse devido apenas pelo produtor ou importador, diferenciando-o do Imposto sobre Vendas Mercantis que, de fato, incidia sobre a circulação de mercadorias.

A criação do Imposto sobre Produtos Industrializados pela Emenda Constitucional nº 18/1965 foi resultado da fusão do Imposto de Consumo com o Imposto de Indústria e Profissões. Este último, inicialmente de competência dos Estados-membros desde a Constituição de 1891, passou para a competência dos municípios com a EC nº 18/65. Originalmente, tinha como fato gerador o exercício de qualquer atividade econômica com o objetivo de lucro; portanto, não se tratava de um imposto sobre a produção e o consumo. Por ter como base de incidência a movimentação econômica[7], o Imposto de Indústria e Profissões se aproximava mais dos impostos sobre a receita e a renda. Nessa reforma do

7. A apuração da movimentação econômica consistia no resultado das receitas subtraídas das despesas.

sistema tributário promovida pela EC nº 18/65, o Imposto de Indústria e Profissões foi desmembrado no Imposto de Indústria que juntamente com o Imposto de Consumo veio a formar o Imposto sobre Produtos Industrializados – IPI de competência da União, e o Imposto de Profissões de competência dos municípios que veio a se chamar Imposto sobre Serviços de Qualquer Natureza, como o conhecemos hoje.

Essa breve apresentação da história dos impostos sobre a produção e o consumo tem uma estreita relação no exame das hipóteses de incidência entre os atuais IPI e ISS. Como vimos, o Imposto de Indústria e também, após 1923, o Imposto de Consumo eram devidos pelo produtor industrial e o importador. São impostos que se justificam pela introdução no mercado nacional de produtos criados através de uma estrutura fabril, predominantemente com o emprego de máquinas e equipamentos e, por consequência, com as implicações dessa atividade econômica.[8]

2.2. A hipótese de incidência do IPI

A Constituição Federal atribui competência à União para instituir imposto sobre "produtos industrializados". Essa preferência por uma redação mais sintética já havia sido adotada na Constituição de 1969 e nas anteriores:

> *Constituição Federal de 1988:*
>
> *Art. 153. Compete à União instituir impostos sobre:*
>
> *[...]*
>
> *IV - produtos industrializados;"*
>
> *Constituição Federal de 1969:*
>
> *Art. 21. Compete à União instituir impôsto sôbre:*
>
> *...*
>
> *V - produtos industrializados, também observado o disposto no final do item I;*

8. Embora não seja o tema desse artigo. Isso exigiria um estudo mais aprofundado, mas penso que um imposto que incida única e justamente sobre produtos que exijam um processo de fabricação (a legislação enfatiza o que se considera processo de industrialização) tenha relação com o custo social do processo de industrialização, seja pela substituição da mão-de-obra pelas máquinas, seja pela exploração dos recursos naturais e, uma preocupação mais recente, pelos impactos ambientais.

Restara, assim, à legislação tributária infraconstitucional a definição da hipótese de incidência, base de cálculo, em que momento se consideraria que o produto estaria industrializado e, portanto, surgiria a obrigação tributária, a fixação de alíquotas e os demais elementos da regra-matriz. Na função atribuída pelo artigo 146 inciso III, "a" da Constituição Federal[9], o Código Tributário Nacional estabeleceu que, dentre outros, o fato gerador se considera ocorrido na saída do estabelecimento industrial ou equiparado:

> *Art. 46. O imposto, de competência da União, sobre produtos industrializados tem como fato gerador:*
>
> *I - o seu desembaraço aduaneiro, quando de procedência estrangeira;*
>
> *II - a sua saída dos estabelecimentos a que se refere o parágrafo único do artigo 51;*
>
> *III - a sua arrematação, quando apreendido ou abandonado e levado a leilão.*
>
> *Parágrafo único. Para os efeitos deste imposto, considera-se industrializado o produto que tenha sido submetido a qualquer operação que lhe modifique a natureza ou a finalidade, ou o aperfeiçoe para o consumo.*
>
> *Art. 51. Contribuinte do imposto é:*
>
> *I - o importador ou quem a lei a ele equiparar;*
>
> *II - o industrial ou quem a lei a ele equiparar;*
>
> *III - o comerciante de produtos sujeitos ao imposto, que os forneça aos contribuintes definidos no inciso anterior;*
>
> *IV - o arrematante de produtos apreendidos ou abandonados, levados a leilão.*

A Lei nº 4.502/64, ao instituir o imposto, cuidou juntamente com o seu Regulamento do Imposto sobre Produtos Industrializados – RIPI de completar a regra-matriz do IPI com todos os seus contornos. Tornava-se importante e assim se preocupou o RIPI de discriminar quais são as operações que modificam a natureza, o funcionamento, o acabamento, a apresentação ou a finalidade do produto, ou o aperfeiçoa para consumo:

> *Lei nº 4.502/64:*
>
> *Art. 2º Constitui fato gerador do imposto:*

---

9. *Art. 146. Cabe à lei complementar: [...] III - estabelecer normas gerais em matéria de legislação tributária, especialmente sobre: a) definição de tributos e de suas espécies, bem como, em relação aos impostos discriminados nesta Constituição, a dos respectivos fatos geradores, bases de cálculo e contribuintes.*

> *I - quanto aos produtos de procedência estrangeira o respectivo desembaraço aduaneiro;*
>
> *II - quanto aos de produção nacional, a saída do respectivo estabelecimento produtor.*
>
> *Decreto nº 7.212/2010:*
>
> *Art. 4º Caracteriza industrialização qualquer operação que modifique a natureza, o funcionamento, o acabamento, a apresentação ou a finalidade do produto, ou o aperfeiçoe para consumo, tal como (Lei nº 5.172, de 1966, art. 46, parágrafo único, e Lei nº 4.502, de 1964, art. 3º, parágrafo único):*
>
> *I - a que, exercida sobre matérias-primas ou produtos intermediários, importe na obtenção de espécie nova (transformação);*
>
> *II - a que importe em modificar, aperfeiçoar ou, de qualquer forma, alterar o funcionamento, a utilização, o acabamento ou a aparência do produto (beneficiamento);*
>
> *III - a que consista na reunião de produtos, peças ou partes e de que resulte um novo produto ou unidade autônoma, ainda que sob a mesma classificação fiscal (montagem);*
>
> *IV - a que importe em alterar a apresentação do produto, pela colocação da embalagem, ainda que em substituição da original, salvo quando a embalagem colocada se destine apenas ao transporte da mercadoria (acondicionamento ou reacondicionamento); ou*
>
> *V - a que, exercida sobre produto usado ou parte remanescente de produto deteriorado ou inutilizado, renove ou restaure o produto para utilização (renovação ou recondicionamento).*
>
> *Parágrafo único. São irrelevantes, para caracterizar a operação como industrialização, o processo utilizado para obtenção do produto e a localização e condições das instalações ou equipamentos empregados.*
>
> *...*
>
> *Art. 5º Não se considera industrialização:*
>
> *...*
>
> *IV - a confecção de vestuário, por encomenda direta do consumidor ou usuário, em oficina ou na residência do confeccionador;*
>
> *V - o preparo de produto, por encomenda direta do consumidor ou usuário, na residência do preparador ou em oficina, desde que, em qualquer caso,* ***seja preponderante o trabalho profissional.*** (grifo nosso).

A hipótese de incidência do IPI que examinamos nesse trabalho (produtos nacionais não levados a leilão) é o produto que tenha se sujeitado a uma das operações de industrialização, assim definida no artigo 4º do Decreto nº 7.212/2010. E se considera industrializado somente no momento que sai de um estabelecimento que realiza uma dessas operações ou que seja a ele equiparado:

Art. 8º Estabelecimento industrial é o que executa qualquer das operações referidas no art. 4º, de que resulte produto tributado, ainda que de alíquota zero ou isento (Lei no 4.502, de 1964, art. 3º).

2.3. A hipótese de incidência do ISS

Quando o objeto da relação jurídica onerosa e que, portanto, exterioriza sinais de capacidade contributiva não é um produto ou mercadoria, mas um serviço prestado com remuneração e que não decorra de uma relação de trabalho, estamos diante do campo de incidência do ISS.[10] É esse o resultado econômico considerado relevante para o Direito Tributário.[11]

A Constituição Federal atribuiu essa competência aos municípios, no entanto, condicionou seu exercício apenas aos serviços previstos na "lista de serviços", definida em lei complementar:

Constituição Federal de 1988:

Art. 156. Compete aos Municípios instituir impostos sobre:

...

III - serviços de qualquer natureza, não compreendidos no art. 155, II, definidos em lei complementar. (Redação dada pela Emenda Constitucional nº 3, de 1993).

Constituição Federal de 1969:

Art. 24. Compete aos municípios instituir impôsto sôbre:

I - propriedade predial e territorial urbana; e

II - serviços de qualquer natureza não compreendidos na competência tributária da União ou dos Estados, definidos em lei complementar.

Em mais essa regra de competência constitucional aparece a preocupação com a possibilidade de um mesmo fato ser objeto de tributação por mais de um imposto. Daí, cuidou o constituinte de excluir de imediato, no próprio dispositivo, esse risco. Não podem ser tributados pelo ISS serviços que já sejam tributados pelos Estados-membro ou, no caso do sistema tributário de 1969, pela União.

---

10. Lei Complementar nº 116/03: Art. 2º O imposto não incide sobre: I – as exportações de serviços para o exterior do País; II – a prestação de serviços em relação de emprego, dos trabalhadores avulsos, dos diretores e membros de conselho consultivo ou de conselho fiscal de sociedades e fundações, bem como dos sócios-gerentes e dos gerentes-delegados.

11. FALCÃO. Amilcar de Araújo. *Fato Gerador da Obrigação Tributária*. Atualização: Geraldo Ataliba. 2ª edição. São Paulo: Revista dos Tribunais, 1971, p. 69.

Essa restrição constitucional ao exercício da competência tributária parece trazer a ideia de uma suposta natureza residual. Mas, para se chegar a essa conclusão é necessário um exame mais abrangente que a simples interpretação literal do dispositivo constitucional. Não há relação de precedência entre os impostos. Isso negaria o surgimento da obrigação tributária pela ocorrência do fato gerador necessário e suficiente para sua ocorrência de acordo com a competência constitucional atribuída de forma excludente entre os entes políticos e também fragilizaria o próprio pacto federativo. A LC nº 116/2003 não teve a finalidade de estabelecer relação de serviços com os quais os municípios se contentariam, mas a própria definição das hipóteses de incidência de acordo com a competência constitucional. Quando se tratam de serviços em geral ou, na redação da Constituição, de serviços de qualquer natureza a competência é dos municípios e não dos Estados-membro que, aliás, somente podem cobrar ICMS sobre os serviços de transporte interestadual e intermunicipal e de comunicação. Em seu aspecto quantitativo são apenas dois serviços, transporte e comunicação, contra uma lista com mais de 200. Isso não bastasse, a própria LC nº 116/2003 acabou restringindo a incidência do ICMS a poucos casos excepcionais, ainda que a prestação do serviço envolva fornecimento de mercadorias:

> *Lei Complementar nº 116/03:*
>
> *Art. 1º O Imposto Sobre Serviços de Qualquer Natureza, de competência dos Municípios e do Distrito Federal, tem como fato gerador a prestação de serviços constantes da lista anexa, ainda que esses não se constituam como atividade preponderante do prestador.*
>
> *[...]*
>
> *§ 2º Ressalvadas as exceções expressas na lista anexa, os serviços nela mencionados não ficam sujeitos ao Imposto Sobre Operações Relativas à Circulação de Mercadorias e Prestações de Serviços de Transporte Interestadual e Intermunicipal e de Comunicação – ICMS, ainda que sua prestação envolva fornecimento de mercadorias.*

Interessante que no caso do ISS houve uma opção por regras mais objetivas de definição das hipóteses de incidência. A previsão de determinado serviço prestado na "Lista de Serviços" faz surgir a obrigação tributária e, por outro lado, a falta de previsão o exclui da incidência, sem analogias ou interpretações extensivas. Essa característica do ISS é importante para o exame que aqui se faz: a prestação de um dos serviços listados nos subitens do item 14 sobre bens remetidos por terceiros (caso o mesmo serviço seja prestado sobre bem do próprio prestador o objeto da relação jurídica não seria um serviço, mas um produto e, assim sendo, realizada uma das operações de industrialização, haverá incidência do IPI e não do ISS) faz surgir para o prestador a obrigação tributária de pagar o ISS e, consequentemente, não haverá incidência do IPI e nem do ICMS:[12]

> *14 – Serviços relativos a bens de terceiros.*
>
> *14.01 – Lubrificação, limpeza, lustração, revisão, carga e recarga, conserto, restauração, blindagem, manutenção e conservação de máquinas, veículos, aparelhos, equipamentos, motores, elevadores ou de qualquer objeto (exceto peças e partes empregadas, que ficam sujeitas ao ICMS).*
>
> *14.02 – Assistência técnica.*
>
> *14.03 – Recondicionamento de motores (exceto peças e partes empregadas, que ficam sujeitas ao ICMS).*
>
> *14.04 – Recauchutagem ou regeneração de pneus.*
>
> *14.05 – Restauração, recondicionamento, acondicionamento, pintura, beneficiamento, lavagem, secagem, tingimento, galvanoplastia, anodização, corte, recorte, polimento, plastificação e congêneres, de objetos quaisquer.*
>
> *14.06 – Instalação e montagem de aparelhos, máquinas e equipamentos, inclusive montagem industrial, prestados ao usuário final, exclusivamente com material por ele fornecido.*
>
> *14.07 – Colocação de molduras e congêneres.*
>
> *14.08 – Encadernação, gravação e douração de livros, revistas e congêneres.*
>
> *14.09 – Alfaiataria e costura, quando o material for fornecido pelo usuário final, exceto aviamento.*
>
> *[...]*

3. AS CARACTERÍSTICAS DA PRESTAÇÃO DE SERVIÇO SOBRE BENS DO CONTRATANTE – HIPÓTESE DE INCIDÊNCIA DO ISS

Inicialmente, por tudo até aqui apresentado, é afastada a possibilidade de um mesmo fato ser gerador de dois impostos. Ou incide um imposto ou incide outro.

Como todos os impostos, a capacidade contributiva é revelada através de negócio jurídico com projeção econômica. Trata-se sempre de um

---

12. Nesse último caso, com exceção dos casos de incidência sobre as mercadorias fornecidas para a prestação do serviço como, por exemplo, no subitem 7.05: *7.05 – Reparação, conservação e reforma de edifícios, estradas, pontes, portos e congêneres (exceto o fornecimento de mercadorias produzidas pelo prestador dos serviços, fora do local da prestação dos serviços, que fica sujeito ao ICMS).*

fato oneroso relevante para o Direito Tributário. Sintetiza o Professor Ricardo Lodi Ribeiro que:[13]

> *"[...] não há tributação onde não há manifestação de riqueza [...] eleição pelo legislador de um fato gerador que seja revestido de conteúdo econômico".*

A existência de um negócio jurídico precedente à formação da relação jurídico-tributária entre os sujeitos ativo e passivo é corolário da premissa de que somente os fatos onerosos são relevantes para a tributação. Isso porque a revelação da capacidade econômica pressupõe uma terceira pessoa de quem tenham sido recebidos os recursos ou bens.

As hipóteses de incidência não elegem elementos interiores da pessoa do contribuinte, mas algo que se projeta em seu exterior e repercute economicamente na sociedade. Sejam impostos sobre a propriedade, sobre a circulação ou sobre o comercio exterior, os fatos geradores não ocorrem sem que antes ou durante a sua ocorrência o contribuinte participe de uma relação onerosa com terceiros. Seja dele auferindo renda ou com ele realizando operações com bens, produtos, mercadorias ou serviços. Como consequência, quando uma pessoa manufatura ou industrializa algo para seu próprio uso e com seus próprios recursos ou realiza um serviço para si mesmo nenhum fato gerador ocorreu. Não há repercussão econômica nessas operações até que exista uma comunicação com o mundo exterior.

Nesse sentido, Geraldo Ataliba[14] sustenta que para a incidência do IPI é necessária a realização de um negócio jurídico que transfira a propriedade ou posse do produto industrializado. Não estaria sujeito ao imposto a simples remessa para outro estabelecimento do mesmo contribuinte. Porém, como se sabe, o imposto vem sendo exigido a cada saída de um estabelecimento industrial ainda que todos pertençam ao mesmo contribuinte.[15] Seria até admissível que, por praticidade administrativa, houvesse antecipação do imposto quando da remessa a outro estabelecimento industrial do mesmo contribuinte para que se desse

13. RIBEIRO, Ricardo Lodi. Limitações Constitucionais ao Poder de Tributar. Rio de Janeiro: Lumen Juris Editora, 2010. p. 155.

14. ATALIBA, Geraldo. Hipótese de Incidência do IPI. In: Estudos e Pareceres em Direito Tributário. São Paulo: Editora Revista dos Tribunais, 1978. p. 3.

15. RIPI: *Art. 35. Fato gerador do imposto é (Lei nº 4.502, de 1964, art. 2º): I - o desembaraço aduaneiro de produto de procedência estrangeira; ou II - a saída de produto do estabelecimento industrial, ou equiparado a industrial.*

continuidade à linha de produção, mas somente na última saída, assim considerada a que resulte na transferência do bem a terceiros, é que se deve considerar que o fato gerador ocorreu. Somente nessa hipótese é que seria revelada a capacidade contributiva. Como consequência, uma vez não ocorrido o fato gerador ou sendo o imposto efetivamente devido inferior às antecipações aplicar-se-ia a regra no artigo 150, §7º parte final da Constituição Federal:

> *§7.º A lei poderá atribuir a sujeito passivo de obrigação tributária a condição de responsável pelo pagamento de imposto ou contribuição, cujo fato gerador deva ocorrer posteriormente, assegurada* ***a imediata e preferencial restituição da quantia paga, caso não se realize o fato gerador presumido****.* (grifo nosso)

A remessa dos produtos em elaboração para uma nova etapa de industrialização em outro estabelecimento do contribuinte em nada se diferencia do seu deslocamento dentro de um único estabelecimento industrial. Por razões estratégicas ou operacionais, as indústrias fragmentam sua linha de produção em mais de um estabelecimento, seja por proximidade da fonte de matéria-prima, da melhor capacitação da mão-de-obra, da redução dos custos etc. Os motivos são muitos. A oneração precoce, em cada saída de um estabelecimento, acaba sendo um entrave para o desejado ganho de eficiência e competitividade da produção nacional.

De uma forma ou outra, o produto final, independentemente do número de estabelecimentos, será o mesmo daquele que se forma quando se concentra toda a linha de produção em um único estabelecimento do contribuinte. Por essa razão, conjugamos do mesmo entendimento deixado pelo saudoso Professor Geraldo Ataliba: a ocorrência do fato gerador pressupõe a realização de um negócio jurídico através do qual se revela a capacidade contributiva.

Prosseguindo com nossa análise, essa realidade é relevante para que se atribua a devida importância ao objeto do negócio jurídico entre encomendante e encomendado de um produto industrializado ou, no caso do imposto municipal, entre tomador e prestador de serviços. É o exame cuidadoso dessa relação que nos ajudará à identificação dos sujeitos ativo e passivo da relação tributária dela consequente. Embora em alguns casos especiais, de fato, a identificação do objeto do negócio jurídico não seja tão evidente, parece-me de fácil percepção que sendo o objeto principal do contrato um serviço da "Lista de Serviços" e não a aquisição de um bem, a incidência será do ISS.

Não é por outra razão que tem se firmado jurisprudência no sentido de que o fornecimento do material pelo contratante faz incidir o ISS e não o IPI:[16]

RECURSO ESPECIAL Nº 888.852/ES

TRIBUTÁRIO. ISSQN. "INDUSTRIALIZAÇÃO POR ENCOMENDA". LEI COMPLEMENTAR 116/2003. LISTA DE SERVIÇOS ANEXA. PRESTAÇÃO DE SERVIÇO (OBRIGAÇÃO DE FAZER). ATIVIDADE FIM DA EMPRESA PRESTADORA. INCIDÊNCIA.

7. In caso, a empresa desenvolve atividades de desdobramento e beneficiamento (corte, recorte e/ou polimento), sob encomenda, de bloco e/ou chapa de granito e mármore (de propriedade de terceiro), sendo certo que, após o referido processo de industrialização, o produto retorna ao estabelecimento do proprietário (encomendante), que poderá exportá-lo, comercializá-lo no mercado interno ou submetê-lo à nova etapa de industrialização.

8. O Item 14, Subitem 14.05, da Lista de Serviços anexa à Lei Complementar 116/2003, ostenta o seguinte teor: '14 – Serviços relativos a bens de terceiros'.

9. A 'industrialização por encomenda' constitui atividade-fim do prestador do aludido serviço, tendo em vista que, uma vez concluída, extingue o dever jurídico obrigacional que integra a relação jurídica instaurada entre o 'prestador' (responsável pelo serviço encomendado) e o 'tomador' (encomendante): a empresa que procede ao corte, recorte e polimento de granito ou mármore, de propriedade de terceiro, encerra sua atividade com a devolução, ao encomendante, do produto beneficiado.

...

RECURSO ESPECIAL Nº 959.258 - ES (2007/0131478-3) PROCESSUAL CIVIL E TRIBUTÁRIO. CORTE RECORTE E POLIMENTO. GRANITO E MÁRMORE. PRESTAÇÃO DE SERVIÇO POR ENCOMENDA. ISSQN. INCIDÊNCIA.

1. O Tribunal de origem consignou que sociedade empresária contratou serviços da recorrida, relacionados ao corte, recorte e polimento de granito e de mármore. A mercadoria pertence à empresa contratante, que a entregou exclusivamente para o beneficiamento.

2. O trabalho executado representa atividade-fim da recorrida, uma vez que, concluído, extingue a relação obrigacional entre as contratantes. Por amoldar-se à hipótese listada no item 14.05 do anexo da Lei Complementar 116/2003, está sujeito à incidência do ISSQN.

3. Recurso Especial provido.

---

16. BRASIL, Superior Tribunal de Justiça, Recurso Especial nº 888.852/ES. DJ, 01/12/2008.
BRASIL, Superior Tribunal de Justiça, Recurso Especial nº 959.258/ES. DJ, 27/08/2009.

Vê-se que nesses casos o objeto do negócio jurídico não é a encomenda de um produto sujeito a uma operação de industrialização, mas uma prestação "de fazer" algo sobre um determinado bem, perfeitamente detalhado no instrumento de contrato. No beneficiamento de um bem para uso de quem o entrega ao prestador não há uma produção de algo novo para o usuário, mas um aperfeiçoamento a fim de melhor atender aos seus interesses.

Além da entrega do bem pelo tomador de serviço, outras características também decorrem da hipótese de incidência do ISS e conhecê-las nos ajuda nos casos mais difíceis de identificação do objeto do negócio jurídico:[17]

a) Generalidade:

A operação em escala industrial para a colocação de produto padronizado no mercado consumidor se sujeita ao IPI e não ao ISS. Essa característica parece não ajudar muito à solução do conflito quando se trata de industrialização por encomenda, que é a modalidade mais próxima ao serviço sobre bens de terceiros. Na encomenda são apresentadas ao estabelecimento industrial as especificações do produto, o que o torna único ainda que existam similares produzidos em escala. Para que seja mais seguro como critério de diferenciação deve ser conjugado com outras características como, por exemplo, a entrega ou não pelo tomador do bem objeto da prestação do serviço.

Como se vê essa característica também decorre da hipótese de incidência, da natureza dos serviços como objeto único, inconfundível com outros da mesma espécie. É difícil imaginar um serviço que em seu resultado ou na execução seja exatamente idêntico a outro, como acontece na linha de produção do estabelecimento industrial.

b) Natureza intermediária do serviço:

Para incidência do ISS, é necessário que os materiais empregados pelo prestador sejam meros insumos para a prestação do serviço. Essa resposta também pode ser encontrada no objeto do negócio jurídico. Ainda que sejam indicados em um contrato de manutenção ou outros serviços similares os insumos e peças de reposição com seus respectivos fabricantes, o interesse do tomador é com a restituição do produto em

---

17. RIBEIRO, Ricardo Lodi e LOPES, Lívia Pinheiro. "A industrialização por encomenda e os conflitos de competência entre o IPI e o ISS", Revista Fórum de Direito Tributário, nº 54, 2011.

suas características mais próximas às originais; portanto, a discriminação dos materiais a serem empregados tem relação com a qualidade do serviço que permanece sendo o objeto do contrato:[18]

> *Diante de operação mercantil, a coisa é o objeto do contrato;*
>
> *sua entrega é a própria finalidade da operação. No caso da prestação de serviço, a coisa é simples meio para a realização de um fim. A finalidade não é mais o fornecer ou entregar uma coisa, mas, diversamente, prestar um serviço para o qual o emprego ou a aplicação de coisas (materiais) é mero meio.*

Em pesquisa na jurisprudência do STJ, é interessante o caso da encomenda de sacolas para embalagens de mercadoria com impressão gráfica do logotipo e identificação do encomendante. Considerou o tribunal que o objeto do negócio jurídico é a aquisição das embalagens, sendo o serviço de impressão secundário:[19]

> *RECURSO ESPECIAL Nº 725.246 - PE (2005/0023177-2)*
>
> *EMENTA:*
>
> *TRIBUTÁRIO. ISS. CONFECÇÃO DE SACOS DE PAPEL COM IMPRESSÃO GRÁFICA PERSONALIZADA. ATIVIDADE PREPONDERANTEMENTE INDUSTRIAL. SÚMULA 156 DO STJ. NÃO INCIDÊNCIA.*
>
> *1. A atividade de confecção de sacos para embalagens de mercadorias, prestada por empresa industrial, deve ser considerada, para efeitos fiscais, atividade de industrialização. A inserção, no produto assim confeccionado, de impressões gráficas, contendo a identificação da mercadoria a ser embalada e o nome do seu fornecedor, é um elemento eventual, cuja importância pode ser mais ou menos significativa, mas é invariavelmente secundária no conjunto da operação.*
>
> *2. A súmula 156 do STJ, segundo a qual "a prestação de serviço de composição gráfica, personalizada e sob encomenda, ainda que envolva fornecimento de mercadorias, esta sujeita, apenas, ao ISS", tem por pressuposto, conforme evidenciam os precedentes que a sustentam que os serviços de impressão gráfica sejam preponderantes na operação considerada. Pode-se afirmar, portanto, sem contradizer à súmula, que a fabricação de produtos, ainda que envolva secundariamente serviços de impressão gráfica, não está sujeita ao ISS.*
>
> *3. Recurso especial a que se dá provimento*

---

18. MENDONÇA, José Xavier Carvalho de. *Tratado de Direito Comercial Brasileiro*, Vol. V, 3ª ed. Rio de Janeiro: Freitas Bastos. nº 14, parte I. apud RIBEIRO, Ricardo Lodi e LOPES, Lívia Pinheiro. *A industrialização por encomenda e os conflitos de competência entre o IPI e o ISS*, Revista Fórum de Direito Tributário, nº 54, 2011.
19. BRASIL, Superior Tribunal de Justiça, Recurso Especial nº 725.246/PE, DJU de 27/08/2009.

c) Retorno ao ciclo produtivo:

Em regra, para a incidência do ISS, os serviços são necessariamente prestados ao usuário final, assim considerado aquele que o retire de modo definitivo do mercado, encerrando objetivamente a cadeia produtiva. Assim, quando são encomendados os serviços dos subitens 14.03 a 14.06 da "Lista de Serviços"[20] para seu retorno à cadeia produtiva haverá incidência do IPI e não do ISS. É que nesses casos o serviço é prestado quando já se iniciou a linha de produção e constitui apenas uma etapa do ciclo produtivo o que lhe acaba conferindo a natureza subsidiária em relação à industrialização do produto.

Mas, também é possível que seja contratado algum serviço que não se confunda com uma operação de industrialização como, por exemplo, a lustração e a limpeza[21] do produto antes de sua saída definitiva. Assim sendo, haverá a incidência do ISS sobre o valor do serviço, independentemente da ulterior incidência do IPI quando da saída do produto pelo estabelecimento industrial. As hipóteses de incidência aqui são se confundem e os fatos geradores ocorrem em momentos distintos. Caso semelhante foi apreciado pelo Supremo Tribunal Federal que se pronunciou em medida cautelar pela não incidência do ISS nos casos de retorno à linha de produção após a realização de operação definida como de industrialização:[22]

> *STF: ADI MC nº 4.389/DF*
>
> *EMENTA: CONSTITUCIONAL. TRIBUTÁRIO. CONFLITO ENTRE IMPOSTO SOBRE SERVIÇOS DE QUALQUER NATUREZA E IMPOSTO SOBRE OPERAÇÃO DE CIRCULAÇÃO DE MERCADORIAS E DE SERVIÇOS DE COMUNICAÇÃO E DE TRANSPORTE INTERMUNICIPAL E INTERESTADUAL. PRODUÇÃO DE EMBALAGENS SOB ENCOMENDA PARA POSTERIOR INDUSTRIALIZAÇÃO (SERVIÇOS GRÁFICOS). AÇÃO DIRETA DE INCONSTITUCIONALI-*

---

20. 14.03 – Recondicionamento de motores (exceto peças e partes empregadas, que ficam sujeitas ao ICMS).

    14.04 – Recauchutagem ou regeneração de pneus. 14.05 – Restauração, recondicionamento, acondicionamento, pintura, beneficiamento, lavagem, secagem, tingimento, galvanoplastia, anodização, corte, recorte, polimento, plastificação e congêneres, de objetos quaisquer. 14.06 – Instalação e montagem de aparelhos, máquinas e equipamentos, inclusive montagem industrial, prestados ao usuário final, exclusivamente com material por ele fornecido.

21. 14.01 – Lubrificação, limpeza, lustração, revisão, carga e recarga, conserto, restauração, blindagem, manutenção e conservação de máquinas, veículos, aparelhos, equipamentos, motores, elevadores ou de qualquer objeto (exceto peças e partes empregadas, que ficam sujeitas ao ICMS). 14.02 – Assistência técnica.

22. BRASIL, Supremo Tribunal Federal. ADI MC nº 4.389/DF, DJ de 25/05/2011.

DADE AJUIZADA PARA DAR INTERPRETAÇÃO CONFORME AO O ART. 1º, CAPUT E § 2º, DA LEI COMPLEMENTAR 116/2003 E O SUBITEM 13.05 DA LISTA DE SERVIÇOS ANEXA. FIXAÇÃO DA INCIDÊNCIA DO ICMS E NÃO DO ISS. MEDIDA CAUTELAR DEFERIDA.

Até o julgamento final e com eficácia apenas para o futuro (ex nunc), concede-se medida cautelar para interpretar o art. 1º, caput e § 2º, da Lei Complementar 116/2003 e o subitem 13.05 da lista de serviços anexa, para reconhecer que o ISS não incide sobre operações de industrialização por encomenda de embalagens, destinadas à integração ou utilização direta em processo subseqüente de industrialização ou de circulação de mercadoria. Presentes os requisitos constitucionais e legais, incidirá o ICMS.

4. PRECEDENTES DO CONSELHO ADMINISTRATIVO DE RECURSOS FISCAIS – CARF

Embora o CARF seja um órgão da administração tributária federal, o que vislumbraria uma tendência a considerar a competência do IPI em muitos dos conflitos com a materialidade de incidência do ISS, surpreende que não seja bem assim.

Na jurisprudência do CARF, identificamos um interessante precedente que tem por objeto um auto de infração de IPI. Trata-se do acórdão nº 201-78.858, posteriormente confirmado pelo acórdão nº 201-129.235 da Segunda Turma da CSRF.[23] De acordo com sua ementa, tratava-se de um caso que o contribuinte emitia duas notas fiscais nas saídas do estabelecimento importador do programa de informática, sendo uma com lançamento do IPI sobre o valor da mídia (suporte magnético), e outra de prestação de serviços, a título de cessão de uso, com lançamento do ISS sobre o valor do *software*. No entendimento da fiscalização, no entanto, o procedimento correto seria o de emissão de nota fiscal sobre a totalidade dos valores com incidência apenas do IPI. Para justificar sua conclusão, a fiscalização considerou que o procedimento de gravação de programas de computadores em mídia, realizado no exterior, representaria hipótese de industrialização de produtos, na modalidade "beneficiamento", em razão de haver alteração da utilidade da mídia para consumo. A incidência do IPI na hipótese, dar-se-ia sobre a operação de industrialização, e não sobre o licenciamento. Contudo, não foi esse o entendimento adotado pelo CARF, conforme se constata da ementa do acórdão e alguns trechos do voto:

---

23. Disponível em: https://carf.fazenda.gov.br/sincon/. Acesso em: 31/01/2020.

> *IPI. SOFTWARE IMPORTADO. SAÍDA DO ESTABELECIMENTO IMPORTADOR. IMPOSTO. BASE DE CÁLCULO.*
>
> *O valor da licença ou cessão de uso de software, quando na importação tenha sido destacado do valor da mídia, para efeito de tributação pelo II, IPI e IRRF, não integra a base de cálculo do LPI, nas saídas do produto do estabelecimento equiparado a industrial para o mercado interno.*
>
> *Recurso provido.*
>
> *...*
>
> *8) ISS - conflito de competência.*
>
> *A questão da incidência do IPI sobre saídas de produtos industrializados decorrentes de prestação de serviços é bastante polêmica.*
>
> *Recentemente, esta Câmara pronunciou-se, por maioria de votos, pela impossibilidade de incidência do [PI no caso de prestação de serviços.*
>
> *Decorre a conclusão do fato de que o IPI somente incide sobre saídas de mercadorias.*
>
> *O tratamento dado pela recorrente à tributação das licenças, na saída dos programas para o mercado interno, é o de que se trataria de serviços, sujeitos ao ISS.*
>
> *...*

Considerou-se que no caso o único processo de industrialização coincidiria com a fabricação do suporte magnético (disco CD) e se tratando de software customizado para atender especificamente cada cliente, tratar-se-ia de serviço, com incidência do ISS.

Outro precedente sobre o conflito de competência entre IPI e ISS é trazido pelo acórdão 3403.00.905 da 4ª Câmara 3ª Turma Ordinária. Tratava-se da impressão gráfica personalizada sob encomenda e, no caso, o CARF entendeu que a incidência do ISS não afastaria a incidência concomitante do IPI para fatos geradores ocorridos após a vigência da Lei Complementar nº 116/03:

> *IMPRESSÃO GRÁFICA PERSONALIZADA SOB ENCOMENDA.*
>
> *INCIDÊNCIA SIMULTÂNEA DE IPI E ISS. POSSIBILIDADE.*
>
> *Os trabalhos de impressão gráfica personalizada realizados por encomenda do adquirente, ainda que para uso exclusivo, atraem a incidência do IPI sobre tais operações, por subsumirem à hipótese de incidência deste tributo, caracterizando-se como industrialização, não prejudicando este raciocínio a incidência concomitante do ISS, por força de inclusão destas operações na lista de serviços anexa à LC 116/03, ressalvado o período sob a égide do DL 406/68, quando havia norma impeditiva para tal (art. 8º, § 1º).*
>
> *Recurso Voluntário Provido em Parte.*
>
> *...*

Segundo o próprio recorrente sua atividade estaria inserta, também, no campo de incidência deste tributo, eis que os serviços de composição gráfica, fotocomposição, clicheria, zincografia, litografia e fotolitografia constam da lista anexa (item 77), em numerus clausus, ao Decreto-Lei nº 406/68 e também da Lei Complementar nº 116/2003 (item 13.05).

Como dito alhures, em que pese não haver vedação genérica à incidência simultânea dos tributos em tela (ISS e IPI), é bem verdade que o art. 8º, § 1º afastou a incidência de outros impostos, sem especificar quais, sobre os serviços que constassem de sua lista, que, como tais, se sujeitariam apenas ao ISS.

Uma interpretação possível é que, versando o Decreto-Lei nº 406/68 sobre normas gerais de direito financeiro atinentes ao então ICM e o ISS, circunscrever-se-ia a estes dois impostos, de modo que ao afastar a incidência de outro imposto sobre os serviços que relaciona, implicitamente estaria a se referir exclusivamente ao ICM, não se estendendo ao IPI, por exemplo.

...

Ao ensejo desta citação, destaco que a restrição contida no art. 8º do DL 406/68, supratranscrito, não foi reproduzida no art. 1º da LC 116/03, que, ou corrigindo uma falha de redação ou inovando o sistema normativo, limitou o seu alcance ao ICMS, passando a deixar, sob minha ótica, estreme de dúvida que o ISS e o IPI não são mutuamente excludentes.

...

Declaração de voto do Conselheiro Antonio Carlos Atulim

*Antes do advento da LC nº 116, de 31 de julho de 2003, a interpretação literal do art. 8º, § 1º do DL nº 406/68 conduzia ao entendimento diametralmente oposto, ou seja, de que **"apenas"** o ISS incidiria sobre aquelas operações, com exclusão de qualquer outro imposto.*

Tendo em vista que divirjo do voto do Relator originário, Conselheiro Domingos de Sá Filho, e que a interpretação histórico sistemática por mim defendida é um entendimento minoritário no Conselho e isolado nesta turma, uma vez que o Conselheiro Winderley Morais Pereira aderiu à divergência inaugurada pelo Conselheiro Robson José Bayerl, só me resta acompanhar este voto divergente para excluir da incidência do IPI os fatos geradores ocorridos até 31/07/2003, véspera da publicação da LC nº 116/2003.

5. CONCLUSÕES

De acordo com o estudo realizado, chegamos às seguintes conclusões:

a) Em nosso sistema tributário os eventuais conflitos de competências entre dois impostos são apenas aparentes, pois as hipóteses de incidência são únicas. No mais, somente se vislumbra a possibilidade de dissenso no plano da interpretação das normas;

b) A saída do estabelecimento industrial é o acontecimento fático-temporal para o surgimento da obrigação tributária sem, contudo, atribuir-se a esse único evento a formação instantânea do fato gerador que, no caso do IPI, se inicia com uma operação de industrialização. Assim, a saída do estabelecimento não é por si só um fato gerador de IPI ou mesmo de ICMS. É necessária, para o imposto federal, uma prévia operação de industrialização sobre o produto e, para o ICMS, uma operação que o trate como mercadoria, isto é, uma circulação onerosa do produto;

c) Qualquer que seja o imposto "sobre a circulação de bens ou serviços", a ocorrência do fato gerador também pressupõe a realização de um negócio jurídico através do qual se revela a capacidade contributiva. As saídas de produtos ou mercadorias de estabelecimentos do mesmo contribuinte são apenas antecipações do imposto incidente nas operações com terceiros;

d) Como se vê, o fato gerador do IPI somente ocorre com a conjugação de três elementos principais: operação de industrialização ou importação, realização de negócio jurídico e a saída física do produto de um estabelecimento industrial;

e) É o exame do objeto do negócio jurídico que nos ajuda à identificação da hipótese de incidência e dos sujeitos ativo e passivo da relação tributária que se instaura. Como vimos, somente aparentemente as hipóteses de incidência se confundem entre si. Sendo o objeto principal do contrato um serviço da "Lista de Serviços" e não a aquisição de um bem, a incidência será do ISS. É a partir da predominância de um ou outro que se conclui pela competência tributária;

f) O fornecimento do material pelo contratante, o serviço customizado, a natureza subsidiária do material para a prestação do serviço e o destino ao usuário final são características que se conformam com as hipóteses de incidência do ISS e delas decorrem naturalmente. Ao contrário, caracteriza industrialização por encomenda o fornecimento de produto sobre o qual se realizou operação de industrialização ainda que semelhante a um dos serviços da "Lista de Serviços". Nesse caso, o produto é o objeto principal do negócio jurídico e o serviço é absorvido pela linha de produção como uma operação rotineira e padronizada;

g) Em regra, para a incidência do ISS, os serviços são necessariamente prestados ao usuário final, assim considerado aquele que o retire de modo definitivo do mercado, encerrando objetivamente a cadeia produtiva. Do contrário, quando são encomendados os serviços dos subitens 14.03 a 14.06 da "Lista de Serviços" para seu retorno à cadeia produtiva haverá incidência do IPI e não do ISS. É que nesses casos o serviço é prestado quando já se iniciou a linha de produção e constitui apenas uma etapa do ciclo produtivo o que lhe acaba conferindo a natureza subsidiária em relação à industrialização do produto;

h) Em nosso sistema constitucional tributário, não há precedência de um ente federativo sobre outro e, consequentemente, nenhum imposto tem natureza residual. A competência para o ISS não é residual em relação a qualquer imposto;

i) Não é residual em relação ao IPI porque, como vimos, nenhum fato será classificado ao mesmo tempo como serviço e como produto. O que pode acontecer é o fornecimento de um produto que tenha se submetido a uma operação de industrialização assemelhada a um serviço da "Lista de Serviços" ou, ao contrário, a prestação de um serviço para o qual foram empregados insumos ou peças;

j) Não é residual em relação ao IOF porque as operações de crédito, câmbio e seguro ou relativas a títulos ou valores mobiliários são serviços especiais, relacionados à política econômica e monetária e, assim sendo, devem ser destacados dos demais serviços para que seu imposto, o IOF, seja empregado como instrumento dessas finalidades extrafiscais. O ISS, de forma diferente, incide sobre os serviços de qualquer natureza que dependem de uma lei complementar para que os incluam no campo de incidência. Assim, quando a LC nº 116/03 respeita aqueles que já foram incluídos na competência tributária de outro ente político está apenas observando as regras de nosso sistema constitucional tributário, não há possibilidade de um mesmo fato ser gerador de dois impostos, pois cada um é identificado pela sua respectiva hipótese de incidência; e

k) O ISS também não é residual em relação ao ICMS. Quando se tratam de serviços em geral ou, na redação da Constituição, de serviços de qualquer natureza a competência é dos municípios e não dos Estados-membro que, aliás, somente podem cobrar ICMS sobre os serviços de transporte interestadual e intermunicipal e de comunicação. Pela mesma razão que o IOF, a LC nº 116/03 não poderia também inclui-los no campo de incidência do ISS. Nos casos de prestação de serviços da "Lista de Serviços" que envolva o fornecimento de mercadorias, excepcionalmente, o ICMS incidirá sobre o valor das mercadorias e o ISS sobre o valor dos serviços.

REFERÊNCIAS BIBLIOGRÁFICAS:

ATALIBA, Geraldo. *Hipótese de Incidência do IPI*. In: *Estudos e Pareceres em Direito Tributário*. São Paulo: Editora Revista dos Tribunais, 1978.

ATALIBA, Geraldo. *Hipótese de Incidência Tributária*. 6ª edição. São Paulo: Malheiros Editores, 2004.

BRASIL, Superior Tribunal de Justiça. Recurso Especial nº 725.246/PE, DJ, 27/08/2009.

BRASIL, Superior Tribunal de Justiça. Recurso Especial nº 888.852/ES. DJ, 01/12/2008.

BRASIL, Superior Tribunal de Justiça. Recurso Especial nº 959.258/ES. DJ, 27/08/2009.

BRASIL, Supremo Tribunal Federal. Ação Direta de Inconstitucionalidade. MC nº 4.389/DF, DJ de 25/05/2011.

BRASIL. Conselho Administrativo de Recursos Fiscais – CARF. Acórdãos nº 201-78.858, nº 201-129.235 e nº 3403.00.905.

BRASIL. Código Tributário Nacional. Lei nº 5.172, de 25 de outubro de 1966. Diário Oficial da União – DOU de 26/10/1966.

BRASIL. Constituição da República Federativa do Brasil. Brasília, DF: Senado Federal, 1988.

BRASIL. Lei Complementar nº 116, de 31 de julho de 2003. Diário Oficial da União – DOU de 01/08/2003.

BRASIL. Lei Complementar nº 70, de 30 de dezembro de 1991. Diário Oficial da União – DOU de 02/01/1992.

BRASIL. Lei nº 4.502, de 30 de novembro de 1964. Diário Oficial da União - DOU de 20/01/65.

BRASIL. Lei nº 8.212, de 24 de julho de 1991. Diário Oficial da União – DOU de 25/07/91.

BRASIL. Regulamento do IPI. Decreto nº 7.212, de 15 de junho de 2010. Diário Oficial da União – DOU de 16/06/2010.

FALCÃO. Amilcar de Araújo. *Fato Gerador da Obrigação Tributária*. Atualização: Geraldo Ataliba. 2ª edição. São Paulo: Revista dos Tribunais, 1971.

MENDONÇA, José Xavier Carvalho de. *Tratado de Direito Comercial Brasileiro*, Vol. V, 3ª ed. Rio de Janeiro: Freitas Bastos. nº 14, parte I. apud RIBEIRO, Ricardo Lodi e LOPES, Lívia Pinheiro. "A industrialização por encomenda e os conflitos de competência entre o IPI e o ISS", Revista Fórum de Direito Tributário, nº 54, 2011.

RIBEIRO, Ricardo Lodi e LOPES, Lívia Pinheiro. *A industrialização por encomenda e os conflitos de competência entre o IPI e o ISS*, Revista Fórum de Direito Tributário, nº 54, 2011.

RIBEIRO, Ricardo Lodi. *Limitações Constitucionais ao Poder de Tributar*. Rio de Janeiro: Lumen Juris Editora, 2010.

ROSA, Denerson Dias. *Do histórico da tributação sobre o consumo*. In: *IPI – Aspectos jurídicos relevantes*. Coordenador: Marcelo Magalhães Peixoto. São Paulo: Quartier Latin, 2003.

VALLE, Raymundo Clovis do. e Mascarenhas, Cabral. *Tudo sobre IPI – Imposto sobre Produtos Industrializados*. 4ª edição. São Paulo: Aduaneiras, 2002.

16

COMPETÊNCIA TRIBUTÁRIA CONCORRENTE PARA O IMPOSTO SOBRE A RENDA NO FEDERALISMO FISCAL BRASILEIRO

Laís Gramacho Colares

Doutoranda em Finanças Públicas, Tributação e Desenvolvimento pela Universidade do Estado do Rio de Janeiro (UERJ).

federalismo fiscal brasileiro; **4.2.** Possibilidade de introdução de competência tributária concorrente para o imposto de renda na constituição federal de 1988; Conclusão; Referências.

INTRODUÇÃO

As discussões sobre possíveis reformas tributárias no Brasil ora dão ênfase à necessidade de simplificação do Sistema, ora o foco é a correção da iniquidade na distribuição do ônus tributário entre a população.

Uma questão de suma relevância para a construção de qualquer proposta de reforma desse Sistema é, entretanto, a questão federativa. A proposta de reforma tributária ideal seria aquela que pudesse somar a redução da complexidade do sistema, a correção da iniquidade na distribuição dos ônus e, ainda, a melhor distribuição das receitas tributárias entre os entes federativos.

É possível identificar que, apesar de a Constituição Federal de 1988 haver adotado um modelo federativo de descentralização, em face ao contexto de centralização próprio do regime ditatorial anterior, deixou brechas para que a União reagisse à "perda" de receitas através de um movimento de centralização no campo da análise material.

O resultado disso gera distorções no modelo de federalismo cooperativo previsto na Constituição Federal de 1988 e agrava a iniquidade na distribuição do ônus tributário entre a população.

O presente artigo pretende analisar uma das possibilidades de competência tributária num federalismo cooperativo, que é a competência concorrente, entre o ente central e entes subnacionais[1], do principal imposto que se tem no Sistema Tributário Nacional, no que diz respeito à justiça fiscal e à possibilidade de adoção de políticas redistributivas: o imposto sobre a renda. A análise tem como principal foco a necessidade de melhor distribuição do ônus tributário pela população e, portanto, um caminho em que a tributação da renda possa superar a tributação indireta (ou sobre o consumo), para que o sistema possa ser caracterizado pela progressividade.

---

1. A designação "ente subnacional" está empregada neste artigo não como referência a qualquer tipo de hierarquia entre os entes federativos, mas no sentido de indicar os entes menores, que tem limitada extensão territorial no cenário nacional, em face ao ente que tem abrangência territorial nacional, a União, também designada aqui como "ente central".

Para isso, a primeira análise a ser desenvolvida será a das possibilidades de competência tributária num federalismo cooperativo. Posteriormente, será dedicado um tópico à análise histórica e de dados sobre o movimento de descentralização e posterior centralização, no pacto federativo adotado pela Constituição de 1988. Neste tópico, serão analisados os resultados desses movimentos, em termos de equidade na distribuição do ônus tributário entre a população. Em seguida, serão analisados os limites da cláusula pétrea para a alteração ao pacto federativo, a fim de verificar os requisitos que devem ser observados na proposta. Por fim, será posta a proposta da competência tributária concorrente do imposto de renda entre a União e os Estados.

A proposta será formulada em abstrato, sem ainda enfrentar a questão da forma de divisão dessa competência concorrente e concretizar como a proposta seria concebida. Dadas as limitações de um artigo, o objetivo será analisar a viabilidade da implementação de um modelo de competência em abstrato.

1. COMPETÊNCIA TRIBUTÁRIA PRIVATIVA E CONCORRENTE: POSSIBILIDADES NUM FEDERALISMO COOPERATIVO

1.1. Competência privativa e concorrente na Constituição de 1988

O modelo de competências tributárias deve estar relacionado às qualidades e objetivos do modelo de federalismo fiscal adotado, que reflete o pacto firmado entre os diferentes entes.

Ricardo Lobo Torres elenca como as principais qualidades do sistema tributário federado: "a) a equidade entre os entes públicos, com a distribuição equilibrada de recursos financeiros, em consonância com os serviços e gastos que também lhe sejam reservados; b) autonomia dos entes públicos menores para legislar e arrecadar seus tributos"[2].

Sérgio Uchôa Filho reforça ainda que "o principal objetivo do federalismo fiscal é utilizar a soma dos recursos nacionais para nivelar os serviços públicos à disposição de cada cidadão, não importa onde ele esteja fisicamente"[3]. O autor entende que o federalismo tem caráter es-

2. TORRES, Ricardo Lobo. *Tratado de direito constitucional financeiro e tributário:* os tributos na Constituição. Vol. IV. Rio de Janeiro: Renovar, 2007. P. 6.

3. UCHÔA FILHO, Sergio Papini de Mendonça. *Transferências de recursos e participação na arrecadação tributária*: uma abordagem jurídico-econômica a partir do federalismo cooperativo e as-

sencialmente redistributivo, porque tem por propósito a transferência da renda das regiões mais desenvolvidas para nivelar as oportunidades das regiões menos desenvolvidas.

No que diz respeito ao sistema tributário federado brasileiro, Ricardo Lobo Torres explica que somente existem competências privativas, residual, extraordinária e comum. A competência concorrente foi abolida a partir da reforma de 1965[4].

A competência tributária compreende uma competência legislativa para o ente que a titula instituir seus próprios tributos. Assim, diz-se privativa a competência tributária que atribui esta função, com exclusividade, a um ente, ao tempo em que impede que os demais possam instituir o referido tributo. De acordo com a Constituição Federal de 1988, a competência dos entes para a instituição dos impostos é privativa, conforme se extrai dos artigos 153, 155 e 156. O mesmo ocorre em relação aos empréstimos compulsórios (art. 148 da CF) e às contribuições especiais (149 da CF), cuja competência é privativa da União[5].

A competência residual consiste na atribuição constitucional para criação de tributos não previstos na própria Constituição. Apesar desta designação, esta competência é privativa da União, tanto para os impostos (art. 154, I, da CF), como para as contribuições especiais (art. 195, §4º, da CF).

A competência extraordinária está prevista para os casos de guerra externa ou sua iminência e também é privativa da União (art. 154, II, da CF).

A competência comum atribui aos entes a imposição dos mesmos tributos, reservando, entretanto, a limitação do seu exercício pela competência administrativa de cada ente. Esse é o caso dos tributos vinculados (taxas e contribuições de melhoria), nos quais a competência é de

---

simétrico brasileiro. In: CONTI, José Mauricio; SCAFF, Fernando Facury; BRAGA, Carlos Eduardo Faraco (Orgs.). Federalismo fiscal. Florianópolis: Conceito, 2010, p. 217–242. P. 240.

4. TORRES, Ricardo Lobo. *Tratado de direito constitucional financeiro e tributário:* os tributos na Constituição. Vol. IV. Rio de Janeiro: Renovar, 2007. P. 6.

5. Importante observar que, apesar da regra geral de exclusividade da União para a instituição de contribuições especiais (art. 149 da CF), há 2 exceções que merecem ser destacadas: a competência dos Estados, Distrito Federal e Municípios para instituir contribuição para custeio do regime próprio de previdência dos seus servidores (art. 149, §1º, da CF); a competência dos Municípios e do Distrito Federal para instituir a contribuição para o custeio do serviço de iluminação pública (art. 149-A da CF).

todos os entes, com a ressalva de se observar "o vínculo entre o tributo e o serviço prestado ou atividade exercida"[6]. No entanto, a depender da atribuição administrativa, essa competência se configurará em privativa (na hipótese em que a atividade administrativa compete a apenas um dos entes) ou concorrente (na hipótese em que a atribuição se der a mais de um dos entes, podendo o tributo ser instituído por dois ou todos eles).

A competência concorrente se dá, portanto, a partir da atribuição a mais de um ente federativo, cumulativa ou alternadamente, para instituição do mesmo tributo.

Assim, pode-se resumir a classificação das competências tributárias em privativa e concorrente. Essas competências devem refletir uma distribuição equitativa e a autonomia entre os entes, de forma que se possa nivelar os serviços públicos à disposição dos cidadãos.

1.2. Noção de federalismo fiscal cooperativo

Dois princípios fundamentais norteiam o federalismo fiscal: autonomia e participação. O primeiro relaciona-se à autodeterminação dos entes federados, demandando uma "dose" de descentralização do ente central em favor dos subnacionais. O segundo está relacionado à noção de responsabilidade dos entes pelas boas práticas de governança. É desse contexto que emerge o sentido de cooperação, com o propósito de equacionar conflitos e desequilíbrios, possibilitando a realização desses princípios básicos[7].

O modelo de federalismo cooperativo surgiu em substituição à rivalidade entre as esferas de poder que caracterizava o federalismo dual. Neste, os poderes dos entes incidem sobre o mesmo território e eles atuam de forma separada e independente dentro dos setores de sua responsabilidade[8].

---

6. TORRES, *Ricardo Lobo. Tratado de direito constitucional financeiro e tributário: os tributos na Constituição. Vol. IV. Rio de Janeiro: Renovar*, 2007. P. 8.

7. VERGOLINO, José Raimundo de Oliveira. *Federalismo e autonomia fiscal dos governos estaduais no Brasil:* notas sobre o período recente (1990-2010). In: NETO, Aristides Monteiro (Org.). Governos Estaduais no federalismo brasileiro: capacidades e limitações governativas em debate. Brasília: IPEA, 2014. P. 63-117.

8. MACHADO, José Angelo; DE MOURA PALOTTI, Pedro Lucas. *Entre cooperação e centra*lização: Federalismo e políticas sociais no Brasil Pós-1988. Revista Brasileira de Ciências Sociais, v. 30, n. 88, p. 61–23, 2015.

No modelo cooperativo, "o espírito de solidariedade ganha força para atenuar/corrigir desigualdades interpessoais e inter-regionais de renda, de modo a garantir um melhor equilíbrio federativo"[9].

Nesse contexto, o Poder Central é concebido como mais capaz de exercer o papel relativo a instrumentos e mecanismos redistributivos e assume uma posição proeminente na distribuição do poder político territorial[10].

Trata-se, portanto, de um modelo que procura unir as distintas esferas de governo com o objetivo da promoção do bem comum, o que mantém coesa a federação, através da mitigação das desigualdades entre as unidades federativas[11].

Um terceiro modelo é o federalismo centralizado, em que os entes subnacionais são meros agentes administrativos e o governo nacional é que detém o poder, centralizando a regulamentação e os recursos[12].

A Constituição Federal de 1988, no contexto de redemocratização do país, adotou em seu texto um modelo descentralizado, mas prevendo uma cooperação entre os entes. Isso pode ser vislumbrado tanto do ponto de vista da atribuição de funções administrativas, através da previsão de competências comuns entre os entes (art. 23 da CF/88) e da competência legislativa concorrente entre a União, Estados e Distrito Federal (art. 24 da CF/88), como da atribuição de receitas, na medida em que prevê competências tributárias próprias (art. 153 a 156 da CF/88) e, posteriormente, a repartição das receitas dos entes maiores com os menores (art. 157 a 159 da CF/88).

Pode-se dizer, assim, que o modelo de federalismo vislumbrado formalmente pela Constituição de 1988, ao menos do ponto de vista formal, foi o do federalismo cooperativo.

---

9. OLIVEIRA, Fabrício Augusto de. *Teorias da Federação e do Federalismo Fiscal*. Belo Horizonte: Fundação João Pinheiro, 2007. P. 11.

10. *Ibidem*. P. 11.

11. *OLIVEIRA, Fabrício Augusto de. Teorias da Federação e do Federalismo Fiscal. Belo Horizonte: Fundação João Pinheiro, 2007*. P. 11.

12. MACHADO, José Angelo; DE MOURA PALOTTI, Pedro Lucas. *Entre cooperação e centra*lização: Federalismo e políticas sociais no Brasil Pós-1988. Revista Brasileira de Ciências Sociais, v. 30, n. 88, p. 61–23, 2015.

2. MOVIMENTOS DE DESCENTRALIZAÇÃO PÓS CONSTITUIÇÃO DE 1988 E SUA REVERSÃO

2.1. Descentralização e posterior movimento de centralização das receitas tributárias na União

O contexto em que surgiu a Constituição Federal de 1988 levou à adoção de um modelo federativo descentralizador, como medida para a reconstrução do federalismo no Brasil, "estruturalmente abalado pelo modelo centralizador adotado sob o regime constitucional de 1967-69"[13].

O novo modelo, ao revitalizar o federalismo no campo das receitas tributárias, ocasionou o aumento da participação dos Estados e Municípios nas receitas tributárias e, como consequência, resultou numa redução na participação da União[14]. Por outro lado, o sistema de controle previsto na Constituição, apesar de compatível com o federalismo cooperativo, já trazia a possibilidade de a União convertê-lo num modelo mais centralizado no campo material[15].

Apesar do contexto de descentralização em que surgiu o pacto federativo da Constituição de 1988, é possível verificar que houve também a abertura de um espaço para a reversão desses ganhos com a reação do governo federal à perda de receitas decorrentes da própria descentralização pretendida[16].

A União se encontrava com reduzidas receitas e responsabilidades ampliadas, passando, assim, a explorar a "janela aberta" pelo art. 195 da Constituição, mediante a exploração da sua competência tributária

---

13. BARROSO, Luís Roberto. *A derrota da federação*. Revista de Direito da Procuradoria Geral, n. 53 p. 107–113, 2013.

14. De acordo com Luís Roberto Barroso, no que diz respeito à soma das competências tributárias próprias às transferências de recursos de um ente para outro, os Municípios aumentaram sua participação de 8,6%, no início dos anos 80, para 15,8% em 1993; os Estados, aumentaram de 22,2% para 26,4%; e a União sofreu redução de 69,2% para 57,8%. BARROSO, Luís Roberto. *A derrota da federação*. Revista de Direito da Procuradoria Geral, n. 53 p. 107–113, 2013.

15. MACHADO, José Angelo; DE MOURA PALOTTI, Pedro Lucas. *Entre cooperação e centra*lização: Federalismo e políticas sociais no Brasil Pós-1988. Revista Brasileira de Ciências Sociais, v. 30, n. 88, p. 61–23, 2015.

16. OLIVEIRA, Fabrício Augusto. *Teorias da Federação e do Federalismo Fiscal*. Belo Horizonte: Fundação João Pinheiro, 2007. P. 48. Fabrício Augusto de Oliveira aponta algumas inconsistências do modelo adotado: perda de receitas antes destinadas ao financiamento da infraestrutura, com a fusão dos impostos únicos e especiais ao ICMS; ampliação das transferências intergovernamentais, sem mudança dos critérios; ampliação de receitas dos entes subnacionais sem um projeto de descentralização de encargos; ampliação dos direitos sociais sem identificar claramente as fontes de receitas que garantiriam o seu financiamento.

relativa às contribuições para a seguridade social, com o intuito de recuperar receitas e atender às demandas da Constituição de 1988. A ênfase nessas contribuições não foi uma posição acertada para a economia, sociedade ou para a própria federação[17].

Isso porque, como as contribuições não estão no bojo das receitas compartilhadas entre os entes, houve um enfraquecimento do sistema de transferências constitucionais. Isso mais contribuiu para aumentar do que diminuir as desigualdades horizontais e verticais existentes entre os entes federativos[18].

José Raimundo Vergolino destaca alguns fatores que contribuíram para a reversão do movimento de descentralização intencionado pelo escopo da Constituição de 1988. Para o autor, como o controle do orçamento da Seguridade Social estava com a União, esta passou a criar novas contribuições para fazer frente à expansão desses gastos, principalmente em decorrência das pressões dos defensores de políticas sociais, como foi o caso da CPMF, PIS, COFINS e CSLL. Como receitas não compartilhadas, "contribuíram para a reversão do processo de descentralização, que constituía um desejo dos constituintes"[19]. A isso o autor acrescenta as vinculações de receita com gastos nas áreas da saúde e educação, que promoveu um forte engessamento das receitas dos entes subnacionais. Tais fatos contribuíram "para a fragilidade fiscal dos governos estaduais"[20].

Como reação, os estados passam a promover o aumento da carga de impostos de sua competência, contaminando a composição da carga tributária com impostos de má qualidade, contrários aos princípios da equidade, neutralidade e competitividade, num contexto de globalização e de abertura da economia, o que exigiria exatamente a "limpeza" dessas estruturas[21].

---

17. *Ibidem*. P. 49.

18. *Ibidem*. P. 49.

19. VERGOLINO, José Raimundo de Oliveira. *Federalismo e autonomia fiscal dos governos estaduais no Brasil:* notas sobre o período recente (1990-2010). In: NETO, Aristides Monteiro (Org.). Governos Estaduais no federalismo brasileiro: capacidades e limitações governativas em debate. Brasília: IPEA, 2014. P. 63-117.

20. VERGOLINO, José Raimundo de Oliveira. *Federalismo e autonomia fiscal dos governos estaduais no Brasil:* notas sobre o período recente (1990-2010). In: NETO, Aristides Monteiro (Org.). Governos Estaduais no federalismo brasileiro: capacidades e limitações governativas em debate. Brasília: IPEA, 2014. P. 63-117.

21. OLIVEIRA, Fabrício Augusto. *Teorias da Federação e do Federalismo Fiscal*. Belo Horizonte: Fundação João Pinheiro, 2007. P. 49.

Duas alterações da Constituição agravaram esse quadro:

- A Emenda Constitucional nº 3/93 revogou o adicional de 5% do Imposto de Renda de titularidade dos Estados e o imposto sobre vendas a varejo de combustíveis líquidos e gasosos, exceto óleo diesel, de competência dos Municípios;

- Em 1994, a Emenda Constitucional de Revisão nº 1 criou o Fundo Social de Emergência, "com o objetivo de saneamento financeiro da Fazenda Pública Federal e de estabilização econômica, cujos recursos serão aplicados no custeio das ações dos sistemas de saúde e educação, benefícios previdenciários e auxílios assistenciais de prestação continuada, inclusive liquidação de passivo previdenciário, e outros programas de relevante interesse econômico e social". Entre as receitas destinadas ao fundo, estava 20% do produto da arrecadação de todos os impostos e contribuições da União.

A extinção desses impostos sem qualquer compensação financeira para os Estados e Municípios colaborou, sem dúvida, para o enfraquecimento desses entes, diante do Governo Central, atingindo o federalismo fiscal brasileiro[22].

Além da redução das competências dos estados e municípios, notou-se um desinteresse da União na exploração do Imposto de Renda e do Imposto sobre Produtos Industrializados (IPI), o que provocou queda nos fundos de participação dos entes subnacionais (FPE e FPM). A Desvinculação das Receitas da União (DRU) foi prorrogada sucessivas vezes (permanecendo até os dias atuais sem qualquer vinculação a fundo)[23], o

22. OLIVEIRA, Gustavo da Gama Vital. *Temas de federalismo fiscal brasileiro.* Rio de Janeiro: Gramma, 2016. P. 29.

23. De acordo com a Emenda Constitucional de Revisão nº 1/94, o FSE teria duração apenas nos exercícios de 1994 e 1995, com o objetivo de ajuste fiscal. A EC nº 10/96 estendeu sua vigência para o período de 01/01/96 a 30/06/97. A EC nº 17/97 incluiu o período de 01/07/97 a 31/12/1999. A EC 27/2000 passou a prever simplesmente a desvinculação de 20% da arrecadação de impostos e contribuições sociais da União, sem vinculá-los a qualquer fundo, no período de 2000 a 2003; foi aí que surgiu a completa desvinculação desse percentual, o que hoje se conhece como DRU. A EC 42/2003 incluiu nos 20% de desvinculação das receitas as contribuições de intervenção no domínio econômico e a prorrogou para o período de 2003 a 2007. A EC 56/2007 a prorrogou para até 31/12/2011. A EC nº 68/2011 a prorrogou até 31/12/2015. E a EC nº 93/2016 aumentou a DRU para 30%, retirou a previsão dos impostos, incluiu a receita das taxas e prorrogou a sua vigência para até 31/12/2023. Ou seja, nos 30 anos da Constituição Federal de 1988, as receitas das contribuições sociais só foram completamente vinculadas nos 5 primeiros anos de sua vigência. Há 25 anos que alguma disposição transitória desvincula 20% de suas receitas, sendo esse percentual elevado para 30% nos dois últimos anos.

que fez com que a União explorasse, cada vez mais, as receitas das contribuições, em detrimento dos impostos com produto repartido.

Como resposta aos déficits gerados nas contas públicas, especialmente nos entes subnacionais (responsáveis por cerca de 50% de todo o déficit nominal do setor público no biênio 1994-1995), a União passou a adotar diversas medidas para controlar a dívida desses entes. Introduziu-se, então, um mecanismo de controle, em que os entes subnacionais aderiram acordo de garantia e tinham que gerar determinados resultados primários positivos para pagamento de parcela da dívida com a União, engessando as finanças daqueles entes e modificando-se o desenho federativo então prevalecente. Tais medidas impediam que os entes subnacionais utilizassem a dívida como instrumento complementar de financiamento[24].

> A redução da autonomia dos governos subnacionais não veio, contudo, acompanhada de mudanças que conduzissem ao fortalecimento de sua capacidade de financiamento e de provisão das políticas públicas e serviços essenciais à população e ao desenvolvimento, reforçando o processo de descentralização em curso e dando, a estes, melhores condições para substituir o governo federal em algumas dessas tarefas. Pelo contrário, ao não buscar uma solução global para a revisão do modelo federativo e trilhar o caminho da adoção de medidas pontuais para o ajuste que vinha realizando, o governo federal modificou as relações federativas, enfraquecendo os governos subnacionais, notadamente os estados, mas sem nada colocar no lugar[25].

Possivelmente, como reação a esse cenário, os Estados passaram a explorar ainda mais o ICMS, principal imposto de sua competência própria, gerando distorções não apenas no que diz respeito ao Sistema Tributário, mas também em relação à equidade na distribuição da carga tributária pela população. Soma-se a isso o fato de algumas contribuições, como é o caso da COFINS e da contribuição para o PIS, adotarem, em alguns casos, base de cálculo idêntica à do ICMS, estabelecendo certa concorrência entre os entes, típica de um federalismo dual, mas sem autonomia.

O gráfico abaixo demonstra um panorama da arrecadação desses tributos, no período do ano de 1997 a 2015. Para a construção do grá-

---

24. OLIVEIRA, Fabrício Augusto. *Teorias da Federação e do Federalismo Fiscal*. Belo Horizonte: Fundação João Pinheiro, 2007. p. 56.

25. *Ibidem*, 2007.

fico, de autoria própria, foram utilizados os valores de arrecadação do ICMS do período, divulgados pelo CONFAZ, e os valores de arrecadação dos tributos federais (IR, IPI e Contribuições), divulgados pela Receita Federal, todos atualizados pelo IPCA-E do primeiro dia do exercício seguinte à arrecadação até agosto de 2018. Entre as contribuições, foram consideradas COFINS, PIS, CSLL, CIDE-combustíveis e Contribuição para o FUNDAF.

Figura 1 – Gráfico comparativo da arrecadação com ICMS, IR, IPI e Contribuições de 1997 a 2015

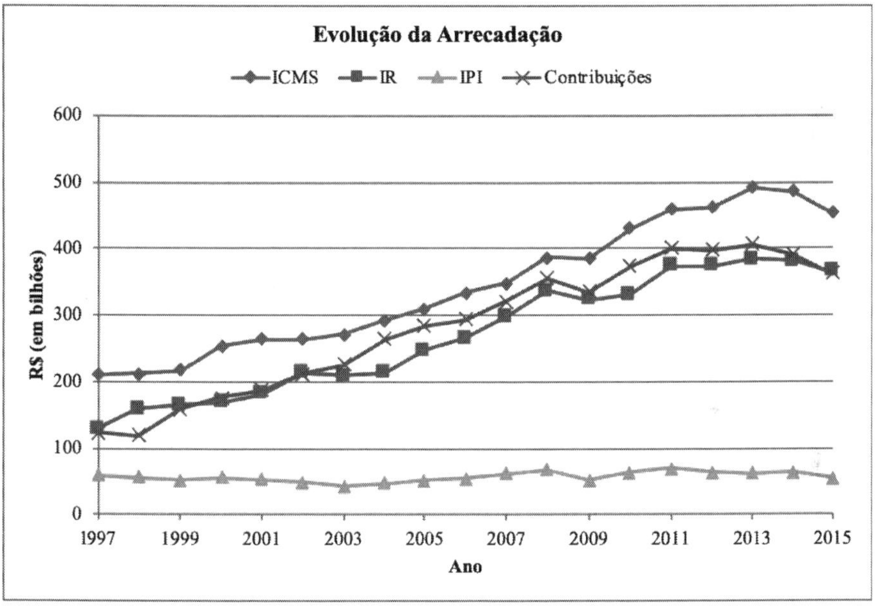

Fonte: CONFAZ[26] e RFB[27]

26. CONFAZ. *Boletim de arrecadação disponível de dezembro de 1996 até a presente data*. Disponível em <https://www.confaz.fazenda.gov.br/legislacao/boletim-do-icms > Acesso em 28/09/2018 às 09:50.

27. RECEITA FEDERAL DO BRASIL. *Análise da arrecadação das receitas federais*. Dezembro/2017. Disponível em http://idg.receita.fazenda.gov.br/dados/receitadata/arrecadacao/relatorios-do-resultado-da-arrecadacao/arrecadacao-2017/dezembro2017/analise-mensal-dez-2017.pdf Acesso em 28/09/2018 às 11:21.

Depreende-se dessa análise que, a partir do final dos anos 90 e início dos anos 2000, houve um aumento expressivo da arrecadação do ICMS, no âmbito dos estados, que mais do que dobrou no período. No âmbito das competências federais, o gráfico deixa claro o movimento de explorar mais contribuições do que o Imposto sobre a Renda e o IPI.

Percebe-se que, no final dos anos 90, a arrecadação a título de contribuições ainda estava abaixo do imposto sobre a renda, realidade que se inverteu a partir do ano de 2000, quando a arrecadação das contribuições suplantou os valores arrecadados a título de imposto de renda. A arrecadação com as contribuições quase quadriplicou no período. Apesar de também ser observado um aumento no que diz respeito à arrecadação do imposto sobre a renda, este não conseguiu superar sequer o ICMS. Somando a arrecadação com ICMS a das contribuições que incidem também sobre o consumo, o imposto de renda fica bem aquém dessa tributação indireta.

Acentue-se que o IPI permaneceu quase estável durante o período, sendo este imposto uma das principais fontes de receita transferida para os estados (21,5% através do FPE e 10% do incidente sobre a importação). Sua exploração, entretanto, interferiria negativamente na dinâmica analisada, pois agrava também a tributação do consumo. Por essa razão, a melhor via seria a exploração do imposto sobre a renda, em lugar das contribuições e até do ICMS.

As distorções federativas refletiram na distribuição do ônus tributário pela população, agravando a ênfase que se dá no Brasil à tributação indireta, que suplanta, e muito, a tributação da renda, melhor parâmetro de equidade nesta distribuição.

Desta análise, pode-se chegar a duas conclusões preliminares: "a crise fiscal dos Estados e dos Municípios não pode ser imputada à partilha de rendas concebida pela Constituição de 1988"[28], mas se deve a posteriores reformas no texto e a adoção de posturas anti-federativas da União no plano formal e material; os meios utilizados para a concentração de receitas na União e as reações dos entes subnacionais a isso, especialmente dos Estados, pode gerar uma iniquidade na distribuição dos ônus no Sistema Tributário Nacional.

---

28. BARROSO, Luís Roberto. *A derrota da federação*. Revista de Direito da Procuradoria Geral, n. 53 p. 107–113, 2013.

2.2. Resultados da centralização das receitas na distribuição do ônus tributário entre contribuintes: análise de iniquidade[29]

O Conselho de Desenvolvimento Econômico e Social (CDES) elaborou o segundo relatório de observações sobre os indicadores de iniquidade do Sistema Tributário Nacional, de acordo com dados relativos ao ano de 2004. Os dados revelaram que aqueles que ganhavam até dois salários mínimos comprometiam cerca de 45,8% de sua renda com o pagamento de tributos. Por outro lado, aqueles com renda superior a 30 salários mínimos, sofriam a carga tributária de 26,3%[30].

Isso está relacionado ao ônus que acarreta a tributação direta da renda em relação à tributação indireta da renda.

De acordo com dados divulgados pela Receita Federal relativos ao exercício de 2015, do total da arrecadação tributária no Brasil, a tributação da renda representa 19,97%, enquanto a tributação de bens e serviços representa 47,39%, mais do que o dobro da tributação da renda. Esses dados, em comparação com os demais países da OCDE, demonstram que o Brasil é o país cuja carga tributária sobre renda, lucro e ganho de capital representa o menor percentual (5,9%) do PIB. Já a carga tributária sobre bens e serviços é a segunda maior (15,8% do PIB), ficando apenas atrás da Hungria, que conta com 17,2%[31].

Em 2016, a União arrecadou, somente com contribuições, 43,15% do total da arrecadação do país, muito superior à arrecadação de todos os tributos dos estados (25,40% da arrecadação total nacional) e dos municípios (6,34% da arrecadação total nacional)[32].

Note-se, ainda, que parte expressiva da arrecadação dos estados deve-se ao ICMS, que representa 20,37% da arrecadação total nacional e, mesmo assim, deixa o percentual total de receita tributária dos

---

29. Neste tópico, foram utilizados dados de diferentes exercícios. Não há, entretanto, qualquer prejuízo, tendo em vista que não houve mudanças substanciais no Sistema Tributário Nacional no período analisado e as pesquisas referenciadas não são realizadas anualmente. Os dados de diferentes pesquisas foram utilizados para demonstrar a iniquidade que se sustenta no presente artigo.

30. CONSELHO DE DESENVOLVIMENTO ECONÔMICO E SOCIAL. *Indicadores de Iniquidade do Sistema Tributário Nacional* – Relatório de Observação nº 2. 2ª ed. Brasília, 2011.

31. RECEITA FEDERAL. *Carga tributária no Brasil 2016:* análise por tributos e bases de incidência. Disponível em http://idg.receita.fazenda.gov.br/dados/receitadata/estudos-e-tributarios-e-aduaneiros/estudos-e-estatisticas/carga-tributaria-no-brasil/carga-tributaria-2016.pdf. Acesso em 19/02/2018 às 11:34.

32. *Ibidem.*

estados (25,40%) bem aquém ao da União (68,27%). No entanto, o percentual de arrecadação do ICMS ultrapassa o total da arrecadação do imposto de renda das pessoas físicas e jurídicas (apenas 19,08% da arrecadação nacional)[33].

Tabela 2 – Comparação do percentual de arrecadação de alguns tributos que refletem indiretamente na renda das pessoas e o total de arrecadação por ente, em relação ao PIB.

UNIÃO		ESTADOS		MUNICÍPIOS	
68,27%		25,40%		6,34%	
Contribuições: 43,15%	Outros: 25,12%	ICMS: 20,37%	Outros: 5,03%	ISS: 2,69%	Outros: 3,65%

Fonte: RFB

Esse cenário, como verificado no tópico anterior, é fruto das distorções criadas no pacto federativo, que fez com que a União reagisse à perda de receita com a descentralização de 1988 com um movimento de centralização, focado, principalmente, em contribuições[34], e os Estados, por conseguinte, reagissem a isso com o aumento expressivo da arrecadação do ICMS.

3. A CLÁUSULA PÉTREA DO PACTO FEDERATIVO E OS LIMITES PARA A ALTERAÇÃO CONSTITUCIONAL DAS COMPETÊNCIAS TRIBUTÁRIAS

3.1. Cláusula pétrea do sistema federativo

A forma federativa do Estado Brasileiro é anunciada no art. 1º da Constituição Federal de 1988, quando determina que este será formado pela "união indissolúvel dos Estados e Municípios e do Distrito Federal".

A autonomia dos entes que caracteriza o federalismo é administrativa e financeira. Esta última é assegurada pela Constituição Federal de

33. *Ibidem.*

34. As contribuições, especialmente, PIS e COFINS, são consideradas tributos que causam ônus indireto na renda, pois tem como base de cálculo a receita ou o faturamento, incorporando-se no preço dos produtos e mercadorias adquiridas. Não há como diferenciar quem sofre o ônus dessa tributação, tendo função semelhante (ou idêntica) à do ICMS, no que diz respeito ao papel na distribuição do ônus tributário entre a população. O crescimento de contribuições e de ICMS, portanto, são dois fatores que agravam a iniquidade do Sistema Tributário Nacional.

1988 através de dois mecanismos de captação de receita para realizar suas próprias prioridades: repartição das fontes de receitas (arts. 145 a 156) e repartição do produto da arrecadação (arts. 157 a 162). O primeiro seria a captação direta de recursos, através do exercício de suas competências tributárias próprias. O segundo seria uma forma de captação apenas indireta, proveniente de transferências de parte das receitas arrecadadas por outros entes[35].

A distribuição de competências tributárias e a repartição das receitas provenientes da arrecadação de tributos fazem parte, portanto, do pacto federativo firmado entre os entes pela Constituição Federal de 1988.

O princípio federativo caracteriza a República Brasileira e a própria Constituição Federal tratou de prever, expressamente, a limitação material expressa para qualquer alteração constitucional tendente a aboli-lo (art. 60, §4º, I).

Levando em consideração que as regras de competência tributária e de repartição de receitas dela provenientes fazem parte do pacto federativo, a simples interpretação literal do referido dispositivo poderia levar ao posicionamento de vedação à emenda constitucional que tratasse das competências dos entes federativos, por interferir nas autonomias a eles asseguradas[36].

No entanto, a concepção de limitações materiais, também denominadas *cláusulas pétreas*, leva à impossibilidade de supressão total ou parcial dessas matérias, não apenas de forma expressa, mas impede qualquer deliberação do Congresso Nacional tendente a aboli-las. Há, portanto, uma expressa proibição de supressão de elementos constitutivos e conceituais da Federação, como, por exemplo, a autonomia dos Estados e Municípios[37].

A grande questão perpassa pela definição dos elementos constitutivos e conceituais do princípio federativo, ou seja, do seu conteúdo. Para

---

35. GAMA, Evandro Costa. A reforma tributária e a autonomia financeira das entidades subnacionais. In: José Mauricio Conti (org.). Federalismo Fiscal. Barueri, SP: Manole, 2004. P. 143. Complementa o autor: "(...) o princípio federativo não é um fim em si mesmo; pelo contrário, a entrega de competências tributárias e encargos públicos às unidades federadas – em que pese ser fundamental ao sistema federativo brasileiro – foi o meio mais eficiente que o Poder Constituinte encontrou para buscar a concretização dos valores que servem de alicerce ao Estado Democrático de Direito instalado no país a partir de 1988".

36. GAMA, Evandro Costa. A reforma tributária e a autonomia financeira das entidades subnacionais. In: José Mauricio Conti (org.). Federalismo Fiscal. Barueri, SP: Manole, 2004. P. 156.

37. CUNHA JR., Dirley. *Curso de Direito Constitucional.* 5ª ed. Salvador: Juspodivm, 2011. p. 250/251.

estabelecer esse conteúdo essencial e, portanto, intangível, uma interpretação mais prudente leva também em consideração outros valores contemplados constitucionalmente[38].

Para alguns autores, como Humberto Ávila[39], a opção da Constituição pela atribuição de competências tributárias através de regras específicas, no seu próprio texto, impede a livre ponderação por parte do legislador, que não pode ampliar a competência tributária com base nos princípios da dignidade humana ou da solidariedade social. Para o autor, isso contrariaria a dimensão normativa (regra) eleita pela própria Constituição.

A rigidez da repartição de competências no Brasil, que estabelece atribuições privativas a cada um dos entes faz com que qualquer alteração constitucional deste modelo, principalmente envolvendo a repartição de receitas, deva ser resultado de um grande consenso nacional, o que justifica um certo imobilismo na adoção de grandes decisões, conforme se verifica atualmente[40].

A rigidez constitucional proveniente das regras que compõem o pacto federativo decorre do próprio princípio federativo, este cláusula pétrea[41], mas que pode ser objeto de ponderação, tendo em vista sua natureza normativa. Poderia haver uma ponderação do princípio federativo com algum outro valor constitucional, sem suprimir o seu conteúdo essencial.

A competência dos estados para instituir e cobrar ICMS advém da necessária autoadministração, que faz parte da autonomia dos entes federativos dentro do pacto firmado pela Constituição Federal de 1988. Neste modelo de federação, portanto, é preciso garantir um mínimo de competências tributárias próprias; não basta a simples transferência

---

38. GAMA, Evandro Costa. A reforma tributária e a autonomia financeira das entidades subnacionais. In: José Mauricio Conti (org.). Federalismo Fiscal. Barueri, SP: Manole, 2004. P. 156.

39. ÁVILA, Humberto. *Sistema Constitucional Tributário*. 4ª ed. São Paulo: Saraiva, 2010. P. 164.

40. RIBEIRO, Ricardo Lodi. Temas de Direito Constitucional Tributário. Rio de Janeiro: Lumen Juris, 2009. P. 6/7.

41. De acordo com Gustavo da Gama Vital de Oliveira, "a função primordial das cláusulas pétreas é impedir que as alterações promovidas pelo constituinte derivado possam ferir o *núcleo essencial* dos princípios e institutos nele versados". OLIVEIRA, Gustavo da Gama Vital. *O Supremo Tribunal Federal e as cláusulas pétreas da forma federativa de Estado e da separação dos poderes em matéria tributária*. In: Luís Cesar Douza de Queiroz e Gustavo da Gama Vital de Oliveira (org.). Tributação constitucional, justiça fiscal e segurança jurídica. Rio de Janeiro: LMJ Mundo Jurídico, 2014. P. 63.

constitucional de recursos da União[42]. Esse aspecto será particularmente enfrentado no tópico que segue.

Por outro lado, é preciso ressaltar que, apesar da previsão constitucional do federalismo cooperativo (art. 23 da Constituição Federal de 1988), a distribuição de receita no Brasil ainda ocorre de forma predominantemente política, sem que sejam implementados instrumentos institucionais efetivos para acompanhamento da utilização final dos recursos[43].

A própria distribuição da carga tributária por ente federativo no Brasil já deixa transparecer que a divisão não é compatível com as funções administrativas (despesas públicas de competência de cada ente) e que há uma evidente centralização da receita pública tributária no âmbito da União[44]. O próprio princípio federativo, atualmente, precisa ser revisto do ponto de vista cooperativo e democrático, para que os entes federativos possam realmente realizar suas prioridades autonomamente[45].

---

42. De acordo com Ricardo Lodi Ribeiro, a ideia de autonomia dos entes federativos está ligada à necessária descentralização territorial do poder, o que garante a sobrevivência da Federação. A garantia de um mínimo de competência tributária própria decorre do próprio federalismo cooperativo de viés democrático, consagrado pela Constituição de 1988, em que os estados, através de sua própria arrecadação, podem garantir o cumprimento de suas prioridades, e não as da União (RIBEIRO, Ricardo Lodi. Temas de Direito Constitucional Tributário. Rio de Janeiro: Lumen Juris, 2009. P. 244/245). Há quem discorde desta perspectiva, defendendo que é possível ter autonomia financeira mesmo sem competências impositivas próprias, bastando, para tanto, que o ente tenha recursos necessários ao desenvolvimento das demais autonomias administrativas (GAMA, Tácio Lacerda. *Competência tributária: fundamentos para uma teoria da nulidade.* 2ª ed. São Paulo: Noeses, 2011. P. 208). Esta última posição, entretanto, ignora a garantia do cumprimento das prioridades financeiras próprias do ente federativo através das competências tributárias próprias.

43. SIQUETTO, Paulo Roberto. Os projetos de reforma constitucional tributária e o federalismo fiscal. In: José Mauricio Conti (org.). Federalismo Fiscal. Barueri, SP: Manole, 2004. P. 286.

44. Em 2014, a arrecadação da União representou 68,47% da receita tributária total, ao lado de 25,35% dos Estados e 6,19% dos Municípios. (RECEITA FEDERAL. Carga tributária no Brasil 2014. Disponível em http://idg.receita.fazenda.gov.br/dados/receitadata/estudos-e-tributarios-e-aduaneiros/estudos-e-estatisticas/carga-tributaria-no-brasil/29-10-2015-carga-tributaria-2014 Acesso em 08/07/2016 às 11:23).

45. De acordo com Tarsila Reis, "a Reforma do Estado tem sido suscitada como medida necessária para a superação das crises econômica e política herdadas do governo Dilma Roussef. Um dos seus temas tradicionais é a descentralização. Trata-se de política pública que promove a transferência de competências políticas, administrativas e fiscais desde o centro para as unidades descentralizadas. Esta transferência de competências pode ocorrer entre entes federativos (desde a União para os Estados e os Municípios) ou dentro de um mesmo ente federativo (desde o poder executivo central para autarquias, empresas estatais, etc.). (...) Isto não significa confundir descentralização com cooperação, mas argumentar que cooperação é elemento subjacente à descentralização contemporânea" (REIS, Tarsila. *Pacto Federativo:* hora de forcar em articulação. Disponível em: http://www.direitodoestado.com.br/colunistas/tarcila-reis/pacto-federativo-hora-de-focar-em-articulacao Acesso em 11/07/2016 às 15:29).

A manutenção do pacto federativo, no que diz respeito à distribuição das competências tributárias próprias, da forma como está atualmente, não cumpre sequer o papel do princípio federativo.

Desta forma, "o princípio federativo não pode ser invocado como forma de obstruir o aperfeiçoamento do nosso sistema tributário e da distribuição de encargos públicos"[46]. Muito pelo contrário, o aperfeiçoamento da distribuição dos encargos públicos pode ser realizado de forma a aperfeiçoar também o pacto federativo, em vista do efetivo federalismo cooperativo.

3.2. Limites para a modificação das competências tributárias: o núcleo do princípio federativo

Quando se questiona sobre o núcleo do princípio federativo, está-se diante da averiguação de um acordo/contrato constitucional negociado e aprovado, que precisa ser respeitado e cumprido. "Caso rompidas as condições ou algumas das condições em que se sustenta, desfigura-se sua essência como forma de organização política territorial, dando origem a outros sistemas"[47]. Essas condições, pilares do pacto federativo, é que são o seu núcleo essencial.

José Raimundo de Oliveira Vergolino destaca aquelas que entende serem palavras-chave no bojo da discussão sobre federalismo e federalismo fiscal: "cooperação e conflitos de caráter vertical e horizontal, desigualdades entre os Entes Federados, autonomia, descentralização e centralização"[48].

A autonomia acaba sendo a condição essencial na qual sempre se esbarra ao se identificar o núcleo desse princípio. Atingir esse núcleo não reside apenas na supressão da autonomia dos entes. O enfraquecimento da autonomia, seja ela tributária, administrativa, ou financeira, de forma que os entes subnacionais passem a "depender do Poder Cen-

46. GAMA, Evandro Costa. A reforma tributária e a autonomia financeira das entidades subnacionais. In: José Mauricio Conti (org.). Federalismo Fiscal. Barueri, SP: Manole, 2004. P. 157.

47. OLIVEIRA, Fabrício Augusto de. *Teorias da Federação e do Federalismo Fiscal*. Belo Horizonte: Fundação João Pinheiro, 2007. P. 7.

48. VERGOLINO, José Raimundo de Oliveira. *Federalismo e autonomia fiscal dos governos estaduais no Brasil:* notas sobre o período recente (1990-2010). In: NETO, Aristides Monteiro (Org.). Governos Estaduais no federalismo brasileiro: capacidades e limitações governativas em debate. Brasília: IPEA, 2014. P. 63-117.

tral para atender suas necessidades de recursos para desempenhar suas funções e responsabilidade"[49] já desfigura a própria federação.

A doutrina se divide em, basicamente, 2 correntes: necessidade de competências tributárias próprias para garantir o mínimo de autossuficiência econômica e financeira; a autonomia não depende de competências tributárias próprias[50].

Luís Roberto Barroso, aderindo à 1ª corrente, explica que

> (...) as relações intergovernamentais, fundadas em repasses federais, comprometem a integridade do sistema federativo, por ficar a viabilidade das entidades federadas dependentes de decisões políticas tomadas no âmbito de órgãos e entidades federais, muitas vezes condicionadas por circunstâncias partidárias e eleitorais[51].

Fabrício Augusto Oliveira relaciona a segunda corrente com o fenômeno da globalização, em que predominam as ideias neo-institucionais. Para ele, "a autonomia dos governos subnacionais, diante das exigências de harmonização das estruturas tributárias, deixa de estar associada a competências tributárias próprias na cobrança de impostos, passando a ser vinculada ao compartilhamento de receitas cobradas por outro nível de governo".

Ao analisar os efeitos da globalização, Barroso sustenta que o caminho seguido no Brasil gerou o confronte entre a gestão macroeconômica conduzida pelo ente central e a autonomia dos entes subnacionais. "Na prática, o que ocorreu foi que o Governo Federal, diante da lastimável condição financeira dos Estados (...), dispôs de imenso poder de barganha para impor o seu projeto político e determinar as regras de ajustamento"[52]. Aos Estados, não restaram alternativas a não ser ceder as condições exigidas pela União para repactuar suas dívidas. Não há que se falar em autonomia desses entes nesse contexto.

A adoção de uma ou outra corrente doutrinária implica em divergências na definição do núcleo do princípio federativo. Isso porque, adotando a 1ª corrente, as emendas constitucionais que tivessem por con-

---

49. OLIVEIRA, *Op. cit.*, 2007. P. 8.

50. TORRES, Ricardo Lobo. *Tratado de direito constitucional financeiro e tributário:* os tributos na Constituição. Vol. IV. Rio de Janeiro: Renovar, 2007.

51. BARROSO, Luís Roberto. *A derrota da federação.* Revista de Direito da Procuradoria Geral, n. 53 p. 107-113, 2013.

52. *Ibidem.*

sequência a redução significativa da competência tributária própria dos entes subnacionais seriam inconstitucionais, por violar cláusula pétrea (art. 60, §4º, I, da CF). De acordo com a 2ª corrente, tais emendas somente seriam inconstitucionais se reduzissem o fluxo de recursos distribuídos para esses entes de forma drástica[53].

Diante desse impasse, Gustavo da Gama Vital de Oliveira entende que a definição do núcleo essencial da forma federativa de Estado não pode se dar com base em critérios formais. O autor, assim, propõe um critério material para a definição de um limite para a modificação das competências tributárias, de forma a preservar este núcleo essencial: "seria inconstitucional a emenda que tentasse retirar dos entes menores tal competência, ao menos naquelas hipóteses em que restasse evidenciado que a perda da arrecadação com o tributo próprio extinto fosse capaz de tornar o ente político menor completamente dependente do Governo Central"[54].

Sérgio Uchôa Filho traz uma noção de equilíbrio numa federação essencial para a análise desse núcleo no contexto do federalismo brasileiro. O autor entende que essa noção se refere "a procedimentos e medidas que garantem, por um lado, uma distribuição adequada de encargos entre os governos, e, por outro, a correspondente distribuição de recursos que permita serem esses encargos adequadamente executados"[55].

De acordo com essa noção, o ideal seria que as atribuições conferidas aos governos locais pudessem ser inteiramente financiadas com recursos provenientes da própria comunidade[56], ratificando-se, desse ponto de vista, a importância da manutenção (e até otimização) da competência tributária própria para a concepção de conteúdo essencial do princípio federativo[57].

53. OLIVEIRA, Gustavo da Gama Vital. *Temas de federalismo fiscal brasileiro*. Rio de Janeiro: Gramma, 2016. P. 27.

54. OLIVEIRA, Gustavo da Gama Vital. *Temas de federalismo fiscal brasileiro*. Rio de Janeiro: Gramma, 2016. P. 28.

55. UCHÔA FILHO, Sergio Papini de Mendonça. *Transferências de recursos e participação na arrecadação tributária*: uma abordagem jurídico-econômica a partir do federalismo cooperativo e assimétrico brasileiro. In: CONTI, José Mauricio; SCAFF, Fernando Facury; BRAGA, Carlos Eduardo Faraco (Orgs.). Federalismo fiscal. Florianópolis: Conceito, 2010, p. 217–242. P. 240.

56. *Ibidem*. P. 240.

57. O autor, entretanto, defende um modelo de federalismo em que a arrecadação é concentrada no ente federativo central, para se evitar "distorções econômicas que o exercício de competências tributárias sobre renda e consumo poderia gerar, estando nas mãos de entes regionais ou

O problema de retirar do núcleo essencial do princípio federativo a necessidade de competências tributárias próprias como garantia da autonomia dos entes subnacionais é confiar numa ilusão de que o cooperativismo e a solidariedade irão nortear o ente central na repartição das receitas públicas.

Isso não parece viável no contexto brasileiro. Primeiro, por uma questão de ordem formal. O art. 160[58], parágrafo único, da Constituição Federal de 1988, apesar de vedar, genericamente, a retenção ou restrição à entrega dos recursos objeto das transferências obrigatórias para os entes subnacionais, possibilita o condicionamento da entrega desses recursos ao pagamento dos seus créditos.

Segundo, recorrente a um argumento de ordem material, o contexto das transferências constitucionais de recursos do ente central para os entes periféricos no sistema federativo brasileiro, confere uma medida de poder ao ente central que atinge o núcleo da autonomia dos entes subnacionais, que deixam de titularizar a decisão financeira e orçamentária sobre as suas necessidades prioritárias para "honrar" com as suas dívidas perante o ente central, como condição para a aferição de suas receitas básicas, provenientes das transferências.

A experiência da repartição de receitas tributárias na federação brasileira, somada a uma contínua centralização de recursos não suscetíveis de repartição no ente central vem desfigurando o pacto federativo brasileiro e comprometendo a autonomia dos seus entes.

O contexto material demonstra que "o total dos gastos dos Estados e de alguns Municípios passaram a ser definidos não apenas com base em suas receitas próprias (tributárias e fiscais), mas em função de sua capacidade de obter recursos"[59] através de mecanismos decorrentes de sua relação com o tesouro nacional.

---

locais", com a distribuição de recursos através de transferências voltadas para a redução das desigualdades. *Ibidem*. P. 242.

58. "Diferentemente das transferências intergovernamentais livres, em que governos subnacionais alocam livremente os recursos recebidos, as transferências condicionadas favorecem o alinhamento das prioridades dos governos subnacionais àquelas eleitas pelo Executivo federal". MACHADO, José Angelo; DE MOURA PALOTTI, Pedro Lucas. *Entre cooperação e centra*lização: Federalismo e políticas sociais no Brasil Pós-1988. Revista Brasileira de Ciências Sociais, v. 30, n. 88, p. 61–23, 2015.

59. BARROSO, Luís Roberto. *A derrota da federação*. Revista de Direito da Procuradoria Geral, n. 53 p. 107–113, 2013.

Apenas a título ilustrativo, pode-se citar a representatividade das receitas próprias e transferidas no Estado do Rio de Janeiro.

De acordo com a análise do IBGE, o Rio de Janeiro, em 2015, era o 2º Estado mais rico da federação, considerando sua participação no PIB. Contava com um percentual de participação de 11%, ficando apenas atrás de São Paulo, que representava 32,4%, na primeira posição[60].

No relatório de execução orçamentária da receita do período acumulado de 08/2015 a 08/2016, 16,40% das receitas correntes residiu em transferências. Do total das receitas de transferências correntes, aproximadamente 42% é classificada como "outras transferências da União". Enquanto isso, as transferências a título de participação na receita da União (FPE, IPI exportação, CIDE e Operação de crédito cambial) representam em torno de 19% do total das transferências correntes da União para o Estado[61].

Além do expressivo percentual que as transferências correntes representam no total das receitas correntes do 2º Estado mais rico da federação, verifica-se que, na composição das transferências, parte substancial e significativa decorre de acordos outros que não as transferências constitucionais obrigatórias, não sendo fruto do modelo do pacto federativo insculpido na Constituição de 1988.

O sistema de transferência de receitas não está funcionando do ponto de vista material[62]. Os entes subnacionais estão com a autonomia comprometida e a análise parte de um plano material e não apenas formal. A reconstrução do pacto federativo, levando em conta que a autonomia financeira através das competências tributárias próprias, faz parte do núcleo do princípio federativo, não pode estar voltada para a concen-

---

60. IBGE. *Sistema de Contas Regionais:* Brasil 2015. Contas Nacionais, n. 57. 2017. Disponível em <https://biblioteca.ibge.gov.br/visualizacao/livros/liv101307_informativo.pdf> Acesso em 28/09/2018 às 08:48.

61. SECRETARIA DA FAZENDA DO ESTADO DO RIO DE JANEIRO. *Relatório prestando constas ao cidadão* – execução orçamentária da receita 08.2016. Disponível em <http://www.fazenda.rj.gov.br/sefaz/content/conn/UCMServer/path/Contribution%20Folders/site_fazenda/prest_contas/cidadao/2013/2016/08%20-%20AGOSTO/%281%29%20Relat%C3%B3rio%20Prestando%20Contas%20ao%20Cidad%C3%A3o%20-%20Receita_08.2016.pdf?lve> Acesso em 28/09/2018 às 09:13.

62. Há uma constatação recorrente de que "o compartilhamento de responsabilidades sobre uma área governamental em uma constituição federativa não é garantia de que ali se configure um padrão dominante de cooperação intergovernamental. MACHADO, José Angelo; DE MOURA PALOTTI, Pedro Lucas. *Entre cooperação e centra*lização: Federalismo e políticas sociais no Brasil Pós-1988. Revista Brasileira de Ciências Sociais, v. 30, n. 88, p. 61–23, 2015.

tração da competência tributária na União com sistema de transferência para os entes subnacionais. Já se verificou, na prática, que a tendência da União não é conferir autonomia aos entes subnacionais, mas controlar os seus orçamentos, o que leva à concepção de que um novo modelo de pacto deve priorizar a efetivação material da autonomia dos entes.

4. PROPOSTA EM ANÁLISE: COMPETÊNCIA CONCORRENTE

4.1. Precedentes da competência tributária concorrente para impostos no federalismo fiscal brasileiro

A Constituição de 1891 dividia a competência tributária privativa entre a União e os Estados (arts. 7º ao 9º), mas a competência residual, para criação de novas fontes de receita não previstas, era concorrente da União e dos Estados, cumulativamente ou não (art. 12). Como o imposto sobre a renda não foi previsto por esta Constituição, era cobrado com base nessa competência concorrente até 1934, quando passou a ter *status* constitucional, através da competência privativa da União[63].

Fabrício Augusto de Oliveira ressalta que esse foi um período de permanente tensão entre os estados e União, por conta das bases tributárias mal definidas, o que gerou disputas e conflitos por maior arrecadação[64].

A Constituição de 1934 também previa a competência residual concorrente entre a União e os Estados para criação de impostos não previstos na competência privativa (art. 10, VII). No entanto, a esta Constituição vedava a bitributação, determinando que prevaleceria o imposto decretado pela União (art. 11).

A Constituição de 1937 previa que a competência residual seria dos Estados. Entretanto, continuou vedando a bitributação, com prevalência do imposto decretado pela União, nos casos de competência concorrente.

A Constituição de 1946, em seu art. 21, previa que "a União e os Estados poderão decretar outros tributos além dos que lhe são atribuídos por esta Constituição, mas o imposto federal excluirá o estadual idêntico". Previa, assim, a competência residual concorrente entre União e

63. TORRES, Ricardo Lobo. *Tratado de direito constitucional financeiro e tributário:* os tributos na Constituição. Vol. IV. Rio de Janeiro: Renovar, 2007. P. 115.

64. OLIVEIRA, Fabrício Augusto de. *A evolução da estrutura tributária e do fisco brasileiro*: 1889-2009. IPEA, p. 1–61, 2010. P. 18.

Estados, com prevalência do imposto federal, para evitar bitributação, assim como as anteriores. Este dispositivo determinava também que "os Estados farão a arrecadação de tais impostos e, à medida que ela se efetuar, entregarão vinte por cento do produto à União e quarenta por cento aos Municípios onde se tiver realizado a cobrança".

Para Ricardo Lobo Torres, "a competência concorrente estre a União e os Estados sempre foi um tormento no constitucionalismo brasileiro"[65].

A Emenda Constitucional nº 18 de 1965, responsável pela reforma no Sistema Tributário, extinguiu a competência tributária concorrente, prevendo que os impostos seriam os que exclusivamente constavam dessa emenda. Apesar de posteriormente voltar-se a prever a competência residual, esta passou a ser privativa da União, abolindo-se a competência concorrente.

O tormento da existência da competência tributária concorrente entre União e Estados no período apontado não se deve a esta modalidade de competência em si. Fabrício Augusto de Oliveira, ao apontar pontos relevantes da reforma tributária de 1965, ressalta que eliminação da competência residual concorrente, restringindo tal autonomia à União, teve o objetivo de "imprimir maior racionalidade ao sistema e fechar as portas para a criação indiscriminada de impostos por todos os entes federativos – o que praticamente conduzira à formação de três sistemas tributários autônomos, sem conexão entre si"[66].

A resolução do problema é reforçada pelo autor, quando aponta outros dois pontos de modernização provocados pela reforma: definição do fato gerador de vários impostos que não o tinham bem definido; organização dos tributos à luz de suas bases econômicas[67].

Disso se depreende que o problema histórico da competência tributária concorrente não foi o fato da sua existência em si, mas da falta de delimitação de fatos geradores e bases de incidência próprios, a serem atribuídos aos entes, que, por conta disso, promoviam uma concorrência extremamente prejudicial para a coesão do sistema tributário e, consequentemente, para o desenvolvimento da sociedade e da economia.

---

65. TORRES, Ricardo Lobo. *Tratado de direito constitucional financeiro e tributário:* os tributos na Constituição. Vol. IV. Rio de Janeiro: Renovar, 2007. P. 98.

66. OLIVEIRA, Fabrício Augusto de. *A evolução da estrutura tributária e do fisco brasileiro*: 1889-2009. IPEA, p. 1–61, 2010. P. 34.

67. *Ibidem*. P. 34.

Para Vergolino, "o ambiente político, extremamente nebuloso e resultado do longo período de governos autoritários e centralistas, teve uma substancial influência no desenho da nova Constituição e, consequentemente, nos capítulos referentes à questão fiscal"[68]. O autor entende que o escopo da Constituição, principalmente atinente à ordem econômica, sofreu também influência de um cenário econômico adverso, caracterizado por problemas macroeconômicos extremamente complexos. Mesmo assim, entende que a Constituição de 1988 representa um marco no novo desenho do federalismo brasileiro.

Na análise do autor, 3 singularidades podem ser destacadas no contexto elaboração do pacto federativo da Constituição de 1988: os membros da Constituinte eram também membros do Parlamento, o que pode ter contribuído para a busca pela harmonia federativa; os municípios foram reconhecidos como entes federativos; "foi estabelecida uma agenda fortemente descentralizadora, em que a União cedia uma parte significativa de sua receita fiscal para os estados e municípios, sem, contudo, a necessária definição das competências"[69].

Nesse contexto, aos estados foram atribuídas as seguintes receitas[70]:

- Impostos de competência privativa própria: sobre a transmissão *causa mortis* e doação de quaisquer bens e direitos (ITCMD); sobre operações relativas à circulação de mercadorias e sobre prestações de serviços de transporte interestadual e intermunicipal e de comunicação, ainda que as operações e prestações de iniciem no exterior (ICMS); sobre a propriedade de veículos automotores (IPVA) (art. 155, I, na redação original da Constituição Federal de 1988);

- Impostos decorrentes de transferências constitucionais obrigatórias: Imposto sobre rendas e proventos de qualquer natureza retido na fonte sobre os rendimentos pagos pelos estados; produto repartido através do Fundo de Participação dos Estados (FPE) e percentual do IPI incidente sobre as exportações (arts. 157 e 159 da CF/88);

---

68. VERGOLINO, José Raimundo de Oliveira. *Federalismo e autonomia fiscal dos governos estaduais no Brasil:* notas sobre o período recente (1990-2010). In: NETO, Aristides Monteiro (Org.). Governos Estaduais no federalismo brasileiro: capacidades e limitações governativas em debate. Brasília: IPEA, 2014. P. 63-117.

69. *Ibidem*. P. 63-117.

70. Nesse contexto, não serão citadas as contribuições de melhoria, cuja receita é eventual, nem as taxas, que tem o caráter de receita contraprestacional, destinada a financiar serviços públicos específicos e divisíveis e, por isso, não influenciam o contexto geral do lastro de receitas públicas dos estados no contexto do federalismo fiscal.

- Adicional de até 5% (cinco por cento) do Imposto de renda da União, incidente sobre lucros, ganhos e rendimentos do capital (art. 155, II, da redação original da Constituição Federal de 1988.

A Constituição de 1988 conferiu à União a competência residual, de forma privativa. Entretanto, pode-se dizer que trouxe uma hipótese de competência tributária concorrente ao atribuir aos Estados a competência tributária para a instituição do adicional de 5% sobre o imposto sobre a renda, de competência da União (art. 155, II, da redação originária da Constituição Federal de 1988).

Essa competência não chegou a ser exercida pelos Estados, pois, além de não haver sido regulamentada por lei complementar nacional (o que era um requisito para o exercício da competência, de acordo com o STF)[71], foi revogada pela Emenda Constitucional nº 3/93, revogação esta questionável do ponto de vista da análise da rigidez do pacto federativo.

4.2. Possibilidade de introdução de competência tributária concorrente para o imposto de renda na constituição federal de 1988

Sergio Uchôa Filho destaca duas dimensões de brechas no federalismo fiscal brasileiro: uma vertical, correspondente "aos desequilíbrios entre as responsabilidades de cada nível de governo e os recursos com que eles contam para exercê-las"; outra horizontal, indicando "disparidades entre recursos e responsabilidades dentro de cada um desses níveis"[72].

---

71. O STF, ao analisar a constitucionalidade da Lei nº 6.352/88, do Estado de São Paulo, que instituiu o adicional ao imposto de renda previsto no art. 155, II, da CF/88, assentou que "os Estados-membros não podem instituir, mediante ato legislativo próprio, o tributo a que se refere o art. 155, II, da Constituição (Adicional ao Imposto de Renda) enquanto não for editada, pela União Federal, a lei complementar nacional prevista no art. 146 da Lei Fundamental da República. A existência desse 'vacum legis' não confere aos Estados-membros a possibilidade de exercerem, com base nas regras inscritas no art. 24, par. 3., da Constituição e no art. 34, par. 3, do ADCT/88, competência legislativa plena, eis que as recíprocas interferências que estabelecerão, obrigatoriamente, entre o imposto de renda, sujeito a competência legislativa da União, e o adicional ao imposto de renda, incluído na esfera de competência impositiva dos Estados-membros reclamam a edição de lei complementar nacional que indique soluções normativas necessárias a superação de possíveis conflitos de competência entre essas entidades políticas" (RE 149955, Relator(a): Min. CELSO DE MELLO, Tribunal Pleno, julgado em 19/08/1993, DJ 03-09-1993 PP-17745 EMENT VOL-01715-02 PP-00324).

72. O autor explica essas duas dimensões, apontando que, de forma geral, no Brasil, "o governo central apresenta um superávit fiscal estrutural em relação aos seus gastos diretos, e os governos subnacionais apresentam um déficit estrutural simétrico" (dimensão vertical). Além disso, verifica-se alguns estados mais deficitários do que outros, no mesmo nível de entes subna-

Por conta disso, as transferências intergovernamentais assumem protagonismo na dinâmica do federalismo fiscal brasileiro.

O distanciamento do federalismo brasileiro de uma situação ideal pode ser verificada nas disparidades relativas à distribuição espacial da produção e da renda, que é resultado do desequilíbrio vertical (*vertical gap*), além de uma disparidade relativa à densidade demográfica, tamanho do Estado, população e riqueza, o que representa o desequilíbrio horizontal (*horizontal gap*)[73].

Por outro lado, tem-se como principal tributo de competência própria dos entes subnacionais (pelo menos o responsável pelo maior montante de arrecadação, isoladamente) o ICMS. Isso influi, diretamente, na dinâmica da distribuição do ônus tributário na sociedade.

Para resolver tal problema, seria necessária a redução do peso da tributação sobre o consumo, o que perpassa pela redução do potencial arrecadatório dos estados-membros, através do ICMS. A resolução da injustiça fiscal da repartição do ônus tributário entre os cidadãos esbarra no agravamento do problema do federalismo fiscal, ao reduzir, ainda mais, a autonomia dos estados-membros, por meio de competências tributárias próprias.

Diante desse panorama, verifica-se que a extinção de receitas próprias (ou redução da sua capacidade arrecadatória, através da introdução de restrições constitucionais) de titularidade dos entes periféricos somente seria possível através de sua substituição por outras fontes de receita, mediante criação de nova competência tributária própria.

Dificilmente, o compartilhamento de receitas que hoje são titularizadas pelos Estados e Municípios com a União seria constitucional no contexto do federalismo fiscal brasileiro. O contrário, no entanto, parece perfeitamente constitucional. Compartilhar a titularidade de uma competência tributária própria da União com os Estados, por exemplo, pode-

---

cionais (dimensão horizontal). UCHÔA FILHO, Sergio Papini de Mendonça. *Transferências de recursos e participação na arrecadação tributária*: uma abordagem jurídico-econômica a partir do federalismo cooperativo e assimétrico brasileiro. In: CONTI, José Mauricio; SCAFF, Fernando Facury; BRAGA, Carlos Eduardo Faraco (Orgs.). Federalismo fiscal. Florianópolis: Conceito, 2010, p. 217-242. P. 223.

73. UCHÔA FILHO, Sergio Papini de Mendonça. *Transferências de recursos e participação na arrecadação tributária*: uma abordagem jurídico-econômica a partir do federalismo cooperativo e assimétrico brasileiro. In: CONTI, José Mauricio; SCAFF, Fernando Facury; BRAGA, Carlos Eduardo Faraco (Orgs.). Federalismo fiscal. Florianópolis: Conceito, 2010, p. 217-242. P. 240.

ria reduzir o peso da tributação sobre o consumo através do ICMS, sem retirar a autonomia financeira destes.

Pode-se aferir, assim, que o compartilhamento da competência para a instituição do imposto sobre a renda (hoje sub-explorada pela União) com os Estados poderia integrar uma proposta de reforma tributária voltada à progressividade e à justiça fiscal, sem violar a cláusula pétrea da forma federativa do Estado.

Ao contrário, tal proposta possibilitaria a proteção do núcleo essencial do princípio federativo, que hoje encontra-se atingido pela estrutura galgada pelo federalismo assimétrico brasileiro.

Importante enfatizar que essa proposta não exclui a coexistência de um necessário sistema de participação dos entes menores nos recursos dos maiores, através de transferências obrigatórias (e, possivelmente, incondicionadas), para equalizar as distorções sócio-regionais, relativas à distribuição de renda.

O ideal seria a competência concorrente da União e dos Estados relativa ao imposto sobre a renda, possivelmente com uma divisão de bases bem delimitadas (para não incorrer nos mesmos problemas de concorrência constatados no passado), somada ao sistema de transferências pela via do Fundo de Participação dos Estados (FPE), caracterizado por critérios de distribuição inversamente proporcional ao potencial de arrecadação mediante o exercício da competência própria (renda *per capita* local).

CONCLUSÃO

Do ponto de vista material, o modelo federativo supostamente descentralizado previsto no pacto federativo da Constituição de 1988 se converteu em uma reprovável centralização de recursos pela União, que hoje detém um controle dos entes subnacionais, mitigando a autonomia própria que constitui o núcleo de um sistema federativo.

Esse movimento agravou as distorções do Sistema Tributário Nacional, no que diz respeito à distribuição do ônus tributário entre a população. Isso porque uma das reações da União à perda de receitas com a descentralização foi a exploração da competência tributária para contribuições especiais, somada à DRU, que possibilita o gasto de um percentual considerável dessas contribuições em finalidades outras que não as previstas pela Constituição. Por outro lado, os Estados se viram sem alternativa senão explorar ainda mais a sua competência tributária própria relativa ao ICMS, agravada pela concorrência pela base tributária provocada por contribuições federais sobre receita e faturamento. A tributação regressiva é irreversível sem um novo pacto federativo.

Qualquer pretensão de progressividade no Sistema Tributário, portanto, requer a redução do peso da tributação indireta, o que não se alcança sem a mitigação do potencial arrecadatório do ICMS. Essa solução não pode desprezar o limite da cláusula pétrea da forma federativa do Estado (princípio federativo), cujo núcleo essencial exige que os entes subnacionais detenham competência tributária própria considerável para financiar seus objetivos locais, somada às transferências de receitas do ente central.

Desta forma, uma proposta que se vislumbra, ainda em abstrato, é a criação de competência tributária concorrente entre a União e os Estados para a instituição do imposto sobre a renda. Isso faria com que o peso da tributação da renda suplantasse o peso da tributação do consumo, resultando em uma maior equidade na distribuição do ônus tributário.

O imposto sobre a renda é o tributo que melhor confere tratamento pessoal aos contribuintes, gerando maior possibilidade de tributação com base na capacidade contributiva. Além disso, é o que melhor auxilia a realização de qualquer objetivo redistributivo e/ou de redução às desigualdades socioeconômicas no modelo liberal.

A proposta de criação da competência tributária concorrente para o imposto sobre a renda, no presente artigo, decorre da análise de sua viabilidade em abstrato. No entanto, é possível verificar a prudência em se definir uma divisão de bases e de critérios de atuação de um e outro ente, para que ela não seja uma "tormenta" como aconteceu com a competência residual nas Constituições do passado.

É, portanto, possível a criação da competência concorrente para o imposto sobre a renda, o que, inclusive, foi previsto na Constituição originária de 1988, como uma das possíveis soluções para resolver as distorções do Sistema Tributário atual, rumo à progressividade.

REFERÊNCIAS

ÁVILA, Humberto. *Sistema Constitucional Tributário*. 4ª ed. São Paulo: Saraiva, 2010.

BARROSO, Luís Roberto. *A derrota da federação*. Revista de Direito da Procuradoria Geral, n. 53 p. 107-113, 2013.

CONSELHO DE DESENVOLVIMENTO ECONÔMICO E SOCIAL. *Indicadores de Iniquidade do Sistema Tributário Nacional* – Relatório de Observação nº 2. 2ª ed. Brasília, 2011.

CONFAZ. *Boletim de arrecadação disponível de dezembro de 1996 até a presente data.* Disponível em <https://www.confaz.fazenda.gov.br/legislacao/boletim-do-icms> Acesso em 28/09/2018 às 09:50.

CUNHA JR., Dirley. *Curso de Direito Constitucional.* 5ª ed. Salvador: Juspodivm, 2011.

GAMA, Evandro Costa. A reforma tributária e a autonomia financeira das entidades subnacionais. In: José Mauricio Conti (org.). Federalismo Fiscal. Barueri, SP: Manole, 2004.

GAMA, Tácio Lacerda. *Competência tributária: fundamentos para uma teoria da nulidade.* 2ª ed. São Paulo: Noeses, 2011.

IBGE. *Sistema de Contas Regionais:* Brasil 2015. Contas Nacionais, n. 57. 2017. Disponível em <https://biblioteca.ibge.gov.br/visualizacao/livros/liv101307_informativo.pdf> Acesso em 28/09/2018 às 08:48.

MACHADO, José Angelo; DE MOURA PALOTTI, Pedro Lucas. *Entre cooperação e centralização*: Federalismo e políticas sociais no Brasil Pós-1988. Revista Brasileira de Ciências Sociais, v. 30, n. 88, p. 61–23, 2015.

NOVELLI, Flavio Bauer. *Norma constitucional inconstitucional?* RDA - Revista de Direito Administrativo, v. 199, p. 21–57, 1995.

OLIVEIRA, Gustavo da Gama Vital. *O Supremo Tribunal Federal e as cláusulas pétreas da forma federativa de Estado e da separação dos poderes em matéria tributária.* In: Luís Cesar Douza de Queiroz e Gustavo da Gama Vital de Oliveira (org.). Tributação constitucional, justiça fiscal e segurança jurídica. Rio de Janeiro: LMJ Mundo Jurídico, 2014.

OLIVEIRA, Fabrício Augusto de. *A evolução da estrutura tributária e do fisco brasileiro*: 1889-2009. IPEA, p. 1–61, 2010.

__________. *Teorias da Federação e do Federalismo Fiscal.* Belo Horizonte: Fundação João Pinheiro, 2007.

OLIVEIRA, Gustavo da Gama Vital. *Temas de federalismo fiscal brasileiro.* Rio de Janeiro: Gramma, 2016.

RECEITA FEDERAL DO BRASIL. *Análise da arrecadação das receitas federais.* Dezembro/2017. Disponível em http://idg.receita.fazenda.gov.br/dados/receitadata/arrecadacao/relatorios-do-resultado-da-arrecadacao/arrecadacao-2017/dezembro2017/analise-mensal-dez-2017.pdf Acesso em 28/09/2018 às 11:21.

RECEITA FEDERAL DO BRASIL. Carga tributária no Brasil 2014. Disponível em http://idg.receita.fazenda.gov.br/dados/receitadata/estudos-e-tributarios-e-aduaneiros/estudos-e-estatisticas/carga-tributaria-no-brasil/29-10-2015-carga-tributaria-2014 Acesso em 08/07/2016 às 11:23.

RECEITA FEDERAL DO BRASIL. *Carga tributária no Brasil 2016:* análise por tributos e bases de incidência. Disponível em http://idg.receita.fazenda.gov.br/dados/receitadata/estudos-e-tributarios-e-aduaneiros/estudos-e-estatisticas/carga-tributaria-no-brasil/carga-tributaria-2016.pdf Acesso em 19/02/2018 às 11:34.

REIS, Tarsila. *Pacto Federativo:* hora de forcar em articulação. Disponível em: http://www.direitodoestado.com.br/colunistas/tarcila-reis/pacto-federativo-hora-de-focar-em-articulacao Acesso em 11/07/2016 às 15:29.

RIBEIRO, Ricardo Lodi. Temas de Direito Constitucional Tributário. Rio de Janeiro: Lumen Juris, 2009.

SECRETARIA DA FAZENDA DO ESTADO DO RIO DE JANEIRO. *Relatório prestando constas ao cidadão* – execução orçamentária da receita 08.2016. Disponível em <http://www.fazenda.rj.gov.br/sefaz/content/conn/UCMServer/path/Contribution%20Folders/site_fazenda/prest_contas/cidadao/2013/2016/08%20-%20AGOSTO/%281%29%20Relat%C3%B3rio%20Prestando%20Contas%20ao%20Cidad%C3%A3o%20-%20Receita_08.2016.pdf?lve> Acesso em 28/09/2018 às 09:13.

SIQUETTO, Paulo Roberto. Os projetos de reforma constitucional tributária e o federalismo fiscal. In: José Mauricio Conti (org.). Federalismo Fiscal. Barueri, SP: Manole, 2004.

TORRES, Ricardo Lobo. *Tratado de direito constitucional financeiro e tributário:* os tributos na Constituição. Vol. IV. Rio de Janeiro: Renovar, 2007.

UCHÔA FILHO, Sergio Papini de Mendonça. *Transferências de recursos e participação na arrecadação tributária*: uma abordagem jurídico-econômica a partir do federalismo cooperativo e assimétrico brasileiro. In: CONTI, José Mauricio; SCAFF, Fernando Facury; BRAGA, Carlos Eduardo Faraco (Orgs.). Federalismo fiscal. Florianópolis: Conceito, 2010, p. 217–242.

VERGOLINO, José Raimundo de Oliveira. *Federalismo e autonomia fiscal dos governos estaduais no Brasil:* notas sobre o período recente (1990-2010). In: NETO, Aristides Monteiro (Org.). Governos Estaduais no federalismo brasileiro: capacidades e limitações governativas em debate. Brasília: IPEA, 2014. P. 63-117.

17

O QUE A JUSTIÇA COMO EQUIDADE DEMANDA DOS SISTEMAS TRIBUTÁRIOS? UMA VISÃO CRÍTICA

Marcello Fernandes Leal

Advogado, sócio coordenador da área tributária do N. Tomaz Braga & Schuch Advogados Associados; formado pela Universidade Federal do Estado do Rio de Janeiro - UNIRIO; pós-graduado em Direito Financeiro e Tributário pela UFFRJ/SEFAZ; mestre em Finanças Públicas e Tributação, pela Universidade do Estado do Rio de Janeiro – UERJ; MBA Executivo em Gestão Estratégica de Negócios, pela Fundação Getúlio Vargas - FGV. Foi Coordenador Acadêmico dos cursos de pós-graduação do Ibmec/RJ de 2017 a 2020 e atualmente é Professor de Direito Tributário dos cursos de MBA, LLM e pós-graduação do Ibmec-RJ e de outras instituições de ensino superior; Conselheiro do Conselho de Contribuintes do Estado do Rio de Janeiro (CCERJ) – órgão vinculado à Secretaria de Estado de Fazenda do Estado do Rio de Janeiro; diretor do Grupo de Debates Tributários do Rio de Janeiro (GDT-Rio); palestrante e autor de artigos jurídicos.

Sumário: 1. Introdução; **2.** Breves considerações sobre a justiça distributiva; **3.** Considerações sobre o sistema tributário; **3.1.** Limites ao Sistema tributário com base no princípio da liberdade igual e no princípio da diferença; **4.** Conclusões; 5. Referência bibliográfica.

1. INTRODUÇÃO

Muito se tem escrito atualmente sobre as teorias de justiça distributiva, em especial ao se investigar os possíveis contornos e conteúdo da justiça fiscal, utilizando em grande monta institutos desenvolvidos por John Rawls em sua teoria de justiça como igualdade[1]. Deveras, trata-se de tema atual[2], revestido de urgência e relevância que dispensam justificação, de forma a não ser fato estranho o interesse acadêmico que desperta.[3] A escolha da obra de Rawls, em especial seu livro Uma Teoria da Justiça como arcabouço teórico e filosófico, é na doutrina nacional quase que natural e óbvia[4]. Todavia, a utilização de conceitos rawlsianos ora como fundamento axiológico, ora como ferramental retórico-argumentativo em uma miríade de textos em direito tributário sustentam, em não raros casos, visões irreconciliáveis sobre o mesmo objeto. A constatação deste fato nos despertou o interesse de perquirir quais limites a teoria sobre justiça distributiva rawlsiana imporia aos sistemas tributários[5].

---

1. RAWLS, John. Uma Teoria da Justiça. Nova tradução baseada na edição americana revista pelo autor, Jussara Simões; revisão técnica e de tradução Álvaro de Vita - 3ª Ed. São Paulo: Martins Fontes, 2008.

2. "We are the 99%" (Nós Somos os 99%) foi o lema do Movimento *"Occupy"*, que em 2011 organizou uma onda de protestos e ocupações de espaços públicos nos Estados Unidos. O slogan, refere-se à crescente desigualdade na distribuição de renda riqueza nos Estados Unidos entre o 1% mais rico e o resto da população. Em muito influenciado pelo artigo intitulado *"Of the 1%, by the 1%, for the 1%"* publicado pelo ganhador do prêmio Nobel de economia Joseph E. Stiglitz na revista *Vanity Fair* em maio de 2011, disponível em: http://www.vanityfair.com/news/2011/05/top-one-percent-201105.

3. 'Capital no século XXI' de Thomas Piketty ficou em 1º na lista dos mais vendidos da Amazon, sendo um verdadeiro sucesso de vendas e incitando o debate na academia sobre este tema. Fonte: http://goo.gl/hSK70N.

4. Segundo Álvaro de Vita: *"A teoria da justiça de John Rawls segue sendo a mais importante tentativa, neste século, de acomodar as exigências que derivam dos valores centrais da tradição política ocidental — liberdade, igualdade, solidariedade e autorespeito— em uma visão normativa que tem credenciais liberais genuínas."* VITA, Álvaro de. Uma Concepção Liberal Igualitária De Justiça Distributiva. Revista Brasileira de Ciências Sociais. vol.14 n.39 São Paulo Feb. 1999. BIRD-POLLAN vai mais além e afirma categoricamente que "John Rawls' central work of political philosophy, Theory of Justice, published in 1971, was seen in many ways to change the conversation that had been happening in that field for thousands of years." BIRD-POLLAN, Jennifer, Unseating Privilege: Rawls, Equality of Opportunity, and Wealth Transfer Taxation, 59 Wayne L. Rev. 713 (2013).

5. Ou, ainda, poderíamos formular esta ideia na seguinte indagação: *"what Rawls demands from tax systems"*, como muito bem colocou Linda Sugin na segunda parte do título de seu artigo. LINDA SUGIN, Theories of Distributive Justice and Limitations on Taxation: What Rawls Demands from Tax Systems, 72 Fordham L. Rev. 1991 (2004). Disponível em: http://ir.lawnet.fordham.edu/flr/vol72/iss5/27.

Assim, este trabalho não pretende explicitar ou trazer uma releitura da teoria de justiça distributiva rawlsiana em parte ou como um sistema filosófico em seu todo. Sequer faz parte do escopo deste trabalho pretender responder de forma definitiva às perguntas que serão formuladas ao longo do texto. Quando muito, intenta-se apenas analisar aqueles institutos que de forma mais estreita se correlacionam com o que poderia ser entendido como justiça fiscal no arranjo dos sistemas tributários. Dito de outra forma, o objetivo é identificar em que medida seria possível afirmar que um sistema tributário ou alguns de seus institutos são (ou não) justos com base na teoria de justiça como igualdade.

Objetiva-se verificar se a análise da justiça de determinado sistema tributário pode ou não ser feita de forma a se isolar quaisquer de suas partes, seja através da investigação destacada de uma determinada técnica de tributação (proporcionalidade, progressividade ou não-cumulatividade) ou determinação base imponível preferencial. Pretende-se identificar se a carência de visão holística do sistema econômico, político e social no qual se insere a técnica de tributação impediria a valoração quanto aos critérios de justiça de determinada técnica de tributação.[6] Claro é que alguns arranjos, seja no campo do custeio ou no das despesas, poderiam ser considerados intrinsicamente injustos, impondo ônus argumentativo quase que invencível na sua negativa. Por outro lado, não se pode afirmar por conta da adoção de uma teoria de justiça distributiva que determinada técnica de tributação *per se* será inerentemente mais justa em oposição à outra, conforme se demonstrará adiante. Tudo o que poderá ser extraído de uma teoria sobre justiça redistributiva são limites às políticas tributárias com base nos princípios de justiça.

Ademais, conforme asserção do próprio Rawls, "(d)eixando de lado muitas complicações, vale notar que uma tributação proporcional sobre o consumo pode fazer parte do melhor sistema tributário".[7] Esta descontextualizada e precoce citação ainda neste introito pode causar até perplexidade, mas com ela se pretende contextualizar o objetivo deste

---

6. Este é um dos pontos centrais na obra "O Mito da Propriedade" de Liam Murphy e Thomas Nagel. No original em inglês: "*[T]he tax system cannot be evaluated by looking at its impact on private property, conceived as something that has independent existence and validity. Taxes must be evaluated as part of the overall system of property rights that they help to create. Justice or injustice in taxation can only mean justice or injustice in the system of property rights and entitlements that result from a particular tax regime.*" Liam Murphy & Thomas Nagel, The Myth of Ownership: Taxes and Justice (2002), at 8. Na versão traduzida para o português ver em MURPHY, Liam; NAGEL, Thomas. O mito da propriedade – os impostos e a justiça. v.1, 1ª. ed. São Paulo: Martins Fontes, 2005.

7. RAWLS, John. Uma Teoria da Justiça. (...), pág. 347.

estudo, que é investigar se, de forma peremptória, pode-se fundamentar na teoria rawlsiana opção por determinada política tributária como se fosse natural inferência daquela (progressividade, proporcionalidade, regressividade etc.), quando o próprio autor, como já afirmado acima e se demonstrará melhor abaixo, diz ser isto impossível.

Como não se pretende traçar um guia de leitura[8] para os livros de Rawls ou até mesmo uma síntese de sua teoria de justiça como igualdade, serão abordados neste texto institutos de sua doutrina sem a preocupação de contextualizá-los ou definidos de forma didática, respeitando uma ordem em que foram apresentados em sua obra. Quando entendermos necessário, conceituações serão colacionadas somente na medida em que se correlacionarem com a análise e críticas objeto desta investigação.

A primeira parte deste trabalho abordará a definição dos principais conceitos de Rawls em sua teoria de justiça como igualdade, mas lançando um olhar crítico sobre a aplicabilidade de alguns, sem que com isto se perca de vista nosso verdadeiro escopo. Após sedimentadas tais definições, que em verdade são verdadeiro corte na obra de Rawls para os objetivos que pretendemos atingir, processo que se reveste em escolha de matéria-prima para o ponto principal deste trabalho, o enfoque será dado em sua aplicabilidade na seara tributária, testando-os em diversos arranjos possíveis de políticas tributárias para que se chegue a algum modelo plausível possa ser considerado justo. Finalmente, serão colacionadas as conclusões desta pesquisa.

2. BREVES CONSIDERAÇÕES SOBRE A JUSTIÇA DISTRIBUTIVA

É oportuno já traçar nítida diferença entre o que Rawls entende por «concepções de justiça» e «princípios de justiça». Para o autor, as concepções de justiça pertencem no âmago da subjetividade, moldadas de acordo com a trajetória de vida de cada pessoa, sendo, portanto, o senso íntimo do que cada um considera por justo, baseado em suas convicções e valores individuais. Os princípios de justiça operam no campo da intersubjetividade, compondo o que se conhece por senso comum, ou seja, corresponderia ao ideal de justiça compartilhado pela maioria das pessoas livres e racionais quando indagadas em uma situação social pré-determinada. A teoria da justiça de Rawls refere-se somente aos princípios

8. Como magistralmente fez Frank Lovett.

de justiça, pois devem ser reconhecidos, instituídos e fomentados pela própria sociedade, desde que este processo ocorra em consonância com a posição original e o véu da ignorância.

Conforme Iulianelli:

> A abordagem que Rawls faz da justiça é apresentada não como uma teoria moral, mas como uma teoria da justiça stricto sensu. Ele, portanto, pretende discutir quais princípios devem orientar a ação justa dos indivíduos e da sociedade, mas não pretende abordar o conjunto de normas que deve reger a vida dos indivíduos. Por outro lado, como seria impossível travar tal discussão sem reconhecer-se comprometido com alguma teoria moral, ele assume estar falando desde uma perspectiva que chama de kantiana. Assim, sua postura moral é deontológica e não teleológica: a conduta seria orientada por valores subjetivamente assumidos, autonomamente, e não em vista a alcançar algum bem. Assim, uma das teorias da justiça que assume como concorrente é o utilitarismo, na medida em que esse possui o princípio da benevolência (alcançar o maior bem possível com a ação moral).[9]

É impossível construir uma teoria abrangente com base em concepções de justiça, posto que em um único corpo social necessariamente conviverão concepções plurais e até mesmo inconciliáveis. Em uma sociedade democrática é de bom alvitre que este cenário não só seja permitido como até incentivado, possibilitando que procedimentos e instituições democráticos viabilizem o diálogo entre elas ao invés de busca por padronização com o fito de se parametrizar comparações de bem-estar[10]. Não há espaço, então, para comparações à semelhança do que ocorria no subjetivismo e no utilitarismo. Como se tratam de utilidades relevantes e únicas não é possível falar de justiça de um determinado estado de coisas apoiando-se somente nestas concepções de justiça. Para que isto fosse possível, torna-se necessário existir um conjunto de bens/valores comuns comungáveis e desejados por todos os homens e que servisse de ponto de partida para uma teoria que pretenda ser abrangente. Estes bens seriam considerados primários posto que comuns e

---

9. IULIANELLI, Jorge Atílio Silva. A teoria da justiça de John Rawls e algumas dificuldades: uma leitura. Disponível em: http://www.unimep.br/phpg/editora/revistaspdf/imp20art05.pdf. Acesso em 11/10/2015.

10. Estas diferentes concepções inerentes à coletividade de pessoas encontrarão espaço para convívio em um ambiente democraticamente preparado para equacionar tensões e discordâncias através do diálogo. Esta realidade é, todavia, inegável e traz algumas complicações para a teoria de Rawls e que serão melhor trabalhadas abaixo.

cognoscíveis pela razão dos homens caso sejam relevados em um cenário específico (posição original e véu da ignorância).

Assim sendo, para Rawls existem certos bens primários que todo indivíduo racional sob o véu da ignorância e na posição original escolheria – em verdade, conforme de problematizará abaixo, não se trata de processo de escolha propriamente dito, mas de descoberta ou revelação. Os elementos que compõem o conjunto bens primários são certos e taxativos, posto que se fosse um rol meramente exemplificativo, não seriam necessidades básicas, ou seja, condições sem as quais descaberia a discussão de justiça como equidade. Por isto que a concordância na posição original hipotética pressupõe rol mínimo, taxativo, portanto básico e alcançável pela reta razão de quais seriam os bens primários, eis que não sabedores da posição que ocuparão após levantado o véu.

O problema maior não seria a equidade no procedimento de escolha dos princípios de justiça, pois exercício hipotético, mas propriamente na pressuposição da cognitividade de princípios comuns e básicos, descolados de elementos temporais e espaciais. Percebe-se aqui, na identificação dessas liberdades, necessária adoção do imperativo categórico kantiano. A noção de que a razão humana revelaria um rol fixo de bens comuns evoca argumentos metafísicos que geram dificuldade em sua aceitação. Conforme expõe Iulianelli[11]:

> O mais complicado desse acordo na posição original é que ele é celebrado entre seres racionais. Nesse ponto, Rawls está assumindo uma das complexas opções da ética kantiana, qual seja, a proposição de que a razão é o móvel da lei moral, e, portanto, a obrigação moral, a responsabilidade moral, que é a outra face da obrigação, são frutos de uma decisão racional, um juízo racional construído autonomamente pelo sujeito da ação.

A dificuldade exsurge de que o princípio da liberdade igual (liberdade básicas para todos e igualdade equitativa de oportunidades) e o princípio da diferença (desigualdades econômicas e institucionais devem existir para melhorar a situação de todos, principalmente a dos menos favorecidos através de posições acessíveis a todos) não seriam propriamente furtos de escolhas pelos membros da sociedade, mas "constatados" como regras gerais da justiça – caráter arbitrário que decorreria da razão humana. Afinal, se houvesse a possibilidade de escolha não estaríamos jamais na posição original, pois a barganha pela adoção ou não

11. IULIANELLI, Jorge Atílio Silva. A Teoria Da Justiça De John Rawls E Algumas Dificuldades: Uma Leitura.

de um bem pressuporia seu anseio informado pela experiência – ligado à concepção de justiça. Assim, para que não haja interferência em uma posição de elementos que lhe são estranhos, os membros desta sociedade estariam munidos apenas de sua razão e, com esta, seriam revelados os bens comuns. Todos eles.

Entre esses bens primários, segundo Thomas Kang, Rawls

> "Destaca alguns como "direitos e liberdades fundamentais", "liberdade de movimento e livre escolha de ocupação em um contexto de oportunidades diversificadas", "poderes e prerrogativas de cargos e posições de responsabilidade nas instituições políticas e econômicas da estrutura básica", "renda e riqueza", e "as bases sociais do autor respeito". Desta forma, a comparação interpessoal poderia ser feita através da elaboração de um índice de bens primários. Com a escolha dos bens primários como espaço de avaliação, Rawls acha uma alternativa à métrica utilitarista subjetivista, sem, todavia, cair em algum tipo de concepção objetiva do bem relacionado a uma suposta natureza humana, ou seja, sem cair em algum tipo de perfeccionismo moral."[12]

Álvaro de Vita explica que

> Existem três tipos de bens que são relevantes para uma teoria da justiça distributiva: bens que são passíveis de distribuição, tais como a renda, a riqueza, o acesso a oportunidades educacionais e ocupacionais e a provisão de serviços; bens que não podem ser distribuídos diretamente, mas que são afetados pela distribuição dos primeiros, tais como o conhecimento e o auto respeito; e bens que não podem ser afetados pela distribuição de outros bens, tais como as capacidades físicas e mentais de cada pessoa. Não deixa de ser problemático incluir, como faz Elster, as capacidades mentais entre os bens do terceiro tipo. A inteligência (e os talentos naturais de modo geral) certamente tem um componente genético que é irredutível à distribuição de outros bens. Entretanto, há hoje uma crescente percepção da importância de fatores ambientais, nos dois primeiros anos de vida, para o desenvolvimento físico do cérebro. Ao que parece, um ambiente mais estimulante faz diferença para o desenvolvimento neurológico do bebê. Esses fatores ambientais são, é claro, passíveis de serem alterados pela distribuição de outros bens. A teoria rawlsiana da justiça distributiva passa ao largo dessa questão (de distinguir nitidamente o que é genético do que é ambiental) e, ao que parece, há boas razões para fazê-lo.[13]

---

12. KANG, Thomas H. Justiça e desenvolvimento no pensamento de Amartya Sen. Revista de Economia Política, vol. 31, nº 3 (123), pp 352-369, julho-setembro/2011.

13. VITA, Álvaro de. Uma Concepção Liberal Igualitária De Justiça Distributiva. Revista Brasileira de Ciências Sociais. vol.14 n.39 São Paulo Feb. 1999.

O processo até poderia ser equitativo, de modo que qualquer princípio porventura aceito seria considerado justo, desde que relevado a todos os membros da sociedade. Insinua-se acordo inimaginável onde a razão humana, compartilhada por todos, levaria ao perfeito consenso desta lista de bens primários. Amartya Sen *apud* NETO[14] entende que *"faz-se necessário um debate público sobre uma possível lista de quais seriam bens primários dentro de uma sociedade pluralista"*. Mas neste estágio já não estaríamos contando apenas com a razão humana e, muito provavelmente, estaríamos discutindo concepções de justiça.

A premissa é de que cada indivíduo, sem saber em que posição social estaria após levantado o véu da ignorância seria levado a maximizar a utilidade mínima quando se tenta aumentar o bem-estar das pessoas em pior situação, diante do receio de estar fadado a compor a base da pirâmide econômica. Tal perspectiva recebeu o nome de critério maximin. Esta noção assemelha-se muito com a estória popular de dois irmãos que procuraram um juiz sábio para dividir os bens da herança. A decisão do juiz foi determinar que um dos irmãos procedesse a divisão da forma que entendesse ser a mais justa e que o outro escolhesse qual parte lhe caberia receber. Assim, aquele que foi incumbido em fazer a divisão dos bens escassos se certificaria de fazê-la da forma que pouco importasse qual seria seu quinhão.

Apesar de possuir traços de abstração inexequível, Rawls defende que esta possibilidade não se restringe ao plano teórico e que leva em consideração uma sociedade heterogênea, mas que concorde com premissas básicas e comuns de justiça, malgrado a mutabilidade espaço-temporal, pois concepções básicas de senso comum do que seria justiça não escravizaria gerações posteriores e permitiriam sempre um *double-check* das escolhas já realizadas sob o véu. Percebe-se então que a adoção da reta razão kantiana é nítida e, junto com ela, todas as críticas que poderiam ser-lhe direcionadas.

A teoria de Rawls incidirá somente sobre bens que são passíveis de distribuição, tais como o acesso a oportunidades educacionais e ocupacionais e a provisão de serviços, e sobre bens que não podem ser distribuídos diretamente, mas que são afetados pela distribuição dos primeiros, tais como o conhecimento e o auto respeito, compondo o conjunto

14. NETO, Joao Salvador dos Reis. A Tributação e a Teoria de Justiça De John Rawls: Planejamento Tributário e Justiça Social.

de bens primários. Identificados os bens, a questão agora é como justamente distribuí-los.

Uma sociedade liberal e democrática justa, para Rawls, é aquela cujos arranjos institucionais básicos, chamados de "estrutura básica da sociedade"[15] promova a distribuição segundo dois princípios de justiça.

1. Primeiro princípio: Cada pessoa tem um direito igual a um sistema plenamente adequado de liberdades básicas iguais para todos, que seja compatível com um mesmo sistema de liberdade para todos.[16]
2. Segundo princípio: as desigualdades sociais e econômicas somente se justificam se duas condições forem satisfeitas:
    a. Se estiverem vinculadas a posições e cargos abertos a todos em condições de igualdade equitativa de oportunidade; e
    b. Se forem estabelecidas para o máximo benefício possível dos membros da sociedade que se encontrarem na posição mais desfavorável (princípio de diferença).

Rawls defende a supremacia do primeiro princípio sobre o segundo, por mais que seja através da realização dos dois princípios de justiça pela estrutura básica da sociedade que serão criadas as "bases sociais" do auto respeito, considerado pelo autor o bem primário mais importante. Então, o primeiro princípio de justiça é prioritário em relação ao segundo e entre as liberdades básicas do primeiro princípio, uma só pode ser limitada se for para salvaguardar uma ou várias outras. Este ponto será melhor explorado abaixo quando trataremos de sua correlação com os modelos de políticas tributárias.

---

15. Como bem resume VITA: *"por essa expressão devemos entender as normas e instituições que distribuem os direitos legais fundamentais; as que determinam as formas de acesso às posições de poder e autoridade políticos; aquelas (incluindo as educacionais) que determinam o acesso a posições ocupacionais em organizações econômicas; e o complexo de instituições, abrangendo as normas que regulam a propriedade, o direito de herança e o sistema tributário e de transferências, que determinam a distribuição da renda e da riqueza na sociedade."*. Op. Cit.

16. ARRAES aponta que *"Por conta da crítica Hart, Rawls altera parcialmente a redação do primeiro princípio de justiça para esclarecer a ideia de "sistema de liberdades básicas" e a de "valor equitativo" assegurado às liberdades políticas, apontando que a lista de bens primários não tem um papel central na organização desses princípios, mas eles tão-somente funcionam como condição teórica para uma interpretação mais adequada da cultura pública moderna e das circunstâncias da justiça."* ARRAES, Roosevelt. Rawls e a prioridade das liberdades básicas. Controvérsia – v.2, n.1, p. 55-69 (jan-jun 2006).

A argumentação de Rawls, conforme expõe Vita de forma bem sucinta, é a seguinte:

> A prioridade das liberdades fundamentais tem o sentido de exprimir, na estrutura básica da sociedade, o respeito mútuo que os cidadãos devem ter pelas formas de vida e pelas concepções do bem uns dos outros. Desde que essas formas de vida e concepções do bem não sejam incompatíveis com os princípios de justiça,7 as instituições de uma sociedade liberal justa não podem se fundar em julgamentos sobre o valor das atividades e objetivos nos quais os indivíduos se empenhem ou das associações e comunidades das quais façam parte. Do ponto de vista da justiça básica, não há mais valor (moral) nos bens que norteiam as atividades das orquestras de música erudita do que naqueles promovidos, digamos, pelas escolas de samba. "Essa democracia, ao julgar os objetivos de cada um, constitui o fundamento do auto respeito em uma sociedade bem ordenada." (Rawls, 1971, p. 442). A discussão do auto respeito da ótica das liberdades fundamentais tem uma conexão com o tema da tolerância liberal, que discuti em outro lugar (Vita, 1998, cap. 7).

Segundo o princípio de diferença, busca-se oferecer condições institucionais que permitiriam a cada pessoa desenvolver seu auto respeito. Uma distribuição equitativa das liberdades básicas possui objetivo instrumental para que cada um possa realizar aquilo que verdadeiramente possui valor intrínseco, qual seja o auto respeito. Assim, os mais privilegiados em uma determinada sociedade não usufruiriam de forma egoísta de parte dos benefícios que obteriam explorando as contingências naturais e sociais que os favorecem, porque fazendo isso mostram, nos arranjos básicos da sociedade, o respeito que têm pelos que se encontram na extremidade inferior. A distribuição não uniforme de talentos naturais como um bem comum redundará na ideia de reciprocidade no princípio da diferença, haja vista ser este determinado por contingências externas inimputáveis ao indivíduo. Aqueles que forem contemplados com talentos naturais, desde que restrita aos talentos genéticos e advindos da sorte bruta[17], malgrado desmerecimento sob o prisma moral, são incentivados a adquirirem benefícios adicionais desde que este incremento melhore as condições de vida daqueles que foram dotados de menos talentos.[18]

---

17. Dworkin usa sorte por opção (resultados de apostas deliberadas e calculadas) e sorte bruta (resultado de riscos que não são apostas deliberadas, ou seja, contingências).

18. No original: *"[G]reater natural talents are not a collective asset in the sense that society should compel those who have them to put them to work for the less favored. This would be a drastic infringement upon freedom. But society can say that the better endowed may improve their situations only*

Diferentes talentos naturais e posições sociais múltiplas não seriam um entrave para que se atacasse frontalmente questões da justiça, pois, segundo RAWLS:

> Podemos rejeitar o argumento de que a ordenação das instituições é sempre defeituosa porque a distribuição de talentos naturais e as contingências das circunstancias sociais são injustas, e essa injustiça deve inevitavelmente transferir-se para as organizações humanas. Ocasionalmente, essa reflexão é apresentada como uma desculpa para se ignorar a injustiça, como se recusa a concordar com a injustiça fosse o mesmo que a incapacidade de aceitar a morte. A distribuição natura; não é justa nem injusta; nem é injusto que pessoas nasçam em alguma posição particular na sociedade. Esses são simplesmente fatos naturais. O que é justo ou injusto é o modo como as instituições lidam com estes fatos."[19]

A liberdade individual não poderá ser restringida, mas também não podem os resultados advindos de más escolhas na alocação de bens econômicos repercutir na diminuição do dever abstrato de financiamento daquele Estado, vez que eventual redução importará aumento do encargo sobre aqueles que souberam fazer boas opções. Refere-se aqui à criação consciente de posições menos afortunadas após o levantamento do véu de ignorância, de modo que não geraria obrigação moral dos benefícios gerados após o levantamento do véu estarem moralmente atrelados à melhoria da qualidade de vida geral.

Ademais, não poderá se descurar da responsabilidade pelas escolhas feitas pelos indivíduos que os levam às posições menos afortunadas com o correlato encargo sobre os ombros dos demais de reequilibrar essa equação, após o levantamento do véu da ignorância, sob pena de negação do merecimento por esforço pessoal. Segundo o próprio RAWLS, o "*princípio da diferença não penaliza os mais capazes por serem mais afortunados em termos de talentos naturais. Pelo contrário, ele diz que para nos beneficiarmos ainda mais dessa boa sorte temos de treinar e educar nossos talentos e coloca-los para funcionar de um modo socialmente útil e que beneficie aqueles que tem menos*".[20]

---

on terms that help others. This way inequalities are permitted in ways consistent with everyone's self-respect." INGLÊS.

19. Justiça como equidade. Pág. 120.

20. Op. Cit. Pág. 122.

Segundo SANDEL:

> "A alternativa de Rawls, que ele denomina princípio da diferença, corrige a distribuição desigual de aptidões e dotes sem impor limitações aos mais talentosos. Como? Estimulando os bem-dotados a desenvolver e exercitar suas aptidões, compreendendo, porém, que as recompensas que tais aptidões acumulam no mercado pertencem à comunidade como um todo. (...)
>
> Embora o princípio da diferença não submeta a distribuição igualitária de renda e riqueza, ele deixa implícita a ideia de uma visão de igualdade poderosa e até mesmo inspiradora."[21]

A dificuldade seria identificar uma forma na qual o direito daqueles melhor favorecidos (*better-off*) em pagar menos tributos conviva com o princípio da diferença uma vez que necessariamente impactará no custeio das instituições que se prestam à justiça distributiva.

Com base na ponderação de SUGIN[22], se algumas desigualdades encontradas no mercado são aceitáveis em uma sociedade justa, e RAWLS acredita que elas o sejam, então ao julgarmos as estruturas básicas da sociedade precisamos separar vantagens criadas socialmente daquela provenientes do esforço individual. As vantagens socialmente criadas, posto que arbitrárias conforme visto acima, devem ser levadas em consideração para determinar os benefícios e encargos globais impostos pelo Estado (tributação mais gravosa de uma herança, por exemplo), e o princípio da diferença desempenhará papel importante neste momento. Todavia, é forçoso reconhecer que o esforço individual na geração de valor em uma sociedade capitalista naturalmente produzirá desigualdades de renda e riqueza entre as pessoas, e não devem, por si só, necessitar de ajustamento pela aplicação do princípio da diferença.

Transportando essa discussão para o direito tributário, é importante desde já assinalar que a necessidade de custeio das instituições da

21. SANDEL, Michael J. Justiça – O que é fazer a coisa certa. Tradução de Heloisa Matias e Maria Alice Máximo. Rio de Janeiro: Civilização Brasileira, 2011.

22. Original em inglês: "But if some inequalities in market returns are acceptable in a just society and Rawls believed that they are---then in judging institutions of government, we need to separate out socially created advantages from those arising out of individual effort. The socially created advantages must count in determining overall benefits and burdens from government, and the calculus under the difference principle must account for them, but the benefits from individual effort appropriately produce inequalities in income and wealth, and should not require adjustment under the difference principle." LINDA SUGIN, Theories of Distributive Justice and Limitations on Taxation: What Rawls Demands from Tax Systems, pág. 66.

estrutura básica da sociedade em um Estado Fiscal deve levar em conta para a construção de seu modelo não só a necessidade da atuação do primeiro princípio, que levaria a um modelo mais redistributivo, nem somente do princípio da diferença, sob pena, em última análise, até mesmo de ser confiscatório. Muito menos se cogitaria de um modelo de política fiscal que adotasse como norte o princípio do benefício, pois correria sérios riscos de ser perverso, demandando mais daqueles que não possuem condições de financiá-lo. Um modelo de alocação dos custos justo deverá se pautar nos limites impostos pelos dois princípios elencados acima, conforme se demonstrará abaixo.

3. CONSIDERAÇÕES SOBRE O SISTEMA TRIBUTÁRIO

Nota-se vasta produção acadêmica sobre o tema justiça fiscal, investigando quais modelo de políticas tributárias seriam consideradas mais justas, pois dela seriam inferidos. Não é raro encontrar textos que verticalizaram a pormenores o estudo do tema tributário, abordando especificidades no contexto do sistema tributário brasileiro, contendo afirmações de que determinada técnica de tributação em um tributo que incida sobre uma base econômica em especial seja intrinsicamente mais justa em comparação com a outra. Normalmente, o fundamento de tais asserções é a teoria de justiça distributiva de Rawls como se ela exigisse um modelo específico de política tributária. Aqui faz-se oportuna single reflexa. Por mais óbvio que seja, é importante notar que o livro "Uma Teoria da Justiça", com mais de 700 páginas, dedicou pouquíssimas ao enfrentamento direto da questão da política tributária, e mesmo assim dentro do contexto das instituições ao tratar do setor de tributação. Com isto se pretende demonstrar apenas que nunca foi objeto de análise do autor a aplicação direta de sua teoria especificamente no direito tributário. Parece-nos temerário extrair de uma teoria abrangente sobre justiça distributiva a prescrição de determinado arranjo tributário específico.

Ademais, oportuna é a lição de NAGEL e MURPHY no sentido de que um Sistema Tributário não pode ser avaliado olhando simplesmente para as fontes de custeio.[23] Os autores combatem a ideia predominante

23. No original: "[T]he tax system cannot be evaluated by looking at its impact on private property, conceived as something that has independent existence and validity. Taxes must be evaluated as part of the overall system of property rights that they help to create. Justice or injustice in taxation can only mean justice or injustice in the system of property rights and entitlements that result from a particular tax regime." NAGEL, Thomas e MURPHY, Liam. The Myth of Ownership: Taxes and Justice. Oxford University Press, USA, 2002.

da existência de um direito à propriedade pré-tributário e, também, a adoção do princípio do igual sacrifico, considerando que as discussões sobre justiça fiscal que o levem em consideração como sendo "míopes" por tratarem da justiça no custeio como se pudesse ser separada da justiça em todas as outras as áreas pertinentes, como nos gastos públicos.[24] A consequência natural disso parece ser que uma análise da justiça de determinada tributação não pode ser feita de forma isolada, pois carece de perquirir todo o sistema econômico-social no qual se insere devendo, ainda, indagar não só a legislação de custeio como também a dos gastos. Nesse sentido, conclui SUGIN que no *"tax system, by itself, is capable of carrying out a conception of economic justice, and fairness in government cannot be determined by isolating elements of any tax system."*

Todavia, seria por demais árdua a tarefa de considerar toda a legislação atinente ao custeio e aos gastos públicos, bem como questões sociais, políticas e econômicas para que, aí sim, tecer considerações sobre justiça fiscal que pudessem ser travadas na seara tributária.[25] Segundo SUGIN, antigamente, perquiria-se se a teoria da justiça distributiva requeria ou não um modelo tributário em particular, uma base imponível ou mesmo uma técnica de tributação que lhe fossem próprias, tais como alíquotas progressivas e tributação preferencialmente recaindo sobre a renda. Pode até ser que em uma determinada sociedade tais opções sejam verdadeiras levando em consideração uma miríade de questões, tais como políticas públicas, econômicas e o arranjo político-social daquele Estado. Assim, seja a progressividade ou a proporcionalidade, tributação sobre renda ou sobre o consumo, nenhuma dessas análises podem ser feitas de forma a desconsiderar um sistema tributário redistributivo que seja justo sob a luz dos princípios de justiça de Rawls, garantindo, quando menos, o mínimo existencial de todos os seus cidadãos.[26]

---

24. No original: "treat[ing] the justice of tax burdens as if [they] could be separated from the justice of the pattern of government expenditure." Op. Cit.

25. Nesse sentido, aduz SUGIN que "There is too much law on both the tax side and the expenditure side of the budget, not to mention the regulation of all manner of economic life, to expect that policymakers can constantly adjust the overall picture in accordance with an ideal of distributive justice as they make every legal change. It would be a Herculean task to consider any legal rule" Theories of Distributive Justice... Pág. 66.

26. "Previously, tax policy analysts may have asked whether a theory of distributive justice requires a particular tax policy, such as progressive rates or a particular tax base. But progressive rates or a particular tax base may not tell us much about the ultimate distribution of resources, opportunities, income, or welfare in society.'

Only in conjunction with the myriad other rules and policies in place in any system can we determine whether a society operates in an economically just manner. Regardless of the progres-

Desta feita, a crítica de MURPHY e NAGEL impede o endosso de políticas fiscais específicas em nome da justiça, mas convida a uma investigação diferente, de escopo bem mais restrito, qual seja indagar quando um sistema fiscal em particular, uma materialidade (base imponível) ou uma determinada técnica de tributação contraria o justo arranjo econômico em uma sociedade.

Claro é que determinados modelos tributários serão intrinsicamente injustos, independentemente da forma como serão gastos os recursos. SUGIN nos traz como exemplo disto um sistema fiscal que consiste em confiscar todos os bens dos 20% mais pobres da população, de forma que nenhum conjunto de remanescentes políticas governamentais poderia fornecer uma distribuição econômica global que liberais igualitários iriam considerar justo. Da mesma forma, a injustiça de um sistema fiscal que exigia apenas pessoas negras paguem o imposto de renda não pode ser curado por qualquer outra combinação de instituições governamentais.[27]

O presente trabalho tem por objetivo indagar, em consonância com a doutrina de Rawls, quais limites a justiça como equidade impõe aos sistemas tributários globalmente considerados, sejam eles quais forem, ao invés de procurar naquela quais seriam os preceitos exigidos de modelos de tributação. Deveras, muitos esperam que Rawls endosse um imposto de renda progressivo, mas se veem frustrados quando leem atentamente sua obra. Contudo, se a discussão de Rawls sobre justiça é tratada como oferecendo limitações ao invés de mandatos em matéria de tributação, um sem número de sistemas fiscais podem fazer parte de uma sociedade rawlsiana justa, incluindo, até mesmo, o talvez mais odiado tributo, qual seja o imposto proporcional que incida sobre o con-

---

sivity of the tax or its base, the broad combination of taxes, transfers, public goods, educational opportunities, avenues for redress of economic harms, market regulation, and the like are all part of the determination of whether, for example, the poorest members of society are provided a basic minimum that a just or even a decent society would provide. Neither a progressive rate structure nor an income base can guarantee that minimum, despite their general association with redistributive policies. The tax system itself can never give us enough information to determine whether any ideal is, in fact, being met." Theories of Distributive Justice and Limitations on Taxation..., pág 68.

27. No original: "For example, if the tax system consisted of confiscating all the property of the poorest 20% of the population, no set of remaining government policies could provide an overall economic distribution that liberal egalitarians would consider just. Similarly, the injustice in a tax system that required only black people to pay income taxes could not be cured by any other combination of government institutions." Theories of Distributive Justice and Limitations on Taxation..., pág 69.

sumo. Esta análise possibilitará uma visão mais abrangente e inclusive do que seria um sistema tributário juto.

Uma análise mais restrita de um sistema tributário sob o prisma da justiça como igualdade de um determinado arranje econômico social possibilitará uma visão mais inclusiva de sistemas tributários diferentes falando com um número maior de sociedades. Afinal, se é verdade que uma teoria sobre justiça distributiva possa fornecer uma fórmula tributária justa, pois baseada nos princípios de justiça que celebram os mesmos bens primários, em um mesmo contexto, isolando-se todas as variáveis externas, seja as ignorando ou as equalizando, somente uma resposta seria possível. Não é isto, contudo, que encontramos na doutrina de Rawls.

É neste sentido a afirmação de RAWLS, que gera inquietude em muitos ou fica simplesmente ignorada em seus escritos: "deixando de lado muitas complicações, vale notar que uma tributação proporcional sobre o consumo pode fazer parte do melhor sistema tributário".[28] Assim, é curial notar que, sob determinadas circunstâncias, "a flat consumption tax is perfectly consistent with Rawls's theory."[29]

Um sistema proporcional pode ser redistributivo ou não, a depender da base imponível e dos gastos públicos. SUGIN não desconhece a posição doutrinária dominante e indica, inclusive, que as obras de diversos autores apontam que o sistema progressivo está em maior consonância com a visão de justiça redistributiva de Rawls:

> a) Liberais igualitários geralmente parecem favorecer sistemas progressivos, i.e., sistemas nos quais a carga tributária aumente de acordo com o incremento da base de cálculo;
>
> b) Murphy e Nagel em última análise endossam o princípio da progressividade em termos igualitários, com base no bem-estar, embora eles não necessariamente favoreçam graduações de alíquotas;
>
> c) O sistema tributário de Ronald Dworkin's, baseado em um modelo de seguro hipotético derivado de sua teoria de equidade de recursos é também progressivo;
>
> d) Utilitaristas também defenderam a adoção da progressividade com base na teoria de que o bem-estar da sociedade poderia ser ma-

28. RAWLS, John. Uma Teoria da Justiça... Pág. 347. No original: "Leaving aside many complications, it is worth noting that a proportional expenditure tax may be part of the best tax scheme".

29. Em tradução livre: "um imposto proporcional incidente sobre o consumo pode estar de acordo com a teoria de Rawls". (Theories of Distributive Justice and Limitations on Taxation..., pág. 70).

> ximizado através da taxação dos riscos (cuja utilidade marginal da renda é baixa) ao invés dos pobres (cuja utilidade marginal é presumidamente alto);
>
> e) Edward McCaffery, um defensor da tributação proporcional sobre o consume, advoga que um tribute progressive é o mais consistente com os princípios de Rawls's. (tradução livre)[30]

Em verdade, sem que se tenha em mente a exposição acima, uma leitura apresada da doutrina de Rawls apontaria aparente contradição por conta da preferência em seu texto por determinado sistema tributário e, ao discorrer sobre bases imponíveis, parece o autor ser mais favorável aos impostos sobre consumo que sobre a renda.[31]Além disso, quando escreve sobre técnicas de tributação, parece apontar como a melhor a proporcional, ao invés da progressiva, o que iria de encontro com o princípio da diferença. A aparente incongruência sugere que Rawls entende que sua teoria possibilita que uma variedade de sistemas tributários a depender das instituições existentes em uma sociedade, bem como suas políticas públicas.

Como exemplo do que se acabou de afirmar, partindo da premissa que há qualidade mínima nos gastos públicos e que há instituições que garantem as liberdades públicas, um imposto proporcional incidente sobre a renda seria redistributivo, posto que a base de cálculo dos mais pobres seria bem menor que a dos mais ricos e aqueles seriam destinatários de políticas públicas custeadas com esta arrecadação. Todavia, case se tratasse de um imposto proporcional incidente sobre o consumo de itens integrantes da cesta básica, sua aptidão para a redistribuição é mínima, pois o consumo, ainda que maior dentre os ricos, não guarda a mesma proporcionalidade que no exemplo anterior. O mesmo acontece quando estamos diante de um imposto progressivo incidente sobre a renda, mas que pertence a um sistema tributário que falece nas suas atribuições de assegurar as liberdades públicas dos cidadãos, sequer ga-

30. No original, em inglês: "a) Liberal egalitarians seem generally to favor progressive systems, i.e., systems in which tax liability increases as a share of the base as the base size increases; b) Murphy and Nagel ultimately endorse the principle of progressivity on egalitarian, welfare-based grounds, although they do not necessarily favor graduated rates; c) Ronald Dworkin's tax scheme, based on a hypothetical insurance model derived from his theory of equality of resources, is also progressive; d) Utilitarians have also argued for progressivity on the theory that society's utility could be maximized by taxing the rich (whose marginal utility of income is low) more than the poor (whose marginal utility of income is presumably higher); e) Edward McCaffery, an enthusiastic consumption tax proponent, argues that a progressive tax is the most consistent with Rawls's principles." (Theories of Distributive Justice and Limitations on Taxation..., pág. 71).

31. Nesse sentido, ver páginas 256 e 47 de "Uma Teoria da Justiça".

rantindo com efetividade o mínimo existencial. Não há como garantir que este sistema tributário seja considerado justo.

Um imposto proporcional sobre o consumo possui menor aptidão abstrata para a redistribuição que um imposto incidente sobre a renda, mas isso não afasta por si só seu potencial de redistribuição a depender de como está desenhado o sistema tributário como um todo. Rawls se vale do sistema fiscal como um meio de alcançar a justiça distributiva, e não como uma exigência da justiça em si, de modo que as características de um sistema fiscal não são essenciais per se. Assim, um imposto baseado no consumo poderia formar parte de um esquema governamental integrado que receitas utilizado de uma forma redistributiva, de modo a garantir a oportunidade e melhorar as perspectivas daqueles menos afortunados. Se as receitas resultantes de impostos arrecadados são redistribuídos para fornecer o maior benefício para os menos afortunados, advindas de um imposto proporcional ou progressivo, através de transferências diretas de renda, escolas, saúde pública, ou outros programas que deem oportunidade para melhorar as perspectivas dos mais pobres, então muito pouco importará para fins de justiça as técnicas tributárias utilizadas, vez que do lado os gastos o orçamento corrige ou ajusta as consequências distributivas em geral.

Passaremos à análise de alguns arranjos tributários específicos por conta da atenção que a doutrina nacional costuma dispensar a este tema para, após, adentrar na análise dos limites que lhe seriam impostos pela teoria da justiça como equidade sob análise.

3.1. Limites ao Sistema tributário com base no princípio da liberdade igual e no princípio da diferença

A análise dos limites impostos pela teoria de justiça de Rawls aos modelos de sistemas tributários perpassa pela análise de dois de seus princípios de justiça, elementos fundantes de toda sua teoria, quais sejam o princípio da liberdade igual e o princípio da diferença. Tendo em mente a aplicação destes nos arranjos possíveis de políticas tributárias, serão analisados de forma abstrata e abrangente os limites que eles lhes necessariamente impõe. Não faz parte do escopo deste trabalho a contextualização das reflexões aqui realizadas no sistema tributário brasileiro.

Começaremos a análise pelo segundo princípio de Rawls, o princípio da diferença, a despeito de ser o princípio da liberdade igual o mais importante para fins de determinação do sistema tributário ideal, posto que iniquidades na tributação que falhem em beneficiar cidadãos em situação de desvantagem na sociedade, malgrado violação ao princípio da diferença, podem ser compensadas por posteriores arranjos econômicos e políticas públicas eficazes. O segundo princípio de justiça, que exige que as desigualdades econômicas sejam justificáveis apenas se beneficiarem os menos favorecidos, pode ser satisfeito através da combinação de uma ampla variedade de instituições, dentre as quais o sistema fiscal é apenas uma delas.[32]

Contudo, nem sempre será possível sanar a violação ao princípio da diferença quando, por exemplo, a imposição da carga tributária incida somente sobre aqueles detentores da menor renda. Em um caso como este, a violação ao princípio da diferença será inafastável, pois se criará um sistema redistributivo que retira parte da renda dos pobres favorecendo os ricos através dos gastos públicos que se reverterão em seu benefício.[33] Um modelo como este está em invencível rota de colisão com o princípio da diferença. Este, contudo, não é propriamente um exemplo de limite imposto pelo princípio da diferença ao sistema tributário, decorrendo diretamente de sua aplicação.

Assim sendo, a principal limitação imposta ao sistema tributário pelo princípio da diferença deriva da necessidade da arrecadação de recursos financeiros em montante suficiente para garantir no mínimo a manutenção da estrutura básica da sociedade. É neste momento preciso levar em conta todo o sistema econômico para que a aferição seja fidedigna àquela realidade social. A insuficiência de arrecadação por parte do Estado, ameaçando as instituições necessárias para garantir a igualdade de oportunidades, como educação e saúde pública, estará violando de forma patente o princípio da diferença. Em um cenário de escassez de recursos financeiros, as tentativas de redistribuição provavelmente serão ineficazes, perdurando a desigualdade no corpo social sem que haja melhoria da situação daqueles em piores condições.[34]

---

32. RAWLS, Uma Teoria... pág. 243.

33. Nesse sentido, SUGIN: "Inequalities in taxation that fail to benefit the most disadvantaged may be outweighed by other economic arrangements and provisions that benefit those who are worst-off. Only a tax system that burdens exclusively the poorest group would be foreclosed on account of the difference principle, because that scheme of public finance would necessarily entail some redistribution, in the form of public goods at least, from the worst-off to the better-off." INSERIR.

34. RAWLS, Uma Teoria... pág. 244-45.

Pelo princípio da diferença, então, Rawls proíbe que um Estado arrecade menos que o necessário para que não se ameace a satisfação do princípio da diferença, independentemente de como será realizada a posterior redistribuição. A noção de tributação suficiente dependerá do funcionamento de muitas instituições na sociedade, e Rawls imagina um sistema em que até mesmo a tributação mínima pode ser considerada adequada. Dentro "Justiça como Equidade", o autor descreve um sistema econômico existente no contexto de uma democracia capitalista, em que as instituições básicas da sociedade de fundo trabalhem para dispersar a propriedade da riqueza e do capital e, assim, evitar que uma pequena parte da sociedade de controlar a economia.[35]

Em uma situação ideal, uma democracia capitalista saudável não deverá produzir grandes disparidades de renda e riquezas de forma a privilegiar um pequeno grupo de membros da sociedade, possibilitando-os controlar a economia e os recursos sociais. Quando esta sociedade conseguir atingir o nível de cooperação e reciprocidade que Rawls imaginou, poucos recursos financeiros serão necessários para garantir as necessidades básicas através da redistribuição. Se as instituições existentes na sociedade forem utilizadas apenas para produzir benefícios em todo o estrato econômico-social, o Estado teria de financiar as instituições somente até onde fosse necessário para garantir a igualdade de oportunidades. Haveria, então, menor necessidade de transferências para os menos abastados, que presumivelmente se beneficiam das operações do sistema econômico que recompensou a todos para "fazer a sua parte" na geração de valor, sendo a contribuição de todos reconhecida mutuamente como vantajosa e consistente com o auto respeito.[36]

Sob tais circunstâncias ideais, um expressivo imposto proporcional sobre o consumo com alíquota específica pode até mesmo ser aceitável, pois justo. Se o produto da arrecadação deste imposto for usado para beneficiar os menos favorecidos, partindo da premissa que nesta sociedade a disparidade entre os dois extremos é relativamente estreito, este tributo facilmente satisfaria o princípio da diferença. Por mais que o sistema tributário possa parecer, quando visto isoladamente, bastante injusto, a visão de toda a estrutura básica desta sociedade será considerada justa com base em Rawls.

---

35. RAWLS, Justiça como equidade. Pág. 139-40.

36. Id, pág. 139.

Desta feita, a teoria de justiça como equidade de Rawls, para que seja adequadamente atendido o princípio da diferença, está mais preocupada com uma tributação suficiente que com a definição de um modelo tributário qualquer. Este dependerá de inúmeros fatores verificáveis apenas de forma empírica, não podendo compor, portanto, constatações abstratas que pretendem possuir contornos mais abrangentes.

As limitações mais significativas impostas sobre a estrutura fiscal advêm do primeiro princípio da justiça de Rawls, que garante as liberdades políticas, e tem prioridade sobre o princípio da diferença, com conteúdo mais pertencente ao domínio da economia. Muito embora os estudiosos se debrucem sobre o princípio da diferença, a influência mais convincente sobre a concepção ampla de uma estrutura tributária vem da aplicação do primeiro princípio, que exige que cada indivíduo tenha igual parcela de liberdades básicas.

O primeiro princípio se opõe a qualquer sistema fiscal que permita que desigualdades econômicas possam de alguma forma interferir na integridade política do sistema[37]. Assim, quando as concentrações de riqueza possuírem o condão de influenciar o poder político, o primeiro princípio de Rawls exige que o sistema fiscal combata as concentrações de riqueza que ameacem as liberdades básicas.[38]

Desta feita, a prioridade intrínseca das liberdades básicas pode ser ameaçada pelo poder econômico, demandando atuação significativa e específica do sistema tributário. De acordo com SUGIN, este deverá proteger o Sistema de liberdades básicas de duas formas: i) a tributação não poderá ela mesma configurar violação a nenhuma liberdade básica; e ii) o sistema tributário não poderá permitir que outras instituições com as quais interaja, como o mercado, viole uma liberdade básica.[39]

---

37. RAWLS, Justiça como equidade. Pág. 177.

38. Segundo RAWLS: ""The basic liberties consist of: freedom of thought and liberty of conscience; political liberties (for example, the right to vote and participate in politics) and freedom of association, as well as the rights and liberties specified by the liberty and integrity (physical and psychological) of the person; and finally, the rights and liberties covered by the rule of law." Op. Cit. Pág. 178.

39. No original: "The priority of these basic liberties, which can be threatened by economic power, provides significant and specific demands on the tax system. The tax system must protect the scheme of basic liberties in two ways: (1) taxation itself may not violate any of the basic liberties, and (2) the tax system may not allow other institutions with which it interacts, such as the market, to violate any basic liberties." LINDA SUGIN, Theories of Distributive Justice and Limitations on Taxation: What Rawls Demands from Tax Systems, 72 Fordham L. Rev. 1991 (2004). Disponível em: http://ir.lawnet.fordham.edu/flr/vol72/iss5/27.

Com a conjugação desses dois mandamentos advindos do primeiro princípio de justiça, claro é que um imposto que em si viole uma liberdade básica, comprometendo, por exemplo, os direitos políticos, a integridade pessoal, ou a liberdade de pensamento será inexoravelmente considerado injusto. Portanto, um imposto que incidisse apenas sobre um determinado grupo de contribuintes que comungassem da mesma posição política ou congregassem da mesma religião seria injusto nos termos da teoria rawlsiana.

O mesmo poderia ser dito de um imposto que negasse o direito à propriedade privada a um determinado segmento da sociedade por considera-los já abastados o suficiente, com base em concepções de justiça (e não em princípio de justiça), sem que ficasse cabalmente comprovado a concentração de poder econômico que viole outras liberdades básicas. Agora, se ficar comprovado que a concentração do poder econômico viola as liberdades básicas dos demais cidadãos, caberá ao sistema tributário corrigir essa distorção, mas somente até cessar a agressão.

Assim sendo, quando as de concentrações de riqueza forem produto do poder político, o primeiro princípio exigiria que o sistema fiscal promovesse a ruptura da política ameaçadora possibilitada pela concentração de riqueza para que as liberdades iguais de cidadania sejam asseguradas.

4. CONCLUSÕES

Melhor que perguntar qual técnica de tributação, seja a proporcional ou progressiva, ou qual base tributária, sobre a renda ou sobre o consumo, mais se coaduna com a teoria de Rawls, é indagar quais limites a teoria de justiça como equidade impõe como limites ao sistema tributário. Assim sendo, independentemente de qual técnica de tributação se adote, em se respeitando esses limites, ela será considerada justa.

Conforme demonstrado no texto, com a conjugação dos dois mandamentos advindos do primeiro princípio de justiça, um imposto ou uma técnica de tributação que em si viole uma liberdade básica será inexoravelmente considerado injusto nos termos da teoria rawlsiana.

Reforçando o que já fora exposto, um imposto ou uma técnica de tributação que negasse o direito à propriedade privada a um determinado segmento da sociedade por considera-los já abastados o suficiente, com base em concepções de justiça (e não em princípio de justiça), sem que ficasse cabalmente comprovado a concentração de poder econômico que viole outras liberdades básicas.

Contudo, pode-se concluir que é admito por Rawls que se ficar comprovado que a concentração do poder econômico viola as liberdades básicas dos demais cidadãos, caberá ao sistema tributário corrigir essa distorção, mas somente até cessar a agressão.

Assim sendo, quando as de concentrações de riqueza forem produto do poder político, o primeiro princípio exigiria que o sistema fiscal promovesse a ruptura da política ameaçadora possibilitada pela concentração de riqueza para que as liberdades iguais de cidadania sejam asseguradas.

Dadas as desigualdades que existem atualmente no mundo real e a maneira que os mercados funcionam, os limites substanciais e formais que os princípios de justiça de Rawls impõem ao regime fiscal são úteis e passivos de aplicação. Se os mercados funcionarem com o fito de aumentar as desigualdades e as perspectivas dos menos favorecidos, o sistema fiscal deverá corrigir as injustiças econômicas criadas naquela sociedade.

5. REFERÊNCIA BIBLIOGRÁFICA

ARRAES, Roosevelt. Rawls e a prioridade das liberdades básicas. Controvérsia – v.2, n.1, p. 55-69 (jan-jun 2006).

BIRD-POLLAN, Jennifer, Unseating Privilege: Rawls, Equality of Opportunity, and Wealth Transfer Taxation, 59 Wayne L. Rev. 713 (2013).

KANG, Thomas H. Justiça e desenvolvimento no pensamento de Amartya Sen. Revista de Economia Política, vol 31, nº 3 (123), pp 352-369, julho-setembro/2011.

IULIANELLI, Jorge Atílio Silva. A teoria da justiça de John Rawls e algumas dificuldades: uma leitura. Disponível em: http://www.unimep.br/phpg/editora/revistaspdf/imp20art05.pdf. Acesso em 11/10/2015.

LINDA SUGIN, Theories of Distributive Justice and Limitations on Taxation: What Rawls Demands from Tax Systems, 72 Fordham L. Rev. 1991 (2004). Disponível em: http://ir.lawnet.fordham.edu/flr/vol72/iss5/27.

MURPHY, Liam; NAGEL, Thomas. O mito da propriedade – os impostos e a justiça. v.1, 1ª. ed. São Paulo: Martins Fontes, 2005.

________. The Myth of Ownership: Taxes and Justice. Oxford University Press, USA, 2002.

RAWLS, John. Uma Teoria da Justiça. Nova tradução baseada na edição americana revista pelo autor, Jussara Simões; revisão técnica e de tradução Álvaro de Vita - 3ª Ed. São Paulo: Martins Fontes, 2008.

________. Justiça como equidade: uma reformulação. Organizado por Erin Kelly; tradução por Cláudia Berliner; revisão técnica e da tradução Álvaro de Vita – São Paulo: Martins Fontes, 2003.

________. A theory of justice – revised. 6ª ed. Massachusetts: Harvard University Press, 1999.

SANDEL, Michael J. Justiça – O que é fazer a coisa certa. Tradução de Heloisa Matias e Maria Alice Máximo. Rio de Janeiro: Civilização Brasileira, 2011.

VITA, Álvaro de. Uma Concepção Liberal Igualitária De Justiça Distributiva. Revista Brasileira de Ciências Sociais. vol.14 n.39 São Paulo Feb. 1999.

18

FEDERALISMO FISCAL BRASILEIRO: UMA DISRUPÇÃO CONSTITUCIONAL E LEGAL DA AUTONOMIA FINANCEIRA DOS ESTADOS E DO DISTRITO FEDERAL

Marcelo da Silva dos Santos

Mestre em Direito pela Universidade Federal do Rio de Janeiro (UFRJ). Pós-graduado em Direito Tributário pela Fundação Getúlio Vargas (FGV/RJ) e em Docência no Ensino Superior pela Universidade SENAC-Santo Amaro. Especialização em Governança e Governo Aberto pela Universidade de Salamanca. Possui graduação em Direito pela Universidade do Vale do Paraíba (UNIVAP) e graduação em Ciências Contábeis pela Universidade do Estado do Rio de Janeiro (UERJ). Pesquisador do LETACI (Laboratório de Estudos Teóricos e Analíticos sobre o Comportamento das Instituições) da Faculdade Nacional de Direito (UFRJ).

Sumário:

INTRODUÇÃO

O cenário atual das finanças públicas dos Estados, Distrito Federal e Municípios no Brasil é desolador, há muito tempo se fala em crise no federalismo brasileiro sob diversas dimensões: política, social, administrativa e econômica. O objetivo desse artigo é tratar o problema do federalismo brasileiro sob a ótica da autonomia financeira dos Estados e do Distrito Federal, além de diagnosticar se estamos diante de uma quadra de crise, que seria uma conjuntura provocada pela incapacidade de gerenciamento das finanças públicas pelos entes da federação, ou se as mutações constitucionais e legais das últimas décadas desvirtuaram o pacto federativo, acarretando uma ruptura estrutural no equilíbrio econômico dos Estados e do Distrito Federal.

Na primeira parte, uma breve análise da construção do federalismo Norte-Americano permite identificar que a união dos Estados membros nos Estados Unidos da América se deu de forma totalmente diversa da que ocorreu no Brasil, onde a passagem para o federalismo se deu após a Proclamação da República em sentido centrífugo. Iniciamos nosso estudo, identificando as origens do federalismo e como ele se desenvolveu, com o objetivo de sustentar a hipótese de que, independentemente do modo de formação de uma federação, o principal aspecto que define as bases do federalismo é a Constituição do país.

Na segunda parte, mediante a análise dos aspectos da centralização e da descentralização, buscou-se identificar um modelo teórico que pudesse responder a seguinte pergunta: como estabelecer uma descentralização adequada no federalismo brasileiro, de forma a se atingir o equilíbrio nas relações dos entes da federação? Primeiro, considerando a dimensão da divisão constitucional do poder, na vertente Kelseniana, pretendeu-se verificar se os limites jurídico-constitucionais da divisão de poder seriam suficientes para garantir o equilíbrio dos interesses na federação brasileira. Em uma segunda abordagem, a centralização e a descentralização foram analisadas sob o prisma da análise econômica de Oates (1972), com fins de averiguar se uma delimitação financeira e de políticas fiscais, constitucionalmente estabelecidas, seriam suficientes para harmonizar as relações institucionais dos entes da federação.

Os modelos teóricos abordados, embora muito esclarecedores não foram suficientes para responder a pergunta. O federalismo brasileiro guarda características peculiares, notadamente o federalismo fiscal, que atingem pontualmente a estrutura orçamentária dos Estados e do Distrito Federal. Sustentamos a hipótese de que o federalismo fiscal brasileiro é um sistema orgânico – um ser vivo em constante mutação – que mesmo estando sedimentado na Constituição, passou por diversas alterações que o desvirtuaram, causando verdadeiras anomalias nas relações institucionais entre os entes da Federação.

Metodologicamente, para sustentar nossa hipótese, na terceira parte, procurou-se analisar a evolução do federalismo fiscal no Sistema Tributário Nacional, a partir da Constituição Republicana de 1934 até a de 1988, dando-se destaque para a evolução do ICM/ICMS (Imposto sobre a Circulação de Mercadorias e a Prestação de Serviços).

Como consequência da opção constitucional de atribuir aos Estados e ao Distrito Federal a competência para instituir o imposto sobre o consumo vimos surgir a "Guerra Fiscal"[1], que é o expoente da esquizofrenia do federalismo fiscal brasileiro.

Por fim, para corroborar a tese de que as mutações constitucionais e legais provocaram a disruptura do federalismo fiscal brasileiro, elencou-se uma série de medidas que alteraram sobremaneira as relações institucionais dos entes da federação, provocando o caos financeiro no qual se encontram a maioria dos Estados brasileiros.

1. FEDERALISMO: EVOLUÇÃO A PARTIR DA MATRIZ NORTE-AMERICANA

A noção do federalismo começa a surgir por conta das grandes mudanças ocorridas a partir da era moderna. A Revolução Industrial foi a mola propulsora das transformações socioeconômicas que inspiraram as reformulações ideológicas propostas por Thomas Hobbes e John Locke. Na França revolucionária, o "Espírito das Leis" de Montesquieu trouxe luz a uma nova forma de governo. Esses foram os ingredientes que influenciaram as transformações nas colônias americanas no século XVIII. Assim, "[...] da combinação da teoria do direito natural de Locke com a da separação de poderes de Montesquieu resulta o estado federal americano" (MORAIS, 2011, p. 485).

1. "De rigor, os Estados menos desenvolvidos passaram a retirar investimentos dos mais desenvolvidos com incentivos e estímulos ilegais, que foram suportados, não por quem os concedia, mas pelos Estados receptores de seus produtos, distorção esta que, no momento em que a União deixou de fazer políticas regionais, foi sendo acentuada. Hoje, vive o país – sem derramamento de sangue – tempos conflituosos semelhantes aos dos "reinos combatentes", na china. **O Brasil é formado por uma federação de inimigos**." (CARVALHO, 2014, p. XIV, grifo nosso).

Em linhas gerais, um Estado Federal é formado pela união de vários Estados que, participando de forma coletiva, formam sua autoridade pela união, da qual decorre o poder central. Será no convívio harmonioso, em um mesmo território, representando as mesmas pessoas, que o governo central e os locais exercerão ações políticas simultaneamente. O exercício do poder de forma interativa, nessas condições, poderia gerar conflitos de soberania na medida em que se tornaria difícil conciliar um poder nacional uno e indivisível. Contudo, quaisquer eventuais divergências sobre a ideia de soberania ficam superadas pela ordem constitucional, que atribui os deveres e obrigações de cada ente e assegura um ambiente de equilíbrio e desenvolvimento. Essa seria a matriz do federalismo norte-americano como ensinado por Lima (1953, p. 178 a 180).

Como a Constituição de uma República Federativa é a responsável por estabelecer os critérios de como os entes federativos irão se relacionar, cabe a ela determinar como se dará a autonomia financeira e administrativa, estabelecer critérios de repartição de receita e definir as competências para gestão política do Estado. É mediante a ordem constitucional que se estabelece o pacto federativo. Torres (2014, p. 252), ao citar a obra clássica de Pierre-Joseph Proudhon – "Do princípio federativo", de 1874 – ensina que para compreender o que representa o pacto federativo devemos nos atentar para a "[...] etimologia da palavra federal, que deriva de *foedus*, genitivo *foederis*, que quer dizer pacto, contrato, tratado convenção."

A Constituição Norte-Americana de 1787 é o marco para o nascimento do federalismo[2]. Para compreendermos como a força centrípeta[3] dos Estados norte-americanos impulsionou a formação do federalismo, faz-se necessária uma breve contextualização histórica.

Foram os movimentos nacionalistas para a independência das 13 colônias contra a dominação inglesa que tornaram possível a emancipação do Estado norte-americano. Em 1776, elas formaram uma confederação de Estados independentes e autônomos. Entretanto, a dificuldade de conciliar os interesses, as legislações conflitantes e as desconfianças

---

2. "O nascimento do Federalismo como forma de Estado – ou seja, como modo de exercício do poder político em função do território estatal – deu-se com o advento da Constituição Norte-Americana de 1787, segundo reconhecem constitucionalistas pátrios e estrangeiros." (LOBO, 2006, p. 12).

3. *"Federalismo centrípeto,* que *Georges Scelle* chamou de federalismo por agregação ou associação (*"Précis de Droit des Gens"* - 1' volume – Recueil Sirey - Paris - 1932 - p. 182)". Apud. Horta (1985. p. 7).

mútuas, entre outros fatores, ocasionava o enfraquecimento do nacionalismo.

Assim, para tornar viável a libertação das forças colonizadoras, os Estados celebraram a Convenção de Filadélfia, transformando a confederação em uma federação mais estável. Como consequência, as deliberações da Convenção formaram o substrato político e normativo necessário para elaboração da Constituição de 1787.[4]

A característica marcante desse federalismo incipiente foi o *dualismo*, isto é: "o Governo Federal dispunha de poderes enumerados, limitados pelas disposições constitucionais, dotando-se os Estados dos poderes residuais, ou seja, todos aqueles não outorgados expressamente para o Governo central." (LOBO, 2006, p. 13).

Com o passar dos anos, diversas foram as teorias que se propuseram a estudar o federalismo[5]. Nosso escopo aqui não é aprofundar cada uma delas, mas apenas compreender que o federalismo passou por diversas fases e contextos ao longo da história.

Para nós, importa destacar um momento específico, que foi a mudança de paradigma ocorrido a partir da década de 1930. Foi com o surgimento do *New Deal* que o federalismo norte-americano se desenvolveu sob novas perspectivas.

Corolário do Liberalismo, nascido aos auspícios dos movimentos de independência, o Federalismo Dualista tinha como pressuposto uma intervenção mínima do Estado. Contudo, eventos marcantes da história como a Primeira Guerra Mundial, a quebra da Bolsa de Valores norte-americana de 1929, a revolução tecnológica dos pós-guerras e o novo papel assumido pelo Estado, em face das crescentes demandas do poder público, contribuíram para o surgimento de uma nova interpretação do federalismo – da ideia de *well-fare state* surge o *New Federalism*.[6]

---

4. "BERNARD SCHWARTZ lembra que a Nação Norte-Americana se formou 'mediante a união voluntária de treze soberanias autônomas, anteriormente vinculadas entre si pelos débeis laços da Confederação formada depois da Revolução'. O professor da New York University assim enfatiza as linhas teleológicas determinantes que animavam os autores do processo que culminou na Constituição de 1787 (os representantes dos Estados até então soberanos), e que delinearam a estrutura *mater* do *Federalismo Dualista* então inaugurado". Apud. Lobo (2006, p. 12).

5. Dentre as teorias que se propuseram a estudar o federalismo podemos citar: Teoria da divisão da soberania, Teoria de CALHOUN E SEIDEL, Teoria de BOREL E LE FUR, Teoria de LABAND E JENERK, Teoria de KELSEN, Teoria de DUGUIT, Teoria de MOUSHELI. (LIMA, 1953, p. 180 a 188).

6. "Todavia, com o passar dos anos, o Federalismo clássico, intra-estadual, interno ou dualista, inaugurado em 1787, passou a sofrer transformações em seu conceito ortodoxo. As pressões

As mudanças ideológicas ocorridas na década de 1930, que contribuíram para solidificação de um novo federalismo, pautado na busca do bem-estar social, tiveram como maior consequência a ampliação da intervenção do Estado central[7], repercutindo em uma maior competência para arrecadação de tributos e utilização de mecanismo de regulação.

A dualidade de competência entre os entes da federação e o governo central deixa de existir dando lugar a um *federalismo de cooperação*[8], que exige maior coordenação e cooperação entre União e Estados membros.

A cooperação passa a ser um mecanismo de maior aproximação entre as esferas do poder central e dos poderes locais, tendo o princípio da subsidiariedade como balizador da formulação de políticas entre os entes federativos. A subsidiariedade assume diversas dimensões[9], porém, para o estudo aqui proposto, o que importa é sua repercussão na divisão de competências. Será pelo reconhecimento da importância do estudo das divisões de competências que se delineará uma nova perspectiva ideológica para a formulação de uma nova ordem político-administrativa.

Sunstein (1987) aponta três características que marcaram o constitucionalismo norte-americano após o *New Deal*:

i) Rejeição do compromisso constitucional original de *checks and Balances* em favor da administração reguladora independente e isolada;

---

políticas, os confrontos e conflitos gerados pelas crises do Estado, as injunções socioeconômicas, a revolução industrial e tecnológica não suportaram a ortodoxia do sistema. O desenvolvimento nessa direção culminou com o aumento das atribuições da União, a qual concomitantemente foi ganhando relevância. Esse fato marcou a evolução do Federalismo americano, fazendo surgir a expressão *new federalism*, para superar o conceito anterior do *dual federalism*, com sua original distribuição de autoridade entre a União e os Estados-membros." MORBIDELLI, Janice Helena Ferreri. Um Novo Pacto Federativo para o Brasil. São Paulo: Celso Bastos, 1999, p. 28. Apud. Lobo (2006, p. 15).

7. "[...] o modelo cooperativo que vinha plasmado no *New Federalism* ensejava fundamentalmente uma pesada política de repasses e subvenções da União aos estados, trazendo como efeito colateral uma correlata e perigosa dependência destes para com aquela." (LOBO, 2006, p. 16).

8. "Reverbel relata que a expressão 'federalismo cooperativo' foi utilizada originalmente pelos Estados Unidos da América, 'para qualificar o modelo de federalismo contraposto ao existente na ordem federal daquele país (*dual federalism*)'". REVERBEL, Carlos Eduardo Dieder. O Federalismo Numa Visão Tridimensional do Direito. Porto Alegre: Livraria do Advogado, 2012, p. 79.115. Apud. Brandão Junior (2014, p. 52).

9. Sobre o princípio da subsidiariedade e suas dimensões consultar Lobo (2006, p. 33 e ss).

ii) Reconhecimento de direitos substanciais para além dos protegidos em *Common law;* e

iii) O abandono dos princípios do federalismo que atribuíam autoridade reguladora ao governo federal e aos estados.

O estudo empreendido até o momento deixou evidenciado duas formas de federalismo, cuja concepção depende nitidamente de uma opção constitucional: um modelo clássico, descentralizado, com maior participação dos Estados; e outro mais centralizador, traduzindo as aspirações do *New Deal*. Pretendeu-se traçar, um panorama de como a interpretação constitucional do federalismo influencia as relações entre os entes federativos e como ela pode afetar a gestão política e financeira de um país ao determinar o grau de competência tributária para os entes da federação.

2. FEDERALISMO: CONCEITOS DE CENTRALIZAÇÃO E DESCENTRALIZAÇÃO

No item anterior, verificou-se como o Federalismo se desenvolveu a partir de sua matriz norte-americana. A análise evidenciou a existência de dois momentos marcantes que estabeleceram correntes teóricas distintas: Federalismo Dualista e Federalismo de Cooperação.

Agora, o objetivo é estudar como um Estado Federado se organiza sob alguns modelos teóricos de centralização e descentralização. Antes, contudo, far-se-á uma breve reflexão para verificar a distinção entre Federalismo e Federação.

Brandão Júnior (2014, p. 27 e 28) pressupõe que o Federalismo é algo abstrato, destinado a indicar uma teoria formulada para definir como os Estados se organizam em uma forma federativa. Acrescenta ainda que Hans Kelsen estabelece que a Federação seria uma ordem jurídica central, por meio da qual se constituiria uma comunidade jurídica central, parcial, abarcando todos os indivíduos residentes dentro do Estado Federal. Conclui estabelecendo que: "O Federalismo, por ser abstrato, parte de pontos e características comuns coletados de diversas Federações, para, a partir de então, formar uma concepção abstrata, genérica, que possa ser enquadrada em qualquer Estado organizado sob a forma federativa." (BRANDÃO JUNIOR, 2014, p. 28).

Essa distinção teórico-metodológica se faz necessária, pois, há autores que asseveram que o termo pacto federativo "[...] só pode ser utilizado em Federações que se formam por agregação, isto é, Estados antes independentes que se unem para formar um Estado Soberano único" (STEPAN, 1999, p. 2). Desta forma, compreender o Brasil como uma República Federativa para fins de um estudo teórico sobre federalismo estaria fora de escopo.

Entretanto, independentemente da forma como uma federação é constituída, seja por agregação (força centrípeta) ou por segregação (força centrífuga)[10], o que de fato importa é identificar qual o nível de centralização ou descentralização[11], a ser estabelecido pela Constituição, para que um regime democrático de direito possa funcionar de forma efetiva, assegurado pelo pacto federativo, independentemente da forma como se constituiu a Federação.

2.1. Centralização e descentralização sob a ótica jurídica

Como observado, será a Constituição, como norma hierárquica superior que definirá o grau de centralização ou descentralização de um Estado Federado. Como resultado, teremos normas jurídicas gerais, centralizadas, de amplitude nacional; e normas jurídicas locais, descentralizadas, de aplicação local. Kelsen (2005, p. 434) assinala que as normas totais, centrais, repercutem de forma parcial em toda comunidade jurídica do território nacional, enquanto as normas descentralizadas podem ter validade diferente, ou seja, poderão regular de forma distinta a mesma matéria em regiões diferentes. Essa seria a vantagem da descentralização normativa. Kelsen (2005, p. 435) defende que: "Quanto maior for

---

10. Quanto à forma de constituição de uma Federação Brandão Junior (2014, p. 36 a 39) estabelece a seguinte distinção conceitual: quanto ao momento histórico de formação, há divisão em federalismo por agregação e federalismo por segregação; quanto ao grau de centralização o federalismo seria centrífugo ou centrípeto (considerando essa metodologia, o Federalismo será **centrípeto** quando forem delegados maiores poderes para a União do que para os entes políticos descentrais; por outro lado, o Federalismo será **centrífugo** quando os poderes, encargos e competências forem distribuídos buscando a preservação dos poderes locais). Feita essa distinção ele esclarece que há autores, como nosso caso, que utilizam a expressão centrífuga e centrípeta para designar a origem de formação da Federação e que isso poderia gerar certas confusões. Contudo, nossa conclusão é que o que de fato importa é estudar o nível de centralização ou descentralização estabelecido pela constituição. A nosso ver essa distinção metodológica pouco importa.

11. "[...] se o Estado Federal é analisado como uma forma de descentralização peculiar delineada na Constituição de um Estado é irrelevante seu modo de criação – se com a união de Estados até então soberanos ou se por um ato interno de um Estado unitário que se transforma em federal –, o que importa é reconhecer estas características no texto da Constituição". (BRANDÃO JUNIOR, 2014, p. 29).

o território do Estado, e quanto mais variadas forem as suas condições sociais, mais imperativa será a descentralização por divisão territorial."

O autor sustenta que o grau quantitativo de centralização e descentralização depende: "[...] em primeiro lugar, do número de estágios da hierarquia da ordem jurídica aos quais se estende a centralização ou a descentralização; em segundo lugar, do número e da importância das matérias regulamentadas por normas centrais ou locais." (KELSEN, 2005, 437)

Concordamos em parte com a teoria Kelseniana, pois, acreditamos que a centralização e a descentralização devem ser relativas em um Estado Federado, contudo, assumir que o direito positivado em um modelo hierárquico territorial é capaz de garantir a execução da norma em sua plenitude é uma falácia.

Conflitos de interesse entre as diferentes regiões e instituições de uma Federação podem criar disputas regionais de difícil solução, pois, cada qual pode legislar em causa própria dentro dos limites impostos hierarquicamente pela própria Constituição. Nesse sentido, entendemos que essa teoria carece de ponderação, pois sua efetividade é precária em um cenário de concorrência territorial.

Como veremos à frente, em matéria tributária no Brasil, por exemplo, interesses distintos podem influenciar concessão de benefícios ou incentivos fiscais conflituosos, que a divisão de competência positivada na Constituição não é capaz de resolver por si só. O modelo jurídico-formal, tradicional, de delimitação de competências das esferas de atuação dos Estados membros não é suficiente para sustentar um federalismo de cooperação e garantir a autonomia dos entes federados, quando se fala em autonomia financeira no Brasil.

2.2. Centralização e descentralização sob a ótica econômica

Vimos que uma análise jurídica sobre as questões de centralização e descentralização no federalismo está circunscrita ao estudo de como a delegação de poder jurídico-formal concedido pela Constituição, objetivando a distribuição de competência legislativa, pode estabelecer níveis diferenciados de centralização e de descentralização.

Uma análise econômica distingue-se da jurídica porque visa identificar quais os níveis de repartição de recursos e distribuições de benefícios e encargos são mais adequados para realização de bens e serviços aos cidadãos de um Estado Federado. Para os economistas, as estruturas constitucionais e políticas não são tão importantes. Conforme Oates (1972, p. 3): "The functions of the public sector are to ensure an efficient use of resources, to establish an equitable distribution of income, and to maintain the economy at high levels of employment with reasonable price stability."[12]

Considerando as três funções do poder público (utilização eficiente dos recursos; distribuição equitativa das receitas e manutenção da economia em altos níveis de emprego e com preços estabilizados), Oates (1972, p. 6) defende que a questão da estabilização da economia é mais viável por um controle centralizado do que por um controle descentralizado. Por esse motivo, aponta para a necessidade de uma agência central que controle a oferta de dinheiro, pois deixar isso na mão de poderes locais poderia gerar inflação, uma vez que os governos locais poderiam emitir moeda de forma indiscriminada quando tivessem problemas financeiros, por exemplo.

Na falta de acesso a políticas monetárias, as políticas fiscais[13] (orçamento – programas de receitas e despesas), mediante mecanismos de tributação e repasse financeiro entre os entes federados, poderiam garantir recursos para que os governos locais ofertassem bens e serviços públicos com estabilização econômica.

Contudo, Oates (1972, p. 7) observa que a política fiscal, também, tem suas limitações. A dificuldade de se estabelecer o grau de descentralização adequado nas políticas fiscais gera conflitos entre os governos locais que podem agir de forma independente e produzir sistemas de tributação que desequilibrem a ordem nacional. Nesse caso, o autor assinala que um controle centralizado também se mostra mais efetivo.

---

12. "As funções do setor público são garantir uma utilização eficiente dos recursos, estabelecer uma distribuição equitativa das receitas e manter a economia em altos níveis de emprego com razoável estabilidade de preços." (livre tradução do autor).

13. "Etimologicamente, 'fiscal' deveria ser sinônimo de financeiro, isto é, aquilo que é pertinente ao Erário, quer receita, quer despesa. Política Fiscal, consoante esse uso, deveria ser aquela relativa aos tributos ou a que os tomasse por instrumento de ação. Mas, a partir de 1936, sobretudo, a rubrica 'Política Fiscal' logrou sentido específico, que a popularizou, restringindo-lhe, todavia, o alcance. Ela designa a aplicação de certas teorias econômicas, por meios financeiros, à política anticíclica. [...] Foi depois da chamada revolução Keynesiana que se verificou essa difusão da Política Fiscal, como corretivo das depressões econômicas e também dos processos inflacionários". (BALEEIRO, 2015, p. 33 e 34).

Caminhar no sentido de uma centralização extrema poderia demonstrar uma tendência ao unitarismo, pois um sistema extremamente centralizado poderia restringir as competências dos governos locais, afetando sua capacidade de realização de bens e serviços adequados à realidade de suas comunidades.

O problema a ser enfrentado como consequência de uma centralização extrema é justamente a dificuldade que um governo central tem para identificar as necessidades e preferências das comunidades locais. A tendência de uniformizar programas nacionais, sem considerar as diferenças regionais, geram distorções na realização das políticas públicas. Por isso, dotar os governos locais de capacidade econômica própria é benéfico, porque não só minimiza as distorções, como, também, gera maior capacidade de controle por parte dos cidadãos.

Oates (1972, p. 13) reconhece a necessidade de buscar atributos dos governos locais que possam contribuir para um nível de descentralização apropriado. Para enfrentar esse problema, ele propõe que a descentralização econômica deve ser projetada para atuar em três dimensões:

i) Fornecer um meio pelo qual os níveis de consumo de alguns bens públicos possam ser adaptados às preferências dos subconjuntos da sociedade;

ii) Promover o aumento da inovação ao longo do tempo e proporcionar pressões competitivas para induzir os governos locais a adotarem técnicas de produção mais eficientes;

iii) Fornecer uma configuração institucional que promova uma melhor tomada de decisão pública, atraindo um reconhecimento mais explícito do custo dos programas públicos.

Essa visão teórica reconhece a existência de diferenças entre localidades e diferenças, em uma localidade, entre seus residentes. Esta última representando a justificativa mais forte para a defesa do federalismo na perspectiva econômica descentralizada. Entretanto, um erro no grau de descentralização pode gerar distorções que certamente conduzirão ao desequilíbrio regional, tendo, como consequência, uma competitividade levada ao extremo.

Para determinar o grau necessário de descentralização para determinado setor de governo, a teoria econômica de Oates (1972) pretende utilizar análises micro e macroeconômicas para identificar mecanismos de medição dos níveis de delegação do processo de tomada de decisão em relação à distribuição geográfica de necessidades e encargos do setor público. Embora isso seja factível, não resolve o problema por si só, pois os fatores políticos e normativos também fazem parte das variáveis a serem consideradas no processo de avaliação.

No Brasil, por exemplo, as questões que envolvem a reforma tributária passaram por anos de estudos econômicos e, até o momento, não conseguimos avançar em propostas capazes de solucionar os conflitos de ordem constitucional e institucional que impedem a reforma.

Assim, conclui-se que uma análise econômica do federalismo brasileiro, embora possa contribuir de forma pragmática na delimitação dos problemas, sozinha, não é capaz de resolvê-los. Fatores históricos, políticos e socioculturais devem ser sopesados para construção de uma modelo legislativo de federalismo que apoie o modelo econômico.

3. DISRUPTURA CONSTITUCIONAL E LEGAL DA AUTONOMIA FINANCEIRA DOS ESTADOS E DO DISTRITO FEDERAL

Vimos que a centralização e a descentralização no estudo do federalismo podem assumir dimensões distintas. Embora analisadas por perspectivas diferentes, verificou-se que as abordagens teóricas, de forma isolada, não são suficientes para dar uma resposta adequada ao federalismo fiscal brasileiro.

O modelo de federalismo fiscal brasileiro guarda peculiaridades que exigem uma análise que leve em conta as suas especificidades, por esse motivo, neste estudo, ele terá como referência uma análise da evolução constitucional e legal, em busca de um diagnóstico para os problemas da autonomia financeira dos Estados e do Distrito Federal.

Oliveira (2016, p. 121 a 129) esclarece que a doutrina jurídica brasileira se divide em duas correntes ao tratar do federalismo em termos de autonomia financeira. Uma majoritária, que adere aos ensinamentos de Amílcar de Araújo Falcão, defendendo a tese de que a autonomia financeira dos entes da federação deve ser assegurada constitucionalmente, de forma a propiciar autonomia com um mínimo de competência tributária. E a segunda, que sustenta que a autonomia financeira pode ser assegurada mediante mecanismos de repasse, e não necessariamente por competência tributária constitucional.

Oliveira (2016) acrescenta que essa divergência doutrinária assume uma dimensão de importantes consequências, pois afeta a forma de se interpretar a segurança constitucional dada ao princípio da autonomia dos entes federativos. Se por um lado se reconhece a competência tributária como fundamental, ela ganha status de cláusula pétrea, nos termos do artigo 60, § 4º, I, da Constituição Republicana do Brasil, de 1988, caso contrário não.

Desta feita, pode-se concluir que a questão da centralização ou descentralização está diretamente ligada à distribuição constitucional de competências dos entes federativos, o que repercute no grau de autonomia de cada um. A palavra autonomia[14] pode ganhar diversos significados no estudo do federalismo, aqui, restringiu-se seu uso ao estudo da autonomia financeira. A autonomia financeira ganha destaque porque, sem os meios próprios de subsistência, nenhum ente federativo seria capaz de realizar bens e serviços públicos ou mesmo promover políticas de desenvolvimento locais, conforme ensinado por Oates (1972).

Como visto, a partir da segunda metade do século XX, o federalismo dualista clássico, onde cada ente federativo tinha maior liberdade, cedeu lugar para o federalismo cooperativo, com uma concepção mais participativa da União como órgão centralizador, influenciando a gestão financeira e tributária de forma direta (tributação - caráter fiscal) e indireta (regulação - caráter extrafiscal).

Os primeiros passos para instituição do federalismo cooperativo no Brasil foram dados com a Constituição Republicana de 1934, consolidando-se com a Constituição Republicana de 1946. No que se refere à autonomia financeira, a grande mudança ocorre a partir da Constituição Republicana de 1937, onde passou a ser instituído o regime de repartição de receita tributária[15]. Porém, foi com a Constituição Republicana de 1988 que a cooperação financeiro-tributária assumiu dimensões antes não vistas. (BRANDÃO JUNIOR, 2014, p. 54).

A maior expressão normativa constitucional sobre a participação cooperativa dos entes federativos no Brasil se dá pelos artigos 23 e 24, da CRFB/88, que estabelecem competências comuns e concorrentes, bem como pelos artigos que tratam de convênios (p. ex.: art. 155, XII, "g") e ações integradas entre os órgãos da administração pública (p. ex.:

14. Autonomia pode ser entendida como soberania, como princípio de organização, como pressuposto de existência de governo, como capacidade de gestão financeira. Para compreender o alcance que a palavra autonomia no estudo do federalismo ver Brandão Junior (2014, p. 56 e ss).

15. José Afonso da Silva ensina que repartição de receita é a técnica pela qual se combina a participação de uma entidade na receita tributária de outra. (DA SILVA, 2005, p. 730 e ss).

art. 37, XXII, 43, I e II, 216). No aspecto de cooperação financeira, destaca-se o chamado "Fundo de Participação" (art. 159, I) e o FUNDEF (art. 60, ADCT).

Além dos dispositivos constitucionais mencionados, ainda temos como relevantes aqueles que tratam das competências tributárias específicas de cada ente federativo (p. ex.: art.148, 149 e 153 - tributos da União; art.155 - tributos dos Estados e do Distrito Federal e art. 156 - tributos dos Municípios), ou seja, delimitam as fontes originárias de arrecadação, fundamentais ao bom funcionamento da máquina administrativa.

Não obstante o esforço dos constituintes de 1988 em promover um federalismo de cooperação, tem sido pacífico, entre a doutrina majoritária brasileira, o entendimento de que no Brasil há uma tendência de centralismo exagerado, especificamente no que se refere à autonomia financeira. Segundo Magalhães (2000, p. 19), apesar das inovações trazidas pela CRFB/1988, "[...] o número de competências destinadas à União em detrimento dos Estados e Municípios é muito grande, fazendo com que tenhamos um dos estados federais mais centralizados do mundo." No mesmo sentido entende Arretche (2012, p. 16) ao ressaltar que a União tem desempenhado um papel de superconcentração no desenho de políticas públicas, delegando aos demais entes da federação apenas a obrigação de execução.

É justamente essa tendência de centralização que vem gerando distorções no sistema de divisão de atribuições entre os entes federativos e promovendo dificuldades de se estabelecer políticas de desenvolvimento regionais equânimes. Nesse modelo, a União, que deveria ser a responsável pelo fomento de políticas públicas de desenvolvimento regional e nacional, fica limitada pela própria transmutação do desenho constitucional do federalismo brasileiro. Ao mesmo tempo em que a União é a detentora da maior parte da arrecadação, ela transfere aos Estados e Municípios a obrigação de executarem políticas públicas para atendimento das necessidades regionais e locais.

Considerando o Brasil um país de dimensões continentais e marcado por diferenças sociais, econômicas e culturais, a descentralização deveria ser uma saída viável. Contudo, quando se procura otimizar o atendimento às demandas de bens e serviços locais, cria-se uma concorrência entre os governos subnacionais. Cada ente federativo procura desenvolver suas próprias políticas de incentivos e fomento, uma vez que a maior parcela dos recursos está retida no poder central.

Essa dinâmica de concorrência predatória entre os entes federativos gerou o que se convencionou chamar de "Guerra Fiscal" como será abordada a seguir.

Retomando a análise constitucional, verifica-se que a partir da Constituição da República de 1934 passou a vigorar o IVC – Imposto sobre as Vendas e Consignações, também de competência privativa dos Estados. O referido imposto perpassou pelas Constituições Republicanas de 1937 e 1946 e vigorou até a Emenda Constitucional nº 18/1965. Foi por meio dessa Emenda que entrou em vigor um novo sistema tributário brasileiro, substituindo-se o antigo IVC pelo ICM – Imposto Sobre Operações relativas à Circulação de Mercadorias, também de competência dos Estados.

A substituição do IVC pelo ICM teve como um de seus objetivos por um fim nas disputas que ocorriam entre os Estados em torno da concessão de benefícios do IVC. Contudo, essa pretensão somente foi alcançada com a edição da Lei Complementar nº 24/1975, que estabeleceu que os benefícios fiscais do ICM só poderiam ser concedidos por decisão unânime dos Estados e do Distrito Federal, sob pena de nulidade do ato concessivo e impossibilidade do aproveitamento do crédito do imposto não recolhido em função do benefício. (CARVALHO, 2014)

Em 1966, foi editado o CTN – Código Tributário Nacional que regulamentou o ICM, contudo, na vigência do Ato Institucional nº 5, de 1968, o Decreto-Lei nº 406/1968 revogou os artigos 52 a 58 do CTN, estabelecendo novas regras para o ICM, porém, mantendo válida a LC 24/1975.

Com a Constituição Republicana de 1988, desenhou-se um novo Sistema Tributário Nacional, entrando em vigor o ICMS, nos termos do artigo 155, inciso II, conferindo aos Estados e ao Distrito Federal a competência para instituir o imposto sobre operações relativas à circulação de mercadorias e sobre prestações de serviços de transporte interestadual e intermunicipal e de comunicação, ainda que as operações e as prestações se iniciassem no exterior (redação dada pela Emenda Constitucional nº 3/1993).

Aguiar (2016, p. 11) observa que, embora o CTN tenha sido recepcionado com *status* de Lei Complementar, os efeitos dos artigos 52 a 58 não foram restabelecidos, motivo pelo qual, o constituinte, prevendo não haver tempo hábil para edição de Lei Complementar de imediato para regular o novo ICMS, estabeleceu, no artigo 34, do Ato das Disposições Constitucionais Transitórias – ADCT, que o Sistema Tributário Nacional entraria em vigor a partir do primeiro dia do quinto mês seguinte ao da promulgação da Constituição, mantendo, até então, o sistema vigente na CRFB/1967 e posteriores alterações.

O § 8º, do artigo 34, do ADCT, previu que, decorridos sessenta dias sem que houvesse a edição de Lei Complementar, os Estados e o Distrito Federal poderiam, nos termos do Convênio nº 24/1975, fixar normas provisórias sobre a matéria prevista no artigo 155, § 2º, inc. XII, da CRFB/1988. Assim, em 14/12/1988, foi celebrado o Convênio ICM nº 66, que provisoriamente fixou as normas gerais necessárias à implantação do ICMS.

Para regular a forma com a qual as políticas de concessão de benefícios fiscais estaduais seriam concebidas, a CRFB/1988, em seu artigo 155, § 2º, XII, "g", definiu que caberia à Lei Complementar regular, mediante deliberação dos Estados e do Distrito Federal, como isenções, incentivos e benefícios fiscais seriam concedidos e revogados. Contudo, essa Lei Complementar não foi editada até hoje. Por isso, o Supremo Tribunal Federal tem entendido[16] que a matéria está regulada pela Lei Complementar 24/1975, recepcionada nos termos do artigo 34, § 8º do ADCT.

Ao recepcionar a referida Lei Complementar, manteve-se a competência para o CONFAZ - Conselho Nacional de Política Fazendária[17] deliberar sobre a forma com que os benefícios e incentivos fiscais do ICMS seriam concedidos pelos Estados e o Distrito Federal. Assim, conforme previsto no § 2º, artigo 2º, da LC 24/1975, as deliberações tomadas no CONFAZ para instituir benefícios e incentivos fiscais continuaram a exigir o quórum de unanimidade para aprovação.

Portanto, percebe-se que a Assembleia Constituinte de 1988, embora tenha previsto a possibilidade a edição de uma Lei Complementar para dar novos contornos à forma de concessão de isenções, benefícios e incentivos fiscais do ICMS, o legislador se fez inerte, mantendo os complicadores da LC 24/1975. Dentre os pontos controversos da referida

16. Sobre o entendimento do STF consultar: ADI nº 2.549/DF, ADI nº 1.179-MC/SP, entre outras.

17. O CONFAZ é constituído pelos Secretários da Fazenda dos Estados e do Distrito Federal e presidido pelo Ministro da Fazenda ou pelo representante por ele indicado. Também fazem parte desse conselho os representantes das unidades federadas. A finalidade do órgão é promover ações necessárias à elaboração de políticas e harmonização de procedimentos e normas inerentes ao exercício da competência tributária dos Estados e do Distrito Federal na concessão revogação e regulamentação de benefícios fiscais referentes ao imposto sobre Circulação de mercadorias e prestação de serviços (ICMS).

lei, está a necessidade de decisão por unanimidade para concessão de isenções, benefícios e incentivos fiscais do ICMS.

Se por um lado a unanimidade pode assegurar a autonomia financeira, na medida em que permite que o ente que se sinta afetado vete uma proposta de determinada política tributária que discorde; por outro, o poder de veto acirra as disputas entre os Estados e o Distrito Federal, uma vez que divergências políticas ou interesse de grupos podem impossibilitar a deliberação técnica e dificultar o estabelecimento de políticas tributárias que possam viabilizar o desenvolvimento regional e nacional. Em função deste efeito, Estados e Distrito Federal continuaram a oferecer incentivos fiscais sem obedecer a Constituição e sem celebração de convênio, perpetuando o que se convencionou chamar de "Guerra Fiscal"[18].

Para tentar pacificar o estado de "Guerra Fiscal" foi editada a Lei Complementar nº 160/2017, que veio pôr fim às demandas judiciais que discutiam a inconstitucionalidade dos benefícios e incentivos concedidos irregularmente. A referida lei tornou legítimo os benefícios e incentivos anteriormente concedidos, desde que cumpridas determinadas formalidades, conforme previsto em seu artigo 3º. Outro fator inovador foi a previsão de punição para os Estados e o Distrito Federal que passem a instituir benefícios irregulares a partir da publicação da LC 160/2017.

Embora tenha contribuído sobremaneira para resolver os casos pretéritos a nova lei não resolveu o problema do quórum de unanimidade[19], o que acreditamos continuará gerando problemas.

Percebe-se que embora esse estado de "Guerra Fiscal" possa ter raízes na própria estrutura constitucional desde longa data, esse cenário se agravou na década de 1990, por consequência das mutações constitucionais e legais ocorridas entre 1993 e 2000, como veremos a seguir.

---

18. **GUERRA FISCAL**: "Como o sistema da unanimidade acaba por inviabilizar, na prática, a concessão de incentivos visando ao desenvolvimento econômico e social de regiões que necessitam de investimentos privados e não há sanções eficazes para o Poder Público, o que se tem, na atualidade, é uma espécie de estado de anomia. Praticamente, todos agem sem obediência a qualquer regramento, fomentando a chamada 'guerra fiscal'." (FERRAZ JUNIOR, 2015. p. 258).

19. "O modelo da deliberação por unanimidade é um dos responsáveis pela notória deterioração do pacto federativo experimentada nos últimos anos, pois acaba por admitir uma postura individualista dos Estados ao invés de estimular uma relação de cooperação entre os Estados necessária para a manutenção da federação e acaba impondo um modelo autoritário e centralizador muito distante das diretrizes democráticas estabelecidas pela CF." (MARINS e OLIVEIRA, 2018, p. 176).

Na estrutura de partilha tributária anterior à CRFB/1988, dos recursos arrecadados pela União com o Imposto de Renda (IR) e o Imposto sobre Produtos Industrializados (IPI) 33% eram absorvidos pelos Estados e Municípios. A partir da Constituição de 1988, esse percentual passou para 47% no caso do IR e 57% para o IPI. Outra inovação importante trazida pela CRFB/88 foi a ampliação dos direitos sociais, em específico a criação do Sistema de Seguridade Social, compreendendo a previdência, a saúde e a assistência social, a ser financiado de forma direta e indireta por toda sociedade e com recursos provenientes da União, dos Estados, do Distrito federal e dos Municípios, conforme artigo 195, da CRFB/88.

O objetivo do constituinte originário foi promover a descentralização e favorecer o federalismo de cooperação, contudo, o efeito colateral veio logo a seguir. Para compensar a perda de arrecadação a União tratou de dividir com Estados e Municípios o ônus da execução de políticas públicas na área da saúde e da educação. De forma concentrada, a União passou a estabelecer Políticas Públicas Nacionais, transferindo os encargos para Estados e Municípios sem que as contrapartidas financeiras fossem adequadas às despesas.

Ancorado no § 4º, do artigo 195, da CRFB, a União passou a ter a possibilidade de criação de novas fontes para garantir a manutenção ou a expansão do Sistema de Seguridade. Assim, por meio de sua competência residual (art. 154, I, da CRFB/88), foram criadas novas contribuições para ampliar suas fontes de recurso, sem que fossem partilhadas com os demais entes da federação. Ampliando ainda mais o problema, como forma de balancear a carga tributária geral, que fora ampliada com as contribuições, a União reduziu seu esforço arrecadatório no IR e no IPI, prejudicando sobremaneira as finanças dos entes da federação, pois a base de cálculo para a repartição das receitas desses impostos foi sendo reduzida ao longo dos anos.[20]

Fatos marcantes foram a criação da CSLL (Contribuição Sobre o Lucro Líquido) em 1989 e, em seguida, o IPMF (Imposto Provisório sobre Movimentação Financeira) introduzido pela Emenda Constitucional nº

---

20. Em 1985, 80% da tributação eram partilhados, e 20% eram exclusividade do governo federal. Em 2003, os recursos partilhados caíram para 40% do total da receita. A Cofins evoluiu de R$ 32,2 bilhões arrecadados, em 1999, para R$ 59,6 bilhões, em 2003. O mesmo ocorreu com a CPMF, que teve o recolhimento ampliado, no mesmo período, de R$ 8 bilhões para R$ 23 bilhões. Em contrapartida, o IPI, que está entre os tributos divididos com os estados e municípios, teve crescimento bem menor, de R$ 16,5 bilhões, em 1999, para R$ 19,7 bilhões, em 2003. (TEIXEIRA, 2005, p. 5).

3/1993, que posteriormente foi transformado em CPMF (Contribuição Provisória sobre Movimentação Financeira).

A referida Emenda Constitucional não parou por aí, também introduziu o §4º no artigo 167 da CRFB/88, segundo o qual a União poderia vincular a arrecadação dos impostos arrecadados pelos entes da federação para prestação de garantia ou contragarantia e pagamento de dívidas para com esta.

A escalada de mutações constitucionais e legais prosseguiu. Com a Emenda Constitucional nº 10/1996, foi implementado o Fundo de Estabilização Fiscal, vinculando 20% das receitas da União com saúde, educação e benefícios assistenciais e previdenciários.

Em 1996 foi editada a Lei Kandir (Lei Complementar nº 87/1996), estabelecendo a exoneração do ICMS nas exportações. Embora conceitualmente correta por favorecer a balança comercial, a perda de arrecadação dos Estados e do Distrito Federal foi significativa, pois o sistema de compensações que a União deveria promover para diminuir a perda de arrecadação dos Estados afetados foi e continua sendo objeto de questionamentos até os dias de hoje.[21]

Em 1997, a Lei nº 9.496, instaurou do Programa de Apoio à Reestruturação e ao Ajuste Fiscal dos Estados, determinando a renegociação da dívida dos Estados, mediante severas restrições administrativas e orçamentárias, implicando em significativa perda de autonomia dos Estados.

Por fim, a Lei de Responsabilidade Fiscal (Lei Complementar 101/2000) foi editada com o fim de conter as despesas públicas e, embora politicamente correta no que diz respeito à limitação dos gastos públicos e à responsabilização dos governos, ela impôs claramente a diminuição da autonomia financeira dos Estados federados.

Operações de crédito e financiamento para os Estados e o Distrito federal passaram a ter um rigoroso controle por parte da União e com exigência de garantias. Não que isso fosse ruim, o problema reside nos critérios de avaliação das finanças dos entres federativos por parte da União. Pois, O Conselho de Gestão Fiscal que deveria ter sido constituído por representantes de todos os Poderes e esferas de Governo, do Ministério Público e de entidades técnicas representativas da sociedade, nos

21. O Projeto de Lei Complementar (PLP) 511/2018, que tramita na Câmara, regulamenta os repasses da União aos Estados exportadores para compensar as perdas decorrentes de isenções do ICMS, conforme a Lei Kandir, de 1996.

termos do artigo 67 da referida lei, para a o acompanhamento e a avaliação, de forma permanente, da política e da operacionalidade da gestão fiscal não foi criado até os dias de hoje.

Entendemos que um órgão central, como o Conselho de Gestão Fiscal, que pudesse desempenhar efetivamente o controle permanente das finanças públicas e harmonizar o sistema normativo orçamentário, poderia ter contribuído com um diagnóstico mais precoce do estado atual no qual se encontram as finanças públicas e deliberar de forma tecnicamente mais efetiva para a solução dos problemas.

Com isso, fica evidenciado que as alterações legislativas ocorridas na década de 1990 justificam, em parte, a atual situação de penúria dos entes da federação, pois afetaram profundamente o pacto federativo e a autonomia financeira dos Estados e do Distrito Federal, tendo acirrando os conflitos da "Guerra Fiscal".

CONCLUSÃO

Inicialmente estudamos que o de federalismo é um conceito abstrato que irá oscilar em função da estrutura e da conjuntura de cada Estado Federado, podendo assumir formas mais centralizadas ou mais descentralizadas. Identificamos que teorias jurídicas e econômicas trazem subsídios para a compreensão do tema, contudo, é a realidade constitucional de cada Estado, dentro de um contexto histórico, político, sociocultural e econômico que irá definir o modelo do federalismo vigente.

No estudo do federalismo fiscal, deu-se ênfase aos aspectos ligados à competência tributária dos Estados e do Distrito Federal e como a evolução do ICM/ICMS impactou no relacionamento desses entes federados. O modelo de divisão de competência tributária que atribuiu aos Estados e ao Distrito Federal a capacidade de instituir imposto sobre o consumo criou conflitos que não foram conciliados adequadamente até os dias de hoje.

Ao analisar determinadas alterações constitucionais e legais ocorridas na década de 1990, verificou-se que elas acarretaram uma verdadeira mutação no federalismo fiscal brasileiro, afetando profundamente as receitas financeiras dos entes federados, ampliando a "Guerra Fiscal".

Dessa forma, pretendeu-se demonstrar que a "crise financeira" pelo qual passam os entes federados não é apenas um fato decorrente de problemas da economia ou de má gestão. Obviamente, esses fatores contribuem negativamente em qualquer gestão. Entretanto, o que podemos perceber é que foram as opções legislativas adotadas pelo Congresso Nacional após a Constituinte de 1988 que contribuíram para a disrupção no federalismo brasileiro, gerando não uma "crise financeira" e sim um estado permanente de penúria e precariedade de receitas para os entes federados.

Por fim, esperamos que um órgão central de regulação da gestão fiscal, dotado de autonomia e participação deliberativa democrática, conforme previsto no artigo 67 da Lei de Responsabilidade fiscal, possa contribuir para o funcionamento harmonioso da federação, podendo efetivamente gerar condições para a construção de um federalismo de cooperação, na medida em que favoreceria uma participação deliberativa mais democrática.

Desta feita, entendemos que antes mesmo de uma reforma tributária de larga escala devemos pensar em qual modelo de federalismo desejamos adotar para o Brasil e que o Projeto de Lei nº 8.325/2017, que propõe a regulamentação do Conselho de Gestão Fiscal possa avançar, trazendo novas soluções para o federalismo brasileiro.

REFERÊNCIAS

AGUIAR, João Luiz; FIUZA, Gabriel; MONTENEGRO, Matheus; et al. (org.). **Tributos Estaduais e Municipais sobre Circulação, Produção e Comércio**. Rio de Janeiro: Editora FGV, 2016.

ARRETCHE, Marta. Democracia, federalismo e centralização no Brasil. Rio de janeiro: Ed. FGV; Ed. Fiocruz, 2012.

BALEEIRO, Aliomar **Uma introdução à ciência das finanças.** 19. ed. Revista e atualizada por Hugo de Brito Machado Segundo. Rio de Janeiro: Forense, 2015.

BRANDÃO JUNIOR, Salvador Cândido. **Federalismo e ICMS: Estados-Membros em "Guerra Fiscal".** Série Doutrina Tributária v. XIV. São Paulo: Quartier Latin, 2014.

BRASIL. **CONFAZ - Conselho Nacional de Política Fazendária**. Disponível em: <http://fazenda.gov.br/carta-de-servicos/lista-de-servicos/conselho-nacional-de-politica-fazendaria-confaz>. Acesso em: 16 fev. 2018.

________. **Constituição da República Federativa do Brasil de 1988**. Disponível em: <http://www.planalto.gov.br/ccivil_03/Constituicao/Constituicao.htm>. Acesso em 10 fev. 2018.

________. **Lei Complementar 24/75**. Disponível em: <http://www.planalto.gov.br/ccivil_03/LEIS/LCP/Lcp24.htm>. Acesso em: 20 fev. 2018.

________. **Lei Complementar 87/1996**. Disponível em: <http://www.planalto.gov.br/ccivil_03/LEIS/LCP/Lcp87.htm>. Acesso em: 02 mar. 2019.

________. **Lei Complementar 101/2000**. Disponível em: <http://www.planalto.gov.br/ccivil_03/Leis/LCP/Lcp101.htm>. Acesso em: 14 ago. 2018.

_________. **Lei Federal 9.496/1997**. Disponível em: <http://www.planalto.gov.br/ccivil_03/leis/L9496.htm>. Acesso em: 02 mar. 2019.

_________. **Lei Complementar nº 160/2017**. Disponível em: <http://www.planalto.gov.br/ccivil_03/leis/lcp/Lcp160.htm>. Acesso em: 20 fev. 2018.

_________. **Lei Federal 9.496/1997**. Disponível em: <http://www.planalto.gov.br/ccivil_03/leis/L9496.htm>. Acesso em: 02 mar. 2019.

_________. Projeto de Lei Complementar (PLP) 511/2018. Disponível em: <https://www.camara.leg.br/proposicoesWeb/fichadetramitacao?idProposicao=2176283>. Acesso em: 25 fev. 2019.

CARVALHO, Paulo de Barros. A concessão de isenções, incentivos ou benefícios fiscais no âmbito do ICMS. In: ____. **Guerra fiscal: reflexões sobre a concessão de benefícios no âmbito do ICMS**. São Paulo: Noeses, 2014.

DA SILVA, José Afonso. **Curso de Direito Constitucional Positivo**. 24. ed. São Paulo: Malheiros, 2005.

FERRAZ JUNIOR, Tercio Sampaio. Guerra Fiscal, crise constitucional e mecanismo de superação. In: LAZARI, Rafael de; BERNARDI, Renato (org.). **Crise Constitucional: espécie, perspectivas e mecanismos de superação**. Rio de Janeiro: Lumen Juris, 2015.

HORTA, Raul Machado. Organização constitucional do federalismo. **Revista de Informação Legislativa**, v. 22, n. 87, p. 5-22, jul./set. 1985. Disponível em: <http://www2.senado.leg.br/bdsf/bitstream/handle/id/181618/000418271.pdf?sequence=3>. Acesso em: 28 fev. 2018.

KELSEN, Hans. Teoria geral do direito e do estado. Trad. Luís Carlos Borges. 4. Ed. São Paulo: Martins Fontes, 2005.

LIMA, Eusébio de Queiroz. **Teoria do Estado**. 7. ed. Rio de Janeiro: A Casa do Livro, 1953.

LOBO, Rogério Leite. **Federalismo fiscal brasileiro: discriminação das rendas tributárias e centralidade normativa**. Rio de Janeiro: Editora Lumen Juris, 2006.

MAGALHÃES, José Luiz Quadros de. O Pacto Federal. In: ____. **Pacto Federativo**. Belo Horizonte: Mandamentos, 2000.

MARINS, Daniel Vieira e OLIVEIRA, Gustavo da Gama Vital de. Competição tributária ou guerra fiscal? do plano internacional à lei complementar nº 160/2017. **REI – Revista Estudos Institucionais.** v.4 n.1, p. 158 - 185 (2018). Disponível em: <https://www.estudosinstitucionais.com/REI/article/view/265>. Acesso em: 30 ago. 2018.

MORAIS, Oswaldo de. Formação do estado federal brasileiro. In: CLÈVE, Clémerson Merlin, BARROSO, Luís Roberto (org.). **Direito Constitucional: teoria geral do Estado**. vol. 2. São Paulo: Editora Revista dos Tribunais, 2011.

OATES, Wallace E. **Fiscal federalism**. New York: Jovanovich, 1972.

OLIVEIRA, Gustavo da Gama Vital de. **Temas de federalismo fiscal brasileiro**. Rio de Janeiro: Gramma, 2016.

STEPAN, Alfred. Para uma nova análise comparativa do federalismo e da democracia: federações que restringem ou ampliam o poder do Demos. **Dados**. Rio de Janeiro, v. 42, n. 2, 1999. Disponível em: <http://www.scielo.br/scielo.php?script=sci_arttext&pid=S0011-52581999000200001&lng=en&nrm=iso>. Acesso em: 02 mar. 2018.

SUNSTEIN, Cass R. Constitutionalism after the new deal. **Harvard Law Review**, p. 421-510, 1987. Disponível em: <https://chicagounbound.uchicago.edu/cgi/viewcontent.cgi?article=12236&context=journal_articles>. Acesso em: 28 fev. 2018.

TEIXEIRA, José Raimundo Baganha. O atual desequilíbrio no sistema de repartição de receitas tributárias. 2005. Biblioteca Digital da Câmara. Disponível em: <http://bd.camara.leg.br/bd/bitstream/handle/bdcamara/1632/atual_desequilibrio_baganha.pdf?sequence=3.>. Acesso em: 17 mar. 2019.

TORRES, Heleno Taveira. **Direito constitucional financeiro: teoria da constituição financeira**. São Paulo: Editora Revista dos Tribunais, 2014.

19

COMPETÊNCIA TRIBUTÁRIA NOS TERRITÓRIOS MARÍTIMOS: CONFRONTO ENTRE O TRIBUNAL INTERNACIONAL DO DIREITO DO MAR E O STF

Pedro Lameirão

Mestre em Finanças Públicas, Tributação e Desenvolvimento pela UERJ. Especialista em Direito Financeiro e Tributário pela UFF. Advogado.

1. CONSIDERAÇÕES INICIAIS

O extraordinário potencial contributivo inerente ao mercado de produção e extração de petróleo[1] sempre levou a ferrenhas disputas relacionadas à divisão das receitas e, consequentemente, a acalorados debates a respeito da competência dos entes públicos para tributarem as atividades deste setor.

Na história recente, avanços tecnológicos que tornaram economicamente viável a exploração de petróleo em águas profundas, somados à importante descoberta das reservas do pré-sal, provocaram o reacendimento das discussões relativas às possibilidades de tributação no Mar Territorial, na Zona Econômica Exclusiva e na Plataforma Continental.

Nessa esteira, o presente artigo busca examinar os principais aspectos relacionados à discussão acerca do exercício da competência tributária nas mencionadas áreas. Para tanto, pretende-se explorar, inicialmente, a definição de cada um dos conceitos jurídicos envolvidos, para, em seguida, avançar na apreciação das principais construções doutrinárias sobre o tema.

Por fim, os aludidos conceitos serão desenvolvidos à luz não apenas dos precedentes jurisprudenciais dos tribunais brasileiros, dentre os quais merece destaque o julgamento da ADI 2.080/RJ pelo Supremo Tribunal Federal ("STF"), como também nas decisões do Tribunal Internacional do Direito do Mar ("TIDM"), através da análise da disputa entre "Saint Vincent and the Grenadines v. Guinea", celebremente conhecida como Caso Saiga.

2. CONCEITUAÇÃO

Conforme antecipado, antes de se proceder à análise dos principais aspectos polêmicos relacionados ao exercício da competência tributária nos territórios marítimos, é importante tratar de alguns conceitos cuja compreensão se mostra fundamental para a solução das principais controvérsias postas em matéria de tributação no Mar Territorial, na Zona Econômica Exclusiva e na Plataforma Continental.

---

1. MARINS, Daniel; OLIVEIRA, Gustavo da Gama Vital de. Os conceitos de Mar Territorial e de Zona Econômica Exclusiva e suas influências sobre a cobrança tributária do ISS. Revista da AGU, v. 15, nº. 04, 2016, p. 173.

a. Competência Tributária

A competência tributária é definida pela doutrina basicamente como o poder que foi conferido pela Constituição Federal à União, aos Estados e aos Municípios para instituir e cobrar tributos. Luciano Amaro, por exemplo, a delineia da seguinte forma:

> "Temos assim a competência tributária — ou seja, a aptidão para criar tributos — da União, dos Estados, do Distrito Federal e dos Municípios. Todos têm, dentro de certos limites, o poder de criar determinados tributos e definir o seu alcance, obedecidos os critérios de partilha de competência estabelecidos pela Constituição. A competência engloba, portanto, um amplo poder político no que respeita a decisões sobre a própria criação do tributo e sobre a amplitude da incidência, não obstante o legislador esteja submetido a vários balizamentos."[2]

No mesmo sentido, Paulo de Barros Carvalho sintetiza que a competência tributária "é uma das parcelas entre as prerrogativas legiferantes de que são portadoras as pessoas políticas, consubstanciada na possibilidade de legislar para a produção de normas jurídicas sobre tributos."[3]

Como se trata de conceito cuja definição é relativamente tranquila no âmbito doutrinário, não parece oportuno se alongar na análise desse elemento. O fundamental é observar que o ponto de partida para a discussão posta deve ser sempre o texto constitucional, uma vez que nenhum dos entes que pretende tributar as atividades econômicas realizadas no Mar Territorial, na Zona Econômica Exclusiva e na Plataforma Continental poderia fazê-lo se não estivesse autorizado pela Constituição Federal.

b. Princípio da Territorialidade

Trata-se de princípio que merece especial atenção na presente análise, na medida em que determina que a lei tributária terá sua aplicação limitada geograficamente ao território do ente titular da competência para instituir determinado tributo.

Heleno Tôrres, o põe em posição de destaque no estudo do direito internacional em geral, ressaltando sua importância no âmbito específico do direito tributário da seguinte forma:

---

2. AMARO, Luciano. Direito Tributário Brasileiro. 17a. edição. São Paulo: Saraiva 2011. Págs. 115/116.
3. CARVALHO, Paulo de Barros. Curso de Direito Tributário. 13a. edição. São Paulo: Saraiva 2000. Pág. 211.

> "Nenhum conceito pode ter maior interesse no direito tributário internacional do que este, pois serve como fundamento para todos os demais contornos dos regimes jurídicos aplicáveis, e em particular pelos vínculos que mantém com a noção de soberania, em face do poder de tributar dos Estados."[4]

Por sua vê, Hugo de Brito Machado explicita sua definição e seu sentido da seguinte forma:

> "Em regra, a legislação tributária vigora nos limites do território da pessoa jurídica que edita a norma. Assim, é que a legislação federal vigora em todo território nacional; a legislação dos Estados e a legislação dos Municípios, no território de cada um deles."[5]

Como bem apontado no trecho transcrito acima, o princípio da territorialidade se impõe via de regra, o que denota a existência de exceções, possibilidade, aliás, prevista expressamente em nosso Código Tributário Nacional ("CTN"), no artigo 102.

O referido dispositivo estabelece que tais exceções deverão estar previstas no próprio CTN, em outras normas gerais editadas pela União ou em convênios dos quais participem os entes possuidores da competência para tributar.

De toda forma, é importante destacar, principalmente considerando o escopo do presente artigo, que a vigência da lei tributária fora do território nacional está intimamente ligada aos limites da soberania do Estado.

Neste sentido, visualiza-se que, além da soberania territorial, existe também a chamada soberania interna pessoal, segundo a qual o indivíduo que se liga a certo Estado por determinados critérios subjetivos, como por exemplo o da nacionalidade, em algumas hipóteses deverá se submeter ao ordenamento jurídico daquele país.

Ainda a respeito dos conceitos de soberania pessoal e soberania territorial, vale recorrer à lição de Alberto Xavier, cuja definição dos institutos merece elogios dada a clareza e a didática alcançadas:

---

4. TÔRRES, Heleno Taveira. Pluritributação Internacional sobre as Rendas de Empresas. 2a. Edição. São Paulo: Editora RT 2001. Pág.70.
5. MACHADO, Hugo de Brito. Curso de Direito Tributário. 32a. edição. São Paulo: Malheiros 2011. Pág. 91.

> "[...] a soberania pessoal é o poder de legislar sobre pessoas que, pela nacionalidade, se integram ao Estado, seja qual for o território em que se encontrem; e numa soberania territorial é o poder do Estado de legislar sobre pessoas, coisas ou fatos que se localizam no seu território."[6]

c. Mar Territorial

A Convenção das Nações Unidas sobre o Direito do Mar ("CNUDM" ou "Convenção de Montego Bay"), que entrou em vigor no Brasil por meio do Decreto nº 1.530/95, introduziu na legislação pátria os conceitos de mar territorial, zona econômica exclusiva e plataforma continental.

Com o objetivo de se adequar às disposições da CNUDM e evitar o conflito desta com as normas do ordenamento jurídico interno brasileiro, em 4 de janeiro de 1993, o Governo brasileiro sancionou a Lei nº 8.617/93, que tornou os limites marítimos brasileiros coerentes com os limites preconizados pela Convenção de Montego Bay.

Dessa forma, tanto segundo o *caput* do artigo 1º da Lei nº 8.617/93, quanto nos termos dos artigos 2º e 3º da CNUDM, o mar territorial será tido como a faixa costeira cuja dimensão equivale a 12 milhas marítimas. Esse espaço representa uma extensão do território nacional, de forma que o Estado gozará de plena soberania nele.

Assim, no mar territorial há o controle pleno do Estado sobre a massa líquida, o espaço aéreo sobrejacente, além do leito e do subsolo do oceano. Por controle pleno, entende-se não apenas o domínio econômico dos recursos, como também o controle político e jurídico daquela área.

d. Zona Econômica Exclusiva

A Zona Econômica Exclusiva ("ZEE") teve seu conceito determinado pelos artigos 55 e 57 da CNUDM, tendo sido tal conteúdo reproduzido posteriormente no texto da Lei nº 8.617/93, mais especificamente em seu artigo 6º.

Pela definição do emérito Ministro do STF, Francisco Rezek, trata-se de "uma faixa adjacente ao Mar Territorial e cuja largura máxima é de

6. XAVIER, Alberto. Direito Tributário Internacional do Brasil. 5a. edição. Rio de Janeiro: Forense 2002. Págs. 5/6.

188 milhas náuticas contadas a partir do limite exterior daquele, com o que perfazem 200 milhas, a partir da linha de base"[7].

Os artigos 55 e subsequentes da Convenção de Montego Bay tratam dos direitos concernentes ao Estado costeiro sobre essa faixa de água, dentre os quais está incluída a soberania relativa à exploração, ao aproveitamento, à conservação e à gestão dos recursos naturais, vivos ou não vivos, localizados nas águas sobrejacentes ao leito do mar ou seu subsolo.

e. Plataforma Continental

Por fim, temos a definição de Plataforma Continental no artigo 76 da CNUDM e no artigo 11 da Lei nº 8.617/93.

De acordo com tais dispositivos, a plataforma continental é a parte do leito do mar adjacente à costa, que se encontra em suave declive e cuja profundidade não excede 200 metros, possuindo como fronteira a região conhecida como talude, caracterizada por uma súbita e abrupta inclinação do leito marinho.

A delimitação da plataforma continental estabelecida juridicamente nem sempre coincidirá com sua real dimensão geográfica, na medida em que os diplomas legais citados estabelecem que a extensão da mesma não ultrapassará o total de 350 milhas náuticas e jamais será inferior a 200 milhas náuticas.

3. O EXERCÍCIO DA COMPETÊNCIA TRIBUTÁRIA NA REGIÃO COSTEIRA

Uma vez explicitados os conceitos básicos necessários para que se possa desenvolver o presente trabalho, prossegue-se de modo a analisar as controvérsias existentes acerca dos limites do exercício da competência tributária nos territórios marítimos.

De início, vale reafirmar a importância do princípio da territorialidade para o tema em tela, tendo em vista ser este um dos pontos de partida fundamentais para se definir os limites do exercício da competência tributária pelos entes federativos. Nesta perspectiva, Heleno Tôrres

7. REZEK, José Francisco. Direito Internacional Público: curso elementar. 10a. edição. São Paulo: Saraiva 2005. Pág. 303.

destaca que é "o princípio da territorialidade que fundamenta o alcance espacial das normas tributarias sobre os fatos jurisdicizados pelo ordenamento, estabelecendo uma reserva de exclusividade para a aplicação das leis do Estado, mesmo que tais fatos sejam identificados fora do respectivo território (universalidade)."[8]

Transportando tais ideias para o presente estudo, pode-se concluir que os entes federativos terão a prerrogativa de exercer sua competência tributária na região costeira caso o Estado Brasileiro também possa fazê-lo e tenha autorizado o exercício desta competência pelos entes que o compõem, ainda que indiretamente, por meio do texto constitucional. Assim, ainda que a Constituição Federal não disponha expressamente sobre o exercício da competência tributária nos territórios marítimos, tornam-se relevantes suas provisões atinentes à definição dos limites territoriais de cada um dos entes federativos em decorrência do já abordado princípio da territorialidade.

Nesse passo, importa observar inicialmente que, conforme estabelecido na Constituição Federal, mais especificamente no artigo 20, incisos V e VI, o espaço marítimo é de domínio exclusivo da União. A interpretação desta norma gera divergência, na medida em que há quem a enxergue como uma delimitação dos territórios dos entes federados, e há quem diga que o domínio exclusivo da União não obsta que tais bens estejam situados dentro dos territórios dos Estados e Municípios.

A prevalecer o primeiro entendimento, levando-se em conta o princípio da territorialidade e a norma positivada no já mencionado artigo 102 do CTN – segundo os quais, repise-se, a legislação tributária dos Estados e Municípios terá sua vigência limitada ao seu território, somente sendo possível a vigência extraterritorial caso haja o consenso do ente possuidor do território correspondente –, verifica-se que, na hipótese dos territórios marítimos, seria necessária a autorização da União para que houvesse a incidência da norma tributária dos demais entes. Conforme disposto pelo artigo 102 do CTN, tal autorização poderia ser outorgada tanto mediante a celebração de convênios, quanto por meio da edição de leis de normas gerais expedidas pela União.

Endossando esse racional, Heleno Tôrres afirma que "somente tributos federais poderão alcançar fatos ocorridos no mar territorial,

---

8. TÔRRES, Heleno Taveira. Pluritributação Internacional sobre as Rendas de Empresas. 2a. Edição. São Paulo: Editora RT 2001. Págs.70/71.

ZEE ou plataforma continental, sendo que, no espaço dessas duas últimas, apenas no que estiver vinculado ao aproveitamento de 'recursos naturais'."[9]

No entanto, deve-se observar que, mesmo nesse cenário, a regra geral comportaria exceções e isso decorre de uma lógica simples: como já verificado anteriormente, em matéria de soberania, o princípio da territorialidade mostra-se extremamente relevante, mas não reina absoluto; pelo contrário, coexiste com outros critérios, principalmente com o da pessoalidade. Dessa forma, há que se admitir o exercício da soberania por meio da tributação também em situações em que o contribuinte se vincule ao ente tributante somente em decorrência da aplicação do princípio da pessoalidade.

Nesse sentido, o próprio Heleno Tôrres destaca que a competência exclusiva da União Federal sobre as áreas marítimas ocorrerá "desde que o sujeito passivo não demonstre qualquer elemento de conexão com algum Estado ou Município da Federação."[10] Como visto, trata-se de ressalva importante, que decorre da aplicação dos conceitos de soberania territorial e soberania pessoal ao tema em estudo.

Ressalte-se, ainda, que o próprio autor reconhece que a mera residência fiscal já seria suficiente para exercer a função de elemento de conexão entre o contribuinte e o ente que pretende exercer sua competência tributária nos territórios marítimos.[11]

Para melhor ilustrar o raciocínio e suas consequências práticas, mostra-se oportuna a transposição dessas premissas para a hipótese em que um determinado município pretende cobrar o imposto sobre serviços ("ISS") sobre operações realizadas em águas profundas pela indústria do petróleo.

De acordo com tal juízo, se uma empresa possuir residência fiscal em determinado município, este ente poderá tributar os serviços prestados por aquele contribuinte nos territórios marítimos. Isso se deve não apenas à presença da residência fiscal como elemento de conexão, mas também à autorização conferida pelo artigo 3º da Lei Complementar nº 116/2003.

9. *Idem*. Pág.79.

10. *Idem*. Pág. 79.

11. *Idem*. Pág.79.

Vale ressalvar, contudo, que importante parte da doutrina e da jurisprudência defende que deve ser dada interpretação diversa aos dispositivos legais mencionados anteriormente. Nesta perspectiva, Roque Antonio Carrazza afirma:

> "Vejam, se um serviço é prestado no Município A, ao meu ver, nele é que deverá ser tributado por meio de ISS, ainda que o estabelecimento prestador esteja sediado no Município B. Do contrário estaríamos admitindo, contra todas as evidências jurídicas, que a lei do Município B pode ser dotada de extraterritorialidade, de modo a irradiar efeitos sobre um fato ocorrido no território do Município onde ela positivamente não pode ter voga. A lei paulistana vige onde? No território da capital. A lei santista no território do Município de Santos. Como admitir-se que a lei de Santos venha a alcançar um fato ocorrido no Município de São Paulo? Só porque a empresa prestadora de serviços está sediada no Município de Santos."[12]

A aplicação desse entendimento ao exemplo sob análise poderia provocar o surgimento de dois cenários diversos, a depender das premissas adotadas em relação à extensão dos territórios dos Municípios. Caso se entenda que os Municípios exercem soberania sobre toda a região costeira, deve-se concluir que o município competente pela tributação seria aquele em cujo território foram prestados os serviços. Por outro lado, caso se considere que, em função do disposto no artigo 20, incisos V e VI, da Constituição Federal, os Municípios não exercem soberania sobre tais regiões, seria inviável a tributação ainda que houvesse elemento de conexão pessoal entre o contribuinte e o ente tributante.

Como já seria possível antecipar, este desentendimento doutrinário, quando somado à grande disputa pelas receitas fiscais oriundas das atividades econômicas exercidas no território marítimo nacional, acaba por acirrar os debates acerca da competência tributária nestas áreas.

Esse cenário influi diretamente nos tribunais pátrios, gerando uma jurisprudência errante[13] e bastante prejudicial ao contribuinte e ao próprio desenvolvimento econômico, na medida em que a insegurança jurídica torna menos atrativos potenciais investimentos. É o que será abordado a seguir.

---

12. CARRAZZA, Roque Antonio. Revista de Direito Tributário, v. 48. São Paulo: Revista dos Tribunais abril-junho 1989. Pág. 210.
13. MARINS, Daniel; OLIVEIRA, Gustavo da Gama Vital de. Os conceitos de Mar Territorial e de Zona Econômica Exclusiva e suas influências sobre a cobrança tributária do ISS. Revista da AGU, v. 15, nº. 04, 2016, p. 179.

4. JULGADOS RELEVANTES

a. Tribunal de Justiça do Estado do Rio de Janeiro

Com o objetivo de melhor ilustrar a evolução jurisprudencial acerca do tema, se procederá à análise de precedentes conflitantes entre si, para que, ao final, se possa chegar a uma conclusão a respeito de eventual predominância de algum determinado entendimento.

Inicialmente, vale transcrever a ementa de acórdão prolatado pelo TJRJ no ano de 1997, no qual ficou estabelecida a impossibilidade de tributação pelo município em mar territorial, pelo fato de ser tal região alheia ao território municipal:

> "ANULATÓRIA DE LANÇAMENTO FISCAL. ISS. CONTRATO DE AFRETAMENTO. OBRAS DE ENGENHARIA SUBMARINA. LITIGÂNCIA DE MÁ-FÉ. VERBA HONORÁRIA.
>
> Contrato de afretamento não é simplesmente locação de navio, ou de bem móvel, a ensejar o ISS pretendido pela municipalidade.
>
> E serviços de instalação de oleoduto e gasoduto submarinos, e de plataformas fixas de aço, em alto-mar ('off shore'), são obras de engenharia naval e não se confundem com obras hidráulicas, para configurar o fato gerador do ISS, como previsto no inciso IX, do art. 67 do Decreto nº. 2.978/81. Além disso, a execução dessas obras, em mar territorial, está fora do alcance tributário do Município do Rio de Janeiro. [...]."[14]

Entendimento oposto foi adotado em acórdão prolatado pela Décima Segunda Câmara Cível, no ano de 2000, no qual se concluiu pela incidência do ISS em favor do município no qual se situa o estabelecimento do contribuinte, a despeito do fato de o serviço ter sido considerado como prestado fora dos limites territoriais do ente federativo. Vejamos:

> "MANDADO DE SEGURANÇA TRIBUTÁRIO. ISS.
>
> [...] No mérito, a competência para tributação do ISS é a do local onde se situa o estabelecimento prestador do serviço, nos termos da alínea a, do art.12, do DL. 406/68. Não exercendo a impetrante atividade de construção civil, não está excepcionada pela regra da alínea b, do art. 12, do já citado diploma legal"

14. Apelação nº. 1997.001.05967, TJRJ, Relator: Des João Wehbi Dib, Segunda Câmara Cível, Data de Julgamento: 17/11/1997.

Por isto, que, mesmo exercendo atividade fora dos limites do município, em mar territorial, cabível é a tributação do ISS no município do Rio de Janeiro, já que nele se situa o seu estabelecimento. [...]"[15]

Por fim, merece destaque o entendimento jurisprudencial que defende ser cabível a cobrança do ISS nos serviços prestados em territórios marítimos, mas que, ao contrário do que estabelece o julgado supratranscrito, afirma que o tributo deverá ser recolhido em favor do município no qual se dá a prestação de serviço. Ilustra-se tal entendimento com a transcrição do julgado abaixo, no qual empresa prestadora de serviços na plataforma continental foi autuada pelo Município do Rio de Janeiro, local onde estava constituído seu estabelecimento:

> "[...] ISS. Competência. Local da prestação do serviço. Fato gerador. É competente para arrecadar e exigir crédito tributário decorrente do ISS o Município do local onde foi prestado o serviço. O mar é território da União e o serviço prestado em plataforma continental, local onde ocorreu o fato gerador, deve ser cobrado pelo Município da orla, competente para tal fim. [...] entendimento em contrário significaria isenção fiscal não admitida pela ordem jurídica. Se a empresa prestou serviço na Bacia de Campos, através de duas filiais regularmente registradas na Junta Comercial, não pode o Município do Rio de Janeiro, distante do local onde foram prestados os serviços pretender cobrar ISS. [...]"[16]

Em suma, percebe-se, como já havia sido antecipado, que a controvérsia doutrinária que paira sobre o tema acabou por gerar uma jurisprudência que, por muito tempo, se mostrou vacilante e irregular.

Uma vez analisada a evolução jurisprudencial por meio das decisões prolatadas pelo Tribunal de Justiça do Estado do Rio de Janeiro, passa-se ao estudo dos precedentes emanados das Cortes Superiores brasileiras.

b. Tribunais Superiores

Tal como ocorre no TJRJ, é possível verificar que a jurisprudência do Superior Tribunal de Justiça ("STJ") sobre o tema também é vacilante.[17]

---

15. Apelação nº. 2000.001.07108, TJRJ, Relator: Des Reginald' de Carvalho, Décima Segunda Câmara Cível, Data de Julgamento: 17/10/2000.

16. Apelação nº. 02037941419988190001, Relator: Des. Joaquim Abilio Moreira Alves de Brito, Data de Publicação: 05/04/2005.

17. MARINS, Daniel; OLIVEIRA, Gustavo da Gama Vital de. Os conceitos de Mar Territorial e de Zona Econômica Exclusiva e suas influências sobre a cobrança tributária do ISS. Revista da AGU, v. 15, nº. 04, 2016, p. 179.

Apesar de predominar de forma praticamente uníssona o entendimento segundo o qual o ISS é devido na prestação de serviço ocorrida no mar territorial, existem dúvidas quanto à definição do município competente. Vejamos alguns exemplos a seguir:

> "[...] ISS. TRANSPORTE MARÍTIMO. INCIDÊNCIA. [...]
>
> 2. O serviço de transporte marítimo, *in casu* a condução da tripulação das embarcações fundeadas na Baía de Todos os Santos, nos sentidos mar-terra e terra-mar para os portos de Salvador a Aratu, enquadra-se na hipótese do item 97 da lista anexa ao Decreto-Lei 406/68 e item 96 da Lista anexa à Lei Municipal nº 4.279/90. Trata-se de serviço estritamente municipal, sujeito, portanto, à incidência do ISS, aliás, como analogicamente se infere do outro serviço semelhante previsto no art. 87 da citada Lista.
>
> 3. Deveras, é cediço em doutrina que: "Embora o mar territorial seja da União, o transporte aquaviário realizado no referido local terá a incidência do ISS, pois se trata de imposto da competência do Município, tributando os serviços de transporte municipal."
>
> 4. Atestado pelo aresto recorrido que à época do fato gerador da obrigação em questão, possuía estabelecimento em Salvador, compete a esta entidade federada a exação. [...]"[18]

Verifica-se no julgado supratranscrito o entendimento de que o município de Salvador seria competente pela tributação em decorrência do fato de o contribuinte possuir estabelecimento em seu território. Há ocasiões, entretanto, em que o STJ considerou que o recolhimento do ISS deveria ser feito em favor do município no qual ocorreu a prestação de serviço:

> "[...] ISS - MUNICÍPIO COMPETENTE - LOCAL DA PRESTAÇÃO DO SERVIÇO - OBRIGAÇÃO ACESSÓRIA - CADASTRAMENTO DE PRESTADORES - PRINCÍPIO DA TERRITORIALIDADE - NÃO-VIOLAÇÃO.
>
> 1. Inexistência de violação do artigo 535 do CPC. Não se discute nos autos a ocorrência ou não da prestação do serviço e se sobre este incide o Imposto Sobre Serviços de Qualquer Natureza - ISS, mas sim qual município competente para a sua cobrança, matéria esta exaustivamente debatida pelo Tribunal de origem.
>
> 2. É pacífica a jurisprudência do STJ quanto ao município competente para realizar a cobrança do ISS, sendo este o do local da prestação dos serviços, onde se deu efetivamente a ocorrência do fato gerador do imposto.

18. REsp 649.027/BA, Rel. Ministro Luiz Fux, Primeira Turma, Data de Julgamento: 22/03/2005.

> 3. Não há violação do princípio da territorialidade quando o município competente para cobrança de ISS exige obrigação acessória de cadastramento das empresas contribuintes quando estas possuem sede em outro município, mas prestam serviços no município arrecadador. [...]"[19]

Por sua vez, o Supremo Tribunal Federal não costuma se pronunciar a respeito da possibilidade de cobrança do ISS, sob o argumento de que tal discussão possui natureza infraconstitucional. É o que restou decidido no AI nº 790.283/SC[20] e no AI nº 742.877/RJ.[21]

Já no que diz respeito à delimitação dos territórios dos Estados e Municípios às águas marítimas, o STF no recente julgamento da ADI nº 2.080/RJ, realizado no plenário virtual, confirmou o entendimento anteriormente adotado em sede cautelar, para julgar a ação improcedente e consignar que o Estado do Rio de Janeiro, ao considerar as zonas marítimas como parte de seu território, não perpetrou qualquer violação ao princípio da territorialidade ou ao domínio sobre os bens localizados nas regiões oceânicas da União previsto no art. 20 da Constituição Federal. Vejamos:

> Ação direta de inconstitucionalidade. 2. Art. 194, § 5º, da Constituição do Estado do Rio de Janeiro e art. 31, § 4º, da Lei Estadual 2.657/1996. 3. Inclusão, para fins tributários, das porções do mar territorial, da plataforma continental e da zona econômica exclusiva no território do Estado do Rio de Janeiro e dos Municípios do litoral. 4. Medida cautelar indeferida pelo Plenário desta Corte. 5. Distinção entre propriedade da União e território do Estado. 6. Ação direta de inconstitucionalidade julgada improcedente."[22]

c. Caso Saiga

Finalizado o estudo dos julgados internos relativos à tributação no Mar Territorial, na ZEE e na Plataforma Continental, passa-se à análise de emblemático julgado emanado do Tribunal Internacional do Direito do Mar, o Caso Saiga.

---

19. AgRg no REsp 1.140.354/SP, Relator: Min. Humberto Martins, Segunda Turma, Data de Julgamento: 11/05/2010.

20. AI nº 790.283/SC-RG, Relator: Min. Gilmar Mendes, Plenário Virtual, Data de Julgamento: 13/08/2010.

21. AI nº 742.877/RJ, Relatora: Min. Cármen Lúcia, Primeira Turma, Data de Julgamento: 09/06/2009.

22. ADI 2080/RJ, Relator: Min. Gilmar Mendes, Tribunal Pleno, Data de Julgamento: 18/10/2019.

Originalmente nomeado "The M/V 'Saiga' Case (Saint Vincent and the Grenadines v. Guinea)", trata-se de litígio que remonta à década de 90 e se refere à liberação imediata de embarcação de origem de São Vicente e Granadinas apreendida quando trafegava pela na zona econômica exclusiva da Guiné.

As autoridades guineenses acusavam a embarcação de ter vendido combustíveis clandestinamente dentro de seu território, devendo desta forma ser submetida a julgamento e eventual punição, de acordo com o previsto pela legislação daquele país.

Nessa perspectiva, o ponto analisado no julgado do TIDM que interessa ao presente estudo está relacionado à possibilidade da aplicação da Lei da Guiné, em detrimento das normas internacionais, aos fatos ocorridos em águas localizadas na Zona Econômica Exclusiva daquele país.[23]

Atendendo ao pleito de São Vicente, o Tribunal Internacional entendeu que os países signatários da CNDUM, em relação a fatos ocorridos na ZEE, não poderiam aplicar suas leis e regulamentos aduaneiros, com exceção das hipóteses relacionadas às ilhas artificiais, suas instalações e obras, conforme expressamente excepcionado pelo artigo 60 do referido diploma.[24]

5. O CASO SAIGA E SUAS REPERCUSSÕES

O artigo 7º da Lei 8.617/93, em consonância com a CNUDM, estabelece limites à soberania do Estado Brasileiro na Zona Econômica Exclusiva, ao contrário do que ocorre no caso do mar territorial.

Segundo Marco Aurélio Greco, "a comunidade internacional, mediante Convenção – da qual o Brasil é signatário e que entrou em vigor no Brasil em 16 de novembro de 1994 –, deliberou que, na respectiva

23. "126. The Tribunal needs to determine whether the laws applied or the measures taken by Guinea against the Saiga are compatible with the Convention. In other words, the question is whether, under the Convention, there was justification for Guinea to apply its customs laws in the exclusive economic zone within a customs radius extending to a distance of 250 kilometres from the coast."

24. "In the exclusive economic zone, the coastal State has jurisdiction to apply customs laws and regulations in respect of artificial islands, installations and structures (article 60, paragraph 2). In the view of the Tribunal, the Convention does not empower a coastal State to apply its customs laws in respect of any other parts of the exclusive economic zone not mentioned above."

ZEE, cada país possui apenas direitos de exploração econômica e de conservação sobre os resultados ali existentes"[25].

Inobstante tal fato, como já demonstrado anteriormente, tal entendimento jamais esteve consolidado. É neste ponto que podemos perceber a importância do Caso Saiga. Diante de questão tão polêmica e conturbada, trata-se do julgado que permitiu ao mundo observar a compreensão que o próprio Tribunal Internacional de Direito do Mar tinha em relação à Convenção de Montego Bay.

Nesta perspectiva, trazendo a visão de soberania limitada na ZEE que ficou consolidada no célebre julgamento à questão da competência tributária nos territórios marítimos, chegaremos à inevitável conclusão de que, no olhar do TIDM, a pretensão de tributar fatos ocorridos nas referidas áreas extrapola a soberania conferida pela CNUDM aos Estados signatários.

Indo ao encontro de tal conclusão, Marco Aurélio Greco, afirma "o Tribunal Internacional sublinha que meros interesses arrecadatórios de natureza tributária não justificam a extensão da legislação interna ao que ocorre na ZEE [...] o que ocorre no âmbito de um navio que se encontre na ZEE – inclusive a venda de mercadorias – não está alcançado pela legislação aduaneira nem tributária da União, de Estados ou de Municípios."[26]

6. CONCLUSÃO

O presente artigo permitiu verificar que certamente nenhuma das soluções possíveis para a questão da tributação no mar territorial, na zona econômica exclusiva e na plataforma continental está acima de críticas. De fato, são diversos os entendimentos fundamentados em argumentos consistentes que, muitas vezes, sugerem respostas diametralmente opostas para a solução da controvérsia.

O problema inicial da suposta ausência de soberania dos Estados e Municípios sobre as águas marítimas, em decorrência da delimitação de seus territórios, parece ter sido superado no plano interno. De fato, como verificado, no julgamento definitivo da ADI 2.080/RJ, o STF sedimentou a necessidade de fazer a distinção entre os institutos da sobe-

25. GRECO, Marco Aurélio. Impossibilidade de cobrar ICMS em operações ocorridas no mar territorial e na Zona Econômica Exclusiva. Revista Dialética de Direito Tributário, v. 133. Pág. 76.

26. *Idem.* Págs 78/79.

rania territorial e do domínio público, este sim, aos olhos do Tribunal, tratado no art. 20 da Constituição Federal. É dizer, o referido dispositivo constitucional não poderia ser interpretado como uma regra voltada a delimitar a extensão dos territórios dos Estados e Municípios.

Com isso, não haveria empecilho para o exercício da competência tributária dos referidos entes federativos em tais áreas, mesmo nas hipóteses em que não fosse possível recorrer ao princípio da pessoalidade – ou seja, quando não houvesse elemento de conexão pessoal entre o contribuinte e o ente tributante. No mesmo sentido, também seria desnecessária a atuação da União com o objetivo de viabilizar tal exercício por meio da edição de normas gerais sobre a matéria.

Contudo, ainda que esse mesmo julgado possa indicar o posicionamento do STF acerca da matéria, fato é que não constituía objeto da ADI a apreciação da questão sob a ótica internacional. Isso porque, embora tenha sido confirmada a possibilidade de as águas marítimas integrarem os territórios dos demais entes federados, não chegou a ser abordada a questão relativa aos limites do território brasileiro à luz da Convenção das Nações Unidas sobre o Direito do Mar, muito menos a questão relativa aos limites do exercício do poder de tributar nas águas que extrapolam o mar territorial. Portanto, embora haja um confronto aparente de posicionamentos, pode afigurar-se um tanto precipitado afirmar que o entendimento adotado pelo STF no julgamento definitivo da ADI 2.080/RJ necessariamente seria contrário à percepção exposta pelo TIDM no Caso Saiga.

Os impactos da CNUDM nas fronteiras do território brasileiro e principalmente nos limites da atuação do Estado – o que inclui o exercício de sua soberania para impor tributos – na zona econômica exclusiva e na plataforma continental, ou seja, a análise da possibilidade de tributação nas águas marítimas sob a ótica do direito internacional, constituem questão que ainda comporta ulteriores discussões nos tribunais pátrios. Já no plano externo, como visto, pode-se considerar que, com o julgamento do Caso Saiga, a tendência é que prevaleça a impossibilidade da tributação de fatos ocorridos além do mar territorial. Com isso, chega-se à conclusão de que o tema, longe de estar pacificado, ainda comporta ulteriores debates e merece ser explorado sob novas perspectivas.

REFERÊNCIAS

AMARO, Luciano. Direito Tributário Brasileiro. 17a. edição. São Paulo: Saraiva 2011.

CARRAZZA, Roque Antonio. Revista de Direito Tributário, v. 48. São Paulo: Revista dos Tribunais abril-junho 1989.

CARVALHO, Paulo de Barros. Curso de Direito Tributário. 13a. edição. São Paulo: Saraiva 2000.

GRECO, Marco Aurélio. Impossibilidade de cobrar ICMS em operações ocorridas no mar territorial e na Zona Econômica Exclusiva. Revista Dialética de Direito Tributário, v. 133.

MACHADO, Hugo de Brito. Curso de Direito Tributário. 32a. edição. São Paulo: Malheiros 2011.

MARINS, Daniel; OLIVEIRA, Gustavo da Gama Vital de. Os conceitos de Mar Territorial e de Zona Econômica Exclusiva e suas influências sobre a cobrança tributária do ISS. Revista da AGU, v. 15, nº. 04, 2016, pp. 171-187.

REZEK, José Francisco. Direito Internacional Público: curso elementar. 10a. edição. São Paulo: Saraiva 2005.

TÔRRES, Heleno Taveira. Pluritributação Internacional sobre as Rendas de Empresas. 2a. Edição. São Paulo: Editora RT 2001.

Tribunal Internacional de Direito do Mar. "The M/V 'Saiga' Case. Saint Vincent and the Grenadines v. Guinea".

XAVIER, Alberto. Direito Tributário Internacional do Brasil. 5a. edição. Rio de Janeiro: Forense 2002.

20 BREVES REFLEXÕES SOBRE A REPRESENTATIVIDADE DOS INTERESSES ESTADUAIS PELO SENADO FEDERAL NO CONTEXTO FEDERATIVO BRASILEIRO PÓS-1988

Raquel de Andrade Vieira Alves

Doutoranda em Direito Econômico, Financeiro e Tributário pela Faculdade de Direito da Universidade de São Paulo - USP. Mestre em Finanças Públicas, Tributação e Desenvolvimento pela Universidade do Estado do Rio de Janeiro - UERJ. Advogada em São Paulo. É autora do livro: Federalismo Fiscal Brasileiro e as Contribuições, Rio de Janeiro: Lumen Juris, 2017.

INTRODUÇÃO

Muito se tem discutido acerca da viabilidade de uma reforma no pacto federativo brasileiro, em meio a uma "queda de braço" entre Executivo e Legislativo, na aprovação da agenda de reformas proposta pelo governo atual para o Brasil.[1] Tais reformas, por certo, requerem um nível elevado de comprometimento e cooperação entre os entes federados. Mas, mais do que isso: a aprovação de uma reforma nas bases do pacto federativo vigente, além dos aspectos constitucionais diretamente envolvidos, demanda que se leve em consideração o contexto político e histórico em que está inserida a Federação brasileira, o que envolve também – e, principalmente – a análise do funcionamento de suas instituições e da atuação de seus representantes.

Para compreender determinada Federação, é preciso antes conceber o federalismo não apenas enquanto teoria, mas também como um processo dinâmico em que a estrutura estatal vai ganhando novos arranjos na medida em que as condições sociais, políticas e econômicas exijam.[2] Essa complexidade na abordagem federativa explica, inclusive, a enorme dificuldade de conceituação do próprio termo "federalismo"[3], dada a multiplicidade de modalidades de Federação existentes no mundo.[4]

Considerado o caráter intrínseco do Senado Federal, de instituição federativa representante dos interesses dos Estados-membros frente ao governo central, optamos por dele se ocupar neste breve estudo, partindo de uma preocupação que tem sido objeto de análise por alguns juristas e cientistas políticos, mas que ainda carece de continuidade e apro-

1. Vide: https://valor.globo.com/politica/noticia/2019/09/10/maia-melhor-discutir-pacto-federativo-do-que-tratar-de-regra-de-ouro.ghtml.
2. MARRAFON, Marco Aurélio. Novo pacto federativo para aprimorar a democracia brasileira. Revista Eletrônica Consultor Jurídico. 21 de abril de 2014. Disponível em: https://www.conjur.com.br/2014-abr-21/constituicao-poder-pacto-federativo-aprimorar-democracia-brasileira.
3. ROCHA, Carlos Alberto de Vasconcelos. Federalismo: Dilemas de uma definição conceitual. Civitas Revista de Ciências Sociais, v. 11, n. 2, Porto Alegre, maio/ago 2011.
4. José Maurício Conti retrata bem a diversidade e a complexidade no estabelecimento de critérios rígidos de distinção entre os Estados Federais e os Estados não organizados sob a forma federativa, indicando haver uma série de nações que, embora não organizadas formalmente sob a forma federativa, apresentam características semelhantes a de um Estado Federal, apresentando subdivisões internas que, muitas vezes, gozam de maior autonomia do que as entidades subnacionais que fazem parte de Estados considerados formalmente como Federações. Para ilustrar, o autor cita os exemplos da Itália e da Espanha. (CONTI, José Maurício. Considerações sobre o federalismo fiscal brasileiro em uma perspectiva comparada. In: CONTI, José Maurício; SCAFF, Fernando Facury; BRAGA, Carlos Eduardo Faraco (Orgs.). Federalismo fiscal: questões contemporâneas. Florianópolis: Conceito, 2010. p. 16.)

fundamento. Acreditamos que uma abordagem socio-jurídica da atuação do Senado Federal e de seus integrantes, frente ao papel que lhes foi conferido pela Constituição de 1988, pode auxiliar na compreensão das especificidades do modelo federativo brasileiro. Somente a partir de então será possível pensar em uma reforma que efetivamente atenda às demandas do federalismo atualmente em vigor.

Não se olvida aqui o relevante papel desempenhado pela Corte Constitucional, de mediação formal de conflitos dentro do Estado Federal - verdadeiro "Tribunal da Federação"[5] e espécie de árbitro nos conflitos entre o Executivo e o Legislativo, como se refere Sérgio Abranches[6] - que, junto com o Senado Federal, também contribui para a manutenção do equilíbrio federativo. Entretanto, para fins de limitação do escopo do presente trabalho, centramos a abordagem no papel do Senado Federal como a "Casa da Federação", dentro do sistema legislativo bicameral das Federações democráticas.[7]

1. FEDERALISMO E BICAMERALISMO

Sem adentrar nos dilemas da conceituação do Estado Federal, pode-se afirmar que existe um certo consenso doutrinário acerca de suas duas dimensões principais: desenho constitucional e divisão territorial de poder governamental.[8] Na verdade, são essas dimensões que refletem o grau de descentralização de poder atribuído pela Constituição Federal às entidades descentralizadas e as instituições essenciais ao funcionamento do Estado Federal.

Com base na lição de Paulo Bonavides[9], há dois princípios capitais que constituem a chave de um sistema federativo: a lei da *participação*

---

5. BARACHO, José Alfredo de Oliveira. O Supremo Tribunal Federal, como Corte Constitucional e Tribunal da Federação. Revista Jurídica Lemi, v. 11, n. 133, dez., 1978, p. 1-38.
6. ABRANCHES, Sérgio. Presidencialismo de Coalizão: o dilema institucional brasileiro. Dados - Revista de Ciências Sociais, v. 31, nº 1, 1998, p. 3-55.
7. Há ainda outras discussões sobre a representatividade no sistema bicameral, como é o caso da representação política proporcional na Câmara dos Deputados, que acaba distorcendo a representatividade federativa, além de tornar o peso de um único voto muito maior em Estados populosos. Sobre a alocação desproporcional de cadeiras na Câmara dos Deputados entre os Estados, ver: NICOLAU, Jairo Marconi. As Distorções na Representação dos Estados na Câmara dos Deputados Brasileira. Dados - Revista de Ciências Sociais, vol. 40, n° 3, Rio de Janeiro, 1997.
8. SOUZA, Celina. Federalismo, desenho constitucional e instituições federativas no Brasil pós-1988. Revista de Sociologia e Política, nº 24, 2005. p. 105.
9. BONAVIDES, Paulo. Ciência Política. 10ª ed. 9ª tiragem. São Paulo: Malheiros Editores, 2000. Cap. 13, item 2.2 *A lei da participação e a lei da autonomia*.

e a lei da *autonomia*. Através da lei da participação, os Estados-membros tomam parte dentro do processo de elaboração da vontade política nacional. É dizer, os Estados que integram a Federação participam ativamente das deliberações conjuntas das quais resultarão regras de observância obrigatória por todos os entes federados.

De outro lado, a lei da autonomia garante às unidades federadas a possibilidade de estatuírem uma ordem constitucional própria, atuando como sistema completo de poder, com legislação, governo e jurisdição próprios, na esteira dos princípios básicos da Constituição. Essa autonomia se revela, assim, sob a ótica da capacidade de auto-organização, de autogoverno e de autossuficiência financeira.

Nesse sentido, a *participação* e a *autonomia* são processos que se inserem na moldura da Federação e existem em função das regras constitucionais supremas dispostas na Constituição Federal, as quais permitem ver na Federação, como viu Tocqueville no século XIX, duas sociedades distintas, "encaixadas uma na outra", a saber, o Estado Federal e os Estados federados harmonicamente superpostos e conexos.[10]

Por isso, encontra-se estreitamente ligada à dimensão participativa dos entes subnacionais no processo de formação de decisões políticas de âmbito nacional, a questão relativa ao bicameralismo dentro da organização do Poder Legislativo do Estado Federal, subdividido em duas Casas. Uma representativa do conjunto dos cidadãos, com participação variável dos Estados, segundo índices populacionais, denominada "Câmara Baixa", e outra que, ao invés de representar o povo da Federação em sua totalidade, representa diretamente os interesses dos Estados nas arenas decisórias centrais, que é a chamada "Câmara Alta" ou Senado.

O bicameralismo ou legislativo dual confere ao Estado-membro, através da Câmara representativa dos Estados, ingerência ativa em matéria de revisão constitucional, tornando-se ponto dos mais característicos do sistema federativo[11]. No capítulo 62 dos *Federalist papers*, James Madison deixa clara a função estabilizadora do Senado dentro da Federação e o seu importante papel representativo dos Estados-membros, garantindo-lhes a oportunidade de participar do governo federal. Para os autores do arcabouço político-jurídico da Constituição Americana de

10. BONAVIDES, Paulo. Ibid.

11. BONAVIDES, Paulo. Op. Cit. Cap. 13, item 4. *Os Estados-membros como unidades constitutivas do sistema federativo.*

1787, que marca o surgimento do Estado Federal, acima de todas as instituições federativas, seria o Senado a função mais estável do governo, lembrando que a história informa não ter havido nenhuma República sem Senado que obteve vida longa[12].

Há, nesse ponto, vários autores que associam o bicameralismo ao federalismo, visto ter sido essa a justificativa inicial para a criação do Senado norte-americano.[13] Essa relação, contudo, não explica a força política das Câmaras ("Alta" e "Baixa"), porquanto tal conclusão depende de uma série de variáveis que vão muito além da forma de Estado e do sistema de governo de um país, pois demandam a análise das regras atinentes ao processo decisório em cada Casa, de sua composição quantitativa e qualitativa, do comportamento político de seus integrantes e da própria cultura política do país, dentre outros fatores que tornam as instituições federativas, assim como o Estado Federal que elas integram, estruturas únicas não reproduzíveis em outros países.

O Brasil, inspirado no modelo federalista norte-americano, seguiu a mesma linha ao adotar um Legislativo dual, subdividindo o Congresso Nacional na Câmara dos Deputados, como a instituição federativa de representação do povo, e no Senado Federal, como a instituição federativa de representação política dos Estados-membros. Em virtude disso, inclusive, a representação dos Estados no Senado Federal é paritária e os senadores, por sua vez, são eleitos diretamente pela população de cada Estado, segundo o princípio majoritário, ao passo em que na Câmara dos Deputados prevalece a representação popular, contando com representantes eleitos pelo sistema proporcional, em cada Estado e no Distrito Federal (artigos 44 a 46 da Constituição Federal de 1988).

Em uma primeira análise, se poderia cogitar que o sistema constitucional brasileiro teria de fato desenvolvido um *design federativo* capaz de garantir aos Estados-membros e ao Distrito Federal efetiva participação nas decisões políticas gerais ou, em outras palavras, na formação da vontade política nacional. Entretanto, essa não tem sido a tendência observada no federalismo brasileiro, em que o Senado Federal, antes premido pela política partidária do que por suas funções institucionais de representação dos Estados, acaba deixando em segundo plano interes-

---

12. HAMILTON, Alexander; MADISON, James; JAY, John. O Federalista. Tradução de Heitor Almeida Herrera. Brasília: Editora Universidade de Brasília, 1984. p. 479-480; 488.

13. Vide: LIJPHART, Arend. *Patterns of Democracy: government and performance in thirty-six countries.* New Haven: Yale University, 1999. p. 213-215.

ses regionais em favor de uma orientação nacional, conforme veremos a seguir, a corroborar a afirmação de que as instituições federativas são essencialmente únicas.

2. A ATUAÇÃO DO SENADO FEDERAL NO FEDERALISMO BRASILEIRO: INTERESSES PARTIDÁRIOS E REFLEXOS DO PRESIDENCIALISMO DE COALIZÃO

Seguindo os movimentos pendulares no sentido da descentralização e da centralização de poder, que marcam a história do federalismo brasileiro, pode-se afirmar que no período que se seguiu à promulgação da Constituição de 1988 o país passou por um intenso processo de concentração do poder fiscal pela União, que redundou na perda gradual do poder de decisão política dos entes subnacionais, que hoje se observa.

Em verdade, todo o processo de redefinição dos papéis dos entes federados no Brasil, que deu origem ao *"novo federalismo brasileiro"*[14], teve início antes mesmo do retorno à democracia, particularmente, a partir de 1982, com a lenta e gradual retomada da autonomia política dos Estados, através das eleições diretas para governador, ainda no governo militar. Essa onda descentralizadora culminou, então, com a promulgação da Constituição de 1988, que, apesar de conhecida como um poderoso instrumento de descentralização de poder em prol dos Estados e Municípios, alçando estes últimos, inclusive, à categoria de entes federados, o ponto é que ela promoveu uma descentralização meramente executória e não do poder real de decisão dentro da Federação.

De fato, se comparada com as Cartas anteriores e, sobretudo, diante do contexto político que precedeu a sua promulgação, é inegável o viés descentralizador da Constituição de 1988 com vistas à consolidação do ideal democrático que permeou os trabalhos da constituinte. Entretanto, em uma análise mais aprofundada, o que se observa é que, em primeiro lugar, a Constituição de 1988 não promoveu grandes modificações no que toca à descentralização das bases tributárias, propiciando uma descentralização fiscal fundada basicamente na repartição de receitas entre os entes, com significativa concentração de competências tributárias nas mãos da União Federal.

---

14. Expressão cunhada por André Regis, em sua tese de doutoramento, para se referir ao novo sistema de relações entre Estados, Distrito Federal, Municípios e União, como consequência indireta das medidas de estabilização da economia brasileira, postas em prática a partir de 1994. (REGIS, André. O novo federalismo brasileiro. Rio de Janeiro: Forense, 2009. p. 04-05).

Além disso, conforme concluiu Marta Arretche, em estudo específico sobre o tema, a Constituição de 1988, apesar do intento descentralizador de seus elaboradores, não produziu instituições políticas que tornassem o governo central fraco em face dos governos subnacionais, mas justamente o contrário[15]. Revendo o estudo de Alfred Stepan[16], Marta Arretche refuta as suas previsões para o Brasil. De acordo com as previsões do autor, o federalismo democrático brasileiro tenderia a atingir, no futuro, o mais alto grau de "*demos constraining*", permitindo que uma minoria de Estados menos populosos tornasse a aprovação de reformas extremamente difícil, de modo a paralisar o governo central e obstar a redução de desigualdades.

A autora adicionou às variáveis de Alfred Stepan outros elementos a serem observados, como é o caso do comportamento partidário das bancadas estaduais no Senado brasileiro. Assim, analisando esse comportamento aliado às regras do processo decisório no Brasil, Marta Arretche desconstrói a ideia da existência de uma forte representação estadual no Congresso Nacional e da ampla possibilidade de veto dos entes subnacionais a políticas nacionais que contrariem os seus interesses.

Com efeito, um amplo conjunto de reformas foi aprovado sob o regime democrático vigente pós-1988, que impuseram perdas de receitas e poderes políticos aos governos estaduais e aumentaram a capacidade de coordenação da União, restringindo a autonomia decisória dos governos subnacionais.[17] Ainda que o Senado seja de fato uma arena de veto, tais reformas passaram por ele sem que os Estados tenham conseguido exercer o seu poder de obstrução, demonstrando a tendência centralizadora do federalismo brasileiro, que dita a agenda política mesmo diante de períodos democráticos.

Se comparado ao seu modelo inspirador, norte-americano, verifica-se que as características singulares históricas e de formação da Federação americana contribuíram para o desenvolvimento de um Senado que, a despeito de exercer adequadamente a representação dos Estados-

15. ARRETCHE, Marta. Quando instituições federativas fortalecem o governo central? Novos Estudos CEBRAP, n. 95, março/ 2013. p. 38-57.

16. STEPAN, Alfred. Para uma Nova Análise Comparativa do Federalismo e da Democracia: Federações que Restringem ou Ampliam o Poder do Demos, Dados – Revista de Ciências Sociais, v. 42, nº 2, Rio de Janeiro: 1999.

17. Ver: ALMEIDA, Maria Hermínia Tavares de. Recentralizando a federação? Revista de Sociologia e Política, n. 24, Curitiba, 2005. p. 29-40; e ARRETCHE, Marta. Democracia, federalismo e centralização no Brasil. Rio de Janeiro: Editora FGV; Editora Fiocruz, 2012. p. 77-78.

-membros no Parlamento, desempenha uma função essencialmente moderadora que atende bem às suas necessidades, dada a forte autonomia das entidades descentralizadas que o compõem.

No Brasil, porém, a adoção desse modelo moderador não garante a representação política adequada dos Estados-membros no Congresso Nacional, ficando muito aquém da relevante função a ser desempenhada pela Câmara Alta dentro de um Estado Federal. Em um contexto de recentralização de receitas e, consequentemente, de poderes políticos nas mãos da União Federal, como o atual, o contraponto à agenda nacional pelo Senado, em respeito dos interesses estaduais, torna-se essencial ao equilibro federativo.

Talvez a origem tupiniquim inspirada no modelo americano, juntamente com o movimento centrífugo de formação da Federação brasileira, justifique a ausência de formação de um Senado fortemente atrelado a seu relevante papel de manutenção do equilíbrio entre o Ente central e os Estados-membros.[18] Contudo, parece-nos que a formação do federalismo brasileiro e inspiração em um modelo totalmente diverso explicam apenas parte da configuração do Senado no tocante à pouca representatividade da agenda estadual.

Há outros fatores que devem ser adicionados à análise, como a própria tradição ditatorial e a experiência democrática recente do país, que somados à formação do Estado Federal no Brasil, contribuem para a manutenção do caráter unitarista que se reflete na agenda política das instituições federativas, como o Senado.

Observe-se que em todas as Constituições da República o Senado recebeu um papel significativo no processo político e representativo, mesmo durante o regime militar, quando suas atribuições foram reduzidas. Durante a Assembleia Constituinte de 1987, o Senado e seus "Senadores Biônicos" (eleitos indiretamente durante o governo militar), junto aos Deputados eleitos após a convocação pela Emenda Constitucional nº 26 de 1985, participaram da elaboração da Nova Constituição, compondo o denominado "Congresso Constituinte".[19] Isso demonstra que, a despeito das modificações nas atribuições do Senado e até mes-

18. ALVES, Alexandre Nogueira; PEDRA, Anderson Sant`ana. "O Senado Federal, a competência legislativa concorrente e os interesses dos governos estaduais no processo legislativo: normas gerais versus normas específicas numa Federação." In: Op. Cit. p. 108-111.

19. SILVA, José Afonso da. O constitucionalismo brasileiro (evolução institucional). São Paulo: Malheiros Editores, 2011. p. 85-86.

mo em sua composição, efetivada pelas Constituições Republicanas, o seu papel representativo manteve-se hígido com o passar dos anos, ao menos em tese.

Nesse ponto, a redefinição do papel dos Estados na Federação brasileira, em função da política econômica de estabilização de meados da década de 1990 também não afetou a função constitucional do Senado, embora, por outro lado, tenha contribuído para o enfraquecimento do poder político dos governadores estaduais.

É preciso lembrar que quando da retomada das eleições diretas para governador, em 1982, o poder central já demonstrava sinais de cansaço e, ao mesmo tempo, muitos dos governadores eleitos eram figuras políticas carismáticas (como, por exemplo, Leonel Brizola, Orestes Quércia, Miguel Arraes), o que contribuiu para o enfraquecimento do regime militar paralelamente ao retorno da autonomia dos Estados.

Essa onda descentralizadora culminou com a promulgação da Constituição de 1988, que apenas ratificou a autonomia fiscal estadual, de modo que os Estados, embora não tenham recebido um grande incremento em suas bases tributárias, puderam voltar a realizar operações de crédito através de seus bancos e empresas, bem como emitir títulos estaduais, o que foi determinante para o restabelecimento de sua posição política.

A redemocratização, assim, a despeito de não ter garantido a formação de bases descentralizadoras sólidas, logrou êxito em aumentar a autonomia fiscal e política dos Estados, no período imediatamente posterior à promulgação da Constituição de 1988.

O resultado dessa autonomia fiscal "sem freios", especificamente com relação à emissão de títulos e operações de crédito feitas pelos Estados, foi um descontrole agudo da inflação por aproximadamente uma década. Com a possibilidade de contrair empréstimos com seus próprios bancos e emitir títulos através deles, os Estados foram aumentando extraordinariamente a sua dívida, o que comprometia a estabilidade econômica do país.

O sistema constitucional recém implantado enfraqueceu o poder central e reacendeu os poderes regionais adormecidos sob o regime ditatorial, trazendo à tona os resquícios da "política dos governadores", que marcou a República Velha, especialmente no governo de Campos Salles. Isso levou, inclusive, à elaboração por Fernando Luiz Abrucio e David Samuels do artigo intitulado "A nova política dos governadores", em que os autores buscaram ressaltar a relação entre a ascensão das elites oligárquicas regionais e os períodos de transição democrática no Brasil.[20]

Como esclarece Lucas Fucci Amato, analisando o diagnóstico pessimista de Victor Nunes Leal, o poder local, representado pelo coronel, só é sufocado no Brasil nos períodos ditatoriais, quando todos os cargos políticos são nomeados. Basta haver sistema representativo para que a troca de favores se restabeleça e o coronelismo renasça.[21] O mesmo pode-se dizer em relação ao poder dos governadores que, por sua vez, se sustenta no "coronelismo".[22]

O diagnóstico é preciso, porém, o que se pretende chamar a atenção neste trabalho é para o fato de que a ascensão das oligarquias locais e regionais e a sua atuação como "veto players" às reformas nacionais, mencionada por Fernando Luiz Abrucio e David Samuels[23], não parece corresponder à atuação do Senado Federal, composto, ao menos formalmente, por representantes dos interesses dos Estados-membros da Federação. Ao contrário, a lógica oligárquica de predominância dos interesses das elites locais parece não ter efeito quando se fala em poder de veto do Senado a políticas que vão de encontro ao interesse dos Estados.

Para chegar-se a esta conclusão, é necessário continuar a análise para além do período que se seguiu à promulgação da Constituição de 1988 até os dias atuais. O quadro de instabilidade econômica descrito anteriormente era prejudicial para a economia da época e, ao mesmo tempo, limitava a capacidade do governo federal de aprovar e executar sua agenda, embora tenha sido útil para a consolidação da democracia logo após o regime militar.

Diante desse impasse, em meados da década de 1990, o governo federal implementou um pacote de medidas de estabilização da economia, que sucedeu a implantação do novo padrão monetário ("Real") e que incluía, basicamente: (i) a renegociação das dívidas dos Estados com a União; (ii) a privatização dos bancos e empresas estaduais; (iii) a criação de agências reguladoras; (iv) a imposição de restrições legais e constitucionais, como parte do pacote de ajuste fiscal – como a promulgação

20. ABRUCIO, Fernando Luiz; SAMUELS, David. A nova política dos governadores. Lua Nova: Revista de Cultura e Política. Nº.40-41, 1997, p.137-166.

21. AMATO, Lucas Fucci. Victor Nunes Leal e a sociologia do constitucionalismo brasileiro. Revista de Direito Mackenzie, vol. 13, nº 01, 2019.

22. SILVA, José Afonso da. Op. Cit. p. 58.

23. ABRUCIO, Fernando Luiz; SAMUELS, David. Op. Cit. p. 140.

das Leis Complementares nº 82, de 27 de março de 1995 e 96, de 31 de maio de 1999 (Lei Camata I e II), para controle e redução da despesa de pessoal dos entes; e a promulgação da Emenda Constitucional nº 19, de 04 de junho de 1998, que promoveu uma ampla reforma administrativa –; culminando, finalmente, com (v) a promulgação da Lei de Responsabilidade Fiscal.

Todo esse conjunto de medidas teve reflexo não só na economia nacional, como nas relações entre os entes federados. Isso porque, os Estados, que logo após a redemocratização tinham um considerável poder político em escala nacional, passaram a desempenhar um papel reduzido dentro da Federação, perdendo grande parte de sua influência política com a perda de receitas extrafiscais e de bancos e empresas estaduais.[24]

A perda dos bancos e empresas estaduais significou uma perda de inúmeros cargos à disposição dos governadores e a perda de acesso a financiamentos vantajosos para eles, bem como de adiantamentos de receitas. Diante disso e da expectativa de reeleição, os governadores não viram outra saída que não a renegociação das suas dívidas com a União.

Esse quadro conferiu ao Estado o papel de coadjuvante dentro do federalismo atual, inaugurando o que André Regis denomina – e que tomamos de empréstimo – de "*novo federalismo brasileiro*", uma era na qual o Presidente não precisa mais barganhar com os Governadores para implementar a sua agenda, já que estes não possuem mais tanta influência na política econômica do Executivo Federal, como detinham antes.[25]

Os efeitos dessa redefinição da posição dos Estados no federalismo brasileiro são sentidos até hoje, especialmente em contextos de crise fis-

---

24. *"A partir del Plano Real, los márgenes de maniobra de los Gobernadores brasileños parecen más restrictos, lo que se refleja en la pérdida de control del trípode electoral: no sólo fueron privatizados los bancos y las empresas públicas estaduales, sino que también fue producido un conjunto de leyes (a través de enmiendas, leyes complementarias, medidas provisórias, etc.) que dirigió las reformas en las esferas intermedias, vinculando los recursos tributarios, imponiendo la responsabilidad fiscal en todos los niveles, entre otras medidas. Las reformas implantadas por Cardoso tenían fines claros. [...] De esta forma, en Brasil, un Gobierno federal más fuerte consiguió aplicar las reformas económicas y fiscales a nivel federal, pero también en los niveles intermedios. Esto ayudó a lograr el ajuste fiscal y mayores grados de responsabilización de las autoridades frente a la ciudadanía brasileña. Así, la Unión salió fortale cida para llevar adelante políticas macro-económicas de larga duración. En contrapartida, los Gobernadores vieron debilitado su poder con relación a materias fiscales y económicas."* (BARRIENTOS, Miguel. Gobernadores y Reformas Neoliberales em Argentina y Brasil. Revista Pléyade, Ano III, nº 06, Julio-Diciembre, 2010. p. 166-167).

25. REGIS, André. Op. Cit. p. 37.

cal como o presente, em que a demanda por recursos financeiros por parte das unidades descentralizadas expõe as vicissitudes da concentração de poder nas mãos do ente central. Em um cenário com este, a liberação de verbas pelo governo federal aos entes periféricos é concedida a partir de barganhas e apoios partidários via coalizão, sem a presença de critérios técnicos e objetivos.

Então, o que se vê é que, a despeito da influência política dos Governadores e de seu poder de veto, mencionados por boa parte da literatura sobre o assunto, os mesmos não conseguiram impedir a aprovação das reformas constantes na agenda do Executivo Federal, que redundaram a médio e longo prazo em perdas significativas de recursos financeiros e poderes políticos pelos Estados.

Alguns estudos, nesse sentido, comprovam a ausência de representatividade estadual na arena decisória central do país, mediante análise das votações no Congresso Nacional, no período que se seguiu à promulgação da Constituição de 1988 até 2006/2009, como é o caso de Marta Arretche (em trabalho já mencionado), e de Pedro Robson Pereira Neiva[26], em seu "Coesão e disciplina partidária no Senado Federal", em que este último confirma o alto grau de coesão partidária nas votações do Senado Federal no período de 1988 a 2009.

Marcello Simão Branco, por sua vez, analisando a votação das reformas do governo de Fernando Henrique Cardoso, de meados da década de 1990, a partir do papel de representação federativa do Senado, concluiu que o corte "oposição" e "situação" seria aquele que melhor explicaria a ação do Senado, tendo em vista que em seu estudo de caso os Senadores não votaram em defesa dos próprios Estados, mas sim, de acordo com seu papel na coalizão de governo.[27]

Em vista disso, podemos verificar que o modelo presidencialista de coalizão do Brasil, de perfil federativo, não favorece o corte regional como variável explicativa das decisões no Senado. Conforme conclui Carolina Almeida de Paula[28], em estudo específico acerca da representati-

26. NEIVA, Pedro Robson Pereira. Coesão e disciplina partidária no Senado Federal. Dados – Revista de Ciências Sociais, vol. 54, nº, 02, Rio de Janeiro, 2011.

27. BRANCO, Marcello. A democracia federativa brasileira e o papel do Senado no ajuste fiscal dos anos 90. Tese (Doutorado em Ciência Política) – Faculdade de Filosofia, Letras e Ciências Humanas, Universidade de São Paulo, São Paulo, 2007.

28. PAULA, Carolina Almeida de. Representantes dos Estados? Um estudo sobre a representação política dos senadores brasileiros. Tese apresentada, como requisito parcial para obtenção do

vidade política do Senado, a partir de uma análise das principais pesquisas relacionadas às votações nesta Casa, no período pós-1988, todas as pesquisas que quantificaram votações no Congresso, envolvendo o desempenho do Senado, afirmaram que a identificação do posicionamento do parlamentar na coalizão de governo sinalizaria com maior eficiência o seu comportamento nas votações.

Ou seja, o fato de determinado Senador possuir a mesma origem não significa que votará aliado ao seu colega de Estado, nem mesmo em relação à região geográfica. Muito pelo contrário, as análises empíricas demonstram que *o Senado legisla majoritariamente em assuntos não regionais*, afastando a eminência de alianças de estados legislando em causa própria.[29]

A predominância de assuntos alheios aos interesses dos Estados nas votações do Senado se deve, principalmente, à prevalência da política partidária entre os Senadores brasileiros, em detrimento da representação. Isso refuta, inclusive, a teoria de que os Estados menos populosos, pertencentes a regiões menos desenvolvidas, estariam "sobrerepresentados" no Senado Federal, podendo obstar a votação de projetos de relevante interesse nacional.

Tal cenário se agrava especialmente se o Governador do respectivo Estado-membro pertencer a partido político diverso do Senador daquele mesmo Estado, porquanto nesse caso a ausência de interesses coincidentes é a regra. Não há interesse do Senador em apoiar projetos de cunho estadual de Governador de outro partido.

Como bem apontam Misabel de Abreu Machado Derzi e Thomas Bustamente, nosso país, inspirando-se nos EUA adotou o Senado como Câmara Alta, órgão cujos representantes estão ligados a projetos de partidos políticos próprios, que podem não coincidir com aqueles vigentes nos Estados (se o governador advém de partido político diferente).[30] Raul Machado Horta endossa a crítica, registrando a perda de represen-

---

título de Doutora, ao Programa de Pós-Graduação em Sociologia e Política, da Universidade do Estado do Rio de Janeiro. Área de concentração: Ciência Política. Rio de Janeiro, 2014.

29. PAULA, Carolina Almeida de. Op. Cit. p. 124.

30. DERZI, Misabel de Abreu Machado; BUSTAMANTE, Thomas da Rosa de. O princípio federativo e a igualdade: uma perspectiva crítica para o sistema jurídico brasileiro a partir da análise do modelo alemão. In: DERZI, Misabel Abreu Machado; BUSTAMANTE, Thomas da Rosa de. Federalismo, justiça distributiva e royalties do petróleo: três escritos sobre Direito Constitucional e o Estado federal brasileiro. Belo Horizonte: Arraes, 2016. p. 488.

tatividade estadual do Senado, que se tornou órgão da vontade dos partidos políticos nacionais.[31]

Portanto, além da dinâmica partidária e das regras do processo decisório que orientam o poder de veto parlamentar, a própria trajetória política dos Senadores interfere no grau de representatividade dos interesses do Estado a que se vincula, embora essa perspectiva ainda careça de maiores estudos.

Importante esclarecer que não se nega aqui a força do Senado Federal brasileiro enquanto instituição política, mas sim a sua iniquidade enquanto instituição federativa de representação dos interesses estaduais, porquanto mesmo em períodos de ascensão das elites regionais no federalismo pátrio, como ocorreu logo após a redemocratização no período seguinte à Carta de 1988, a sua agenda de votação permaneceu pautada por assuntos alheios aos Estados.

Como identificou Sérgio Abranches, a centralização federativa acaba complicando ainda mais a trama de barganhas políticas que envolvem as coalizações partidárias, pois a liberação de recursos vira moeda de troca e torna os Governadores e Prefeitos demandantes da União. O principal recurso que esses entes possuem, nesse contexto, são os Deputados e Senadores.[32] Neste quadro, os interesses regionais e locais se intercruzam com os interesses partidários, em uma disputa em que a vitória tem sido destes últimos.

Os próprios Senadores ficam confusos acerca do seu papel, conforme demonstrou a pesquisa realizada por Carolina Almeida de Paula. Entrevistando alguns Senadores, por amostragem e de acordo com a disponibilidade de sua agenda, a autora ouviu dos próprios parlamentares o quão corriqueiros são os conflitos por eles enfrentados entre a posição do partido e a de eleitores do seu Estado. Quando possível, eles afirmaram que costumam seguir uma posição intermediária nas votações, tentando negociar ora com o partido, ora com os eleitores o seu posicionamento no Plenário e nas Comissões. O trabalho senatorial exigiria lidar com pequenos e grandes conflitos de interesses quase que diariamente.[33]

---

31. HORTA, Raul Machado. Estudos de Direito Constitucional. Belo Horizonte: Del Rey, 1995. p. 352.
32. ABRANCHES, Sérgio. Presidencialismo de Coalização: raízes e evolução do modelo político brasileiro. São Paulo: Companhia das Letras, 2018. p. 357.
33. PAULA, Carolina Almeida de. Op. Cit. p. 128.

Os dilemas do presidencialismo de coalização, combinados com as regras do processo decisório no Brasil e com a trajetória política dos parlamentares, geram, assim, outros dilemas de cunho federativo, cuja tendência tem apontado para a manutenção da centralização de recursos e poderes políticos nas mãos da União Federal. Não temos aqui instituições federativas capazes de obstar medidas centralizadoras, o que só confirma que a Constituição de 1988 não promoveu grandes alterações na estrutura federativa brasileira, ainda que tenha alçado os Municípios à categoria de entes federados.

As instituições político-federativas de representação dos interesses dos entes subnacionais seguem perpetuando o caráter centralizador da Federação brasileira, atuando em prol de interesses partidários em detrimento dos interesses regionais.

CONSIDERAÇÕES FINAIS

Ao longo do presente trabalho, procuramos expor o paradoxo existencial que envolve o Senado Federal no Brasil, pois em que pese seja uma instituição própria de representação dos Estados dentro da Federação, com nítida inspiração no Modelo Norte-americano, não tem logrado êxito em implementar as agendas estaduais no período pós-1988, imerso em um grande conflito entre interesses partidários e os interesses dos Estados que representam.

Esse paradoxo faz parte de um sistema que se retroalimenta, porquanto a instituição que deveria obstar a predominância de interesses nacionais na pauta legislativa acaba servindo a esses próprios interesses, contribuindo para a manutenção da tendência à centralização política e fiscal da Federação brasileira. Essa centralização, por sua vez, agrega complexidade ao presidencialismo de coalizão, favorecendo os conflitos de interesses e colocando os próprios Senadores em uma situação com a qual não têm condições de lidar.

Nesse sentido, reformas de âmbito nacional que pretendam restabelecer as bases do pacto federativo não podem ignorar o papel das instituições político-federativas no Brasil. É essencial dentro da conjuntura atual do Estado brasileiro que governo, políticos, estudiosos e toda a sociedade assumam um verdadeiro compromisso com as reformas do Estado, política e federativa, a fim de avançarmos na construção de um pacto real no contexto pátrio de federalismo assimétrico, marcado por entraves ao desenvolvimento e à redução de desigualdades.

A relação entre federalismo e reforma política, nesse cenário, é inevitável.[34] Sem a urgência de uma necessária reforma política, seguramente as dificuldades para implementar uma reforma do pacto federativo irão se perpetuar e esta última, naturalmente, trará impactos à distribuição federativa de poder e, consequentemente, à distribuição equilibrada de recursos entre os entes federativos. É preciso, antes de tudo, portanto, desenvolver mecanismos de fortalecimento da democracia a nível representativo entre os Estados - e também entre os Municípios -, ante a formação da vontade política nacional. Sem isso, continuaremos mantendo a tendência centralizadora do federalismo brasileiro através de suas próprias instituições.

REFERÊNCIA BIBLIOGRÁFICAS

ABRANCHES, Sérgio. Presidencialismo de Coalizão: o dilema institucional brasileiro. Dados - Revista de Ciências Sociais, v. 31, nº 1, 1998, p. 3-55.

_________. Presidencialismo de Coalização: raízes e evolução do modelo político brasileiro. São Paulo: Companhia das Letras, 2018.

ABRUCIO, Fernando Luiz; SAMUELS, David. A nova política dos governadores. Lua Nova: Revista de Cultura e Política. Nº.40-41, 1997, p.137-166.

ALMEIDA, Maria Hermínia Tavares de. Recentralizando a federação? Revista de Sociologia e Política, n. 24, Curitiba, 2005.

AMATO, Lucas Fucci. Victor Nunes Leal e a sociologia do constitucionalismo brasileiro. Revista de Direito Mackenzie, vol. 13, nº 01, 2019.

ARRETCHE, Marta. Democracia, federalismo e centralização no Brasil. Rio de Janeiro: Editora FGV; Editora Fiocruz, 2012.

_________. Quando instituições federativas fortalecem o governo central? Novos Estudos CEBRAP, n. 95, março/ 2013.

BARACHO, José Alfredo de Oliveira. O Supremo Tribunal Federal, como Corte Constitucional e Tribunal da Federação. Revista Jurídica Lemi, v. 11, n. 133, dez., 1978, p. 1-38.

BARRIENTOS, Miguel. Gobernadores y Reformas Neoliberales em Argentina y Brasil. Revista Pléyade, Ano III, nº 06, Julio-Diciembre, 2010. p. 128-171.

BONAVIDES, Paulo. Ciência Política. 10ª ed. 9ª tiragem. São Paulo: Malheiros Editores, 2000.

BRANCO, Marcello. A democracia federativa brasileira e o papel do Senado no ajuste fiscal dos anos 90. Tese (Doutorado em Ciência Política) - Faculdade de Filosofia, Letras e Ciências Humanas, Universidade de São Paulo, São Paulo, 2007.

34. TORRES, Heleno Taveira. "Federalismo fiscal e reforma política". Revista do Advogado, v. 135, 2017. p. 118-125.

CONTI, José Maurício. Considerações sobre o federalismo fiscal brasileiro em uma perspectiva comparada. In: CONTI, José Maurício; SCAFF, Fernando Facury; BRAGA, Carlos Eduardo Faraco (Orgs.). Federalismo fiscal: questões contemporâneas. Florianópolis: Conceito, 2010.

DERZI, Misabel de Abreu Machado; BUSTAMANTE, Thomas da Rosa de. O princípio federativo e a igualdade: uma perspectiva crítica para o sistema jurídico brasileiro a partir da análise do modelo alemão. In: DERZI, Misabel Abreu Machado; BUSTAMANTE, Thomas da Rosa de. Federalismo, justiça distributiva e royalties do petróleo: três escritos sobre Direito Constitucional e o Estado federal brasileiro. Belo Horizonte: Arraes, 2016.

HAMILTON, Alexander; MADISON, James; JAY, John. O Federalista. Tradução de Heitor Almeida Herrera. Brasília: Editora Universidade de Brasília, 1984.

HORTA, Raul Machado. Estudos de Direito Constitucional. Belo Horizonte: Del Rey, 1995.

LIJPHART, Arend. *Patterns of Democracy: government and performance in thirty-six countries*. New Haven: Yale University, 1999.

MARRAFON, Marco Aurélio. Novo pacto federativo para aprimorar a democracia brasileira. Revista Eletrônica Consultor Jurídico. 21 de abril de 2014. Disponível em: https://www.conjur.com.br/2014-abr-21/constituicao-poder-pacto-federativo-aprimorar-democracia-brasileira.

NEIVA, Pedro Robson Pereira. Coesão e disciplina partidária no Senado Federal. Dados – Revista de Ciências Sociais, vol. 54, nº, 02, Rio de Janeiro, 2011.

NICOLAU, Jairo Marconi. As Distorções na Representação dos Estados na Câmara dos Deputados Brasileira. Dados – Revista de Ciências Sociais, vol. 40, n° 3, Rio de Janeiro, 1997.

PAULA, Carolina Almeida de. Representantes dos Estados? Um estudo sobre a representação política dos senadores brasileiros. Tese apresentada, como requisito parcial para obtenção do título de Doutora, ao Programa de Pós-Graduação em Sociologia e Política, da Universidade do Estado do Rio de Janeiro. Área de concentração: Ciência Política. Rio de Janeiro, 2014.

REGIS, André. O novo federalismo brasileiro. Rio de Janeiro: Forense, 2009.

ROCHA, Carlos Alberto de Vasconcelos. Federalismo: Dilemas de uma definição conceitual. Civitas Revista de Ciências Sociais, v. 11, n. 2, Porto Alegre, maio/ago 2011.

SILVA, José Afonso da. O constitucionalismo brasileiro (evolução institucional). São Paulo: Malheiros Editores, 2011.

SOUZA, Celina. Federalismo, desenho constitucional e instituições federativas no Brasil pós-1988. Revista de Sociologia e Política, nº 24, 2005.

STEPAN, Alfred. Para uma Nova Análise Comparativa do Federalismo e da Democracia: Federações que Restringem ou Ampliam o Poder do Demos, Dados – Revista de Ciências Sociais, v. 42, nº 2, Rio de Janeiro: 1999.

TORRES, Heleno Taveira. "Federalismo fiscal e reforma política". Revista do Advogado, v. 135, 2017. p. 118-125.

21

A REVINCULAÇÃO DAS RECEITAS DA SEGURIDADE SOCIAL E A REVERSIBILIDADE DA DESNATURAÇÃO DAS CONTRIBUIÇÕES SOCIAIS: INCONSTITUCIONALIDADE DA EMENDA CONSTITUCIONAL Nº 103/2019

Renan Menezes Chagas

Mestrando em Finanças Públicas, Tributação e Desenvolvimento pela Universidade do Estado do Rio de Janeiro – UERJ, bacharel em Direito pela Faculdade de Ciências Sociais Aplicadas – IBMEC/RJ, técnico em Contabilidade pela Fundação de Apoio à Escola Técnica – FAETEC e advogado inscrito na Ordem dos Advogados do Brasil seccional Rio de Janeiro – OAB/RJ.

Sumário:

1. INTRODUÇÃO

Até os dias atuais, não há univocidade quanto às espécies tributárias existentes no Sistema Tributário Brasileiro, em que pese o Supremo Tribunal Federal ter assentado entendimento sobre o tema. Contudo, ultrapassada a questão e considerando a existência de cinco espécies tributárias, é imperioso compreender que cada qual possui características próprias, de sorte que a ausência de um ou outro atributo pode aproximar tais espécies ou até torná-las idênticas. Ocorre que a alteração de determinada qualidade, via emenda constitucional, pode desvirtuar o propósito do tributo, modificando a própria espécie a qual ele está enquadrado. Nessas situações, o tributo perde sua essência e, por consequência, pode se desvencilhar de sua natureza jurídica originária.

Com efeito, o presente trabalho tem por objetivo analisar a Emenda Constitucional nº 103/2019 que, ao alterar o Ato das Disposições Constitucionais Transitórias, revinculou as receitas das contribuições sociais destinadas ao custeio da seguridade social relativas às contribuições sociais, em especial às Contribuição Social sobre o Lucro Líquido (CSLL), Contribuição para o Financiamento da Seguridade Social (COFINS) e Contribuição para o Programa de Integração Social (PIS).

O primeiro tópico abordará a *teoria pentapartite* das espécies tributárias reconhecida pelo Supremo Tribunal Federal, bem como as divergências sobre o tema encontradas na doutrina pátria. Em sequência, serão apresentadas as naturezas jurídicas dos impostos e das contribuições especiais, considerando sobretudo o elemento diferenciador entre ambas, atinente à vinculação do produto de arrecadação.

Por fim, o último tópico tratará da revinculação das receitas das contribuições sociais destinadas ao custeio da seguridade social, oriunda da Emenda Constitucional nº 103/2019, que incluiu o § 4º ao artigo 76 do Ato das Disposições Constitucionais Transitórias. Tal revinculação afeta o Sistema de Desvinculação de Receitas da União (DRU), instaurado pelas Emendas Constitucionais nºs. 27/2000, 42/2003, 56/2007, 59/2009, 68/2011 e 93/2016, bastante criticado pela doutrina, ao permitir que a União não seja obrigada a repartir a arrecadação de verdadeiros impostos travestidos sob a máscara das contribuições.

Na conclusão, haverá o cotejo entre as premissas tratadas e a resposta que o ordenamento jurídico deve atribuir a tal situação, em defesa da higidez das disposições constitucionais.

2. AS TEORIAS DE CLASSIFICAÇÃO DAS ESPÉCIES TRIBUTÁRIAS

Segundo Thatiane Piscitelli, receita pública é a entrada de dinheiro nos cofres públicos de forma definitiva[1]. Quanto à sua origem, a receita pode ser classificada como: a) originária; b) derivada; ou c) transferida.

As receitas originárias decorrem da exploração do patrimônio do próprio Estado, de modo que a relação entre o Estado e o particular é horizontal (coordenação), cuja sujeição se dá pelo regime de direito privado. Em contrapartida, as receitas derivadas são aquelas oriundas de uma relação verticalizada entre o Estado e o particular. Há aqui uma subordinação em que o Estado impõe o seu poder sobre o particular, sem que decorra dessa relação qualquer exercício da autonomia. Nesse sentido, sob a legitimidade de um poder conferido pela Constituição Federal, o Estado (*lato sensu*) impõe um constrangimento sobre o patrimônio do particular. O exemplo mais clássico de receita derivada é o tributo.

Já as receitas transferidas são aquelas que decorrem de recursos de um ente da federação a outro, como nas hipóteses de repartição constitucional de receitas, com previsão na Seção VI da Constituição Federal – *Da Repartição das Receitas Tributárias.*

Com efeito, enquanto para o Direito Financeiro o *tributo* detém natureza jurídica de receita pública derivada ou transferida – quando decorrente do repasse fiscal de um ente federado a outro – para o Direito Tributário, a sua definição se encontra no artigo 3º do Código Tributário Nacional, segundo o qual *"é toda prestação pecuniária compulsória, em moeda ou cujo valor nela se possa exprimir, que não constitua sanção de ato ilícito, instituída em lei e cobrada mediante atividade administrativa plenamente vinculada".*

Sem adentrar no conceito insculpido pelo Código Tributário Nacional, cuja análise pormenorizada não é objeto deste trabalho, passa-se a identificação das espécies tributárias e as teorias existentes sobre o tema. Não há divergência na doutrina de que o tributo é *gênero*, contudo, a convergência deixa de existir quando da determinação de quantas *espécies* o ordenamento jurídico reconhece como um *tipo de tributo*.

---

1. PISCITELLI, Thatiane. *Direito financeiro esquematizado*. São Paulo: Método, 2011, p. 80.

A primeira teoria, cujos adeptos na doutrina são Alfredo Augusto Becker[2] e Alberto Xavier[3], afirma que somente há duas espécies tributárias: os impostos e as taxas. Tal teoria é chamada de *Bipartite* e se apega à classificação de tributos como *não vinculados* - sem exigência de contraprestação estatal, como os impostos - e *vinculados* - existência de contraprestação por parte do Estado, como as taxas. Atualmente, a teoria se encontra completamente superada.

Já a segunda teoria possui respaldo na própria redação do artigo 5º do Código Tributário Nacional, segundo o qual *"os tributos são impostos, taxas e contribuições de melhoria"*. Trata-se da *Teoria Tripartite* e existe um certo desdobramento da teoria bipartite, já que as noções de tributo vinculado (taxas e contribuição de melhoria) e não vinculado (impostos) não são superadas. Dessa forma, o fato gerador seria o único elemento com capacidade de distinguir as três espécies tributárias. Entre os adeptos desta teoria, é possível identificar Paulo de Barros Carvalho[4], Roque Antonio Carrazza[5] e Amilcar de Araújo Falcão[6].

Uma terceira teoria, denominada *Tetrapartite*, afirmará que o tributo é dividido em quatro espécies tributárias. Ocorre que, a classificação não é uníssona na doutrina. Hugo de Brito Machado, por exemplo, identifica os impostos, as taxas, a contribuição de melhoria e as contribuições sociais como espécies tributárias, afastando da classificação o empréstimo compulsório por ser restituível e sua receita não ingressar de forma definitiva nos cofres públicos. Em suas palavras:

> No plano de uma Teoria Geral do Direito, o empréstimo compulsório não é tributo. Ele não é uma receita pública, no sentido de ingresso sem correspondente no passivo. Toda vez que o Estado recebe uma quantia a título de empréstimo compulsório, esse ingresso de dinheiro aumenta a disponibilidade, mas aumenta em igual montante a dívida.[7]

---

2. BECKER, Alfredo Augusto. *Teoria Geral do Direito Tributário*. São Paulo: Saraiva, 1963.
3. XAVIER, Alberto. *Manual de direito fiscal*. Vol. I. Lisboa: FDUL, 1974, p. 42.
4. CARVALHO, Paulo Barros. *Curso de direito Tributário*. São Paulo: Saraiva, 1995.
5. CARRAZZA, Roque Antonio. *Curso de direito constitucional tributário*. 19ª ed. rev. e ampl. São Paulo: Malheiros, 2003.
6. FALCÃO, Amilcar de Araújo. *Fato gerador da obrigação tributária*. 7ª ed. atualizada por Flávio Bauer Novelli. São Paulo: Noeses, 2013, p. 104.
7. MACHADO, Hugo de Brito. *Curso de direito tributário*. 32ª ed. rev., atual. e ampl. São Paulo: Malheiros Editores, 2011, p. 63.

O supracitado doutrinador parece sair em defesa da Súmula nº 418 do Supremo Tribunal Federal[8], mesmo com a perda de sua validade no julgamento do RE 111.954/PR[9]. Sob outro prisma, mas ainda na classificação tetrapartite, Ricardo Lobo Torres leciona que a Constituição Federal de 1988 trouxe várias outras contribuições, inclusive a de melhoria, de sorte que todas as contribuições ficariam em um grupo chamado de *especiais*. Ademais, a Carta Magna também teria dado ao empréstimo compulsório a natureza de tributo pelo *princípio da topografia*. Assim, as espécies tributárias seriam os impostos, as taxas, as contribuições especiais e o empréstimo compulsório[10]. Por fim, uma variação da posição de Ricardo Lobo Torres é a classificação de Luciano Amaro, para quem as espécies tributárias são os impostos, as taxas (incluindo aqui o pedágio e as contribuições de melhoria), as contribuições (parafiscais apenas) e o empréstimo compulsório[11].

A quarta teoria sobre as espécies tributárias é conhecida por *Teoria Pentapartite*, na qual as espécies tributárias são classificadas como impostos, taxas, contribuição de melhoria, empréstimo compulsório e contribuições especiais. É a teoria adotada pela doutrina majoritária[12] e pelo Supremo Tribunal Federal[13], uma vez que os empréstimos compulsórios e as contribuições especiais ostentariam naturezas jurídicas próprias que os distinguem dos impostos, das taxas e das contribuições de melhoria. Convém transcrever os ensinamentos de Ricardo Lodi Ribeiro:

> Feitas essas considerações, é forçoso reconhecer a existência de cinco espécies tributárias: impostos, taxas, contribuições de melhoria, contribuições parafiscais (ou especiais) e empréstimo compulsório. As três primeiras têm sua natureza definida pelo fato gerador, e as duas últimas pela destinação legal do produto de arrecadação.[14]

---

8. Súmula nº 418. O empréstimo compulsório não é tributo, e sua arrecadação não está sujeita à exigência constitucional da prévia autorização orçamentária.
9. Em sua 25ª edição (2004), Hugo de Brito Machado se filiava à corrente pentapartite. Sua alteração de posicionamento foi identificada por Ricardo Lodi Ribeiro. Vide: RIBEIRO, Ricardo Lodi. *Tributos (teoria geral e espécies)*. Niterói: Impetus, 2013, p. 10, nota de rodapé nº 28.
10. TORRES, Ricardo Lobo. *Curso de direito financeiro e tributário*. 8. ed. Rio de Janeiro: Renovar, 2001.
11. AMARO, Luciano. *Direito tributário brasileiro*. 19ª ed. São Paulo: Saraiva, 2013, p. 103.
12. Por todos: PAULSEN, Leandro. *Curso de direito tributário completo*. 8ª ed. rev. e atual. São Paulo: Saraiva, 2017, p. 47.
13. Empréstimos Compulsórios (RE nº 111.954/PR) e Contribuições Especiais (AI-AgR nº 658.576/RS, AI-AgR nº 679.355/RS e RE nº 1.467.339/SP – este último sobre o caso da CSLL).
14. RIBEIRO, Ricardo Lodi. Op. cit., p. 16.

Por fim, é importante mencionar que a edição da Emenda Constitucional nº 39/2002 instituiu na Constituição Federal a Contribuição para o Serviço de Custeio de Iluminação Pública (CIP ou COSIP)[15]. Em que pese não existir tantos adeptos, há vozes no sentido de reconhecer uma *Teoria Hexapartite* acerca das espécies tributárias com a inclusão desta nova contribuição[16].

3. A NATUREZA JURÍDICA DOS IMPOSTOS E DAS CONTRIBUIÇÕES ESPECIAIS

Considerando a teoria encampada pelo Supremo Tribunal Federal (*teoria pentapartite*), para o desenvolvimento do presente trabalho, será importante discorrer sobre a natureza jurídica do tributo definida pelo fato gerador da obrigação tributária, bem como acerca da destinação legal do produto de arrecadação. Com isso, será possível identificar as diferenças entre as espécies tributarias *impostos* e *contribuições especiais* e, posteriormente, analisar como a Desvinculação das Receitas da União (DRU) afeta a repartição constitucional.

A primeira figura a ser analisada é o imposto. O imposto é a principal espécie tributária, porque tal tributo garante ao Estado não só a arrecadação para o custeio da segurança, da saúde e da educação pública (fiscalidade), como serve de instrumento regulatório, seja para estimular ou desestimular determinado comportamento (extrafiscalidade). A sua principal característica é o fato de se tratar de tributo não vinculado, ou seja, tributo que não requer uma contraprestação do Estado. Significa dizer que a incidência de um imposto dependerá tão somente de uma atuação do contribuinte que faça nascer o fato gerador da obrigação tributária ou, em outras palavras, que se subsuma à regra matriz de incidência tributária. Como exemplos, é possível citar o cidadão que: adquira um veículo automotor e se torne proprietário do

15. Art. 149-A. Os Municípios e o Distrito Federal poderão instituir contribuição, na forma das respectivas leis, para o custeio do serviço de iluminação pública, observado o disposto no art. 150, I e III. (Incluído pela Emenda Constitucional nº 39, de 2002).

16. Eduardo Sabbag afirma que *"ad argumentandum, há até quem defenda que, com o advento da Emenda Constitucional n. 39/2002, que trouxe à baila a Contribuição para o Serviço de Custeio de Iluminação Pública (CIP ou COSIP), de competência privativa dos Municípios e Distrito Federal, consoante o art. 149-A da CF, passou a viger uma nova concepção classificatória dos tributos: a teoria hexapartida, dada a singularidade do tributo ora surgido, não confundível com as demais exações (...)"*. SABBAG, Eduardo. *Manual de direito tributário*. 5ª ed. São Paulo: Saraiva, 2013, p. 408.

mesmo (IPVA); preste algum serviço elencado na lista anexa à Lei Complementar nº 116/03 (ISS); promova a circulação de mercadorias com habitualidade e em volume (ICMS); importe algum produto estrangeiro ou exporte um produto nacional ou nacionalizado (II ou IE); transfira um imóvel, através de um contrato de compra e venda, mediante preço justo (ITBI); dentre outros.

Não obstante, as receitas auferidas com a incidência do imposto não são vinculadas ou afetadas a nenhum fundo, órgão ou despesa, por expressa vedação constitucional, excetuando as situações expressamente elencadas[17]. Em contrapartida, as contribuições especiais são dotadas de um elemento diferenciador que as tornam uma espécie tributária autônoma aos impostos: a destinação legal do produto de arrecadação. Diferentemente dos impostos, as contribuições especiais têm suas receitas afetadas a determinada finalidade. Ocorre que a destinação legal do produto de arrecadação esbarra no preceito do Código Tributário Nacional, que assim dispõe:

> Art. 4º. A natureza jurídica específica do tributo é determinada pelo fato gerador da respectiva obrigação, sendo irrelevantes para qualificá-la:
>
> II - a destinação legal do produto da sua arrecadação.

Na dicção do Código Tributário Nacional, em tese, a destinação legal do produto de arrecadação seria irrelevante para qualificar a natureza jurídica do tributo, representando o fato gerador da obrigação tributária como o único elemento hábil a distinguir as espécies de tributos. Todavia, é necessário compreender que o Código Tributário Nacional é anterior à Constituição Federal de 1988 e que a recepção de tal diploma deve se submeter ao novo texto constitucional. Nesse sentido, o Constituinte de 1988 teria eleito um novo critério para diferenciar as espécies tributárias, consubstanciado exatamente na destinação legal do produto de arrecadação. Segundo Ricardo Lodi Ribeiro:

---

17. Art. 167, da CF. São vedados:

    V - a vinculação de receita de impostos a órgão, fundo ou despesa, ressalvadas a repartição do produto da arrecadação dos impostos a que se referem os arts. 158 e 159, a destinação de recursos para as ações e serviços públicos de saúde, para manutenção e desenvolvimento do ensino e para realização de atividades da administração tributária, como determinado, respectivamente, pelos arts. 198, § 2º, 212 e 37, XXII, e a prestação de garantias às operações de crédito por antecipação de receita, previstas no art. 165, § 8º, bem como o disposto no § 4º deste artigo.

> A despeito de toda essa controvérsia, somos de opinião de que todas essas correntes partiram do pressuposto de que o núcleo do fato gerador é o único elemento para a distinção entre as espécies tributárias. Tal conclusão quase sempre derivou do art. 4º do CTN, que estabelece que o fato gerador é único elemento a ser considerado, sendo a destinação legal do produto de arrecadação irrelevante. Vale lembrar que o referido dispositivo legal é fruto do esforço doutrinário para destacar a importância do fato gerador em relação ao destino da arrecadação, tão bem sintetizado na famosa afirmação de Amilcar de Araújo Falcão, de que a destinação da arrecadação tributária era "mera providência de tesouraria", estranha, portanto, ao Direito Tributário. Tal esforço encontrou apoio decisivo nas lições de A.D. Giannini na busca de um critério jurídico para distinguir as espécies tributárias e superar a antiga prática de classificar os tributos destinados a despesas genéricas como imposto e aqueles afetados a uma despesa específica como taxa.
>
> Porém, é forçoso reconhecer que a utilidade das classificações jurídicas reside na vantagem quanto à produção de efeitos que uma categoria oferece ao intérprete em relação à outra, o que em relação às espécies tributárias, é benefício que só pode ser mensurado de acordo com o ordenamento positivo de cada país, que deve estabelecer os contornos de cada uma dessas segmentações do gênero *tributo*.
>
> No nosso caso, se os arts. 4º e 5º do CTN estabeleciam a tricotomia baseada na irrelevância do exame da destinação legal do produto da arrecadação, cumpre notar o que é Constituição de 1988 estabeleceu as contribuições do art. 149 que, se não são novidades no direito comparado, apresentaram-se em dimensão e contorno jamais imaginados até então. O nosso Texto Maior destaca que as contribuições parafiscais são instituídas como instrumento de atuação da União nas áreas social, de intervenção no domínio econômico e no interesse das categorias profissionais. Nota-se que a finalidade na sua arrecadação é essencial à sua existência. É o que vai distinguir tais tributos de outros cuja natureza nos é dada pela vinculação do fato gerador com a atividade estatal. Aqui não. O vínculo não está no núcleo do fato gerador, mas na finalidade dos recursos. Assim, parece óbvio que a Constituição de 1988 deu relevância tributária à destinação legal do produto de arrecadação. O mesmo se dá no empréstimo compulsório que, nos termos do art. 148, será instituído para fazer frente às despesas urgentes que deram origem à sua criação.[18]

Dessa forma, à luz da Constituição Federal de 1988, o artigo 4º, II, do Código Tributário Nacional deve ser interpretado sistematicamente com o artigo 5º do mesmo diploma, no sentido de que a destinação legal do produto de arrecadação é irrelevante apenas na determinação da na-

18. RIBEIRO, Ricardo Lodi. Op. cit., p. 11-12.

tureza jurídica específica dos impostos, das taxas e das contribuições de melhoria. Em outras palavras, a destinação legal do produto de arrecadação sempre será relevante na determinação do empréstimo compulsório e das contribuições especiais.

É evidente que o elemento *destinação legal do produto de arrecadação* traz consigo outras peculiaridades, sobretudo para as contribuições especiais. Entre tais particularidades, é possível identificar o *critério finalístico* das contribuições especiais, segundo o qual a mera destinação legal específica e a previsão orçamentária não bastam para validar a cobrança destes espécie tributária. A validação constitucional da citada exação exige a denominada *referibilidade de grupo* entre os contribuintes afetados (coletividade) e a finalidade estatal a ser financiada. A *finalidade* seria o sexto aspecto do fato gerador[19].

Ressalte-se que a ponderação entre a justiça comutativa (custo-benefício) e a justiça distributiva (solidariedade social) representa uma dimensão transindividual indivisível, na qual pessoas estranhas ao grupo não são atingidas. Daí a razão pela qual se afirma que as contribuições especiais se baseiam no *custo-benefício coletivo* e na *solidariedade de grupo*.

Estabelecidas as diferenças entre os impostos e as contribuições especiais, passa-se a análise da desvinculação das receitas destas últimas, bem como a repercussão jurídica advinda de tal desafetação.

4. A REVINCULAÇÃO DAS RECEITAS DA SEGURIDADE SOCIAL E A INCONSTITUCIONALIDADE DA EMENDA CONSTITUCIONAL Nº 103/2019

A revinculação das receitas das contribuições sociais destinadas ao custeio da seguridade social, oriunda da Emenda Constitucional nº 103/2019, que incluiu o § 4º ao artigo 76 do Ato das Disposições Constitucionais Transitórias, afetou o Sistema de Desvinculação de Receitas da União (DRU), instaurado pelas Emendas Constitucionais n°s. 27/2000, 42/2003, 56/2007, 59/2009, 68/2011 e 93/2016. A norma veiculada

19. *"(...) Os fatos geradores dos tributos em geral apresentam cinco aspectos: subjetivo, material (núcleo), espacial, temporal e quantitativo. Porém, nas contribuições parafiscais há um sexto aspecto: a finalidade, justificada pela subordinação dessa subespécie tributária à solidariedade de grupo, manifestação da capacidade contributiva baseada na ponderação da justiça comutativa (custo-benefício) com a justiça distributiva (solidariedade social)".* RIBEIRO, Ricardo Lodi. Op. cit., p. 54.

nas cinco primeiras emendas promoveu a desafetação provisória de vinte por cento da arrecadação da União relativa às contribuições especiais, mais especificamente às contribuições sociais e de intervenção no domínio econômico.

Algumas vozes na doutrina já se debruçaram sobre o tema e assentaram que a desvinculação de receitas das contribuições acaba por provocar um *descumprimento de critério finalístico*, de modo que o sexto aspecto do fato gerador (a *finalidade*) deixa de ser observado. Precisas são as palavras de Luís Cesar Souza de Queiroz:

> A expressão "descumprimento do critério finalístico" representa toda a situação reveladora de que o destino conferido ao produto da arrecadação das contribuições especiais não atendeu à especial finalidade informada pela Constituição (destinação constitucional específica) e determinada pela lei tributária (destinação legal específica). (...)[20]

Nessa linha, há quem defenda na doutrina que a desvinculação das receitas das contribuições prejudicaria o atendimento a direitos fundamentais de segunda e terceira dimensões[21]. Já outros afirmam que a desafetação viola direitos e garantias individuais dos contribuintes[22] ou o próprio princípio federativo[23]. Para Luís Cesar Souza de Queiroz, o fenômeno da desvinculação transforma as contribuições especiais em *impostos disfarçados*, acarretando a não participação dos demais entes federativos (Estados, Distrito Federal e Municípios) no produto da res-

---

20. QUEIROZ, Luís Cesar Souza de. Critério finalístico e o controle de constitucionalidade das contribuições. In: MACEDO, Alberto (*et al.*). *Congresso Nacional de Estudos Tributários – Sistema Tributário Brasileiro e a Crise Atual.* 6º Vol. São Paulo: Noeses, 2009, p. 649.

21. Por todos, vide: SCAFF, Fernando Facury. Direitos Humanos e a Desvinculação das Receitas da União – DRU. In: *Revista de Direito Administrativo* nº 236. Rio de Janeiro: Renovar, Abr./Jun. 2004, p. 33-50. Diferentemente de Scaff, que utilizou o termo "gerações", optamos por utilizar o termo "dimensões". O termo "dimensões" é utilizado no sentido proposto por Ingo Wolfgang Sarlet e Paulo Bonavides ao tratar dos direitos fundamentais, revelando a existência de um processo quantitativo e cumulativo, e não excludente de direitos. Sobre a utilização dos termos "dimensões" e "gerações", vide as obras: SARLET, Ingo Wolfgang. *A Eficácia dos Direitos Fundamentais.* 8ª ed. Porto Alegre: Livraria do Advogado, 2007, p. 55; BONAVIDES, Paulo. *Curso de Direito Constitucional.* 19ª ed. São Paulo: Editora Malheiros, 2006, p. 563.

22. TOMÉ, Fabiana Del Padre. *Contribuições para a Seguridade Social.* Curitiba: Editora Juruá, 2002; BARRETO, Paulo Ayres. As contribuições sociais e a tredestinação de seus recursos. *Revista de Direito Tributário.* Vol. 88. 2003, p. 185-191.

23. OLIVEIRA, José Marcos Domingues de. Contribuições sociais, desvio de finalidade e a dita reforma da previdência social. *Revista Dialética de Direito Tributário.* Vol. 108. São Paulo: 2004, p. 123-138.

pectiva arrecadação a qual lhes competia. Pela importância da afirmação, transcrevam-se suas lições:

> Neste caso, preconiza-se que a desvinculação transformaria as contribuições especiais em ***impostos disfarçados***, com relação aos quais os demais entes constitucionais não participam do produto da respectiva arrecadação. Desse modo, a União, ao criar ou aumentar as contribuições especiais desvinculadas, não precisa repartir com os Estados, o Distrito Federal e os Municípios o respectivo produto de arrecadação, diversamente do que ocorreria se tivesse majorado os impostos referentes a sua competência ordinária (art. 153 c/c arts. 157 e 158 da Constituição) ou se tivesse instituído os denominados impostos residuais (art. 154, I c/c art. 157, II, da Constituição).[24]

Acerca dessa mutação das contribuições em impostos, quando o percentual a ser desvinculado ainda era vinte por cento, leciona novamente Ricardo Lodi Ribeiro:

> Caracterizando-se pela destinação legal do produto arrecadado, que a diferencia dos impostos e das taxas cujos fatos geradores são por ela utilizados, a contribuição parafiscal deixa de existir como tal quando o próprio ordenamento jurídico promove a desafetação, como ocorre com a Desvinculação das Receitas da União (DRU), implementada pelo art. 76 do ADCT com redação dada pelas Emendas Constitucionais nos 27/2000, 42/2003, 56/2007, 59/2009 e 68/2011. Tal disciplina constitucional promoveu a desvinculação provisória de vinte por cento das receitas da União em relação às suas finalidades constitucionais, inclusive no que se refere às contribuições parafiscais. A consequência dessa desafetação constitucional é a mutação de vinte por cento do montante dessas contribuições em impostos ou taxas, conforme o fato gerador adotado. É que a contribuição parafiscal sem destinação específica não é contribuição, mas imposto ou taxa. (...)[25]

Resta claro que a desvinculação do produto de arrecadação retira da contribuição o seu elemento diferenciador em relação aos demais tributos, transformando o montante desafetado em verdadeiro imposto disfarçado. Dessa forma, os entes periféricos ficam à mercê da dissimulação do ente central. Em outras palavras, a União não está obrigada a repartir o que auferiu, uma vez que a Constituição Federal apenas determina a divisão do produto de arrecadação angariado com seus impostos privativos (artigo 153 da Carta Magna) e não com suas demais espécies

---

24. QUEIROZ, Luís Cesar Souza de. Op. cit., p. 661.
25. RIBEIRO, Ricardo Lodi. Op. cit., p. 51-52.

tributárias, entre elas as contribuições. Perceba que a existência dogmática de contribuições, que na verdade são impostos disfarçados, vai de encontro ao estabelecido no artigo 159, I e III, da Constituição da República, que assim dispõe:

> Art. 159. A União entregará:
>
> I - do produto da arrecadação dos impostos sobre renda e proventos de qualquer natureza e sobre produtos industrializados, 49% (quarenta e nove por cento), na seguinte forma:
>
> a) vinte e um inteiros e cinco décimos por cento ao Fundo de Participação dos Estados e do Distrito Federal;
>
> b) vinte e dois inteiros e cinco décimos por cento ao Fundo de Participação dos Municípios;
>
> c) três por cento, para aplicação em programas de financiamento ao setor produtivo das Regiões Norte, Nordeste e Centro-Oeste, através de suas instituições financeiras de caráter regional, de acordo com os planos regionais de desenvolvimento, ficando assegurada ao semi-árido do Nordeste a metade dos recursos destinados à Região, na forma que a lei estabelecer;
>
> d) um por cento ao Fundo de Participação dos Municípios, que será entregue no primeiro decêndio do mês de dezembro de cada ano;
>
> e) 1% (um por cento) ao Fundo de Participação dos Municípios, que será entregue no primeiro decêndio do mês de julho de cada ano;
>
> III - do produto da arrecadação da contribuição de intervenção no domínio econômico prevista no art. 177, § 4º, 29% (vinte e nove por cento) para os Estados e o Distrito Federal, distribuídos na forma da lei, observada a destinação a que se refere o inciso II, *c*, do referido parágrafo.

Posto isso, convém transcrever o artigo 76 do Ato das Disposição Constitucionais Transitórias, alterado pela última emenda (Emenda Constitucional nº 93/2016):

> Art. 76. São desvinculados de órgão, fundo ou despesa, até 31 de dezembro de 2023, 30% (trinta por cento) da arrecadação da União relativa às contribuições sociais, sem prejuízo do pagamento das despesas do Regime Geral da Previdência Social, às contribuições de intervenção no domínio econômico e às taxas, já instituídas ou que vierem a ser criadas até a referida data. (Redação dada pela Emenda constitucional nº 93, de 2016)
>
> § 1º. (Revogado). (Redação dada pela Emenda constitucional nº 93, de 2016)
>
> § 2°. Excetua-se da desvinculação de que trata o caput a arrecadação da contribuição social do salário-educação a que se refere o § 5º do art. 212 da Constituição Federal. (Redação dada pela Emenda Constitucional nº 68, de 2011).

> § 3º. (Revogado). (Redação dada pela Emenda constitucional nº 93, de 2016)
>
> § 4º. A desvinculação de que trata o caput não se aplica às receitas das contribuições sociais destinadas ao custeio da seguridade social.

A Emenda Constitucional nº 93/2016 majorou de vinte para trinta por cento o percentual a ser desvinculado provisoriamente das contribuições sociais e de intervenção no domínio econômico (CIDE) até 31 de dezembro de 2023. Ambas as contribuições (sociais e de intervenção no domínio econômico) estão inseridas na espécie contribuições especiais (ou parafiscais).

Com efeito, as contribuições sociais ainda podem ser divididas em *contribuições da seguridade social* e *contribuições sociais gerais*. O primeiro subgrupo trata daquelas contribuições que visam financiar a Seguridade Social, compreendida pela Saúde, Previdência Social e Assistência Social. As contribuições sociais para o financiamento da seguridade social estão elencadas no artigo 195 da Constituição Federal, nos seguintes termos:

> Art. 195. A seguridade social será financiada por toda a sociedade, de forma direta e indireta, nos termos da lei, mediante recursos provenientes dos orçamentos da União, dos Estados, do Distrito Federal e dos Municípios, e das seguintes contribuições sociais: (Vide Emenda Constitucional nº 20, de 1998)
>
> I - do empregador, da empresa e da entidade a ela equiparada na forma da lei, incidentes sobre: (Redação dada pela Emenda Constitucional nº 20, de 1998)
>
> a) a folha de salários e demais rendimentos do trabalho pagos ou creditados, a qualquer título, à pessoa física que lhe preste serviço, mesmo sem vínculo empregatício; (Incluído pela Emenda Constitucional nº 20, de 1998)
>
> b) a receita ou o faturamento; (Incluído pela Emenda Constitucional nº 20, de 1998)
>
> c) o lucro; (Incluído pela Emenda Constitucional nº 20, de 1998)
>
> II - do trabalhador e dos demais segurados da previdência social, podendo ser adotadas alíquotas progressivas de acordo com o valor do salário de contribuição, não incidindo contribuição sobre aposentadoria e pensão concedidas pelo Regime Geral de Previdência Social; (Redação dada pela Emenda Constitucional nº 103, de 2019)
>
> III - sobre a receita de concursos de prognósticos.
>
> IV - do importador de bens ou serviços do exterior, ou de quem a lei a ele equiparar. (Incluído pela Emenda Constitucional nº 42, de 19.12.2003)

Pela leitura do dispositivo, constata-se que a CSLL e as contribuições à COFINS e ao PIS estão entre as principais contribuições sociais que financiam a Seguridade Social. Já o subgrupo das contribuições sociais gerais tem como fundamento o artigo 149 da Constituição Federal e tem a destinação social como uma característica semelhante à das contribuições da seguridade social. Todavia, o que as diferenciam é o fato de as contribuições sociais gerais ostentarem uma abertura maior no que tange ao seu fato gerador, base de cálculo, contribuintes e destinação legal do produto de arrecadação[26]. Entre os exemplos, é possível citar o salário-educação e as contribuições ao Sistema S[27] como pertencentes às contribuições sociais gerais.

Já as contribuições de intervenção no domínio econômico têm por objetivo estimular ou desestimular determinado comportamento no âmbito da Ordem Econômica, com vista à realização dos princípios estampados no artigo 170 da Constituição Federal. Sobre a intervenção no domínio econômico, cumpre destacar os ensinamentos de Luís Eduardo Schoueri:

> O que é intervir sobre o domínio econômico? Intervir sobre o domínio econômico significa, num sentido negativo, corrigir distorções do mercado. Por exemplo, quando há empresas formando um monopólio, pode-se fazer uma intervenção para criar concorrência, para gerar novos agentes no mercado. É uma intervenção do Estado que almeja corrigir falhas do mercado. Por outro lado, muitas vezes a intervenção sobre o domínio econômico também ocorrerá positivamente, para concretizar objetivos da própria Constituição. No art. 170 deste diploma, nós encontramos objetivos de atuação positiva do Estado, como, por exemplo, erradicar desigualdades regionais, diminuir as desigualdades sociais, promover a microempresa, garantir a soberania nacional, assegurar o exercício da função social da propriedade. (...) Em ambos os casos, surgida a necessidade de intervenção do Estado sobre o domínio econômico, aparece a possibilidade da cobrança de uma CIDE.[28]

---

26. Para maior esclarecimento, recomenda-se a leitura de: RIBEIRO, Ricardo Lodi. Op. cit., p. 60-61.

27. São contribuições do Sistema S: Serviço Nacional de Aprendizagem Rural (SENAR), Serviço Nacional de Aprendizagem do Comércio (SENAC), Serviço Social do Comércio (SESC), Serviço Nacional de Aprendizagem do Cooperativismo (SESCOOP), Serviço Nacional de Aprendizagem Industrial (SENAI), Serviço Social da Indústria (SESI), Serviço Social de Transporte (SEST) e Serviço Nacional de Aprendizagem do Transporte (SENAT). Urge salientar que a contribuição ao Serviço Brasileiro de Apoio às Micro e Pequenas Empresas (SEBRAE) foi considerada como contribuição de intervenção no domínio econômico pelo Supremo Tribunal Federal (STF – RE nº 396.266/SC, Rel. Min. Carlos Velloso, Pleno, DJU 27/02/2004), uma vez que sua destinação não estava relacionada a finalidades sociais, mas ao apoio de micro e pequenas empresas.

28. SCHOUERI, Luís Eduardo. Exigências da CIDE sobre royalties e assistência técnica ao exterior. *Revista de Estudos Tributários* nº 37/144, jun./04.

Inclusive, a intervenção deve ser pontual, limitada a determinado segmento econômico, sob pena de se desvirtuar da própria natureza jurídica da CIDE, conforme elucida Marco Aurélio Greco:

> A intervenção supõe a ideia de provimento pontual, circunscrito a uma determinada área, setor, segmento da atividade econômica, que apresente características que a justifiquem. (...) Relevante é deixar claro que um dos parâmetros da instituição da contribuição é a definição de uma parcela do domínio econômico, que atuará como critério de circunscrição da sua aplicação, inclusive no que se refere aos respectivos contribuintes. Contribuição de intervenção que atinja universo que abrange todos, independente do setor em que atuem, até poderá ser contribuição, mas certamente não será mais "de intervenção".[29]

Retornando-se a análise do artigo 76 do Ato das Disposições Constitucionais Transitórias, com redação dada pela Emenda Constitucional nº 93/2016, verifica-se que trinta por cento da arrecadação da União relativa às contribuições sociais e às de intervenção no domínio econômico (CIDE) foram desvinculadas de sua finalidade constitucional. Sob esse prisma, convém destacar o que se convencionou denominar de *norma constitucional inconstitucional*. A expressão revela aquelas situações em que emendas constitucionais são editadas, mediante processo legislativo especial, e quando da sua promulgação, são identificados aspectos relacionados à inconstitucionalidade, sobretudo quando há ofensa ao núcleo rígido da Constituição originária. Transcrevam-se as palavras de Flávio Bauer Novelli:

> Observe-se, por primeiro, que não parece subsista, a esta altura, dúvida razoável quanto a um aspecto preliminar da questão, isto é: quanto à possibilidade de, em tese, vir uma norma constitucional a ser objeto do juízo de constitucionalidade. Com efeito (e aliás, já se pode desunir de simples leitura do art. 60, § 4º, da Lei Fundamental), tem-se por ponto pacífico, assim na teoria como na prática, que também tais normas - quer dizer, especificamente as normas formuladas mediante o procedimento legislativo especial de emenda à Constituição - enquanto contrastem, inclusive materialmente, com outras determinadas normas constitucionais (as integrantes do denominado "núcleo intangível" da Constituição), podem ser, também elas, "inconstitucionais", e constituir, assim, objeto de argüição de inconstitucionalidade, seja por via incidental, seja, como no caso, por via principal. Aliás, se dúvida ainda houvesse quanto ao ponto, estaria ela já agora desfeita. Que tais normas se sujeitam ao controle de constitucionalidade é justamente o que vem de reco-

29. GRECO, Marco Aurélio. *Contribuições de intervenção no domínio econômico e figuras afins*. São Paulo: Dialética, 2001, p. 16-17.

> nhecer, de forma explícita, o Supremo Tribunal Federal, ao assentar, na própria ementa da decisão ora comentada, a título de premissa: "Uma Emenda Constitucional, emanada, portanto, de Constituinte derivada, incidindo em violação à Constituição originária, pode ser declarada inconstitucional, pelo Supremo Tribunal Federal, cuja função precípua é de guarda da Constituição (art. 102, I, a, da C.F.)".[30]

Com efeito, o Supremo Tribunal Federal já se manifestou sobre a possibilidade de se declarar a inconstitucionalidade de emendas constitucionais, quando do julgamento da ADI nº 939/DF[31]. Pela importância do julgado, colaciona-se sua ementa:

> Direito Constitucional e Tributário. Ação Direta de Inconstitucionalidade de Emenda Constitucional e de Lei Complementar. I.P.M.F. Imposto Provisório sobre a Movimentação ou a Transmissão de Valores e de Créditos e Direitos de Natureza Financeira - I.P.M.F. Artigos 5., par. 2., 60, par. 4., incisos I e IV, 150, incisos III, "b", e VI, "a", "b", "c" e "d", da Constituição Federal.
>
> 1. Uma Emenda Constitucional, emanada, portanto, de Constituinte derivada, incidindo em violação a Constituição originaria, pode ser declarada inconstitucional, pelo Supremo Tribunal Federal, cuja função precípua e de guarda da Constituição (art. 102, I, "a", da C.F.).
>
> 2. A Emenda Constitucional n. 3, de 17.03.1993, que, no art. 2., autorizou a União a instituir o I.P.M.F., incidiu em vício de inconstitucionalidade, ao dispor, no parágrafo 2. desse dispositivo, que, quanto a tal tributo, não se aplica "o art. 150, III, "b" e VI", da Constituição, porque, desse modo, violou os seguintes princípios e normas imutáveis (somente eles, não outros): 1. - o princípio da anterioridade, que e garantia individual do contribuinte (art. 5., par. 2., art. 60, par. 4., inciso IV e art. 150, III, "b" da Constituição); 2. - o princípio da imunidade tributária reciproca (que veda a União, aos Estados, ao Distrito Federal e aos Municípios a instituição de impostos sobre o patrimônio, rendas ou serviços uns dos outros) e que e garantia da Federação (art. 60, par. 4., inciso I,e art. 150, VI, "a", da C.F.); 3. - a norma que, estabelecendo outras imunidades impede a criação de impostos (art. 150, III) sobre: "b"): templos de qualquer culto; "c"): patrimônio, renda ou serviços dos partidos políticos, inclusive suas fundações, das entidades sindicais dos trabalhadores, das instituições de educação e de assistência social, sem fins lucrativos, atendidos os requisitos da lei; e "d"): livros, jornais, periódicos e o papel destinado a sua impressão.

---

30. NOVELLI, Flávio Bauer. Norma Constitucional Inconstitucional? A propósito do art. 2º, § 2º, da Emenda Constitucional nº 3/93. *Revista de Direito Administrativo*. Rio de Janeiro, jan./mar. 1995, p. 23.

31. Rel. Min. Sydney Sanches, Tribunal Pleno, DJ 18/03/1994.

> 3. Em consequência, e inconstitucional, também, a Lei Complementar n. 77, de 13.07.1993, sem redução de textos, nos pontos em que determinou a incidência do tributo no mesmo ano (art. 28) e deixou de reconhecer as imunidades previstas no art. 150, VI, "a", "b", "c" e "d" da C.F. (arts. 3., 4. e 8. do mesmo diploma, L.C. n. 77/93).
>
> 4. Ação Direta de Inconstitucionalidade julgada procedente, em parte, para tais fins, por maioria, nos termos do voto do Relator, mantida, com relação a todos os contribuintes, em caráter definitivo, a medida cautelar, que suspendera a cobrança do tributo no ano de 1993.

Estabelecida a premissa acima e considerando que o tema já foi exaustivamente debatido pela doutrina, a desvinculação de receitas da União é inconstitucional, pois não só ofende o sistema de repartição de receitas, como atenta contra o *Princípio Federativo*, na condição de cláusula pétrea[32]. Isso porque, primeiro, o artigo 159, III, da Constituição Federal, estabelece que vinte e nove por cento do produto de arrecadação da contribuição de intervenção no domínio econômico, prevista no artigo 177, § 4º (CIDE-Combustíveis) deverá ser entregue aos Estados e ao Distrito Federal, cuja finalidade é assegurar o financiamento a programas de infraestrutura de transportes. Tangenciando o tema, o Supremo Tribunal Federal já teve a oportunidade de analisar a natureza exaustiva da destinação do produto, quando a lei complementar orçamentária não contemple a finalidade constitucional e legal do tributo. Colacione-se a ementa da decisão proferida na ADI nº 2.925/DF[33]:

> PROCESSO OBJETIVO - AÇÃO DIRETA DE INCONSTITUCIONALIDADE - LEI ORÇAMENTÁRIA. Mostra-se adequado o controle concentrado de constitucionalidade quando a lei orçamentária revela contornos abstratos e autônomos, em abandono ao campo da eficácia concreta. LEI ORÇAMENTÁRIA - CONTRIBUIÇÃO DE INTERVENÇÃO NO DOMÍNIO ECONÔMICO - IMPORTAÇÃO E COMERCIALIZAÇÃO DE PETRÓLEO E DERIVADOS, GÁS NATURAL E DERIVADOS E ÁLCOOL COMBUSTÍVEL - CIDE - DESTINAÇÃO - ARTIGO 177, § 4º, DA CONSTITUIÇÃO FEDERAL. É inconstitucional interpretação da Lei Orçamentária nº 10.640, de 14 de janeiro de 2003, que implique abertura de crédito suplementar em rubrica estranha à destinação do que arrecadado a partir do disposto no § 4º do artigo 177 da Constituição Federal, ante a natureza exaustiva das alíneas "a", "b" e "c" do inciso II do citado parágrafo.

---

32. Art. 60, § 4º. Não será objeto de deliberação a proposta de emenda tendente a abolir:
I - a forma federativa de Estado.

33. Rel. Min. Ellen Gracie, Rel. p/ acórdão: Min. Marco Aurélio, Tribunal Pleno, DJ 04/03/2005.

Se a aplicação dos recursos da CIDE-Combustíveis em finalidades estranhas às estabelecidas pelo rol exaustivo da Constituição Federal viola o preceito tratado em seu artigo 177, § 4º, tal raciocínio deve também ser aplicado quando esta mesma finalidade não é observada quando do confronto com o artigo 159, III, segundo o qual vinte e nove por cento do produto de arrecadação deve ser entregue aos Estados e ao Distrito Federal, desde que observada a destinação a que se refere o inciso II, alínea "c" , do já referido § 4º do artigo 177. Ou seja, ante a natureza exaustiva das alíneas "a", "b" e "c" do inciso II do § 4º do artigo 177, é inconstitucional a interpretação de norma – no caso, o artigo 76 do Ato das Disposições Constitucionais Transitórias – que autorize a União a deixar de promover o repasse da contribuição, desvirtuando a finalidade em assegurar o financiamento a programas de infraestrutura de transportes dos Estados e do Distrito Federal e ofendendo o *Pacto Federativo*.

Não obstante, a norma prevista no artigo 76 do Ato das Disposições Constitucionais Transitórias, com redação dada pela Emenda Constitucional nº 93/2016, também viola o disposto no artigo 159, I, da Constituição Federal, segundo o qual a União está obrigada a entregar quarenta e nove por cento do produto da arrecadação do imposto sobre a renda e proventos de qualquer natureza. A desvinculação das receitas das contribuições sociais, em especial às pertencentes ao subgrupo das contribuições da seguridade social (CSLL, COFINS e PIS), aproxima o percentual desafetado à natureza jurídica do imposto de renda. Mais uma vez, destaquem-se as ponderações de Ricardo Lodi Ribeiro:

> A CSLL tem as mesmas características do imposto de renda, já que nada mais é do que um tributo sobre a renda afetado à seguridade social. (...) Sua parafiscalidade revela-se apenas pela destinação específica à seguridade social, não se fundamentando na solidariedade de grupo, como as verdadeiras contribuições, mas na solidariedade geral dos impostos. (...) Assim, trata-se de verdadeira contribuição anômala ou imposto afetado.[34]
>
> Assim como a Contribuição Social sobre o Lucro Líquido, a COFINS é verdadeira contribuição anômala ou imposto afetado, pois não atende a qualquer preocupação vinculada à solidariedade de grupo.[35]
>
> Assim como a COFINS, o PIS e o PASEP são contribuições de caráter pessoal, direto, fiscal, proporcional e complexivo. As mesmas considerações estabelecidas em relação a COFINS são aqui inteiramente válidas.[36]

34. RIBEIRO, Ricardo Lodi. Op. cit., p. 197-198.
35. Idem, p. 205.
36. Idem, p. 223.

Portanto, a violação ao Pacto Federativo fica novamente evidente. É importante salientar que o Pacto Federativo está relacionado com a autonomia de todos os entes federados, tanto política quanto financeira, de modo que, em um cenário de escassez de recursos para o atendimento das inúmeras demandas sociais contempladas pela Carta Magna, a supressão de receitas públicas, mesmo que oriundas de repasses obrigatórios entre os entes, não pode ser tolerada.

O Estado federal brasileiro se estrutura da seguinte forma: o poder político é exercido por inúmeros entes governamentais, um central e outros tantos periféricos, cabendo a Constituição a atribuição das respectivas competências[37]. Sob essa perspectiva, apenas ao Estado federal é soberano, enquanto os entes da federação são dotados de autonomia. Ocorre que, a autonomia federativa de cada ente corresponde à liberdade de exercer sem embaraços todos os poderes que decorrem do pacto federativo, sendo correto afirmar que a *autonomia política* pressupõe a existência de *autonomia financeira*.

Assim, permitir que a União se valha da desvinculação do produto de arrecadação das contribuições, para que não seja obrigada a repartir suas receitas com os demais entes da federação, a toda evidência, implica em quebra do *Pacto Federativo*. Contudo, há quem entenda que não existe incompatibilidade entre a desvinculação das receitas das contribuições e o pacto federativo, como Alcides Jorge Costa, cuja posição ora se transcreve:

> Há ainda um outro grande problema na Constituição Brasileira, que é o das contribuições. As contribuições sociais estão especificadas na Constituição, podem ser criadas outras, ali já está balizado. O problema são as contribuições de intervenção no domínio econômico. Essas contribuições dogmaticamente são contribuições, está na Constituição que são contribuições. Elas se distinguem pela sua finalidade, não há outro sinal distintivo na Constituição, contribuições de intervenção no domínio econômico para permitir a atuação da União nesse campo.
>
> Então, elas se distinguem apenas pela sua destinação, mais nada. E isto abriu um campo enorme para a criação de contribuições pela União, que, de repente, descobriu o filão e começou a explorá-lo com inten-

37. O uso da expressão "atribuição de competência" confere um certo rigor técnico do que "repartição de competência". Afinal, para Luís Cesar Souza de Queiroz, se a competência já surge demarcada pelo Constituinte, não há uma repartição em si, mas uma verdadeira atribuição. QUEIROZ, Luís Cesar Souza de. Imposto sobre a renda: o conceito constitucional de renda e a recente visão do STF. In: QUEIROZ, Luís Cesar Souza de; GOMES, Marcus Lívio (Org.). *Finanças Públicas, Tributação e Desenvolvimento*. Rio de Janeiro: Freitas Bastos, 2015, p. 245-246.

> sidade. E é até curioso que estas contribuições tenham sido desviadas de sua finalidade constitucional. Houve um desvio, a horas tantas, por uma emenda constitucional, de uma parte da arrecadação para a receita geral. Ficou tudo como estava. Será que estas alterações que se fazem na Constituição, no capítulo tributário, ofendem a Federação? Sem concordar ou discordar do mérito destas emendas, eu entendo que não. A Federação é um modelo organizado. Na verdade, ao que eu saiba, e por tudo que já pude ver, não há duas Federações iguais no mundo, cada uma procura seu modelo. E o Brasil é uma Federação à procura de um modelo desde 1891, e aparentemente – mormente no campo tributário – ainda não descobriu o modelo exato, porque nós temos sistema tributário rígido e uniforme para todo o país, simétrico para todo o país, um país de economia assimétrica, de acordo com as diversas regiões. Só isso já causa algumas dificuldades – ou causa muitas dificuldades! Mas não vamos procurar o exato modelo agora, que isto é tarefa de grande profundidade.
>
> Mas, de qualquer forma, instalou-se esta mentalidade quando se fala em reformas no campo tributário: Entendo que nem o redesenho total do sistema tributário iria mexer com o sistema federativo – desde que, obviamente, assegurado um dos fatores da existência da autonomia dos entes federativos, que é a autonomia financeira.[38]

Como entes menos aquinhoados que a União, a falta de repasse das receitas tributárias aos Estados, Distrito Federal e Municípios pode comprometer sim as suas respectivas autonomias financeiras, sobretudo porque a Constituição atribui aos mesmos um leque reduzido de competências tributárias privativas. E é exatamente para evitar a subordinação dos entes periféricos ao ente central e reduzir eventuais externalidades negativas, que o Constituinte idealizou a repartição das receitas tributárias de alguns impostos de competência privativa da União, a fim de equilibrar as finanças de todos os entes, garantindo-lhes a autonomia necessária.

A novidade trazida pela Emenda Constitucional nº 103/2019, mais conhecida como a Emenda da Reforma Previdenciária, determinou a revinculação das receitas das contribuições sociais destinadas ao custeio da seguridade social, com a consequente reversibilidade de sua anterior desnaturação[39]. Neste contexto, surge o questionamento: a Emenda Constitucional nº 103/2019 é capaz de convalidar as normas veicula-

38. COSTA, Alcides Jorge. Emendas constitucionais e tributação. *Revista de Direito Tributário*, v. 98, 2007, p. 23-24.

39. As contribuições desafetadas deixaram de ser impostos disfarçados para voltarem a ter a natureza jurídica de contribuições propriamente ditas.

das pelas Emendas Constitucionais n°s. 27/2000, 42/2003, 56/2007, 59/2009, 68/2011 e 93/2016 que desafetaram as receitas da União?

Preliminarmente, não se pode olvidar que uma norma inconstitucional, ainda que veiculada por Emenda Constitucional, não tem a aptidão de se tornar constitucional a posteriori, uma vez que os efeitos da inconstitucionalidade é sempre *ex tunc*, retroagindo ao momento de nascimento daquela norma. Não é à toa que o Supremo Tribunal Federal já se debruçou acerca do fato de que o sistema jurídico brasileiro não contempla a figura da *constitucionalidade superveniente*, uma vez que a inconstitucionalidade é vício insanável que não admite convalidação por norma ulterior. Senão vejamos os REs n°s 346.084/PR[40] e 390.840/MG[41], cujas ementas são idênticas:

> CONSTITUCIONALIDADE SUPERVENIENTE - ARTIGO 3º, § 1º, DA LEI Nº 9.718, DE 27 DE NOVEMBRO DE 1998 - EMENDA CONSTITUCIONAL Nº 20, DE 15 DE DEZEMBRO DE 1998. O sistema jurídico brasileiro não contempla a figura da constitucionalidade superveniente. TRIBUTÁRIO - INSTITUTOS - EXPRESSÕES E VOCÁBULOS - SENTIDO. A norma pedagógica do artigo 110 do Código Tributário Nacional ressalta a impossibilidade de a lei tributária alterar a definição, o conteúdo e o alcance de consagrados institutos, conceitos e formas de direito privado utilizados expressa ou implicitamente. Sobrepõe-se ao aspecto formal o princípio da realidade, considerados os elementos tributários. CONTRIBUIÇÃO SOCIAL - PIS - RECEITA BRUTA - NOÇÃO - INCONSTITUCIONALIDADE DO § 1º DO ARTIGO 3º DA LEI Nº 9.718/98. A jurisprudência do Supremo, ante a redação do artigo 195 da Carta Federal anterior à Emenda Constitucional nº 20/98, consolidou-se no sentido de tomar as expressões receita bruta e faturamento como sinônimas, jungindo-as à venda de mercadorias, de serviços ou de mercadorias e serviços. É inconstitucional o § 1º do artigo 3º da Lei nº 9.718/98, no que ampliou o conceito de receita bruta para envolver a totalidade das receitas auferidas por pessoas jurídicas, independentemente da atividade por elas desenvolvida e da classificação contábil adotada.

Nesse sentido, a Emenda Constitucional nº 103/2019 não teve a aptidão de tornar constitucional o artigo 76 do Ato das Disposições Constitucionais Transitórias, com a inclusão do § 4º, que assim determina:

> Art. 76. São desvinculados de órgão, fundo ou despesa, até 31 de dezembro de 2023, 30% (trinta por cento) da arrecadação da União relativa às contribuições sociais, sem prejuízo do pagamento das despesas do

40. Rel. Min. Ilmar Galvão, Rel. p/ acórdão: Min. Marco Aurélio, Tribunal Pleno, J. 01/09/2006.

41. Rel. Min. Marco Aurélio, Tribunal Pleno, J. 15/08/2006.

> Regime Geral da Previdência Social, às contribuições de intervenção no domínio econômico e às taxas, já instituídas ou que vierem a ser criadas até a referida data. (Redação dada pela Emenda constitucional nº 93, de 2016)
>
> § 4º. A desvinculação de que trata o caput não se aplica às receitas das contribuições sociais destinadas ao custeio da seguridade social. (Incluído pela Emenda Constitucional nº 103, de 2019)

Mesmo que a supracitada norma afaste a desvinculação das contribuições sociais da seguridade social (CSLL, COFINS e PIS), não há como convalidar todas as normas anteriores à inclusão do § 4º, tais como as Emendas Constitucionais nos 27/2000, 42/2003, 56/2007, 59/2009, 68/2011 e 93/2016, por se tratar de vício insanável desde a sua origem.

Por todo o exposto, como dogmaticamente a Constituição Federal afirma que as contribuições sociais da seguridade social (CSLL, COFINS e PIS) e a de intervenção no domínio econômico (CIDE-Combustíveis) são contribuições – ainda que não sejam na prática – há burla ao sistema de repartição constitucional de receitas, previsto no artigo 159, I e II, da Carta Magna, e consequentemente ofensa ao Pacto Federativo (artigo 60, § 4º, I, da Carta Magna). Dessa forma, toda desafetação de arrecadação promovida em quase duas décadas não se tornou constitucional com a revinculação das receitas das contribuições sociais destinadas ao custeio da seguridade social, após o advento da Emenda Constitucional nº 103/2019.

5. CONCLUSÃO

Conforme já mencionado neste trabalho, tributo é gênero e cinco são as espécies tributárias reconhecidas pela doutrina majoritária e pela jurisprudência do Supremo Tribunal Federal, quais sejam: impostos, taxas, contribuição de melhoria, empréstimo compulsório e contribuições especiais. Quanto à natureza jurídica dessas espécies tributárias, algumas são determinadas pelo fato gerador da respectiva obrigação tributária (os impostos, as taxas e a contribuição de melhoria), enquanto outras são identificadas pela destinação legal do produto de arrecadação (empréstimo compulsório e contribuições especiais).

Nessa linha, ao comparar os impostos e as contribuições especiais, percebe-se que estas muitas vezes possuem o fato gerador daqueles, representando a finalidade dos recursos (*destinação legal do produto de arrecadação*) o único elemento diferenciador entre ambas as espécies tributárias. Não é à toa que o Sistema de Desvinculação das Receitas da União (DRU), implementada pelo artigo 76 do Ato das Disposições Constitucionais Transitórias, com redação dada pelas Emendas Constitucionais n°s 27/2000, 42/2003, 56/2007, 59/2009, 68/2011 e, mais recente, 93/2016, ao promover a desafetação provisória de parte da arrecadação da União relativa às contribuições sociais e de intervenção no domínio econômico, no atual percentual de trinta por cento, muito foi criticado pela doutrina pátria.

Com efeito, as contribuições sociais são divididas em *contribuições da seguridade social* e *contribuições sociais gerais*. O primeiro subgrupo trata daquelas contribuições que visam financiar a Seguridade Social, compreendida pela Saúde, Previdência Social e Assistência Social, as quais a CSLL, a COFINS e o PIS podem ser identificadas entre as principais; enquanto o segundo subgrupo ostentam uma abertura maior no que tange ao seu fato gerador, base de cálculo, contribuintes e destinação legal do produto de arrecadação, cujos exemplos são o salário-educação e as contribuições ao Sistema S (SENAR, SENAC, SESC, SESCOOP, SENAI, SESI, SEST e SENAT).

Já as contribuições de intervenção no domínio econômico têm por objetivo estimular ou desestimular determinado comportamento no âmbito da Ordem Econômica, com vista à realização dos princípios estampados no Título VII da Carta Magna ressaltando que a intervenção deve ser pontual, limitada a determinado segmento econômico, sob pena de se desvirtuar da própria natureza jurídica da CIDE.

Conforme extensamente abordado, o fenômeno da desvinculação transforma as contribuições especiais em *impostos disfarçados*, acarretando a não participação dos demais entes federativos no produto da respectiva arrecadação a qual lhes competia, conforme delineado no artigo 159, I e III, da Constituição Federal. Dessa forma, as Emendas Constitucionais n°s 27/2000, 42/2003, 56/2007, 59/2009, 68/2011 e 93/2016 se enquadram na hipótese de *norma constitucional inconstitucional*, expressão utilizada em situações nas quais emendas constitucionais são editadas, mediante processo legislativo especial, porém com aspectos de inconstitucionalidade ao ofender o núcleo rígido da Constituição originária. Inclusive, a possibilidade de declaração de inconstitucionalidade de emendas constitucionais já foi objeto de apreciação pelo Supremo Tribunal Federal na ADI nº 939/DF.

A Desvinculação de Receitas da União (DRU) não ofende apenas o sistema de repartição de receitas, mas também atenta contra o *Princípio Federativo*, na condição de cláusula pétrea (artigo 60, § 4º, I, da Constituição Federal), por duas razões: a) primeiro, porque, ante a natureza exaustiva das alíneas "a", "b" e "c" do artigo 177, § 4º, II, da Constituição Federal (ADI nº 2.925/DF), é inconstitucional a norma que autorize a União a deixar de promover o repasse de vinte e nove por cento da CIDE-Combustíveis, desvirtuando a finalidade em assegurar o financiamento a programas de infraestrutura de transportes dos Estados e do Distrito Federal; b) segundo, porque a desafetação das receitas das contribuições da seguridade social (CSLL, COFINS e PIS) aproxima o percentual desvinculado à natureza jurídica do imposto de renda, o qual a União está obrigada a entregar quarenta e nove por cento do produto da arrecadação.

A falta de repasse das receitas tributárias aos Estados, Distrito Federal e Municípios compromete as suas respectivas autonomias financeiras, sobretudo porque a Constituição atribui aos mesmos um leque reduzido de competências tributárias privativas. Por isso, na condição de entes menos aquinhoados e para evitar a subordinação ao ente central, bem como reduzir eventuais externalidades negativas, o Constituinte idealizou a repartição das receitas tributárias de alguns impostos de competência privativa da União, a fim de equilibrar as finanças dos entes periféricos, garantindo-lhes a autonomia necessária.

Com efeito, a revinculação das receitas das contribuições sociais destinadas ao custeio da seguridade social e a consequente reversibilidade de sua anterior desnaturação, promovida pela Emenda Constitucional nº 103/2019, com a inclusão do § 4º ao artigo 76 do Ato das Disposições Transitórias, não tornou constitucional as normas veiculadas pelas Emendas Constitucionais nºs 27/2000, 42/2003, 56/2007, 59/2009, 68/2011 e 93/2016, ao afastar a desvinculação das contribuições sociais da seguridade social (CSLL, COFINS e PIS). Afinal, o sistema jurídico brasileiro não contempla a figura da *constitucionalidade superveniente*, constituindo a inconstitucionalidade em vício insanável, que não admite convalidação por norma ulterior. O entendimento é pacífico no âmbito do Supremo Tribunal Federal (REs nºs 346.084/PR e 390.840/MG).

Poder-se-ia se pensar no repasse fiscal do percentual desvinculado como forma de garantir a higidez das normas constitucionais e da cláusula pétrea federativa, contudo, tal mecanismo não foi previsto pelo Constituinte nem pela lei orçamentária. Nesse caso, a nosso ver, a previsão expressa pela Constituição Federal seria dispensável, sobretudo porque o Constituinte de 1988 teria eleito o critério da destinação legal do produto de arrecadação para determinar a natureza jurídica das contribuições especiais em contraposição aos impostos. Assim, uma vez desvinculada a receita das contribuições sociais e de intervenção no domínio econômico, estaria implícita na Constituição a necessidade de sua repartição com os Estados, Distrito Federal e Municípios, ante a sua transformação de natureza jurídica (de contribuição para imposto), cabendo apenas que a previsão de transferência da receita estivesse contida na lei orçamentária.

Em razão do exposto, como dogmaticamente a Constituição Federal afirma que as contribuições sociais da seguridade social (CSLL, COFINS e PIS) e a de intervenção no domínio econômico (CIDE-Combustíveis) são contribuições – ainda que não sejam na prática – há burla ao sistema de repartição constitucional de receitas, previsto no artigo 159, I e II, da Carta Magna, e consequentemente ofensa ao Pacto Federativo (artigo 60, § 4º, I, da Carta Magna). Dessa forma, toda desafetação de arrecadação promovida em quase duas décadas não se tornou constitucional com a revinculação das receitas das contribuições sociais destinadas ao custeio da seguridade social, após o advento da Emenda Constitucional nº 103/2019.

6. REFERÊNCIAS

AMARO, Luciano. *Direito tributário brasileiro*. 19ª ed. São Paulo: Saraiva, 2013.

BARRETO, Paulo Ayres. As contribuições sociais e a tredestinação de seus recursos. *Revista de Direito Tributário*. Vol. 88. 2003, p. 185-191.

BECKER, Alfredo Augusto. *Teoria Geral do Direito Tributário*. São Paulo: Saraiva, 1963.

BONAVIDES, Paulo. *Curso de Direito Constitucional*. 19ª ed. São Paulo: Editora Malheiros, 2006.

CARRAZZA, Roque Antonio. *Curso de direito constitucional tributário*. 19ª ed. rev. e ampl. São Paulo: Malheiros, 2003.

CARVALHO, Paulo Barros. *Curso de direito Tributário*. São Paulo: Saraiva, 1995.

COSTA, Alcides Jorge. Emendas constitucionais e tributação. *Revista de Direito Tributário*, v. 98, 2007.

FALCÃO, Amilcar de Araújo. *Fato gerador da obrigação tributária*. 7ª ed. atualizada por Flávio Bauer Novelli. São Paulo: Noeses, 2013.

GRECO, Marco Aurélio. *Contribuições de intervenção no domínio econômico e figuras afins*. São Paulo: Dialética, 2001.

MACHADO, Hugo de Brito. *Curso de direito tributário*. 32ª ed. rev., atual. e ampl. São Paulo: Malheiros Editores, 2011.

NOVELLI, Flávio Bauer. Norma Constitucional Inconstitucional? A propósito do art. 2º, § 2º, da Emenda Constitucional nº 3/93. *Revista de Direito Administrativo*. Rio de Janeiro, jan./mar. 1995, p. 21-57.

OLIVEIRA, José Marcos Domingues de. Contribuições sociais, desvio de finalidade e a dita reforma da previdência social. *Revista Dialética de Direito Tributário*. Vol. 108. São Paulo: 2004, p. 123-138.

PAULSEN, Leandro. *Curso de direito tributário completo*. 8ª ed. rev. e atual. São Paulo: Saraiva, 2017.

PISCITELLI, Thatiane. *Direito financeiro esquematizado*. São Paulo: Método, 2011.

QUEIROZ, Luís Cesar Souza de. Critério finalístico e o controle de constitucionalidade das contribuições. In: MACEDO, Alberto (*et al.*). *Congresso Nacional de Estudos Tributários – Sistema Tributário Brasileiro e a Crise Atual*. 6º Vol. São Paulo: Noeses, 2009, p. 631-666.

__________. Imposto sobre a renda: o conceito constitucional de renda e a recente visão do STF. In: QUEIROZ, Luís Cesar Souza de; GOMES, Marcus Lívio (Org.). *Finanças Públicas, Tributação e Desenvolvimento*. Rio de Janeiro: Freitas Bastos, 2015.

RIBEIRO, Ricardo Lodi. *Tributos (teoria geral e espécies)*. Niterói: Impetus, 2013.

SABBAG, Eduardo. *Manual de direito tributário*. 5ª ed. São Paulo: Saraiva, 2013.

SARLET, Ingo Wolfgang. *A Eficácia dos Direitos Fundamentais*. 8ª ed. Porto Alegre: Livraria do Advogado, 2007.

SCAFF, Fernando Facury. Direitos Humanos e a Desvinculação das Receitas da União – DRU. In: *Revista de Direito Administrativo* nº 236. Rio de Janeiro: Renovar, Abr./Jun. 2004, p. 33-50.

SCHOUERI, Luís Eduardo. Exigências da CIDE sobre royalties e assistência técnica ao exterior. *Revista de Estudos Tributários* nº 37/144, jun./04.

TOMÉ, Fabiana Del Padre. *Contribuições para a Seguridade Social*. Curitiba: Editora Juruá, 2002.

TORRES, Ricardo Lobo. *Curso de direito financeiro e tributário*. 8. ed. Rio de Janeiro: Renovar, 2001.

XAVIER, Alberto. *Manual de direito fiscal*. Vol. I. Lisboa: FDUL, 1974.

22 DISTORÇÕES DO FEDERALISMO FISCAL BRASILEIRO, DESIGUALDADES SOCIOECONÔMICAS, POBREZA E CLIENTELISMO: OBSTÁCULOS AO DESENVOLVIMENTO DEMOCRÁTICO NO BRASIL

Rodrigo Senne Capone

Doutorando em Direito na Universidade do Estado do Rio de Janeiro – UERJ, na linha "Finanças Públicas, Tributação e Desenvolvimento", com período de pesquisa na Universidad Complutense de Madrid, no Departamento de *Derecho Financiero y Tributario da Facultad de Derecho*. Mestre em Direito pela Universidade Católica de Brasil, na linha "Direito Internacional Econômico e Tributário". Professor Assistente no Centro Universitário do Distrito Federal – UDF.

sobre as desigualdades socioeconômicas e os índices de pobreza no Brasil; **2.2** Federalismo fiscal, desigualdades socioeconômicas, pobreza e democracia no Brasil; **3** Reflexões sobre o clientelismo como obstáculo ao desenvolvimento democrático; Considerações finais; Referências.

INTRODUÇÃO

A existência de um Estado Federado exige que algumas condições sejam observadas, merecendo destaque a autonomia, em especial a financeira, seja do ente nacional, seja dos entes subnacionais (no caso do Brasil, dos Estados, Distrito Federal e Municípios). Na atualidade, tem-se discutido uma possível reforma do pacto federativo brasileiro, tendo em vista que o atual modelo regido pela Constituição Federal de 1988 apresenta distorções, que acabam por distanciá-lo da construção do federalismo cooperativo idealizado, apto a possibilitar a maximização dos objetivos buscados pela República Federativa do Brasil (com destaque aos objetivos previstos no seu art. 3°) e assegurar a construção de uma sociedade democrática.

Atualmente, a desigualdade socioeconômica tem mostrado ser um problema amplo e intenso, não se restringindo às sociedades em desenvolvimento ou não democráticas. Trata-se de um problema que afeta também as sociedades consideradas desenvolvidas, bem como governos democráticos. A má distribuição de rendas e patrimônio nas sociedades contemporâneas é um dos fatores que contribui para o aumento das desigualdades, seja por motivos econômicos, seja por motivos sociais e políticos, o que resulta em uma maior concentração de poder econômico, um dos mais importantes recursos políticos, nas mãos de uma minoria da população.

Com isso, a construção de um Estado Federativo em busca de harmonização e de estabelecimento de relações de cooperação entre os seus entes acaba perdendo força. A existência de elevados índices de desigualdade socioeconômica e pobreza acaba por facilitar o surgimento de relações clientelísticas, relação de dependência que afeta a manutenção, o fortalecimento e até mesmo a existência de um verdadeiro Estado Federal, já que este passa a ser um "federalismo de subordinação"[1], en-

1. Cf. ALVES, Raquel de Andrade Viera. **Federalismo fiscal brasileiro e as contribuições**. Rio de Janeiro: Lumen Juris, 2017, p. 14.

fraquecendo também direitos fundamentais (sociais) básicos, inclusive o regime democrático, que pode se ver esvaziado frente à falta de liberdade política e autonomia resultantes do clientelismo.

Diante disso, o presente trabalho busca (i) tecer breves considerações acerca do desenho e da saúde financeira do Estado Federal brasileiro; (ii) apresentar dados que mostram o atual estado das desigualdades socioeconômicas e pobreza no Brasil; e (iii) argumentar que as atuais distorções do Federalismo Fiscal brasileiro, quando somadas aos índices de desigualdades e pobreza na contemporaneidade tornam o cenário propício para o surgimento e fortalecimento de instituições informais, com ênfase no clientelismo, o que se mostra um obstáculo ao desenvolvimento de um Estado Federado e Democrático, como previsto na Constituição Federal de 1988.

1 APONTAMENTOS SOBRE O MODELO FEDERATIVO (FISCAL) BRASILEIRO CONTEMPORÂNEO

Nesta primeira parte do trabalho serão feitos breves apontamentos acerca do modelo de pacto federativo brasileiro desenhado pela Constituição Federal de 1988 e do federalismo fiscal brasileiro, sem propor novas discussões, por meio de uma revisão da literatura existente sobre o tema.

Como bem colocado por Raquel de Andrade Viera Alves, "Uma das maiores dificuldades da gestão pública atual é conjugar a arrecadação de receitas tributárias com o dispêndio desses recursos".[2] Frente a esse cenário, é importante debater, de forma interdisciplinar, o atual desenho do Estado Federado brasileiro e a sua compatibilidade com a Constituição Federal de 1988, em especial com os objetivos por ela traçados.

1.1 Apontamentos sobre o federalismo

Ao conceituar federalismo, George Anderson afirma se tratar de "um sistema constitucional com pelo menos duas ordens de governo, cada uma com um grau de autêntica autonomia em respeito a outra" e que "os governos de cada nível são responsáveis perante os seus respectivos eleitorados".[3]

2. ALVES, Raquel de Andrade Viera. **Federalismo fiscal brasileiro e as contribuições**. Rio de Janeiro: Lumen Juris, 2017, p. 3.

3. ANDERSON, George. **Una introducción comparada al federalismo fiscal**. Madrid: Marcial Pons, 2010, p. 19, tradução nossa.

Tradicionalmente e de forma simplificada, as classificações sobre formas de Estado apontam a existência de Estados Unitários e Federais, não obstante poderem existir figuras intermediárias, citando-se como exemplo os Estados Regionais.[4] Essa categorização serve como um ponto de partida, já que a complexa realidade não é compatível com tamanha simplificação.[5]

Ao se falar de Estados Federados, é importante destacar que existem modelos distintos (não podendo se falar na existência de um modelo padrão)[6], cada qual com as suas especificidades, que acabam por influir no nível de descentralização do Estado.[7] Ainda que inexista um modelo padrão, é possível identificar características que se fazem presentes em todos os modelos, merecendo destaque a existência de descentralização de poder, de modo a dotar as unidades descentralizadas de autonomia, tornando possível a preservação de características locais e o atendimento mais eficiente a demandas locais.[8] Nesse sentido:

> La esencia de una federación es la existencia de por los menos dos órdenes constitucionales de gobierno –normalmente un gobierno *federal* y los gobiernos de las *unidades constitutivas* (denominados frecuentemente estados o provincias, pero también *Länder*, comunidades, islas u otras denominaciones)-, cada uno de los cuales con una cierta autonomía basada em la constitución y una relación electoral directa con sus ciudadanos.[9]

4. Nos dizeres de DALLARI: "Nas classificações tradicionais, os Estados são considerados *unitários* quando têm um poder central que é a cúpula e o núcleo do poder político. E são *federais* quando conjugam vários centros de poder político autônomo. Modernamente alguns autores sustentam a existência de uma terceira espécie, o *Estado Regional*, menos centralizado do que o unitário, mas sem chegar aos extremos de descentralização do federalismo". DALLARI, Dalmo de Abreu. **Elementos de teoria geral do Estado**. 33. ed. São Paulo: Saraiva, 2016, p. 250.
5. ALVES, Raquel de Andrade Viera. **Federalismo fiscal brasileiro e as contribuições**. Rio de Janeiro: Lumen Juris, 2017, p. 9.
6. Nesse sentido, Cf. ANDERSON, George. **Una introducción comparada al federalismo fiscal**. Madrid: Marcial Pons, 2010, p. 20: "Las federaciones varían enormemente en su forma y funcionamiento, cubriendo una amplia gama que va desde muy descentralizada a altamente centralizada".
7. ALVES, Raquel de Andrade Viera. **Federalismo fiscal brasileiro e as contribuições**. Rio de Janeiro: Lumen Juris, 2017, p. 10.
8. Cf. ALVES, Raquel de Andrade Viera. **Federalismo fiscal brasileiro e as contribuições**. Rio de Janeiro: Lumen Juris, 2017, pp. 10-11.
9. ANDERSON, George. **Una introducción comparada al federalismo fiscal**. Madrid: Marcial Pons, 2010, p. 20.

Além da existência de descentralização, existem outras características fundamentais de um Estado Federado, destacando-se para o presente estudo a necessidade de que seja atribuída renda própria a cada esfera de competência e que o poder político seja compartilhado entre a União e as unidades federadas.[10]

Afirma Dalmo Dallari que a atribuição de renda própria a cada esfera de competência é tema que só recentemente começou a ser analisado de forma cuidadosa, apontando que a atribuição de competências à União e às unidades federadas (no Brasil, pela Constituição) resulta na atribuição de encargos, tornando-se indispensável que "se assegure a quem tem os encargos uma fonte de rendas suficientes, pois do contrário a autonomia política se torna apenas nominal, pois não pode agir, e agir com independência, quem não dispõe de recursos próprios".[11] Isso demonstra que a questão de financiamento das unidades federadas é ponto estrutural do pacto federativo, já que é instrumental para a existência de verdadeira autonomia. Nos dizeres de Raquel de Andrade Vieira Alves, "[...] um aspecto importante do federalismo é o aspecto financeiro, como pressuposto para o exercício de autonomia política e administrativa dos entes que o compõem"[12].

Por sua vez, o poder político, em um Estado Federado, deve ser compartilhado pela União e pelas unidades federadas. Sobre o tema, leciona Dalmo Dallari que em uma federação "Existe um governo federal, do qual participam as unidades federadas e o povo, e existem governos estaduais dotados de autonomia política, podendo fixar sua própria orientação nos assuntos de seu interesse, desde que não contrariem a Constituição federal".[13]

A falta de recursos próprios, o que pode tornar as entidades federadas dependentes (seja da União, seja das demais unidades federadas), acaba fazendo com que elas, apesar de dotadas de autonomia, não consigam agir nos assuntos locais e de seu interesse de forma verdadeiramente autônoma, esvaziando a distribuição de poder político feita pela

---

10. DALLARI, Dalmo de Abreu. **Elementos de teoria geral do Estado**. 33. ed. São Paulo: Saraiva, 2016, pp. 254-255.

11. DALLARI, Dalmo de Abreu. **Elementos de teoria geral do Estado**. 33. ed. São Paulo: Saraiva, 2016, p. 254.

12. ALVES, Raquel de Andrade Viera. **Federalismo fiscal brasileiro e as contribuições**. Rio de Janeiro: Lumen Juris, 2017, p. 17.

13. DALLARI, Dalmo de Abreu. **Elementos de teoria geral do Estado**. 33. ed. São Paulo: Saraiva, 2016, p. 255.

Constituição Federal. É importante observar que a forma federativa de Estado se mostra capaz de dificultar a acumulação de poder em um único centro (frente à descentralização que promove), assegurando uma ampla oportunidade de participação no poder político e reservando uma esfera de ação, a cada unidade da federação, autônoma e, com isso, passa o Estado federal "a ser visto como sendo mais favorável à defesa das liberdades do que o Estado centralizado"[14].

Quanto ao modo de organização de Estados Federais, Raquel de Andrade Vieira Alves leciona que:

> Ainda em continuidade à análise das formas federativas, é possível identificar duas categorias básicas em relação ao modo pelo qual os Estados Federais se organizam: o federalismo dual, marcado por uma rígida divisão de competências entre os entes federados, e o federalismo cooperativo ou de integração, em que uma mesma matéria é atribuída concorrentemente a diferentes entes, ou seja, não há uma fronteira claramente definida em relação à distribuição de competência entre as diversas unidades federadas.[15]

No caso do federalismo cooperativo, são duas as suas modalidades. A autoritária, que representa uma verdadeira contradição ao próprio modelo cooperativo e a modalidade de Estado Federado cooperativo democrático, "formado pelo consentimento de todas as unidades que o compõem, possuidoras de autonomia administrativa, política e financeira, e onde o cidadão pode efetivamente exercitar o seu direito fundamental de participação e controle político".[16] Apesar de a Constituição de 1988 prestigiar instituições do federalismo cooperativo, pode-se observar a existência de características de um modelo misto, ou seja, há a incorporação de características do modelo cooperativo e do modelo dual.

Um estado que busca a construção de um regime democrático inclusivo, que assegure a participação política dos seus cidadãos de forma livre e igualitária (liberdade e igualdade política como objetivos) e que busque a sua inclusão para além da vida política, abrangendo também a vida social e econômica (que acabam se apresentando como condições à participação na esfera política), deve optar por um modelo de federalis-

---

14. DALLARI, Dalmo de Abreu. **Elementos de teoria geral do Estado**. 33. ed. São Paulo: Saraiva, 2016, p. 255.
15. ALVES, Raquel de Andrade Viera. **Federalismo fiscal brasileiro e as contribuições**. Rio de Janeiro: Lumen Juris, 2017, p. 14.
16. ALVES, Raquel de Andrade Viera. **Federalismo fiscal brasileiro e as contribuições**. Rio de Janeiro: Lumen Juris, 2017, pp. 14-15.

mo compatível com as suas características, de modo a possibilitar que os entes federativos tenham assegurada verdadeira autonomia política, administrativa e financeira. No caso do Brasil, apesar de existir, atualmente um modelo de federalismo dual, é possível observar que a Constituição de 1988 prestigia o modelo democrático[17]. De qualquer forma, é necessária a análise do que é o federalismo fiscal e quais são as distorções que o maculam no Brasil de hoje.

1.2 O federalismo fiscal no Brasil e as suas distorções

O objeto de estudo do federalismo fiscal é "o papel e as interações dos governos nos sistemas federais, com especial atenção a arrecadação, endividamento e o gasto dos ingressos. Analisa o funcionamento destes sistemas e tenta oferecer um marco de princípios para avaliá-los".[18] Assim, pode-se entender o federalismo fiscal como o "estudo da maneira pela qual os entes federados se relacionam entre si sob a ótica financeira"[19].

Talvez um dos pontos de maior relevância nos tempos atuais dentro do campo de estudo do federalismo fiscal seja a existência de suficiência (ou não) das competências tributárias distribuídas entre a União e as unidades federadas para fazer frente às suas responsabilidades de gasto. Complementando este ponto, mostra-se importante a análise da existência de sistemas de transferência de recursos de unidades federadas ou regiões da Federação para outras, como forma de equilibrar o pacto federativo e promover uma espécie de cooperação solidária.[20]

A existência de um descompasso fiscal, afetando diretamente o aspecto financeiro do federalismo, gera consequências que vão além: prejudicam a autonomia política e administrativa dos entes federados, impactando, por consequência, na capacidade dos entes federativos de promover políticas públicas sob a sua responsabilidade, afetando o dia a dia do cidadão brasileiro, o que acaba por dificultar a construção do Estado objetivado pela Constituição de 1988. Nesse sentido:

---

17. ALVES, Raquel de Andrade Viera. **Federalismo fiscal brasileiro e as contribuições**. Rio de Janeiro: Lumen Juris, 2017, p. 15.

18. ANDERSON, George. **Una introducción comparada al federalismo fiscal**. Madrid: Marcial Pons, 2010, p. 20.

19. ALVES, Raquel de Andrade Viera. **Federalismo fiscal brasileiro e as contribuições**. Rio de Janeiro: Lumen Juris, 2017, p. 17.

20. Nesse sentido, cf. ANDERSON, George. **Una introducción comparada al federalismo fiscal**. Madrid: Marcial Pons, 2010, p. 21.

> Assim, como todos os entes que integram uma Federação possuem atribuições pré-determinadas na Constituição, como parte do pacto da qual se originam, é indispensável que para essas atribuições haja uma fonte de custeio correspondente. Por isso, o estudo do federalismo fiscal não se esgota apenas na análise financeira do relacionamento entre os entes federados, sendo necessário para tal fim aferir a relação de compatibilidade entre os encargos administrativos atribuídos a cada ente e as respectivas rendas destinadas ao seu imprescindível custeio.[21]

De forma mais objetiva, por meio do estudo do federalismo fiscal se busca compreender como o desenho do sistema jurídico que informa como os entes federados podem obter receitas para o custeio das atividades que lhes são outorgadas. Atualmente, após o advento da Constituição Federal de 1988, a figura do Município ganhou importância e com essa importância surgiram responsabilidades antes inexistentes, que acabam por demandar novos recursos financeiros. Ainda que distante da realidade brasileira, o ideal seria que essas entidades da Federação tivessem meios para assegurar a sua autonomia financeira sem que dependessem, condicionalmente, de recebimento de auxílio de outras entidades federativas[22]. A autonomia é de extrema importância para a existência do pacto federativo, como bem destaca Daniel Marins, que afirma que "(...) a autonomia financeira se caracterize por ser um pressuposto das duas primeiras formas de autonomia, pois, sem recursos próprios e suficientes, o governo subnacional não conseguirá dar cumprimento às diretrizes constitucionais"[23].

A Constituição de 1988, ao desenhar o federalismo fiscal hoje vigente, reparte as competências tributárias entre a União, os Estados, o Distrito Federal e os Municípios. Entretanto, além de adotar esse sistema de repartição de competências, utiliza do sistema de repartição de receitas

21. ALVES, Raquel de Andrade Viera. **Federalismo fiscal brasileiro e as contribuições**. Rio de Janeiro: Lumen Juris, 2017, p. 18.

22. Conforme noticiado em 2019, "Cerca de 70% dos municípios brasileiros dependem hoje em mais de 80% de verbas que vêm de fontes externas à sua arrecadação", o que corrobora com a necessidade de se pensar em saídas que busquem conferir maior autonomia financeira aos entes municipais. CANZIAN, Fernando. 70% dos municípios dependem em mais de 80% de verbas externas. **Folha de S. Paulo**, 2019. Disponível em: http://temas.folha.uol.com.br/remf/ranking-de-eficiencia-dos-municipios-folha/70-dos-municipios-dependem-em-mais-de-80-de-verbas-externas.shtml. Acesso em: 05 jan. 2020.

23. MARINS, Daniel Vieira. **O esforço fiscal dos municípios e as transferências intergovernamentais**. Rio de Janeiro: Gramma, 2016, posição 243 (E-book).

arrecadadas, atribuindo a determinados entes parcela da receita arrecadada por meio de tributos de outros entes.[24]

Atualmente, merecem destaque três problemas do federalismo fiscal brasileiro, que resultam em uma concentração do poder político e econômico na figura da União, quais sejam: (i) a instituição de isenções de tributos partilhados pela União - IR e IPI -, resultando na diminuição dos valores repassados via Fundos de Participação (dos Estados, do Distrito Federal e dos Municípios); (ii) aumento da utilização da figura das contribuições (de competência exclusiva da União), não submetidas ao regime de repartição com os Estados, Distrito Federal e Municípios; e (iii) a utilização (constante) da Desvinculação de Receitas da União - DRU -, esvaziando o orçamento destinado à garantia de direitos fundamentais sociais.[25]

A descentralização de poder, um anseio antigo com o nascimento da República brasileira, torna os indivíduos mais próximos do centro de tomada de decisões, possibilitando que seja realizado um acompanhamento e controle das ações do governo, tornando as chances de influenciar no processo político mais concretas. A descentralização, portanto, mostra-se como "elemento fundamental da democracia, ao permitir a aproximação do cidadão com a sede do poder decisório"[26]. A existência de um federalismo de papel acaba por tornar essa descentralização mais distante da realidade, já que sem autonomia financeira, a dependência por transferências voluntárias acaba se tornando uma constante[27].

Por fim, é importante observar que a falta de recursos financeiros, além de prejudicar a autonomia dos entes federativos, prejudica os destinatários dos serviços públicos (*e.g.*, educação, saúde, lazer) de competência estadual e municipal, tornando mais difícil a concretização do

---

24. Para mais detalhes acerca do tema, Cf. ALVES, Raquel de Andrade Viera. **Federalismo fiscal brasileiro e as contribuições**. Rio de Janeiro: Lumen Juris, 2017.

25. Cf. ALVES, Raquel de Andrade Viera. **Federalismo fiscal brasileiro e as contribuições**. Rio de Janeiro: Lumen Juris, 2017, p. 18.

26. ALVES, Raquel de Andrade Viera. **Federalismo fiscal brasileiro e as contribuições**. Rio de Janeiro: Lumen Juris, 2017, p. 18.

27. Como bem aponta Raquel de Andrade Vieira Alves, "Dessa forma, os Municípios acabam comprometendo a quase totalidade das receitas dos Fundos [de transferência - FPM] com despesas correntes, cobertura de folha de pagamentos e outras despesas de custeio, de maneira que a cada despesa nova ou realização de investimentos eles têm que fazer uso das transferências voluntárias da União, liberadas por meio de Convênios. Transferências essas, como muito bem expõe José Maurício Conti, 'que nem sempre são concedidas por critérios exclusivamente técnicos, e cuja liberação de recursos é muito utilizada como instrumento de barganha política'". ALVES, Raquel de Andrade Viera. **Federalismo fiscal brasileiro e as contribuições**. Rio de Janeiro: Lumen Juris, 2017, p. 49.

objetivo de se construir um Estado Democrático Social, centrado no desenvolvimento da pessoa humana, impossibilitando a mobilidade social e, em muitos casos, que os indivíduos tenham acesso ao mínimo existencial (como saneamento básico, por exemplo), ficando condenados à uma pobreza estrutural.

2 A INFLUÊNCIA DA CRISE DO FEDERALISMO FISCAL NA MANUTENÇÃO DA DESIGUALDADE E POBREZA NO BRASIL

Como visto na primeira parte deste trabalho, a busca pela construção de um Estado Federado com instituições pautadas pela cooperação e democráticas não se mostra uma tarefa simples. A crise do federalismo fiscal brasileiro acaba por se apresentar como um obstáculo, dificultando o desenvolvimento das instituições federativas e democrático no Brasil. Além das distorções federativas, em especial as fiscais, o Brasil apresenta elevados índices de desigualdade econômica e pobreza, consequências, em parte, de falhas do modelo federativo (fiscal) brasileiro, o que acaba possibilitando a concentração de poder político e econômico (consequência de falhas no desenho de instituições federativas e causa por impedir modificações no *status quo* até então consolidado), surtindo impactos (negativos) no desenvolvimento político-democrático.

E é por isso que nesta segunda parte será analisado brevemente o atual estado das desigualdades econômicas e dos índices de pobreza, possibilitando compreender como as distorções no modelo federativo (fiscal) brasileiro auxiliam na manutenção desses medidores, para que com essas informações seja possível, na última parte deste trabalho, analisar o clientelismo e a sua relação com as desigualdades socioeconômicas, pobreza e o federalismo fiscal brasileiro, obstaculizando a construção de um regime político democrático no qual haja liberdade e igualdade política.

2.1 Breves apontamentos sobre as desigualdades socioeconômicas e os índices de pobreza no Brasil

Nos últimos anos, esforços significativos resultaram na redução da pobreza no mundo. Segundo aponta a Organização das Nações Unidas – ONU, "durante as últimas três décadas, mais de um bilhão de pessoas saíram da extrema pobreza"[28]. Entretanto, apesar de os resultados eco-

28. ONU. **Inequality – Bridging the Divide**. Disponível em: https://www.un.org/en/un75/inequality-bridging-divide. Acesso em: 10 fev. 2020. Tradução nossa.

nômicos globais terem mais do que triplicado desde 1990, a renda da metade mais pobre da população mundial mal sofreu alterações durante esse período.[29]

No seu recente relatório publicado em janeiro de 2020, a Oxfam apontou que em 2019, os bilionários espalhados ao redor do mundo (2.153 indivíduos), detinham mais riqueza do que um total de 4.6 bilhões de pessoas.[30] No Brasil, em 2018 houve um aumento da parcela dos rendimentos auferidos pelos 10% do topo da distribuição, acompanhado pela queda da parcela apropriada pelos 40% de menores rendimentos da distribuição[31], confirmando a tendência global de concentração de renda no topo da distribuição. Pedro Ferreira de Souza assevera que "Somos um país [Brasil] com alto grau de desigualdade, cuja característica mais marcante e visível é precisamente a concentração de renda e riqueza em uma pequena fração da população"[32]. Continua e, comparando o Brasil com outros países, tendo como parâmetro a concentração de renda no topo da distribuição, afirma que

> (...) as comparações corroboram que o Brasil é um dos países com maior concentração no topo, quiçá o que apresenta a maior. Por aqui, o 1% mais rico recebe em torno de 23% da renda total. Em outros países muito desiguais, esse percentual fica próximo a 20%, como nos Estados Unidos e na Colômbia. Nos países mais igualitários, ele não ultrapassa os 10%, como na França e no Japão.[33]

Além dos altos índices de desigualdade e elevada concentração de rendimentos no topo da distribuição, é importante observar os dados referentes à pobreza e à extrema pobreza no Brasil. Em 2018, segundo dados do Instituto Brasileiro de Geografia e Estatística - IBGE, a extrema pobreza já alcançava 13,5 milhões de pessoas (6,5% da população) com renda mensal *per capita* inferior a R$ 145 por mês, o equivalente

29. ONU. **Inequality – Bridging the Divide**. Disponível em: https://www.un.org/en/un75/inequality-bridging-divide. Acesso em: 10 fev. 2020. Tradução nossa.

30. OXFAM BRASIL. **Tempo de cuidar**: o trabalho de cuidado não remunerado e mal pago e a crise global da desigualdade. Oxford, 2020, p. 4.

31. IBGE. **Síntese de indicadores sociais: uma análise das condições de vida da população brasileira**. Rio de Janeiro: IBGE, 2019, p. 53. Disponível em: https://biblioteca.ibge.gov.br/visualizacao/livros/liv101678.pdf. Acesso em 05 fev. 2020.

32. SOUZA, Pedro H. G. Ferreira de. **Uma história de desigualdade**: a concentração de renda entre os ricos no Brasil 1926-2013. São Paulo: Hucitec: Anpocs, 2018, p. 24.

33. SOUZA, Pedro H. G. Ferreira de. **Uma história de desigualdade**: a concentração de renda entre os ricos no Brasil 1926-2013. São Paulo: Hucitec: Anpocs, 2018, p. 262.

à US$ 1,9 PPC (paridade do poder de compra) por dia, conforme parâmetro adotado pelo Banco Mundial para identificação da linha de extrema pobreza.[34]

Já para a linha de pobreza, de acordo com o sugerido pelo Banco Mundial, tem-se como parâmetro para o Brasil o valor de US$ 5,50 PPC por dia *per capita*. Com isso, em 2018, havia no Brasil 25,3% da população com rendimentos inferiores a US$ 5,50, o equivalente a aproximados R$ 420 mensais *per capita*, quantia equivalente a aproximados 44% do salário mínimo vigente naquele ano de 2018, atingindo aproximadamente 52,5 milhões de pessoas[35], mais de um quarto da população brasileira.

Os dados mostram que há uma concentração de pobreza e extrema pobreza em determinados pontos do território nacional. Por exemplo, quase a metade (47,0%) dos brasileiros abaixo da linha da pobreza no ano de 2018 se encontravam situados na Região Nordeste do país.[36] Ainda, segundo aponta o IBGE, há "uma forte correlação entre pobreza monetária e precariedades e vulnerabilidades nas condições de moradia"[37], correlação que pode se estender a outros direitos básicos do indivíduo. Para ilustrar essa afirmação, foi realizada pelo IBGE uma comparação quanto ao acesso aos serviços de saneamento (destacando-se aqui o abastecimento de água por rede geral e esgotamento sanitário por rede coletora) entre a população em geral e a população com rendimento domiciliar *per capita* inferior a US$ 5,50 PPC por dia (abaixo da linha da pobreza). O resultado aponta que o acesso aos serviços de saneamento é significantemente mais restrito para a população inserida na linha da pobreza[38], como já se era de esperar. Havendo falha na prestação do

---

34. NERY, Carmen. **Extrema pobreza atinge 13,5 milhões de pessoas e chega ao maior nível em 7 anos**. Agência de notícias IBGE, 2019. https://agenciadenoticias.ibge.gov.br/agencia-noticias/2012-agencia-de-noticias/noticias/25882-extrema-pobreza-atinge-13-5-milhoes-de-pessoas-e-chega-ao-maior-nivel-em-7-anos. Acesso em: 05 fev. 2020.

35. IBGE. **Síntese de indicadores sociais: uma análise das condições de vida da população brasileira**. Rio de Janeiro: IBGE, 2019, p. 58. Disponível em: https://biblioteca.ibge.gov.br/visualizacao/livros/liv101678.pdf. Acesso em: 05 fev. 2020.

36. IBGE. **Síntese de indicadores sociais: uma análise das condições de vida da população brasileira**. Rio de Janeiro: IBGE, 2019, p. 58. Disponível em: https://biblioteca.ibge.gov.br/visualizacao/livros/liv101678.pdf. Acesso em: 05 fev. 2020.

37. IBGE. **Síntese de indicadores sociais: uma análise das condições de vida da população brasileira**. Rio de Janeiro: IBGE, 2019, p. 62. Disponível em: https://biblioteca.ibge.gov.br/visualizacao/livros/liv101678.pdf. Acesso em: 05 fev. 2020.

38. IBGE. **Síntese de indicadores sociais: uma análise das condições de vida da população brasileira**. Rio de Janeiro: IBGE, 2019, pp. 64-65. Disponível em: https://biblioteca.ibge.gov.br/visualizacao/livros/liv101678.pdf. Acesso em: 05 fev. 2020.

serviço por parte do Estado, esses indivíduos localizados na faixa de pobreza não costumam dispor de recursos privados para fazer frente aos gastos necessários para acessar bens materiais básicos.

A análise dos dados acima é importante pois permite visualizar a realidade socioeconômica do país, o que deve servir como norte para o Estado no momento de desenhar as suas instituições e políticas públicas, o que se estende ao desenho das instituições da federação (em especial, instituições fiscais) pois, quanto maiores as necessidades por serviços e prestações estatais, maior será a necessidade de se arrecadar receitas para fazer frente a esses gastos.

2.2 Federalismo fiscal, desigualdades socioeconômicas, pobreza e democracia no Brasil

A má distribuição de competências (tributárias e materiais) e receitas públicas impede que as atribuições dos entes subnacionais sejam efetivamente cumpridas, mostrando-se como um obstáculo ao desenvolvimento local e regional, especialmente em áreas já historicamente carentes de uma mínima infraestrutura que assegure direitos fundamentais essenciais. Os dados apresentados acima mostram que o país possui uma considerável parcela da sua população situada abaixo da linha da pobreza e que há uma concentração desses indivíduos em determinadas regiões do país.

Frente a atual crise do federalismo fiscal brasileiro, os entes municipais, de um lado, possuidores de diversas competências materiais conforme prevê a Constituição de 1988, e do outro, possuidores de receitas próprias ou destinatários de receitas transferidas insuficientes para a sua manutenção e prestação de serviços públicos indispensáveis ao desenvolvimento socioeconômico local, se vêm impossibilitados de contribuir para a redução desses medidores.

A impossibilidade de realizar gastos com políticas públicas locais acaba por prejudicar aqueles que mais dependem de prestações estatais, vez possuírem uma renda baixa e insuficiente para assegurar-lhes o mínimo existencial. Retomando o caso do saneamento acima apresentado, a Constituição Federal de 1988, no seu art. 23, IX, prevê que é de competência comum da União, dos Estados, do Distrito Federal e dos Municípios "promover programas de construção de moradias e a melhoria das condições habitacionais e de saneamento básico". Em um primeiro momento, vez se tratar de interesse local, compete aos

Municípios tratar de temas ligados a melhoria do saneamento básico no seu território.

No Brasil do século XXI, quase 100 milhões de brasileiros não têm acesso ao serviço de coleta de esgoto e apenas 46% dos esgotos do país são tratados.[39] A falta de recursos financeiros contribuiu para a falta de políticas públicas que busquem assegurar esse direito fundamental, diretamente atrelado à garantia da dignidade humana. Diante de um cenário como esse, poucas são as opções remanescentes aos gestores públicos frente ao governo local como aos indivíduos que sofrem pela falta de recursos públicos que possibilitem acesso a uma cesta mínima de serviços públicos.

Buscar correções às distorções do atual modelo de federalismo fiscal brasileiro é medida de extrema urgência, já que o descompasso entre atribuições e recursos financeiros gera prejuízos econômicos e sociais aos indivíduos que vivem sob a tutela desses entes subnacionais. Diante desse cenário, a democracia pautada na liberdade e igualdade política se mostra impedida de se consolidar e progredir – podendo até mesmo correr o risco de inexistir democracia de fato.

A existência de um regime democrático que busque assegurar liberdade e igualdade política aos indivíduos parece se mostrar incompatível com elevados índices de desigualdades socioeconômicas. Ricardo Lobo Torres leciona que "sem o mínimo necessário à existência cessa a possibilidade de sobrevivência do homem e desaparecem as condições iniciais da liberdade"[40]. Com elevados índices de desigualdade e de pobreza, a construção de um regime democrático pautado em ideais de liberdade e igualdade se mostra distante da realidade.

E esse cenário acaba por possibilitar que instituições informais ocupem o espaço criado pela ausência do Estado e das suas instituições formais, e isso ocorre, em muitos casos, a um alto custo. Na próxima

39. TRATA BRASIL. **Esgoto**. Disponível em: http://www.tratabrasil.org.br/saneamento/principais-estatisticas/no-brasil/esgoto. Acesso em: 05 jan. 2020. Os dados apresentados pelo Instituto Trata Brasil por regiões são alarmantes, confirmando que as desigualdades regionais no país ainda são um grave problema. Quanto à coleta de esgoto, por região e acesso aos esgotos: Norte – 10,49%; Nordeste – 28,01%; Sudeste – 79,21%; Sul – 45,17%; e Centro-Oeste – 52,89%. Quanto ao serviço de tratamento de esgoto, por região e acesso: Norte – 21,70%; Nordeste – 36,24%; Sudeste – 50,09%; Sul – 45,44%; e Centro-Oeste – 53,88%.

40. TORRES, Ricardo Lobo. **Curso de direito financeiro e tributário**: atualizado até a EC 95/16 e de acordo com o NCPC. 20. ed. rev. e atualizada por Silvia Faber Torres. Rio de Janeiro: Renovar, 2018, p. 65.

parte deste trabalho será analisado o clientelismo e a sua relação com desigualdades e pobreza, mostrando que para que seja construído um regime democrático que busque assegurar aos indivíduos liberdade e igualdade política, é necessária a implementação de políticas públicas que busquem assegurar aos indivíduos o mínimo material para que possam ter liberdade para fazer escolhas, não se vendo forçados a trocar direitos políticos por bens materiais e serviços básicos que são de responsabilidade do Estado, e que isso se torna possível a partir de, dentre outras medidas, de um reequilíbrio das finanças públicas e das regras do federalismo fiscal brasileiro.

3 REFLEXÕES SOBRE O CLIENTELISMO COMO OBSTÁCULO AO DESENVOLVIMENTO DEMOCRÁTICO

Ao se falar em democracia sob uma perspectiva procedimental, espera-se que as eleições sejam competitivas e, para que isso ocorra, é condição que sejam livres e justas. Regimes autoritários, ou seja, não democráticos, enfraquecem a competição eleitoral, muitas vezes tornando-a inexistente. Existem sistemas políticos que, ainda que assegurem eleições regulares, acabam obrigando os pobres a sacrificarem os seus direitos políticos caso queiram ter acesso a bens materiais via programas distributivos, situação que interfere no exercício de direitos de cidadania e, portanto, prejudicam a consolidação de regimes democráticos[41].

Essa relação hierarquizada (patrão e cliente) que acaba por exigir que o acesso a bens materiais, serviços e outras prestações estatais se dê mediante o sacrífico de direitos políticos é denominada de clientelismo. A ideia central do clientelismo é a troca de direitos políticos por benefícios sociais, ou seja, situações nas quais ocorrem trocas recíprocas entre atores em posições distantes (patrão e clientes em relação de subordinação), com poderes distintos.[42] Nessas relações, os patrões proveem bens

41. FOX, Jonathan A. The Difficult Transition from Clientelism to Citizenship: Lessons from Mexico. **World Politics**, Vol. 46, No. 2 (Jan., 1994), 151-184, pp. 152-153. Segundo o autor, "[t]hese relations of domination can be broadly understood in terms of *clientelism*, a relationship based on political subordination in exchange for material rewards".

42. FOX, Jonathan A. The Difficult Transition from Clientelism to Citizenship: Lessons from Mexico. **World Politics**, Vol. 46, No. 2 (Jan., 1994), 151-184, p. 153. Ao tratar do clientelismo, Ezequiel Gonzalez-Ocantos e Virginia Oliveros consideram que "the concept refers to the *personalized and discretionary exchange of goods or favors for political support*". Gonzalez-Ocantos, Ezequiel, and Virginia Oliveros. Clientelism in Latin American Politics. **Oxford Research Encyclopedia of Politics**, 2019. Disponível em: https://oxfordre.com/politics/view/10.1093/acrefore/9780190228637.001.0001/acrefore-9780190228637-e-1677. Acesso em: 5 fev. 2020, p. 2.

e favores, enquanto se espera dos clientes reciprocidade via apoio político[43]. Em um Estado Democrático, espera-se que toda e qualquer pessoa, inclusive as pobres, tenham acesso aos bens materiais oferecidos pelo Estado sem ter que abrir mão dos seus direitos para tanto. No caso do clientelismo, os indivíduos que não são parte da relação de trocas (bens materiais por apoio político, com autonomia limitada) são excluídos do benefício[44], que podem ser privados ou públicos.

A transição de relações clientelísticas rumo à uma democracia, onde os direitos políticos e a autonomia para exercê-los é assegurada aos indivíduos, passa pela ampliação do acesso por pessoas pobres a recursos materiais que, como no caso do Brasil, é dever do Estado prover, sem que isso lhes imponha um custo (*trade-off*). Segundos Jonathan Fox, dentre as explicações dadas por analistas, muitos defendem que a erosão do clientelismo se dá mediante mudanças sociais graduais, citando como exemplo urbanização, educação e mudanças econômicas estruturais[45].

Os bens e favores distribuídos via trocas clientelísticas variam desde roupas, colchões, medicamentos, materiais de construção, cobertores, dinheiro, óculos de grau, exames médicos, dentaduras, cadeiras de roda, calçados ortopédicos, comida e acesso a água. Mas não é o tipo de bem ou serviço que determina se há ou não uma relação clientelística em curso.[46] E, de forma geral, são os pobres os mais vulneráveis a essas trocas.

Mas quem são os denominados clientes, beneficiários do acesso a recursos materiais (bens e serviços)? Segundo Ezequiel Gonzalez-Ocantos *et al.*,

---

43. GONZALEZ-OCANTOS, Ezequiel; OLIVEROS, Virginia. Clientelism in Latin American Politics. **Oxford Research Encyclopedia of Politics**, 2019. Disponível em: https://oxfordre.com/politics/view/10.1093/acrefore/9780190228637.001.0001/acrefore-9780190228637-e-1677. Acesso em: 5 fev. 2020.

44. GONZALEZ-OCANTOS, Ezequiel; OLIVEROS, Virginia. Clientelism in Latin American Politics. **Oxford Research Encyclopedia of Politics**, 2019. Disponível em: https://oxfordre.com/politics/view/10.1093/acrefore/9780190228637.001.0001/acrefore-9780190228637-e-1677. Acesso em: 5 fev. 2020.

45. FOX, Jonathan A. The Difficult Transition from Clientelism to Citizenship: Lessons from Mexico. *World Politics*, Vol. 46, No. 2 (Jan., 1994), 151-184, p. 154.

46. GONZALEZ-OCANTOS, Ezequiel; OLIVEROS, Virginia. Clientelism in Latin American Politics. **Oxford Research Encyclopedia of Politics**, 2019. Disponível em: https://oxfordre.com/politics/view/10.1093/acrefore/9780190228637.001.0001/acrefore-9780190228637-e-1677. Acesso em: 5 fev. 2020.

> Scholars of clientelism in Latin America and beyond generally agree that poor voters are disproportionally targeted with clientelistic offers. For some scholars, poor voters are targeted by parties because of the higher marginal value of relatively inexpensive gifts for poorer voters. For others, they are targeted because the poor are more likely to value immediate assistance rather than programmatic promises".[47]

Os indivíduos que se encontram inseridos abaixo da linha de pobreza e de extrema pobreza possuem uma maior vulnerabilidade material, muitas vezes privados do acesso a serviços que são de competência do Estado e, vez não possuírem recursos financeiros suficientes, encontram-se também privados de arcar com os custos privados para acessá-los. A situação de vulnerabilidade socioeconômica desses que se encontram em condições de escassez material (extrema) abre caminho para que trocas, ainda que a um alto custo, sejam consideradas. Como afirma Tina Hilgers,

> In third-wave countries with developing economies, the realities of doing politics while coping with markets whose benefits are not broadly accessible are far from the democratic ideals of equality, universality, and participation. Formal democratic rules are implanted in deeply unequal societies, in which the poor are socially and politically marginalized as a result of scarce economic opportunities, and the state is faced with continuous fiscal shortages and real or potential political instability. In the context of uncertainty, actors ofter prefer the use of personal relationships, such as clientelism, that create predictability, to trusting the doubtful outcome of forma channels.[48]

E essa falha do mercado em distribuir bens materiais é comprovada no Brasil pelos números do IBGE acima apresentados: uma parte expressiva da população brasileira abaixo da linha da pobreza, enquanto há uma concentração da renda distribuída pelo mercado no topo da distribuição. Diante desse cenário, a implantação de regras democráticas formais que asseguram o direito de votar e de ser votado, de se manifestar de forma livre e igualitária no campo político em sociedades profundamente desiguais e com altos índices de pobreza (e pobreza extrema), e

---

47. Gonzalez-Ocantos, Ezequiel, and Virginia Oliveros. Clientelism in Latin American Politics. **Oxford Research Encyclopedia of Politics**, 2019. Disponível em: https://oxfordre.com/politics/view/10.1093/acrefore/9780190228637.001.0001/acrefore-9780190228637-e-1677. Acesso em: 5 fev. 2020, p. 3.

48. HILGERS, Tina. Democratic Processes, Clientelistic Relationships, and the Material Goods Problem. *In*: HILGERS, Tina (ed.). **Clientelism in Everyday Latin American Politics**. New York: Palgrave Macmillan US, 2012. cap. 1, p. 3-22. HILGERS, Tina (Ed.). **Clientelism in Everyday Latin American Politics**. New York: Palgrave Macmillan US, 2018, p. 3.

que enfrentam cortes e limitações orçamentárias, que acabam afetando, dentre outros campos, o campo das políticas sociais, torna interessante aos indivíduos a busca em outras instituições (ainda que informais) a satisfação das suas necessidades materiais básicas.

A escassez de bens materiais e a incerteza quanto o acesso aos serviços públicos de competência do Estado tornam o ambiente mais propício ao desenvolvimento de relações que resultem em proteção aos interesses desses indivíduos marginalizados. E a melhor forma de se proteger, nos dizeres de Tina Hilgers, "normalmente é criar uma relação especial com uma pessoa que tem conhecimento e acesso ao Estado e aos seus recursos – uma pessoa que o patrocínio [*patronage*] vai assegurar por meio de canais informais a segurança que o sistema formal não oferece"[49]. Assim, o clientelismo (relação subordinada limitadora de direitos e da autonomia do indivíduo) se torna um instrumento de proteção e de segurança, "sendo o principal mecanismo informal usado para integrar ou cooptar setores da população marginalizados"[50] da arena política e do mercado.

Enquanto a democracia se baseia na ética dos direitos de cidadania, o clientelismo opera de acordo com a lógica da troca.[51] Espera-se de uma democracia a garantia de direitos políticos, sociais e econômicos, com a implementação de políticas universais redistributivas (de bens materiais e oportunidades). O clientelismo opera com base na relação entre oferta e demanda: há demanda por acesso a recursos materiais privados ou públicos que, via de regra, já deveriam ser disponibilizados de forma universal a todos. Mas como isso acaba não ocorrendo, surge uma demanda para que essas necessidades sejam atendidas, surgindo, com isso, a oportunidade para que relações baseadas em trocas que possibilitem acesso a esses recursos sejam estabelecidas.

---

49. HILGERS, Tina. Democratic Processes, Clientelistic Relationships, and the Material Goods Problem. *In*: HILGERS, Tina (ed.). **Clientelism in Everyday Latin American Politics**. New York: Palgrave Macmillan US, 2012. cap. 1, p. 3-22. HILGERS, Tina (Ed.). **Clientelism in Everyday Latin American Politics**. New York: Palgrave Macmillan US, 2018, p. 6.

50. HILGERS, Tina. Democratic Processes, Clientelistic Relationships, and the Material Goods Problem. *In*: HILGERS, Tina (ed.). **Clientelism in Everyday Latin American Politics**. New York: Palgrave Macmillan US, 2012. cap. 1, p. 3-22. HILGERS, Tina (Ed.). **Clientelism in Everyday Latin American Politics**. New York: Palgrave Macmillan US, 2018, p. 7.

51. HILGERS, Tina. Democratic Processes, Clientelistic Relationships, and the Material Goods Problem. *In*: HILGERS, Tina (ed.). **Clientelism in Everyday Latin American Politics**. New York: Palgrave Macmillan US, 2012. cap. 1, p. 3-22. HILGERS, Tina (Ed.). **Clientelism in Everyday Latin American Politics**. New York: Palgrave Macmillan US, 2018, p. 7.

Afirma Jon Shefner que "em nações pobres, bens materiais disponibilizados via trocas clientelísticas podem se provar mais atrativos para apoiadores potenciais do que pretensões de cidadania e direitos humanos".[52] Ainda segundo o autor, a disponibilidade de recursos influencia a viabilidade tanto do clientelismo como da democracia.[53] Continua e cita diversas ocorrências do clientelismo: no Líbano, onde votos foram trocados por assistência médica, bem-estar social, moradia e emprego; na Jamaica, onde o clientelismo emergiu sob condições de escassez e empobrecimento, tornando-se o meio de prover recursos aos partidários.[54]

Pensar na democracia de forma limitada à esfera política (direito à participação de forma livre e igualitária), deixando de lado questões sociais e econômicas, acaba por impedir o seu avanço e consolidação, já que desigualdades socioeconômicas substanciais acabam se fazendo presentes, tornando-se obstáculos à construção de uma sociedade democrática. Com isso, faz-se necessário pensar a democracia e o processo de democratização sob uma perspectiva inclusiva não só política, mas também econômica, integrando políticas de expansão de bem-estar econômico.[55] Torna-se difícil se aproximar do ideal de eleições livres e justas quando há escassez de recursos materiais ao ponto de restringir a liberdade e autonomia individual.

Frente a esse cenário, torna-se imperioso se pensar em um modelo de federalismo fiscal que possibilite uma distribuição de recursos eficiente e compatível com as atribuições de cada ente federativo, seja via competências tributárias próprias, seja via sistemas de distribuição de receitas. Quando a atribuição de competências tributárias próprias não se mostrar compatível com a necessidade de gastos, em especial os gas-

52. SHEFNER, Jon. What is politics for? Inequality, representation, and needs satisfaction under clientelism and democracy. *In*: HILGERS, Tina (ed.). **Clientelism in Everyday Latin American Politics.** New York: Palgrave Macmillan US, 2012. cap. 3, p. 41-59, p. 42, tradução nossa. Ainda, afirma o autor que "Provision of material goods may become more important than fair and transparent electoral processes during times of austerity, for example".

53. SHEFNER, Jon. What is politics for? Inequality, representation, and needs satisfaction under clientelism and democracy. *In*: HILGERS, Tina (ed.). **Clientelism in Everyday Latin American Politics.** New York: Palgrave Macmillan US, 2012. cap. 3, p. 41-59, p. 42.

54. SHEFNER, Jon. What is politics for? Inequality, representation, and needs satisfaction under clientelism and democracy. *In*: HILGERS, Tina (ed.). **Clientelism in Everyday Latin American Politics.** New York: Palgrave Macmillan US, 2012. cap. 3, p. 41-59, p. 46.

55. Cf. SHEFNER, Jon. What is politics for? Inequality, representation, and needs satisfaction under clientelism and democracy. *In*: HILGERS, Tina (ed.). **Clientelism in Everyday Latin American Politics.** New York: Palgrave Macmillan US, 2012. cap. 3, p. 41-59, p. 55.

tos destinados a assegurar direitos fundamentais essenciais, o sistema de repartição de receitas deve ser pensado de forma a tornar os desígnios constitucionais uma realidade.

As distorções do modelo de federalismo fiscal brasileiro criam um terreno fértil para o desenvolvimento do clientelismo no Brasil contemporâneo. O atual estágio das desigualdades socioeconômicas já apresentado impede abre caminho para o desenvolvimento de relações clientelísticas. A falta de recursos materiais mínimos para uma vida digna acaba por impedir que os indivíduos sejam verdadeiramente livres. Não há como se falar em liberdade onde o mínimo não é assegurado.

Assim, trocas acabam por ser feitas de modo a possibilitar que o mínimo material necessário à subsistência seja obtido, abrindo caminho para que as trocas possam colocar em jogo direitos considerados pela Constituição de 1988 como fundamentais (liberdade individual, liberdade política, direitos trabalhistas e até a própria dignidade da pessoa humana).

A busca por autonomia dos entes subnacionais leva em consideração o tripé autonomia política, administrativa e financeira. Entretanto, prejudicada a autonomia financeira, as demais autonomias se encontrarão impossibilitadas de serem garantidas de forma plena. Os entes subnacionais são, no final das contas, estruturas político-administrativas criadas com o fim de atender aos interesses e anseios da sua população e são os interesses desta que devem ser defendidos e assegurados. Quando faltam recursos para a implementação de políticas públicas que busquem a integração dos indivíduos, em especial quando se trata de um país com indicadores de pobreza e extrema pobreza elevados.

E essa ausência de instituições formais estatais acabam por abrir caminho para o desenvolvimento de instituições informais, às vezes mais aptas a responder aos anseios dos indivíduos, tornando a construção de uma sociedade democrática cada vez mais distante da realidade.

CONSIDERAÇÕES FINAIS

O objetivo do presente artigo era demonstrar que as distorções do federalismo fiscal brasileiro impossibilitam a existência de autonomia fiscal de grande parte dos entes subnacionais, resultando em um obstáculo ao desenvolvimento de um regime democrático inclusivo (politicamente, socialmente e economicamente). O aumento das atribuições materiais dos entes subnacionais, quando não acompanhado de fontes de custeio suficientes, acaba por impossibilitar a implementação de políticas públicas que assegurem direitos fundamentais básicos à sua população. Com isso, surge espaço para que instituições informais supram essa ausência estatal, de modo a possibilitar aos indivíduos economicamente marginalizados o acesso a bens materiais e serviços básicos.

Diante desse cenário ganha força o clientelismo que, por um lado, possibilita acesso a bens materiais e serviços, mas por outro, acaba impondo aos denominados clientes um custo elevado, já que a moeda de troca são favores políticos, impedindo o exercício de uma cidadania inclusiva democrática, conforme prevê a Constituição Federal de 1988. E os elevados índices de pobreza extrema, pobreza e desigualdade socioeconômica no Brasil, conforme dados apresentados pelo IBGE, mostram que é necessário que o Estado aja por meio de políticas públicas que possibilitem uma alteração do atual cenário de precarização de direitos fundamentais (sociais). Caso as instituições formais não assumam esse papel que lhes é atribuído, abre-se uma porta para que as instituições informais as substituam, mas ao custo do desenvolvimento democrático do país.

Portanto, corrigir as atuais distorções que marcam o pacto federativo fiscal brasileiro se mostra tarefa urgente, devendo se pensar em saídas para a atual crise financeira gerada, em parte, por uma má distribuição das competências materiais e financeiras, que fazem com que os entes subnacionais, desenhados para serem dotados de autonomia política, administrativa e fiscal, sejam, na realidade, dependentes do ente central, devendo estar alinhados com ele, em um verdadeira relação de subordinação, incompatível com a essência do federalismo, nos moldes da Constituição Federal de 1988.

REFERÊNCIAS

ALVES, Raquel de Andrade Viera. **Federalismo fiscal brasileiro e as contribuições**. Rio de Janeiro: Lumen Juris, 2017.

ANDERSON, George. **Una introducción comparada al federalismo fiscal**. Madrid: Marcial Pons, 2010.

CANZIAN, Fernando. 70% dos municípios dependem em mais de 80% de verbas externas. **Folha de S. Paulo**, 2019. Disponível em: http://temas.folha.uol.com.br/remf/ranking-de-eficiencia-dos-municipios-folha/70-dos-municipios-dependem-em-mais-de-80-de-verbas-externas.shtml. Acesso em: 05 jan. 2020.

DALLARI, Dalmo de Abreu. **Elementos de teoria geral do Estado**. 33. ed. São Paulo: Saraiva, 2016.

IBGE. **Síntese de indicadores sociais: uma análise das condições de vida da população brasileira**. Rio de Janeiro: IBGE, 2019, p. 58. Disponível em: https://biblioteca.ibge.gov.br/visualizacao/livros/liv101678.pdf. Acesso em: 05 fev. 2020.

ONU. **Inequality – Bridging the Divide**. Disponível em: https://www.un.org/en/un75/inequality-bridging-divide. Acesso em: 10 fev. 2020.

OXFAM BRASIL. **Tempo de cuidar**: o trabalho de cuidado não remunerado e mal pago e a crise global da desigualdade. Oxford, 2020, p. 4.

SHEFNER, Jon. What is politics for? Inequality, representation, and needs satisfaction under clientelism and democracy. *In*: HILGERS, Tina (ed.). **Clientelism in Everyday Latin American Politics**. New York: Palgrave Macmillan US, 2012. cap. 3, pp. 41-59.

SOUZA, Pedro H. G. Ferreira de. **Uma história de desigualdade**: a concentração de renda entre os ricos no Brasil 1926-2013. São Paulo: Hucitec: Anpocs, 2018.

TRATA BRASIL. **Esgoto**. Disponível em: http://www.tratabrasil.org.br/saneamento/principais-estatisticas/no-brasil/esgoto. Acesso em: 05 jan. 2020.

TORRES, Ricardo Lobo. **Curso de direito financeiro e tributário**: atualizado até a EC 95/16 e de acordo com o NCPC. 20. ed. rev. e atualizada por Silvia Faber Torres. Rio de Janeiro: Renovar, 2018, p. 65.

23

TRANSPARÊNCIA FISCAL COMO INSTRUMENTO PARA O EQUILÍBRIO ORÇAMENTÁRIO BRASILEIRO

Vanessa Benelli Corrêa

Doutoranda e Mestre em Finanças Públicas, Tributação e Desenvolvimento pela Universidade do Estado do Rio de Janeiro (UERJ). Advogada. (E-mail: vanessa_benelli@hotmail.com)

efeitos práticos da transparência fiscal; **4.1.** Simplificação do sistema financeiro e tributário; **4.2.** Medidas de coordenação para o planejamento do futuro: bases materiais para a construção de um novo cenário; **5.** Resultados da pesquisa; **6.** Considerações finais; **7.** Referências.

1. CONSIDERAÇÕES INICIAIS

O presente artigo analisa o princípio da transparência como mecanismo para o alcance dos objetivos previstos no artigo 3º da Constituição Federal de 1988 (CF/88), os quais, por sua vez, são viabilizados pelo desempenho eficiente das finanças públicas e da tributação. A ausência de medidas de coordenação entre a elaboração e a execução do orçamento público culmina no desequilíbrio da própria Federação. Assim, pretende-se investigar o potencial da transparência na era da Sociedade da Informação, averiguando os entraves sistêmicos que ainda impedem a sua plena efetivação.

Para tanto, apresentam-se os conceitos relacionados ao tema da transparência e das finanças públicas, aproveitando o ensejo para expor as características da Sociedade da Informação, marcada pela informatização e ascensão de novas tecnologias. Com o intuito de contextualizar a pesquisa, são destacadas considerações históricas acerca do cenário financeiro brasileiro, permitindo aferir, posteriormente, a trajetória crescente do endividamento público e a forte crise fiscal dos entes subnacionais. A partir dessas exposições, viabiliza-se a compreensão das deficiências estruturais do sistema orçamentário brasileiro e a maximização da instabilidade federativa, afetada direta e indiretamente pela ausência de controle eficiente das contas públicas.

Na sequência, serão investigadas as disposições legais relacionadas à transparência fiscal e como o Poder Judiciário tem se posicionado sobre o tema, buscando, ademais, compreender quais são os incentivos ao sigilo e os entraves que impedem a plena efetivação da transparência em todas as esferas da Federação.

Serão analisadas as dimensões teóricas e os efeitos práticos da transparência fiscal, sendo abordadas a necessidade da educação fiscal para o processo de democratização e efetivação do acesso à informação e a importância da simplificação do sistema financeiro e tributário. Ao final, será apresentada a síntese das bases materiais indicadas para reforma sistêmica, destacando os resultados objetivos na pesquisa, voltada à concretização da democracia, sendo a transparência fiscal indispensável nesse processo reformador.

2. REFLEXÕES SOBRE A SOCIEDADE DA INFORMAÇÃO E OS IMPACTOS DA GLOBALIZAÇÃO NAS FINANÇAS PÚBLICAS

A organização da sociedade exige recursos, ainda que seja mínima a atuação do Estado. Neste contexto, torna-se necessário que o Estado desempenhe uma "atividade financeira", assim entendida como o conjunto das ações estatais para obtenção de receita, bem como para a realização dos gastos para o atendimento das necessidades públicas (TORRES, 2014, p. 136).

De forma resumida, as receitas públicas podem ser originárias – quando advém do próprio patrimônio público – ou derivadas – que são aquelas advindas da tributação incidente sobre determinadas bases materiais, como renda, patrimônio e consumo. Já as despesas públicas podem ser correntes – destinadas à manutenção do aparato estatal – ou de capital – que são aquelas cujo resultado é o aumento do patrimônio público. De todo modo, a atividade financeira do Estado é dotada de caráter meramente instrumental, estando atrelada à consecução dos objetivos fundamentais, constantes no artigo 3º do texto constitucional.

Notadamente, a globalização e a revolução tecnológica apresentam impactos positivos em todas as áreas, não sendo diferente no caso das Finanças Públicas. A mobilidade da informação é uma realidade trazida pela globalização, que, somada ao desenvolvimento de novas ferramentas, propicia uma fiscalização mais eficaz da atividade financeira do Estado, desde que haja um ambiente de transparência e de compartilhamento de dados de qualidade.

2.1. Breve histórico sobre mecanismos de controle financeiro

Historicamente, há registros de que o Brasil herdou de Portugal "uma cultura de baixa ou de nenhuma valorização do processo orçamentário e das instituições fiscais" (NÓBREGA, 2016, p. 27). O descontrole financeiro foi potencializado ao longo do regime militar, período marcado pela forte centralização dos poderes na figura do governo central. Foi durante o primeiro ano desse período que se editou a Lei nº 4.320/64, que estatui as normas gerais de direito financeiro. Dentre suas disposições gerais, destacam-se os princípios da unidade e da universalidade orçamentária, expressos no artigo 2º da referida lei[1]. O princípio da unidade representa a orientação política para apresentação, de forma consolidada, de uma única peça orçamentária, contendo todas as receitas e gastos.

Pelo princípio da universalidade, o orçamento público, além de ser materializado em uma única peça, deve conter todas as receitas e todas as despesas públicas. Este comando, além de previsto expressamente no *caput* do artigo 2º da Lei nº 4.320/64, foi reafirmado no artigo 3º, segundo o qual a Lei de Orçamentos compreenderá todas as receitas, inclusive as de operações de crédito autorizadas em lei.

Sobre este ponto, destaca-se, ainda, a previsão do artigo 62 da Emenda Constitucional (EC) nº 01/69, segundo o qual o orçamento anual compreenderá obrigatoriamente as despesas e receitas relativas a todos os Poderes, órgãos e fundos, tanto da administração direta quanto da indireta, excluídas apenas as entidades que não recebam subvenções ou transferências à conta do orçamento.

Comentando sobre o assunto e, seguindo a mesma linha, Alcides Ferreira (2016, p. 99) registra que muito embora previsto na legislação, o orçamento brasileiro não atendia às duas exigências básicas, visto que não era único nem universal.[2] O descumprimento dos princípios orçamentários acima mencionados dificultava o controle das finanças públicas pelo Congresso Nacional. O autor aponta que o orçamento federal chegava ao Poder Legislativo sempre com um aparente equilíbrio entre receitas e despesas em razão da defasagem das informações gerenciais (2016, p. 100).

Contudo, a partir da década de 1970, identificam-se avanços positivos de uma relação entre a administração fiscal e os contribuintes pautada na transparência (PEROBA, 2013, p. 319). Exemplo dessa postura

1. Art. 2º. A Lei do Orçamento conterá a discriminação da receita e despesa de forma a evidenciar a política econômica financeira e o programa de trabalho do Govêrno, obedecidos os princípios de unidade universalidade e anualidade.

2. O autor destaca que "a desordem institucional se completava com o irrealismo do orçamento público, que, por sinal não era único. Um desses orçamentos, chamado de "monetário", envolvia a programação das instituições financeiras ligadas à União. Por essa peça, o governo emprestava recursos subsidiados ao setor agrícola, por exemplo. Mas esses subsídios ao trigo, açúcar e álcool, entre outras atividades, não eram tratados como despesas da União. Dessa forma, o orçamento brasileiro não atendia a dois sacramentos básicos: não era único, pois havia mais de uma peça orçamentária, e não era universal, já que havia despesas não contabilizadas".

era a constante emissão de Pareceres Normativos da Coordenação do Sistema de Tributação (CST) da Secretaria da Receita Federal. Dentre eles, destaca-se o Parecer Normativo CST nº 112, de 17 de agosto de 1978, responsável por divulgar a interpretação fazendária acerca da definição e conceito de subvenções para custeio e para investimentos. O Parecer Normativo CST nº 32/1981 apresentava critérios objetivos para a caracterização de despesas para fins de dedutibilidade do imposto de renda.

Naquele período, ainda, houve a criação da Secretaria do Tesouro Nacional (STN) pelo Decreto nº 92.452/86, cujo objetivo era viabilizar o gerenciamento do caixa, pela normatização, planejamento, coordenação e controle da programação e administração financeira do governo (FERREIRA, 2016, p. 100).

Nessa linha, o Sistema Integrado de Administração Financeira do Governo Federal (SIAFI) foi desenvolvido por uma ação conjunta entre a STN e o Serviço Federal de Processamento de Dados (SERPRO), viabilizando que, por meio de uma conta única, o Governo Federal possa gerir de onde todas as saídas de dinheiro ocorrem com o registro de sua aplicação e do servidor público que a efetuou.

Poucos anos depois, a Constituição Federal de 1988 inseriu novos instrumentos para aperfeiçoamento e ampliação do controle institucional e legal da gestão fiscal, materializados no Plano Plurianual (PPA) e na Lei de Diretrizes Orçamentárias (LDO)[3]. Entretanto, deve ser destacado os efeitos deletérios da falta de flexibilidade e modernidade da Lei nº 4.320/1964.

Sérgio Praça (2016, p. 95) ressalta a necessidade de uma Lei Complementar de Finanças Públicas (LCFP) para estabelecer (i) regras sobre a estrutura e elaboração orçamentária; (ii) regras sobre a execução orçamentária; (iii) normas de contabilidade pública; (iv) regras sobre controle interno das finanças; e, (v) regras de gestão fiscal. Muito embora previstos na Lei nº 4.320/64, exceto o quinto item, a legislação vigente é

3. A Lei de Diretrizes Orçamentárias (LDO) representa o instrumento legislativo pelo qual é definido, anualmente, a porcentagem de recursos que pode ser remanejada pelo Executivo. Confere, assim, autonomia para o Executivo implementar preferências de acordo com sua conveniência. Além da autonomia, segundo Sérgio Praça (2016, p. 105), a LDO representa oportunidade para *policy learning*, aferindo o funcionamento e promovendo ajustes para a próxima LDO, de acordo com as reais necessidades.

demasiadamente genérica, garantindo elevada margem para manobras na execução das suas disposições.

Cabe ainda destacar o advento da LC nº 101/2000 (Lei de Responsabilidade Fiscal - LRF), voltada à disciplina fiscal de modo previsível e transparente. A legislação é considerada um dos maiores marcos na definição de restrições orçamentárias no Brasil, muito embora haja necessidade de implementar mecanismos institucionais complementares às suas disposições legais.

2.2. Trajetória crescente do endividamento público e a crise fiscal dos entes subnacionais

Muito embora o ordenamento jurídico pátrio contemple instrumentos voltados à promoção do controle orçamentário, o cenário fiscal do governo central e, principalmente, dos entes subnacionais, é de desajuste. Antecedendo a análise de medidas estruturais hábeis à melhora da situação fiscal, o objetivo desde tópico volta-se à investigação de informações e dados relativos à trajetória crescente do endividamento público, um dos entraves atuais que corroboram no reconhecimento da necessidade de ajustes fiscais dos entes públicos.

Quanto às tendências da evolução do gasto público, verifica-se pelas pesquisas que houve um aumento considerável ao longo do século XX. Todavia, deve-se destacar que, na realidade, no século XIX já havia estudos que demonstravam fatores que ensejariam o aumento dos gastos públicos:

> É interessante registrar que o crescimento dos governos é muito antigo e precede o século XX. Com efeito, foi na década de 1880 que o economista alemão Adolph Wagner, com base no retrospecto até a época e na análise das tendências antevistas naqueles anos, formulou o que veio a ser conhecido como "lei de Wagner", ou "lei dos dispêndios públicos crescentes". Por essa lei, o desenvolvimento do que vieram a ser as modernas sociedades industriais, algumas décadas depois, provocaria pressões crescentes em favor de aumentos do gasto público.
>
> De fato, fosse a guerra a única causa do aumento da relação entre o gasto público e o PIB, a mencionada tendência deveria ter cessado depois de 1945. Contudo, quando se compara, de um modo geral, nos diversos países, a participação do governo na economia em 1950 – isto é, depois da Segunda Guerra Mundial – com a atual, nota-se que o governo hoje pesa mais do que em meados do século XX. Isso significa que há outras causas que explicam o fenômeno. (GIAMBIAGI; ALÉM, 2011, p. 35-36)

Além dos fatores relacionados ao período das guerras mundiais, outros aspectos podem ser levantados para explicação do crescimento do gasto público: fatores demográficos associados ao envelhecimento progressivo da população; urbanização e migração do campo para a cidade; crescimento do PIB *per capita* e aumento do preço relativo dos serviços.

Um dos pontos que comprometem o federalismo brasileiro e que impacta a saúde fiscal dos entes subnacionais é a distribuição desafinada da arrecadação de receitas advindas da tributação. Por intermédio de dados divulgados pela STN, Pedro Jucá Maciel elaborou pesquisa sobre o processo recente de deterioração das finanças públicas estaduais, apontando a existência de um comportamento cíclico nos últimos 25 anos. O autor divide a apresentação do comportamento das finanças públicas dos Estados em três ciclos, cada um deles marcado por uma série de peculiaridades (2016, p. 183-186):

Tabela 01 – Ciclos das finanças públicas estaduais

1992 a 1997	Período de forte deterioração das contas públicas. Após o lançamento do Plano Real, em 1994, elevou-se o desequilíbrio financeiro dos Estados e dos seus bancos. O fim da hiperinflação e a elevação da taxa de juros real reduziram as receitas inflacionárias, elevaram os compromissos financeiros e anteciparam as crises de liquidez dos bancos estaduais.
1998 a 2007	Período do processo de consolidação fiscal, resultado dos altos encargos financeiros para pagamento da dívida pública dos governos estaduais e das elevadas metas de resultado primário; crescimento das receitas públicas no período de 2004 a 2007, fruto do dinamismo econômico e aumento da formalização da economia.
2008 a 2014	Trajetória declinante em razão dos efeitos da crise financeira internacional, redução do crescimento econômico, políticas de desoneração de tributos compartilhados, manutenção da elevada taxa de crescimento das despesas e ausência de cortes significativos.

O descompasso entre receita e despesa compromete o equilíbrio orçamentário e, por consequência, o alcance dos objetivos constitucionais[4]. De acordo com Maciel (2016, p. 200), o ciclo de deterioração

4. Para Giambiagi e Além (2011, p. 38) "é importante ter presente que é legítimo que o gasto público aumente, mas ao mesmo tempo, do ponto de vista da política anti-inflacionária, é desejável que, se isto ocorrer, ele seja financiado com impostos e/ou com um aumento modesto da dívida pública – preferencialmente, sem que isto implique elevar a relação dívida/PIB, desde que a economia esteja em expansão. Portanto, o esforço das autoridades deve ser acompanhado pela maior compreensão, por parte do público e das lideranças políticas, trabalhistas e empresariais

fiscal ocorrido entre 2008 e 2014 pode ser explicado em 28% pelo menor dinamismo da arrecadação e em 72% pelo aumento das despesas, sendo este número correspondente a 88% da elevação das despesas de pessoal e apenas 12% de despesas relacionadas a investimentos. Também cabe registrar o impacto causado nas contas públicas dos Estados e Municípios produtores de petróleo com a queda no preço do barril, fator que atingiu fortemente o orçamento do Estado do Rio de Janeiro, por exemplo.

Na realidade, observa-se pelas pesquisas que a maioria dos Estados enfrentam um cenário crítico nas suas finanças públicas, com dificuldade, inclusive, para pagamento de despesas com pessoal. Segundo o autor (2016, p. 201), apesar de 2014 indicar o pior resultado fiscal, o ano de 2015 foi marcado por um processo de ajuste fiscal de péssima qualidade, marcado pela concentração nos cortes dos investimentos e nos atrasos dos pagamentos de fornecedores.

2.3. Deficiências estruturais do sistema financeiro e tributário: a maximização da instabilidade federativa e o impacto nas políticas públicas

A complexidade do sistema financeiro e tributário pode ser evidenciada a partir de diversos estudos relacionados à matéria.[5] Ao analisar o sistema tributário, Rezende (2013, p. 244) destaca a fragmentação em vários regimes administrativos, multiplicação de regulamentos, sujeitos à constante alteração, motivando o abarrotamento do Poder Judiciário diante da falida relação instaurada entre fisco e contribuinte.

De acordo com Peroba (2013, p. 316-317), apesar da evolução no campo da informatização dos órgãos da administração tributária, há um afastamento entre o fisco e os contribuintes em razão: a) da dificuldade

---

do país, acerca das limitações que o combate à inflação impõe à política fiscal. É essa maior consciência nacional acerca da necessidade de conciliar o atendimento das demandas sociais com maior vigor orçamentário que se espera que seja desenvolvida no Brasil a partir da crise vivida pelo país no final de década de 1990.

5. Confirma Peroba (2013, p. 315) que "é senso comum que o modelo de tributação brasileiro é muito complexo. Por isso, várias tentativas de reforma tributária ocorridas nos últimos anos no País, muito se discutiu acerca das características que precisa ter um sistema tributário para atrair investimentos e permitir o desenvolvimento do país. Ainda nesse contexto, foram objeto de debate vários estudos econômicos que analisaram o peso da carga e os reflexos na economia, além dos efeitos nefastos dos tributos cumulativos e os modelos de tributação mais adequados para buscar a neutralidade dos investimentos da iniciativa privada e distribuição mais equânime da renda (tributação sobre o consumo, tributação sobre renda etc.)

de acesso às consultas feitas pelos contribuintes; b) ausência de divulgação da interpretação da própria administração pública sobre a legislação fiscal e, por exemplo, c) dificuldade na obtenção de certidões, devolução de créditos e/ou indébitos tributários. O autor destaca que o constante uso de medidas provisórias, instruções normativas e portarias que não possuem carga interpretativa, torna o sistema tributário cada vez mais complexo e de difícil compreensão.

Ao analisar o sistema financeiro, Rezende (2013, p. 247) aponta que, com as sucessivas prorrogações da Desvinculação de Receitas da União (DRU), principal instrumento adotado para sustentar o ajuste das contas públicas, o crescimento dos gastos ganhou dinâmica própria.[6] Fato é que as atuais opções do governo federal em prestigiar a arrecadação das contribuições, deixando de lado os impostos cuja receita é partilhada com Estados e Municípios resulta em impactos para os entes subnacionais. A seu turno, Nóbrega (2016, p. 42) critica a rigidez orçamentária oriunda das vinculações de receitas a determinados gastos. Outro ponto constantemente criticado é o elevado gasto com as despesas de pessoal.[7] Essas questões demonstram a existência de deficiências estruturais, enfraquecendo o federalismo brasileiro.

Observa-se, ainda, a existência de práticas geradoras da ilusão fiscal, tais como tributos embutidos nos preços (cobrados "por dentro"); multiplicidade de tributos incidentes sobre a mesma base econômica; financiamento do gasto por meio da expansão do endividamento; tributo inflacionário; extensão do regime de substituição tributária; generosidade dos limites para enquadramento em regimes simplificados de tributação; tributos sobre o lucro presumido; tributos cumulativos.

Importa comentar que a regressividade do sistema tributário brasileiro é uma das mais altas, muito embora essa temática não seja amplamente divulgada e compreendida pelos contribuintes. Rezende (2013, p. 242) formula crítica à prevalência do que chama de princípio da comodidade nos momentos de reforma tributária. Por essa perspectiva, os administradores tributários teriam tendência a optar por caminhos que

---

6. O autor ainda acrescenta que "o Estado cresceu, mas o acesso aos novos direitos sociais não é universal. Apenas os direitos abrangidos pela seguridade social, e pela vinculação das receitas de impostos à educação, são atendidos, e nem assim o resultado nessas áreas é satisfatório. O perfil do Estado vaio se deformando e acumulando um acentuado desequilíbrio. (REZENDE, 2013, p. 247)

7. Sobre esse tema, Marcos Mendes discorre sobre "a política de pessoal do governo federal" (2016, p. 53-92).

facilitam a arrecadação. Assim, o melhor tributo seria aquele mais fácil de arrecadar.[8]

As deficiências sistêmicas comprometem a efetivação de políticas públicas eficientes. Um dos efeitos do atual sistema tributário é o impacto negativo na gestão das finanças públicas dos entes subnacionais, seriamente comprometida pelo descompasso entre as receitas e as despesas. Calciolari (2010, p. 409) aponta a dependência dos Estados e Municípios dos recursos provenientes da repartição de receitas e da transferência por fundos federativos, registrando o flagrante descompasso entre as competências materiais e as competências tributárias.

Consequentemente, o desequilíbrio das finanças públicas dos entes subnacionais compromete o exercício das competências materiais, impostas pelo ordenamento jurídico pátrio. O pacto federativo brasileiro é dotado de peculiaridade que o distingue das demais federações. Além do Governo Central, representado pela União, os Estados e os Municípios são dotados de autonomia política, administrativa e financeira. Nessa escala, os entes subnacionais demandam transferências de recursos da União para cumprimento dos deveres impostos pelo texto constitucional, visto que a arrecadação de receitas próprias, por si só, não se mostra capaz de fazer frente ao custo das suas obrigações.

Tollini (2016, p.118) apresenta diversos exemplos que demonstram problemas relacionados à falta de transparência orçamentária. Destaca programas federais como Minha Casa Minha Vida, Mais Médicos e Bolsa Família, cujas informações não estão devidamente destacadas no Plano Plurianual (PPA) e na Lei Orçamentária Anual (LOA). No mesmo sentido, Maciel (2016, p. 186) aponta que, para suas pesquisas sobre o processo recente de deterioração das finanças públicas estaduais, os dados divulgados pelos Estados necessitaram de ajustes para padronização da metodologia. Aponta, por exemplo, que alguns Estados contabilizam despesas de inativos e pensionistas como custeio.

Investigando as deficiências que acometem o sistema financeiro, Sérgio Praça (2016, p. 95), ao estudar "a prática das leis de Diretrizes Orçamentárias no governo federal brasileiro (1989-2010)", destaca os problemas da Lei nº 4.320/64, principalmente quanto à falta de flexi-

8. Cabe apontar, neste ponto, a tênue linha entre o princípio da praticabilidade, voltado à simplificação do sistema tributário, e o princípio da comodidade, pelo qual se busca apenas a implementação de medidas facilitadoras para a arrecadação.

bilidade e modernidade das suas disposições. Comenta ainda sobre a necessidade de uma Lei Complementar de Finanças Públicas (LCFP)[9].

José Jorge Barros de Santana Junior[10] desenvolveu pesquisa acerca da "Transparência Fiscal Eletrônical" (2010), por meio de estudo que abarcou 207 *sites* do setor público, relacionados aos 135 Poderes/Órgãos pesquisados. De acordo com os dados levantados, identificou-se uma baixa aderência à integralidade das exigências legais relativas à transparência fiscal eletrônica haja vista a (i) falta de divulgação de demonstrativos fiscais, (ii) ausência de tempestividade das informações, (iii) não elaboração das versões simplificadas dos instrumentos de transparência, (iv) falta de incentivo à participação popular e, principalmente, (v) não apresentação das prestações de contas.

2.4. Reflexões sobre transparência e federalismo fiscal brasileiro

A forma federativa de Estado assegura aos governos nacional (União) e subnacionais (Estados e Municípios) independência e autonomia política[11]. Nesse sentido, Gustavo da Gama Vital de Oliveira (2014, p. 75) aduz que "o que diferencia o federalismo fiscal é a autonomia político-jurídica, segundo a qual se distribui o poder de legislar, especialmente para a criação de tributos, que constitui a maior de todas as manifestações de autonomia política".

Ricardo Lodi Ribeiro (2012, p. 133) destaca que o federalismo permite "a democratização das decisões que passam a ser tomadas em uma esfera mais próxima do cidadão, que adquire maiores possibilidades de fiscalizar, controlar e influir nas escolhas estatais". Desse modo, a transparência fiscal deve ser uma realidade para todas as esferas federativas, informando as ações dos Poderes Executivo, Legislativo e Judiciário.

---

9. O autor menciona que a ausência da LCFP "incentiva as improvisações, estimula as mudanças de regras a cada ano (ou dentro do mesmo ano) e dificulta a correta utilização dos novos instrumentos criados pela Constituição; prejudica o funcionamento do Plano Plurianual [...]; confunde os administradores públicos no que se refere às exigências trazidas pela Lei de Responsabilidade Fiscal.

10. O autor analisou os dados disponibilizados na esfera estadual pelos Poderes Executivos, Tribunais de Justiça, Assembleias Legislativas, Tribunais de Contas e Ministérios Públicos.

11. Importante registrar a peculiaridade do modelo adotado pelo Brasil, pois é o único a garantir inteira autonomia política aos Municípios, de acordo com a repartição de competência delimitada pelo texto constitucional de 1988. No caput do artigo 18, por exemplo, está disposto que "a organização político-administrativa da República Federativa do Brasil compreende a União, os Estados, o Distrito Federal e os Municípios, todos autônomos, nos termos desta Constituição".

Nesse sentido, angariados os recursos devidos, os entes federados, imbuídos pelo dever de cooperação, devem executar as competências que lhes foram atribuídas. A divulgação dos dados relacionados à arrecadação, despesas e políticas públicas é fundamental para a efetivação de uma sociedade democrática, que demanda informações para exercício do seu poder-dever de fiscalização. Deve-se conferir relevância ao assunto, visto que estudos empíricos comprovaram a existência de relação diretamente proporcional entre a transparência fiscal estadual e o desenvolvimento social local (ABREU, GOMES, ALFINITO, 2015).

Sabe-se que diversos fatores corroboram para o enfraquecimento do pacto federativo brasileiro, tais como a concentração de receitas na União e os problemas decorrentes das transferências de recursos, o desequilíbrio da dívida pública, a guerra fiscal[12], entre outros. Nesse sentido, almejando reestruturar o pacto federativo brasileiro, serão apresentadas exposições relativas à transparência fiscal, observando sua atuação como instrumento viabilizador do equilíbrio financeiro.

3. TRANSPARÊNCIA FISCAL COMO BALIZA CONSTITUCIONAL E INSTRUMENTO PARA O EQUILÍBRIO FEDERATIVO

3.1. Delimitação conceitual

A transparência fiscal é considerada um princípio constitucional implícito e de acordo com Ricardo Lobo Torres (2005, p. 133) sinaliza que a atividade financeira deve ser desenvolvida segundo os ditames da clareza, abertura e simplicidade, seja pela legislação instituidora dos tributos, seja na feitura do orçamento ou no controle da sua execução. Significa dizer que a transparência volta-se às finanças públicas, por intermédio da efetividade normativa conferida pelo Direito Financeiro, e também à Tributação, corporificada pelo conjunto de normas veiculadas pelo Direito Tributário.

Para Luiz Roberto Peroba (2013, p. 318) o conceito de transparência pode ser identificado como um desdobramento da relação entre fisco e contribuinte pautada na segurança jurídica, visto que "para que se possa criar um ambiente de estabilidade no cotidiano da prática tributária,

12. Como esclarece Ricardo Lodi Ribeiro (2012, p. 141) "a guerra fiscal pressupõe a violação do princípio da conduta amistosa federativa, a partir de condutas artificiosas, abusivas ou ilegais, dirigidas à atração de empreendimentos que, sem essas práticas, seriam destinados a outro ente federativo".

é primordial que a administração pública e os contribuintes comportem-se de forma clara e estejam sempre acessíveis e abertos ao debate". Nessa linha, Angélico (2013, p. 101) destaca que a transparência tem relação com o fluxo de informação, mas também com a sua qualidade, para melhorar a compreensão.

Ocorre que, na prática, há problemas na divulgação de dados fiscais e, além disso, a interpretação requer vasto conhecimento técnico sobre o assunto, esvaziando da sociedade em geral o legítimo acesso às informações disponibilizadas. O princípio da transparência é materializado pela garantia do acesso à informação, devendo haver um esforço educativo e cultural para que a sociedade participe ativamente dos debates orçamentários. A transparência, por si só, ainda que garantida pela legislação e materializada em diversos instrumentos de ordem prática, não confere a efetividade necessária para o controle social. É indispensável promover a acessibilidade do conteúdo. Antes disso, porém, é fundamental estimular o interesse social pelo assunto, tal como ocorre na Inglaterra, onde o debate ocorre de forma intensa na imprensa e na sociedade.[13]

No Brasil, infelizmente impera a ilusão fiscal e o princípio da comodidade, conceitos contrários à transparência (REZENDE, 2013, p.239). A preferência é por transformar os dados em informações que não conturbem a ordem social, deixando o cidadão com a sensação de um cenário fiscal positivo. O princípio da comodidade impede uma efetiva reforma fiscal, uma vez que induz os administradores a escolhas pautadas meramente na facilidade arrecadatória.

O exercício pleno da democracia demanda conhecimento sobre a atividade pública como um todo, inclusive a atividade financeira. Do contrário, obsta-se a tomada de decisões conscientes e o seu efetivo controle social. Conforme será observado mais adiante, o Brasil está entre os países com resultados satisfatórios em pesquisa sobre transparência

---

13. De acordo com Nóbrega (2016, p. 28) "o orçamento público está, assim, na origem dos avanços institucionais da Inglaterra e, por extensão, do mundo anglo-saxônico. A apresentação anual do orçamento britânico é cercada de pompa. Sua elaboração é mantida sob rigoroso sigilo até a entrega formal ao Parlamento. Neste dia, o Chancellor of the Exchequer (ministro da Fazenda) anuncia o orçamento à porta de sua residência, no número 10 da Downing Street, onde se posta um batalhão de jornalistas, fotógrafos e cinegrafistas. Revelada a proposta orçamentária, o tema se torna objeto de intenso debate na imprensa e na sociedade. O orçamento enche página dos jornais e ocupa amplo espaço nos programas de debates no rádio e na TV. É o assunto mais importante por alguns dias".

fiscal, considerando os dados e informações do Governo Federal. Contudo, a federação brasileira possui vasta peculiaridade geográfica, demográfica, social, política e econômica, sendo fundamental ampliar a transparência por meio de instrumentos institucionais que alcancem todos os entes federativos. Além disso, é necessário apurar a qualidade das informações divulgadas e transformá-las acessíveis para a sociedade.

3.2. Identificação das disposições no ordenamento jurídico

A Constituição Federal de 1988, ao dispor sobre os "direitos e garantias fundamentais", estabeleceu expressamente o direito à informação, materializando, assim, o princípio da transparência, ao afirmar no artigo 5º, inciso XXXIII, que *todos têm direito a receber dos órgãos públicos informações de seu interesse particular, ou de interesse coletivo ou geral, que serão prestadas no prazo da lei, sob pena de responsabilidade, ressalvadas aquelas cujo sigilo seja imprescindível à segurança da sociedade e do Estado.*

De igual modo, o constituinte impôs à administração pública o dever de assegurar o acesso dos cidadãos aos dados oficiais do governo como meio de viabilizar a participação popular na formulação e gestão das políticas públicas:

> Art. 37. A administração pública direta e indireta de qualquer dos Poderes da União, dos Estados, do Distrito Federal e dos Municípios obedecerá aos princípios de legalidade, impessoalidade, moralidade, publicidade e eficiência e, também, ao seguinte: [...]
>
> § 3º A lei disciplinará as formas de participação do usuário na administração pública direta e indireta, regulando especialmente:
>
> II - o acesso dos usuários a registros administrativos e a informações sobre atos de governo, observado o disposto no art. 5º, X e XXXIII.

Os artigos acima demonstram claramente a opção do legislador constituinte pela garantia ao acesso à informação. Nesse sentido, transmutando a ordem constitucional para o plano da realidade fática, a Lei nº 9.755/98, por exemplo, determinou a criação do portal eletrônico "Contas Públicas", administrado pelo Tribunal de Contas da União.[14] Por

---

14. Art. 1º. O Tribunal de Contas da União criará homepage na rede de computadores Internet, com o título "contas públicas", para divulgação dos seguintes dados e informações:

I – os montantes de cada um dos tributos arrecadados pela União, pelos Estados, pelo Distrito Federal e pelos Municípios, os recursos por eles recebidos, os valores de origem tributária

sua vez, a Lei de Responsabilidade Fiscal (LC nº 101/00) instituiu diversos instrumentos de transparência fiscal em seu art. 48:

> Art. 48. São instrumentos de transparência da gestão fiscal, aos quais será dada ampla divulgação, inclusive em meios eletrônicos de acesso público: os planos, orçamentos e leis de diretrizes orçamentárias; as prestações de contas e o respectivo parecer prévio; o Relatório Resumido da Execução Orçamentária e o Relatório de Gestão Fiscal; e as versões simplificadas desses documentos.
>
> § 1º A transparência será assegurada também mediante:
>
> I – incentivo à participação popular e realização de audiências públicas, durante os processos de elaboração e discussão dos planos, lei de diretrizes orçamentárias e orçamentos;
>
> II - liberação ao pleno conhecimento e acompanhamento da sociedade, em tempo real, de informações pormenorizadas sobre a execução orçamentária e financeira, em meios eletrônicos de acesso público; e
>
> III – adoção de sistema integrado de administração financeira e controle, que atenda a padrão mínimo de qualidade estabelecido pelo Poder Executivo da União e ao disposto no art. 48-A.

Digna de registro também é a Lei nº 12.527/11, responsável por regular o acesso à informação. Na esfera da administração fazendária federal, o Decreto nº 7.724/12 regulamentou a referida lei, a qual, à época da sua edição, "restringiu-se à questão dos salários e discussões políticas, quando o mérito da lei é muito maior, uma vez que concede os meios necessários para um efetivo controle social das finanças públicas" (CAVALCANTE, 2013, p. 124). No mesmo sentido, Rezende (2013, p. 249) registra que muitas vezes divulga-se o número de viagens realizadas por autoridades públicas e o respectivo custo; volume de gastos realizados

---

entregues e a entregar e a expressão numérica dos critérios de rateio (caput do art. 162 da Constituição Federal);

II – os relatórios resumidos da execução orçamentária da União, dos Estados, do Distrito Federal e dos Municípios (§ 3º do art. 165 da Constituição Federal);

III – o balanço consolidado das contas da União, dos Estados, do Distrito Federal e dos Municípios, suas autarquias e outras entidades, bem como um quadro estruturalmente idêntico, baseado em dados orçamentários (art. 111 da Lei nº 4.320, de 17 de março de 1964);

IV – os orçamentos do exercício da União, dos Estados, do Distrito Federal e dos Municípios e os respectivos balanços do exercício anterior (art. 112 da Lei nº 4.320, de 1964);

V – os resumos dos instrumentos de contrato ou de seus aditivos e as comunicações ratificadas pela autoridade superior (caput do art. 26, parágrafo único do art. 61, § 3º do art. 62, arts. 116, 117, 119, 123 e 124 da Lei nº 8.666, de 21 de junho de 1993);

VI – as relações mensais de todas as compras feitas pela Administração direta ou indireta (art. 16 da Lei nº 8.666, de 1993).

com compras de bens e serviços e os salários pagos a algumas categorias do funcionalismo.

3.3. Análise da transparência fiscal pela perspectiva do Poder Judiciário

Muito embora a transparência represente um princípio fundamental para a Sociedade da Informação e seja alvo de regulamentação pelo Poder Legislativo, há ainda insegurança quanto a sua efetiva aplicação pelos entes federados, sendo objeto de debate no Poder Judiciário por diversas perspectivas. Peroba (2013, p. 237) afirma que por conta dessa insegurança "resta aos contribuintes a via única das disputas judiciais e anistias e programas de recuperação fiscal para tentar reorganizar suas dívidas com o poder público".

De acordo com Ricardo Lobo Torres (2005, p. 137), dentro da atual fase do modelo de Estado, "o Ministério Público e o Judiciário passam a exercer papel mais ativo na defesa dos direitos difusos, em cooperação com as instituições sociais, afastando-se da missão neutra que desempenhavam na sociedade industrial". O risco fiscal na atividade financeira decorre dos desajustes orçamentários; da gestão irresponsável e ineficiente dos recursos públicos; da corrupção, exemplos de vícios que comprometem a garantia constitucional do acesso à informação. A superação dos riscos fiscais demanda transparência na atividade financeira e acirrado controle social.

Sobre o posicionamento do Poder Judiciário em relação ao tema da transparência merece destaque a Ação Direta de Inconstitucionalidade 2.198/PB, proposta pelo Governador do Estado da Paraíba, a fim de questionar a constitucionalidade da Lei Federal nº 9.755/98, que dispõe sobre a criação de *homepage* na *Internet*, pelo Tribunal de Contas da União (TCU), para a divulgação dos dados e informações que especifica.

Em síntese, alegou-se a inconstitucionalidade do diploma legal pelos seguintes motivos: (i) ofensa ao princípio federativo, na medida em que submete os estados-membros e os municípios à fiscalização do TCU; (ii) ausência de lei complementar para dispor sobre o tema, uma vez que o artigo 163, I, da CF/88 prevê tal exigência para regulamentação da matéria de finanças públicas e, por fim, (iii) violação à autonomia político-administrativa dos entes subnacionais. Todavia, ao apreciar a demanda, o Plenário da Suprema Corte julgou improcedente a ação em acórdão assim ementado:

> Ação direta de inconstitucionalidade. Lei Federal nº 9.755/98. Autorização para que o Tribunal de Contas da União crie sítio eletrônico denominado Contas Públicas para a divulgação de dados tributários e financeiros dos entes federados. Violação do princípio federativo. Não ocorrência. Prestígio do princípio da publicidade. Improcedência da ação.
>
> 1. O sítio eletrônico gerenciado pelo Tribunal de Contas da União tem o escopo de reunir as informações tributárias e financeiras dos diversos entes da federação em um único portal, a fim de facilitar o acesso dessas informações pelo público. Os documentos elencados no art. 1º da legislação já são de publicação obrigatória nos veículos oficiais de imprensa dos diversos entes federados. A norma não cria nenhum ônus novo aos entes federativos na seara das finanças públicas, bem como não há em seu texto nenhum tipo de penalidade por descumprimento semelhante àquelas relativas às hipóteses de intervenção federal ou estadual previstas na Constituição Federal, ou, ainda, às sanções estabelecidas na Lei de Responsabilidade Fiscal.
>
> 2. Ausência de inconstitucionalidade formal por ofensa ao art. 163, inciso I, da Constituição Federal, o qual exige a edição de lei complementar para a regulação de matéria de finanças públicas. Trata-se de norma geral voltada à publicidade das contas públicas, inserindo-se na esfera de abrangência do direito financeiro, sobre o qual compete à União legislar concorrentemente, nos termos do art. 24, I, da Constituição Federal.
>
> 3. A norma não representa desrespeito ao princípio federativo, inspirando-se no princípio da publicidade, na sua vertente mais específica, a da transparência dos atos do Poder Público. Enquadra-se, portanto, no contexto do aprimoramento da necessária transparência das atividades administrativas, reafirmando e cumprindo, assim, o princípio constitucional da publicidade da administração pública (art. 37, caput, CF/88).
> 4. Ação julgada improcedente.[15]

Em seu voto condutor, o Ministro Dias Toffoli destaca que o objetivo da lei é reunir as informações tributárias e financeiras dos diversos entes da federação em um único portal, facilitando o acesso dessas informações pela população.

Por outro lado, não raras vezes, o Poder Judiciário é instado a resolver conflitos entre fisco e contribuintes. Como observa Peroba (2013, p. 322), tais aspectos geram um cenário de desconfiança mútua que, por falta de outra alternativa, acaba terminando no Poder Judiciário. Um desses exemplos é o Programa de Parcelamento instituído pela Lei nº 11.941/09, denominado "Refis da Crise". Após a sua instituição, foram publicadas diversas instruções normativas por parte da Receita Federal

---

15. STF, ADI 2.198/PB, Relator(a): Min. Dias Toffoli, Tribunal Pleno, julgado em 11/04/2013, DJe 16/08/2013.

do Brasil (RFB) que infringiam as regras legais do programa, não apresentando esclarecimentos práticos para o cumprimento do parcelamento e, ainda, mudavam de interpretação quanto a determinadas disposições. A consequência, por óbvio, foi a criação de um significativo contencioso tributário em torno do assunto.

De outra banda, o Poder Judiciário também é acionado por contribuintes que ajuízam ações de reparação de danos morais, aduzindo ilegalidade na quebra de sigilo fiscal e a impossibilidade de o Fisco lhes disponibilizar determinadas informações. Por essas razões, Cavalcante (2013, p. 130) registra que a sociedade também não demonstra preparo para a transparência.

3.4. Incentivos ao sigilo e entraves sistêmicos: a transparência na administração fiscal

Conforme observado, a transparência resulta em importante instrumento para a concretização da democracia no Estado Democrático de Direito, garantindo acesso à informações e dados essenciais para a efetivação do controle da vida pública. Contudo, um dos incentivos ao sigilo está na possibilidade de as informações serem utilizadas de forma inapropriada pelos seus detentores. Ademais, restou observado que há casos em que tanto o poder público quanto o contribuinte identificam a transparência como uma ameaça. O sigilo impede que a sociedade tenha efetivo conhecimento da organização do Estado, da definição e do cumprimento das políticas públicas. Esvazia o controle a ser exercido pelo cidadão.

A forma direta de sigilo pode ser entendida pelas decisões governamentais em não divulgar determinada informação. Segundo Stiglitz (2013, p. 58), "há, na verdade, circunstâncias nas quais o compartilhamento pleno das informações pode não ser apropriado". Já o sigilo indireto está relacionado ao rompimento com o princípio da transparência sem qualquer justificativa que o excepcione. São comportamento ilegítimos, voltados à ocultação total ou parcial de informações que deveriam ser divulgadas, na tentativa de proteção dos administradores públicos contra eventuais acusações de erros.

Nos estudos acerca do acesso às informações fiscais, Cavalcante (2013, p. 125) entende ser fundamental estabelecer a diferença entre a "gestão pública, assunto regido pelos princípios do Direito Financeiro, da questão das informações fiscais dos cidadãos, tema vinculado aos princípios do Direito Tributário". Desse modo, nota-se o enlace entre a falta de transparência e a corrupção. Sobre este ponto, Stiglitz (2013, p. 64) afirma que "o sigilo é o alicerce dessa forma persistente de corrupção a qual mina a confiança nos governos democráticos em grande parte do mundo".

O autor ainda destaca outras consequências da falta de transparência: *rent seeking* (busca por vantagens), consolidação da posição dos ocupantes de cargos de gestão, aumento do preço das informações, redução da participação dos eleitores no processo democrático. Quanto ao sigilo, Rezende (2013, p. 239) aponta que a transparência implica em custos e explicita conflito de interesses, podendo haver, na prática, interesses no apoio à preservação do sigilo. Assim, afirma que o conceito de ilusão fiscal "assenta-se na tendência natural de qualquer sociedade de ter acesso a bens públicos de qualidade produzidos a um menor custo, e de cada cidadão buscar maximizar o consumo desses bens pagando o menos possível".

Nesse sentido, dentre os problemas relacionados ao sigilo indireto, ou seja, quando a informação deveria ser divulgada, mas não o é, destaca-se a corrupção. Com a globalização crescente, há, inclusive, maior envolvimento das empresas vinculadas ao comércio internacional, visto a dificuldade de identificação das práticas adotadas, aparentemente legítimas. As informações podem ser utilizadas como um instrumento de troca de interesses, propiciando a sua divulgação de acordo com interesses particulares. O sigilo aumenta o valor da informação e pode também desencorajar a concorrência.[16]

Esse cenário deve substituído por outro, no qual é possível garantir maior segurança jurídica à relação entre fisco e contribuintes, afastando as numerosas e confusas normas jurídica a partir da efetivação da transparência. Essa transição decorreria de medidas práticas como a divulgação das interpretações prévias do fisco acerca da matéria e do detalhamento das regras fiscais. Além do mais, é importante a manutenção do entendimento divulgado, salvo eventuais alterações detidamente justificadas e fundamentadas.

O risco fiscal pode ser analisado por uma dupla perspectiva: pública e privada. A partir da perspectiva pública encontram-se situações em que a conduta do Estado pode ser enquadrada dentro do conceito de

16. Cf. PEROBA, 2013, p. 326.

risco fiscal[17]. Por outro lado, o comportamento do cidadão também pode ser assim classificado: abuso da forma jurídica no planejamento tributário, sonegação, corrupção. Desse modo, o sigilo fiscal[18] deve ser permitido apenas em casos explicitamente necessários e desde que não envolva dados de ordem pública, cujo conhecimento é indispensável para o exercício pleno da democracia.

4. DIMENSÕES TEÓRICAS E EFEITOS PRÁTICOS DA TRANSPARÊNCIA FISCAL

A transparência fiscal apresenta, em essência, duas dimensões principais. A primeira corresponde à informação sobre o montante dos tributos que a sociedade recolhe aos cofres públicos. A segunda relaciona-se à despesa pública, tendo a sociedade o poder-dever de conhecer a destinação dos recursos arrecadados pelos entes políticos. Significa dizer que a transparência fiscal deve ser aplicada tanto nos estudos sobre Direito Financeiro quanto nos estudos sobre Direito Tributário.

O Inquérito sobre o Orçamento Aberto recorre a 109 indicadores para avaliar a transparência orçamentária. De acordo com o relatório, esses indicadores são utilizados para avaliar se o governo central disponibiliza adequadamente os oito principais documentos orçamentários ao público e se os dados neles contidos são abrangentes e úteis.

Em 2012, foi divulgado o resultado da pesquisa do orçamento aberto (*Open Budget Survey*), segundo o qual o governo brasileiro fornece ao público informações significativas[19], conforme escala relatada na tabela abaixo:

17. Nos termos já mencionados, o risco fiscal na atividade financeira pode decorrer dos desajustes orçamentários; da gestão irresponsável e ineficiente dos recursos públicos; da corrupção.

18. Cf. artigo 198, CTN; Lei Complementar 105, de 10 de janeiro de 2001; Portaria RFB nº 3.541, de 07.10.2011 (Manual do Sigilo Fiscal); Parecer nº 980/2004 da Procuradoria-Geral da Fazenda Nacional; Portaria nº 503, de 29 de junho de 2012, da Procuradoria da Fazenda Nacional; Portaria nº 2.344, de 24 de março de 2011, da Receita Federal do Brasil. Portaria Conjunta PGFN/PGU/RFB nº 21, de 24 de novembro de 2010; Portaria RFB nº 3.011, de 29 de junho de 2011.

19. Disponível em: <http://www.internationalbudget.org/wp-content/uploads/OBI2012-BrazilCS-Portuguese.pdf>. Acesso em 06.02.2020.

Tabela 2 – Classificação do nível de informação

Pontuação	Classificação do nível de informação
0 a 20 pontos	Escassas
21 a 40 pontos	Mínimas
41 a 60 pontos	Algumas
61 a 80 pontos	Significativas
81 a 100 pontos	Abrangentes

Naquele ano, o Brasil atingiu 73 pontos, enquadrando-se no nível de informações significativas. Já em 2015, apesar de permanecer na mesma categoria, o Brasil somou 77 pontos[20]. Na liderança do ranking de 2015 está a Nova Zelândia, com 88 pontos, seguida de Suécia (87 pontos), África do Sul (86 pontos), Noruega (84 pontos) e Estados Unidos (81 pontos). Na Tabela 3, é possível visualizar os níveis de transparência fiscal do Brasil para os anos de 2006, 2008, 2010, 2012 e 2015, considerando as informações fornecidas pelo governo federal.

Tabela 3 – Níveis de Transparência no Brasil

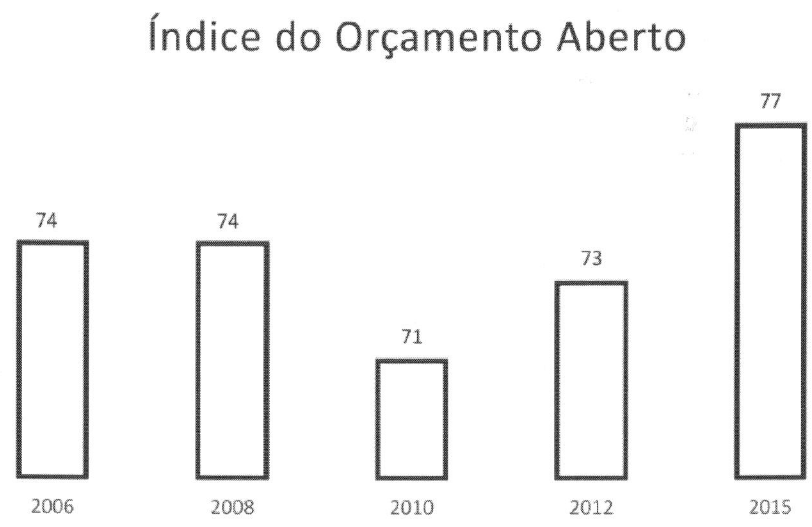

20. Disponível em: <http://www.internationalbudget.org/wp-content/uploads/OBS2015-CS-Brazil-Portuguese.pdf>. Acesso em 06.02.2020.

Embora os resultados sejam satisfatórios, deve-se ter em mente que a pesquisa leva em conta apenas os dados disponibilizados pelo Governo Federal, havendo, portanto, a necessidade de esforços para que Estados e Municípios observem os instrumentos já institucionalizados, voltados ao controle orçamentário.

A transparência corresponde a um elemento essencial para construção e efetivação de um sistema democrático. De acordo com Stiglitz (2013, p. 56), "uma participação significativa no processo democrático exige participantes informados". A boa governança só será efetivamente exercida a partir da abertura, pela divulgação de dados e informações, sendo igualmente imprescindível o debate sobre o desenvolvimento e acompanhamento dos resultados das políticas públicas.

No que tange aos entraves relacionados à matéria, destaca-se aquilo que os economistas denominam de *agency problems*, as imperfeições de informações, representando, por exemplo, o descompasso entre as ações daqueles que governam e os interesses dos governados. O sigilo contribui para a proteção contra acusações de erro. Além disso, conforme já observado, o sigilo favorece o atendimento de interesses de determinada categoria, propiciando um ambiente de corrupção.

O orçamento participativo, por exemplo, é um importante instrumento da democracia, permitindo que o cidadão influencie na definição das ações governamentais, muito embora não haja vinculação nas definições. A educação fiscal viabiliza e estimula a participação social nas questões relacionadas à vida pública. Segundo Rezende (2013, p. 237) é importante que estudiosos de diversas áreas de conhecimento se dediquem às pesquisas sobre transparência fiscal, buscando produzir e decodificar informações que permitam ao cidadão entender a linguagem técnica utilizada pela administração das finanças públicas.

4.1. Simplificação do sistema financeiro e tributário

Na esteira das lições de Fabio Giambiagi e Ana Cláudia Além (2011, p. 17), o sistema tributário deve ser analisado a partir de alguns aspectos: a) o conceito de equidade, ou seja, a ideia de que a distribuição do ônus tributário deve ser equitativa entre os diversos indivíduos de uma sociedade; b) o conceito de progressividade, isto é, o princípio de que se deve tributar mais quem tem uma renda mais alta; c) o conceito de neutralidade, pelo qual os impostos devem ser tais que minimizem os possíveis impactos negativos da tributação sobre a eficiência econômica e d) o conceito da simplicidade, segundo o qual o sistema tributário deve ser de fácil compreensão para o contribuinte e de fácil arrecadação para o governo.

Seguindo o escopo do presente trabalho, dentro do último aspecto destacado acima pode ser inserido o princípio da transparência. Afirmam os autores que "o conceito de simplicidade relaciona-se com a facilidade da operacionalização da cobrança do tributo". A praticabilidade é um princípio constitucional implícito consagrado pelo constituinte de 1988. Além de guardar uma relevante aproximação com o princípio da razoabilidade, a praticabilidade se relaciona com outros princípios de natureza constitucional.

Regina Helena Costa (2007, p. 52) apresenta o conceito de praticabilidade como a qualidade ou a característica do que é praticável, factível, realizável. No direito tributário, a praticabilidade, também denominada de praticidade, materializa-se por meio de técnicas de simplificação adotadas tanto pelo legislador quanto pelo administrador público para proporcionar o adequado cumprimento das obrigações tributárias. A razoabilidade confere equilíbrio entre as opções efetuadas pelo legislador e pelo administrador quando da escolha das técnicas de simplificação.

Nas palavras de Misabel Derzi (2004, p. 76-77) "a praticidade é um princípio geral e difuso, que não encontra formulação escrita nem no ordenamento jurídico alemão, nem no nacional". Contudo, a autora destaca que o referido princípio está por detrás das normas constitucionais. Dentre as possibilidades conferidas pelo uso da praticabilidade no direito tributário, destacam-se diversas técnicas simplificadoras indicadas pelo legislador: a) lançamento do imposto por estimativa; b) substituição tributária "para frente"; c) regimes especiais; d) pautas de valores ICMS; e) pauta de valores IPTU; f) pauta de valores IPVA; e, g) lançamentos segundo índices artificiais.

A eficácia do controle administrativo constitui uma condição necessária (não suficiente) do sistema tributário justo. Segundo Herrera Molina (1998), também seria injusto um sistema fiscal cujo custos de gestão fossem desproporcionais. A contribuição para custeio dos gastos públicos supõe um sacrifício em função do interesse geral, e não de um aparato administrativo hipertrofiado.

Comentando sobre pontos pouco explorados nos debates sobre a reforma do sistema tributário, Peroba (2013, p. 315) destaca que "muito se produziu na doutrina especializada sobre a necessidade de termos simplicidade e neutralidade pela adoção de um ou outro modelo de tributação". Por outro lado, o autor salienta que não são muito explorados os efeitos que a relação entre o contribuinte e o fisco pode gerar para a segurança jurídica do sistema.

Nos Estados Unidos, por exemplo, o *United States Tax Court*[21] disponibiliza, virtualmente, a solução de consultas elaboradas pelos contribuintes. Diante da era da informatização e sua expansão na administração pública, verifica-se que no Brasil, o sítio eletrônico da RFB divulga ferramentas para consulta à legislação atualizada, bem como para acesso a resultados de consultas temáticas. Observa-se, desse modo, que a transparência fiscal atua como um instrumento mitigador da complexidade sistêmica e institucional. A divulgação prévia pela administração fiscal da interpretação e dos critérios de aplicação das disposições normativas contribuiria para elevação da segurança jurídica e redução das demandas administrativas e judiciais.

4.2. Medidas de coordenação para o planejamento do futuro: bases materiais para a construção de um novo cenário

Ao analisar a transparência fiscal à luz dos princípios tributários, verifica-se que o desenho institucional da tributação brasileira leva em conta a legalidade, previsibilidade (estatuída nos princípios da anterioridade anual e nonagesimal), competitividade (eficiência), equidade (justiça) e flexibilidade (regulamentação dos impostos por lei complementar).

Por outro lado, é igualmente importante analisar a transparência pela perspectiva dos princípios orçamentários. O princípio da clareza, também denominado princípio da objetividade, indica que o orçamento público deve ser apresentado em linguagem clara e compreensível a todas as pessoas. A Lei de Responsabilidade Fiscal (LC nº 101/00) e o Código de Defesa do Contribuinte (Projeto de Lei nº 2.557/2011) são ferramentas voltadas à prevenção dos riscos fiscais. As normas antielisivas representam tentativas do legislador para prevenir os riscos fiscais provocados pelos contribuintes.

21. Disponível em: <https://www.ustaxcourt.gov/UstcInOp/OpinionSearch.aspx>. Acesso em 06.02.2020.

Deve-se buscar instrumentos que confiram maior qualidade às informações e ao acesso pela sociedade.[22] Vale destacar que organismos supranacionais e locais buscam garantir maior nível de transparência, tornando acessível os dados divulgados pelos entes públicos e, desse modo, viabilizando o verdadeiro exercício da democracia. A transparência fiscal é matéria objeto de acompanhamento, por exemplo, do Banco Mundial, que adotou a partir de 1993 a política de abertura das informações, conhecida como "Information Disclosure Policies"; Fundo Monetário Internacional, responsável pela aprovação, em 1998, do "Code of Good Pratices on Fiscal Transparency - Declaration of Principles"; Organização para a Cooperação e Desenvolvimento Económico (OCDE); Transparency International, organização não-governamental voltada à transparência e ao combate à corrupção.

No âmbito doméstico, podem ser mencionados a Constituição Federal de 1988; Lei de Responsabilidade Fiscal; Projeto de Lei Complementar sobre normas gerais de direito financeiro para o controle dos orçamentos de balanços da União, dos Estados e dos Municípios; Código de Conduta da Alta Administração Federal; Controle do Tribunal de Contas (art. 70 e 165, CF/88), como instrumentos voltados ao acesso à informação, materializando, desse modo, o princípio da transparência e possibilitando ações voltadas aos objetivos constitucionalmente estabelecidos para a Federação brasileira.

Ao lado dessa perspectiva que liga informação pública à governança, o direito ao acesso à informação, além de ser um direito em si mesmo, é instrumento materializador do princípio da transparência, garantindo a promoção de direitos sociais.

Conforme prescrito no texto constitucional de 1988, o constituinte entendeu por bem acrescentar instrumentos na gestão orçamentária, materializados pelo Plano Plurianual (PPA) e pela Lei de Diretrizes Orçamentárias (LDO). Foram expostas críticas práticas relacionadas aos referidos instrumentos, cabendo, neste momento expor medidas que visem aperfeiçoar o sistema financeiro. Recomenda-se que o PPA apresente maior simplificação e flexibilidade, informando os objetivos da

22. Sobre a qualidade da transparência fiscal, Angélico (2013, p. 101) alerta que a "transparência não depende, apenas, de "quão visível" é a informação, mas também de "quão bem" a informação disponibilizada conduz a interferências corretas. Dito de outra forma: um regime realmente transparente deve preocupar-se não só com a disponibilização de informações, mas em disponibilizá-las de maneira tal que elas sejam úteis para a formulação de interferências mais precisas".

estratégia fiscal de longo prazo (TOLLINI, 2016, p. 119). Nesse sentido, seria o documento mais seletivo, deixando a definição das ações a serem desenvolvidas para a Lei Orçamentária Anual (LOA). Demais disso, a gestão fiscal demanda efetiva transparência, aliada à análise técnica, para estabelecer metas e objetivos factíveis e condizentes com o cenário econômico e social. De acordo com Angélico (2013, p. 113), pode-se imaginar o seguinte desenho da materialização do princípio da transparência pelo acesso à informação:

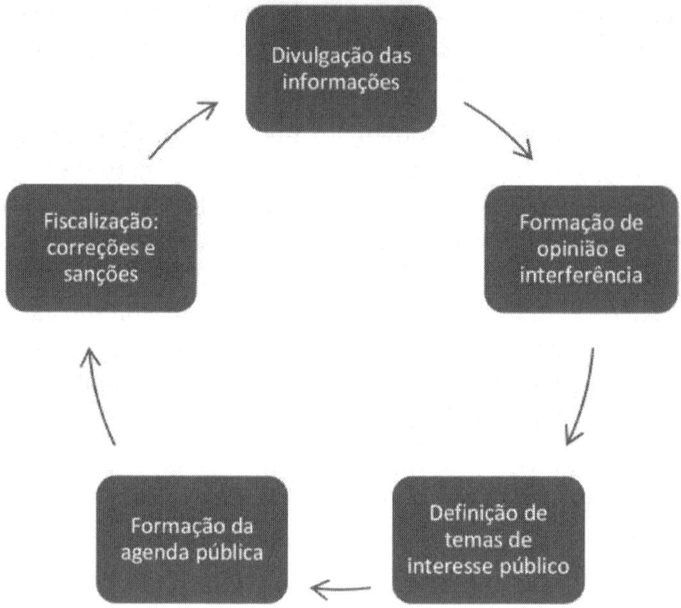

No mesmo sentido, Cavalcante (2013, p. 131-134) registra a essencialidade da divulgação dos dados públicos referentes à própria gestão administrativa, principalmente por envolver dinheiro público e interesse social direto. A transparência e o acesso à informação servem como controle institucional, contribuindo para o exercício da cidadania. Por essa razão, dentre os dados a serem divulgados podem ser destacados as decisões de processos administrativos de primeira e segunda instância; pareceres; resultados das consultas feitas ao Fisco. Conforme já destacado, é fundamental divulgar a interpretação estatal nos casos concretos para segurança jurídica do contribuinte.

Na busca de perspectivas futuras e medidas estruturais para o processo de consolidação fiscal, Maciel (2016, p. 196-197) destaca cinco variáveis que impactam as contas públicas e podem contribuir para a melhora do atual quadro: (i) crescimento econômico para ampliação da base de arrecadação, dependendo do restabelecimento da confiança dos agentes econômicos e da trajetória sustentável da política fiscal; (ii) a inflação também é uma variável importante para elevar a base tributária, pois do ponto de vista fiscal a tendência de alta acaba por compensar, ainda que parcialmente, a falta de crescimento econômico; (iii) as receitas dos *royalties* são importantes para estados e municípios produtores de petróleo, podendo ocorrer neutralização da queda por meio da depreciação cambial e do aumento da produção; (iv) redução da taxa de crescimento das despesas, muito embora a tendência de cortes na área de investimento, setor este que já recebe pouca atenção do governo brasileiro; e, (v) renegociação da dívida dos Estados junto à União.

Ao considerar as dificuldades para alterações da matéria prevista no ordenamento constitucional, Tollini (2016, p. 118) recomenda, para maior efetividade do PPA, a antecipação da sua apresentação para 15 de abril, permitindo, assim, a elaboração concomitante com a Lei de Diretrizes Orçamentárias (LDO). Outro ponto é a simplificação do PPA para que corresponda ao documento político que reflita o plano de governo apresentado durante a campanha eleitoral, necessitando para isso de maior flexibilidade.

O equacionamento das finanças públicas depende de uma ampla reforma, voltada aos ajustes necessários do sistema financeiro e tributário. Maciel (2016, p. 199-200) destaca que o ajuste fiscal deve ser concentrado ao lado da despesa para evitar que o aumento da tributação pressione a inflação, eleve a taxa de juros e as despesas financeiras. E, desse modo, sugere a reforma das leis que regem o funcionalismo público; padronização dos critérios para aplicação dos limites da LRF; revisão das regras de aposentadoria; flexibilização dos critérios de aplicação mínima das despesas; reforma das regras orçamentárias; e, adoção de procedimentos mais eficientes de gestão.

5. RESULTADOS DA PESQUISA

Conforme observado ao longo da pesquisa, o princípio da transparência, muito embora não positivado, encontra-se implicitamente no ordenamento jurídico pátrio. E, desse modo, a partir das considerações apresentadas, é possível destacar reflexões sobre os resultados identificados:

(i) a transparência fiscal, princípio constitucional implícito, atua como instrumento mitigador da instabilidade nas relações entre fisco e contribuintes, elevando o grau de segurança jurídica do sistema normativo brasileiro;

(ii) a transparência fiscal não é um fim em si mesmo;

(iii) a informação representa um valor instrumental que viabiliza o exercício de outros direitos;

(iv) o acesso à informação materializa o princípio da transparência;

(v) apesar de haver evolução na informatização da administração fiscal, não há medidas clara e objetiva nas relações travadas entre fisco e contribuintes;

(vi) em razão das ineficiências sistêmicas, os contribuintes buscam constantemente no Poder Judiciário a tutela de direitos e garantias protegidos constitucionalmente;

(vii) a transparência fiscal tem potencial para atuar como baliza constitucional do orçamento público;

(viii) a efetivação da transparência não depende, a priori, de mudanças legislativas;

(ix) a transparência fiscal apresenta dimensões que podem ser concretizadas a partir da implementação, na administração pública, de medidas voltadas à aproximação do fisco e contribuinte:

a) atendimento especializado para auxiliar o contribuinte na interpretação da legislação tributária, seja para o cumprimento de obrigações acessórias, seja para o cumprimento de obrigações principais;

b) plantões para situações emergenciais, evitando problemas com cadastros e certidões fiscais;

c) realização de audiências públicas para debate sobre minutas regulatórias;

d) divulgação prévia de pareceres normativos com a interpretação conferida pela administração fiscal.

(x) o acesso à informação conduz ao combate à corrupção, boa governança pública e defesa dos direitos humanos;

(xi) a transparência fiscal viabiliza a construção de melhorias no ambiente dos negócios, bem como estimula a simplificação tributária;

(xii) a transparência resulta em valioso mecanismo anticorrupção.

6. CONSIDERAÇÕES FINAIS

A pesquisa foi desenvolvida dentro do contexto da Sociedade da Informação, marcada pela evolução tecnológica e estreitamento das relações. Conforme observado, a globalização promove a integração econômica, social, cultural e política, havendo constante avanço nos meios de comunicação. Foi possível perceber que os efeitos da era globalizada impactam as Finanças Públicas, exigindo que a administração fiscal observe o princípio da transparência, garantindo efetivo acesso à informação.

Infelizmente, o Brasil apresenta uma cultura que não valoriza as instituições fiscais e o processo orçamentário. Segundo os dados coletados, embora o período militar tenha potencializado o descontrole financeiro, há avanços institucionais relacionados à transparência fiscal. A transparência fiscal destaca-se como importante instrumento para o efetivo controle social das finanças públicas. Além do mais, garante acesso aos estudiosos das diversas áreas para acompanhamento da arrecadação e das despesas, aferindo se as decisões públicas estão em harmonia com o orçamento público.

No desenvolvimento do trabalho foram destacados diversos entraves sistêmicos que comprometem a plena efetivação da transparência, tais como a dificuldade de acesso às consultas feitas pelos contribuintes, ausência de divulgação da interpretação da própria administração pública sobre a legislação fiscal, dificuldade na obtenção de certidões, devolução de créditos e/ou indébitos tributários. Dessa maneira, cumpre registrar que a transparência atua como baliza constitucional na formulação e execução orçamentária. Apesar de ser um princípio constitucional implícito, a transparência é materializada pelo direito ao acesso à informação.

De acordo com a revisão da literatura sobre o tema, observa-se que a transparência resulta na exigência de efetiva divulgação das informações fiscais e, ainda, que essas sejam de qualidade, evitando estímulos ao sigilo. Os avanços conquistados devem ser reconhecidos, mas os esforços devem ser concentrados para que a sociedade exerça o controle social do orçamento público, contribuindo para o seu efetivo equilíbrio.

O direito ao acesso à informação, além de ser um direito em si mesmo, é instrumento materializador do princípio da transparência, garantindo a promoção de direitos sociais e o exercício da democracia.

7. REFERÊNCIAS

ALÉM, Ana Cláudia; GIAMBIAGI, Fabio. **Finanças Públicas**: teoria e prática no Brasil. 4 ed. rev. e atualizada. Rio da Janeiro: Elsevier, 2011.

ANGÉLICO, Fabiano. Acesso à Informação Pública: valores, potencialidades e desafios. In: **Transparência Fiscal e Desenvolvimento**: homenagem ao professor Isaias Coelho. Coord.: SANTI, Eurico Marcos Diniz. et al. São Paulo: FISCOSoft Editora, 2013, p. 97-117.

CALCIOLARI, Ricardo Pires. Direitos sociais e federalismo: a agonia do orçamento da seguridade social e o crescente endividamento dos entes subnacionais. In: **Federalismo Fiscal**: questões contemporâneas. Org.: CONTI, José Maurício; SCAFF, Fernando Facury; BRAGA, Carlos Eduardo Faraco. Florianópolis: Conceito Editorial, 2010, p. 407-433.

CAVALCANTE, Denise Lucena. A atuação da Administração Fazendária após a Lei 12.527/2011: a questão do acesso à informações fiscais. In: **Transparência Fiscal e Desenvolvimento**: homenagem ao professor Isaias Coelho. Coord.: SANTI, Eurico Marcos Diniz. et al. São Paulo: FISCOSoft Editora, 2013, p. 119-137.

COSTA, Regina Helena. **Praticabilidade e Justiça Tributária**: exequibilidade de Lei Tributária e Direitos do Contribuinte. São Paulo: Malheiros Editores, 2007.

DERZI, Misabel Abreu Machado. "Pós-Modernismo e Tributos. complexidade, descrença e corporativismo." **Revista Dialética de Direito Tributário nº 100**. São Paulo: Dialética, 2004, p. 65-80.

FERREIRA, Alcides. Origens e evolução da Secretaria do Tesouro Nacional. In: A crise fiscal e monetária brasileira. Org.: BACHA, Edmar. Rio de Janeiro: Civilização Brasileira, 2016, p. 99-116.

MACIEL, Pedro Jucá. O processo recente de deterioração das finanças públicas estaduais e as medidas estruturais necessárias. In: **Finanças Públicas**: da contabilidade criativa ao resgaste da credibilidade. Org.: SALTO, Felipe; ALMEIDA, Mansueto. 2ª ed. Rio de Janeiro: Record, 2016, p. 183-202.

HERRERA MOLINA, Pedro Manuel. **Capacidad Económica y Sistema Fiscal**: análisis del ordenamiento español a la luz del Derecho alemán. Barcelona: Marcial Pons, 1998.

NÓBREGA, Mailson. Construção e desmonte das instituições fiscais. In: **Finanças Públicas**: da contabilidade criativa ao resgaste da credibilidade. Org.: SALTO, Felipe; ALMEIDA, Mansueto. 2ª ed. Rio de Janeiro: Record, 2016, p. 27-52.

OLIVEIRA, Gustavo da Gama Vital de. O Supremo Tribunal Federal e as cláusulas pétreas da forma federativa de estado e da separação de poderes em matéria tributária. In: QUEIROZ, Luís Cesar Souza de; OLIVEIRA, Gustavo da Gama Vital de (Org.). **Tributação Constitucional, Justiça Fiscal e Segurança Jurídica**. Rio de Janeiro: GZ Editora, 2014.

PRAÇA, Sérgio. A prática das Leis de Diretrizes Orçamentárias (LDOs) no governo federal brasileiro (1989-2010). In: **Finanças Públicas**: da contabilidade criativa ao resgaste da credibilidade. Org.: SALTO, Felipe; ALMEIDA, Mansueto. 2ª ed. Rio de Janeiro: Record, 2016, p. 93-114.

PEROBA, Luiz Roberto. Transparência e a Relação entre Fisco e Contribuinte. In: **Transparência Fiscal e Desenvolvimento**: homenagem ao professor Isaias Coelho. SANTI, Eurico Marcos Diniz. et al. (Coord.). São Paulo: FISCOSoft Editora, 2013, p. 315-328.

RIBEIRO, Ricardo Lodi. Paternalismo federativo e a competência para a concessão de benefícios fiscais no ICMS e no ISS. **Revista Fórum de Direito Tributário**. Belo Horizonte, ano 10, n. 59, set./out. 2012.

REZENDE, Fernando. Transparência ou Ilusão Fiscal? In: **Transparência Fiscal e Desenvolvimento**: homenagem ao professor Isaias Coelho. Coord.: SANTI, Eurico Marcos Diniz. et al. São Paulo: FISCOSoft Editora, 2013, p. 237-252.

SANTANA JUNIOR, Jorge José Barros de. **Transparência fiscal eletrônica**: uma análise dos níveis de transparência apresentados nos sites dos poderes e órgãos dos Estados e do Distrito Federal do Brasil. 2010.

STIGLITZ, Joseph E. Sobre a liberdade, o direito de conhecer e o discurso público: o papel da transparência na vida pública. In: **Transparência Fiscal e Desenvolvimento**: homenagem ao professor Isaias Coelho. Coord.: SANTI, Eurico Marcos Diniz. et al. São Paulo: FISCOSoft Editora, 2013, p. 47-95.

TOLLINI, Hélio Martins. Repensando a gestão das finanças públicas no Brasil. In: **Finanças Públicas**: da contabilidade criativa ao resgaste da credibilidade. Org.: SALTO, Felipe; ALMEIDA, Mansueto. 2ª ed. Rio de Janeiro: Record, 2016, p. 115-150.

TORRES, Ricardo Lobo. O princípio da transparência no direito financeiro. **Revista de Direito da Associação dos Procuradores do Novo Estado do Rio de Janeiro**, v. 8, p. 133-156, 2005.

__________. **Curso de Direito Tributário e Financeiro**. 16ª ed. Rio de Janeiro: Renovar, 2014.

EDITORA JusPODIVM
www.editorajuspodivm.com.br